사회정의 상담

다문화주의의 적용, 이론, 실천을 넘어선 다음 단계

Rita Chi-Ying Chung · Frederic P. Bemak 공저
임상사회복지실천연구회 역

Social Justice Counseling

1986년에 결성된 '임상사회복지실천연구회'는 33여 년의 세월 동안 연평균 8회 이상의 월례 연구 모임과 학술 세미나를 한 해도 거름 없이 지속하여 왔다. 이러한 모임의 성과물인 저술 활동으로는 『현대가족문제』(1998), 『사회복지실천과 임상사회사업』(1999), 『한국 사회복지실천의 고유성』(2013), 『사회복지 역사를 세운 실천현장의 인물들』(2014) 등이 있고, 역서로는 『임상사회사업기술론』(1988), 『임상사회복지 사정분류체계: PIE 매뉴얼 및 PIE 체계론』(2000) 등을 발간하여 한국 사회복지실천의 기반 형성에 적지 않은 기여를 하여 왔다. 이러한 임상사회복지실천연구회의 연구 방향 특성은 주로 생태체계적 관점에 기반을 둔 문제해결 중심의 임상사회복지실천이었다고 평할 수 있다.

 그런데 2017년을 기점으로 임상사회복지실천연구회는 기존의 학문적 관심의 지평을 확대하여 사회복지실천의 영역인 '사회정의 상담'에 새로운 관심을 갖게 되었다. 사회정의는 사회복지실천이 추구해야 할 주요 가치 중 하나로, 한국 사회복지사 선서와 윤리강령 등에서 추구해야 할 중요한 가치 개념으로 제시되고 있으나, 정작 실천 현장에서는 이론과 실천에서 도외시되거나 간과되었던 개념이었다. 사회문제에 관심을 가져야 할 사회복지사가 사회구조적 문제에는 관심을 갖지 않은 채 문제의 원인을 주로 개인에게서 찾고 클라이언트를 기존 사회 질서에 적응시키게 하는 실천 방향에 대해서 오랫동안 많은 비판이 이루어져 왔다. 그러나 비판만 이루어졌을 뿐이고 이를 극복할 수 있는 대안의 제시는 미미하였다는 점에서 아쉬움이 있었다.

 한국 사회복지실천 영역에서 사회구조적이고 거시적인 요인에 대해 관심을 갖고 비판적 입장을 밝힌 연구들도 일부 있었지만, 미시적 영역인 임상사회복지실천과 상담의 영역에서 사회정의와 같은 구조적 문제를 정면으로 다룬 적은 없었다. 이러한 맥락에서 임상사회복지실천연구회에서 Rita Chi-Ying Chung(2012)이 저술한 『사회정의 상담: 다문화주의의 적용, 이론, 실천을 넘어선 다음 단계(Social Justice Counseling: The Next Steps Beyond Multiculturalism)』가 사회정의 기반의 임상사회복지실천의 중요한 가이드라인이 될 수 있을 것이라고 판단하여 관심을 갖고 번역 작업을 시도하게 되었다.

이 역서는 신자유주의와 세계화가 주도하는 시대 상황과 함께 심화되는 사회적 문제를 제시하면서 그동안 심리상담과 임상실천 영역에서 간과되어 왔던 사회정의의 개념을 도입하고 적용할 수 있는 이론적 모델과 현장 적용 기술들을 소개한 책이다. 이 책은 사회정의에 관심을 두는 다문화 분야의 여러 선구자의 노력과 업적으로 구성되어 있으며, 향후 심리상담과 사회복지실천 분야에서 사회정의를 어떻게 녹여낼 것인지에 대한 고민과 활용의 예를 보여 주고 있다. 특히 문화적 다양성과 다원화가 강조되는 현대 심리상담의 초석을 구성하는 다문화 작업에 흡수되거나 희석되지 않으면서, 어떻게 사회정의가 정신건강과 사회복지실천 분야에 통합될 수 있는지에 대한 체계적 시각을 제공하고 있다.

최근 들어 더욱 심화되고 있는 사회 불평등의 밑바닥에 억압, 차별, 배제, 특권 등의 문제가 뿌리 깊게 박혀 있다는 것은 이제 새로운 사실이 아니다. 오랫동안 억압, 차별, 배제, 특권 등은 인종, 민족, 문화, 성적 성향, 사회경제적 지위, 젠더, 연령, 종교, 장애 등에 근거하여 사람들을 조직적으로 소외시켰으며, 이는 접근성, 기회, 참여에 대한 걸림돌이 되고 있다.

사회복지사와 심리상담 관련 실천가들은 억압, 차별, 사회 불평등, 불공정한 대우, 편향된 특권, 불공평한 사회적 · 정치적 · 경제적 접근성의 엄청난 이슈들을 경험하는 클라이언트, 가족, 지역사회와 지속적으로 함께 일해 왔다. 그러나 기존의 사회복지실천은 서구 심리학의 기원과 일관되게, 사회적 · 경제적 · 정치적 · 생태학적 맥락보다는 개인 그리고 개인의 병리와 강점에 중점을 두어 왔다. 이러한 풍토에서 사회정의를 사회복지실천 현장에 통합하는 것은 그동안 간과되어 왔던 사회적 · 거시경제적 · 생태학적 · 역사적 · 정치적 이슈와 불안, 고통, 고민과 같은 중요한 개인 삶의 이슈와 상황을 다루어 클라이언트를 보다 포괄적으로 이해하고 지원하는 데 도움을 줄 것으로 기대한다.

이 역서는 사회정의와 다문화 상담의 조합이 어떻게 구성될 수 있는지에 대한 검토와 그에 관련된 실천과 연구 등을 소개하고 있다. 아울러 숙련된 사회정의 관련 상담실천가가 되기 위해 필요한 이론, 기술과 기법의 기초를 제공하고, 현장에서 사회정의 관련 상담실천가가 반드시 이해해야 할 쟁점들을 검토하고 실천 사례를 소개하고 있다는 점에서 기존의 사회정의를 다룬 책들과 차별화된다고 볼 수 있다. 이 책에서 중점적으로 다루어진 이슈는 다문화주의와 사회정의, 개입 모델, 관련 사회경제적 · 정치적 쟁점, 변화이론, 옹호, 리더십, 임파워먼트, 학제 간 협력, 사회행동 연구와 훈련, 세계화 문제 등이다.

이 책의 저자들은 저술 과정 초기에 상담, 심리학, 사회복지실천의 영역에서 적지 않은 반발이 있었지만, 시간이 지나면서 이러한 반발의 강도가 많이 약화되었다고 강조한다. 이와 마찬가지로 이번 번역에 참여한 임상사회복지실천연구회 회원들도 각자 이 책의 내용에 대해 다양한 견해를 갖고 있었지만, 이 책을 많은 독자가 읽어 볼 필요성이 있다는 점에는 모두 공감하였다. 그 이유는 이 책의 번역을 통한 사회정의 상담의 소개가 한국 임상사회복지실천과 상담 등의 영역에서 새로운 도전이 되고 실천 현장에서 도움이 될 것이라는 믿음이 있었기 때문이다.

최근 출판사의 입장에서는 번역서의 출간을 조심스러워하는 경향이 있는데, 이 책의 진가를 알아보고 번역을 쾌히 수락한 학지사에 감사의 말씀을 전한다. 모쪼록 임상 관련 분야에 종사하시는 분과 학생 그리고 연구자들에게 좋은 영향력을 끼칠 수 있는 책이 되길 기대한다. 꽤 많은 번역자가 참여한 작업이기에 숱한 논의를 통하여 용어의 통일과 번역의 정확성을 기하려는 노력은 하였지만 여전히 미흡한 점이 있으리라 생각한다. 앞으로 독자 여러분의 관심과 비평을 통해 어색하고 부족한 부분을 계속해서 보완해 나갈 것을 약속드린다.

2020년 1월
역자 대표 김성천

차례

• 역자 서문 _ 3

제 **1** 부

사회정의 상담의 소개

제1장 머리글 / 15

제2장 다문화 상담 이론과 사회정의의 관계 / 21
 역사적 관점 _ 23
 다문화 상담 패러다임 _ 24
 다문화적 역량 _ 27
 다문화 상담 역량 사정 _ 36
 자기보고 사정 _ 36
 훈련 프로그램에서 다문화적 쟁점의 사정 _ 40
 다문화 상담 역량에 대한 수퍼바이저의 평가 _ 41
 요약 _ 42
 토의문제 _ 42
 참고문헌 _ 43

제3장 다섯 번째 힘으로서의 사회정의: 이론과 개념 / 51

사회정의란 무엇인가 _ 53

심리학과 상담에서의 사회정의 이론 _ 58

사회정의와 다문화 역량의 관계 _ 63

사회정의 실천의 목표 _ 66

사회정의에서의 모델 _ 68

사회정의 그리고 윤리 _ 69

사회정의: 다섯 번째 힘 _ 72

사회정의 전문가의 특성 _ 78

토의문제 _ 80

참고문헌 _ 81

〈부록〉 UN 세계 인권 선언 _ 88

제 2 부

심리치료, 상담, 인권 및 사회정의의 다단계 모델

제4장 심리치료, 상담, 인권 및 사회정의의 다단계 모델의 개발, 근거 및
전제조건 / 97

다단계 모델의 근거 _ 99

변화하는 인구사회학적 특징 및 주요 정신건강 서비스의 사용 빈도 감소 _ 106

사회정의를 위한 정신건강 모델의 필요성: 다단계 모델의 개발 _ 109

다단계 모델 적용을 위한 필수조건 _ 111

결론 _ 125

토의문제 _ 126

참고문헌 _ 127

제5장 심리치료, 상담, 인권 및 사회정의의 다단계 모델 / 133

1단계: 정신건강 교육 _ 136

2단계: 집단, 가족, 개인 심리치료 _ 141

3단계: 문화적 임파워먼트 _ 148

4단계: 서양의 치유방법과 토착적 치유방법의 통합 _ 153

5단계: 사회정의와 인권 _ 159

결론 _ 163

　토의문제 _ 163
　참고문헌 _ 165

제3부

사회정의로의 여정과 개별적 적용

제6장　인권과 사회운동 투사인 한 아시아 여성의 여정 / 175

　왜 인권과 사회운동이고 의사는 아닌가 _ 175
　사회정의 전사로서 한 아시아 여성이 습득한 여덟 가지 주요 교훈 _ 178
　현재 사회정의 운동에서 습득한 여덟 가지 교훈을 결합하는 것 _ 182
　참고문헌 _ 191

제7장　사회정의의 근간: 인권 옹호자가 되기까지의 여정 / 193

　첫 번째 사례연구 _ 199
　두 번째 사례연구 _ 201
　세 번째 사례연구 _ 203
　참고문헌 _ 204

제8장　대학원생들의 사회정의에 대한 회고 / 205

　나는 너를 흑인 소녀로 본다. 하지만 나는 감히 말하고 도전한다 _ 206
　백인의 특권에 대한 중독 _ 209
　그곳에 머무르고, 그것을 행하라: 나는 배우는 것 이상의 것은 없다고 생각한다 _ 211
　백인인 것을 부인하기: 나는 백인이 아닙니다. 나는 유대인입니다 _ 215
　다른 사람의 입장에서 살아가기: 살아 있는 사회정의와 옹호 _ 217
　묻어 두었던 것을 드러내는 용기 _ 222
　방관자에서 사회정의 옹호자로의 여정 _ 226
　나는 옹호 중독자입니다! _ 229
　문화적 유산을 포용하여 사회정의의 대변인이 되어 가기:
　　긍정적이지만 고통스러운 여정 _ 232
　참고문헌 _ 238

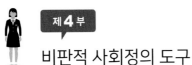

제**4**부
비판적 사회정의 도구

제9장 사회변화와 사회정의의 중요한 교차점 / 241

사회정의와 사회변화의 관계성 _ 242

변화의 심리학 _ 245

사회변화의 원리 _ 248

사회변화에서 권력의 의미 _ 258

변화에 대한 저항 _ 260

요약 _ 263

토의문제 _ 263

참고문헌 _ 264

제10장 리더십과 사회정의 / 267

사회정의에서의 리더십 _ 269

리더십 모델 _ 270

리더십 스타일 _ 272

젠더와 리더십 _ 275

상담 리더십 _ 276

사회정의와 인권 리더의 특성 _ 277

사회정의 리더의 열네 가지 특성 _ 279

토의문제 _ 284

참고문헌 _ 285

제11장 옹호와 사회정의 / 289

옹호의 역사적 개관 _ 290

옹호 활동의 유형 _ 292

사회정의와 인권 옹호 _ 293

사회정의 실천에서 옹호의 정의 _ 300

사회정의 실천에서 효과적 옹호를 위해 필요한 자질 _ 301

옹호의 유형과 옹호 과업 및 활동 _ 303

사회정의 옹호의 도전과 현실 _ 307

NSC를 넘어서 사회정의 옹호자가 되는 것 _ 309

옹호 활동의 예 _ 311

결론 _ 312

토의문제 _ 314

참고문헌 _ 315

제12장 임파워먼트의 신화와 실제 / 321

진정한 임파워먼트 _ 324

진정한 임파워먼트와 옹호 _ 325

임파워먼트의 요소 _ 325

사례연구: 사회정의와 진정한 임파워먼트 _ 329

토의문제 _ 334

참고문헌 _ 334

제13장 사회정의 실현수단으로서의 학제 간 협력 / 337

학제 간 협력의 중요성 _ 339

사회정의로 나아가는 학제 간 협력의 필요성 _ 341

권장행동 그리고 전략 _ 347

학제 간 협력을 위한 요소 _ 347

결론 _ 360

토의문제 _ 361

참고문헌 _ 362

제 5 부

사회정의의 적용

제14장 사회현장연구: 사회정의 실천을 위한 주요 도구 / 367

왜 연구가 필요한가 _ 368

사회변화를 위한 연구 자료의 활용 _ 369

창의적인 연구: 여러 연구방법의 활용 _ 370

사회실행연구는 무엇인가 _ 372

사회정의, 사회실행연구 그리고 상담학, 심리학 및 사회복지학의 관계 _ 379

상담과 심리치료에서 사회실행연구의 적용 _ 381

미국에서 사회실행연구의 예 _ 385

국제적 맥락에서 사회실행연구 _ 386

결론 _ 389

토의문제 _ 390

참고문헌 _ 391

제15장 교육훈련 프로그램 모델: 상담, 다문화주의, 사회정의와 인권 / 395

조지메이슨 대학교의 상담과 발달 프로그램 _ 398

상담과 발달 프로그램의 역사 _ 398

1단계: 강령의 정의 _ 401

2단계: 강좌 수정 및 학습 과목 변경 _ 403

3단계: 말한 것을 실행에 옮기기–국경 없는 상담사협회를 통한 사회정의 실천

  적용시키기 _ 409

4단계: 프로그램 입학 _ 415

5단계: 학생 및 프로그램 평가 _ 416

6단계: 교수진 평가회의 _ 417

7단계: 학생 참여 및 기여 _ 418

추천사항 _ 420

요약 _ 423

참고문헌 _ 424

제6부
세계화 속의 사회정의

제16장 문화와 세계화 속의 사회정의: 사회정의 증진 어젠다 / 429

왜 세계화 시각에서 사회정의 문제를 다루어야 하는가 _ 430

세계적 이슈와 미국 이슈의 교차점 _ 432

UN 세계 인권 선언 _ 436

왜 정신건강 전문가와 상담사가 관여해야 하나 _ 439

심리치료사와 상담사 및 사회복지사를 위한 실용 전략 _ 442

토의문제 _ 443

참고문헌 _ 444

제17장 결론 / 447

참고문헌 _ 450

• 찾아보기 _ 451

제**1**부

사회정의 상담의 소개

Social Justice Counseling: The Next Steps Beyond Multiculturalism

머리글

우리는 세상에서 보고 싶은 변화가 되어야 한다.

-Mahatma Gandhi

우리는 『사회정의 상담: 다문화주의의 적용, 이론, 실천을 넘어선 다음 단계』를 지난 10여 년에 걸쳐 집필하였다. 정신건강 영역에 다문화주의 사회정의 운동이 도입되자 여러 반응이 있었듯이 이 책에 대해서도 그동안 강력한 반발들이 있어 왔다. 이 책은 매우 환영받기도 했지만 집필 초기에는 상담, 심리학, 사회사업 영역에서 사회정의를 적용하는 데 매우 강한 비판을 받기도 하였다. 그러나 이 책의 집필이 시작된 지 10년이 지나면서 정신건강 영역에서 사회정의에 대한 쟁점들을 자주 접할 수 있게 되었고, 심리학자, 상담사, 사회복지사들의 실천 영역에서 사회정의의 쟁점들은 주요 영역으로 자리매김하게 되었다. 아직 상담의 주요 영역으로 사회정의를 다루는 것에 대한 거부감이 사라진 것은 아니지만 과거에 비하면 그러한 거부감은 현저히 줄어들었다. 이 책에서는 모든 사람을 위한 정의와 평등, 형평성에 대한 우리의 실천과 경험 및 헌신의 기반, 사회정의를 달성하기 위한 수단으로 권력과 특권을 재분배하는 것에 대한 비판적 쟁점들을 다뤘다. 이러한 우리의 다문화주의 사회정의 상담과 관련된 생각과 경험들을 독자들과 나누게 된 것을 기쁘게 생각한다.

이 책은 다문화 상담과 심리학 분야에서 연구해 온 여러 동료의 놀라운 업적을 기반으로 하고 있다(Joseph Aponte, Patricia Arredondo, Manuel Casas, William Cross, Michael D'Andrea, Judy Daniels, Juris Draguns, Janet Helms, Farah Ibrahim, Allen Ivey, Teresa LaFromboise, Anthony Marsella, Thomas Parham, Paul Pedersen, Joseph Ponterotto, Don Pope-Davis, Issac Prilleltensky, Maria Root, Derald Wing Sue, Stanley Sue, Joseph Trimble, Clemont Vontress 외 다수). 이 책의 각 장들은 다문화 영역에서 선구자들이 진행해 온 훌륭한 연구와 노력들에 기초하여 집필되었으며, 상담, 심리치료, 사회복지 분야에서 사회정의를 다음 단계로 진전시켜 나갈 것에 대해 설명한다. 이 책은 문화적 다양성과 다원화가 중시되는 다문화 상담에 사회정의가 흡수되거나 희석되지 않으면서, 정신건강 분야에 사회정의가 통합될 수 있는 방법에 대해 체계적으로 볼 수 있도록 정리하는 첫 시도라고 볼 수 있다.

사회적 불평등은 억압, 배척, 특권, 권력 내에 깊게 뿌리박혀 있으며, 이는 새로운 사실이 아니다. 오랫동안 차별, 억압, 비관용은 인종, 민족, 문화, 성적 성향, 사회경제적 지위, 젠더, 연령, 종교, 신체적 장애, 정신장애 등에 근거하여 사람들을 조직적으로 소외시켰고, 이로 인하여 접근성과 기회, 참여를 가로막는 장애가 되었다. 상담사, 심리사, 사회복지사들은 상당한 억압, 차별, 사회적 불평등, 불공정한 대우, 편향된 특권, 불공평한 사회적 · 정치적 · 경제적 문제들을 경험하는 클라이언트, 가족, 지역사회, 학교와 지속적으로 함께 일해 왔다. 그러나 아직도 우리는 서구 심리학의 영향을 받아, 인간의 문제를 다루면서 사회적 · 경제적 · 정치적 · 생태학적인 거시적 맥락에서 보기보다는 개인과 개인의 병리와 강점에 자주 중점을 두고 일하고 있다.

의식적으로 의도하지는 않았지만, 전통적인 정신건강에서는 정신건강에 영향을 미치는 이러한 거시적이고 중요한 쟁점들을 간과하여, 클라이언트의 삶에 미치는 주요한 영향을 경시하는 결과를 초래했다. 그러나 실천 현장에서 사회정의를 활용하는 것은 앞과는 확연히 다른 방법으로 진행되었다. 사회정의는 클라이언트에게 영향을 미치는 중요한 삶의 거시적 쟁점과 상황도 다루면서 클라이언트를 조사하고 돕는 과정의 경계를 넓혔고, 상담과 심리치료에서 이러한 부분들이 핵심 요소가 되도록 하였다. 따라서 사회적·경제적·생태학적·역사적·정치적 문제, 고민들과 사회운동은 심리치료적 관계에서 고려되어야 하는 핵심 요소가 되었다.

정신건강 분야가 문화적 다양성에 관심을 기울이게 되면서, 21세기의 시대적 상황에 더 적합한 기능을 하게 되었다. 남아메리카인과 아시아인이 급속하게 증가하는 미국에서는 현재 인구의 12%가 외국인 태생이며, 2042년에는 유색 인종이 백인을 능가할 것이고, 2050년에는 인구의 54%가 소수집단이 될 것이라고 예측하였다(U.S. Census Bureau, 2008). 이러한 변화 속에서 한편으로는 문화적 다양성에 대한 포용성이 높아졌다고 볼 수 있지만, 동시에 인종과 민족적 다양성, 종교적 신념의 다양성, 성적 성향에 대한 포용성에서 양극화가 진행되고 있는 것도 현실이다. 세계화, 미디어와 기술의 발전, 전 세계적인 인구 이동 등을 통해 세계는 가까워지고 있는 데 반해, 한편으로는 문화적 차이가 심화되면서 상담사, 심리사, 사회복지사는 다양성의 문제들에 대해 반드시 인식하고 있어야 하며, 민감성을 높여야 한다.

결과적으로 정신건강 전문가들은 문화적으로 다양한 사람과 효과적으로 일하기 위해 문화적 민감성을 성장시킬 수 있도록 탁월한 기술을 습득해야만 했다. 그러면서 인종과 민족, 신체적·정신적 장애, 젠더, 종교, 성적 성향, 연령, 사회경제적 지위의 독특성과 존엄성에 대해 깊이 있게 인식하고 존중하며 받아들일 수 있게 되었다. 문화적 다양성에 대해 새롭게 인정했지만 어떻게 다문화주의와 정신건강 사업 및 사회정의 상담을 연결할 것인지에 대한 체계적인 관심은 없었다. 이 책에서는 사회정의의 적용, 이론, 실행, 연구에 관하여 설명하면서, 사회정의와 다문화 상담을 조합하여 어떤 방법으로 그다음 단계로 진전시켜 갈 것인가에 대한 연구들을 제시한다. 추가적으로 이 책은 숙련된 사회정의 정신건강 실천가가 되는 데 필요한 이론, 기술과 기법의 기초를 제공하고, 현장에서 사회정의 정신건강 전문가가 반드시 이해해야 한다고 믿는 쟁점들을 검토한다는 점에서 기존의 사회정의에 대한 다른 저서와 차별화된다. 이러한 쟁점들은 통상적으로 사회정의 실천이라는 분리된 요소로서 독립적으로 다루어져 왔기 때문에 이를 다룬 기존의 저서들은 특정 측면에만 구체적으로 초점을 맞추어 저술되어 왔다. 그러나 이 책은 독보적으로 다문화주의에 대한 통합적인 관점에 입각하여 다문화주의를 적용하는 단계들을 제시한다. 이 책에서 다루어진 이슈들은 다문화주의와 사회정의, 개입 모델, 사회경제적이고 정치적인 쟁점들, 변화이론, 옹호, 리더십, 임파워먼트, 학제 간 협력, 사회현장연구와 훈련, 세계화 문제 등이고, 이를 통합적으로 다루고 있다.

다문화 사회정의 실천에서 공통적으로 제기되는 세 가지 질문은 다음과 같다.

- 사회정의란 무엇인가?
- 다문화 상담과 사회정의 상담의 차이점은 무엇인가?
- 다문화 사회정의를 실천하는 상담사, 심리사, 사회복지사들이 실제로 현장에서 어떻게 상담을 제공하는가?

이 책의 목적은 이러한 주요 질문에 답하는 것이며, 그 답들은 다문화 상담이 앞으로 발전하는 데 있어서 매우 중요한 요소가 될 것이다. 저자들은 지난 수십 년 동안 효과를 거둔, 다문화 종사자가 되기 위한 가이드라인을 포함한 탁월한 연구와 이론 등에 대해 문헌연구의 기반을 다져 왔다.

이 책은 여섯 개의 부로 구성되었다. 서론을 포함하여 제1부에서는 사회정의와 상담에 대해 소개할 것이다. 제2장에서는 다문화 상담의 이론을 검토하고, 이 이론들과 사회정의의 관련성을 살펴볼 것이다. 제3장에서는 다섯 번째 힘으로 사회정의의 정의, 이론, 역사적 관점, 모델과 사회정의를 추구하는 상담사, 심리사, 사회복지사의 특성을 살펴볼 것이다.

제2부에서는 심리치료의 다단계 모델(Multi-Phase Model: MPM)과 상담, 인권과 사회정의, 그리고 50년 이상의 경험과 접목되어 발전되어 온 사회정의 상담 모델에 대해 기술할 것이다. 제4장은 MPM의 효과적 활용을 위한 발전, 원리, 전제조건에 대한 논의를 시작하여 제5장에서는 MPM을 설명한다.

제3부에서는 두 저자가 대학원생들과 함께 실천하였던 사회정의 실천에 대한 개인적인 경험을 깊이 있게 다루었다. 두 저자와 대학원생들이 사회정의 실천에 대한 개인적인 경험을 기술하는 것은 이 책을 읽고 있는 독자가 사회정의를 개인의 수준에 맞추어 실천하는 데 도움이 되길 바라기 때문이다. 이 부분에서는 사회정의 정신건강 실천가가 되기 위한 여러 개인의 경험들을 기술하고 있으며 훈련과 실천을 통해 변화되는 힘을 다루고 있다.

제4부에서는 사회변화와 사회정의 사이의 중요한 교차점을 보여 주는 개인의 이야기를 다루고 있다. 제9장에서는 과정에 대해 탐색하고, 권력과 변화에 대한 저항

을 포함한 변화의 다양한 측면에 대해 검토한다. 그다음 두 개의 장에서는 다문화 사회정의 상담사의 주요 자질에 대해 논의한다. 제10장은 리더십, 리더십 스타일, 젠더에 대한 이슈, 사회정의 리더의 특징에 대해 자세히 알아본다. 제11장에서는 사회정의 상담 틀 내에서 이루어지는 옹호에 대해 살펴본다. 옹호의 역사, 효과적인 옹호의 특성, 사회정의 옹호자로서 경험하는 도전들에 대해 개괄적으로 설명할 것이다. 이어서 제12장에서는 다문화 사회정의 관점에서 일할 때 가장 중요한 요소 중 하나인 임파워먼트에 대해 살펴본다. 요즘 상담, 심리학, 사회복지에서 임파워먼트에 대해서 거부감이 없으며 클라이언트, 가족, 지역사회를 임파워먼트하는 것에는 모두가 지지적인 입장을 취하고 있다. 그러나 이 장에서는 때때로 정신건강 전문가들이 어떻게 의도하지 않게 임파워먼트를 가장하여 다른 사람들의 권력을 박탈할 수 있는지에 대해 비판적 시각으로 알아볼 것이다. 이 문제에 대해 더 자세히 알아보기 위해 '진정한 임파워먼트(authentic empowerment)'에 대한 논의를 할 것이며, 사회정의 상담과의 관계를 기술할 것이다. 제4부의 마지막 부분인 제13장은 학제 간 협력에 주목한다. 사회정의 상담을 수행하기 위하여 상담학, 심리학, 사회복지학의 단일 영역으로는 한계점들이 많았다. 이를 잘 수행하기 위해 학제 간 협력의 중요성과 실행 지침을 이 장에서 다룬다.

사회정의 상담에 대한 비판 중 하나는 사회정의를 상담에 통합시키는 것을 지원하는 근거기반 연구가 부족하다는 것이다. 이를 다루기 위해 제5부 '사회정의의 적용'에서는 사회 현장 연구와 훈련에 대한 장을 포함하였다. 제14장에서는 사회변화를 촉진하고자 하는 사회행동에 관한 연구 관점들을 검토하고, 사회실행연구를 고찰하는 연구자들을 살펴보고, 사회정의연구가 어떻게 상담, 심리학, 사회복지와 관련되는지를 살펴보았다. 제15장에서는 다문화주의, 사회정의, 인권을 강조하는 대학원 훈련 모델을 개발하는 교육자를 위한 사회정의 훈련 모델에 대해 논의하였다. 이 장에서는 다음 세대의 다문화 사회정의 상담사, 심리사, 사회복지사를 훈련시키는 이론, 설명과 제안점들을 제시한다.

제6부는 이 책의 마지막 부분이다. 제16장에서는 상담사, 심리사, 사회복지사들이 '세계화의 맥락 속에서 생각하고 지역적으로 행동할(think globally, and act locally)' 수 있도록 지원하는 환경에서 사회정의의 중요성과 적절성을 검토한다. 또한 사회정의에 대한 세계화의 영향을 중시하고, 국가적이고 세계적인 차원에서 작

용하는 부정의와 정신건강 현장의 관계에 대해 주목한다. 마지막으로, 제17장에서는 사회정의 실천의 실제에 대해 논하고, 부정의의 문제를 다룰 때 '어떻게 한 사람의 영혼을 살릴 수 있는지'에 대해 논의함으로써 이 책의 결론을 맺고자 한다. 현장 전문가들이 사회 부정의에 맞서 싸울 때 용기와 열정을 유지할 수 있고, 전문가들이 자기 스스로를 잘 관리할 수 있도록 지원하는 것이 매우 중요하다.

우리는 이 책이 정신건강 분야에서 다문화가 새로운 지평을 넓혀 갈 수 있는 데 도움이 되는 첫 시도이며, 사회정의 정신건강 실천에 필수적인 다양한 분야를 한 권의 책에 담음으로써 더 공평하고 정의롭고 건강한 사회와 세상으로 진보해 가는 데 필수적인 적용, 이론, 실천에 관한 지식과 자료를 통합하여 정리하는 의미 있는 시도라고 믿는다.

우리는 당신의 사회정의 실천이 성공하길 바란다. 아울러 Mahatma Gandhi의 글로 서론을 마치고자 한다.

소명에 대한 꺼지지 않는 믿음 위에 열정적인 영혼으로 무장된 작은 몸이

역사의 흐름을 바꿀 수 있다.

📖 참고문헌

U.S. Census Bureau. (2008). *An older and more diverse nation by midcentury*. Retrieved from http://www.census.gov/Press-Release/www/releases/archives/population/012496.html

다문화 상담 이론과 사회정의의 관계

　미국 통계청이 발표한 인구추계에 따르면 21세기 중반까지 미국은 인종적·민족적 다양성
이 증가할 것으로 예측된다. 현재 미국 인구의 약 1/3을 차지하는 소수자는 2042년에 다수자
가 되고, 2050년 전체 인구의 54%를 차지할 것으로 전망된다. 2023년까지 소수자는 전체 어
린이의 50% 이상을 차지할 것으로 보인다(U.S. Census Bureau, 2008).

　중남미 미국인은 2008년부터 2050년 사이, 46억 7천만 명에서 132억 8천만 명으로 거의 세
배가 되고 미국 거주자의 세 명 중 한 명은 중남미 미국인이 될 것으로 추정된다. 아프리카 미
국인 인구는 41억 1천만 명으로 2008년 전체 미국 인구의 14%를 차지하던 것에서 2050년 65억
7천만 명으로 전체 미국 인구의 15%를 구성할 것으로 추정된다. 아시아계 미국인은 같은 기
간 15억 5천만 명에서 40억 6천만 명으로 증가해, 전체 미국인의 5.1%에서 9.2%로 확대될 것
으로 예측된다. 미국 원주민과 알래스카 원주민은 4억 9천만 명에서 8억 6천만 명으로 증가할
것으로 추정된다. 하와이 원주민과 기타 태평양 섬 주민은 1억 1천만 명에서 2억 6천만 명으로
두 배 이상 증가하고 자신의 민족적 정체성이 두 개 이상인 사람들의 규모는 5억 2천만 명에서
16억 2천만 명으로 세 배 이상 증가할 것으로 예측된다(U.S. Census Bureau, 2008).

1. 당신이 인종이나 민족에 처음 주목하게 된 것은 언제인가?

2. 당신은 언제부터 다문화적 세팅에서 일하게 되었는가? 당신은 당신과 문화적 배경이 다른 다문화 클라이언트들에게 접근하였는가?

3. 당신은 미국에서 문화적 다양성에 영향을 미친 주요한 역사적 사건을 회상할 수 있는가?

4. 당신은 당신과 문화적 배경이 다른 클라이언트와 전문적 또는 사적으로 접촉할 때, 당신과 문화적으로 동질적인 클라이언트를 원조할 때와는 다른 의사소통 기술을 사용하였는가? 아니라면 이유는 무엇인가? 만일 사용하였다면 그 의사소통 기술의 차이가 무엇인지 자세히 설명하시오.

5. 당신은 다양한 문화에 노출되고 또 관계를 맺는 것이 개인의 인생을 풍부하게 한다고 믿는가? 그렇게 생각하는 이유는 무엇인가?

사회정의는 다문화 상담의 핵심이다. 정신건강 영역에서 사회정의와 인권을 이해하기 위해서 다문화 상담은 반드시 면밀하게 연구되어야 한다. 따라서 이 장은 다문화 상담의 역사, 이론, 실천에 대한 전반적인 검토로 시작하고자 한다. 이어서 다문화 상담 역량의 개발에 대한 고찰이 이루어질 것이다. 이 장 전체에 걸쳐, 우리는 다문화 상담과 사회정의 그리고 인권 사이의 관계에 대해 논의할 것이다.

최근 몇 십 년간, 다문화 상담에 대한 선행연구가 크게 증가했다(예: Arredondo, Rosen, Rice, Perez, & Tovar-Gamero, 2005; Arredondo & Toporek, 2004; Constantine, 2007; Pedersen, 2000; Ponterotto, Casas, Suzuki, & Alexander, 2001; Pope-Davis & Coleman, 1997; Roysircar, Sandhu, & Bibbin, 2003; Sue, Arredondo, & McDavis, 1992; Sue et al., 1998). 미국 사회의 인종, 민족 그리고 문화적 인구 구성의 극적인 변화(Chung, Bemak, Ortiz, & Sandoval-Perez, 2008; U.S. Census Bureau, 2002) 그리고 정보 기술의 발전과 세계화의 영향에 대한 인식에 따라, 정신건강 전문가로서 우리는 클라이언트 집단에 미치는 문화의 영향을 더 이상 무시할 수 없게 되었다. 이것은 우리가 다른 인종적 · 민족적 · 문화적 배경을 지닌 클라이언트를 만나거나, 우리의 가족, 마을, 학교 그리고 지역이 문화적 차이에 영향을 받게 될 가능성이 높다는 것과 같다. 결과적으로, 지난 25년간 다문화 상담이 증가해 왔다(Brown, Parham, & Yonker, 1996; Kiselica, Maben, & Locke, 1999). 사실상, 상담 프로그램에서 다문화

상담 교과목은 1991년부터 1995년 사이에 열렸던 강의 중 가장 빠르게 증가한 신설 교과목으로 예견되었고(Hollis & Wantz, 1990, 1994), 21세기 최근의 실천활동으로 우리를 인도했다.

　다문화 상담의 이와 같은 중요성과 지대한 영향에 의해, 다문화 상담은 상담 전문 분야에서 '네 번째 힘'이 되었다(Pedersen, 1999). Pedersen(1999)에 의하면, 다문화 상담이 네 번째 힘이 되었다는 것은 그것이 다른 상담이론들과 경쟁적이라는 것이 아니라 오히려 최근의 상담이론을 보완하는 이론임을 시사한다. 그는 다문화 상담에서 중요한 부분인 문화의 중요성을 강조하며, 따라서 다른 세 개의 힘인 상담의 정신역동적, 행동주의적, 인본주의적 차원과의 관계에서 문화를 중심에 둔다.

역사적 관점

　다문화주의는 새롭거나 최근의 개념은 아니다. 지난 세기 동안, 고대 시민사회까지 거슬러 올라가 살펴보더라도 다른 문화와 다양한 배경을 지닌 사람들과 소통하고 상호작용하는 것의 어려움, 도전, 잠재적 문제에 대한 인식이 있었다(Jackson, 1995). 과거와 다른 점은 문화적 다양성이 전 지구적으로 확대되었고 전 세계에 걸쳐 문화적 다양성이 다양한 수준을 보인다는 것이다. 국가 및 국제적 경계를 넘는 급속한 문화의 확산, 자발적 또는 비자발적으로 이주하는 사람들의 거대한 이동, 기술의 진보, 그리고 증가하는 세계화의 조건하에서 다문화주의는 괄목할 만한 전 지구적 현상일 뿐 아니라 복잡하고 다차원적인 쟁점이 되었다. 다문화주의가 우리 자신과 우리의 클라이언트 그리고 상담사, 심리치료사, 사회복지사로서 우리 업무에 미치는 잠재적 영향과 관련됨에 따라, 다문화의 복합성을 인식하고 이해하며 인정하는 다문화주의는 우리의 전문직에 있어 더 중요하게 되었다.

　다문화 상담의 역사는 수십 년으로 확대된다. 1950년대, 다문화 상담에 대한 소수의 논문이 발표되었다. 이 시기에, 유색인종 학자들은 전문 학술지에 논문을 출간하는 것에 장벽이 있었다. 전문적 학술지들은 이 분야에 관심이 없는 유럽계 미국인들이 주를 이루는, 전국적으로 명성을 얻고 있는 소수의 집단에 의해 전유되었다(Walsh, 1975).

그러나 1960년대 시민운동의 중요성이 증가하면서 다문화 상담이 발전되고, 전문적 관심의 대상이 되기 시작했다. 인종주의, 편견, 그리고 차별 이슈에 대한 새로운 정치적·사회적 인식은 상담사, 심리치료사, 사회복지사들에게 상담과 심리치료 분야를 사회적 부정의와 관련해 검토하도록 강한 영향을 미쳤다. 다수 집단과 비교해 민족적·인종적 소수집단의 열등함에 대한 주장은 의문시되었다(Jackson, 1995). 공정하지 못한 치료, 불평등 그리고 인종에 대한 새로운 인식을 얻게 된 백인 정신건강 전문가들의 지지에 부분적으로 힘입어, 이 시기에 다문화 상담이 꽃을 피웠다. 심리학 내에서의 유럽계 미국인의 전통에 기초한 상담이론, 모델 그리고 기술들이 다른 민족적·인종적·문화적 배경을 지닌 클라이언트에게 적용될 수 있는지 여부에 문제가 제기되었다. 그래서 정신건강 전문가에 의해 제공된 서비스가 모든 클라이언트에게 효과적일지에 대한 의심과 회의가 일어나기 시작했다.

이와 같은 자각과 아울러, 시민권 운동에 의해 영구화된 민감성은 인종적·민족적 집단을 위한 고등교육의 기회를 확대시켰고, 원조 전문가에 대한 지대한 관심을 불러일으켰다. 증가하는 다양한 인구 집단 내부의 문화적 차이에 대하여 이 시기에 훈련받은 정신건강 전문가들이 적절하게 반응하는가에 대한 심각한 문제가 제기되면서, 인종적·문화적으로 다양한 원조 전문가 집단이 확대되었다(Aubrey, 1971).

더 많은 상담과 심리치료에서 다문화주의와 교차문화적 쟁점에 집중하면서 1960년대에 형성된 추진력은 1970년대까지 지속되었다. 연방정부, 주정부, 사립재단으로부터의 재원으로 1980년대와 1990년대 교차문화적 연구가 급속하게 성장하였다. 다양성과 다문화적 이슈에 대해 연구하고 글을 쓰는 전문가에 의해, 이와 같은 성장은 21세기까지 유지되었다(Jackson, 1995). 문화적 민감성의 중요성에 대한 인식이 확대되고 연구가 지속적 성장을 거듭했으나, 다문화 상담은 여기에 그치지 않고, 원조 전문 분야에서 네 번째의 힘이 될 것이 명확하다.

다문화 상담 패러다임

비록 원조하고 지지하는 개인은 인류의 초기부터 존재해 왔지만, 전문적인 상담은 제일 세계 국가인 서구에서 발달되었다. 전문상담은 상담과 심리치료의 기본적인 치료를 제공하고, 유럽계 미국 문화에서 개인치료를 강조한다. Sue와 Sue(1990)는 매우 다른 관점과 가치체계로부터 문화를 설명하는 유전적 결함 모델, 문화적 결함 모델 그리고 문화적으로 다양한 모델 등 세 개 모델을 밝혔다.

유전적 결함 모델은 유색 인종은 백인 유럽계 미국인에 비해 지적으로 열등하다고 주장한다. 초기에 이 관점은 백인과 흑인 사이의 지적 수준의 차이를 조사한 Arthur Jensen의 연구(예: Jensen, 1969; Nyborg & Jensen, 2000)에 의해서 지지되었다. 좀 더 최근에 이 주장은 벨 커브(bell curve)[1] 개념(Hernstein & Murray, 1994)에 의해 지지되었다. 비록 인종을 기반으로 한 열등한 지적 능력의 관점을 확대하는 이론들이 한때 인기를 끌었지만, Jensen의 연구가 혹평을 받았다는 것을 인식하는 것이 중요하다(Valencia & Suzuki, 2001).

문화적 결핍 모델은 단일문화적 관점을 취한다. 단일문화주의는 모든 인간은 동일하고 유사한 문화적 신념, 가치, 태도 그리고 세계관을 갖는다는 가정으로부터 출발한다. 이 모델에서, 서구 선진국가의 유럽계 미국인 백인 문화 집단은 문화적으로 다양한 그 외의 집단들과 비교하기 위한 기초선으로 고려되었다. 따라서 모든 문화 집단은 서구 선진국가의 유럽계 미국인 백인 문화 집단을 기준으로 비교되었으며, 기준과 다른 집단은 문화적으로 박탈되었거나 결핍된 것으로 조명되었다. 그래서 유색 인종, 언어가 다른 이주민과 난민 집단, 게이, 레즈비언, 그리고 문화적 주류가

---

1 역자 주: 1994년 사회학자 Richard Hernstein과 정치학자 Charles Murray는 『벨 커브(The Bell Curve: Intelligence and Class Structure in American Life)』라는 책을 펴내면서 지능과 인종의 상관관계를 주장하여 논란의 중심에 섰다. 이 책은 당시 수십만 권이 팔려 나가면서 베스트셀러가 되었고, 이 책에 대한 수많은 리뷰와 논쟁이 미국 전역에서 벌어졌다. 두 사람은 미국 노동부에서 1980년대부터 실시한 국가청년장기연구(National Longitudinal Study of Youth)에서 수천 명의 젊은이에게 지능검사와 유사한 검사인 ASVAB라는 검사를 실시하고 이들의 향후 직업성취도와 연봉 등을 조사한 자료를 바탕으로 통계분석을 한 것이다. 그들은 책에서 인종별 평균 IQ를 제시했는데 흑인은 85, 라틴계는 89, 백인은 103, 황인종은 106이었다. 그러면서 지능은 타고난 것과 환경적 영향의 상호작용으로 결정되는 것이 분명하지만, 이 정도로 뚜렷한 차이를 보이는 것은 부모의 교육 수준, 사는 지역 등 환경적 영향을 뛰어넘는 것이라 할 수 있고, 인지적 엘리트란 존재하는 사실이라고 규정하면서 점차 미국 사회가 두 그룹으로 양극화될 위험이 있다고 경고했다. 그들은 지능과 직업적 성취도의 상관관계가 뚜렷하고 가장 중요한 요인이며 갈수록 그 영향이 증가하고 있고 40~80% 정도는 유전적인 면이 있다고 했다. 그러면서 정책을 수립하는 데 인종 간 지능 차이를 고려해야 한다는 주장을 하였다.
출처: [네이버 지식백과] 지능은 인종에 따라 다른가? — 헌스타인과 머레이의 '벨 커브'가 던진 논란(정신의학의 탄생, 2016. 1. 15)

아닌 여타의 다양한 소수집단은 문화적으로 박탈되었으며, 주류 문화의 속성이 부족한 것으로 인식되었다. 이 관점은 다른 집단을 넘어 한 집단의 우수성을 옹호하는 옹색한 신념으로, 매우 자문화중심적인 치료의 기초를 제공한다.

세 번째 모델인 **문화적으로 다양한 모델**은 다문화 상담과 문화적 차이의 개념을 지지한다. 비주류 문화 집단 출신으로 살아가고, 주류 문화와 차이를 갖는 것은 한계나 불이익으로 인식되지 않는다. 이 모델에서 개인은 백인 유럽계 미국인 혹은 주류 문화의 관점에서 판단되지 않는다. 따라서 다르다는 것은 개인이 결핍되어 있고, 취약하거나, 결함이 있음을 시사하는 것으로 보인다. 대신에 다른 문화적 관점은 가치 있는 것으로 인정되고, 존중받고, 감사한 것으로 받아들여진다. 문화적으로 다양한 모델은 앞의 두 모델이 했던 것처럼 문화적 차이를 취약한 것으로 보지 않고, 긍정적이고, 건강하며, 생기 있고, 없어서는 안 될 필수적 사회요소로 본다(Robinson & Howard-Hamilton, 2000). 다문화주의를 포괄하는 문화적으로 다양한 모델은 인종, 민족, 성별, 성적 기호, 종교, 장애, 그리고 다른 문화적 차이에 대한 지각, 존중, 이해, 인정, 수용을 지지하고 가치를 부여한다. 이 모델을 고수하는 원조 전문가들은 문화적 차이는 인정되고 존중받아야 한다는 것을 통찰하고, 이 가치를 그들의 상담 업무에 통합시킨다.

다문화 상담 역량의 개발

앞에서 논의했던 바와 같이, 지난 수십 년 동안 다문화 상담 수련, 실천 그리고 연구에 대한 선행연구가 의미 있게 증가했다. 상담과 심리치료의 세계는 다문화적 렌즈를 통해 포괄적으로 검토되고 비판되어 왔다. 저자들은 문화적으로 민감한 기술과 기법(예: Aponte & Wohl, 2000; Atkinson & Hackett, 2004; Bernal, Trimble, Burlew, & Leong, 2003; Constantine, 2007; Ivey, D'Andrea, Bradford Ivey, & Simek-Morgan, 2002; Pedersen, Draguns, Lonner, & Trimble, 2002; Ponterotto et al., 1996; Sue & Sue, 2003)뿐 아니라 변용(예: Chun, Organista, & Marin, 2002), 주류 서비스 접근의 장애(예: U.S. Department of Health and Human Services, 2001), 신뢰와 감정이입(Chung & Bemak, 2002), 문화적으로 반응적인 예방 프로그램, 문화적으로 특화된 개입, 다문화주의에 기초한 이론에 대해 논의했다. 이 연구들은 원조 전문가로서의 우리가 민족적·

인종적·문화적으로 다른 배경 출신인 클라이언트에게 어떻게 문화적으로 반응할지에 초점을 둔다. 이와 같은 연구의 일부는 세계관과 같은 다문화적 구인의 심리적 측정도구를 개발했다(Ibrahim, Roysircar-Sodowsky, & Ohnishi, 2001).

동시에 예를 들면, 성차별주의, 계급주의, 연령주의와 같은 '~주의'의 다양한 집단이 경험하는 도전에 대한 이해가 생겼다(Atkinson & Hackett, 2004). 정신건강 전문가들은 클라이언트의 문화적 배경뿐 아니라 치료적 관계 속에서 자신의 문화적 배경, 심리적 성향, 편견, 특권을 이해하도록 돕기 위해서, 인종적·민족적 정체성의 개념(예: Cross & Vandiver, 2001; Helms, 1995; Phinney, 1992), 정체성 이론(Helms, 1995), 성적 기호 발달(예: Dube & Salvin-Williams, 1999; Espin, 1994), 이중문화와 다문화정체성(예: Root, 1992, 1996; Winters & DeBose, 2003) 등 연구 및 실천의 도구들을 발전시켰다.

1980년대는 전문가가 문화적 배경이 다른 클라이언트에게 문화적으로 민감해질 필요성을 인지하도록 돕는 운동과 더 높은 수준의 자각이 이루어졌다. 전문가들이 다문화적 역량의 안내 지침과 기준을 수립하기 시작한 것이 이 시기이다. 전문가들이 다문화적 역량을 이해하는 것은 중요하다. 다문화적 역량은 우리의 최근 작업의 맥락과 일상적 실천 및 훈련에 사회정의를 통합하는 기반을 제공한다. 이와 같은 역량의 역사와 진화는 다음에서 설명한다.

다문화적 역량

다문화적 역량의 발전은 미국심리학회(American Psychological Association: APA)의 17분과(상담심리학)가 다문화적 역량을 정의하는 정책 지침서를 작성하기 위해 위원회를 설립했던 1981년에 기원을 둔다. 이 지침서는 신념/태도, 지식, 기술의 세 가지 차원 아래 11개의 역량을 도출했다(Sue et al., 1982). 지침서는 채택되었으나 흥미롭게도 17분과 실행위원회에 의해 승인되지는 않았으며 『상담심리사(The Counseling Psychologist)』(Sue et al., 1982)에 출간되었다. 그리고 역량 있는 다문화 상담사가 되기 위한 요건의 첫 안내서를 원조 전문가들에게 제공했다. 지침서는 지속적으로 다문화적 이론을 정교화시키고, 역량을 확장시키는 템플릿으로 기능함에 따라 후속 작업의 기초선으로서 중요한 의미를 갖는다(예: Arredondo et al., 1996; Sue et al., 1992; Sue et al., 1998).

31개 다문화 상담 역량의 목록이 출간된 것은 지침서가 발간된 지 10년 후이다(Sue et al., 1992). 1992년 역량들은 3개 APA 분과(최근 이름은 상담심리 분과, 여성심리 분과, 인종적 소수자 쟁점에 관한 심리적 연구 분과) 6개 미국상담학회(American Counseling Association: ACA) 분과, 즉 성인발달과 노화협회, 상담사 교육과 수퍼비전 협회, 게이 · 레즈비언 · 양성애자 쟁점 협회, 다문화상담과 발달협회, 미국학교상담사협회, 집단상담전문가협회, 국제결혼과 가족상담협회에 의해 승인되었다. 비록 APA가 역량들을 승인하지는 않았지만 APA의 인종적 소수자 위원회(Board of Ethnic Minority Affairs)는 다양성 지침서를 출간했다(APA, 1993). 더불어 민족적 · 인종적 · 문화적 배경이 다른 클라이언트와 일할 때 심리사가 다문화적 역량을 갖는 것이 중요하다는 인식은 APA의 심리사의 윤리 원칙과 윤리강령에 다문화적 역량을 포함시키는 변화를 가져왔다(APA, 1992).

놀랍게도, 17분과 실행위원회로부터 승인을 받는 데 20년이 걸렸다(Arredondo et al., 1996; Sue et al., 1992). 세 개의 전문가 조직이 다문화적 역량을 수립하는 데 기여하는 주된 역할을 수행했다. 인종적 정체성의 쟁점을 다룬 두 개의 추가 역량(Sue et al., 1998)에 더해, 원래 11개 다문화적 역량(Sue et al., 1992)은 조작화된 31개 역량(Sue et al., 1992)으로 진화하여 총 33개 역량으로 만들어졌다(APA, 1993). ACA는 2003년 5월에 승인한 반면(ACA, 2003), APA의 대표 이사회가 다문화적 역량을 승인한 것은 2002년이 되어서이다(Arredondo & Perez, 2003).

다문화 상담 역량에 대한 포괄적인 서술과 풍부한 양의 선행연구가 있기 때문에(예: Arredondo et al., 1996; Pope-Davis & Coleman, 1997; Sue et al., 1992; Sue et al., 1998) 여기에서는 역량에 대한 간략한 설명만을 제공하고자 한다. 다문화적 역량은 민족 · 인종 그리고 다양한 문화 집단 출신의 클라이언트와 일하는 상담사의 태도/신념, 지식 그리고 기술로 정의된다(Sue et al., 1992; Sue et al., 1998). 역량은 세 개 차원과 세 개의 레벨로 구성된 3×3행렬로 구조화된다. 세 개의 차원은 다음과 같다: ① 상담사 자신의 문화적 가치와 편향에 대한 인식, ② 클라이언트의 세계관에 대한 상담사의 인식, ③ 문화적으로 적절한 개입 전략. 세 개의 레벨은 다음을 포함한다: ① 태도/신념, ② 지식, ③ 기술. [그림 2-1]은 세 개 차원과 세 개 레벨에 대한 도식이다.

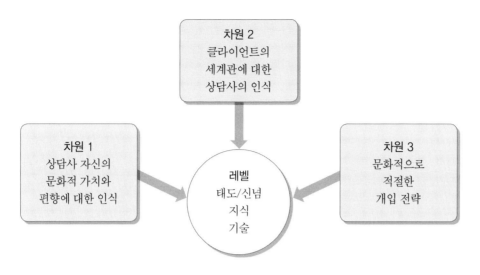

[그림 2-1] 상담사와 심리치료사를 위한 다문화적 역량

출처: Arredondo et al. (1996)에서 발췌.

주: 클라이언트 함께 일할때의 태도/신념, 지식, 그리고 기술은 각 차원마다 다양하다.

차원 1: 상담사, 심리치료사, 사회복지사 개인의 문화적 가치와 편향에 대한 인식

■ 레벨 1: 태도/신념

상담사, 심리치료사, 사회복지사가 자신의 고유한 문화적 유산, 가치, 신념, 태도, 세계관, 경험, 지각, 특권, 편향, 편견, 정체성 그리고 다른 심리적 과정에 대한 인식을 발전시켜야 할 필요성을 포괄한다. 자신의 고유한 문화적 배경이 클라이언트와의 치료적 관계에 어떠한 영향을 미치는가에 대해 면밀히 연구하고, 자신의 문화적 배경에 대해 문화적으로 인지하고 민감해지는 것은 중요하다. 추가적으로, 상담사, 심리치료사, 사회복지사는 다른 문화에서 온 사람들에 대한 자신의 긍정적이거나 부정적인 반응을 인지해야 한다. 특정한 민족이나 인종 집단에 대해 표면적으로 드러나거나 드러나지 않는 차별이 존재하는 자신의 문화를 인식하는 정신건강 전문가가 한 예가 될 수 있다. 자신의 고유한 성향을 아는 것은 민족적 혹은 인종적 배경이 다른 클라이언트나 학생과 효과적으로 일하는 능력을 발달시키는 데 매우 중요하다.

그러므로 자신의 태도 및 신념에 대해 인지하고 있을 때, 문화적으로 숙련된 상담사 및 심리치료사는 문화적으로 인식이 없는 단계에서 인식이 있는 단계로 이동하고, 자신의 고유한 문화적 유산의 복잡성과 다른 문화와 자신 문화 사이의 상호관계에 민감해진다. 정신건강 전문가들은 차이에 가치를 부여하고, 존중하며, 자신의 역량의 한계와 다양한 문화에 걸쳐 일하기 위해 갖춰야 할 전문성을 깨달으면서, 앞서 언급한 것과 같은 역량 있는 상태를 이루어 내야 한다(Sue et al., 1998). 이러한 인식과 수용을 통해 특정한 '문화에 대한 우수성'은 제거되어야 한다. 그리고 실천가들은 다른 사람들이 지닌 차이점을 진심으로 가치 있게 생각하고, 감사하고, 존중하는 깊이 뿌리내린 감각을 받아들여야 한다. 상담사, 심리치료사, 사회복지사들은 인종, 민족 그리고 자신과 클라이언트 사이의 차이를 편하게 받아들일 수 있어야 한다.

■ 레벨 2: 지식

자신의 고유한 인종적 · 문화적 유산과 이 유산이 상담과정에 개인적으로 그리고 전문적으로 어떠한 영향을 미치는가에 대한 지식을 갖고 있는 문화적으로 숙련된 상담사, 심리치료사, 사회복지사와 관련되어 있다. 인생의 특정한 사건에 수반되는 전통, 의식, 신념에 대해 아는 것은 우리 자신의 행동, 사유 그리고 감정 뒤에 자리하고 있는 의미와 맥락을 이해하는 데 도움이 된다. 이것은 클라이언트의 배경뿐만 아니라 전문가 자신의 문화적 배경과도 연관되어 있기 때문에, 상담사, 심리치료사, 사회복지사가 고정관념, 억압, 인종주의 그리고 차별의 영향과 역사에 대해 개인적이고 전문적인 관점으로부터 지식을 획득한다는 것을 의미한다. 따라서 정신건강 전문가들은 인종, 민족, 성적 기호 그리고 문화적 다양성의 다른 측면들에 대한 그들 자신의 인종적 태도, 신념 그리고 감정을 반드시 인식해야 한다. 우리 자신을 받아들이고, 용기를 내어, 진심으로 정직하게, 껄끄러운 전문가적 문제의식을 제기하는 개방성을 보이기가 때때로 어려운 일임을 언급하는 것이 중요하다.

Helms(1995)에 따르면, 백인 상담사와 심리치료사, 사회복지사들에게 개인적 · 제도적 · 문화적 인종주의 내에 스며 있는 드러나거나 드러나지 않는 가치체계가 야기한 직접적 · 간접적 결과를 이해하는 것은 중요하다. 사회정의 모델과 일치하게, 상담사, 심리치료사, 사회복지사가 그들의 인종, 민족 혹은 젠더와 관련된 특권에 대해 인식하는 것 그리고 이 특권이 다른 사람들에 미치는 사회적 및 개인적 영향, 특히 치료적 관계에서 권력의 차이를 만들어 낼 가능성이 있다는 점을 이해하는 것이 정신건강 전문가들에게 필수적이다. 동시에, 그들이 의사소통 방식에 문화적 차이가 있다는 것을 알고, 자신의 스타일과 다른 사람의 스타일이 어떻게 상담과정을 촉진하거나 방해하는지를 깨닫는 것이 중요하다. 예컨대, 인간중심적 사고구조를 지닌 도시 외곽 출신의 백인 정신건강 전문가는 도심 출신의 흑인 미국인 집단을 대상으로 상담을 진행할 때 혼란스럽고 쩔쩔매게 된다. 클라이언트들은 서로 접근하는 방식에 있어, 실천가가 기대하는 것보다 훨씬 더 직접적이고, 자기주장이 강하고, 대립적이다. 그래서 이와 같은 환경에서 인간 중심적 접근은 효과적이지 않다.

■ 레벨 3: 기술

상담사, 심리치료사, 사회복지사는 문화적으로 다양한 클라이언트 집단과 효과적으로 일할 수 있다. 자신들의 능력과 역량의 한계를 인식하면서, 그들은 자신의 지식, 인식 그리고 역사, 문화적으로 특화된 원조를 요청하는 행동, 가치, 세계관, 종교적·영적 신념, 그리고 클라이언트에게 효과적으로 대응하기 위해 개입하는 사회적 맥락에 대한 이해를 활용한다. 이와 같은 경험을 통해 정신건강 전문가들은 문화적으로 다른 클라이언트 집단들과 일할 때 효과 있는 결과를 거둘 수 있고 그들의 이해를 넓힐 수 있기 때문에, 그들의 수퍼비전, 자문, 교육과 훈련 경험에 대한 필요성이 증대되고 환영받게 된다. 예를 들면, 정신건강 전문가는 자문을 구하고, 더 나아가 소말리아에서 온 클라이언트와 일하기 위해 훈련 및 교육을 받고, 트랜스젠더 클라이언트와 일하기 위해 도움을 구하고, 엘살바도르에서 온 클라이언트를 중앙아메리카 출신의 심리치료사에게 의뢰하며, 미국 원주민 정신건강 전문가 동료에게 전화를 걸어 미국 원주민 클라이언트와 관련된 문화적 실천에 대해 묻는다.

차원 2: 클라이언트의 세계관에 대한 상담사의 인식

■ 레벨 1: 태도/가치

상담사, 심리치료사, 사회복지사들은 문화적으로 다른 클라이언트의 세계관을 이해하고 주도적으로 학습함으로써 문화적 역량을 습득한다. 그들은 다른 인종적·민족적·문화적 집단을 향한 자신의 부정적인 정서적 반응을 인식하고, 자신의 개인적인 고정관념, 편견, 편향 그리고 선입관적 생각에 대해 통찰력을 갖고 있다. 예를 들면, 동성애에 대해 강하게 반대하는 종교적 배경을 지닌 상담사는 성적 정체성 문제로 고민하는 개인을 상담하는 데 자신의 뿌리 깊은 가치관이 어떤 영향을 미치는지에 대해 인식해야만 한다. 인식을 증진한다는 것은 우리가 클라이언트의 세계관을 받아들여야 한다는 것을 의미하지 않는다. 그보다 자신의 삶에 대한 또 하나의 가치 있고 합당한 관점으로서 클라이언트의 세계관에 대한 인식을 이끌어 내고, 이해하고, 인정하며, 수용하는 것을 의미한다.

■ 레벨 2: 지식

상담사, 심리치료사, 사회복지사는 클라이언트의 배경에 대한 정보와 지식을 보유하고 인지하고 있다. 우리가 클라이언트의 삶을 이해하려 노력하는 데 있어 인생 경험, 문화적 유산, 사회정치적 쟁점 그리고 문화적 맥락은 모두 중요하다. 이 역량은 정신건강 전문가들이 인종, 민족 그리고 문화가 성격 형성, 직업 선택, 심리장애의 표시와 표현, 원조 요청 선택과 행동, 치료 기대와 성과, 그리고 상담의 방법, 기술, 개입방법, 기교에 대한 적절성 또는 비적절성에 어떤 영향을 미치는가를 이해하는 것을 가능하게 하는 인종 및 민족 정체성 발달 모델과 강하게 연결되어 있다(Sue et al., 1998). 우리는 어떻게 사회정치적 그리고 역사적 요인들이 인종적 · 민족적 · 문화적 집단들에게 영향을 미쳐 왔으며, 또 지속적으로 영향을 미치고 있는가를 알아야 한다. 예를 들면, 이주, 인종차별, 빈곤, 고정관념, 낙망감 그리고 무력감은 당연히 치료적 과정에 영향을 줄 수 있고, 전문가로서 우리에 대한 불신과 다른 사람들에 대한 불신을 만드는 경향이 있다. 이 예는 우리가 최근 전쟁으로 폐허가 된 국가로부터 이주한 난민에게 권위자가 개인적인 질문을 던졌을 때 두려움과 망상에 움츠러든 그들을 보면 더 구체화된다. 개인적인 질문에 답하는 것을 주저하는 이주민을 이해하기 위해서는, 정부 요원들이 이주민들을 상대로 가족, 친구 혹은 다른 사람들에 대해 조사한 후 그들이 끌려가고, 투옥되고, 실종되고, 공개적 또는 개인적으로 괴롭힘을 당하고, 강간당하거나 혹은 폭력을 당하는 결과를 가져왔는가를 목격했거나 알고 있는가에 대한 이해를 필요로 한다.

■ 레벨 3: 기술

다문화적 역량을 습득하는 것은 상담사, 심리치료사, 사회복지사가 다양한 민족적 · 인종적 · 문화적으로 다양한 집단의 정신건강에 대한 최근 연구에 익숙해질 것을 요구한다. 정신건강 전문가들은 자신들의 지식, 이해 그리고 교차문화적 기술을 풍부하게 하는 학습 기회를 지속적으로 추구해야 한다. 그리고 그들은 상담이나 학문적 영역 외부에 있는 민족적 · 인종적 · 문화적 집단과 적극적으로 관계를 맺어야 한다. 다문화적 조우의 예는 지역사회 행사에 참여하고, 사회적 · 정치적 회합에 참석하며, 의식에 참여하는 것과 관련된다.

차원 3: 문화적으로 적절한 개입 전략 개발하기

■ 레벨 1: 태도/신념

태도/신념은 상담사, 심리치료사, 사회복지사가 신체적 · 정신적 기능에 대한 클라이언트의 문화적 · 영적 · 종교적 신념과 가치에 대한 비심판적 존중을 요구한다. 그들은 토착적 원조행위와 지역사회의 원조와 지지망을 존중해야 한다. 예를 들면, 우리 둘(Fred & Rita)은 문화적 전통에 뿌리를 둔 영적 행위를 신뢰하는 클라이언트와 일할 때 지역 출신의 영적 치료사와 협력하며, 이때 사용되는 이중언어와 다중언어를 존중한다. 따라서 상담사, 심리치료사, 사회복지사는 클라이언트가 다른 언어를 사용하는 것 자체가 상담의 방해요인이 되거나 유해하다고 인식해선 안 된다 (Chung & Bemak, 2007).

이것의 좋은 예는 내(Fred)가 인도의 국가정신건강국(NIMH)과 신경과학국(NIMHANS)에 있는 세계재활기금(WRF)에서 연구교수로 있었을 때 일어났다. NIMHANS는 인도 각지에서 올라온 가족들에게 3주의 치료 기간 동안 주거 서비스를 제공하는 정신건강 관련 국가 프로그램을 수행하는 기관이다. 인도 전역의 다양한 언어가 혼재하는 상황에서, 클라이언트 혹은 가족원들이 다른 클라이언트 또는 가족원에게 그 가족원 또는 클라이언트가 또다시 다른 가족원 또는 클라이언트에게 동시통역이 이루어지는 강도 높은 집단 상담 회기에서 다섯 개의 언어가 사용되었다. 그리고 다섯 개 언어로 오고 가는 다중 통역이 이루어졌다. Rita가 동남아 난민을 위한 심리교육적 집단을 진행할 때 유사한 상황이 그녀에게 일어났다. 내가(Rita) 영어로 말한 후에, 다른 네 명의 통역자가 네 개의 다른 언어로 동시에 통역하는 동안 나는 내가 한 말을 중국어로 통역했다. 이 두 가지 예가 주는 중요한 교훈은 다중언어로 위축되지 말고 언어가 가져올 수 있는 차이에 대해 존중하라는 것이다.

■ 레벨 2: 지식

정신건강 전문가들은 전통적인 상담과 치료가 다양한 민족적·인종적·문화적 집단의 문화적 가치들이 어떻게 충돌하는지에 관한 명확하고 분명한 지식과 이해를 가지고 있다. 예를 들면, 만일 우리가 상호의존과 가족에 대한 충성심이 매우 존중되는 문화권 출신인 사람에게 독립성을 강조한다면, 그것은 적절하지 않고 그 클라이언트의 문화적 배경의 구성과 모순된다. 이 레벨에 전통적으로 진행된 정신건강 서비스에 접근하는 것에서부터 다양한 집단이 주류의 정신건강 서비스에 접근하는 것을 방해하는 제도적 장애에 대한 인식과 이해가 포함된다. 그리고 사정과 진단 도구에 잠재되어 있는 문화적 편향의 이해가 이 레벨에 해당한다. 조사를 진행할 때, 우리가 클라이언트의 문화적 변수 그리고 언어적 역량을 염두에 두는 것이 반드시 필요하다.

이에 더해, 정신건강 전문가들은 가족구조, 서열, 가치, 신념의 독특한 문화적 측면, 그리고 상위의 사회적 공동체 및 주류 문화와 가족 사이의 상호관계에 대해 이해해야 한다. 이것은 인종 및 민족 정체성 모델과 이 모델들이 상담 및 심리치료와 어떻게 관련되어 있는가에 대한 인식과 지식을 요구한다. 인종적 정체성이라는 면에서, '우리 클라이언트는 어디에 위치해 있는가? 그리고 그들이 우리에게 제기한 쟁점과 치료사인 나에게 보인 그들의 반응에 이 정체성이 어떤 영향을 미쳤는가?'와 같은 중요한 질문을 우리 자신에게 던져야 한다.

■ 레벨 3: 기술

상담사, 심리치료사, 사회복지사는 원조 스타일과 접근방법이 문화적으로 제한되어 있다는 것을 깨닫고 있다. 그리고 그들은 교차문화적 의사소통의 적절한 수단인 다양한 언어적 그리고 비언어적 원조 반응에 관여할 수 있는 능력을 가지고 있다. 따라서 모든 클라이언트를 위해 오직 하나의 접근법에 얽매어 있는 대신, 그들은 다재다능하고 더 효과적인 의사소통을 기르기 위해 다양한 문화 내에서 전문적으로 이동할 수 있다. 예를 들면, 미국 원주민과 일부 아시아 문화에서 눈 마주침은 공격적인 것으로 보인다. 그래서 미국 원주민 혹은 아시아 클라이언트의 눈 마주침의 강도와 양을 측정하는 것은 중요하다. 그리고 더 많은 눈 마주침과 이에 대한 교환을 기대하는 백인 클라이언트와 일할 때와는 그 양이 아마 다를 것이다.

레벨 3의 또 다른 태도로는, 필요시에 문화적으로 다양한 클라이언트의 치료에 전통적인 치료사 또는 종교적 영적 치료사로부터 자문을 구하는 원조 전문가의 능력이다. 그래서 만일 클라이언트가 자신의 치료에 심령술사 혹은 무당이 중요하다고 믿는다면 정신건강 전문가가 이 영적 치료사들을 치료적 과정의 파트너로 활용하는 것을 지지하는 것이 필수적이다. 예를 들면, 내(Fred)가 중남미 사람을 위한 정신건강센터의 임상자문을 맡았을 때 임상가들은 우리가 논의 중인 클라이언트를 심령술사에게 데려가는 것이 적절한가를 나에게 물었다. 그들은 이것이 도움이 될 것으로 믿었지만 정신건강 시설에서 치료의 일부로 이것이 적절한가를 확신하지 못하고 있었다. 자문가로서 내가 이러한 개입에 전적으로 동의하고 지지적이었다는 사실은 클라이언트가 단지 서양식 심리치료에만 참여하는 동안 그가 직면하고 고전했던 쟁점의 일부를 해결하는 데 있어 매우 중요했다.

또한 만일 상담사와 클라이언트 사이에 언어적 차이가 있었다면, 자문은 적절한 전문적 배경과 문화적 지식을 갖춘 통역사를 찾거나 지식과 역량을 갖춘, 이중언어를 사용하는 상담사에게 클라이언트를 의뢰할 책임이 있음을 전제해야 한다. 상담사, 심리치료사, 사회복지사는 억압, 성차별주의 그리고 인종주의의 쟁점에 민감해야 한다. 그래서 그들이 평가를 진행하거나 개입을 제공할 때 사회정치적 영향과 연관성을 인식해야 한다.

정신건강 전문가로서 우리는 클라이언트에게 심리적 과정에 대한 교육의 책임을 받아들일 필요가 있다. 그러므로 우리는 클라이언트에게 치료의 목표, 그들이 상담에 관여하게 되었을 때 기대되는 것이 무엇인지, 그들의 법적 권리를 교육해야 하는데, 이를 통해 클라이언트는 우리의 실천에 대한 방향성과 수단을 이해하게 된다. 우리는 인종적 정체성 발달의 수준을 고려하는 한편, 우리의 관계 형성 전략, 개입 계획, 클라이언트의 정체성 발달의 특정한 단계에서 의뢰에 대한 고려 등을 기획해야 한다. 끝으로, 우리는 심리교육적 업무와 클라이언트에게 영향을 미치는 더 큰 체계 내에서의 개입에 관한 임상적 역할을 결합시킬 수 있다. 그래서 우리는 자문가, 옹호자, 조언가, 교사, 토착적 치료의 촉진자 등이 될 수 있다.

요약하면, 상담실천, 수퍼비전, 훈련, 그리고 연구의 모든 측면을 통합하는 데 중요한 다문화적 역량에 대한 전적인 지지가 있었다(예: Casas, Ponterotto, & Gutierrez, 1986; Ibrahim & Arredondo, 1986; Pope-Davis & Coleman, 2001; Pope-Davis, Reynolds, & Vazquez, 1992). 방대한 연구, 훈련, 그리고 이러한 쟁점에 대한 관심은 지난 수십 년에 걸쳐 원조 전문 분야 내에서 다문화적 쟁점에 대한 관심이 유의미하게 증가한 것과 맥을 같이한다(예: Constantine, 1997; Hills & Strozier, 1992; Ladany, Inman, & Constantine, 1997; Pedersen, 1991; Ponterotto, 1997; Quintana & Bernal, 1995).

다문화 상담 역량 사정

정신건강 분야에서, 심리학과 상담대학원 훈련 프로그램은 다문화적 쟁점을 그들의 학문적 교과과정에 통합해 왔다는 점은 명확하다. 이것은 다문화 상담과 심리치료를 하나의 필수과목으로 교과과정에 포함하는 것부터 전 교과과정에 거쳐 다문화주의를 통합한 것에 이르기까지 다양한 수준에서 이루어지고 있다. 대학원 수준의 훈련에서 교차문화적 작업을 어떻게 조작화하는가에 대한 해석적 차이에 기초해, 효과적인 다문화 상담 훈련을 어떻게 보장할 것인가에 대한 의문이 제기된다(Coleman, 1996; Constantine, Ladany, Inman, & Ponterotto, 1996). Pope-Davis와 Dings(1995), Constantine과 Ladany(2001)는 다문화 상담 역량을 사정하는 측정도구에 대한 평가와 포괄적인 검토를 수행했다. 다문화 상담과 사회정의 그리고 인권 간의 관계의 중요성을 강조하는데, 이 장은 그들의 연구 결과를 간략히 검토할 것이다. 다문화 상담 역량은 자기보고, 포트폴리오, 관찰자 평가 지표를 포함해 세 개의 다른 방법으로 평가되었다. 이 방법들은 대학원 프로그램에서 다문화 상담 훈련의 효과성을 조사했다.

자기보고 사정

원조 전문가의 다문화적 역량을 측정하기 위해 고안된 세 개의 자기보고 측정도구로부터 얻은 연구 결과의 간략한 검토를 제시하고자 하며, 독자들은 이들 사정 도구가 이 분야에서 어디에 위치하고 있는가에 대한 명확한 감각을 갖게 될 것이다 (〈표 2-1〉 참조). 사정도구 다문화적 인식/지식/기술 조사(Multicultural Awareness/ Knowledge/Skills Survey: MAKSS)는 D'Andrea, Daniels와 Heck(1991)에 의해 개발되었다. 60문항 척도가 인식, 지식 그리고 기술의 광범위한 범주를 포함한 세 개 하위 척도를 구성한다. 각 하위척도는 20개 문항을 포함하며, 보고된 신뢰도는 하위척도 별로 각각 0.75, 0.90, 0.96이다. 문항은 4점 리커트형 척도로 점수화된다. 비록 개 발자가 이 도구가 타당하다고 보고했지만, MAKSS는 더 많은 타당도의 증거를 제공 할 필요가 있다는 지적을 받았다(Pope-Davis & Dings, 1995).

다문화적 상담도구(Multicultural Counseling Inventory: MCI)는 Sodowsky, Taffe, Gutkin과 Wise (1994)가 "다문화 상담 역량의 몇 개의 이론적 구인을 조작화하기 위해"(p.139) 개발하였다. 40개 문항을 가진 도구로 4점 리커트형 척도로 점수화되고 네 개의 하위척도, 즉 다문화 상담 기술(11항목), 다문화적 인식(10항목), 다문화 상담 지식(11항목) 그리고 다문화 상담관계(8항목)로 이루어져 있다. MCI는 다문화 상담 역량을 다문화 상담관계까지 포함하도록 확장한다는 점에서 독창적이며, 이는 치료적 관계에 더 많은 관심을 내포하고 있다. 내적 일관성 신뢰도 그리고 상관관계는 전체 도구에 대해서는 크론바흐 알파가 0.87, 그리고 하위척도는 각각 0.78, 0.77, 0.80 그리고 0.68로 보고되었다(Sodowsky, Kuo-Jackson, Richardson, & Corey, 1998). 이 도구는 태도보다 행동에 초점을 두었고 내용, 구인, 기준 타당도가 우수한 것으로 보고되었다.

다문화적 상담 지식 그리고 인식 척도(Multicultural Counseling Knowledge and Awareness Scale: MCKAS)는 32개 항목의 척도로, Ponterotto, Gretchen, Utsey, Rieger 와 Austin(2002)이 개발했다. 문항은 7점 리커트형 척도로 점수화된다. MCKAS는 MCASF_B(Multicultural Counseling Awareness Scale-Form B)(Ponterotto et al., 1996) 의 개정판이며, 인식(12항목)과 지식(20항목)의 두 요인으로 구성되었다. 각 하위척도는 알파 계수가 0.85이고 좋은 내용, 구인, 기준 타당도가 양호했다고 보고되었다 (Ponterotto et al., 2002).

	다문화적 인식/지식/기술 조사(MAKSS)	다문화적 상담도구(MCI)	다문화적 상담 지식 그리고 인식 척도(MCKAS)
개발자	D'Andrea, Daniels, & Heck (1991)	Sodowsky, Taffe, Gutkin, & Wise (1994)	Ponterotto, Gretchen, Utsey, Rieger, & Austin (2002) Multicultural Counseling Awareness Scale-Form B 개정판(1996)
측정 구인	인식, 지식, 기술의 광범위한 범주	다문화적 상담 역량의 이론적 구인을 조작화	인식과 지식
문항 수	각각 20개 항목의 세 개 하위척도로 총 60개 문항	4개 하위척도의 총 40문항: 상담 기술 11문항, 다문화적 인식 10문항, 다문화적 상담 지식 11문항, 다문화적 상담관계 8문항	2개 하위척도의 총 32개 문항: 인식 12문항, 지식 20문항
점수화	4점 리커트형 척도	4점 리커트형 척도	7점 리커트형 척도
신뢰도/타당도	• 각 하위척도별 신뢰도는 0.75, 0.90, 0.96. • 타당도 양호함	• 평균 크론바흐 알파는 0.87. • 각 하위척도별 신뢰도는 0.78, 0.77, 0.80, 0.68. • 내용, 구인, 기준 타당도 모두 양호함	각 하위척도의 알파 계수는 0.85. 내용과 기준 타당도 양호함

자기보고 사정도구에는 태생적 한계가 있다. 한 가지 한계는 응답자들이 실제 행동이나 태도보다 기대되거나 혹은 사회적으로 바람직한 응답을 제시한다는 사실과 관련되어 있다(Pope-Davis & Dings, 1995; Sue, 1996). 그래서 응답자들은 '옳은 것'을 말하거나 응답함으로써 연구자를 기쁘게 하려 한다. 이런 유형의 한계는 자기가 보고한 다문화 상담 역량과 자기보고가 기술의 증거를 반영하지 않는 입증된 상담역량 사이에 유의미한 상관관계가 없다는 연구에 의해 지지된다(Constantine & Ladany, 2000; Ladany, Inman, & Constantine, 1997). 상담사, 심리치료사, 사회복지사가 보고한 것과 객관적으로 증명한 역량 사이의 모순을 발견하는 데 또 다른 요인은 응답자가 무작위나 익명의 표본보다 선택된 표본에서 나왔다는 사실이다. 이는 일정 수준의 개인적 혹은 전문적 신용도와 중요성이 위태롭다는 느낌을 야기한다(Pope-Davis

& Dings, 1995).

그러므로 연구자들은 자기보고식으로 다문화 상담 역량과 상관요인을 조사할 때 사회적 바람직성에 대한 태도를 설명하거나 통제할 필요가 있다. 이에 더해, 응답자는 검사 개발자가 의도했던 것과 다르게 항목을 해석할 수 있다. 연구자들(예: Constantine & Ladany, 2001; Ponterotto & Alexander, 1996; Pope-Davis & Dings, 1995)은 세 개의 모든 측정도구에서 다양한 유형의 타당도를 더 높은 수준으로 높여야 하고 타당도와 관련된 증거가 부족한 조건하에서 각 측정도구가 무엇을 측정하는지 명확하지 않다고 주장했다. Constantine과 Ladany(2001)도 비록 세 개의 측정도구가 인지된 다문화 상담 역량의 측정이라는 유사한 목적을 갖고 있음에도, 이 측정도구들은 총체적 구인(다문화 상담 역량)을 구성하는 요인의 수가 다양하고, 측정도구가 실제로 무엇을 측정하는지 혼란스럽다. 비록 세 개의 측정도구를 비교한 연구들은 어느 정도의 상관성은 발견했지만 그들은 여전히 다른 구인을 측정하는 것으로 보인다(Pope-Davis & Dings, 1995). 또한 만일 세 개의 측정도구가 의도한 대로 신뢰할 만하고 타당하다면, 측정도구의 상호교환성 정도에 대한 의문이 제기된다(Pope-Davis & Dings, 1995).

자기보고식 다문화 상담 역량 측정도구의 또 다른 한계는 측정도구의 목적이 정확하지 않다는 비판이다. 이 측정도구들은 일정 범위의 민족적·인종적·문화적 집단과 일하는 응답자의 능력을 사정하는 것이라고 주장한다. 그러나 문항을 검토하여 그들이 주로 유색 인종과 일하는 데 초점을 두고 있음을 발견했다(Constantine & Ladany, 2000). Constantine과 Ladany(2001)는 역량 측정도구들은 개인 상담에서의 다문화 상담 역량을 드러내는 것에 초점을 두고 있다는 중요한 이슈를 제기했다. 측정도구들은 원외 서비스, 자문 그리고 옹호와 같은 다른 개입방법과 집단이나 가족 같은 더 넓은 맥락에서 이루어지는 상담과 심리치료를 포괄하지 못한다. 게다가 비록 다문화적 상담 역량이 확대되고 조작화되었지만, 그들은 그들의 효과성을 평가하지 않았다. 특별히 이 개념들이 다문화 상담의 아주 중심 개념들은 아니기 때문에 미래의 연구들은 다문화 상담 역량이 사회정의, 인권과 어떻게 조응하는가에 대해 더 깊이 이해하도록 도움을 줄 것이다.

대안적 다문화 상담 역량 사정도구

학생의 다문화 상담 역량을 사정하는 다른 방법은 포트폴리오를 이용하는 것이다(Coleman, 1996). 포트폴리오는 특정한 분야에서 노력, 발전 그리고 성취를 드러내는 학생 작업의 모음집이라는 가정하에 훈련 기간 동안 다문화 상담에서 상담사, 심리치료사, 사회복지사의 역량을 반영하는 데 쓰인다(Coleman, 1996). 우리는 포트폴리오를 사회정의와 인권의 쟁점에 대한 학생의 성찰을 사정하는 도구로 제안한다. 포트폴리오는 세 개의 다문화 상담 역량 수준에서 그리고 다양한 유형의 상담 개입을 폭넓게 활용하는 정신건강 전문가의 능력을 드러낼 잠재성을 갖고 있다는 점에서 독창적이다. 상담사, 심리치료사, 사회복지사가 다른 치료 방식들을 사용한 그들의 다문화 상담 역량 포트폴리오를 통해 보고할 수 있는 자문과 개인, 집단, 가족과 함께 한 학생의 작업에서 이것이 명확해진다(Coleman, 1996).

포트폴리오 이용의 주요 강점은 행위의 넓은 범주에 근거해 역량을 규정하고 평가할 수 있는 능력이 있다는 것이다. 예를 들면, 포트폴리오는 클라이언트가 토착치료사를 이용한 것과 관련된 자신의 태도에 관한 자기 인식을 보여 준다. 또한 학생이 특정한 문화의 원조 요청 행동에 대해 지식을 갖게 되었다는 것을 보고할 수 있다. 포트폴리오의 사용은 동영상으로 녹화된 다문화 클라이언트와 함께 한 회기를 보는 것과 같은 사정도구와 대조된다(Constantine & Ladany, 2001). 포트폴리오를 사용하는 것의 한계점을 기억하는 것도 중요하다. 즉, 포트폴리오는 만드는 데도, 또 검토하는 데도, 시간이 많이 소요되며, 점수화와 평가의 일관성과 신뢰도를 정의하기가 쉽지 않다(Coleman, 1996; Collins, 1992; O'Neil, 1992).

훈련 프로그램에서 다문화적 쟁점의 사정

교수나 훈련 디렉터가 학생 대상의 프로그램 기반 다문화적 훈련을 사정할 수 있도록 두 개의 사정도구를 개발했다. 이 사정도구는 훈련 프로그램 내에서 다문화적 쟁점을 탐색하고 토론을 장려하며, 다문화적 역량의 강화를 필요로 하는 분야에 대한 정보를 제공하는 데 유용한 도구이다(Constantine & Ladany, 2001). 첫 번째 도구는 Ponterotto, Alexander와 Grieger(1995)가 개발한 다문화적 역량 체크리스트(Multicultural Competency Checklist: MCC)이다. 이것은 훈련 프로그램에서 인종적·민족적 다양성 쟁점에 초점을 둔 22개 문항으로 구성된 체크리스트이다. 이는 소수자의 대표성, 교육과정 쟁점, 상담 실습과 수퍼비전, 연구 고려사항, 학생 그리고 교수 역량 평가, 물리적 환경의 여섯 개 범주로 이루어져 있다.

두 번째 도구는 Pope-Davis, Liu, Nevitt과 Toporek(2000)이 개발한 개정판 다문화적 환경 검사도구(Multicultural Enviromental Inventory-Revised: MEI-R)이다. 이것은 다문화적 초점의 측면에서 자신들의 학문적 훈련 프로그램에 대한 대학원 학생들의 인식을 사정하는 27개 문항으로 구성되어 있다. MEI-R은 견고한 구인 타당도를 지니고 있으며 교육과정과 수퍼비전, 분위기와 편안함, 대상자 모집의 정직함, 다문화적 연구 등 네 개의 요인으로 이루어져 있다. 이 두 개 도구의 한계는 자기보고식 도구로 사용된다는 것이다. 그러나 대학에서 학생을 훈련하거나 직업상 훈련자에게 수퍼비전을 제공하는 사람들에게 유용하다.

다문화 상담 역량에 대한 수퍼바이저의 평가

개정판 교차문화 상담 검사도구(Cross-Cultural Counseling Inventory-Revised: CCCI-R)은 LaFromboise, Coleman과 Hernandez(1991)에 의해 개발되었으며 수퍼바이저가 훈련생의 교차문화적 상담 역량을 평가하는 것을 목적으로 한 20개 문항으로 이루어져 있다. 이 문항들은 6점 리커트형 척도로 점수화되며, 교차문화적 상담 기술, 사회정치적 인식 그리고 문화적 민감성이라는 세 개의 영역을 대표하는 문항들을 포함한 하나의 요인으로 구성되어 있다. 단일 요인은 알파 계수 0.95의 신뢰도를 지닌 것으로 보고되었으며, 내용, 구인 그리고 기준 타당도가 양호했음을 증명했다(LaFromboise et al., 1991; Sabnani & Ponterotto, 1992). 이 평가도구의 주요 한계는 평가자인 수퍼바이저가 문화적으로 역량이 있어야만 한다는 점이다.

요약

　사회정의 그리고 인권은 다문화 상담의 핵심이며 다문화 상담의 중추가 되는 기반을 제공한다. 사회정의와 인권의 영역 안에서 일하는 원조 전문가가 다문화 상담의 기초가 되는 평가도구와 쟁점에 대해 견고한 지식과 인식을 갖는 것은 필수적이다. 상담과 심리치료에서 사회정의를 위해 일하는 전문가는 그들이 습득한 다문화적 기술을 적용할 수 있고, 상당수는 사회정의와 인권의 전통에 뿌리를 둔 다문화 상담 역량의 중요성을 인지할 수 있다.

　우리는 자신과 타인에 대해 이해할 것을 제안한다. 사회적 불평등을 초래하는 사회정치적 · 역사적 · 경제적 요인에 대해 아는 것, 세계화, 기술, 민족적 · 인종적 정체성, 그리고 국가주의의 영향을 이해하는 것, 클라이언트, 가족, 지역사회의 심리사회적 그리고 생태적 맥락의 영향에 대한 총체적 지식을 갖는 것 등이 상담과 심리치료에서 사회정의 모델을 적용하는 데 기초적이다. 다음 장에서 우리는 사회정의를 '다섯 번째 힘'으로 논의할 것이다.

📝 토의문제

1. 당신의 문화적 인식 수준을 어떻게 기술하겠는가? 자신의 문화적 다양성 그리고 타인의 세계관과 신념에 관한 이해를 어떻게 높일 수 있을까?

2. 당신이 더 배우고 싶은 민족이나 인종 집단은 무엇인가? 이들의 집단에 대해 더 배우기 위해 어떤 과정을 밟아 갈 계획인가?

3. 상담의 네 번째 힘은 다문화주의이다. 다른 심리치료 세 개의 힘에 다문화주의가 미치는 영향과 관련성은 무엇이라고 생각하는가? 다문화주의를 고려하는 영역의 예를 들고, 그 예에서 문화적 다양성은 주요한 요인이 아닐 것으로 생각되는 차원은 무엇인지 말하시오. 질문에 답할 때에 다음을 고려하시오.
   a. 당신이 고려하는 요인은 무엇인가?
   b. 당신의 학생이나 클라이언트를 대하는 방식을 어떻게 변화시키는가와 관련해서 이것이 의미하는 바는 무엇인가?
   c. 치료의 요소 중 다른 점이 있다면 무엇인가?
   d. 당신의 학생이나 클라이언트는 어떻게 반응할 것으로 예측하는가?

4. 당신의 인종과 민족에 대해 생각하시오. 유전적 결함 모델과 문화적 결함 모델을 고려할 경우, 당신은 어떻게 평가되고 비교될 것이라고 생각하는가?

   a. 당신은 기득권 집단과 박탈된 집단 중 어느 곳에 속해 있는가?

   b. 여전히 이와 같은 모델에 근거하고 있는 실천 분야는 무엇이라고 생각하는가?

5. 좋아하는 학술지 2권을 보시오. 최근 호와 1년 전부터 10년 전까지의 호를 검토하시오.

   a. 다문화적 실천을 논의한 논문은 몇 편인지 관찰하시오.

   b. 10년 전 호를 보시오. 차이를 파악하겠는가? 문화적 다양성, 문화적으로 반응적인 실천, 문화적 이슈에 대해 다루고 있는 연구가 있는가? 만일 있다면 이들 쟁점이 어떻게 다르게 논의되고 있는가?

   c. 다문화적 역량을 검토하시오. 정신건강 전문가로서 당신이 갖춘 역량은 무엇인가?

   d. 당신 자신이 성장한 영역은 무엇인가? 여전히 더 많은 이해를 필요로 하는 도전적인 영역은 무엇인가?

   e. 문화적 역량으로 추가할 것이 있는가?

   f. 당신이 참가 중이거나 또는 이미 마친 훈련 프로그램은 당신이 문화적으로 역량 있는 상담사가 되도록 어떻게 도움이 되었거나 또는 도움이 되고 있는가?

📖 참고문헌

American Counseling Association. (2003, March). *ACA governing council meeting minutes*. Alexandria, VA: Author.

American Psychological Association. (1992). *Ethical principles of psychologists and code of conduct*. Washington, DC: Author.

American Psychological Association. (1993). Guidelines for providers of psychological services to ethnic, linguistic, and culturally diverse populations. *American Psychologist, 48*, 45-48.

American Psychological Association. (2002). Ethical principles of psychologists and code of conduct. *American Psychologist, 57*, 1060-1073.

Aponte, J. F., & Wohl, J. (2000). *Psychological intervention and cultural diversity* (2nd ed.). Needham Heights, MA: Allyn & Bacon.

Arredondo, P., & Perez, P. (2003). Expanding multicultural competence through social justice leadership. *The Counseling Psychologist, 31*(3), 282-290.

Arredondo, P., Rosen, D. C., Rice, T., Perez, P., & Tovar-Gamero, Z. G. (2005). Multicultural counseling: A 10-year content analysis of the Journal of Counseling and Development. *Journal of Counseling and Development, 83*, 155-161.

Arredondo, P., & Toporek, R. (2004). Multicultural counseling competencies. *Journal of Mental Health Counseling, 26*(1), 44-55.

Arredondo, P., Toporek, R., Brown, S. P., Jones, J., Locke, D. C., Sanchez, J., Stadler, H., et al. (1996). Operationalizing of the multicultural counseling competencies. *Journal of Multicultural Counseling and Development, 24*, 42-78.

Atkinson, D. R., & Hackett, G. (2004). *Counseling diverse populations* (3rd ed.). Boston, MA: McGraw-Hill.

Aubrey, R. F. (1971). Historical development of guidance and counseling and implications for the future. *Personnel and Guidance Journal, 55*(1), 288-295.

Bernal, G., Trimble, J. E., Burlew, A. K., & Leong, F. T. L. (2003). Introduction: The psychological study of racial and ethnic minority psychology. In G. Bernal, J. E. Trimble, A. K. Burlew, & F. T. L. Leong (Eds.), *The handbook of racial & ethnic minority psychology* (pp. 1-12). Thousand Oaks, CA: Sage.

Brown, S., Parham, T. A., & Yonker, R. (1996). Influence of a cross cultural training course on racial identity attitudes of white females and males: Preliminary perspectives. *Journal of Counseling and Development, 74*, 510-516.

Casas, J. M., Ponterotto, J. G., & Gutierrez, J. M. (1986). An ethical indictment of counseling research and training: The cross-cultural perspective. *Journal of Counseling and Development, 64*, 347-349.

Chun, K. M., Organista, P. B., & Marin, G. (2002). *Acculturation advances in theory, measurement, and applied research.* Washington, DC: American Psychological Association.

Chung, R. C-Y., & Bemak, F. (2002). The relationship of culture and empathy in cross-cultural counseling. *Journal of Counseling & Development, 80*, 154-159.

Chung, R. C-Y., & Bemak, F. (2007). Immigrant and refugee populations. In M. G. Constantine (Ed.), *Clinical practice with people of color: A guide to becoming culturally competent* (pp. 125-142). New York, NY: Teachers College Press.

Chung, R. C-Y., Bemak, F., Ortiz, D. P., & Sandoval-Perez, P. A. (2008). Promoting the mental health of immigrants: A multicultural/social justice perspective. *Journal of Counseling & Development, 86*, 310-317.

Coleman, H. L. K. (1996). Portfolio assessment of multicultural counseling competency.

The Counseling Psychologist, 24, 216–229.

Collins, A. (1992). Portfolios for science education: Issues in purpose, structure, and authenticity. *Science Education, 76*(4), 451–463.

Constantine, M. G. (1997). Facilitating multicultural competency in counseling supervision: Operationalizing a practical framework. In D. B. Pope-Davis & H. L. K. Coleman (Eds.), *Multicultural counseling competencies: Assessment, education and training, and supervision* (pp. 310–324). Thousand Oaks, CA: Sage.

Constantine, M. G. (2007). *Clinical practice with people of color*. New York, NY: Teachers College Press.

Constantine, M. G., & Ladany, N. (2000). Self-report multicultural counseling competence scales: Their relation to social desirability attitudes and multicultural case conceptualization ability. *Journal of Counseling Psychology, 47*, 155–164.

Constantine, M. G., & Ladany, N. (2001). New visions for defining and assessing multicultural counseling competence. In J. G. Ponterotto, J. M. Casas, L. A. Suzuki, & C. M. Alexander, *Handbook of multicultural counseling* (2nd ed., pp. 482–498). Thousand Oaks, CA: Sage.

Constantine, M. G., Ladany, N., Inman, A. G., & Ponterotto, J. G. (1996). Students' perceptions of multicultural training in counseling psychology programs. *Journal of Multicultural Counseling and Development, 24*, 241–253.

Cross, W. E., Jr., & Vandiver, B. J. (2001). Nigrescence theory and measurement: Introducing the Cross Racial Identity Scale (CRIS). In J. G. Ponterotto, J. M. Casas, L. A. Suzuki, & C. M. Alexander (Eds.), *Handbook of multicultural counseling* (pp. 371–393). Thousand Oaks, CA: Sage.

D'Andrea, M., Daniels, J., & Heck, R. (1991). Evaluating the impact of multicultural counseling training. *Journal of Counseling and Development, 70*, 143–150.

Dube, E. M., & Savin-Williams, R. C. (1999). Sex identity development among ethnic sexualminority male youths. *Developmental Psychology, 35*, 1389–1398.

Espin, O. M. (1994). Feminist approaches. In L. Comas-Diaz & B. Greene (Eds.), *Women of color: Integrating ethnic and gender identities in psychotherapy* (pp. 265–286). New York, NY: Guilford Press.

Helms, J. E. (1995). An update of Helms's white and people of color racial identity models. In J. G. Ponterotto, J. M. Casas, L. A. Suzuki, & C. M. Alexander (Eds.), *Handbook of multicultural counseling* (1st ed., pp. 181–198). Thousand Oaks, CA: Sage.

Hernstein, R. J. & Murray, C. A. (1994). *The bell curve: Intelligence and class structure in American life*. New York, NY: Free Press.

Hills, H. I., & Strozier, A. A. (1992). Multicultural training in APA-approved counseling psychology programs: A survey. *Professional Psychology: Research and Practice, 23*, 43-51.

Hollis, J. W., & Wantz, R. A. (1990). *Counselor preparation 1990-92: Program, personnel, trends* (7th ed.). Muncie, IN: Accelerated Development.

Hollis, J. W., & Wantz, R. A. (1994). *Counselor preparation 1993-95: Vol. 2: Status, trends, and implications* (8th ed.). Philadelphia, PA: Accelerated Development.

Ibrahim, F. A., & Arredondo, P. M. (1986). Ethical standards for cross-cultural counseling: Counselor preparation, practice, assessment and research. *Journal of Counseling and Development, 64*, 349-352.

Ibrahim, F. A., Roysircar-Sodowsky, G., & Ohnishi, H. (2001). Worldview: Recent developments and needed directions. In J. G. Ponterotto, J. M. Casas, L. A. Suzuki, & C. M. Alexander (Eds.), *Handbook of multicultural counseling* (pp. 425-456). Thousand Oaks, CA: Sage.

Ivey, A. E., D'Andrea, M., Bradford Ivey, M., & Simek-Morgan, L. (2002). *Theories of counseling and psychotherapy: A multicultural perspective* (5th ed.). Boston, MA: Allyn & Bacon.

Jackson, M. L. (1995). Multicultural counseling: Historical perspectives. In J. G. Ponterotto, J. M. Casas, L. A. Suzuki, & C. M. Alexander (Eds.), *Handbook of multicultural counseling* (pp. 3-16). Thousand Oaks, CA: Sage.

Jensen, A. (1969). How much can we boost IQ and school achievement? *Harvard Educational Review, 39*, 1-123.

Kiselica, M. S., Maben, P., & Locke, D. C. (1999). Do multicultural education and diversity appreciation training reduce prejudice among counseling trainees? *Journal of Mental Health Counseling, 21*, 240-254.

Ladany, N., Inman, A. G., & Constantine, M. G. (1997). Supervisee multicultural case conceptualization ability and self-reported multicultural competence as functions of supervisee racial identity and supervisor focus. *Journal of Counseling Psychology, 44*, 284-293.

LaFromboise, T. D., Coleman, H. L. K., & Hernandez, A. (1991). Development and factor structure of the Cross-Cultural Counseling Inventory-Revised. *Professional*

Psychology: Research and Practice, 22, 380–388.

Nyborg, N., & Jensen, A. (2000). Black–white differences on various psychometric tests: Spearman's hypothesis tested on American armed services veterans. *Personality & Individual Differences, 28*(3), 593–599.

O'Neil, J. (1992). Putting performance assessment to the test. *Educational Leadership, 49*(8), 14–19.

Pedersen, P. (1991). Multiculturalism as a fourth force in counseling. *Journal of Counseling and Development, 70*(1), 6–12.

Pedersen, P. (1999). *Multiculturalism as a fourth force.* Philadelphia, PA: Brunner/Mazel.

Pedersen, P. (2000). *Handbook for developing multicultural awareness* (3rd ed.). Alexandria, VA: American Counseling Association.

Pedersen, P., Draguns, J. G., Lonner, W. J., & Trimble, J. E. (2002). *Counseling across cultures* (5th ed.). Thousand Oaks, CA: Sage.

Phinney, J. S. (1992). The multigroup ethnic identity measure: A new scale for use with diverse groups. *Journal of Adolescent Research, 7*, 156–176.

Ponterotto, J. G. (1997). Multicultural counseling training: A competency model and national survey. In D. B. Pope-Davis & H. L. K. Coleman (Eds.), *Multicultural counseling competence: Assessment, education and training, and supervision* (pp. 227–241). Thousand Oaks, CA: Sage.

Ponterotto, J. G., & Alexander, C. M. (1996). Assessing the multicultural competence of counselors and clinicians. In L. A. Suzuki, P. J. Meller, & J. G. Ponterotto (Eds.), *Handbook of multicultural assessment* (pp. 651–672). San Francisco: Jossey-Bass.

Ponterotto, J. G., Alexander, C. M., & Grieger, I. (1995). A multicultural counseling checklist for counseling training programs. *Journal of Multicultural Counseling and Development, 23*, 11–20.

Ponterotto, J. G., Casas, J. M., Suzuki, L. A., & Alexander, C. M. (Eds.). (2001). *Handbook of multicultural counseling* (2nd ed.). Thousand Oaks, CA: Sage.

Ponterotto, J. G., Gretchen, D., Utsey, S. O., Rieger, B. P., & Austin, R. (2002). A revision of the Multicultural Counseling Awareness Scale. *Journal of Multicultural Counseling & Development, 30*(3), 153–180.

Ponterotto, J. G., Rieger, B. P., Barrett, A., Sparks, R., Sanchez, C. M., & Magids, D. (1996). Development and initial validation of the Multicultural Counseling Awareness Scale. In G. R. Sodowsky & J. C. Impara (Eds.), *Multicultural assessments in counseling and clinical psychology* (pp. 247-282). Lincoln, NE: Buros Institute of Mental Measurements.

Pope-Davis, D. B., & Coleman, H. L. K. (1997). *Multicultural counseling competencies: Assessment, education and training, and supervision.* Thousand Oaks, CA: Sage.

Pope-Davis, D. B., & Coleman, H. L. K. (Eds.). (2001). *The intersection of race, class, and gender in multicultural counseling.* Thousand Oaks, CA: Sage.

Pope-Davis, D. B., & Dings, J. G. (1995). The assessment of multicultural counseling competencies. In J. G. Ponterotto, J. M. Casas, L. A. Suzuki, & C. M. Alexander (Eds.), *Handbook of multicultural counseling* (pp. 312-330). Thousand Oaks, CA: Sage.

Pope-Davis, D. B., Liu, W. M., Nevitt, J., & Toporek, R. L. (2000). The development and initial validation of the Multicultural Environmental Inventory: A preliminary investigation. *Cultural Diversity and Ethnic Minority Psychology, 6*, 57-64.

Pope-Davis, D. B., Reynolds, A. L., & Vazquez, L. A. (1992). *Multicultural counseling: Issues of ethnic diversity* (Film). Available from the University of Iowa Video Center, C-215 Seashore Hall, Iowa City, IA 52242, or call 1-800-369-4692.

Quintana, S. M., & Bernal, M. E. (1995). Ethnic minority training in counseling psychology: Comparisons with clinical psychology and proposed standards. *The Counseling Psychologist, 23*, 102-121.

Robinson, T. L., & Howard-Hamilton, M. F. (2000). *The convergence of race, ethnicity, and gender: Multiple identities in counseling.* Upper Saddle River, NJ: Prentice-Hall.

Root, M. P. P. (Ed.). (1992). *Racially mixed people in America.* Thousand Oaks, CA: Sage.

Root, M. P. P. (Ed). (1996). *The multiracial experience: Racial borders as the new frontier.* CA: Sage.

Roysircar, G., Sandhu, D. S., & Bibbin, V. E. (2003). *Multicultural competencies: A guidebook of practices.* Alexandria, VA: Association for Multicultural Counseling and Development, American Counseling Association.

Sabnani, H. B., & Ponterotto, J. G. (1992). Racial/ethnic minority instruments in counseling research: A review, critique, and recommendation. *Measurement and Evaluation in Counseling and Development, 24*, 161-187.

Sodowsky, G. R., Kuo-Jackson, P. Y., Richardson, M. F., & Corey, A. T. (1998). Correlates of self-reported multicultural competencies: Counselor multicultural social desirability, race, social inadequacy, locus of control, racial ideology, and multicultural training. *Journal of Counseling Psychology, 45*, 256-264.

Sodowsky, G. R., Taffe, R. C., Gutkin, T. B., & Wise, S. L. (1994). Development of the Multicultural Counseling Inventory: A self-report measure of multicultural competencies. *Journal of Counseling and Development, 41*, 137-148.

Sue, D. W. (1996). ACES endorsement of the multicultural counseling competencies: Do we have the courage? *Spectrum, 57*(1), 9-10.

Sue, D. W., & Sue, D. (1990). *Counseling the culturally different: Theory and practice*. New York, NY: Wiley.

Sue, D. W., Arredondo, P., & McDavis, R. (1992). Multicultural counseling competencies and standards: A call to the profession. *Journal of Multicultural Counseling and Development, 20*, 64-88.

Sue, D. W., Bernier, J. B., Durran, M., Feinberg, L., Pedersen, P., Smith, E., & Vasquez-Nuttall, E. (1982). Position paper: Cross-cultural counseling competencies. *Counseling Psychologist, 10*, 45-52.

Sue, D. W., Carter, R. T., Casas, J. M., Fouad, N. A., Ivey, A. E., Jensen, M., LaFromboise, T., et al. (1998). *Multicultural counseling competencies: Individual and organizational development*. Thousand Oaks, CA: Sage.

Sue, D. W., & Sue, D. (2003). *Counseling the culturally diverse: Theory and practice* (4th ed.). New York, NY: Wiley.

U.S. Census Bureau. (2002). *United States Census 2000*. Washington, DC: U.S. Department of Commerce, Economics and Statistics Administration.

U.S. Census Bureau. (2008). *An older and more diverse nation by midcentury*. Retrieved from http://www.census.gov/Press-Release/www/releases/archives/population/012496.html

U.S. Department of Health and Human Services. (2001). *Mental health: Culture, race, and ethnicity*. A supplement to *Mental health: A report of the surgeon general*. Rockville, MD: U.S. Department of Health and Human Services.

Valencia, R. R., & Suzuki, L. A. (2001). *Intelligence testing and minority students: Foundations, performance, factors, and assessment issues*. Thousand Oaks, CA: Sage.

Walsh, W. M. (1975). Classics in guidance and counseling. *Personnel and Guidance Journal, 54*(4), 219-220.

Winters, L. I., & DeBose, H. L. (2003). *New faces in a changing America: Multiracial identity in the 21st century*. Thousand Oaks, CA: Sage.

다섯 번째 힘으로서의 사회정의: 이론과 개념

노동을 하는 모든 사람에게는 자신과 가족에게 인간의 존엄한 존재 가치를 보장하고, 필요한 경우에 여타의 사회적 보호 수단에 의해 보완되는 적절하고 알맞은 보수를 요구할 권리가 있다. 모든 사람에게는 의식주, 의료와 필요한 사회복지를 포함하여 자신과 가족의 건강과 복지에 적합한 생활 수준을 요구할 권리가 있으며, 실업이나 질병이나 장애나 배우자의 사망, 노화, 불가항력적인 여타의 상황 속에서 생계 곤란을 당한 경우에 사회보장을 요구할 권리가 있다(U.N. Universal Declaration of Human Rights, 1948).

사람들이 수동적이고 순종적이 되도록 하는 영리한 방법은 수용 가능한 의견의 범위를 엄격하게 제한하는 것이지만, 그 범위 내에서 매우 활발한 토론을 허용한다. 심지어 더 비판적이고 반체제적인 의견을 만들어 낼 수도 있다. 사람들에게 자유롭게 사고할 수 있다는 감각을 부여하기도 하지만, 항상 시스템의 전제는 논쟁의 범위에 놓인 한계에 의해 강화되고 있다(Chomsky, 1998).

1. 당신이 고등학생이었을 때, 사회부정의를 본 적이 있는가? 그 부정의에 대해 어떻게 생각하고 어떻게 느꼈는지 기억하는가?

2. 살면서 당신은 힘을 가지고 있다고 믿는가? 그렇다면 어떻게 힘을 사용하는가? 그것에 대해 어떻게 느끼는가?

3. 당신은 변화되길 바라는 사회부정의가 있는가? 있다면 어떤 것들인가?

4. 시민운동가들, 전쟁, 노예제, 억압에 대한 반대자, 여성운동가, 빈곤하고 선거권이 박탈된 사람들의 옹호자, 동성 간 결혼 지지자, 환경운동가들과 그 밖의 많은 사람은 자신들을 위험에 빠트리기도 한다. 당신이 믿는 사회정의를 위해 당신은 어느 정도 위험을 감수할 수 있는가?

사회정의와 인권은 사람들로 하여금 다양한 직업을 갖게 하고 각자 다양한 삶을 살게 한다. 이러한 문제는 사회경제적 경계, 인종, 민족, 문화, 지역, 연령, 성 등을 초월한다. 정신건강 영역의 직업을 택하는 사람들은 인종차별, 성차별, 빈곤, 차별, 폭력 등 다양한 사회정의 문제를 접할 때, 사회정의와 인권에 대한 이해를 기반으로 한다. '사회정의'라는 개념은 사전에는 나오지 않는다. 그러나 미리엄-웹스터(Merriam-Webster) 인터넷 사전에는 **정의**라는 단어의 정의가 나온다.

어떤 것이 정의인지에 관련된 유지와 관리…… 법의 집행…… 법의 규칙과 공평함에 따른 권리의 발전과 결정…… 정의, 공정함, 공평함의 질…… 정의와 올바른 행동에 대한 필수적이고 이상적인 개념…… 등(http://www.merriam-webster.com/dictionary/justice)

정의라는 개념의 뜻이 대부분 법제 시스템에 연관이 되는 것은 분명하다. 그리고 정의라고 하는 것은 공평한 권리, 접근, 동등한 대우와 동일시되는 가정 아래에 있다.

정의라는 단어의 뜻을 바탕으로, **사회정의**라고 하는 것은 공정한 사회를 의미하고, 정의와 법에 대한 법적인 해석을 넘어 이를 확대하는 것을 뜻한다. 반면에, 상담과 심리치료 영역에서 논의되는 사회정의는, 사회가 개인과 집단에게 공평하게 개입하고 이익, 자원, 기회 등을 공평하게 분배한다는 것을 의미한다. 정의를 위해 노력하는 것은 투쟁을 계속하도록 한다. 왜냐하면 개인이나 집단에게 동등한 정의, 기회, 권리가 주어지지 않기 때문이다. 이 장에서는 정신건강 분야 안에서 논의되는 사회정의 개념에 대해 알아볼 것이다. 이는 전문 상담사나 심리학자 등이 하는 일에서 사회정의에 대한 분명한 의미, 사회정의의 중요성 그리고 사회정의와 인권의 연관성에 대한 정보를 제공하기 위해서이다.

사회정의란 무엇인가

우리가 사회적 정의라는 개념을 정신건강 영역에서 쓴다면, 법적으로 논의되는 '정의'의 관점보다 훨씬 포괄적 관점에서 논의할 수 있다. '사회부정의'라는 개념은 개인, 가족, 지역사회, 사회, 국제 사회 등 다양한 사회적인 문제를 포함한다. 이는 인종차별, 성차별, 사회경제적 지위, 성적 지향, 종교, 장애인 차별 등 개인의 삶의 질에 영향을 주는 여러 '이념'에 의한 불평등하고 불공평한 대우를 의미한다. 사회정의는 공평함과 공정함에 대한 권리로 구성된다(Bell, 1997).

사회부정의는 개인이 직면하는 문제에서부터 제도를 기반으로 일어나는 넓은 범위에서의 위반행위까지 다양한 방법을 통해 경험될 수 있다. 사회부정의는 명백하게 존재하고, 공공연히 발생하는 불평등이라 할 수 있다. 예를 들어, 개인적인 조직에 가입할 때 인종, 성별, 종교 등에 대한 이유로 거부당하는 것이 있을 수 있고 개인을 향한 혐오 범죄도 이에 포함된다. 사회부정의의 다른 형식은 매우 은밀하게 나타난다. 예를 들어, 유색 인종이나 여성이 높은 지위에 올라가지 못하도록 막는 명시되어 있지는 않은 제도적인 정책들이나, 성소수자(LGBT)라는 이유로 경제적으로 낮은 임금을 받게 하는 차별들이 있다. 〈표 3-1〉은 특정 집단에 대한 불평등과 불공정한 대우에 대한 예시이다.

〈표 3-1〉 특정 집단에 대한 불평등과 불공정한 대우에 대한 예시

임신한 근로자에 대한 차별의 증가

출산율이 계속해서 감소하고 있음에도 불구하고, 더욱 많은 여성은 그들이 임신을 했다는 이유로 직장에서 차별을 받고 있다고 이야기하고 있다. 이러한 이슈는 '고용 기회 평등 위원회(Equal Employment Opportunity Commission)'가 발표한 빠르게 증가하는 차별 유형 중에 하나가 되었다. 이러한 차별을 겪는 직장의 범위는 단순직부터 고급 일자리까지 상당히 넓다. 변호사들은 많은 상황에서 고용주들은 고용인들에 대해 차별한다는 사실을 인식하지 못하고 있다고 이야기하고 있으며, 임신한 여성들은 해고되거나, 승진에서 제외되거나, 임신을 이유로 일을 그만두도록 강요받고 있다고 하였다. 고용과 관련된 일을 하는 변호사는 비교적 작은 규모의 조직에서는 여성이 중요한 시기에 출산 휴가를 가거나, 여성들이 일시적으로 떠나서 동료들이 그들의 남은 업무를 해야 한다는 두려움을 가지고 있다고 이야기하였다. 한 여성은 그녀의 상사에게 그녀가 임신을 하였다는 사실을 이야기하고 일주일이 지난 후 해고당했는데, 이는 그녀의 상사가 그녀의 업무 중 일부인 운전을 더 이상 할 수 없을 것이라고 생각했기 때문이다. 또 다른 여성은 출산 휴가를 떠나자마자 해고당했다. 이러한 차별의 증가는 매우 중요한데, 이는 여성들이 전체 노동력의 절반을 담당하고 있고 그들의 몫은 계속해서 늘어날 것이라고 예측되고 있기 때문이다. 이러한 유형의 차별은, 만약 차별을 당한 여성이 언론을 상대한다면, 기업에게 그에 따른 지출이 생기도록 한다. 임산부에 대한 차별은 더욱 확산되고 있는데 이는 현재의 경제구조에 있어서 도전적인 것이고, 임신한 많은 여성이 임신과 함께 직장에 더 오래 있기 때문이고 그리고 이는 결국 임신한 여성에 대한 고정관념에 따른 것이기 때문이다. 출처: Armour (2005).

트랜스젠더인 두아나 존슨이 멤피스에서 살해당했다

두아나 존슨은 테네시 북쪽 멤피스 지역에서 총에 맞아 사망한 채로 발견되었다. 증인은 총 소리를 들었으며 그곳에서 도망치는 세 명의 사람을 보았다. 하지만 경찰은 용의자를 찾지 못하였다. 변호사인 머리 웰스는 존슨이 그의 고객이었음을 확인했고, 그녀가 살해당한 장소가 그녀가 종종 가던 동네였다고 이야기하였다. 또한 변호사는 존슨이 더 이상 멤피스 지역에 살지 못하게 되어 시카고에 있는 그녀의 고향으로 다시 이사를 가려고 하였다고 말했다. 그녀의 아파트에는 전기가 없었고, 변호사는 그녀에게 시카고로 돌아가는 버스 티켓을 사 주는 도움을 주었다고 하였다. 그녀의 죽음이 있기 몇 달 전, 그녀는 매춘으로 검거당했다. 그녀는 경찰관이 그녀의 성적 정체감에 대해 모욕적인 언행을 한 후 한 경찰관이 그녀를 눕히고 다른 경찰관이 그녀를 폭행했다고 주장했다. 이러한 폭행은 비디오로 촬영되었으며 두 경찰관은 해직 처리되었다. 출처: Margetts (2009).

십대 소년은 이민자의 죽음에 대해 책임이 없다

두 십대 소년은 루이스 라미레즈라는 멕시코 이민자의 죽음에 대해 무죄를 선고받았다. 라미레즈는 머리를 둔기로 맞아 사망하였는데, 피고인 데릭 돈체크와 브랜던 피에카스키는 단순 폭행을 제외하고 다른 혐의에 대해서는 무죄로 석방되었다. 그들을 무죄로 석방한 배심원단은 6명의 백인 여성과 6명의 백인 남성으로 구성되어 있었다. 돈체크와 피에카스키의 변호사는 라미레즈와의 갈등에 연루된 다른 십대들에게 책임이 있다고 하였고 라미레즈가 강도였다고 주장하였다. 검사에 따르면 라미레즈가 사망한 그날 밤, 십대 무리가 술을 마신 채로 라미레즈에게 시비를 걸었고, 인종차별적인 발언을 하였다. 이러한 다툼은 라미레즈가 이틀 뒤 병원에서 사망하면서 끝이 났다. 멕시칸-아메리칸 법률교육재단(Mexican-American Legal Defense and Education Fund: MALDEF)의 대변인은 이 사건은 이 사회에서 덜 가치 있다고 여겨지는 다른 나라에서 온 사람들에게 전해진 위험한 메시지라고 주장했다. 그리고 사람이 잔인하게 한 사람을 폭행하고 죽게 하여도 도망칠 수 있다는 메시지를 준 것이라고 주장하였다. 출처: Grinberg (2009).

이러한 예시들은 사회 불평등이 때때로 인종, 민족, 사회경제적 지위, 장애, 연령, 젠더, 성적 지향 등과 같은 다양성에 대한 수용과 관용이 없기 때문이라는 것을 보여 준다. 이러한 불관용은 차별, 편견, 선입견, 불공정한 대우로 이어지고 때때로 이 것은 개인에 대한 폭력으로 이어지기도 한다. 이어서 사회정의는 사회적인 환경에 의해 결정된다. 또한 사회정의는 정의, 공평함, 올바름을 포함하는 개념에 대한 해석에 의해 결정되기도 한다. 사실상, 사회정의는 개인들이 사회 내의 제도, 법률, 자원, 기회 등에 어떻게 접근하는지와 불이익과 이익을 받는지와 관련해 불평등을 만드는 사회적인 상황에 대한 반응이다(Miller, 1999). King Davis(1996)는 사회정의를 매우 친절하게 요약했다.

> 사회정의란 민주주의 사회에서 가장 기본적인 가치이자 요구되는 목적이다. 그리고 사회적인 제도, 법률, 자원, 기회에 대해 공정하고 공평하게 접근하는 것을 포함한다. 또한 나이, 피부색, 문화, 장애, 교육, 소득, 성별, 언어, 국적, 인종, 종교, 성적 지향에서 관측되었거나 해석된 차이점에 의해 임의적으로 제한받지 않는 것이다(p. 1).

사회정의를 이해하는 한 가지 방법은 사회부정의를 조사하는 것이다. 사회부정의를 파악하기 위해선 경찰의 체포와 관련한 미국 언론의 예시를 생각해 볼 수 있다. 미국 주요 대학의 연구실에서 근무하는 연구원이 강도로 의심받아 체포된 사건이 있었다. 두 명의 미국계 흑인인 이 연구원들은 그들의 연구실을 떠나 캠퍼스를 걸어가고 있었다. 경찰은 그때 두 흑인이 캠퍼스의 시설들을 털었다는 보고를 받아 범인을 찾고 있었다. 경찰은 두 연구원을 멈춰 세우고는 강도에 대해 물었다. 경찰은 강도에 대해 연구원들이 지속적으로 부인하고 저항하자 물리적인 힘을 사용하였고, 결국 이 두 명의 용의자를 체포하였다. 추가적인 조사를 받은 후에 이 두 연구원은 혐의가 없다는 것이 밝혀졌고 석방되었다.

여기에서 의문이 드는데, 만약 강도가 백인이었다면 어떻게 됐을까? 경찰은 과연 이들이 혐의가 없다는 주장과 자신들은 연구원이라는 주장에 대해 다르게 반응했을까? 그들을 보내 주지 않고 체포해 심문을 했을까? 흥미롭게도 이 책의 저자들은 이와 같은 이야기가 낯설지 않다. 다른 대학교에서 걸어가고 있던 두 명의 백인 남성이 있었다. 경찰이 다가와서 방금 일어난 강도에 대해서 물어보았다. 이 두 남성은 격렬하게 범죄와 관련되었다는 것을 부인했고 교수에게 자신의 상황에 대해 설명하여 그들이 죄가 없다는 사실을 빨리 밝힐 수 있었다.

다른 인종이었던 비슷한 두 사례는 다른 결과를 낳았다. 개인이 누구인지에 따라 편견과 선입견이 존재하고 이는 개인에게 항상 같은 대우를 받도록 하지 않는다는 이 이야기는 인종, 민족, 성별, 성적 지향, 사회적 지위, 장애 등에 의한 차이에서 오는 수천 개의 다른 영향에 의해 퍼져 나갔다. 그리고 조사에 의해 증명되었다(Adams et al., 2000).

앞에서 언급한 강도 상황에 대해 더 나아가서, 한 명의 흑인과 한 명의 백인이 강도 사건에 관련해 구금을 당했다고 가정해 보자. 이 두 남자는 같은 법적인 개입을 받았다고 생각할 것이다. 하지만 법적인 과정은 이 둘에게 여러 측면에서 달랐을 것이다. 예를 들어, 법 집행에 관련된 연락을 받는 방식, 그들이 받는 법적인 진술, 그들이 받는 공판, 혹은 그들이 받는 처벌 또한 그들의 인종과 민족에 따라 철저히 달랐을 것이다(하나의 예시는 수감된 사형수 중 소수민족의 비율이다.〈표 3-2〉참조). 연구자들(예: Harris, 2002; Mauer, 1999; Miller, 1996; Walker, Delone, & Cassia, 2003)은 법 집행과 법적 시스템에서 백인에 비해 더욱 부정적이고 편견이 가득한 대우를 받는다는 것을 발견했다. 예를 들어, Sommers와 Ellsworth(2011)는 백인 배심원들이 흑인에 관련된 결정을 내릴 때 더욱 민감하다는 것을 발견했다. 사실, 미국은 사형 집행 선고의 82%가 시행되었다. 회계감사원(General Accounting Office, 1990)에 따르면 희생자의 인종은 영향력이 있는 것으로 나타났다. 백인을 살해한 사건은 흑인을 살해한 사건보다 사형 선고가 더 많이 이루어지는 경향이 있다.

〈표 3-2〉 사형수 중 소수민족의 비율

관할권	비율
미군	86%
콜로라도주	80%
미국 정부	77%
루이지애나주	72%
펜실베이니아주	70%

권력과 사회정의 사이

사회정의의 개념은 권력과 흥미로운 관계를 가진다. 권력을 가진 위치에 있는 사람들은 (의도했든 그렇지 않았든, 그들이 관용이 있든 없든, 그들이 편견에 사로잡혀 있든 아니든, 인종·윤리·문화 차이에 대해 알고 있든 아니든) 사회부정의를 만들어 낼 수 있다.

때때로 권력을 가진 위치에 있고 특권을 가진 사람들은 그렇지 않은 사람들을 무시한다. 이것은 약자들에 대해 무시하고 무지하거나 혹은 단순히 힘이 없는 사람들의 삶에 대해 관심이 없기 때문이다. 이로 인하여 자주 서비스에 대한 불공정하고 불평등한 대우가 발생한다. 또한 이는 억압과 차별에 대한 개인의 행동과 결정에 영향을 미치고 제도적으로 불공정한 정책과 실천을 만들어 낸다. 힘의 차이에 의한 범행은 권력을 가진 사람들의 정보, 지식, 기술 그리고 큰 평등과 기회와 공정함을 만들어 낼 수 있는 정책에 영향을 미칠 수 있는 동료와 자원들에 접근하는 능력에 의해 강화된다. 변화, 공평함, 동등한 대우와 모든 사람에게 공평한 자원을 줄 수 있는 지원에 대한 접근을 할 수 있는 것이 가장 큰 가능성이다.

부와 권력에 불평등함을 보여 주는 좋은 예시는 미국이다. 10%에 해당하는 적은 사람들이 미국의 소득 50%를 가져간다. 우리는 이와 비슷한 사례를 권력의 위치를 대표하는 것에 대해 조사하다 보면 찾을 수 있다(Saez, 2009). 이는 요즘의 미국으로, 유색 인종과 여성들은 아직도 의회나 기업 임원의 비중에서 적은 수를 차지하고 있다. 2009년에 의회에서는 상·하원 의원 중 83%가 남성이었다(Center for American Women and Politics, 2009). 인종에 따른 통계를 보면, 의회 전체의 77%는 백인이었고, 하원 의원은 76%, 상원 의원은 81%가 백인이었다("The United States Congress," 2009). 최근에 포춘(Fortune) 1000대 기업 중 25명만이 여성 최고경영자이고(2.5%)(Catalyst, 2009), 여성 주요 사립대학의 여성 총장은 23%에 불과하다(American Council on Education, 2007). 이와 비슷하게, 2008년에는 법학과 여학생은 전체의 46.7%인 것에 반해 여성 변호사는 34.4%에 불과했다(Catalyst, 2009). 세계적으로 살펴보면 미국에서 소득이 가장 높은 400명이 아프리카의 가난한 국가 20개의 전 국민이 버는 소득과 같은 돈을 벌었고, 이는 약 3억 명에 해당한다(Project Censored, 2005). 이러한 불균형은 계속해서 권력의 불평등함을 야기하고 인권 침해와 사회부정의를 유지시키고 더 확대시키는 잠재력을 가지고 있다.

심리학과 상담에서의 사회정의 이론

사회정의에 대한 많은 예시를 통해 Lee와 Walz(1998)는 심리치료사와 상담사의 사회적·문화적·경제적 도전들이 도덕적 책임감에 영향을 주고, 이는 주로 클라이언트의 심리사회적 안녕과 발전에 부정적인 영향을 준다고 결론 내렸다. 우리는 정신건강 전문가와 상담사들에게 사회정의와 치료적 맥락 안에 있는 사회문제들에 대해 일해야 할 윤리적이고 도덕적인 의무가 있다고 생각한다. 이는 클라이언트의 인지적 기능, 그들의 행동과 사회환경과의 상호작용 간의 관계에 대해 이해할 것을 요구한다.

이러한 논지가 심리치료사와 상담사들에게 의미하는 바는 클라이언트의 삶에 부정적인 영향을 끼치는 좀 더 큰 환경적 문제, 클라이언트의 정신건강에 영향을 미치는 제도적인 문제, 학교나 직장 같은 기관들을 클라이언트의 심리사회적 안녕을 위해 넓은 관점에서 보아야 한다는 것이다. 사회정의와 인권에 관련되어 일할 때, 이러한 생태적인 변수들은 개인의 정신건강에 기여할 수 있는 넓고 깊은 맥락을 제공한다. 사회정의 모델 안에서 이러한 변수들은 상담사들의 치료적 개입에서 매우 주요한 역할을 한다.

Humphreys(1996)는 심리사들이 심리치료보다는 사회 정책에서의 변화와 사회 제도들의 향상을 통해 사회에 더 깊이 있고 지속적인 이익을 제공할 수 있다고 주장했다. Vera와 Speight(2003)는 심리상담은 일반적으로 개인에 대한 좀 더 폭넓고 전체적인 관점을 발전시키면서 개인의 강점과 회복탄력성, 그리고 더 큰 생태학적 맥락 속에서 심리교육 훈련, 상호작용과 역동성을 강조하며, 사회정의에 맞추어 움직이도록 독특하게 자리 잡고 있다. 우리는 클라이언트의 문제들은 클라이언트 삶의 사회적·문화적·경제적 문제의 바탕에 있는 것들에 대한 대응과 반응이라는 것을 주장하고 제안할 수 있다. 이러한 이유로 심리사와 상담사들이 거시적인 관점으로 바라보는 것이 매우 중요하다.

[그림 3-1]은 개인과 가족, 지역사회에 미치는 사회적·환경적 요인에 대해 설명하고 있다. 그림에 제시된 바와 같이 개인과 가족들은 고립되어 살지 않는다. 그리고 사회에 영향을 미치는 것들도 개인과 가족에게 직간접적으로 영향을 끼친다. 예

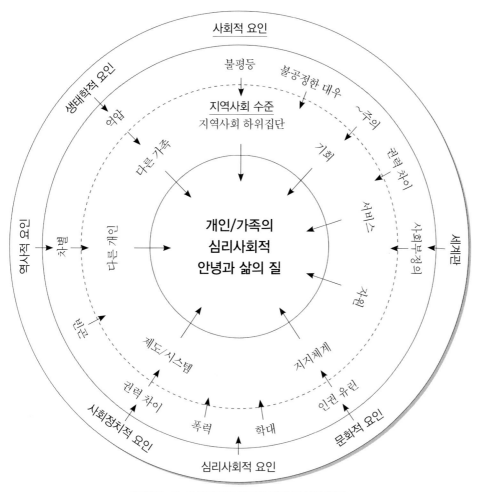

지역사회 수준
지역사회 하위집단

개인/가족의
심리사회적
안녕과 삶의 질

사회적 요인
생태학적 요인
역사적 요인
사회정치적 요인
심리사회적 요인
문화적 요인
세계관

불평등
불공정한 대우
주의
권력 차이
사회부정의
억압
다른 가족
기회
서비스
차별
다른 개인
규범
제도/시스템
지지체계
자원
권력 차이
폭력
학대
인권 유린

[그림 3-1] 사회정의와 인권에 대한 거시적 접근

를 들어, 종교의 차이를 이유로 차별을 당한 사람이 있다면 이는 다양한 차원에서 경험할 수 있다. 언어적 또는 신체적 폭력을 당하거나, 학교나 직장에서 차별당하고, 미디어를 통해 낙인을 경험하며, 보건과 사회서비스 시스템에서 불공정한 대우를 받는 등 사회 내에서 다양한 경험을 한다. 이런 상황은 개인의 심리사회적 건강과 삶의 질에 영향을 끼친다.

이렇게 큰 제도적인 문제에 대해 고려하지 않고 단순히 개인의 내적 문제나 고립된 개인의 문제를 줄이는 것은 그저 임시방편에 불과하다. 이는 더 뿌리 깊은 문제를 다루는 대신에 단기적인 해결책을 제공할 뿐이다. 그 결과, 처음부터 문제를 일으킨 상황을 계속해서 유지하게 할 수 있다. 예를 들어, 한 클라이언트가 나를 찾아왔을 때 빈곤한 것에 대해 좌절하고 화가 나는 것에 대해 이야기한 적이 있다. 그러나 가난이라는 것에 대한 감정만을 도와주는 것은 용납될 수 없었다. 클라이언트를 계속해서 빈곤하게 하는 사회적·경제적 상황을 더 깊게 보는 것은 내가 단순히 현재의 감정에 대해 일하는 것이 아니라 클라이언트가 가난을 벗어나기 위해 일할 수 있도록 전략을 만들고, 그의 가족들이 가난의 굴레에서 벗어나도록 돕고, 성공적인 방법으로 그와 그의 가족의 상황을 바꾸기 위해 옹호할 수 있도록 하는 기술들을 배우는 것이었다. 나는 단순히 빈곤으로 인한 좌절감과 분노 등의 문제를 해결하려고 원조하면서 이러한 문제점들을 보았다.

이러한 예시들은 상당히 많다(〈표 3-3〉 참조). 우리는 클라이언트의 안녕에 영향을 미치는 이러한 사회맥락적인 문제들을 무시하는 것이 아니라 이러한 문제를 직접적으로 해결하는 것이 우리의 도덕적·사회적·윤리적 책임을 강조하는 것이다. 이러한 분야가 개별적인 관점에서 보다 큰 사회정의 문제들로 옮겨 갔는지를 완전히 이해하고 인식하기 위해서 역사적인 관점에서의 사회정의에 관해 다음에서 더 논하고자 한다.

〈표 3-3〉 2009년 빈곤 통계

- 2009년의 공식적인 빈곤율은 14.3%였고, 2008년에 13.2%였던 것에 비해 증가하였다.
- 2009년 4,360만 명의 국민이 빈곤한 상태로 살았고, 2008년에 비해 380만 명이 증가하였다.
- 아시아인들은 빈곤율이 12.5%로 작년 대비 같았고, 히스패닉은 25.3%, 백인들은 9.4%, 흑인들은 25.8%로 증가하였다.
- 2008년 18세 미만의 아동들이 빈곤한 비율은 19%였으며 이는 2009년 20.7%로 증가하였다. 18세 미만의 아동들의 빈곤율은 18세 이상 65세 미만 성인의 빈곤율(12.9%)에 비해 높은 상태가 유지되었고, 65세 이상 성인들의 빈곤율은 8.9%였다.

출처: U.S. Census Bureau (2010).

역사적인 관점

사회정의와 관련된 문제들이 심리학과 상담 영역에서 새로운 개념은 아니다. 이러한 분야의 전문가들이 훈련과 실천에서 이러한 개념을 이해하기까지 오랜 시간이 걸렸다. 사회행동의 개념은 Frank Parsons와 이후 Carl Rogers에 의해 개념화되었고, 두 학자 모두 사회부정의와 개인적·사회적 단계에 대한 대응을 주장하였다 (Hartung & Blustein, 2002; McWhirter, 1998). 같은 시기에, Clifford Beers는 정신 질환을 앓고 있는 사람들에게 보다 인간적인 대우를 주장하였다(Tenety & Kiselica, 2000). 초기 페미니스트와 다문화 학자들은 전통적인 심리사회적 분야에서 억압과 불평등에 대한 접근이 없다고 비판하였다(Espin, 1994; Sparks & Park, 2000; Sue & Sue, 2008).

1960년대 미국에서는 시민권과 반 베트남전쟁에 관련한 강한 운동들이 있었다. 이러한 정치적인 운동들은 많은 사람으로부터 정치적이고 사회적인 관심을 이끌어 냈고, 심리사와 상담사들도 마찬가지였다. 이에 대한 결과로, 민족/인종 단체들이 1960대에 생겨났고, 1970년대에는 이러한 오류에 대한 반응으로 흑인들의 지적인 열등감(Jensen, 1969)과 소수자의 문화적 박탈감에 대한 과학적 가설이 발전했다 (Arredondo & Perez, 2003; Riessman, 1962). 이 부분에 대한 더 깊은 토의는 2장을 참조하라.

1971년 5월, 『Personnel and Guidance Journal』에 '상담과 사회 혁명'이라는 특별호가 실렸다. 이 특별호는 Michael Lewis, Judith Lewis와 Edward Dworkin에 의해 편집되었다. 특별호는 특히 상담 영역에서의 사회부정의를 강조했다. 이는 심리학과 상담에서 전문가의 역할이 무엇인가에 대해 의문을 제기했고, 사회변화를 위한 운동에 참여하는 참여자들에 대한 고려 없이 단순히 이해하는 것에 그치는 것으로 수동적인 역할을 해서는 안 된다고 주장하였다. 다른 저널들은 사회정의에 관련된 특별판을 출간하였는데, 『The Counseling Psychologist』의 2003년 5월호였던 '사회정의와 다문화 역량 상담 심리'와 2004년 11월호였던 '심리학과 사회정의의 통합: 훈련 모델'과 같은 것들이 있다. 좀 더 최근에는 『Journal on Counseling and Development』에서 특별판으로 실린 '상담의 네 번째 세력으로서 다문화주의: 진전을 돌아보고 미래를 예측하기'가 있다(D'Andrea, Foster, & Pedersen, 2008). 우리가 제2장에서 논의한 것처럼 다문화 상담과 다문화 역량은 사회정의에 대한 기초를 제공했다. 심리학과 상담에서 사회정의 실천에 대해 더 알아보기 위해 역사를 간략하게 요약해 보았다.

1981년 상담심리학자인 Allen Ivey(APA 17분과의 의장)는 Derald Wing Sue에게 다문화 역량 개발을 위해 의장 자리를 위임했다. 보고서는 완성되었지만(Sue et al., 1982) 집행 위원회가 다문화 상담의 역량을 인정하기까지는 20년이 걸렸다

(Arredondo et al., 1996; Sue, Arredondo, & McDavis, 1992). 또한 APA 이사회에서 다문화 역량에 대해 만장일치로 채택한 것은 2002년이 되어서였다(Arredondo & Perez, 2003). 1987년에 미국 상담과 발달 협회(American Association for Counseling and Development: AACD)에서 상담사들에게 사회변화를 옹호하도록 하는 인권에 관련된 중요한 보고서를 발의했다(American Association for Counseling and Development, 1987). 하지만 미국상담학회(ACA)는 2003년 3월까지 보고서를 인정하지 않았다(ACA, 2003).

정신건강 전문가와 상담사들의 사회정의에 대한 철학적 교리

사회정의 뒤에 있는 철학은 자유와 평등의 원칙에 기반을 둔다. 이는 John Locke의 자유주의적 정의 모델을 통해 알 수 있는데, 이는 자유와 가치의 관계를 강조한다. Locke의 모델에서는 개인이 자신의 결정을 하고 자신의 삶을 사는 것은 개인의 책임이다(Hartnett, 2001; Nozick, 1974; Stevens & Wood, 1992). 또한 자본주의하에서 모든 개인은 자신의 삶과 소득을 결정할 동등한 기회와 자유가 있다. Locke의 모델이 전제하고 있는 것에 대한 주된 비판은 모든 사람이 기회를 가지고 있다는 생각은 다른 불평등한 소득보다 더 중요했다는 것이고, 예를 들어 사회적 계층, 인종, 또는 성 불평등이 분명하다면 개인이 불평등을 바꿀 기회가 있는 한 그것들은 문제가 아닌 것이다.

다른 학자들은 Locke의 주장에 대해 도전하고 이를 확장시켰다. Rousseau는 선택의 자유가 사회에서 불평등한 기회를 창출하여 현 상태로 제도화되어서는 안 된다고 주장했다(Rawls, 1971). 그는 정부가 개인의 선택권이 존중되더라도 사회 불평등을 막는 데에 주요한 역할을 해야 한다고 주장했다. 공산주의자들의 사회정의에 대한 접근은 권력, 특권, 억압이 힘이 되는 과정을 강조했고(Young, 1990), 결과 자체나 실제적인 불평등을 다루기보다는 불평등을 초래하는 상호작용의 변화와 역동성의 진보가 필요하다고 강조했다. 해방 심리학은 이 분야가 과거의 차별과 억압보다는 미래에 일어날 일을 우선시해야 한다고 제안한다(Martin-Baro, 1994). 반면에, 분배적 정의(Prilleltensky, 1997)는 개인이 불평등을 극복하고 문화 다양성을 기르는 필수적인 요소로서 요구되는 평등과 공정보다는 거대한 사회정치적 맥락 안에서 일하는 것의 중요성을 이야기한다.

사회정의와 다문화 역량의 관계

최근 몇 십 년간 다문화 상담, 다문화 역량 상담에 관련된 책이 눈에 띄게 증가했다. 다문화 역량 상담은 심리사, 상담사, 사회복지사들에게 인종적·민족적·문화적 배경이 다른 클라이언트들에게 효과적이고 즉각적으로 대응하게 하는 가이드라인을 제공한다. 만약 전문가들이 다문화 상담 역량을 위해 노력한다면 자연스럽게 사회정의에 대해서도 노력해야 한다고 생각해 볼 수 있다. Derald Wing Sue와 동료들(1998)은 "다문화주의는 사회정의, 문화적 민주주의, 평등에 관련한 것이다."(p. 5)라고 주장했다. 다른 학자들(예: D'Andrea & Daniels, 1999; Helms & Cook, 1999; Lee & Walz, 1998; Parham & McDavis, 1987; Ridley, Mendoza, & Kanitz, 1994; Thompson & Neville, 1999; Toporek & Reza, 2001) 또한 정신보건 영역에서 사회정의에 대해 동의하고 강조했다.

우리는 2장에서 다문화주의에서의 상담과 심리학에 관련되어 사회정의와 인권에 대해 조사하는 것의 기본을 제공한다는 점에서 다문화 역량 상담이 중요하다고 이야기했다. 하지만 다문화 역량 상담이 지금까지 사회정의에 대해서 통합적이지 않다는 비판을 들어 왔다는 사실도 중요하다(Vera & Speight, 2003). 사회정의의 개념이 다문화 역량에 통합되었고 사회정의에 대한 헌신이 분명함에도 불구하고, 다문화 역량은 사회정의를 실천하는 데에 최소한의 주의를 기울여야 한다고 주장해 왔다. 우리가 다문화 역량 상담과 인권/사회정의는 손을 맞잡고 두 개념을 통합하고 운영하기 위해 명확하게 이해하는 것이 중요하다.

Arredondo(1999)는 다문화 상담 역량은 억압과 인종주의를 다루어 나가는 방식을 탐구하는 것이라고 하였다. 즉, 개인적 인식(personal awareness)을 알아 가는 것, 자아개념과 정체성에 대한 사회정치적 영향의 효과에 대해 아는 것, 사회정의에 대한 장애물로 제도적 장벽과 진단적·문화적 편견을 이해하는 것과 같은 문제를 식별함으로써 억압과 인종차별을 다루는 방법을 모색했다.

우리 전문가들이 클라이언트의 문화적 배경, 가치체계, 믿음, 선입견, 편견, 특권과 개인에 대한 지식을 알고 이해할 필요가 있는 것뿐만 아니라 우리는 개인, 가족, 지역사회, 사회변화의 주체로 활동하면서 사회정의와 인권에 대해 상호작용하는 체계에 대한 지식과 기술도 필요하다. 우리는 Arredondo에게 동의하는데, 이는 다문화 역량 상담이 분명하게 사회정의와 인권에 대한 기초를 세웠고, 이는 사회정의, 인권과 정신건강을 통합하는 현재와 미래에서 중요한 역할이라는 것이다.

한 가지 주의해야 할 것은 우리가 사회정의의 영역에서 일할 때 자신이 가진 지식과 기술에 대해 속지 말아야 한다는 것이다. 잘 훈련된 상담사와 심리치료사로서 우리는 지식과 인식 혹은 기술이 있어야 한다. 하지만 다문화 상담은 아직 깊은 부분의 의식, 정보, 사회정의와 인권을 실현하기 위한 기술이 부족하다. 다문화주의 관점에서 훈련하기 위한 상담과 상담관련 교육 프로그램 인증위원회(Council for Accreditation of Counseling and Related Educational Program: CACREP)와 APA의 요구사항, APA와 ACA의 다문화 역량 상담의 도입을 감안할 때, 우리는 공인된 면허가 있는 상담사, 심리사, 사회복지사가 다문화 상담 역량에 대한 기본적인 인식과 지식을 갖추고 있다고 생각하며, 기본 수준의 기술도 갖추고 있어야 한다고 생각할 수 있다.

그렇다 하더라도, 많은 동료의 인식, 지식, 능력은 다문화 역량 상담의 효과적인 수행에 영향을 주는 심오한 역사적 · 사회경제적 · 정치적 · 생태학적 문제들에 대한 포괄적인 이해로 확장되지 않는다. 게다가 사회정의의 문제가 우리의 클라이언트, 가족, 그들의 지역사회에까지 어떤 영향을 미치는지에 대한 이해가 있다 하더라도 사회정의가 어떻게 실제로 이뤄지는지에 대한 지식이 부족하다. 『사회행동 상담과 심리학 저널(Journal for Social Action Counseling and Psychology)』의 편집자들(Tod Sloan과 Rebecca Toporek)은 다음과 같이 이야기했다. "우리 동료들은 무엇이 사회 변화인지 예시를 만들어 낼 필요가 있고 그것을 체계적으로 반영하는 방법에 대해 예시를 만들어야 한다."(personal communication, 2008.11.7)

예를 들어, 우리가 받는 훈련은 우리의 문화적 배경, 특권, 선입견, 편견에 대해 심도 있는 엄밀한 조사를 포함하지 않는다. 이러한 조사는 효율적인 다문화 사업과 사회정의와 관련된 일에 기여할 수 있다. 이러한 조사를 실행하지 않는 결과로 억압과 차별을 영속화하는 현상 유지, 특히 소외되고 억압당한 사람들을 현 상태로 유지시키는 결과를 초래할 수도 있다(Martin-Baro, 1994; Prilleltensky, 1997). 우리의 삶과 경험에 영향을 주는 이러한 다양한 요소의 복잡성, 억압받고 부정된 사람들과의 상호작용, 상담이나 심리치료에서 이러한 변수들의 다면적 교차점들이 시사하는 바는 다음과 같다. 다문화 상담의 훈련에서 본질적인 것은 다문화 역량 훈련과 기술을 발전시키는 것을 어떻게 사회정의 및 인권과 통합시킬 것인가에 관한 부분이다. 사실, 다문화 운동의 지도자들은 교과과정, 가르치는 것, 훈련, 연구에 다문화와 사회정의를 포함하기 위해 국립 다문화 역량 기관(National Institute of Multicultural Competencies: NIMC)을 세웠다.

요약하자면, 차별과 억압에 관련된 자원의 불평등한 분배, 역사적·사회정치적·문화적·생태학적 요인들을 고려할 때, 상담사와 심리치료사는 더 이상 클라이언트의 정신적 역동성에만 집중할 수 없다. 전통적으로 심리치료사와 상담사는 개인에게만 초점을 맞추어 왔고(Brown, 1997), 심리학자들은 개인과 부정의를 만드는 사회행동에 초점을 맞출 필요가 있다면서 이런 부분을 지지했다(Martin-Baro, 1994; Prilleltensky, 1997). 직장에서 인종차별을 받고 있는 한 클라이언트가 있었다. 클라이언트의 직장에서는 미묘하고 부정적인 언행들을 그녀의 인종적인 배경의 탓으로 돌렸다. 상담자로서 나의 역할은 그녀의 심리적인 문제에만 초점을 두고, 적대적이고 억압적인 환경에 그녀가 적응하도록 지원하는 것이었다. 그녀가 무의식적으로 직장에서 경험하는 인종차별은 그녀 개인의 심리적인 문제였다. 전통적인 개인적 모델을 넘어, 환경을 바꾸려는 클라이언트를 만났고 그녀가 단순히 개인적인 감정과 반응만을 다루는 것이 아니라 이러한 차별과 적대적인 환경을 바꾸려는 행동적인 전략들을 그녀의 동료와 함께 개발하도록 도왔다.

이러한 예시가 보여 주듯이, 클라이언트 개인의 문제와 더 큰 사회적·정치적·역사적·경제적·생태학적 세계가 상호작용하는 것은 사회정의 사회사업에서 매우 중요한 역할을 차지한다. 전통적 심리학과 상담은 지역사회와 사회가 개인과 가족의 행동에 분명한 역할을 한다는 것을 무시하였고, 문제를 개인에 두었다(Ryan, 1971). 다문화 상담 역량은 전문가들에게 '눈을 뜨라'고 말하고 현재의 문제, 행동, 반응은 개인적 관점을 넘어서 거시적·생태학적·맥락적 관점에서 조사되어야 한다고 분명하게 말한다. 따라서 클라이언트의 행동과 현재 문제들에 대해 분석할 때는 가족의 상호작용, 지역사회, 역사적/정치적 관점과 주변 환경과 같은 모든 변수가 포함되는 것이 중요하다. 이것들은 클라이언트의 삶과 우리의 사정, 개입 전략을 만드는 것에 기여하는 중요한 요소이다.

사회정의는 다문화 상담 역량에서 매우 중요한 핵심이며, 전문가들이 클라이언트의 삶에 영향을 끼치는 생태학적인 요소들을 인지하는 능력과 클라이언트의 성장, 발전, 삶의 질, 심리적 안녕을 제한하는 제도적 장벽을 다루고 이에 도전하는 기술 모두를 필요로 한다(Constantine, Hage, & Kindaichi, 2007; Fondacaro & Weinberg, 2002; Hage, 2003; Prilleltensky & Prilleltensky, 2003; Vera & Speight, 2003). 사회정의는 시민 권리 운동, 페미니즘 운동, 빈곤과의 전쟁에서 진화하는 것으로 볼 수 있으며, 사회적 자원의 분배 정의와 공평한 분배에 뿌리를 두고 있고(Fondacaro & Weinberg, 2002) 이를 통해 이익과 불이익은 개인과 사회의 집단에게 공평하게 분배되어야 한다(Miller, 1999). 다문화 상담 역량은 비슷한 뿌리를 가지고 있고, 공평, 평등, 자원에 접근하는 데 있어서의 공정성에 관련된 사회적 문제들을 다룬다.

사회정의 실천의 목표

사회정의 실천의 목표는 모든 구성원이 인종, 민족, 문화, 성적 지향(sexual orientation), 성, 종교, 사회경제적 지표, 장애, 나이 등 차별적 특성에 관계없이 살아갈 수 있는 사회를 만들기 위해 불공정한 대우, 불평등, 부정(不正)을 제거하는 데 있다. 이를 위해선 특권층뿐만 아니라 모든 사람이 자원의 동등한 분배, 정신적·육체적 안전(Bell, 1997), 접근 가능한 자원에의 동등한 접근을 이룰 수 있어야 한다. 미국을 포함해 전 세계적으로 자원의 불평등한 분배가 존재해 왔다.

경제적 불평등은 다수의 사회적 불평등을 야기한다. 미국 사회의 부와 권력의 대부분을 가지고 있는 10%의 개인과 그들과 관련된 부분들은 나머지 90%의 인구보다 사회 현상들에 대해 강력한 통제권을 갖는다. 부와 권력을 많이 가진 자와 그렇지 못한 자의 차이는 1930년대 이후 더욱더 벌어졌다(Wolff, 2003). 실제로, 미국의 중산층은 줄고 있고, 빈곤층이 확대되고 있다(Dugas, 2003; NOW, 2004). 미국 통계국(U.S. Census Bureau, 2010)에 따르면, 미국인의 1/7(14.3%-4,400만)과 아동의 1/5(21%-1,550만)은 가난 속에 살고 있다. 건강보험을 갖지 못하는 미국인 수는 점점 늘어, 2004년엔 15.6%가 증가했고(Connolly & Witte, 2004), 2010년 기준 5,070만 명으로 급증했다(U.S. Census Bureau, 2010).

경기 하락은 목소리를 낼 수도 없고, 힘도 없으며, 많은 욕구를 가진 더 열악하고 억압받는 사람들에게 더 심각하다. 2002년에 백인 미국 가구 재산의 중간값은 8만 8,651달러였고, 이는 라틴계 가정의 11배(7,932달러), 아프리카계 가구의 14배였다(Witte & Henderson, 2004). 따라서 백인 가구가 아닌 가구가 자신의 집을 소유할 가능성이 훨씬 적다. 백인 주택 소유율이 74%인 반면, 후자의 두 집단은 47%이다. 아프리카계 미국인 및 라틴 아메리카계 가구 중 1/4 이상이 자동차 외에는 자산을 소유하지 않는다(Goldenberg, 2004). 따라서 가장 큰 부와 권력을 지닌 10%는 본질적으로 더 많은 특권을 누릴 수 있어 기회를 강화하거나 제한할 수 있는 정책을 수립

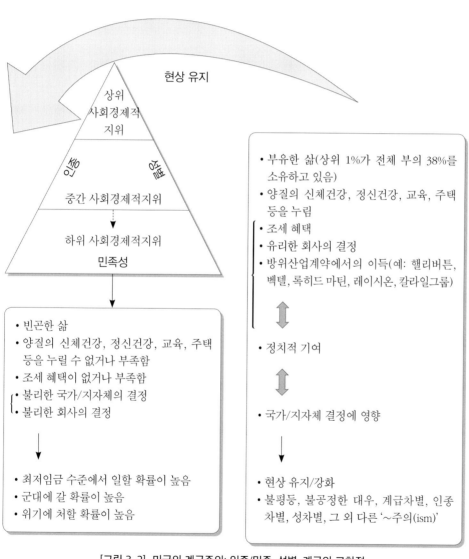

[그림 3-2] 미국의 계급주의: 인종/민족, 성별, 계급의 교차점

할 권리를 행사할 수 있다. 미국의 제한된 의료 및 정신건강 치료, 사회적 서비스 축소, 부적절한 주거, 빈곤한 도시 및 농촌 지역에서의 낮은 수준의 교육, 고용의 기회 감소, 정치적 표현의 제한, 불공정한 사법적 대우, 합법적인 권리의 축소 및 일반적으로 축소된 인권을 가진 수백만 시민이 있다.

부와 권력을 가진 사람들은 앞과 같은 시급한 문제에 대해 더 많은 의견을 말할 수 있을 뿐만 아니라 다른 사람들의 미래에도 상당한 영향을 미칠 수 있으며 본인들에게 이익이 되는 방향을 유지하기 위해 자신들의 지위와 부를 사용할 수 있다([그림 3-2] 참조). 예를 들어, 가장 부유한 10%는 정치적 통제와 권력에 누가 접근할 것인지에 대한 정치적 캠페인과 영향력을 만들 수도 있다. 이것은 박탈당한 집단에 도움이 될 수 있거나 없는 재정적인 결정을 하고, 정신보건 서비스와 같은 인적 서비스에 해로운 영향을 미칠 수 있으며, 그리하여 상담사 및 심리사로서의 업무에 영향을 미칠 수도 있다.

사회정의에서의 모델

더 큰 사회적 문제를 다루기 위해 사회정의에 관한 다양한 이론이 제안되어 왔다. 집합주의 모델(collaborative models)은 시스템 이론과 페미니즘 이론에 의해 권력관계를 재정의하는 방식으로 변화되었다. 다시 말해, 권력을 재구조화하는 것은 상담사, 심리치료사, 사회복지사와 클라이언트의 관계 변화를 위하여 치료적인 만남 안에서의 역동을 재정의하며, 특히 이는 사회적 평등을 추구할 때 이루어진다. 또한 상담과 심리치료에는 사회적 의무에 대한 믿음과 헌신이 포함되어야 한다고 논의되어 왔으며, 이것은 치료적 관계에서 직간접적으로 억압적이고 불평등한 권력관계를 형성하는 기존의 정신건강 서비스 역동에서 벗어나야 한다는 것을 의미한다. Prilleltensky(1997)는 공산주의자 정의 모델(communitarian justice model)로 권력의 재분배에 대해 논의한다. 다른 사람들은 상담과 심리학에서의 인종주의(예: Carter, 2007; D'Andrea & Daniels, 1999; Helms & Cook, 1999; Sue et al., 2007)와 성차별주의(예: Apfelbaum, 1999)에 대해서 강력하게 문제제기를 해 왔다. Lewis, Lewis, Daniels와 D'Andrea(1998)는 억압에 대해 더욱 효과적으로 대처하기 위한 하나의 모델을 제시하였는데, 이는 자문, 옹호, 교육 그리고 공공정책에서 변화의 대리인이 되는 것을 포함하였다.

이러한 사회정의 운동의 한 예로, 여성 쉼터에 보다 충분한 예산을 배정할 수 있는 법을 제정하기 위해 이를 지지하는 사람들을 모으는 것을 들 수 있다. 이와 유사하게, Atkinson, Thompson과 Grant(1993)는 억압에 더 효과적으로 대처하기 위해서 다문화 모델(multicultural model)을 개발하였는데, 이는 상담사, 심리사, 사회복지사의 역할을 변화의 대리인, 옹호자, 조언자 그리고 자문의 역할까지 확대하는 것이다. 모든 모델은 공통적인 방향성을 갖고 있는데, 전통적인 상담과 심리치료를 넘어서는 방식으로 정신건강 전문가들의 역할을 변화시킴으로써 불평등하고 불공정한 치료관계의 변화를 효과적으로 추구하고 있다는 점이다.

이 책에서 우리는 사회변화에 대한 다양한 모델을 종합하고, 사회정의와 인권에서 우리 고유의 모델을 제안하고 있다. 그것은 사회정의와 인권을 직접적인 목표로 하며 심리치료, 상담, 인권 및 사회정의의 다단계 모델(Multi-Phase Model: MPM)이라고 불린다. 이 모델은 제5장에서 더 자세히 논의될 것이며, 이 장에서는 우리의 전통적인 역할에서 벗어나 사회적 불의와 잠재적인 인권 침해에 더 효과적으로 반응하기 위해서 정신건강 전문가가 어떻게 대처해야 하는지에 대한 명확한 개요를 제시한다. 다단계 모델은 정신건강 분야에서 사회정의와 인권에 대한 개입을 보다 명확하게 정의하기 위해 미시, 중간 및 거시 수준을 포괄하고 있다. 사회정의와 인권을 정신건강 분야에 공식적으로 포함하기 위한 다음 단계는 매우 중요하다. Helms(2003)는 다문화 상담 연구가 더 큰 시스템 차원을 무시하고, 미시적인 수준에서 사회정의 원리를 통합시키는 데에만 주로 집중하였다는 것을 비판하였다. 다단계 모델은 미시, 중간 및 거시 수준 간의 상호작용을 강조하고 개인과 더 큰 사회에 영향을 미치는 역사, 사회, 정치, 개인, 가족, 경제, 지역사회 차원의 다양한 문제를 다룬다.

사회정의 그리고 윤리

전통적으로 미국에서는 상담과 심리학의 윤리적인 기준들이 도덕적인 행동과 관련된 법률에 근거하여 제정된다. 그러나 많은 비윤리적인 행동은 미묘하고 법적 해석으로 접근하기에는 어려움이 있다. 미국에서는 클라이언트의 권리를 보호하고 명확히 하기 위한 목적으로 상담, 심리학, 사회복지학 분야에서 전문가 윤리강령이 제정되었다. 그러나 윤리강령에 대한 비판이 제기되고 있는데, 지나치게 이상적이고 개괄적이라는 것이다(Remley, 1985). 또한 법적인 측면과 단선적 사고를 강조하고, 주관적 측면이 고려될 필요성이 있음에도 지나치게 객관적이며, 성장보다는 보호를 강조하고, 변화보다는 현상 유지를 주장하며, 법적인 제재에 더 큰 중심을 두었다는 비판을 받아 왔다(Rowley & MacDonald, 2001). 이러한 비판은 **업무에 있어서의 두려움**(fear in working)이라는 사고방식으로 이어졌는데, 전문가들은 고소당하는 것에 대한 두려움을 갖고 있으므로, 클라이언트에게 치료적인 혜택을 줄 수 있을지라도 위험이 수반되는 일은 꺼리게 되었다. 흥미로운 점은 윤리적 규범이 일반적으로 사회정의 또는 인권 문제를 다루지 않고 오히려 상담과 심리치료에서 '해야 할 것과 하지 말아야 할 것'에 대한 법적 내용을 주로 언급하고 있다는 것이다.

　매우 다른 관점에서 윤리를 정의하는 한 가지 흥미로운 예 중의 하나는 영국 상담 심리치료협회(British Association for Counseling and Psychotherapy: BACP)의 『좋은 상담과 심리치료를 위한 윤리적인 틀(Ethical Framework for Good Practice in Counselling and Psychotherapy)』에서 찾아볼 수 있다(BACP, 2002). 여기에서는 비윤리적인 행동에 대한 처벌과 법적 관점이 아닌, 인간의 권리와 존엄성의 존중에 밀접하게 관련된 가치와 원칙 그리고 개인의 도덕적 자질을 고려하는 관점에서 국가 윤리강령을 제시한다. BACP의 윤리적인 틀은 실천가와 클라이언트의 전문적 관계를 분명히 하며, 인간 중심에 의미를 두는 자의식을 함양하고, 사람들 사이에서 관계의 질을 향상시켜 주고, 인간의 경험과 문화의 다양성을 존중하고, 상담과 심리치료 서비스를 공정하고 적절하게 제공하는 것을 추구한다. BACP의 상담과 심리치료의 윤리적 원칙들은 진실성, 클라이언트의 자율성, 클라이언트의 피해를 줄이기 위한 노력 그리고 모든 클라이언트를 위한 정의와 공정한 대우와 같은 요소들로 구성되어 있다. 또한 윤리적인 틀은 공감, 진실성, 청렴, 역량, 공정성, 지혜와 같은 개인의 도덕적인 측면을 마지막 요소로 언급한다. 이것은 미국을 비롯한 다른 나라들이 행위의 옳고 그름에 대한 판단과 위반에 대한 사후 처벌에 중점을 두는 법률 중심의 접근을 추구하는 것과는 극명한 대조를 보인다.

미국은 소송을 매우 민감하게 생각하므로, 법률 중심의 접근을 중요하게 고려할 필요가 있으나, 우리는 미국의 윤리강령이 예방 차원의 개입과 긍정적인 태도를 중요하게 생각하는 정신건강 서비스의 '인간적인 측면'을 경시하는 것을 우려하고 있다. 내(Fred)가 주정부 면허위원회에서 7년 동안 활동했을 때, 상담사들의 전문직 실천 과정에서 발생한 문제를 검토하는 역할을 맡았다. 이때 영국과 같이 클라이언트와 상담사, 심리치료사, 사회복지사의 건강한 관계를 증진시키기 위한 지침이 없고, 윤리적 요소와 전문적 행동에 대한 엄격한 법률만이 존재하는 것을 보고 충격을 받았다. 결과적으로 전문가들은 자신이 클라이언트에게 법적으로 잘못한 일이 무엇인지는 알수 있지만, 클라이언트가 보다 건강하고 긍정적인 심리적 안정을 취할 수 있도록 도울 수 있는 지침은 없는 셈이었다. 이 절에서는 그동안 당연한 것으로 여겨 왔던 윤리적 지침(이 경우에는 윤리강령을 의미한다)을 새로운 방식으로 제시한다. 그것은 사회정의와 인권 패러다임에 중점을 둔 새로운 관점을 이론적으로 포괄할 수 있다.

UN 세계 인권 선언

UN 세계 인권 선언이 15장에서 논의되지만, 이 시점에서 인권 선언을 언급하는 것이 필요하다고 본다. UN은 지역사회나 국가에서 할 수 있는 일과는 거리가 있어 보이지만, 광범위한 국제적 관점은 상담사, 심리치료사, 사회복지사로서의 활동에 영향을 미친다. 세계 인권 선언과 심리학 및 상담을 연결하는 것은 특히 사회정의를 우리의 업무에 도입할 수 있는 입장을 취할 때 모든 사람을 위한 평등, 인권 및 사회정의의 근본적인 주제가 될 수 있다. 세계 인권 선언과 심리치료 및 상담 실천의 본질은 개인과 집단의 기본적 욕구에 해당하는 충분한 영양, 안전한 주택, 교육, 의료, 민주적 절차에 의한 참정권, 차별과 억압이 없는 안전하고 생산적인 삶을 누릴 권리, 자유로운 선택과 언론의 자유를 행사할 수 있는 기회를 의미한다.

정신건강 전문가에게는 인권에 관한 지침을 제공하는 문서가 없기 때문에 세계 인권 선언은 우리의 업무를 정의하는 데 도움이 되는 흥미롭고 적절한 지침과 원칙을 제공한다. 원조를 제공하는 직업의 근본적인 목표는 개인이나 집단이 육체적·정신적 안전과 관련된 기본 욕구를 최우선적으로 충족시킬 수 있도록 하는 것이다. 먼저 기본적인 인권이 달성되면, 개인은 다음 단계로 발전해 나갈 수 있으며, 최적의 개인적 · 문화적 · 사회적 성장 및 발전과 더불어 심리적 안녕을 얻을 수 있다.

UN 선언의 핵심과 마찬가지로, 정신건강 전문가는 개인과 집단에 대한 불평등과 불공정을 야기하는 상황을 예방하고 개입하는 것에 목적을 두어야 한다. 따라서 인권과 관련된 조항이 부재한 미국의 상황에서 세계 인권 선언은 정신건강 전문가들이 불의와 불평등에 관심을 갖고 개인, 가족, 지역사회 및 조직 차원에서 사회적 · 심리적 · 신체적 · 영적 건강을 증진시키도록 이끄는 근거를 제공한다. 이는 사회경제적 지위, 연령, 장애, 성별, 민족, 성적 지향 또는 인종적 배경과는 상관없이 모든 개인의 다양성과 수용성을 키우는 것과 관련되며, 개인 및 소외 계층의 성장과 잠재력 개발에 필수적이다.

예를 들어, 정신건강 전문가(상담사, 심리치료사, 사회복지사)들은 교육에 대한 권리, 사회복지 서비스에 대한 권리, 정당한 법적 절차에 대한 권리 및 적절한 거주에 대한 권리에 사람들이 접근하도록 도울 수 있다. 여기에서 개인은 성별, 인종, 사회경제적 배경, 생활 조건, 종교적 신념, 성적 지향, 정치적 신념 등에 관계없이 서비스에 접근할 수 있는 평등한 기회를 누릴 권리가 있다.

요약하면, UN 세계 인권 선언과 심리학 및 상담 분야는 크게 다르지만, 이 둘 사이에는 특별한 유사점이 있다. UN 선언은 미국의 정신건강 분야에 부재한 사회정의와 정신건강에 관한 많은 지침을 제공한다. 이 선언문은 정신건강 전문가들이 전통적인 역할에서 벗어나, 모든 사람이 안전한 환경에서 최적의 성장과 발전을 이룰 수 있는 평등한 기회를 갖는 것이 중요하다는 것을 인식할 수 있게 돕는다. (세계 인권 선언은 이 장의 끝부분에 전문이 제시된다.)

사회정의: 다섯 번째 힘

전통적인 심리학과 상담의 훈련은 이론과 기술에 초점을 맞추고, 과정 및 결과와 관련된 다른 변수들에는 거의 관심을 기울이지 않았다. 심리치료와 상담의 주된 목적은 개인의 안녕과 정신건강을 증진시키는 것이다. 일상생활, 세계화, 변화 및 전환으로 인한 어려움을 감안할 때, 정신건강 전문가들의 활동이 진정으로 효과적이기 위해서는 심리치료 및 상담을 실천함에 있어서 그들의 전통적인 역할을 넘어서야 한다. 심리치료와 상담을 하는 동안에 효과적으로 보일지라도, 클라이언트가 상담과정을 종료하고 치료 밖의 현실 세계와 상호작용하면 효과가 쉽게 사라지기 때문이다.

우리가 훈련시키는 대학원생과 수퍼비전을 받고 있는 상담사, 심리사, 사회복지사에게 항상 말하듯이, "실제 작업의 대부분은 치료의 범위 밖에서 발생한다." 클라이언트와 함께 많이 노력하고 수많은 시간을 보낸 끝에 얻어진 심리치료의 효과가 치료 현장을 떠났을 때 얼마나 지속될 수 있는지를 아는 것이 중요하다. 클라이언트가 가족, 직장, 학교 및 지역사회에 돌아왔을 때, 위기 상황에 흔들리지 않고 성장된 상태를 유지하도록 어떻게 도울 수 있는가? 전통적인 심리치료 패러다임들이 개인의 행동 및 생각과 감정을 바꾸기 위한 정신건강 전문가들의 이론적 기반(예: 인지이론, 행동주의 이론, 인본주의 이론)에 관계없이 개별적인 심리치료에 중점을 둔 것을 고려한다면, 이는 특히 중요하다. 사회정의 모델의 근간은 기존의 정신건강 전문가가 개인을 변화시키는 것에만 주목한 것에서 벗어나, 클라이언트의 삶에서 중요하고 큰 영향력을 미치는 다른 요인들에 주목하는 것이다.

심리학, 상담, 사회복지학에서 개인에 대해 지나치게 강조하는 한 가지 이유는 개인이 자신의 삶과 그 이후의 환경을 유지하고 궁극적으로 통제할 수 있다는 근본적

〈표 3-4〉 동성 커플들에 대한 차별

모든 사람을 위한 공정성과 평등
21년 동안 미국 우체국에 고용된 낸시 길은 그녀의 건강보험에 배우자를 포함시킬 수 없었다. 랜딜 루이스-켄덜은 그의 배우자가 30세에 사망했을 때 사회보장연금 지급을 거부당했다. 키스 토니는 결혼한 후 여권에 적히는 그의 성(姓)을 바꿀 수 없었다. 그들은 모두 매사추세츠주에서 동성 파트너와 결혼했으며 여전히 그 주에 살고 있지만, 「결혼보호법(Defense of Marriage Act: DOMA)」으로 인해 배우자 혜택을 받을 수 없다. 이 법은 남녀 간의 결혼에만 혜택이 적용된다고 명시하고 있다. 이 세 커플은 열두 쌍의 다른 커플과 함께 연방정부에 DOMA가 법에 따른 평등한 보호를 거부했다며 고소했다. 이 커플들은 결혼을 허락받아야 하는 문제로 보지 않는다. 그들은 이미 매사추세츠주에서 결혼하였으며, 결혼에 따른 혜택과 완전한 권리를 받아야 한다고 생각한다. 오바마 대통령은 DOMA에 반대하고 있지만, 이 소송은 결혼 여부와 상관없이 동성 커플에 대한 혜택을 거부하는 것이 공정한가에 대한 의문을 제기한다.

출처: "The Benefits of Fairness" (2009).

인 가정 때문이다. 그러나 불행히도 모든 사람이 평등한 환경에서 시작하는 것은 아니며, 일부 사람에게는 더 많은 권리와 특권이 있고 다른 사람들에게는 최소한의 권한이나 특권조차 없는 경우가 있다(〈표 3-4〉 참조). 이것은 법률에 의해 게이 또는 레즈비언이 결혼하는 것을 금지하는 곳에서 볼 수 있으며, 부유한 교외 지역의 학교와 비교하여 도시 빈민 공립학교의 교육 자원 및 자격을 갖춘 교사의 수가 부족한 곳에서도 볼 수 있고, 반드시 필요함에도 의료보험 및 정신건강 보험에 접근하지 못하는 수많은 미국 시민의 경우에도 그렇다.

이러한 유형의 불의를 극복하기 위해서는 다양한 문화적·인종적·민족적 배경을 가진 모든 사람을 위해 더 큰 체계적 변화가 필요하다. 이러한 변화는 정신건강 전문가로 하여금 개인만을 변화시키는 전통적인 역할에서 벗어나, 더 큰 사회적 측면에서 평등과 정의를 이해하고 옹호하며, 결국 시스템을 변화시킬 것을 요구한다(Pedersen, 1987). 전통적인 서비스를 제공함으로써 정신건강 전문가는 "현상 유지의 하녀"가 되었고, 따라서 의도하지 않게 "우리 사회의 다양한 형태의 억압을 영속화하도록 돕고 있다."라고 주장되어 왔다(D'Andrea, 2002, p. 4). 이것은 아마도 그들이 인지하지 못한 역할일 것이다.

지난 10년간 다문화주의에 대한 인식이 높아져서 대부분의 상담 및 심리학 훈련 프로그램에 다문화 구성요소가 포함되었다. 그러나 다문화주의와 다양성의 범위와 깊이는 프로그램마다 다르다(Pieterse, Evans, Risner-Butner, Collins, & Mason, 2008). 그럼에도 불구하고 정신건강 분야에서의 다문화주의와 다양성은 20세기 후반에 중요한 개념이 되었고, 미국의 인구 통계가 점점 더 다양해지고 소외된 인구의 불평등이 더욱 두드러지게 나타나는 21세기에도 여전히 중요한 개념이다.

다문화적인 역량(Sue et al., 1998)은 상담사, 심리치료사, 사회복지사가 보다 문화적으로 민감하게 반응하기 위해 사용하는 핵심 요소를 제공한다. 자신과 클라이언트에 대해 제대로 인식하는 것이 문화적으로 민감하게 반응하는 필수 요소이지만, 문화적 차이를 이해하고, 인정하고, 수용하고, 인식하는 것과 함께 평등에 주목하고, '~주의'의 문제인, 억압, 차별, 권력의 격차, 제도화된 억압을 해결하는 다음 단계로 나아가는 데 적극적으로 나서야 한다. 따라서 초점은 개인을 변화시키는 것이 아니라(Pedersen, 1987), 여러 수준에서 시스템과 정책을 변화시키는 것이다. 이 모든 것이 우리의 훈련 또는 전형적인 규정이 정의한 것과 다소 다른 역할을 수행하게 하는데, 우리는 스스로를 사회정의 패러다임 안에서 새롭게 재정의한다. 이는 모든 사람이 똑같은 권리, 존엄, 안전 및 자원을 갖도록 변화하는 시스템에서 능동적으로 활동하고 권력과 자원의 공평한 분배를 확립하는 것을 강조하는 패러다임이다(Goodman, 2001).

앞선 결과로 새로운 전문가 집단인 사회정의 상담가그룹(Counselors for Social Justice: CSJ)이 미국상담 학회(ACA)에 설립되었다. CSJ는 전문적 상담이 21세기에도 정신건강 시스템과 관련하여 계속 발전할 수 있는 영역으로 남기 위해서는, 전통적인 원조 패러다임을 뛰어넘어 개인, 집단 및 가족 상담뿐만 아니라, 옹호와 사회변화에 능동적으로 대처해야 함을 인식하였다. 따라서 CSJ는 새로운 관점을 포용하고 받아들이는 것을 장려한다. 동성애에 대한 차별, 인종차별, 성차별, 연령 차별, 장애인 차별 등과 같은 기존의 문화적 억압이 존재하였음을 인정하고, 더 넓은 사회에서 이러한 유형의 억압을 근절하기 위해 문화적으로 민감한 상담을 제공하고자 한다. 더욱이 CSJ는 전통적 상담이론보다는 다문화주의, 여성주의, 포스트모더니즘, 구성주의 그리고 게이/레즈비언/트랜스젠더 이론을 수용하는데, 이러한 비전통적인 이론들은 억압과 불의의 문제를 보다 적절하게 다루기 때문이다(D'Andrea, 2002).

1987년, 사회책임 심리학자그룹(Psychologists for Social Responsibility: PsySR)이 만들어졌다. PsySR은 정의롭고 평화로운 문화를 건설하기 위해 심리학적 지식과 기술을 활용하는 독립적인 비영리 단체이다. 회원은 미국 및 전 세계의 정신건강 전문가, 학생 및 기타 사회정의 옹호자들로 구성된다. PsySR의 목표는 우리 시대의 가장 시급한 사회적 쟁점에 대하여 창의적이고 비폭력적이며 참여적인 방법으로 접근하기 위한 자원을 개발하고 증진하는 것이다(http://psysr.org).

다문화 상담은 상담과 심리학에서 네 번째 힘으로 인식되어 왔다(Pedersen, 1991). 사회적 쟁점에 대한 행동의 강점과 중요성을 감안할 때, 사회정의는 다른 사람들이 주장하였던 것과 같이 상담과 심리학 분야의 명백한 다섯 번째 힘이다(Pack-Brown, Tequilla, & Seymour, 2008; Ratts, D'Andrea, & Arredondo, 2004). 이것은 새로운 영역을 구축하고 사회적 쟁점에 초점을 맞추는 사회정의에 관한 것이다. 다문화 역량과 다문화 운동은 사회정의와 인권과 관련된 많은 문제를 다루고 있지만, 사회적 불평등과 사회적 변화를 최우선으로 강조하지는 않는다. 따라서 우리는 다문화 운동을 보다 확장하여, 다섯 번째 힘인 사회정의와 인권에 주목할 것을 제안한다.

사회정의 전문가의 역할

21세기 사회적 불의에 대한 진정한 해결을 위하여 상담사, 심리치료사, 사회복지사는 사회문제를 소홀히 다루어 온 전통적인 상담의 한계를 넘어서야 한다. 우리의 업무에 클라이언트, 가족 및 지역사회의 변화를 촉진하기 위한 옹호를 포함하고 조직적·제도적·사회적 차원에서 위험을 감수하고 불의에 도전하는 것을 포함하는 것이 중요하다.

우리는 D. W. Sue(1995)가 지적하였던 것처럼 정신건강 전문가들이 종종 평등에 위배되는 억압적인 정책의 희생자인 클라이언트와 함께 일할 때 단순한 치료적 역할을 넘어서야 한다. 이를 위해서는 대학원생들에게 ① 조직의 변화와 시스템 기술, ② 시스템에 접근하는 전략, ③ 정신건강 전문가로서의 우리의 역할을 수행하는 다양한 방법, ④ 전통적인 개인 중심적 치료 수칙을 넘어선 새로운 수퍼비전 모델, ⑤ 근거에 기반을 두어 정신건강 및 사회정의 성과를 증명하기 위한 관련 연구 등과 같이 효과적인 훈련을 할 수 있는 프로그램을 제공해야 한다.

이 새로운 역할에서 상담사, 심리치료사, 사회복지사는 클라이언트를 보다 생태학적 관점에서 바라보는 것이 중요하다. 클라이언트의 삶에 있어서 억압과 차별 경험에 대한 환경적 영향을 무시하고 그들의 정신건강 문제만을 강조하는 것은 사회정의와 인권 문제를 다루는 데 효과적이지 않으며, 궁극적으로 현재의 어려움을 유지하고 강화할 수도 있다(Prilleltensky, 1997). 클라이언트의 삶에 영향을 미친 불평등, 불공평, 차별 또는 억압의 측면을 정의할 때는 한 가지 주의사항이 있다. 즉, 어떻게 클라이언트를 임파워먼트할지에 대해서 그리고 어떠한 쟁점이 사회정의와 인권 영역에서 그들에게 중요한지에 대해서 판단하고 결정하기 전에 먼저 클라이언트와 논의하고 명확히 해야 한다.

역설적이게도, 정신건강 전문가가 문제, 진단, 치료 및 사후관리에 관한 모든 결정을 내리는 동안 클라이언트에게 임파워먼트하는 것에 대해 많은 논의와 합의가 있었음을 알게 되었다. 진정한 치료 파트너십은 사회정의와 정신건강 영역에서 필수적인 부분이므로 **전문가주의**를 이유로 이를 등한시해서는 안 된다. 상담이나 심리치료 과정에 클라이언트가 온전히 참여하는 것은 사회정의와 인권 업무의 기본이며, 전문가는 변화 과정에 적극적으로 참여하고, 동등하게 적극적으로 참여한 클라이언트와 파트너 관계를 유지한다.

이것은 Freire(1973)의 연구에서 30여 년 전에 강조된 바 있는데, 그는 클라이언트가 적절한 준비가 되었는지를 확인하기 위해 다음의 질문을 제시하였다. "억압적인 사회가 갖는 문제의 심각성을 이해할 수 있는가? 억압받는 사람보다 억압의 영향으로 더 고통받는 사람은 누구인가?"(p. 22) 보다 최근의 사례는 EGAS(Empowerment Group for Academic Success) 접근법을 통해 아프리카계 미국인 여고생을 위한 임파워먼트 과정을 간략하게 설명한 두 편의 논문에서 볼 수 있다(Bemak, 2005; Bemak, Chung, & Siroskey-Sabdo, 2005). 이 논문에서 우리는 단순한 언어적 표현을 뛰어넘는 진정한 임파워먼트를 설명했다. 임파워먼트에 대해 이야기하는 또 다른 방법은 클라이언트를 위해 일하기보다는, 클라이언트와 **함께** 사회정의의 쟁점을 진정으로 이해하고 다루는 전문가를 찾는 것이다.

정신건강에 대한 풍부한 지식을 갖고 있는 클라이언트를 만났을 때 이를 무시하는 정신건강 전문가들은 클라이언트에게 권위적으로 군림하게 되고 전문가주의에 의지하게 된다. Freire(1973)가 제기한 '축적 개념(banking concept)'은 클라이언트를 무기력하고 소극적인 수혜자로 보면서, 클라이언트가 문제해결이 필요할 때 정보를 '축적'하고 있는 상담사, 심리치료사, 사회복지사에게 의지하고 도움을 받는 것을 의미한다. 축적 개념은 정신건강 전문가들과 클라이언트의 관계에서 부정적인 역동을 생성하고, 보다 교묘하게 클라이언트를 전문가에게 의존하게 만들며, 전문가가 클라이언트의 삶을 통제하는 전통적 문제 상황을 심화시킨다.

우리가 보다 정의롭고 인권이 보장되는 사회로 변화시키는 데 성공하려면, 소외되고 억압받는 이들과의 연대를 키워 나가는 것이 필수적이다(Nelson, Prilleltensky, & MacGillivary, 2001). 아프리카계 미국인 여성 클라이언트의 예를 들어 보자. 그녀는 부모와 아내로서의 삶을 향상시키고 싶지만, 남편과 직장 상사와의 관계에서 불만을 갖고 있다. 이 클라이언트와의 사회정의 작업은 치료관계의 내외부에서 그녀 자신의 힘을 키워서 그녀가 정신건강 전문가들에게뿐만 아니라 그녀 주변의 사람들에게도 점차 자신의 주장을 편안히 펼칠 수 있게 하는 것이다. 따라서 역동은 일관적이며, 클라이언트는 치료 내외부에서 힘을 갖게 된다.

상담사, 심리치료사, 사회복지사를 위한 새로운 역할은 옹호, 예방 및 중재 프로그램의 개발, 아웃리치 프로그램, 클라이언트와 가족, 지역사회와의 협력을 통한 사회행동의 촉진과 같이 전통적인 심리치료와 상담을 넘어서는 다른 유형의 대응을 강조한다. 이러한 새로운 역할은 전통적인 역할만큼이나 중요하며 부차적이거나 덜 중요한 방식이 아니다. 이것은 과거와 현재의 억압에 대처하기 위해 사전 예방적인 접근을 하는 것이 필수적이라는 Sue(1995)의 주장과도 일치한다.

개인상담과 심리치료가 클라이언트를 진정으로 치유하지 못하고 클라이언트가 직면하고 있는 보다 깊이 있는 사회적·정치적 문제를 다루지 못하면서 오직 피상적인 '반창고' 역할만을 한다는 것에 동의한다. 이것은 클라이언트를 전문가에게 의존적인 상태로 만들고, 단지 문제행동의 교정에만 초점을 맞추고 있음을 의미한다. 실제로 Prilleltensky(1997)는 교정 중심의 치료를 비난받아 마땅하다고 보았으며, Albee(2000) 역시 사회적 여건을 변화시키지 않는 교정치료를 강하게 비난하였다. 앞선 여성 클라이언트의 사례를 예로 들면, 흑인 여성으로서 겪는 억압을 무시하고, 단순히 남편과 직장 상사와의 관계에서 더 나은 기분을 느낄 수 있는 방법만을 다룬다면, 이것은 여성으로 그리고 아프리카계 미국인으로 생활하는 것과 관련된 보다 깊은 문제를 다루지 않을 것이며, 인종과 성별 간의 상호작용과 무력감에 관한 것도 다루지 못할 것이다. 우리는 클라이언트의 자기옹호 능력 및 역량을 향상시키기 위한 전문적 지원을 수용하는 것이 치료적 관계에서 중요함을 주장한다. 클라이언트가 장래의 무력감을 예방하고 가족 및 수퍼바이저와의 관계를 변화시키는 데 도움이 되는 전략을 개발하는 것은 심리치료 및 상담과 동등하게 중요하고 상호 배타적이지 않은 것으로 간주되어야 한다(Vera & Speight, 2003). 이것은 제5장에서 심리치료, 상담, 인권 및 사회정의의 다단계 모델(MPM)에서 더 논의될 것이다.

사회정의 전문가의 특성

정신건강 전문가(상담사, 심리치료사, 사회복지사)는 사회정의와 관련된 업무를 수행하기에 적합하다. 이들은 클라이언트, 가족, 지역사회와 더 효과적으로 협력하기 위해 의사소통과 경청 기술을 향상시키기 위한 상담 훈련을 받아 왔다. 또한 시스템 역동에 대한 이해와 더불어 집단 역동과 집단 프로세스에 대한 이해도 갖고 있다. 그러나 사회정의와 인권 관련 업무를 수행하기 위해서는 추가적인 역량을 갖추어야 한다. 제10장은 사회정의 리더의 특성을 제시한다. 다음은 사회정의 전문가(상담사, 심리치료사, 사회복지사)의 독특한 특성에 대한 논의이다.

정치적 그리고 사회적 활동가로서의 정신건강 전문가

논의한 바와 같이 상담사, 심리치료사, 사회복지사는 클라이언트에게 영향을 미치는 사회문제를 다루어야 할 책임이 있다. 사회문제와 정치적 결정 그리고 복잡한 사회적 병폐의 우선순위에 관한 것을 무시해 버리는 것은 클라이언트가 겪는 많은 문제의 해결을 가로막는 것이다. 가정폭력, 납 중독, 약물남용, 인종차별, 성희롱, 환경보건 문제, 빈곤 등이 모두 개인, 가족 및 지역사회의 정신건강 문제로 이어진다. 예를 들어, 정책 및 예산 배정에 관한 정치적 결정을 무시하는 것은 근본적 원인을 다루지 않고 단지 증상만을 치료하는 것을 의미한다.

정신건강 전문가들과 관련된 이러한 사례는 매우 많다. 교육을 위한 지역 예산을 책정하면 학군에 지원되는 예산 수준과 우선순위가 결정된다. 예산은 방과 후 프로그램에 영향을 미치며, 오후와 주말에 학생들이 이용 가능한 프로그램의 참여 기회에 영향을 미친다. 더 많은 활동을 하고 더 다양한 활동을 하는 학군에서는 더 많은 아이들이 방과 후 및 주말에 보다 생산적인 시간을 갖게 된다. 이것은 체스 프로그램, 학교가 조직한 지역사회 봉사활동 프로그램, 주말과 야간의 농구경기 등으로 입증되었다.

또 다른 예는 고문에 관한 최근의 논쟁이다. 전문가로서의 상담사, 심리치료사, 사회복지사가 자신의 의견에 무게를 두어서는 안 되고 중립적인 태도를 취해야 한다고 규정하는 것은 정신건강 전문가들이 고문행위를 승인하는 것과 다름없다.

세 번째 예는 예산 책정과 관련이 있다. 상담사, 심리치료사, 사회복지사가 정신건강 관련 재원에 대한 의견을 의회의 예산 심의 의원과 공유하지 않으면, 우리는 예산 배정과 관련된 논의에서 제외된다. 단순히 지원되는 예산을 수동적으로 받기보다는 지자체 및 국가의 선출직 공직자와 전문직 협회에 우리의 피드백과 의견을 제시하는 것이 매우 중요하다. 우리는 사회문제의 패턴과 경향을 볼 수 있는 독특한 위치에 있으며, 지역사회와 국가의 담론과 정책 방향에 기여할 잠재력을 가지고 있다. 많은 정신건강 문제와 관련된 사회문제를 다루기 위해 정치적 상황과 예산 배정 등에 대해서 적극적인 입장을 취하며 우리의 목소리를 들려주는 것이 중요하다.

1. 사회정의가 당신에게 어떤 의미인지 생각해 보시오. 당신은 사회정의를 어떻게 설명하고 있는 가? 이 장을 읽고 사회정의에 대한 당신의 정의가 바뀌었는가?

2. 상담사, 심리치료사, 사회복지사로서 다루고 싶은 사회정의 문제에 대해 생각해 보자. 이 문제를 다루기 위한 첫 번째 단계는 무엇인가?

3. 가족이나 친구에게 그들이 사회정의에 관해 무엇을 믿는지 물어보자.
   a. 사회정의에 대한 정의가 서로 유사하거나 차이가 있는가?
   b. 당신이 내리는 정의와 비교해 볼 때, 다른 정의가 있는가?

4. 신문에서 개인이나 더 큰 집단에 대한 불의를 다룬 기사를 찾아보자.
   a. 이 사안에 영향을 받는 사람들이 불의를 분명히 이해하고 있는가?
   b. 이 상황에서 정신건강 전문가의 역할은 무엇이라고 생각하는가?

5. 소득, 급여, 건강 관리, 교육 등의 불균형에 대한 이 장의 통계를 읽어 보자.
   a. 이 통계는 당신에게 어떤 영향을 미치는가?
   b. 당신은 이 통계를 통해 어떤 부분을 새롭게 알게 되었는가?

6. 당신의 클라이언트는 폭스 여사이고, 그녀는 72세의 아프리카계 미국인 여성이다. 그녀의 주치의는 당신이 일하는 지역사회 기관에 그녀를 의뢰하였다. 폭스 여사는 여러 일을 잊어버리는 것 같다. 그녀는 매우 슬프고 화를 내며 지루해한다. 폭스 여사는 친척들과 더 자주 논쟁을 벌이고 있으며 이제 자신이 쓸모없다고 느낀다. 폭스 여사는 손주들을 돌보곤 했지만, 아프고 중요한 일을 잊어버리기 시작했으며, 참을성이 없게 되었다. 그녀의 주치의는 그녀의 불평으로 인해 진통제를 처방한다. 그녀의 보험으로는 어떠한 심리적 사정도 받을 수 없으며, 가족은 경제적으로 어려움을 겪고 있다. 의사는 그녀의 증세가 치매나 우울증으로 악화될 수 있다고 생각한다.
   a. 이 경우에 사회적 불의 몇 가지를 확인할 수 있는가? 열거해 보자.
   b. 제도적 또는 시스템과 관련된 불의는 무엇인가? 그들 중 일부는 인종, 연령 또는 성별에 따른 것인가?
   c. 상담사, 심리치료사, 사회복지사로서 당신의 윤리적이고 도덕적인 역할은 무엇인가?

7. 이 장에서는 체계적 관점과 생태학적 관점에서 다문화 상담 역량이 실제적인 문제에 직면하도록 전문가들이 '눈을 뜨게' 하는 단계를 어떻게 설정했는지 설명한다.
   a. 사회정의가 인권과 관련하여 '당신의 눈을 뜨게' 하는 방법은 무엇인가?
   b. 당신이 해결해야 할 어떠한 선입견과 장벽이 여전히 존재하는가?
   c. 이 새로운 정보는 당신이 오늘날 시스템이 갖고 있는 문제에 어떤 방법으로 도전할 수 있도록 돕고 있는가?

📖 참고문헌
....

Adams, M., Blumenfeld, W. J., Castaneda, R., Hackman, H. W., Peters, M. L., & Zuniga, X. (Eds.). (2000). *Readings for diversity and social justice: An anthology of racism, anti-Semitism, sexism, heterosexism, ableism and classism.* New York, NY: Routledge.

Albee, G. W. (2000). Commentary on prevention and counseling psychology. *The Counseling Psychologist, 28,* 845-853.

American Association for Counseling and Development. (1987). *Human rights position paper.* Alexandria, VA: Author.

American Civil Liberties Union. (2003). *Race and the death penalty.* Retrieved from http://www.aclu.org/capital-punishment/race-and-death-penalty

American Council on Education. (2007). *Annual Report 2007.* Retrieved from http://www.acenet.edu/Content/NavigationMenu/About/AnnualReport/2007AnnualReport.pdf

American Counseling Association. (2003, March). *ACA governing council meeting minutes.* Alexandria, VA: Author.

Apfelbaum, E. (1999). Twenty years later. *Feminism & Psychology, 9*(3), 300-313.

Armour, S. (2005, February 16). Pregnant workers face growing discrimination. *USA Today.* Retrieved from http://www.usatoday.com/money/workplace/2005-02-16-pregnancy-bias-usat_x.htm

Arredondo, P. (1999). Multicultural counseling competencies as tools to address oppression and racism. *Journal of Counseling & Development, 77*(1), 102-108.

Arredondo, P., & Perez, P. (2003) Expanding multicultural competence through social justice. *Counseling Psychologist, 31*(3), 282-289.

Arredondo, P., Toporek, R., Brown, S. P., Jones, J., Locke, D. C., & Sanchez, J. (1996). Operationalization of the multicultural counseling competencies. *Journal of Multicultural Counseling and Development, 24*(1), 42-78.

Atkinson, D. R., Thompson, C. E., & Grant, S. K. (1993). A three-dimensional model for counseling racial/ethnic minorities. *The Counseling Psychologist, 21*(2), 257-277.

Bell, L. A. (1997). Theoretical foundations for social justice education. In M. Adams, L. A. Bell, & P. Griffin (Eds.), *Teaching for diversity and social justice* (pp. 3-15). New York, NY: Routledge.

Bemak, F. (2005). Reflections on multiculturalism, social justice, and empowerment groups for academic success: A critical discourse for contemporary schools. *Professional*

School Counseling, 8(5), 401-406.

Bemak, F., Chung, R. C-Y., & Siroskey-Sabdo, L. (2005). Empowerment groups for academic success: An innovative approach to prevent high school failure for at-risk, urban African American girls. *Professional School Counseling, 8*(5), 377-389.

The benefits of fairness: A lawsuit tests the federal protections owed to same-sex couples. (2009, March 21). *Washington Post.* Retrieved from http://www.washingtonpost.com/wp-dyn/content/article/2009/03/20/AR2009032003183.html

British Association for Counselling and Psychotherapy. (2002). *Ethical framework for good practice in counselling and psychotherapy.* Rugby, UK: Author.

Brown, D. (1997). Implications of cultural values for cross-cultural consultation with families. *Journal of Counseling and Development, 76,* 29-35.

Carter, R. T. (2007). Racism and psychological and emotional injury: Recognizing and assessing race-based traumatic stress. *Journal of Counseling Psychology, 35,* 13-105.

Catalyst. (2009). *Women in law in the U.S.* Retrieved from http://www.catalyst.org/publication/246/women-in-law-in-the-us

Catalyst. (2011). *Women CEOs of the Fortune 1000.* Retrieved from http://www.catalyst.orublication/322/women-ceos-of-the-fortune-1000

Center for American Women and Politics (CAWP). (2009). *Women in the U.S. Congress 2009.* Retrieved from http://www.cawp.rutgers.edu/fast_facts/levels_of_office/documents/cong.pdf

Chomsky, N. (1998). *The common good.* Berkeley, CA: Odonian Press.

Connolly, C., & Witte, G. (2004, August 27). Poverty rate up 3rd year in a row: More also lack health coverage. *The Washington Post*, p. A01.

Constantine, M. G., Hage, S. M., & Kindaichi, M. M. (2007). Social justice and multicultural issues: Implications for the practice and training of counselors and counseling psychologists. *Journal of Counseling & Development, 85*(1), 24-29.

D'Andrea, M. (2002). Counselors for social justice: A revolutionary and liberating force in the counseling profession. *Counselors for Social Justice Newsletter, 2*(2), 3-6.

D'Andrea, M., & Daniels, J. (1999). Exploring the psychology of White racism through naturalistic inquiry. *Journal of Counseling and Development, 77,* 93-101.

D'Andrea, M., Foster, E., & Pedersen, P. (Eds.). (2008). Multiculturalism as a fourth force in counseling: Reviewing our progress and charting our future. *Journal of Counseling and Development, 86*(3), 259-382.

Davis, K. (1996). What is social justice? Perspectives on *Multicultural and Cultural Diversity*, *6*, 1-3.

Dugas, C. (2003, September 15). Middle class barely treads water: More are going under, even with two incomes. *USA Today*. Retrieved from http://www.usatoday.com/educate/netgain/lessons/NetGain1.pdf

Espin, O. M. (1994). *Feminist approaches*. In L. Comas-Diaz & B. Greene (Eds.), *Women of color: Integrating ethnic and gender identities in psychotherapy* (pp. 265-286). New York, NY: Guilford Press.

Fondacaro, M., & Weinberg, D. (2002). Concepts of social justice in community psychology: Toward a social ecological epistemology. *American Journal of Community Psychology, 30*(4), 473-492.

Freire, P. (1973). *Education for a critical consciousness*. New York, NY: Seabury Press.

Goldenberg, S. (2004, October 19). *U.S. wealth gap grows for ethnic minorities*. Retrieved from http://www.guardian.co.uk/world/2004/oct/19/usa.suzannegoldenberg

Goodman, D. J. (2001). *Promoting diversity and social justice: Educating people from privileged groups*. Thousand Oaks, CA: Sage.

Grinberg, E. (2009). Some satisfied, others outraged with verdict for immigrant's death. *CNN Justice*. Retrieved from http://articles.cnn.com/2009-05-02/justice/pa.immigrant.beating_1_brandonpiekarsky-derrick-donchak-teens?_s=PM:CRIME

Hage, S. M. (2003). Reaffirming the unique identity of counseling psychology: Opting for the "road less traveled by." *The Counseling Psychologist, 31*, 555-563.

Harris, D. (2002). *Profiles in injustice: Why racial profiling cannot work*. New York, NY: New Press.

Hartnett, D. (2001). *The history of justice*. Paper presented on the Social Justice Forum, Loyola University, Chicago, IL.

Hartung, P., & Blustein, D. (2002). Reason, intuition and social justice: Elaborating on Parson's career decision-making model. *Journal of Counseling and Development, 80*(1), 41-47.

Helms, J. (2003). A pragmatic view of social justice. *The Counseling Psychologist, 31*, 305-313.

Helms, J., & Cook, D. (1999). *Using race and culture in counseling and psychotherapy: Theory and process*. Needham Heights, MA: Allyn & Bacon.

Humphreys, K. (1996). Clinical psychologists as psychotherapists. *American Psychologist*,

51, 190-197.

Jensen, A. (1969). How much can we boost IQ and school achievement? *Harvard Educational Review, 29*, 1-123.

Krieger, D. (2003). Economic justice for all. Retrieved from http://www.wagingpeace.org/articles/2003/05/23_krieger_econ-justice.htm

Lee, C., & Walz, G. R. (1998). *Social action: A mandate for counselors*. Alexandria, VA: American Counseling Association.

Lewis, J. A., Lewis, M. D., Daniels, J. A., & D'Andrea, M. J. (1998). *Community counseling: Empowerment strategies for a diverse society*. Pacific Grove, CA: Brooks/Cole.

Lewis, M. D., Lewis, J. A., & Dworkin, E. P. (1971). Counseling and the social revolution. [Special issue]. *Personnel and Guidance Journal, 49*(9), 64-76.

Margetts, J. (2008). Homicide victim identified as transgendered person, Duanna Johnson. *ABC 24*. Retrieved from http://www.abc24.com/news/local/story/Homicide-Victim-Identified-as-Transgendered/CX278wImn0ygMyufj8owGA.cspx

Martin-Baro, I. (1994). *Writings for a liberation psychology*. Cambridge, MA: Harvard University Press.

Mauer, M. (1999). *Race to incarcerate: The sentencing project*. New York, NY: New Press.

McWhirter, E. H. (1998). An empowerment model of counselor education. *Canadian Journal of Counselling, 32*(1), 12-26.

Miller, D. (1999). *Principles of social justice*. Cambridge, MA: Harvard University Press.

Miller, J. G. (1996). *Search and destroy: African-American males in the criminal justice system*. New York, NY: Cambridge University Press.

Nelson, G., Prilleltensky, I., & MacGillivary, H. (2001). Building value-based partnerships: Toward solidarity with oppressed groups. *American Journal of Community Psychology, 29*, 649-677.

NOW. (2004). Who is the middle class? Retrieved from http://www.pbs.org/now/politics/middleclassoverview.html

Nozick, R. (1974). *Anarchy, state, and utopia*. New York, NY: Basic Books.

Pack-Brown, S., Tequilla, T., & Seymour, J. (2008). Infusing professional ethics into counselor education program: A multicultural/social justice perspective. *Journal of Counseling and Development, 86*(3), 296-302.

Parham, T., & McDavis, R. (1987). Black men, an endangered species: Who's really pulling the trigger? *Journal of Counseling & Development, 66*(1), 24-27.

Pedersen, P. (1987). Ten frequent assumptions of cultural bias in counseling. *Journal of Multicultural Counseling and Development, 15*(1), 16-24.

Pedersen, P. (1991). Multiculturalism as a fourth force in counseling. *Journal of Counseling and Development, 70*(1), 6-12.

Pieterse, A. L., Evans, S. A., Risner-Butner, A., Collins, N. M., & Mason, L. B. (2008). Multicultural competence and social justice training in counseling psychology and counselor education: A review and analysis of a sample of multicultural course syllabi. *The Counseling Psychologist, 37*, 93-115.

Prilleltensky, I. (1997). Values, assumptions, and practices: Assessing the moral implications of psychological discourse and action. *American Psychologist, 52*(5), 517-535.

Prilleltensky, I., & Prilleltensky, O. (2003). Synergies for wellness and liberation in counseling psychology. *The Counseling Psychologist, 31*, 273-281.

Project Censored. (2005). *Wealth inequality in 21st century threatens economy and democracy*. Retrieved from http://www.projectcensored.org/publications/2005/1.html

Ratts, M., D'Andrea, M., & Arredondo, P. (2004). Social justice counseling: A "fifth force" in the field. *Counseling Today, 47*, 28-30.

Rawls, J. (1971). *A theory of justice*. Cambridge, MA: Belknap Press/Harvard University Press.

Remley, T. P., Jr. (1985). The law and ethical practices in elementary and middle schools. *Elementary School Guidance and Counseling, 19*, 181-189.

Ridley, C. R., Mendoza, D., & Kanitz, B. (1994). Multicultural training: Reexamination, operationalization, and integration. *The Counseling Psychologist, 22*(2), 227-289.

Riessman, E. (1962). *The culturally deprived child*. New York, NY: Harper & Row.

Rowley, W. J., & MacDonald, D. (2001). Counseling and the law: A cross-cultural perspective. *Journal of Counseling and Development, 79*, 422-429.

Ryan, W. (1971). *Blaming the victim*. New York, NY: Pantheon.

Saez, E. (August 5, 2009). Striking it richer: The evolution of top incomes in the United States. Retrieved from http://elsa.berkeley.edu/~saez/saez-UStopincomes-2007.pdf

Smith, P. (1971). Black activists for liberation, not guidance. *Personnel & Guidance Journal, 49*(9), 721-726.

Sommers, S. R., & Ellsworth, P. C. (2001). White juror bias: An investigation of prejudice against Black defendants in the American courtroom. *Psychology, Public Policy and Law, 7*(1), 201-229.

Sparks, E., & Park, A. (2000, October). *Facilitating multicultural training of counseling psychology graduate students: Experiential learning in a diverse setting*. Paper presented at the First Annual Diversity Challenge Conference, Institute for the Study and Promotion of Race and Culture, Boston College, Boston, MA.

Stevens, E., & Wood, G. H. (1992). *Justice, ideology, and education: An introduction to the social foundation of education*. New York, NY: McGraw-Hill.

Sue, D., Arredondo, P., & McDavis, R. (1992). Multicultural counseling competencies and standards: A call to the profession. *Journal of Multicultural Counseling and Development, 20*, 64-88.

Sue, D., Parham, T., & Santiago, G. B. (1998). The changing face of work in the United States: Implications for individual, institutional and societal survival. *Cultural Diversity and Ethnic Minority Psychology, 4*(3), 153-164.

Sue, D. W. (1995). Multicultural organizational development: Implications for the counseling profession. In J. G. Ponterotto, J. M. Casa, L. A. Suzuki, & C. M. Alexander (Eds.), *Handbook of multicultural counseling* (pp. 474-492). Thousand Oaks, CA: Sage.

Sue, D. W., Bernier, J. B., Durran, M., Feinberg, L., Pedersen, P., Smithe, E., & Vasquez-Nuttall, E. (1982). Position paper: Cross-cultural counseling competencies. *The Counseling Psychologist, 10*, 45-52.

Sue, D. W., Capodilupo, C. M., Torino, G. C., Bucceri, J. M., Holder, A. M. B., Nadal, K. L., & Esquilin, M. (2007). Racial microaggressions in everyday life. *American Psychologist, 62*, 271-286.

Sue, D. W., Carter, R. T., Casas, J. M., Fouad, N. A., Ivey, A. E., Jensen, M., LaFromboise, T., et al. (1998). *Multicultural counseling competencies: Individual and organizational development*. Thousand Oaks, CA: Sage.

Sue, D. W., & Sue, D. (2008). *Counseling the culturally different: Theory and practice* (5th ed.). New York, NY: Wiley.

Tenety, M., & Kiselica, M. S. (2000). Working with mental health advocacy groups. In J. Lewis & L. Bradley (Eds.), *Advocacy in counseling: Counselors, clients & community* (pp. 139-146). Greensboro, NC: ERIC Clearinghouse on Counseling and Student Services.

Thompson, C., & Neville, H. (1999). Racism, mental health, and mental health practice. *The Counseling Psychologist, 27*(2), 155-223.

Toporek, R., & Reza, J. (2001). Context as a critical dimension of multicultural counseling: Articulating personal, professional, and institutional competence. *Journal of Multicultural Counseling and Development, 29*(1), 13-30.

United Nations. (1948, December 10). *The universal declaration of human rights*. Retrieved from http://www.un.org/en/documents/udhr/

The United States Congress quick facts. (2009). This Nation, American Government & Politics Online. Retrieved from http://www.thisnation.com/congress-facts.html

U.S. Bureau of Census (2010). Income, Poverty and Health Insurance Coverage in the United States: 2009. Retrieved from: http://www.census.gov/newsroom/releases/archives/income_wealth/cb10-144.html

U.S. General Accounting Office. (1990, February). Death penalty sentencing: Research indicates pattern of racial disparities. *Report to Senate and House Committees on the Judiciary*. Retrieved from http://archive.gao.gov/t2pbat11/140845.pdf

Vera, E., & Speight, S. (2003). Multicultural competence, social justice, and counseling psychology: Expanding our roles. *Counseling Psychologist, 31*(3), 253-272.

Walker, S., Delone, M., & Cassia C. S. (2003). *The color of justice: Race, ethnicity, and crime in America* (3rd ed.). Belmont, CA: Wadsworth.

Witte, G., & Henderson, N. (October 18, 2004). Wealth gap widens for Blacks, Hispanics: Significant ground lost after recession. *The Washington Post*. Retrieved from http://www.washingtonpost.com/wp-dyn/articles/A40455-2004Oct17.html

Wolff, E. (2003). The wealth divide: The growing gap in the United States between the rich and the rest. *Multinational Monitor, 24*, 5.

Young, I. (1990). *Justice and the politics of difference*. Princeton, NJ: Princeton University Press.

UN 세계 인권 선언

(1948년 12월 10일)

제1조

모든 사람은 태어날 때부터 자유롭고, 존엄성과 권리에 있어서 평등하다. 사람은 이성과 양심을 부여받았으며 서로에게 형제의 정신으로 대하여야 한다.

제2조

모든 사람은 인종, 피부색, 성, 언어, 종교, 정치적 또는 그 밖의 견해, 민족적 또는 사회적 출신, 재산, 출생, 기타의 지위 등에 따른 어떠한 종류의 구별도 없이, 이 선언에 제시된 모든 권리와 자유를 누릴 자격이 있다. 나아가 개인이 속한 나라나 영역이 독립국이든 신탁통치지역이든, 비자치지역이든 또는 그 밖의 다른 주권상의 제한을 받고 있는 지역이든, 그 나라나 영역의 정치적·사법적·국제적 지위를 근거로 차별이 행하여져서는 아니된다.

제3조

모든 사람은 생명권과 신체의 자유와 안전을 누릴 권리가 있다.

제4조

어느 누구도 노예나 예속상태에 놓이지 아니한다. 모든 형태의 노예제도 및 노예매매는 금지된다.

제5조

어느 누구도 고문 또는 잔혹하거나, 비인도적이거나, 모욕적인 취급 또는 형벌을 받지 아니한다.

제6조

모든 사람은 어디에서나 법 앞에 인간으로서 인정받을 권리를 가진다.

제7조

모든 사람은 법 앞에 평등하고, 어떠한 차별도 없이 법의 평등한 보호를 받을 권리를 가진다. 모든 사람은 이 선언을 위반하는 어떠한 차별에 대하여도, 또한 어떠한 차별의 선동에 대하여도 평등한 보호를 받을 권리를 가진다.

제8조

모든 사람은 헌법 또는 법률이 부여하는 기본권을 침해하는 행위에 대하여 담당 국가 법원에 의하여 효과적인 구제를 받을 권리를 가진다.

제9조

어느 누구도 자의적인 체포, 구금 또는 추방을 당하지 아니한다.

제10조

모든 사람은 자신의 권리와 의무 그리고 자신에 대한 형사상의 혐의를 결정함에 있어서, 독립적이고 편견 없는 법정에서 공정하고도 공개적인 심문을 전적으로 평등하게 받을 권리를 가진다.

제11조

(1) 형사범죄로 소추당한 모든 사람은 자신의 변호를 위하여 필요한 모든 장치를 갖춘 공개된 재판에서 법률에 따라 유죄로 입증될 때까지 무죄로 추정받을 권리를 가진다.

(2) 어느 누구도 행위 시의 국내법 또는 국제법상으로 범죄를 구성하지 아니하는 작위 또는 부작위를 이유로 유죄로 되지 아니한다. 또한 범죄가 행하여진 때에 적용될 수 있는 형벌보다 무거운 형벌이 부과되지 아니한다.

제12조

어느 누구도 자신의 사생활, 가정, 주거 또는 통신에 대하여 자의적인 간섭을 받지 않으며, 자신의 명예와 신용에 대하여 공격을 받지 아니한다. 모든 사람은 그러한 간섭과 공격에 대하여 법률의 보호를 받을 권리를 가진다.

제13조

(1) 모든 사람은 각국의 영역 내에서 이전과 거주의 자유에 관한 권리를 가진다.

(2) 모든 사람은 자국을 포함한 어떤 나라로부터도 출국할 권리가 있으며, 또한 자국으로 돌아올 권리를 가진다.

제14조

(1) 모든 사람은 박해를 피하여 타국에서 피난처를 구하고 비호를 향유할 권리를 가진다.

(2) 이 권리는 비정치적인 범죄 또는 UN의 목적과 원칙에 반하는 행위만으로 인하여 제기된 소추의 경우에는 활용될 수 없다.

제15조

(1) 모든 사람은 국적을 가질 권리를 가진다.

(2) 어느 누구도 자의적으로 자신의 국적을 박탈당하거나 그의 국적을 바꿀 권리를 부인당하지 아니한다.

제16조

(1) 성년에 이른 남녀는 인종, 국적 또는 종교에 따른 어떠한 제한도 받지 않고 혼인하여 가정을 이룰 권리를 가진다. 이들은 혼인 기간 중 및 그 해소 시 혼인에 관하여 동등한 권리를 가진다.

(2) 결혼은 양 당사자의 자유롭고도 완전한 합의에 의하여만 성립된다.

(3) 가정은 사회의 자연적이며 기초적인 구성 단위이며, 사회와 국가의 보호를 받을 권리를 가진다.

제17조

(1) 모든 사람은 단독으로는 물론 타인과 공동으로 자신의 재산을 소유할 권리를 가진다.

(2) 어느 누구도 자신의 재산을 자의적으로 박탈당하지 아니한다.

제18조

모든 사람은 사상, 양심 및 종교의 자유에 대한 권리를 가진다. 이러한 권리는 자신의 종교 또는 신념을 바꿀 자유와 선교, 행사, 예배, 의식에 있어서 단독으로 또는 다른 사람과 공동으로, 공적으로 또는 사적으로 자신의 종교나 신념을 표명하는 자유를 포함한다.

제19조

모든 사람은 의견과 표현의 자유에 관한 권리를 가진다. 이 권리는 간섭받지 않고 의견을 가질 자유와 모든 매체를 통하여 국경에 관계없이 정보와 사상을 추구하고, 접수하고, 전달하는 자유를 포함한다.

제20조

(1) 모든 사람은 평화적 집회와 결사의 자유에 관한 권리를 가진다.

(2) 어느 누구도 어떤 결사에 소속될 것을 강요받지 아니한다.

제21조

(1) 모든 사람은 직접 또는 자유롭게 선출된 대표를 통하여 자국의 통치에 참여할 권리를 가진다.

(2) 모든 사람은 자국의 공무에 취임할 동등한 권리를 가진다.

(3) 국민의 의사는 정부의 권위의 기초가 된다. 이 의사는 보통 및 평등 선거권에 의거하며, 또한 비밀투표 또는 이와 동등한 자유로운 투표 절차에 따라 실시되는 정기적이고 진정한 선거를 통하여 표현된다.

제22조

모든 사람은 사회의 일원으로서 사회보장제도에 관한 권리를 가지며, 국가적 노력과 국제적 협력을 통하여 그리고 각국의 조직과 자원에 따라 자신의 존엄성과 인격의 자유로운 발전을 위하여 불가결한 경제적 · 사회적 및 문화적 권리의 실현에 관한 권리를 가진다.

제23조

(1) 모든 사람은 근로의 권리, 자유로운 직업 선택 권리, 공정하고 유리한 근로조건에 관한 권리 및 실업으로부터 보호받을 권리를 가진다.

(2) 모든 사람은 어떠한 차별도 받지 않고 동등한 노동에 대하여 동등한 보수를 받을 권리를 가진다.

(3) 모든 근로자는 자신과 가족에게 인간적 존엄에 합당한 생활을 보장하여 주며, 필요할 경우 다른 사회적 보호의 수단에 의하여 보완되는, 정당하고 유리한 보수를 받을 권리를 가진다.

(4) 모든 사람은 자신의 이익을 보호하기 위하여 노동조합을 결성하고, 가입할 권리를 가진다.

제24조

모든 사람은 근로시간의 합리적 제한과 정기적인 유급휴일을 포함한 휴식과 여가에 관한 권리를 가진다.

제25조

(1) 모든 사람은 식량, 의복, 주택, 의료, 필수적인 사회서비스를 포함하여 자신과 가족의 건강과 안녕에 적합한 생활 수준을 누릴 권리를 가지며, 실업, 질병, 불구, 배우자와의 사별, 노령, 그 밖의 자신이 통제할 수 없는 상황에서의 다른 생계 결핍의 경우 사회보장을 누릴 권리를 가진다.

(2) 모자는 특별한 보살핌과 도움을 받을 권리를 가진다. 모든 어린이는 부모의 혼인 여부에 관계없이 동등한 사회적 보호를 향유한다.

제26조

(1) 모든 사람은 교육을 받을 권리를 가진다. 교육은 최소한 초등기초단계에서는 무상이어야 한다. 초등교육은 의무적이어야 한다. 기술교육과 직업교육은 일반적으로 이용할 수 있어야 하며, 고등교육도 능력에 따라 모든 사람에게 평등하게 개방되어야 한다.

(2) 교육은 인격의 완전한 발전과 인권 및 기본적 자유에 대한 존중의 강화를 목표로 하여야 한다. 교육은 모든 국가들과 인종적 또는 종교적 집단 간에 있어서 이해, 관용 및 친선을 증진시키고 평화를 유지하기 위한 UN의 활동을 촉진시켜야 한다.

(3) 부모는 자녀에게 제공되는 교육의 종류를 선택함에 있어서 우선권을 가진다.

제27조

(1) 모든 사람은 공동체의 문화생활에 자유롭게 참여하고, 예술을 감상하며, 과학의 진보와 그 혜택을 향유할 권리를 가진다.

(2) 모든 사람은 자신이 창조한 모든 과학적 · 문학적 · 예술적 창작물에서 생기는 정신적 · 물질적 이익을 보호받을 권리를 가진다.

제28조

모든 사람은 이 선언에 제시된 권리와 자유가 완전히 실현될 수 있는 사회적 및 국제적 질서에 대한 권리를 가진다.

제29조

(1) 모든 사람은 그 안에서만 자신의 인격을 자유롭고 완전하게 발전시킬 수 있는 공동체에 대하여 의무를 부담한다.

(2) 모든 사람은 자신의 권리와 자유를 행사함에 있어서, 타인의 권리와 자유에 대한 적절한 인정과 존중을 보장하고, 민주사회에서의 도덕심, 공공질서, 일반의 복지를 위하여 정당한 필요를 충족시키기 위한 목적에서만 법률에 규정된 제한을 받는다.

(3) 이러한 권리와 자유는 어떤 경우에도 UN의 목적과 원칙에 반하여 행사될 수 없다.

제30조

이 선언의 그 어떠한 조항도 특정 국가, 집단 또는 개인이 이 선언에 규정된 어떠한 권리와 자유를 파괴할 목적의 활동에 종사하거나 또는 그와 같은 행위를 행할 어떠한 권리도 가지는 것으로 해석되지 아니한다.

제**2**부

심리치료, 상담, 인권 및
사회정의의 다단계 모델

Social Justice Counseling: The Next Steps Beyond Multiculturalism

심리치료, 상담, 인권 및 사회정의의
다단계 모델의 개발, 근거 및 전제조건

모든 타협은 주고받는 것에 기반을 둔다. 그러나 주고받는 것이 항상

원리 원칙에 따르지는 않는다. 단순한 원칙에 따르는 어떠한 타협도 항복이다.

진정한 타협을 위하여 모든 것을 주고받지는 마라.

-Mahatma Gandhi

실패하는 것이 불가능한 것처럼 믿고 행동하라.

-Charles F. Kettering

📖 연습문제

1. 당신은 좋은 의사소통 기술을 가지고 있는가? 당신은 경청하는 것을 잘하는가? 말하는 것을
   더 잘하는가? 아님 이 둘을 적절하게 잘 섞어서 사용하는가?

2. 누군가가 아프거나 깊은 고민에 빠져 있을 때, 당신은 어떻게 하겠는가? 이런 상황에 있을 때
   당신은 어떤 느낌이 드는가?

3. 당신은 스스로를 비관주의자라고 생각하는가, 아니면 낙관주의자라고 생각하는가? 이와 같은 성향이 상담사, 심리치료사, 사회복지사로서의 당신에게 어떤 영향을 미칠까?

4. 당신은 다른 누군가와 만날 때 공포심을 느끼는가? 이와 같은 공포심이 상담사, 심리치료사, 사회복지사로서의 당신에게 어떤 영향을 주는지 토론해 보자.

5. 때때로 상담사, 심리치료사, 사회복지사는 직면하거나 도전을 해야 하는 상황을 겪게 될 수 있고, 이것은 궁극적으로는 해결책을 제공해 주지만 지금 현재로서는 상당한 불쾌감을 가져올 수 있다. 이런 상황들이 당신의 성격과 얼마나 잘 맞는가?

다음 장에서 '심리치료, 상담, 인권 및 사회정의의 다단계 모델(The Multi-Phase Model of Psychotherapy, Counseling, Human Rights, and Social Justice)'을 제시하기에 앞서, 이 장에서는 다단계 모델(MPM)을 개발하는 데 영향을 준 근거들을 확인하고, 이 모델이 현장에서 어떻게 사용되는지에 대해 논의할 것이다.

오늘날 일상생활에 영향을 주는 사회적 · 역사적 · 심리학적 · 경제적 · 정치적 · 환경적 · 문화적 측면 등을 포함한 생태학적 맥락 내에서 다단계 모델을 어떻게 적용할지에 대해 생각하는 것은 중요하다(Bemak & Conyne, 2004). 개개인에게 영향을 주는 이러한 다양한 측면이 지니는 본질적 특징은 치료관계에서 상당히 중요한 영향을 미친다. 생태학적 관점 내에서 고려해야 되는 몇몇 중요한 요인으로는 세계화, 인구학적 특징의 변화, 인종과 관련된 인구통계의 변화, 다양한 생활 습관, 종교 및 종교적 신념, 집단 간 또는 집단 내에서 갈등 및 폭력의 증가, 빈번한 폭력 및 학대, 이혼율의 증가, 빈곤율의 증가, 기술의 격차 등이 있다.

또한 온난화와 같은 다른 문제들도 클라이언트, 클라이언트의 가족 그리고 지역사회에 영향을 준다(Chung & Bemak, 출판 중). 가령, 온난화로 인해 자신이 살고 있는 지역에서 더 이상 어떤 자원을 사용할 수 없을 경우, 그들은 대중운동을 통해 온난화 문제를 해결하기 위해 노력할 것이다. 또한 새로운 질병이 나타날 경우, 건강관리의 중요성을 인식하게 될 수도 있다. 상담사, 심리치료사, 사회복지사는 우리의 상황이 계속해서 변화될 수 있다는 점을 인지하고 있기 때문에, 교육, 실천, 기술, 개입, 수퍼비전 등을 다시 사정하면서, 이와 같은 문제를 대처하는 방법들에 대해 고려할 필요가 있다. 다단계 모델은 상담사, 심리치료사, 사회복지사가 이와 같은 문제들을 더 효과적으로 해결하도록 돕기 위해 만들어졌다. 다단계 모델은 원래 이민자 또는 난민이 지니는 문화적 측면을 고려해서 특정 서비스를 제공하는 것을 목적으로 개발된 '심리치료, 상담, 인권 및 사회정의의 다수준 모델(Multi-Level Model of Psychotherapy, Counseling, Human Rights, and Social Justice: MLM)'을 확장한 것이다(Bemak & Chung, 2008a, Bemak, Chung, & Pedersen, 2003).

다단계 모델의 근거

현재 사회정의와 인권을 정신건강과 통합시킨 상담치료나 다른 상담과 관련된 모델에서는 생태학적 관점을 고려해서 개발한 모델이 아직 존재하지 않는다. 하지만 상담사, 심리치료사, 사회복지사가 현재 우리가 직면하고 있는 다양한 문제를 해결하기에는 기존의 교육학적 또는 전통적 모델에 기반을 둔 문제해결이 상당한 한계가 있고, 전통적 모델을 통한 정신건강과 관련된 개입에서는 사회정의와 인권에 대해서는 별로 관심을 갖고 있지 않다. 따라서 다단계 모델은 이와 같은 문제를 해결하기 위한 방안으로 개발되었다.

다단계 모델은 다음의 세 가지 가정에 근거한다. 첫 번째 가정은 전통적인 정신건강의 원칙과 실천은 유럽인이나 유럽계 미국인을 대상으로 개발되었다는 점이다. 개별주의적 관점에서는 정신건강 및 심리적 안녕을 포함해서 모든 인간의 삶에 영향을 주고 서구 사회에 널리 퍼져 있는 문화적 가치에 대한 기초를 제공한다. 정신건강 이론과 실천을 적용하는 데 개인주의적 관점이 유용한 점은 전 세계 인구의 30% 정도는 개인주의적 관점을 지닌 나라 출신이기 때문이다. 하지만 전 세계 인구의 2/3 이상은 가족, 지역사회, 집단을 강조하면서 상호 의존과 사회적 가치를 강조하는 나라 출신이라는 점도 간과해서는 안 된다(Triandis, 1994). 개인주의적 그리고 집합주의적 문화 간에 나타나는 차이점은 미국 사회에서 볼 수 있다. 미국에서는 8명 중 1명이 외국에서 태어난 이민자 집단인 반면(Camarota, 2007), 미국에서 태어난 다른 많은 사람은 선조들이 집합주의적 문화를 지닌 나라 출신인 경우가 많다. 자신이 살고 있는 문화와 자신의 선조들이 태어난 본국의 문화에서 강조하는 가치들은 본질적으로 갈등을 야기할 수 있다.

다단계 모델을 개발하게 된 두 번째 가정은 개인주의적 관점을 구성하는 것은 일반적으로 정신건강을 다루는 데 있어 서구적 관점에 근거한 기초를 제공한다는 점이다. 서구의 심리치료는 확실히 유럽의 심리분석, 정신분석 그리고 개인주의적 관점에 근거해서 이루어지고 있다. 따라서 서구에서 정신건강 치료를 받는 사람들은 자신의 가족과 지역사회와는 상관없이 자신의 문제에 대해서만 심리치료사에게 이야기한다. 그들은 그들의 삶에 중요한 영향을 미치는 인간관계 문제보다 자신의 어려움을 해결하기 위해 자신의 문제 또는 직장에서의 문제들을 이야기하면서 진단을 받게 된다. 서구 정신건강이 현대 사회에서 중요하게 생각하는 것은 치료의 수단으로서 생화학적 모델이나 질병 모델을 중시한다는 점이다.

질병 모델은 정의, 평등, 공정성과 같은 실제적인 사회정치학적 개념을 포함하지 않으며 인권에도 관심이 없다. 더 나아가 효과적인 개입과 치료를 하기 위해 진단을 요구하는 질병 모델은 문화를 고려한 개입이 이루어질 필요가 있을 때에는 부정확하다는 사실을 연구자들이 발견하였다(Chung & Kagawa-Singer, 1995; Draguns, 2000; Phillips & Draguns, 1969). 따라서 질병 모델은 타 인종에 대해 접근할 때는 상당한 장애물이 될 수 있다. 사실, 세계보건기구(World Health Organization)에서 수행한 연구에서는 가난한 지역에 살고 있는 조현병 환자가 서구에서 살고 있는 환자보다 더 좋은 회복률을 보였는데, 그 이유는 가난한 지역에 살고 있는 조현병 환자에게는 가족과 지역사회라는 자원이 있었기 때문인 것으로 알려졌다(Sartorius, Gulbinat, Harrison, Laska, & Siegel, 1996). 이러한 결과는 사회적 지지가 정신건강을 위한 완충제 역할을 한다는 다른 연구 결과와 동일하다(Kessler, Chiu, Demler, & Walters, 2005).

다단계 모델의 개발과 관련된 세 번째 가정은 역사적으로 정신건강은 사회정의 또는 인권이라는 문제를 고려하고 있지 않다는 사실에 기반을 둔다. 전 세계적으로 수백만 명의 사람이 불공평, 불평등한 기회, 불안정, 부정행위의 결과로 고통을 받고 있다는 점을 고려할 때, 정신건강에서 사회정의와 인권을 무시하는 것은 매우 큰 결점이 될 수 있다. 상담사, 심리치료사, 사회복지사로서 사회정의와 관련된 문제에 참여하지 않는다는 것은 정신건강 영역에서 사회정의와 인권에 관한 이론적 기초가 없고, 정신건강을 실천하는 데 있어 인권을 고려하기 위한 어떤 교육도 이루어지고 있지 않음을 시사한다. 비록 이론적 관점이 부족하다고 하더라도, 정신건강 관련 분야에서 이와 같은 문제를 다루어야 하는 것은 상담사, 심리치료사, 사회복지사가 지녀야 하는 도덕적 의무라고 생각한다.

많은 연구 결과는 사회정의와 인권 문제를 다룰 필요성을 제안하면서, 앞에서 언급한 세 가지 가정을 보완할 것이다. 다음은 사회정의 및 인권과 관련된 네 가지 영역을 묘사하는데, 이 영역들은 클라이언트와 가족의 삶에 중요한 부분이고, 그들의 심리적 안녕에 영향을 주는 것들이다.

증가하는 빈곤율

미국은 세계에서 생활 수준이 가장 높은 나라 중의 하나이다. 그러나 부유한 사람과 가난한 사람 사이의 불평등의 격차가 점차 커지고 있다. 즉, 가장 가난한 사람의 평균 소득이 전체 인구의 하위 1/5인 하위 6%에 있고, 부유한 사람의 평균 소득은 전체 인구의 상위 1/5인 상위 30%에 위치해 있는 것으로 알려져 있다(Bernstein, McNichol, Mishel, & Zahradnik, 2000). 사실, 부유한 사람과 가난한 사람의 소득 격차는 1930년대 이후 점차 벌어지고 있다(Lewis, 2003). 예를 들면, 가장 부유한 1%

〈표 4-1〉 4가구당 1가구를 차지하는 저소득층에 대한 연구 보고서

- 2002년과 2006년 사이에, 저임금을 받는 가구 수는 35만까지 증가하였다.
- 아동이 속해 있는 960만(전체의 1/4이 넘는)의 노동 가구 수가 있지만, 이들은 저임금을 받고 있다.
- 저임금을 받는 가구는 빈곤율을 두 배한 것보다 낮은 소득을 받는 사람들로 정의된다. 4인 가구의 경우, 연소득이 41,228달러보다 낮을 경우 저임금을 받는 가구에 포함된다.
- 이와 같이 저임금을 받는 가구가 증가한 이유는 임금이 적은 직업이 많아졌기 때문일 수 있다.
- 급여 소득의 감소에 따라, 가족들은 건강보험, 음식, 주택 등과 같은 기본적으로 지불해야 하는 비용에 많은 부담을 느끼게 된다.
- 2006년에 5개 직장 중의 1개 이상은 빈곤 수준의 급여를 지급하였다.
- 임금을 더 적게 지불한다는 것이 일을 더 적게 한다는 것과 동일하지는 않다. 평균적으로, 각 가구에서는 1년에 2,552시간 일한 것으로 조사되었다. 그것은 가구당 1과 1/4 전일제 노동자와 유사한 수준이다.
- 보고서는 "저임금을 받는 가구들이 경제적으로 더 높은 소득을 얻기 위해서는 교육을 더 잘 받아야 한다."라고 언급하고 있다.
- 미국에서는 상당히 많은 직장들에서 고졸 이상의 학력을 요구한다. 88만 명의 성인 노동자는 고졸 또는 그 이하의 학력을 가지고 있는 것으로 나타났다.

출처: Fletcher (2008).

는 전체 재산의 38%를 소유하고 있는 것으로 알려져 있다. 2001년도에는 백인 미국인의 7.8%, 아프리카계 미국인의 22.7%, 라틴계 미국인 21.4%, 아시아계 미국인의 10.2%가 가난하게 살고 있다고 보고하였다(Bernstein, 2002). 미국 아이 6명 중 1명인 16.7%는 빈곤율 아래에 해당하는 소득 수준에서 살고 있었다(Children's Defense Fund: CDF, 2004). 이와 같은 통계치는 미국에서의 빈곤이 다른 산업 사회에서 보여 주는 빈곤보다 더 높아지고 있음을 반영한다(Center on Budget and Policy Priorities: CBPP, 1999; CDF, 2004; U.S. Census Bureau, 1999). 빈곤은 심리적 안녕과 정신건강에 매우 중요한 영향을 미친다. 즉, 저소득층은 가장 높은 사회경제적 지위 집단에 비해 정신건강과 관련된 진단을 2~5배 정도 더 많이 받는다는 연구 결과가 있다(예: Bourdon, Rae, Narrow, Manderchild, & Reiger, 1994; 저소득 가구에 대한 더 구체적인 정보는 〈표 4-1〉 참조). Mahatma Gandhi는 "가난은 폭력의 가장 나쁜 형태이다."라고 언급하였음을 인지할 필요가 있다.

폭력

우리는 미디어에서 매일 폭력에 관한 이야기를 듣는다. 그것은 사랑하는 사람과의 싸움, 약자에 대한 괴롭힘, 악랄한 공격, 강도, 강간, 성학대, 아동유기, 아동방임, 갱단 활동, 자살, 타살 등 다양한 종류의 폭력에 관한 것이다(〈표 4-2〉 참조). 이와 같이 다양한 종류의 폭력에 대해 듣고, 이러한 사건들이 매일 일어난다고 생각하며, 우리가 만나는 상당수의 클라이언트가 이런 폭력 사건의 희생자 또는 가해자라고 생각하면 그것은 매우 두려운 일이다. 폭력 사건은 인구사회학적인 특징, 종교, 인종, 문화, 성별, 장애, 성적 지향에 상관없이 모든 개인들에게 영향을 미칠 수 있다. 1993년에는 청소년 폭력과 관련된 매우 놀라운 사건이 일어났다(U.S. Department of Health and Human Services: U.S. HHS, 2001). 이런 폭력의 증가는 세계보건기구로 하여금 다양한 수준의 폭력 사건에 대해 충분히 다룰 필요가 있음을 재촉하는 계기가 되었다(Krug, Dahlberg, Mercy, Zwi, & Lozano, 2002). 다시 말하면, 폭력의 경험과 노출은 클라이언트의 심리적 안녕에 매우 큰 영향을 줄 수 있다는 사실을 인지할 필요가 있다.

〈표 4-2〉 개인 간 폭력

13세의 알렉시스 '렉시' 아그예퐁-글로버가 살해되었다는 주장이 있기 전에 거의 2년 동안 양모에 의해 학대를 받았던 것이 보고되었다. 그 소녀는 집에 방치되었고, 누구에 의해서도 도움을 받지 못했다. 보고서에는 그녀가 어딘가에 묶여 있었던 것처럼 손목과 팔뚝에 멍이 들어 있었고, 속옷만 입고 버스를 탄 적도 있으며, 석쇠 뚜껑만으로 몸을 가린 채 주위를 어슬렁거린 적도 있고, 엄마의 차 트렁크에 갇힌 적도 있다는 내용이 포함되어 있었다. 버지니아주의 프린스 윌리엄 카운티 경찰서는 렉시가 심각한 위험에 처해 있다고 보지 않았지만 사회복지 부서에 조사를 시작하라고 요청했다. 하지만 사회복지 부서는 그 문제에 대해 더 이상 언급하지 않았다.

렉시의 엄마인 알프디아 그렉-글로버는 냇가에 그녀를 던져 버렸고, 그곳에서 렉시는 익사하였다. 그렉-글로버는 딸을 살해한 혐의를 받고 경찰에 잡혔다. 렉시를 돕기 위해 노력했던 사람들은 어느 누구도 그녀의 요청을 심각하게 생각하지 않았던 것에 분노했다. 누군가가 도와주려고 했다면, 렉시는 경찰이 도와줄 것이라는 희망을 갖고 이웃집으로 도망쳤을 것이다. 이웃들은 경찰에 전화를 걸었을 것이고, 다시는 엄마 집으로 끌려오지 않았을 것이다. 그렉-글로버는 딸이 집을 다시 나갔다고 보고했고 이틀 후에 어떤 남자가 냇가에서 그녀의 시체를 발견했다.

출처: Mummolo (2009).

인종주의와 차별

난민과 이민자들의 서구 세계로의 이주와 소수인종의 높은 출생률은 서구 세계에서의 인구사회적 특징의 변화를 야기하고 있다. 예를 들면, 미국의 경우 백인의 수는 2050년까지 계속 줄어들어서 소수인종이 될 것으로 예측되고 있다. 전반적으로 미국의 인구사회학적 특징은 현재의 플로리다, 캘리포니아, 텍사스와 유사할 것이라는 추측도 있다(U.S. Census Bureau, 2002). 이와 같이 인구사회학적 특징의 변화와 함께 집단 간에 나타나는 인종적·문화적·종교적 차이를 수용하게 되고, 인종차별이 일어나서는 안 된다는 것을 점차 받아들이게 될 것이다. 반면, 과거에 백인들이 누렸던 많은 혜택은 상실하게 될 수도 있다. 일반적으로 이민자 문제, 특히 불법 이민자 문제에서 가장 뜨거운 논쟁거리는 인종차별에 대한 것이다(Chung, Bemak, & Kudo Grabosky, 2011; Chung, Bemak, Ortiz, & Sandoval-Perez, 2008; 〈표 4-3〉 참조).

〈표 4-3〉 인종주의와 차별

> 가난한 라틴계 미국인들은 전국에 걸쳐, 특히 남쪽에서 계속해서 차별을 받는다. 남부 빈곤법
> 센터(Southern Poverty Law Center)에 따르면, 라틴계들은 같은 일을 했어도 백인에 비해 더
> 적은 급여를 받는다. 기본적인 의료보험도 거부되고, 인종에 대한 편향적 조사를 받기도 한
> 다. 라틴계 이민자들은 감옥에 종종 갇히고, 돈을 빼앗기기도 한다. 어떤 여성은 강간을 당하
> 기도 했다. 하지만 그 여성은 서류가 없는 이민자였기 때문에 강간범은 구속되지도 않았다.
> 라틴계들은 법의 보호를 받지 못했기 때문에 경찰에 의해 제대로 다루어지지 않았고, 성적인
> 공격을 받기도 했다. 조지아의 인권보호를 위한 라틴계 동맹의 회장은 라틴계들은 미국에 불
> 법으로 거주하고 있고, 이 나라에 있을 권리를 가지고 있지 않기 때문에, 라틴계에 대한 차별
> 행위를 일반적이라고 생각한다고 말한다.
> 애리조나주에서는 세 가지 매우 중요한 차별, 즉 경찰이 인종에 관한 편향적 조사를 한 것, 작
> 업장에서의 문제, 임대와 관련된 주택시장에서의 문제들이 있었다. 하지만 존 버치 협회(John
> Birch Society)의 대표인 존 맥매너스는 이것을 차별이라고 느끼지 않고 있었다. 그는 남부 빈
> 곤법 센터가 정보를 과장해서 말하는 것을 좋아한다고 평하기도 했다. 하지만 남부 빈곤법 센
> 터 대표인 리처드 코헨은 이것은 기본적인 인권에 관한 문제라고 느꼈다. 학대와 차별은 우리
> 사회에서 수용할 수 없고, 라틴계 이민자들은 법 앞에서 단지 보이지 않을 뿐이다.

출처: Brice (2009).

2005년 FBI에서 보고한 증오 범죄 통계에 따르면 2000년에서 2001년 사이에 증오 범죄가 상당히 많이 증가한 것(20.7%)으로 나타났고, 특히 인종차별로 인한 증오 범죄가 많이 나타난 것을 확인할 수 있다(U.S. Department of Justice, 2006). 증오 범죄에 대한 구체적인 원인을 살펴보면, 증오 범죄의 13.9%는 인종 편견이 원인이 됐음을 알 수 있다. 또한 종교에 따른 차별로 인한 범죄가 17.1%, 성 정체성에 대한 편견에 의한 것이 14.2%, 장애에 대한 편견에 의한 것이 0.7%로 나타났다. 상담사, 심리치료사, 사회복지사가 다양한 인종의 클라이언트와 일을 할 때 이와 같은 문제들을 고려하는 것이 매우 중요하다.

건강 및 정신건강 서비스의 접근성 그리고 치료의 질

정신건강 서비스와 정신건강과 관련된 치료에 대한 접근성은 미국에 있는 많은 사람에게 주요한 문제를 제시하고 있다. Kessler 등(2005)은 모든 미국인의 25%가

〈표 4-4〉 정신건강

최근 연구에서는 유색 인종인 5학년 학생들이 제대로 치료를 받지 못할 경우, 정신건강 증상
을 더 많이 경험하게 된다는 결과를 보여 준다. 연구 대상자들로는 버밍엄, 휴스턴, 로스앤젤
레스에 있는 5천 명 이상의 학생을 포함하였다. 인종차별은 정신건강 문제를 야기하는 청소
년과 성인의 수를 증가시킬 수 있다. 이 연구는 아동의 정신건강과 관련해서 인종을 고려한
첫 번째 연구였다.

이 연구는 정서적 문제를 장기간 오래 관찰하지 못했기 때문에 인종차별이 아동의 정서적 문
제의 원인이라는 것을 증명하지는 못했다. 차별은 아동의 정신건강에 해를 입힐 수 있다. 어
떤 아동은 친구로부터 부정적인 표현을 많이 듣게 되고, 정서적 문제를 지니고 있는 아동들은
더 많은 편견을 받게 된다.

정신질환과 인종차별 간에는 강한 상관관계가 있다. 편견은 흑인의 20%, 라틴계의 15%, 백인
의 7%, 다른 연구 대상자의 16%에게서 분명히 나타났다. 라틴계들은 모든 집단 중에서 가장
나쁜 정신건강 문제를 가지고 있었다. 하지만 인종차별을 느꼈던 5명의 라틴계 중 4명은 부모
가 미국이 아닌 외국에서 태어난 경우였다. 유색 인종의 부모들은 자녀가 인종차별을 어떻게
다루어야 하고, 이에 대해 어떻게 준비해야 하는지에 대해 배우도록 도와주어야 한다.

출처: Elias (2009).

정신건강 문제를 가지고 있다는 것을 발견했다. 하지만 놀랍게도, 25%의 절반보다
더 적은 수의 사람이 치료를 받은 것으로 나타났다. 또 다른 걱정거리는 이렇게 소
수의 사람에게만 제공되는 상담과 치료 서비스가 부적절하게 이루어진다는 점이
다. 몇몇 연구는 치료가 부적절하게 이루어지고 있는 이유가 몇 가지 요인 때문인
것으로 결론지었다. 그것은 초기 경고 신호에 대한 관심의 부족, 부적합한 건강보
험, 정신질환에 관한 낙인 등을 포함하고 있다. 또한 연구는 다른 나라와 비교하면
서 미국의 정신건강에 관한 실상을 제시하였다. 미국은 세계에서 가장 높은 비율의
정신건강 문제를 가지고 있는 나라인 것으로 조사되었다(인종주의가 어떻게 정신건강
에 영향을 줄 수 있는지에 대한 예는 〈표 4-4〉 참조).

건강 관리를 동일하게 받을 수 있도록 하는 접근성의 문제가 악화된 것은 의료 비
용에서의 성장 때문이다. 특히 2004년도에는 8년 연속 임금 성장이 이루어졌는데,
이때 의료비용은 임금의 성장보다 약 4배 가까이 성장했다(Connolly, 2005). 이러
한 현상은 중산층 또는 저소득층 사람들에게 건강 관리와 관련된 서비스를 받는 것
을 어렵게 했다. 더불어 건강 관리와 관련된 서비스를 받을 여유가 없다는 것은 항

공 산업을 축소시키거나 고용자를 위한 의료보험 보장률을 떨어뜨리는 등 산업을 악화시키는 계기가 되기도 하였다. 이런 경향이 계속되면, 미국에서 건강보험을 가지고 있는 사람의 실질적인 수는 감소될 것으로 전망됐다(CBPP, 2006). 수입이 낮은 사람들은 개인 건강보험에 가입할 수 없고, 건강과 관련된 서비스 비용의 꾸준한 증가는 중산층에게도 영향을 주는 것으로 나타났다.

2005년도에는 약 4,660여 만 명의 미국인들 또는 전체 인구의 약 15.9%가 보험을 가지고 있지 않았다. 결과적으로 건강보험을 통해 제대로 보호를 받고 있지 않았다(CBPP, 2006). 정신건강 서비스를 받기 위해 그 비용을 지불할 능력이 없고 이와 같은 서비스에 대한 접근성이 부족한 것은 많은 클라이언트의 삶에 중요하게 작용할 수 있으며, 이는 심리치료와 상담에서 다루어질 필요가 있다. 더불어 백인과 유색 인종 사이에 건강 관리의 질과 관련된 부분에서 불평등이 발견되었다. 특히 유색 인종들은 건강 관련 시설들에서 상당히 낮은 질의 관리를 받고 있는 것으로 알려져 있다(Agency for Healthcare Research and Quality, 2000).

변화하는 인구사회학적 특징 및 주요 정신건강 서비스의 사용 빈도 감소

미국에서 현재 변화하고 있는 인구사회학적 특징은 정신건강 실천과 훈련에 관해 다시 생각할 필요성을 제기한다. 앞에서 언급한 것처럼, 인종에 관한 특징은 빠르게 변화하고 있고 이는 정신건강 서비스를 제공하는 데 중요한 의미를 제공한다(Sue, Fujino, Hu, Takeuchi, & Zane, 1991; U.S. HHS, 2001 참조). 미국의 2000년 인구 조사에서는 미국 인구 10명 중 3명은 소수인종이고, 5명 중 1명은 다른 나라에서 태어났거나 부모 중 최소한 1명이 다른 나라에서 태어났으며, 소수인종 중 라틴계 미국인과 아시아계 미국인은 가장 빠르게 성장하고 있는 인종인 것으로 보고하였다(U.S. Census Bureau, 2002). 이와 같은 인구사회학적 특징의 변화는 정신건강 영역에서 향후 우리 클라이언트의 인종 구성비가 변화할 것을 예측한다는 점에서 중요한 시사점을 제공한다.

그전에 이루어졌던 인구 조사와 달리 2000년도 미국 인구 조사는 처음으로 개인들에게 다양한 인종 범주를 체크하도록 하였고, 그 결과 두 인종 또는 다인종에 대한 새로운 통계 결과를 얻을 수 있었다. 미국 인구의 2%인 600만 명은 그들이 이와 같은 다인종 범주에 있다고 보고하였다(U.S. Census Bureau, 2002). 2050년도 인구사회학적 특징은 인구의 54%가 소수인종이 될 것이라고 예측하고 있다. 라틴계 미국인은 전체 미국인의 약 30%가 되며, 아시아계는 9~10% 정도 될 것으로 예측했다(U.S. Census Bureau, 2008a). 더 나아가 미국 인구 조사(U.S. Census Bureau, 2008b)는 2009년 1월을 기준으로, 이민자는 미국 인구에 36초당 1명씩, 미국 전체 인구는 전반적으로 14초마다 1명씩 늘어나는 것으로 예측하였다. 이와 같은 빠른 변화는 새롭고 빠른 흐름에 반응하는 정신건강 서비스를 필요로 하는 인구사회학적 변동을 강조하고 있다.

소수인종이 빠르게 증가하고 있음에도 불구하고, 여러 연구는 소수인종들이 주류 사회에서의 서구 정신건강 서비스를 잘 이용하지 못하고 있는 것으로 알려져 있다(U.S. HHS, 2001). 전반적으로 서비스에 제대로 접근하지 못하거나, 상담사, 심리치료사, 사회복지사가 문화적으로 적절한 반응을 보이지 않음으로써 치료 과정의 초기에 탈락하는 사람들도 많이 있는 것으로 나타났다(Sue et al., 1991). 이와 같은 결과에 많은 요인이 기여하고 있다. 첫째, 인종에 대한 고정관념의 결과로 상담사, 심리치료사, 사회복지사가 소수인종에 대한 편견을 가지고 제대로 진단을 내리지 못하는 경향 때문이다(U.S. HHS, 2001). 둘째, 언어 장벽 때문이다. 많은 상담사, 심리치료사, 사회복지사는 클라이언트의 모국어를 말하지 못하거나 통역가와 일을 할 때도 그들이 말하는 뉘앙스를 잘 이해하지 못할 때가 많다(Bemak, Chung, & Pederson, 2003; Raval & Smith, 2003). 서구에서 훈련을 받은 상담사, 심리치료사, 사회복지사는 문화적으로 민감하지 못하며, 이는 다양한 인종에게 서비스를 제공하는 것을 어렵게 만들 수 있다. 셋째, 서비스 접근성의 부족 때문이다. 서비스를 제공하는 기관들은 클라이언트가 살고 있는 곳에서 멀리 떨어진 경우가 많고, 그곳에 가기 위한 교통비가 부담이 될 수 있다. 마지막으로, 정신건강 서비스를 제대로 이용하지 못하는 이유는 자신이 속한 지역사회 내에서 상담사, 심리치료사, 사회복지사를 만나는 것을 치욕스럽게 생각하는 문화가 있기 때문일 수도 있다.

미국에서의 인구사회학적 특징의 변화와 이로 인한 다양화는 치료 결과와 상당히 밀접한 관계를 갖고 있다. 몇몇 연구는 치료 결과의 효과는 클라이언트의 외적 치료

요인, 즉 사회적 지지망 등과 같은 심리치료나 상담의 외적 요인 때문이라고 보고하였다(Lambert, 1992; Lambert & Bergin, 1994). 집합주의적 문화에서는 사회적 지지의 중요성이 분명하게 나타난다. 집합주의적 문화에서는 가족과 지역사회가 개인보다 더 중요하고, 가족이나 지역사회가 치료에서 중요한 역할을 하기도 한다.

연구자들은 클라이언트의 치료 결과는 외적 요인을 통해 효과를 본다는 것을 발견하였다. 이를 통해 상담사, 심리치료사, 사회복지사는 가족과 지역사회 내의 사회 지지망 등 실제 치료 현장 외부에서 어떤 일이 일어나는지에 관심을 가져야 한다는 결론을 내릴 수 있다. 사회적 지지와 정신건강이 서로 상당한 관계가 있다는 점에 근거할 때 사회 지지망의 중요성을 확인할 수 있다(예: Kessler et al., 2005; Sartorius et al., 1996).

요약하면, 정신건강 분야에서의 훈련, 실천, 연구는 주로 개인에게 초점을 두는 서구의 전통적 관점에 기반을 두어 왔다. 이는 인종적 배경과 상관없이 개인의 문제는 생물의학에 기반을 두면서 심리적 문제에 대한 개념화, 명시, 치료를 제공한다는 점이다. 결과적으로 사회정의와 인권에 대한 이해와 수용은 부족하다. 전형적으로 상담을 위해 클라이언트를 만나는 상담사, 심리치료사, 사회복지사는 사회정의, 인권, 공평성 등을 고려하지 않고, 클라이언트 개개인의 정신건강에 집중해서 치료를 하고 있다. 이는 클라이언트를 치료하는 데 있어 중요한 영역일 수 있는 사회정의와 인권을 무시하는 결과를 가져올 수 있다.

상담과 심리치료에서는 사회정의에 관한 내용이 없다. 또한 실제적으로도 사회정의에 대한 부분이 제대로 이루어지지 않기 때문에 이를 효과적으로 다룰 필요가 있다. 이를 위해 기존 모델인 다수준 모델(MLM)을 확장해서 새롭게 다단계 모델(MPM)을 개발했다. 이것은 정신건강의 중요 영역으로 사회정의와 인권을 포함하고 있다. 이 모델을 개발한 목적은 오늘날 상담사, 심리치료사, 사회복지사가 사회에서 빠르게 변화하고 있는 무수히 많은 복잡한 문제를 효과적으로 다룰 수 있도록 돕고, 정신건강에 영향을 주면서 인권과 관련되어 있는 많은 쟁점을 다룰 수 있는 기본 틀을 제공하고자 하기 위함이었다. 다단계 모델은 상담사, 심리치료사, 사회복지사에게 개인에게 초점을 두었던 전통적인 역할을 넘어서, 개인적·사회적·체계적 변화의 다양한 수준에 관여하는 정신건강과 심리적 안녕에 대한 더 포괄적이고 광범위한 시각을 요구한다는 점에서 매우 도전적이라고 할 수 있다.

사회정의를 위한 정신건강 모델의 필요성: 다단계 모델의 개발

많은 클라이언트는 지역, 국가, 심지어 국제적으로 일어난 사건과 상황의 영향을 받아서 상담을 받기도 한다. 최근 일본에서 일어난 지진이나 쓰나미, 2010년 아이티에서 발생한 지진, 9·11 테러 사건, 마드리드와 런던에서 있었던 버스 폭발 사건, 2008년 뭄바이에서 일어난 총격 사건, 인도, 인도네시아, 스리랑카에서 있었던 쓰나미, 미국에서 일어난 폭탄 테러범의 공격, 워싱턴 DC에서의 저격 사건, 월드컵 결승전에서 발생한 테러리스트에 의한 공격, 버지니아 공과대학에서의 총격 사건 등 다양한 사건은 클라이언트에게 영향을 준다. 방송 매체는 우리에게 전 세계적으로 일어나는 다양한 사건에 대한 정보를 알려 주고 있으며, 이를 통해 우리의 일상생활은 다양한 사건, 사고로부터 영향을 받게 된다. 클라이언트는 사회정치적 문제와 부정의와 관련된 이슈들을 내재하고 있지만, 정신건강과 관련된 전통적 모델에서는 그와 같은 문제에는 관심을 기울이지 않는다. 오히려 개인의 문제에 근본적인 강조점을 두고 있다. 클라이언트의 정신 내부에 초점을 두기 때문에, 정신건강에 기여할 수 있는 사회정치적·역사적·경제적 요소의 중요성을 무시하기도 한다.

이라크와 아프가니스탄에서 일어나는 전쟁이나 현재 시리아나 리비아에서 일어나고 있는 시민 폭동 등에서 이와 같은 것을 경험할 수 있다. 이와 같은 전쟁은 미디어를 통해 보거나 들었던 것 또는 개인의 경험이나 친구, 친척들의 경험을 통해 보거나 들었던 것들이지만, 이러한 정보들은 개개인의 심리적 안녕에 상당한 영향을 주고 있다. 많은 사람은 자신의 아들, 딸, 조카, 남편, 부인, 친구, 이웃, 동료들을 보기도 하며, 몇몇 사람은 이와 같은 전쟁으로 인해 친척들이 죽기도 했다. 어떤 사람들은 전쟁에 대한 상당한 거부감을 가지고 있는 경우도 있다. 이와 같은 경우, 개인의 심리적 문제에 대한 접근을 넘어서 클라이언트가 외부 상황에 대해 무언가를 하고자 하는 강한 감정이나 행동들에 대해서도 함께 다룰 필요가 있다. 예를 들면, 최근에 군인 부인들은 매우 중요한 사회적 지지 집단을 형성하였다. 남편이 전쟁으로 인해 멀리 있기 때문에 이에 대한 공포와 분노를 다루면서 서로에게 지지를 제공하고, 그들의 생각에 대해 적극적으로 표현하도록 하면서 자극을 주었다.

이와 같은 외적 상황에 대한 개인의 요청사항은 상담에서 적절하게 다루어지기 어렵다. 이것은 개인이 가지고 있는 심리적 문제를 무시하는 것을 의미하지는 않는다. 이는 더 주의 깊은 사정을 하고 치료관계 내에서 언제 그리고 어떻게 사회적·정치적 반응들을 다룰 것인지, 무언가를 하고 싶은 클라이언트의 욕구를 어떻게 개인의 심리적 관심사와 균형을 맞출 것인지도 고려할 필요가 있다.

개인의 문제를 해결하기 위해 균형을 유지해야 하는 또 다른 중요한 예는 많은 수의 소수인종이 다니고 있는 특수학교에서 볼 수 있다. 학교 상담사, 심리치료사, 사회복지사는 몇 가지 요구 사항에 대한 답변을 기다리면서 화가 나 있는 부모와 일을 해야 하는 경우가 있다. 이와 같은 상황에서 상담사, 심리치료사, 사회복지사는 부모의 의견을 수용하고, 이를 학교 현장에서 해결하기 위해 노력하기보다는 특수학교에 유색 인종을 받아들이는 것이 적절한지에 대한 근본적인 질문을 한다. 그리고 이것이 사실이라면, 상담사, 심리치료사, 사회복지사와 부모들은 어떤 것들을 건설적으로 검토해야 하는지, 실천 현장을 어떻게 변화시켜야 하는지에 대한 질문을 제기하게 된다.

일반적으로, 사회정의와 인권 문제는 우리 사회의 진보와 관련되어 있고, 인간, 지역사회 그리고 사회에 중요한 함의를 주는 이슈들이다. 이러한 이슈들은 전형적으로 정신건강 영역에서는 다루어지지 않았고 관심을 가지고 있지 않았다. 사실, 개인상담과 심리치료는 개인을 둘러싼 더 큰 사회체계보다는 개인의 변화에 초점을 둔다는 점에서 수동적이다. 이와 같은 접근은 사회를 변화시키기보다는 계속 이러한 현상을 유지시킬 수 있다는 점에서 위험할 수 있다. 즉, 역사적으로 권력과 자원에서 차이가 나는 불공정한 상태를 그대로 유지함으로써 사회부정의를 강화시킬 수 있다.

다단계 모델은 이와 같은 사회정의와 인권 문제를 다룸으로써 궁극적으로는 상담사, 심리치료사, 사회복지사가 심리상담에 인권을 포함해서 사회정의와 관련된 행동을 하도록 만들기 위해 개발되었다(Bemak & Chung, 2008a; Bemak et al., 2003). 다단계 모델은 상담사, 심리치료사, 사회복지사가 사회정의와 인권을 고려하면서, 인종뿐만 아니라 다양한 측면(예: 성 정체성, 종교, 성별, 사회경제적 지위, 장애, 연령 등)에서 주류에서 벗어나 있는 모든 클라이언트를 효과적으로 돕는 것을 목적으로 하고 있다. 이 모델의 본질은 개인과 사회의 개발과 성장을 방해하는 빈곤, 폭력, 사회적 조건뿐만 아니라 차별, 인종, 성, 사회적 책임감, 자기결정권, 억압 등과 같은 문제에도 선도적인 관심을 갖는다는 것이다.

이 모델에서는 클라이언트와 가족, 지역사회가 지니는 역사, 사회정치적 · 사회문화적 · 생태학적 배경과 관련해서 전문가는 독특한 기술을 가질 필요가 있음을 제시한다. 더 나아가 전문가는 외상과 상실, 빈곤, 인종주의, 억압, 폭력, 자기결정권, 사회적 책임감, 차별 등과 관련 있는 심리적 현상에 대한 깊은 이해를 가져야 한다고 강조한다. 이와 같은 것들은 상담과 심리학에서 수퍼비전을 제공하거나 임상훈련 연습을 시킬 때 다루지 않기 때문에 더 중요하다. 또한 다단계 모델은 교차문화, 다문화, 사회정의, 인권에 대한 관점뿐만 아니라 거시 및 미시적 측면에서 다양한 클라이언트들에게 접근한다는 점에서 전인적 관점에 근거한다고 할 수 있다. 마지막으로, 다단계 모델은 전 세계적으로 나타나는 교차문화 관점에 관심을 갖는다는 점에서 전통적으로 행해진 서구식 훈련을 보편적 사회정의와 인권의 관점 내에서 재구조화하고 있다. 이와 같은 기본적인 원칙들을 유지하면서 임상적으로 효과적인 개입을 사용하고 문화에 반응하는 치료를 하게 된다.

다단계 모델 적용을 위한 필수조건

다단계 모델을 활용해서 정신건강 문제를 효과적으로 치료하기 위해서 상담사, 심리치료사, 사회복지사는 사회정의와 인권이 인간의 심리적 안녕에 어떻게 영향을 주는지를 명확하게 인지해야 할 뿐만 아니라 다양한 기술, 경험 등을 가지고 있어야 된다.

[그림 4-1]에서는 다단계 모델을 활용하는 데 필수적인 기술, 경험, 기법, 인식을 도식화했다.

클라이언트 경험

문화적 민감성은 상담사, 심리치료사, 사회복지사가 클라이언트의 가족과 지역사회가 지니는 세계관, 문화적 가치, 믿음, 자세, 언어, 영적인 영역 등을 다루기 위한 중요한 영역이다. 현재, 이와 같은 요소들은 인간의 삶에 토대와 세계관을 구성

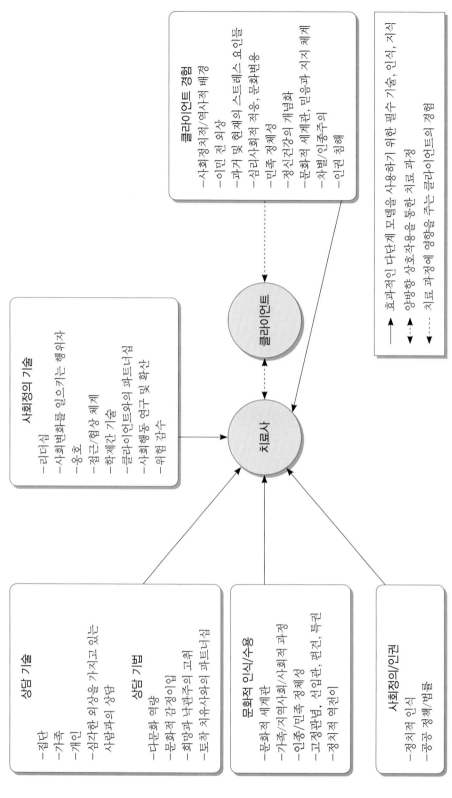

상담 기술
−집단
−가족
−개인
−심각한 외상을 가지고 있는 사람과의 상담

상담 기법
−다문화 역량
−문화적 감수성이며
−희망과 낙관주의 고취
−토착 치유자와의 파트너십

문화적 인식/수용
−문화적 세계관
−가족/지역사회/사회적 과정
−인종/민족 정체성
−고정관념, 선입관, 편견, 특권
−정치적 역전이

사회정의/인권
−정치적 인식
−공공 정책/평등

사회정의 기술
−리더십
−사회변화를 일으키는 행위자
−옹호
−접근/협상 체계
−학제간 기술
−클라이언트와의 파트너십
−사회행동 연구 및 확산
−위험 감수

클라이언트 경험
−사회정치적/역사적 배경
−이민 전 외상
−과거 및 현재의 스트레스 요인들
−심리사회적 적응, 문화변용
−민족 정체성
−정신건강의 개념화
−문화적 세계관, 믿음과 지지 체계
−차별/인종주의
−인권 침해

효과적인 다단계 모델을 사용하기 위한 필수 기술, 인식, 지식
⟶ 효과적인 다단계 모델 적용을 위한 필수조건
⟶ 양방향 상호작용을 통한 치료 과정
⟶ 치료 과정에 영향을 주는 클라이언트의 경험

클라이언트

치료사

[그림 4-1] 효과적인 다단계 모델 적용을 위한 필수조건

제4장 심리치료, 상담, 인권 및 사회정의의 다단계 모델의 개발, 근거 및 전제조건

하는 역사적·사회정치적·심리사회적·생태학적·문화적 경험 등과 같은 클라이언트의 삶에 직간접적으로 영향을 주는 요인으로 고려하는 데 필수적이다. 예를 들면, 내(Fred)가 2년 반 동안 미국 원주민 보호구역에서 임상상담을 제공했을 때, 집단 학살과 관련된 역사, 현재 직면하고 있는 정치적 억압, 주변 강대국과의 관계, 원주민 집단에서 백인 남성으로서 일하면서 느끼는 경험 등을 계속해서 생각하면서 활동하는 것은 매우 중요했다. 이런 모든 것이 원주민 클라이언트가 직면하고 있는 정신건강 문제에 상당히 영향을 주었으며, 복지, 치료, 정신건강과 관련된 일을 하면서 계속 마음에 담아 둘 만큼 중요했다.

사람들이 고려해야 하는 다른 매개요소에는 과거와 현재의 스트레스 요인들, 외상 경험들, 심리사회적 적응, 문화적응 수준과 인종 정체성, 문화적 지지체계, 영성, 정신건강의 개념화에 대한 문화적 믿음과 이것이 가져오는 문화적 표현이나 증상의 표출, 문화에 대한 선호도와 도움을 추구하고 치료하는 것에 대한 기대, 차별과 인종주의에 대한 경험, 인권 침해 등을 포함한다. 다단계 모델을 적용할 때 클라이언트 삶과 관련 있는 이와 같은 영역들을 염두에 두고 반영하는 것은 중요하다.

■ 심리치료/상담 기술과 기법

더 큰 사회적 맥락에서 클라이언트 경험을 잘 이해하기 위해서는 전통적인 서구식 심리치료와 상담을 다문화적 틀 내에서 이해할 필요가 있다. 다단계 모델을 적용하기 위해서는 문화에 민감하게 반응하면서 개인, 가족, 집단을 상담하기 위한 기술을 습득하는 것이 중요한 기초를 제공한다. 하지만 상담사, 심리치료사, 사회복지사는 이와 같은 기초 기술과 함께 효과적인 실천을 위해 사회정의와 인권의 관점에서 전통적인 기술과 기법을 활용하고, 수정하며, 더 나아가 확장 및 변화시킬 수 있어야만 한다. 다른 인종이나 사회경제적으로 차이가 나는 사람들과 일할 때 이것은 특히 중요하다. 앞에서 언급한 것처럼, 어떤 집단에서는 '이야기치료(talk therapy)'는 매우 이질적으로 느껴질 수도 있기 때문에 상담사, 심리치료사, 사회복지사는 전통적인 심리치료, 상담 기법을 수정할 필요가 있다. 예를 들면, 내(Fred)가 아프리카와 아시아에서 온 이민자들과 일하면서 사용했던 방식 중의 하나는 꿈에 대해 토론하고 개개인들이 직면하고 있는 문제들을 해결하기 위한 방안으로 상상에 근거해서 토론했던 것이다.

치료 및 상담에서의 관계는 다른 문화 및 다문화 관점에서 볼 때 매우 중요하다. 감정이입, 경계, 개인 공간, 비밀보장, 클라이언트 및 가족에 대한 칭찬, 클라이언트가 자기 문화의 치료방법을 사용하는 것에 대한 선호도 등과 같은 측면들이 고려될 필요가 있다. 가령, 상담사, 심리치료사, 사회복지사가 직접적인 눈맞춤이나 신체접촉 등과 같은 서구식의 감정이입 방법을 사용한다면 문제가 생길 수도 있다. 이런 유형의 비언어적 행동들은 아시아계, 라틴계, 원주민, 아랍 또는 다른 문화 출신의 클라이언트에게 상당히 이질적으로 느껴질 수 있다. 이와 같은 행동은 상담사, 심리치료사, 사회복지사가 그들을 보호하고 있다고 느끼게 되지 않을 수도 있다. 더 나아가 노인과 젊은 사람들 간 또는 남성과 여성 간의 눈맞춤이 어떤 문화에서는 금기시될 수도 있다.

이러한 문제들에 대해 사전에 고려하는 것 또는 이러한 문화적 차이들에 대해 기꺼이 배우고자 하는 자세는 다른 문화의 클라이언트와 일할 때 개방성을 높이고 상대방에 대한 문화적 배경을 미리 인지하게 한다는 점에서 매우 중요하다. 감정이입과 관련된 예로, 상담사, 심리치료사, 사회복지사의 문화에 따라 인간관계와 소통에 대한 변수가 고려되어야 하고(Chung & Bemak, 2002), 전통적인 서구 문화에서 사용하는 감정이입과 관련된 표현은 부적절할지도 모르며, 심지어 많은 클라이언트에게 이의가 제기될 수도 있다는 점을 인식하면서, 감정이입을 사용할 수 있어야 된다.

사회정의와 인권과 관련해서 클라이언트와 일할 때, 상담사, 심리치료사, 사회복지사는 외상에 대한 지식이 있어야 한다. 외상 사건과 경험이 있는 클라이언트 중에서는 그들의 권리가 침해당했다고 느끼는 경우가 많다. 또한 외상후 스트레스장애(PTSD)에 대한 이해와 상실, 슬픔, 애도 등의 치료문제 등에 대한 이해 또한 있어야 한다.

다단계 모델 내에서 희망과 낙관주의 요소

인권을 침해당하는 사람들의 경우, 부정적 그리고 공격적 경험의 축적은 절망, 무기력, 낙망감이라는 결과를 가져올 수 있다. 누군가로부터 압박을 받거나 외상과 개인적/사회적 폭행을 경험했던 클라이언트의 경우, 치료 과정에서 그들에게 희망을 주는 것은 매우 중요하다. 어떤 연구는 클라이언트의 치료 효과 중 15%가 희망과 기대감이라는 플라시보 효과 때문이었음을 입증하였다. 또한 다른 연구는 낙관주의는 심리적 안녕과 정적으로 상관관계가 있기 때문에 낙관주의(또는 희망)의 중요성을 강조하기도 하였다(Frank, 1968; Lambert, 1992; Snyder, 1994). 결과적으로, 상담사, 심리치료사, 사회복지사는 클라이언트에게 희망감을 부여하고 긍정적 감정을 투여할 필요가 있다. 부정적인 상담사, 심리치료사, 사회복지사는 낙망, 좌절, 절망의 메시지를 전달하곤 한다. 반면에, 긍정적으로 느끼고 미래에 대한 가능성을 제시하는 상담사, 심리치료사, 사회복지사는 개인, 사회, 지역사회 수준에서의 변화 가능성이 있음을 반영한다.

따라서 약물복용을 멈추기를 원하지만 약물을 사용하는 다른 사람들과의 관계를 끝내는 데 어려움을 지니는 청소년들 또는 일하면서 성 정체성으로 인한 차별을 계속해서 받고 있는 클라이언트와 일할 때, 상담사, 심리치료사, 사회복지사는 클라이언트가 심리적으로 위협을 받는 외부 상황으로부터 영향을 받기는 하지만 스스로 변화할 수 있다는 믿음을 갖도록 하는 것이 중요하다. 즉, 긍정적인 결과가 나타날 것이라는 믿음에 대한 신뢰는 치료관계의 기초가 된다. 상담사, 심리치료사, 사회복지사는 더 건강한 결과를 가지고 올 수 있다는 포부와 더불어 변화를 야기하는 촉진자로서의 역할을 할 수 있다. 이와 같은 희망을 제공하는 과정은 치료관계에 포함되어야 하고, 변화를 가져올 수 있다는 낙관주의와 기대감의 수준은 클라이언트 자신의 믿음과 감정에 반영될 수 있다.

이와 관련된 예는 난민들의 경우에도 나타난다. 많은 난민이 이민 전에 겪었던 비인간적이고 가혹한 경험을 고려할 때, 희망은 그들 삶의 한 부분이 될 수 있다는 점을 알리는 것이 중요하다. 긍정적인 관점을 공유하지 않거나, 정착하는 나라에서 그들의 문제를 해결하지 못하면서, 희망을 주지 못하는 상담사, 심리치료사, 사회복지사는 오히려 난민들에게 심리적 어려움을 내재화시키거나 더 많은 절망감을 줄 수 있다. 반대로, 상담사, 심리치료사, 사회복지사가 난민들의 상황에 대한 희망감을 줄 때, 클라이언트는 어려움을 해결할 수 있다는 긍정적인 자세를 취하게 된다.

■ 문화적 인식 및 수용

앞에서 토론한 것처럼, 사회정의와 인권과 관련해서 일하는 상담사, 심리치료사, 사회복지사는 필수적인 것으로 알려진 기술 이외에 더 많은 것을 알아야 한다. 평등과 정의라는 복잡한 문제를 다루기 위해서, 상담사, 심리치료사, 사회복지사는 그들 자신의 문화에 대한 이해를 포함해서 스스로에 대해 깊이 이해할 필요가 있다. 이와 같은 이해는 인간으로서 그 자신에 대한 인식을 넘어서 사회변화, 사회정의, 사회적 책임감, 사회 활동에 대한 관점과 경험을 통합함으로써 자신에 대한 이해를 확장시켜야만 한다. 그리고 이와 같은 개인, 사회, 정치 문제들이 그들 자신의 삶과 어떻게 교차하고 상호 관련되어 있는지를 더 깊은 수준에서 이해하는 것이 중요하다. 우리는 이런 다양한 관점의 영향력이 치료관계 및 치료 과정에서 어떻게 나타나는지 제안할 것이다.

앞에서 언급한 것은 인종적으로 그리고 성적으로 차별을 경험했던 다른 인종이나 레즈비언, 게이, 양성애자 또는 트랜스젠더인 클라이언트와 일할 때 분명하게 나타난다. 이에 대해 더 분명하게 이해하기 위해서, 다른 인종의 클라이언트와 일하는 백인 상담사, 심리치료사, 사회복지사를 생각해 보자. 백인 상담사, 심리치료사, 사회복지사는 클라이언트와 관계가 있는 민족 정체성 이론(ethnic identity theory)을 이해해야 할 뿐만 아니라(Helms, 1995), 백인이 지니는 정체성이 어떻게 문화가 다른 상담사, 심리치료사, 사회복지사와 관련이 있는지도 고려할 필요가 있다(Helms, 1992). 이는 민족 정체성 이론이 미국에 거주하는 유색 인종의 클라이언트를 위해 어떻게 처음 확립되었는지 설명하는 Helms가 저술한 책의 내용과 일치한다. 이 이론은 백인 사회에서 유색 인종으로 구성된 클라이언트의 문제를 사정하는 데 도움을 주기 위해 개발됐다. 특히 백인 사회는 백인우월주의와 유색 인종은 열등하다는 편견에 근거해서 인종에 대한 불평등과 부정의가 이루어지고 있었다. 이러한 인종차별적 자세와 편견은 개인 수준에서는 잘못된 행동을 유도할 뿐만 아니라 기관과 사회에서는 인종차별과 편견을 허용하도록 방임할 수 있다. 결과적으로 백인 정체성 이론을 기반으로 지배 집단으로서의 백인이 어떻게 사회에 적응하는지 묘사하기 위해 백인 정체성 이론을 개발하였다.

따라서 백인 정체성 이론은 백인 상담사, 심리치료사, 사회복지사가 그들의 정체성에 관한 의미를 되새기는 동시에 다른 인종에 대해 어떻게 생각하고 반응하며 행동하는지, 어떻게 상호작용하는지를 생각하게 하는 발전적 과정이 될 수 있다(Helms, 1984). 상담사, 심리치료사, 사회복지사의 경우, 특권, 편견, 인종주의, 차별, 억압 등의 문제에 대해서 그들이 어떻게 반응하는지를 확인하는 것 자체가 클라이언트와 치료관계를 형성하는 데 중요하다. 백인이 아닌 타 인종의 상담사, 심리치료사, 사회복지사의 경우에도 그들의 인종, 성 정체성 등이 클라이언트와 다르다면, 이 또한 유사한 과정을 거쳐야 한다. 예를 들면, 아시아계 상담사, 심리치료사, 사회복지사가 만나야 하는 클라이언트가 흑인, 라틴계, 백인, 아랍, 원주민, 또는 다른 아시아계 인종이라면 이 또한 유사한 과정을 거쳐야만 한다. 또한 그들은 인종, 나이, 성 정체성, 종교, 성, 사회경제적 지위, 기타 사항 등도 고려해야 한다. 더불어 상담사, 심리치료사, 사회복지사는 흑인 **레즈비언** 클라이언트나 장애를 가지고 있는 **남성** 무슬림 클라이언트와 같이 클라이언트가 지니는 다양한 환경 속에서도 그들이 지니는 공통된 부분을 인식할 필요가 있다.

백인 상담사, 심리치료사, 사회복지사가 사회적 불평등에 관한 경험을 할 수 있다는 것은 Helms 이론의 기초가 되며, 문화적 인식 및 수용과 관련된다. 초기에 백인 상담사, 심리치료사, 사회복지사는 인종차별에 대해 인식하지 못하고 비인종주의 백인 정체성에 대한 이해만을 가지고 있었을 것이다. 하지만 백인 정체성 이론에서 언급하는 과정을 통해 상담사, 심리치료사, 사회복지사들은 자신에 대한 우월감과 인종주의에 대한 이해뿐만 아니라 정신건강 전문가로서 타 인종, 문화, 종교 그리고 다른 집단에 대한 편견, 믿음 등에 대해서도 인식하고 이해하게 되며, 궁극적으로는 타 인종을 수용하게 된다.

초기에 백인 정체성 이론은 인종적 편견, 선입견, 고정관념, 역전이 등을 사정하기 위한 목적으로 백인 상담사, 심리치료사, 사회복지사를 돕기 위해 확립되었다. 하지만 앞에서 언급했던 것처럼, 우리는 이와 같은 이론을 확장시킴으로써 상담사, 심리치료사, 사회복지사가 다른 인종, 문화 또는 다른 성 정체성을 가지고 있는 클라이언트와 일하는 기회를 가질 것을 제안한다. 특권, 편견, 역전이 등의 문제는 어떤 한 집단에 국한된 것이 아니라 인종, 성, 나이, 등급, 종교, 성 정체성, 장애 등과 상관없이 모든 상담사, 심리치료사, 사회복지사에게 영향을 주는 중요한 영역이다. 예를 들면, 라틴계 치료사는 흑인에 대한 고정관념을 가지고 있을지도 모른다. 강한 종교적 믿음을 가지고 있는 상담사, 심리치료사, 사회복지사는 게이 클라이언트에게 부정적인 느낌을 가지고 있을 수도 있다. 또는 유대계 치료사는 팔레스타인 클라이언트에게 부정적인 역전이 문제를 가지고 있을 수 있다. 이러한 상황에도 불구하고, 상담사, 심리치료사, 사회복지사가 지녀야 하는 인종에 관한 의무는 상담을 하는 과정 속에 그들이 잠재적으로 지니고 있는 편견을 배제해야 한다는 점이다.

요약하건대, 불평등과 관련된 문제를 효과적으로 대처하기 위해서 다단계 모델은 상담사, 심리치료사, 사회복지사가 그들의 가치, 믿음, 세계관에 대해 깊이 있는 자기인식을 하며, 동시에 치료를 효과적으로 제공하는 데 방해가 될 수 있는 선입견, 편견, 고정관념 등을 배제해야 함을 요구한다(U.S. HHS, 2001).

'주의'와 정신건강 간의 관계

오랜 기간에 걸쳐 클라이언트에게 영향을 주는 문제들은 인종주의, 성차별주의, 계급주의 그리고 다른 다양한 '주의(isms)'이다. 인종주의는 서구 개인주의의 결과로 자연스럽게 나타난 것으로 알려져 있다(Pedersen, 2000). 그리고 이를 통해 다른 주의들도 나왔을 것이라고 추정하는 것이 가능할지도 모른다. 상담사, 심리치료사, 사회복지사는 인종주의, 성차별주의 그리고 다른 형태의 차별과 억압 등이 클라이언트, 가족, 지역사회에 영향을 주는 것을 간과할 수 없다. 예를 들면, 인종주의, 편견, 차별에 대한 경험들은 심리적 안녕과 부정적으로 관련되어 있고, 이는 다양한 인종·문화적 배경을 지닌 사람들에게 영향을 주며, 더 넓은 사회환경에서의 대인관계 및 적응 방식에도 영향을 준다(Constantine, 2006; Steele, Spencer, & Aronson, 2002; Sue, 2003).

손상된 자존감과 부족한 학문적 성취감은 인종주의와 차별이라는 심리학적 결론으로 종종 인용된다(Asamen & Berry, 1987; Brantley, 1983; Hughes & Demo, 1989). 또한 인종주의와 차별은 약물중독(Lopez-Bushnell, Tyer, & Futrell, 1992), 아동학대, 자살(Horejsi, Craig, & Pablo, 1992), 가정폭력(Ho, 1990) 등을 야기하기도 한다. 그럼에도 불구하고 전통적인 치료적 개입은 더 큰 맥락에서의 차별과 인종주의를 다루기 위한 방법보다는 현재의 문제(예: 자살이나 약물중독)에 더 초점을 둔다. 이와 같은 현상은 다른 주의들과 연이은 사회부정의와의 관계에서도 나타난다.

차별, 편견, 인종주의 등이 없다고 가정하는 상담사, 심리치료사, 사회복지사의 경우, 그들 스스로 사회에 길들여져 차별, 편견, 인종주의에 대해 깊이 있게 생각하지 않으며, 이러한 사회환경이 클라이언트에게 미치는 영향력을 축소시키는 경향이 있다. 하나의 예로, 문화적 편견을 가지고 있지 않은 전문가들 중에서도 의도치 않게 인종주의에 관한 발언이나 자세를 보이는 경우도 있다(Pedersen, 2000, p. 53). 따라서 상담사, 심리치료사, 사회복지사는 의식하든 그렇지 않든 '~주의(ism)'들을 행동으로 나타내는 것을 피하고 모든 클라이언트와 효과적으로 일하기 위해서 클라이언트와 자신의 세계관, 삶에 대한 경험, 문화적 정체성을 이해하고 인지하며 존경하는 것이 매우 중요하다.

정치적 역전이

사회정의와 인권에 대한 관점에 관심을 가져야 하는 이유는 우리는 심리적 안녕과 복지를 증진시키기 위해 클라이언트와 일할 뿐만 아니라 클라이언트의 삶에 영향을 주는 더 넓은 정치적 문제에도 관여해야 하기 때문이다. 인간의 삶을 생태학적 그리고 정치적 문제의 관점에서 인식할 때, 클라이언트의 정신건강에 대한 생각은 더 복잡하고 클라이언트에게 영향을 주는 다양한 문제와 서로 관련이 있다. 예를 들면, 아프리카계 미국인 학생들이 백인이나 라틴계 학생과 동일한 위반을 했을 때, 아프리카계 미국인 학생이 더 많은 비율로 학교에서 억류, 중지, 추방을 당하게 된다고 알려져 있다. 이는 종종 상담에서 무시되기도 하는데, 클라이언트의 행동보다는 기관의 반응에 대해 개입해야 함을 제시하는 부분이다. 상담사, 심리치료사, 사회복지사는 클라이언트가 지니고 있는 문제뿐만 아니라 우리가 종종 **정치적 역전**이라고 부르는 다른 수준에서의 반응에 대해서도 인식하는 것이 중요하다(Chung, 2005; Chung et al., 2008). 정치적 역전이는 상담사, 심리치료사, 사회복지사가 클라이언트와 일할 때나 그들이 지니는 정치적 맥락으로 인해 클라이언트에게 영향을 줄 때 일어난다. 치료관계에서 정치적 영향력이 있을 경우, 우리가 어떤 정치적 역전이를 가지고 있는지 인식하는 것은 중요하다.

다음 두 개의 예는 정치적 역전이가 어떻게 일어나는지에 대한 실례를 제공한다. 첫 번째는 테러리스트 공격과 관련이 있다. 2001년에 일어난 9 · 11 사건에서는 뉴욕에 있는 세계무역센터와 워싱턴 DC에 있는 펜타곤이 공격을 받았다. 2002년 10월 12일에는 발리 폭발물 사건, 2004년 3월 11일에는 마드리드에서의 공격, 2005년 7월 7일에는 런던에서의 공격, 2008년 11월 7일에는 뭄바이 타지마할 팰리스 호텔에서의 테러리스트 공격에 의해서 죽음과 대참사가 일어났다. 여러 가지 사건 중 하나인

9·11 사건의 경우, 미국뿐만 아니라 전 세계적으로 상담사, 심리치료사, 사회복지사들은 공격의 희생자들, 희생자 가족이 경험한 상실 등으로 인해 상당한 아픔을 겪었다.

이와 같은 반응들은 이슬람 신념을 가지고 있는 사람들, 즉 무슬림에 대한 부정적인 느낌과 역전이로 인해 강한 부정적 감정을 유발하는 데 기여했다. 이슬람 나라 출신의 클라이언트 또는 이슬람에 대한 강한 종교적 믿음을 가지고 있는 클라이언트와 일하는 상담사, 심리치료사, 사회복지사의 경우, 9·11 사건 또는 이와 유사한 테러리스트 사건 후에 그들에게 강한 부정적 감정을 가지게 될지도 모른다. 상담사, 심리치료사, 사회복지사가 지니는 이와 같은 강력한 부정적 반응은 정치적 역전이가 될 수 있다. 이와 같은 사건에 대한 기억 및 외상에 대한 그들의 반응은 클라이언트와의 치료관계를 방해할 수 있다.

두 번째 예는 낙태가 잘못된 것이라는 확고한 종교적 신념을 가지고 있는 상담사, 심리치료사, 사회복지사와 관련된다. 상담사, 심리치료사, 사회복지사가 여성은 임신을 선택할 권리를 가지고 있거나 커플 또는 파트너가 임신에 관해 선택할 자유를 가지고 있어야 한다는 확고한 신념을 가지고 있다면, 클라이언트에 대한 반응뿐만 아니라 꽤 강렬한 정치적 문제에도 반응해야 할지도 모른다. 다시 말해서, 이러한 상황에서도 정치적 역전이가 일어날 수도 있다. 상담사, 심리치료사, 사회복지사는 클라이언트에게 개입할 때 그들에게 영향을 주는 정치적 역전이에 대해 인식하는 것은 중요하다.

공포라는 문화

미국에서 일어난 9·11 사건과 다른 여러 유형의 테러리스트 공격을 생각할 때, 세계적으로 테러리즘의 세계에 살고 있는 것은 분명한 것 같다. 일상생활 속에서 안전에 대한 느낌이 위협을 받으면서 예측할 수 없는 환경에 살고 있을 때, 공포라는 문화는 창출된다(Chung, 출판 중; Chung et al., 2008). 공포라는 문화는 9·11 사건에 대한 지속적인 상기와 '테러리스트 경고'에 준하는 지속적인 보고 그리고 이와 관련된 변화로 인한 다른 공격들이 지속될 때 강화된다. 테러리스트 공격은 다음과 같은 질문을 계속해서 상기하게 한다. '우리는 얼마나 안전할까?' 불안감이라는 감정은 공포라는 문화의 산물이며, 이는 우리 삶의 한 영역으로 침투하게 된다. 그리고 기본적으로 공포라는 감정은 잠재적인 사회부정의와 인권 침해를 더 가속시킨다.

사회정의 행동에 관한 자기사정

사회정의 문제를 진실되게 다루고 다단계 모델을 효과적으로 사용하기 위해, 상담사, 심리치료사, 사회복지사는 스스로 '나는 얼마나 사회정의 문제를 다룰 준비가 되어 있을까?'라고 물어보면서 사회정의 행동과 관련된 자기사정을 할 필요가 있다. 몇몇 상담사, 심리치료사, 사회복지사는 사회정의에 관해 매우 단순하게 이야기하면서, 이런 문제들을 적극적으로 다루고 있다고 믿고 있다. 하지만 사회정의는 현존하는 체제나 부정의를 지지하는 개인에게 도전하는 것만을 수반하지는 않는다. 우리의 견해에 따르면, 다단계 모델을 사용할 경우, 이는 우리에게 어느 정도의 위험을 기꺼이 취할 준비가 되어 있는지를 확인하게 된다. '내 동료들과의 관계에서 생길 수 있는 당혹감을 기꺼이 감수할 수 있을까? 내가 지금보다 강한 저항감이나 불편함을 다룰 수 있을까? 내가 사회부정의와 같은 문제를 다루기 위해 내 직업을 놓을 수 있을까?'

착한 상담사 증후군

착한 상담사 증후군(Nice Counselor Syndrome: NCS)은 다른 사람들이나 체제를 거슬리게 하는 상황들을 최대한 피하기 위해 중립적인 위치를 취하는 상담사, 심리치료사, 사회복지사를 언급한다. 일반적으로 그들은 동료, 수퍼바이저 그리고 기관과 균형과 조화를 유지한다. NCS를 지니는 상담사, 심리치료사, 사회복지사는 비판, 도전, 직면 등을 필요로 하는 상황에서도 긍정적인 강화와 피드백을 제공함으로써 불쾌한 현실이나 갈등을 피하는 경향이 있다(Bemak & Chung, 2008b). 하지만 상담사, 심리치료사, 사회복지사는 때때로 부정의를 다루는 상황에서 체제에 도전하는 활동을 할 필요가 있다. 개인과 체제에 도전한다는 것은 용기와 위험 감수를 요구한다. 그리고 항상 쉬운 것은 아니다. 현상 유지를 하지 않고 변화에 도전함으로써 나타나는 결과가 있다. 즉, 사람들은 자신을 문제라고 명명할지도 모르거나(Bemak

& Chung, 2008b), 팀을 위해 활동하는 사람이 아니라고 말할지도 모른다. 긴장을 가지고 올 수도 있다는 사실 때문에 근심을 하거나 NCS를 지님으로써 부조화를 야기할 수 있는 사회정의와 인권 문제에 대해 다루는 것을 피하는 사람들이 있다. 다단계 모델을 효과적으로 이용하기 위해서, 상담사, 심리치료사, 사회복지사는 NCS를 벗어나야만 된다. NCS는 11장에서 더 자세히 다룰 것이다.

사회정의/인권에 대한 인식

다단계 모델을 이용할 경우, 상담사, 심리치료사, 사회복지사는 클라이언트, 가족, 지역사회에 영향을 주는 세계, 국가, 정부, 주의, 지역 그리고 정치적 문제들에 대해 모두 인식할 필요가 있다. 클라이언트는 종종 외부와 관련된 문제들, 가령 주택 수당에 대한 접근 제한 정책, 가족의 재결합으로 인한 이민 제한, 동성 파트너와의 결혼, 여성, 장애인, 게이, 레즈비언, 기관에서의 트랜스젠더에 대한 반복적인 차별 경험 등과 같은 것들에 대해서는 이야기하지 않는다. 그럼에도 불구하고 이런 것들은 클라이언트의 경험과 일상생활을 이해하는 데 중요한 기초가 된다.

예를 들면, 현재 전 세계적으로 테러 위협이 있는 상황에서, 미국에서는 법 집행을 하는 과정에서 특정 인종에 대해 편향적 조사가 이루어지고 있고, 비자와 이민 정책에 있어 제한이 있으며, 이라크와 아프가니스탄 전쟁 죄인에 대한 감금 시 인권 침해에 대한 논란들이 있다. 상담사, 심리치료사, 사회복지사는 이와 같은 정책이 클라이언트에게 미치는 심리적 영향력에 대해 인식해야만 하고, 치료관계 내에서 이러한 요소들을 다룰 필요가 있다.

따라서 아프카니스탄에서의 난민 클라이언트와 아프간 억류자들에 대한 인권 침해로 인해 나타나는 분노에 대해 간단하게 토론하는 것이 중요하다. 하지만 이러한 감정들을 해결하고 도와주기 위해 노력하는 것이 다단계 모델을 사용하는 치료의 주요한 목적은 되지 않는다는 점은 명시할 필요가 있다. 오히려 치료자는 클라이언트가 아프가니스탄 출신이라는 사실로 인해 일상생활에서 경험한 것들과 그들의 감정에 영향을 주는 상황, 이와 관련된 가족의 압력, 전쟁과 관련된 문제를 다루기 위해 아프간 지역사회 내에서의 정치적 행동, 이와 관련된 클라이언트의 관여 및 바람 등에 대해 이야기할 필요가 있을 것이다.

현재 세계화와 정보 접근성에 의해 몇몇 측면에서 문화 및 인종에 따라 다른 지각, 자세, 관점이 형성되어 왔다. 오늘날 우리는 이라크 전쟁, 미국 내 중서부 지역에서의 게이의 잔혹한 살해 사건, 남쪽 작은 도시에서의 인종문제 등에 대해 매우 자세하게 알고 있다. 몇 년 전까지만 해도 세계에서 일어나는 일들을 아는 것은 가능하지 않았다. 그러나 현재는 테크놀로지와 미디어를 통해 문화적 다양성에 많이 노출되어 있다. 세계 그리고 각 나라 상황에 대한 정보 및 사진 등의 신속한 전송과 다양한 사건 및 사고에 관한 보도의 증가는 사람들이 개인, 집단, 지역사회, 심지어 편견을 가지고 있거나 제한된 정보를 가지고 있는 나라에 대해서도 의견을 제안하는 상황을 연출했다.

인권에 영향을 주는 전 세계 상황은 종종 정치적 책임이 있는 미디어를 통해 편견을 지닌 채 보도될지도 모른다. 따라서 간단하거나 한쪽으로 편향된 정치 성향을 통해 복잡한 상황을 보도하는 것은 편향된 사고를 유발할 수 있고, 특정 문화나 인종에 대한 완고함을 줄 수 있다. 예를 들면, 현재 세계적으로 나타나는 테러 위협은 특정 인종에 대해 그들이 테러리스트일지도 모른다는 생각을 가지게 만들었다. 정치적 책임이 있는 문제들에 대해서도 유사한 상황이 발생할 수 있다. 게이 간의 결혼은 하나의 예가 될 수 있다. 즉, 게이 간의 결혼은 레즈비언, 게이, 양성애자, 트랜스젠더 등에 대한 사람들의 공격을 증가시킬지도 모른다. 북한의 핵 위협에 대한 미국의 강한 반응은 모든 동양인에 대한 부정적인 선입견을 가져다줄 수 있다. 성적 소수자, 아랍계나 아시아계 미국인 클라이언트는 상담사, 심리치료사, 사회복지사에게 메타수준의 문제에 대해서 소개하거나 말하지 않을 수도 있다. 상담사, 심리치료사, 사회복지사는 클라이언트 삶에 있어서 이러한 문제는 매우 중요한 부분이므로 치료 과정으로 이 문제들에 대해 다룰 필요가 있을 것이다.

전통적인 서구 심리치료에서 정신건강의 역할에 대한 재정의: 사회정의 기술

우리는 전통적인 서구 심리치료에 대한 철저한 지식과 이해가 다단계 모델에 대한 기초를 제공한다는 것을 앞에서 제안하였다. 상담사, 심리치료사, 사회복지사가 다단계 모델을 사용할 때 어떻게 확장하고, 변경하고, 채택하는지에 대한 지식과 기술에 대한 핵심적인 이해를 가지는 것은 중요하다. 전통적으로 해 오던 훈련과 더불어 우리 자신의 세계관, 자세, 가치, 믿음, 편견과 선입관들에 대한 이해를 통합하기 위한 노력은 클라이언트가 지니는 사회적·정치적 맥락에 대해 이해하기 위한 필수조건이 될 수 있다. 문화적으로 민감하게 반응하면서 이론, 기술, 자기인식을 통합할 때 사회정의를 고려하게 되는 것이다.

따라서 클라이언트의 내적인 부분에 대한 심리치료 및 상담을 넘어서 외적인 상황에 대한 인식을 하는 등 상담사, 심리치료사, 사회복지사로서 우리의 역할을 재구조화할 필요가 있다. 이 책에서 제안하는 것처럼, 상담사, 심리치료사, 사회복지사는 그들 자신의 정치적 권리와 선택을 넘어서 정치에 관한 지식이 있어야 한다. 상담사, 심리치료사, 사회복지사가 클라이언트와 일할 때 사회정의와 정신건강이 서로 어떻게 관련되어 있는지, 사회정의와 정신건강을 어떻게 실천으로 나타나게 할 것인지 등을 이해하는 것은 중요하다. 상담사, 심리치료사, 사회복지사는 어떻게 인권 옹호자가 되는지 배워야 한다. 이것은 원조 전문가들에게 리더로서의 선도적 역할을 새롭게 정의하고, 인간을 변화시키고, 클라이언트를 위해 옹호할 것을 요구할 것이다.

더 나아가 원조 전문가들은 문화인류학자, 사회복지사, 공공건강 전문가, 정치가, 언론가, 교육자, 법률가, 경제학자, 지리학자, 역사가, 사회학자 그리고 지역사회 리더와 함께 그들만의 영역을 넘어서 서로 함께 일할 수 있는 기술이 요구된다. 따라서 상담사, 심리치료사, 사회복지사가 사회변화와 이익을 위한 조직을 구성하는 기술, 협상 기술, 집단 과정 기술, 체계 기술 등에 대해 인지하고 이러한 기술을 습득하는 것이 도움이 될 것이다. 이런 성향의 기술들은 정의체계, 교육체계, 건강 및 정신건강 체계, 청소년 사법체계, 사회 서비스, 주택 서비스, 평등권리 사무소, 아동 서비스 등과 관련해서 클라이언트와 문제를 해결하기 위해 노력할 때 도움이 된다. 앞의 기술들에 대한 상세한 묘사는 이 책의 후반부에서 제공될 것이다.

새롭게 정의된 역할들을 통해 클라이언트와 함께 일하면, 그들과의 관계는 새롭게 창출될 것이다. 클라이언트는 더 넓은 사회구조 내에서 자기결정을 하는 개인이 되기 위해서 도움을 받는 것이고 스스로 그리고 다른 사람을 위한 옹호자가 되기 위해 도움을 받는 것이기 때문에, 권력, 평등, 접근, 불공정, 불평등은 새로운 시각에서 보일 수 있다. 새롭게 정의된 역할은 본질적으로 상담사, 심리치료사, 사회복지사가 개개인의 적응과 변화를 넘어서 클라이언트 삶에 더 넓은 변화를 창출하는 예방과 개입에 초점을 둘 필요가 있다. 대신에, 원조 전문가들은 가족과 지역사회 맥락 내에서 평등과 정의를 달성하고, 클라이언트, 가족 그리고 지역사회가 경험할지도 모르는 인권 침해에 도전하기 위해서 클라이언트와 협동적 파트너십을 형성하게 된다. 이와 같이 새롭게 구성된 역할이 나타날 때, 그들은 옹호와 사회변화를 촉진시키기 위해 클라이언트와 파트너십을 형성하기도 한다(Bemak & Chung, 2005).

결론적으로, 문화에 따라 다르게 나타나는 인권에 대한 관점을 더 잘 적용하기 위해서는 기존의 전통적 역할을 재조사하고 조정해 나가야 한다. 서구의 기술과 개입, 모델, 이론들은 문화적으로 민감하게 반응할 필요가 있다. 이와 같은 다양한 영역을 고려한 상담치료가 30% 이상의 치료 효과가 있다는 연구 결과처럼, 상담사, 심리치료사, 사회복지사의 역할을 재정의하는 것은 고려될 필요가 있다(Lambert, 1992). 상담사, 심리치료사, 사회복지사의 역할에 대한 이러한 재평가는 클라이언트에게 중요한 사회정의와 인권에 대한 문제들에 대한 관심을 촉진시킬 것이다.

결론

심리치료, 상담, 인권 및 사회정의의 다단계 모델은 사회정의와 인권을 강조하는 정신건강 개입에 초점을 두도록 만들어졌다. 연구 결과와 저자들의 개인적 그리고 전문적 경험을 고려할 때, 클라이언트를 개입함에 있어 인간에 대한 관심과 사회정의에 관련된 사회정치적 그리고 경제적 틀을 모두 고려하는 생태학적 맥락이 고려될 필요가 있다는 확고한 신념을 가지게 되었다. 다단계 모델은 다른 인종과 다른 문화를 가지고 있는 집단들을 위한 문화적응과 관련된 상담을 할 때 기초가 되고 있다.

다단계 모델을 활용한 치료 과정 중 고려해야 하는 기초 요인들은 클라이언트의 문화적 개념화, 정신질환과 정신건강을 이해하고 정의하기 위한 틀, 문화적 믿음체계와 세계관 그리고 역사적 · 사회정치적 배경의 복잡성 등이 포함된다. 더 나아가 클라이언트의 과거와 현재 스트레스 요인들, 문화적응과 민족 정체성 수준, 정신건강과 심리적 안녕에 영향을 주는 심리사회적 · 문화적 · 생태학적 장애, 차별, 억압, 인종주의, 인권 침해 등에 대한 경험은 모두 클라이언트의 삶을 고려하는 중요한 것들이며, 다단계 모델에서 중요하다.

이러한 모델 내에서 상담사, 심리치료사, 사회복지사는 문화적으로 민감하게 반응해야 하며, 선도적 리더십, 사회적 변화, 옹호를 합병하기 위한 전문적 역할과 실천을 재정의하는 것이 중요하다. 이와 같은 변화는 클라이언트가 부딪히는 사회부정의와 인권 침해에 반하는 개입과 예방에 필수적이다. 다음 장에서는 다단계 모델과 그것의 적용에 대해 토론하게 될 것이다.

📝 토의문제

1. 당신이 살고 있는 지역사회 내의 노숙자 쉼터에 개입하라는 요청을 받았다. 저자들이 제안한 모델을 고려할 경우, 사회적·역사적·심리적·경제적·정치적·환경적·문화적 요인 중 어떤 것이 노숙자 쉼터에 대한 개입을 하는 데 영향을 주는 요인들인가?
   a. 당신이 지금 하고자 하는 개입이 그 지역사회에서 5년 전에 일어났다면, 당신이 현재 하고자 하는 개입과 어떤 차이점이 있을까?
   b. 각각의 영역에서의 주요한 차이점은 무엇일까?

2. 다단계 모델의 기본이 되는 가정들은 무엇일까?

3. 정신건강과 관련 있는 현재 문제 중 사회정의와 인권과 관련된 문제들은 무엇이 있을까? 빈곤, 인간 간의 폭력, 인종주의, 차별, 정신건강 관리에 대한 접근, 정신건강 치료의 질 등의 문제를 고려해 보자.

4. 2050년의 당신을 상상해 보자. 미국의 인구 조사에 따르면, 인구의 54%는 소수인종 집단으로 구성될 것이다. 당신의 인종적 배경을 고려할 때, 당신의 삶이 오늘과 다를 것이라고 상상되는가? 그렇다면 어떻게 다를까? 인구사회학적 특징의 변화에 적응하기 위해 서비스와 자원에 대한 접근은 어떻게 변화될 필요가 있을까?

5. 최근 주요 신문이나 잡지를 조사해 보자. 테러리즘, 공포, 폭력에 관한 뉴스 항목들이 몇 개나 있는지 세어 보고 동료들과 그것에 대해 공유해 보자.

6. 당신이 어떤 행동을 하게 만들었거나 변화를 위해 당신이 어떤 행동을 취하도록 했던 경험에 대해 생각해 보자. 당신은 어떤 행동을 하기를 원했는가? 당신이 같은 상황에 처했을 때, 당신은 똑같은 행동을 할 것인가, 아니면 다른 행동을 할 것인가?

7. 다단계 모델을 적용할 때, 문화적으로 민감하고 당신 자신의 편견에 대해 인식하는 것은 중요하다. 당신이 현재 가지고 있는 편견으로 어떤 것들이 있는지 조사해 보고, 당신이 상담을 할 때 그와 같은 편견을 어떻게 관리하는지에 대해 생각하면서 다음의 자기사정을 해 보자.
   a. 당신에게는 어떤 가치와 신념이 가장 중요한가?
   b. 다른 집단이나 당신 자신에 대해서 당신이 현재 가지고 있는 편견이나 선입관은 무엇인가?
   c. 다른 집단들은 가지고 있지 않지만 당신만이 가지고 있는 특권은 무엇인가?
   d. 당신은 가지고 있지 않지만 다른 집단들이 가지고 있는 특권은 무엇인가?

8. 다단계 모델을 적용할 때, 어떤 부분이 이용하기에 가장 쉬운가? 어떤 부분이 가장 어려운가? 그 이유는 무엇인가?

9. '공포라는 문화'에 대한 당신의 견해를 토론해 보자. 이것이 상담에서 어떻게 영향을 줄 것이라고 생각하는가? 클라이언트가 지니는 '공포라는 문화'를 다루기 위해 당신은 어떤 접근을 사용해서 도울 것인가?

📖 참고문헌

Agency for Healthcare Research and Quality. (2000). Addressing racial and ethnic disparities in healthcare. AHRQ Publication No. 00-PO41. Retrieved from http://www.ahrq.gov/research/disparit.htm

Asamen, J. K., & Berry, G. L. (1987). Self-concetp, alienation, and perceived prejudice: Implications for counseling Asian Americans. *Journal of Multicultural Counseling and Development, 15*, 146-160.

Bemak, F., & Chung, R. C-Y. (2008a). Counseling refugees and migrants. In P. B. Pedersen, J. G. Draguns, W. J. Lonner, & J. E. Trimble (Eds.), *Counseling across cultures* (6th ed., pp. 325-340). Thousand Oaks, CA: Sage.

Bemak, F., & Chung, R. C-Y. (2008b). New professional roles and advocacy strategies for school counselors: A multicultural/social justice perspective to move beyond the nice counselor syndrome. *Journal of Counseling & Development, 86*, 372-382.

Bemak, F., & Chung, R. C-Y. (2005). Advocacy as a critical role for school counselors: Working towards equity and social justice. *Professional School Counseling*, 196-202.

Bemak, F., & Chung, R. C-Y. (in press). The impact of global warming on the counseling profession. *Journal of Counseling & Development.*

Bemak, F., Chung, R. C-Y., & Pedersen, P. (2003). *Counseling refugees: A psychosocial cultural approach to innovative multicultural interventions.* Westport, CA: Greenwood Press.

Bemak, F., & Conyne, R. K. (2004). Ecological group work. In R. K. Conyne & E. P. Cook (Eds.), *Ecological counseling: An innovative approach to conceptualizing person-environment interaction* (pp. 195-217). Alexandria, VA: American Counseling Association.

Bernstein, J., McNichol, E. C., Mishel, L., & Zahradnik, R. (2000). The characteristics and needs of sheltered homeless and low-income housed mothers. *Journal of the American Medical Association, 276*, 640-646.

Bernstein, R. (2002). Poverty rate rises, household income declines. Retrieved from http://www.census.govt/Press-Release/www/2002/cb02-124.html

Bourdon, K. H., Rae, D. S., Narrow, W. E., Manderchild, R. W., & Reiger, D. A. (1994). National prevalence and treatment of mental and addictive disorders. In R. W. Manderchild & A. Sonnenschein (Eds.), *Mental health: United States* (pp. 22-51). Washington, DC: Center for Mental Health Services.

Brantley, T. (1983). Racism and its impact on psychotherapy. *American Journal of Psychiatry, 140*(12), 1605-1608.

Brice, A. (2009, April). Poor Latinos are victims of abuse nationwide, activists say. *CNN U.S.* Retrieved from http://articles.cnn.com/2009-04-22/us/latino.abuse_1_poor-latinos-discrimination-immigrants?_s=PM:US

Camarota, S. A. (2007, November). *Immigrants in the United States, 2007: A profile of America's foreign-born population.* Center for Immigration Studies. Retrieved from http://www.cis.org/immigrants_profile_2007

Center on Budge and Policy Priorities. (1999). *Low unemployment, rising wages fuel poverty decline.* Washington, DC: Author.

Center on Budget and Policy Priorities. (2006). *The number of uninsured Americans is at an all-time high.* Washington, DC: Author.

Children's Defense Fund. (2004). *The state of American's children 2004.* Washington, DC: Author.

Chung, R. C-Y. (2005). Women, human rights, and counseling: Crossing international boundaries. *Journal of Counseling & Development, 83*, 262-268.

Chung, R. C-Y. (in press). The culture of fear. *Journal of Counseling Psychology.*

Chung, R. C-Y., & Bemak, F. (2002). The relationship between culture and empathy in cross-cultural counseling. *Journal of Counseling and Development, 80*, 154-159.

Chung, R. C-Y., & Bemak, F. (in press). Global warming: Counselors' responsibilities and action. *Journal of Counseling & Development.*

Chung, R. C-Y., Bemak, F., Ortiz, D., & Sandoval-Perez, P. (2008). Promoting the mental health of immigrants: A multicultural/social perspective. *Journal of Counseling & Development, 86*, 310-317.

Chung, R. C-Y., Bemak, F., & Kudo Grabosky, T. (2011). Multiculural-social justice leadership strategies: Counseling and advocacy with immigrants. *Journal of Social Action in Psychology and Counseling, 3*(1), 86-102.

Chung, R. C-Y., & Kagawa-Singer, M. (1995). Interpretation of symptom presentation and distress: A Southeast Asian refugee example. *Journal of Nervous and Mental Disease, 183*(10), 639-648.

Connolly, C. (2005). Health care costs, spending up: More in middle class could join ranks of the uninsured. *The Washington Post.* Retrieved from http://www.washingtonpost.com/wp-dyn/content/article/2005/06/20/AR2005062001169.html

Constantine, M. (2006). Racism in mental health and education settings: A brief overview. In M. G. Constantine & D. W. Sue (Eds), *Addressing racism* (pp. 3-14). Hoboken, NJ: Wiley.

Draguns, J. (2000). Psychopathology and ethnicity. In J. F. Aponte & Wohl (Eds.), *Psychological intervention and cultural diversity* (pp. 40-58). Needham Heights, MA: Allyn & Bacon.

Elias, M. (2009, May). Racism hurts kids' mental health. *USA Today.* Retriieved from http://www.usatoday.com/news/health/2009-05-05-race-depression_N.htm

Fletcher, M. A. (2008, October). 1 in 4 working families now low-wage, report finds. *The Washington Post.* Retrieved from http://www.washingtonpost.com/wp-dyn/content/article/2008/10/14/AR2008101402646.html

Frank, J. D. (1968). The role of hope in psychotherapy. *International Journal of Psychiatry, 5*, 383-395.

Helms, J. (1984). Toward a theoretical explanation of the effects of race on counseling: A Black and White model. *The Counseling Psychologist, 12*(4), 153-165.

Heims, J. (1992). *A race is a nice thing to have.* Topeka, KS: Content Communication.

Helms, J. (1995). An update of Helms's White and people of color racial identity models. In J. G. Ponterotto, J. M. Casas, L. A. Suzuki, & C. M. Alexander (Eds.), *Handbook of multicultural counseling* (pp.181-198). Thousand Oaks, CA: Sage.

Ho, C. K. (1990). An analysis of domestic violence in Asian American communities: A multicultural approach to counseling. *Women & Therapy, 9*(1-2), 129-150.

Horejsi, C., Craig, B. H., & Pablo, J. (1992). Reactions by Native American parents to child protection agencies: Cultural and community factors. *Child Welfare Journal, 71*, 329-342.

Hughes, M., & Demo, D. H. (1989). Self-perceptions of Black Americans: Self-esteem and personal efficacy. *American Journal of Sociology, 95*, 135-159.

Kessler, R. C., Chiu, W. T., Demler, O., & Walters, E. (2005). Prevalence, severity and comorbidity of 12-month DSM-IV disorders in the National Comorbidity Survey replication. *Archives of General Psychiatry, 72*, 693-713.

Krug, E. G., Dahlberg, L. L., Mercy, J. A., Zwi, A. B., & Lozano, R. (2002). *World report on violence and health*. Geneva, Switzerland: World Health Organization.

Lambert, M. J. (1992). The effectiveness of psychotherapy. In A. E. Bergin & S. L. Garfield (Eds.), *Handbook of psychotherapy and behavior change* (4th ed., pp. 143-189). New York, NY: Wiley.

Lamber, M. J. & Bergin, A. E. (1994). The effectiveness of psychotherapy. In A. E. Bergin & S. L. Garfield (Eds.), *Handbook of psychotherapy and behavior change* (4th ed., pp. 143-189). New York: Basic Books.

Lewis, T. (2003). *The growing gap between rich and poor*. Global Policy Forum. Retrieved from http://www.globalpolicy.org/socecon/inequal/2003

Lopez-Bushnell, F. K., Tyer, P. A., & Futrell, M. (1992). Alcoholism and the Hispanic older adults. *Clinical Gerontologist, 11*, 123-130.

Mummolo, J. (2009, March). Girl's cries for help 'fell on deaf ears.' *The Washington Post*. Retrieved from http://www.washingtonpost.com/wp-dyn/content/article/2009/03/08/AR2009030802194.html

Pedersen, P. B. (2000). *A handbook for developing multicultural awareness* (3rd ed.). Alexandria, VA: American Association for Counseling and Development.

Phillips, L., & Draguns, J. (1969). Some issues in intercultural research on psychopathology. In W. Caudill & T. Y. Lin (Eds.), *Mental health research in Asia and the Pacific* (pp. 21-32). Honolulu, HI: East-West Center Press.

Raval, H., & Smith, J. (2003). Therapists' experiences of working with language interpreters. *International Journal of Mental Health, 32*(2), 6-31.

Sartorius, N., Gulbinat, W., Harrison, G., Laska, E., & Siegel, C. (1996). Long-term follow-up of schizophrenia in 16 countries. *Social Psychiatry and Psychiatric Epidemiology, 31*, 249-258.

Snyder, C. R. (1994). *The psychology of hope: You can get there from there*. New York, NY: Free Press.

Steele, C. M., Spencer, S. J., & Aronson, J. (2002). Contending with group image: The psychology of stereotype and social identity threat. In M. Zanna (Ed.), *Advances in experimental social psychology* (Vol. 23, pp. 379-440). New York, NY: Academic Press.

Sue, D. W. (2003). *Overcoming our racism: The journey to liberation.* San Francisco, CA: Jossey-Bass.

Sue, S., Fujino, D., Hu, L., Takeuchi, D., & Zane, N. (1991). Community mental health services for ethnic minority groups: A test of cultural responsive hypothesis. *Journal of Consulting and Clinical Psychology, 59*(4), 533-540.

Triandis, H. C. (1994). *Culture and social behavior.* New York, NY: McGraw-Hill.

심리치료, 상담, 인권 및 사회정의의 다단계 모델

당신이 이 세상에서 보고 싶은 변화가 되어라.

-Mahatma Gandhi

모든 사람은 봉사할 수 있기 때문에 위대할 수 있다.

당신이 봉사하는 데 대학 학위를 취득해야 할 필요는 없다.

당신이 봉사하는 데 주제와 문법에 맞는 글을 쓸 줄 알아야 하는 것도 아니다.

당신이 봉사하는 데 플라톤이나 아리스토텔레스를 알 필요도 없다.

아인슈타인의 상대성 이론을 알 필요도 없다.

당신이 봉사하는 데 물리학의 열역학 원리를 알아야 할 필요도 없다.

당신에게 필요한 것은 은총으로 가득한 마음과 사랑의 영혼이며

이 두 가지만 갖고 있다면 훌륭한 주님의 종이 될 수 있다.

-Martin Luther King Jr.

1. 당신은 개인적으로 심각한 문제를 이야기하려 할 때 한 사람과 이야기하는 것을 좋아하는가, 아니면 여러 사람과 이야기하는 것을 더 좋아하는가? 무엇이 당신의 선호에 영향을 미치는가?

2. 당신이 성장할 때부터 현재까지 함께 사는 가족을 생각해 보라. 이러한 당신 가족과의 경험이 당신이 만나는 클라이언트 가족들과 작업하는 데 어떻게 영향을 미치는가?

3. 당신은 완전히 새로운 문화 속에서 생활해 보거나 혹은 이러한 경험을 한 적이 있는 사람으로 부터 이야기를 들은 적이 있는가? 당신이 완전히 새로운 문화에 적응하기 위해 혹은 이러한 경험을 한 적이 있는 사람이 적응하기 위해 가장 먼저 해야 했던 것은 무엇이었나?

4. 당신은 상담과 심리학과는 전혀 상관이 없고 알지 못하는 사람과 이야기를 나누어 본 적이 있는가? 당신과 전혀 다른 시각과 견해를 갖고 있는 사람과 이야기하는 것은 어떤 경험이었나? 이러한 경험이 당신의 시각을 넓혀 주었는가? 만약 그렇다면 어떻게 가능하였나?

이 장은 사회정의와 인권을 강조하는 상담 및 심리치료 모델을 제시한다. 이러한 모델은 심리치료, 상담, 인권 및 사회정의의 다단계 모델(Multi-Phase Model: MPM)로 부르며, 특별히 난민과 이민자들을 대상으로 개발된 다수준 모델(Multi-Level Model: MLM)이 확장된 것으로 볼 수 있다(Bemak & Chung, 2008; Bemak, Chung, & Pedersen, 2003; Chung, Bemak, & Kudo Grabosky, 2011). 다단계 모델은 다양하게 활용될 수 있는데 억압받고 권리를 박탈당했거나 주변화된 사람이라면 누구든지 적절한 개입방법으로 활용될 수 있다. 이 장에서는 다단계 모델의 다섯 단계를 설명하고, 어떻게 상담과 심리치료에 적용되는지를 제시하고자 한다.

다단계 모델은 심리교육 모델(psychoeducational model)로 정서와 행동 및 인지에 대한 개입과 예방 전략을 포함하며 이러한 개입과 예방 전략은 문화적 기반에 뿌리를 두고 사회 전체와 지역사회의 과정과 변화를 다룬다. [그림 5-1]은 다단계 모델의 다섯 단계를 보여 준다.

- 1단계: 정신건강 교육
- 2단계: 집단, 가족 및 개인 심리치료
- 3단계: 문화적 임파워먼트
- 4단계: 토착적 치유

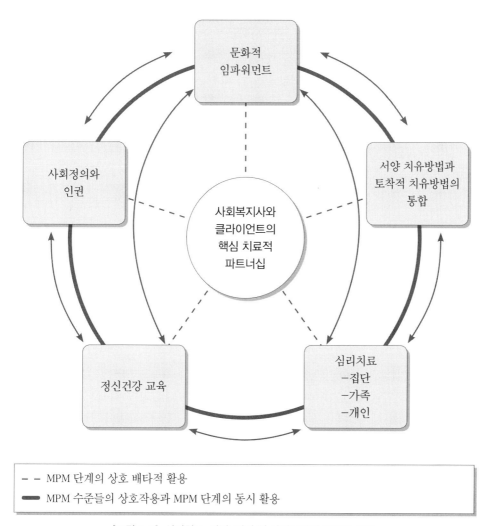

- - MPM 단계의 상호 배타적 활용
━ MPM 수준들의 상호작용과 MPM 단계의 동시 활용

[그림 5-1] 심리치료, 상담, 인권 및 사회정의의 다단계 모델

• 5단계: 사회정의와 인권

   각 단계를 순서대로 진행해야 하는 것은 아니며 필요에 따라 동시에 여러 단계를 다루거나 각 단계를 따로 독립적으로 다룰 수도 있다. 다섯 단계가 서로 영향을 미치는 상호관계에 있음에도 불구하고 각 단계는 다른 단계와 독립적으로 다루어질 수 있으며, 각 단계는 심리치료와 상담의 목표를 달성하는 데 없어서는 안 되는 핵심이다. 상담사, 심리사, 사회복지사는 치료의 어떤 과정에서도 각 단계를 사용할 수 있으며, 상담 과정 중 어느 때에도 각 단계의 핵심 요소들을 활용할 수 있다. 예

를 들어, 상담 초기에 1단계인 정신건강 교육을 하는 것이 중요할지라도 상담 과정 중 상담사, 심리치료사, 사회복지사의 역할을 명확히 하거나 상담의 목표를 분명히 할 필요가 있다면 언제든지 1단계로 돌아가 다시 시작할 수 있다. 한 단계만을 사용할 것인지, 아니면 여러 단계를 결합하여 사용할 것인지는 상담사, 심리사, 사회복지사의 문제 사정에 따라 선택한다. 다단계 모델은 추가적인 자원이나 재정적 지원을 필요로 하지 않는다는 점도 강조할 필요가 있다.

1단계: 정신건강 교육

1단계는 클라이언트에게 치료가 어떻게 이루어지는지를 교육하는 데 초점을 둔다. 대부분의 클라이언트는 정신건강 서비스에 익숙하지 않으며 상담이 어떻게 진행되는지 알지 못한다. 특히 비서양 문화권에서는 개인적인 문제를 가족이 아닌 사람들과 나누지 않기 때문에 더욱 그러하다. 전문가들조차도 비서양 문화권에서는 서양 문화권에서보다 클라이언트에게 더 지시적이며 적극적으로 개입하고, 전문가의 처방을 따르도록 하는 경향이 있다.

1단계의 핵심은 클라이언트와 치료적 연대를 형성하는 것이다. 치료적 연대는 심리치료와 상담이 효과적으로 이루어지는 데 매우 중요하며(Wohl, 2000), 치료 결과의 30%를 결정한다(Lambert & Bergin, 1994). 특히 미국 사회에서 소수인종의 경우, 서양의 전통적인 정신건강 서비스 이용률이 낮고, 이용하더라도 중도 탈락률이 높게 나타나는 것은 심리사와 상담사의 문화적 민감성이 부족하기 때문에 일어나는 것이다[Sue, Fujino, Hu, Takeuchi, & Zane, 1991; U.S. Department of Health and Human Services(U.S. HHS), 2001]. 따라서 1단계의 핵심은 클라이언트에 대한 고정관념이나 선입견 없이 문화적 다양성에 민감하게 신뢰와 라포를 형성하는 것이다. 우리는 이러한 자각을 억압받거나 인권을 침해당한 사람들에게 확장하여 적용할 수 있다. 실제로 비서양 문화권의 클라이언트들은 문제를 탐색하고 이야기하는 데 더 많은 시간을 필요로 하며(Root, 1998), 이렇게 시간을 더 많이 필요로 하는 것은 사회의 부정의(injustice)를 경험한 클라이언트에게도 그대로 적용된다. 따라서 1단계에서는 클라이언트와 심리치료사, 상담사, 사회복지사의 역할을 명확히 하고, 치료 혹은 치료 과정에 대해 무엇을 기대하는지 문화적으로 민감하게 탐색하고 분명하게 하는 것이 중요하다.

1단계의 핵심은 정신건강의 기초를 이야기하는 것이다. 이러한 이야기를 통해 정신건강 전문가는 치료가 어떻게 이루어지는지 설명하고, 상담에 대해 어떤 기대를 갖고 있는지 탐색한다. 시간 개념, 자기노출, 개인적 감정과 생각 및 사건들을 치료사와 나누는 것들에 대해 이야기하며, 질문 방식과 유형에 대해 설명한다. 또한 초기면접에서는 어떤 일이 일어나며 왜 개인 정보를 수집하는지 그 이유를 설명해 주어야 한다. 심리치료사, 상담사, 사회복지사는 비밀보장의 개념을 명확하게 설명하고, 전문직의 윤리강령에 어긋나는 경우를 제외하고는 클라이언트에 관해 공공기관은 물론 어느 누구와도 이야기하지 않을 것임을 분명히 해야 한다.

예를 들어, 고국에서 정치적 탄압을 겪고 이민 온 난민의 경우, 개인적 질문에 답하거나 개인 정보를 공유하는 것을 꺼리고 두려워할 수 있다. 그들은 자신이 직접 혹은 가족이나 가까운 이웃이 감금이나 신체학대, 성학대, 고문을 당한 적이 있기 때문에 초기면접 질문에 엄청난 불신을 갖고 대할 수 있다. 마찬가지로 법을 집행하는 경찰이나 검사 등에 대해 부정적인 경험을 한 사람들도 심리치료사, 상담사, 사회복지사 등과 같은 전문가의 질문을 심문과 비슷한 것으로 여기고, 개인적인 문제와 이슈를 터놓고 이야기하는 것에 대해 저항할 수 있다.

심리치료사, 상담사, 사회복지사는 상담 중에 이야기한 내용이 그 누구와도 공유되지 않을 것임을 매우 명확히 해야 한다. 비밀보장에 대해 이야기할 때 원조 전문가는 비밀보장이 무엇을 의미하는지 클라이언트와 충분히 이야기 나누고, 전문가가 의미하는 비밀보장이 클라이언트가 생각하는 비밀보장과 다를 수 있기 때문에 클라이언트가 생각하는 비밀보장은 무엇인지 알아내어 전문가와 클라이언트의 의미가 일관되도록 해야 한다. 예를 들어, 몇몇 문화권에서는 비밀보장이 가족이나 가까운 친구들은 클라이언트의 개인 정보에 접근할 수 있다는 것을 의미하기도 한다. 이러한 경우에 상담사, 심리치료사, 사회복지사는 클라이언트가 정의하는 비밀보장의 개념을 존중하고, 클라이언트가 편하게 느끼고 동의하는 비밀보장의 새로운 의미를 찾아내어야 한다.

어떤 내용들이 어디까지 비밀이 보장되어야 하느냐에 대한 이슈는 특히 학대나 차별을 경험하고 다시 신뢰관계를 형성하려는 사람들에게 매우 중요하다. 치료 과정에 외국어 통역이 필요한 경우, 통역사의 역할과 비밀보장 준수를 명확하게 이야기하는 것도 중요하다. 통역사와 클라이언트가 같은 혹은 인근 지역사회에 연결되어 있을 수 있기 때문에 더욱 그러하다.

치료 과정에서 사용되는 다양한 치료 기법을 클라이언트가 이해할 수 있는 용어로 설명하는 것도 유용하다. 예를 들어, 상담사, 심리치료사, 사회복지사는 클라이언트가 가족을 더 잘 이해하도록 가계도를 사용하기도 하고, 문제를 더 깊이 파악하기 위하여 그림 그리기나 글쓰기, 일기 쓰기 등을 사용하며, 행동변화를 촉진하기 위하여 과제를 주고 수행하도록 요구할 수 있다는 것도 설명한다. 또한 비서양 문화권에서 온 클라이언트에게 문화적 민감성을 유지하면서 서양의 전문가와 클라이언트 관계의 경계가 부적절할 수 있다는 것을 이해하는 것도 중요하다. 예를 들어, 상담사, 심리치료사, 사회복지사는 클라이언트와의 관계에서 명확한 전문가로서의 경계를 유지하고, 상담관계가 이러한 경계를 넘어 사회적인 관계로 발전되어서는 안 된다고 배웠지만 몇몇 문화권에서는 전문가로서의 경계와 사회적 관계의 경계가 불명확하고 실제 서로 섞여 있기도 하다.

다음의 예가 이러한 점을 보여 주고 있다. 브라질에서 심리치료사로 활동하고 있는 친구이자 동료는 그가 어떻게 일하고 있는지를 설명하였다.

> 나의 클라이언트들은 나에게 언제든지 전화할 수 있다. 내가 그들에게 심각한 문제가 있다고 판단하면 나는 그들의 집을 방문하고, 거실에 앉고, 같이 식사를 하고, 위기에 대해 이야기한다. 가끔은 신발을 벗고 들어가 거실 바닥에 앉기도 한다.

가족과 지역 공동체를 강조하고 사회적 관계와 전문가와의 관계를 구분하지 않는 집합적 문화권에서 온 클라이언트는 서양의 심리치료사나 상담사, 사회복지사가 그들이 저녁 식사 혹은 개인이나 혹은 가족 또는 지역사회의 중요한 행사에 초대한 것을 거절할 때 보이는 '거리 두기'와 '냉정함'에 혼란스러워한다.

치료약물 또한 1단계에서 언급되어야 한다. 클라이언트에게 약물복용에 대해 교육하는 것은 특히 처방약물을 선택하는 결정 및 권리와 연결되기 때문에 더욱 중요하다. 약물의 종류와 양, 심지어 색깔에 관하여 혼동할 수 있으며, 언제 약물을 복용해야 하는지, 상태가 좋아졌다고 느낄 때도 약물을 계속 복용해야 하는지, 약물복용

결정에 대한 클라이언트의 권리에 대해 혼란스러울 수 있다. 더욱이 비슷한 증상을 지닌 가족이나 친구, 이웃들과 약물을 나누어 복용하는 것이 얼마나 위험한 일인지에 대해서도 분명히 설명해 줄 필요가 있다. 예를 들어, 나(Rita)는 중국인 거주 지역에서 노인분들이 서로 약물을 주고받는 것을 목격한 적이 있다. 매일의 생활 속에서 자주 만나는 가족이나 친구들과 서로 증상을 비교하면서 자신과 증상이 비슷하다고 판단한 경우 약물을 나누어 복용하며, 이것이 의사나 정신건강 전문가를 방문하지 않아도 되게 도와준다고 생각하는 것이다. 또 하나 약물복용과 관련하여 강조할 것은 서양 약물과 전통 약물을 혼합하여 복용하는 위험을 설명해 주는 것이다. 토속 민간요법과 관련한 논의는 4단계에서 다시 언급될 것이다.

이러한 치료관계의 한계를 검토하는 것은 클라이언트로 하여금 상담사, 심리치료사, 사회복지사와의 치료 과정에서 무엇이 일어날지에 대한 기대를 형성하는 데 도움이 된다. 특히 자신의 삶에 대한 통제력을 거의 지니지 못하고, 전 생애에 걸쳐 어찌해 볼 수 있는 것이 없는 무기력감을 갖고 있는 클라이언트의 경우 특히 중요하다. 전문가와 클라이언트의 원조관계에 대한 기대를 명확히 하는 것은 어떻게 행동해야 하고, 어떤 행동이 자신이 원하는 도움을 얻어 내는 데 도움이 되는지에 대한 불안과 혼란을 감소시켜 준다. 따라서 1단계는 개인, 집단, 혹은 가족에게 심리치료와 정신건강 치료 과정에 관한 정보를 제공하고, 교육하며, 명확히 하는 것이다.

1단계의 이러한 과정은 일방적 과정이 아닌 양방향 과정임을 분명히 하는 것이 중요하다. 상담사, 심리치료사, 사회복지사가 원조관계의 한계를 교육하고, 한편으로는 클라이언트의 치료에 대한 신념체계와 정신건강 문제의 원인에 대한 문화적 시각, 도움 요청에 대한 문화적 선호, 치료에 대한 기대, 치료 기법에 대해 편안하게 느끼는 정도에 대한 정보를 수집한다. 클라이언트는 심리치료에서 무엇이 일어날지를 이해하게 되고 문화적으로 적합한 방식으로 치료관계의 한계를 명확히 하도록 돕는다. 예를 들어, 클라이언트는 결혼생활의 은밀한 문제들을 이야기하는 것이 상담의 대화로 받아들여질 수 있다고 생각하지 못할 수 있으며, 반면에 심리치료사는 결혼생활의 어려움, 이를테면 성관계와 같은 문제를 가족이 아닌 다른 사람과 이야기하는 것은 문화에 따라 매우 드문 일임을 전혀 알지 못할 수 있다. 1단계에서 이러한 주제들을 당연한 것으로 제시하는 것은 클라이언트로 하여금 무엇이 치료관계에서 받아들여질 수 있는지를 이해하게 하고, 심리치료사, 상담사, 사회복지사로 하여금 개인적 수준에서 이야기하는 어려움과 이야기할 수 없는 금기사항에 대해 이해하도록 돕는다.

어떤 클라이언트들은 다른 사람과 자신을 둘러싼 세상을 믿지 못하는 불신의 경험을 갖고 있을 수 있다. 짓눌리거나 가치를 인정받지 못하거나 억압받은 경험을 한 클라이언트들은 심리치료나 상담에 대해 저항과 분노, 불안, 두려움을 드러내 보이기도 한다. 개인적 수준에서 설명하면, 성폭행과 학대를 경험한 여성이 가해자와의 법정 공판에서 사법부로부터 모멸감을 느낀 경험이 있다면 그녀는 보통 남성에 대해서도 강력한 적대감을 지니고 사법부의 대응과 공정성에 의문을 갖게 될 수 있다. 그녀는 심한 불신으로 치료를 시작하며, 치료관계에서 자신이 힘을 발휘하지 못할 것이라는 분노와 걱정하는 마음을 지니게 된다. 이러한 경험은 그녀가 직접적으로 크게 관여하지 않는 일들에서조차 이와 비슷하게 강렬한 감정을 느끼게 할 수도 있다.

마찬가지로 미국 흑인의 노예생활이나 미국 원주민에 대한 학살, 유대인 수용소에서의 대량 학살, 제2차 세계대전 중 미국에 거주하는 일본인에 대한 수용 캠프 등 역사적으로 세대에 걸쳐 내려오는 트라우마를 일으킨 수많은 사건을 생각해 보자. 이러한 사건들은 개인적이고 제도적인 수준에서 심리치료사와 상담사, 사회복지사들로 하여금 위법과 억압을 경험하고, 역사적이거나 사회정치적인 사건들을 통해 세대에 걸친 트라우마 상처를 지니며, 공정한 처우와 정의를 경험하지 못한 집단에 속해 있는 것이 어떤 경험일지를 이해하도록 요구한다. 원조 전문가들이 인종주의, 차별, 억압이 과거의 잔재가 아니라 현재에도 매일의 삶 속에서 사람들이 겪고 있는 것임을 깨닫는 것이 얼마나 중요한지와 맥을 같이한다.

따라서 심리치료사, 상담사, 사회복지사는 클라이언트의 분노와 두려움, 저항의 근원을 충분히 이해하고, 안전한 환경을 만들도록 노력해야 한다. 1단계는 신뢰의 씨앗을 심는 곳이다. 클라이언트의 의심과 불신, 망설임을 개인의 정신병리로 볼 것이 아니라 오랫동안 경험한 억압과 역사적 경험으로부터 나온 것으로 더 큰 맥락 속에서 이해해야 한다. 실제 이러한 불신의 특성들은 클라이언트가 불평등 속에서 자신의 정신건강을 지키기 위한 생존 전략으로 이해할 수 있다. 어떻게 상담이 진행되는지를 설명하는 것을 포함하여 문화적으로 민감하게 상담을 시작하는 것은 클라이언트의 두려움과 불안, 신뢰를 줄일 수 있다.

2단계: 집단, 가족, 개인 심리치료

2단계는 전통적인 서양의 개인, 집단, 가족 치료를 사회정의와 인권의 문제에 초점을 두고 문화적으로 적합한 방식으로 진행한다. 어떤 심리치료나 상담, 사회복지 실천에서도 원조 전문가는 맨 처음 문제와 클라이언트의 욕구를 평가한다. 이러한 평가는 그 시점과 그 상황에서 클라이언트에게 가장 적합한 심리치료와 개입 전략을 찾아내는 데 도움이 된다. 2단계에서 이루어지는 문제 사정과 치료 개입을 바탕으로 3단계의 문화적 임파워먼트, 4단계의 서양 치유방법과 토착적 치유방법의 통합, 5단계의 사회정의와 인권과 통합적으로 치료를 실행하는 것이다.

사회정의와 인권을 다루면서 동시에 문화적으로 적합한 방식으로 실행에 옮기는 것은 여러 이론과 치료 과정, 예방과 개입의 모델 모두에 적용된다. 많은 클라이언트는 억압과 차별, 인종주의, 성차별, 기타 여러 '~주의'를 경험하였고, 이러한 경험들이 클라이언트의 심리적 기능에 영향을 미치기 때문에 클라이언트의 배경을 이해하고 고려하는 것이 중요하다. 생태적 · 역사적 · 사회정치적 요인들이 개인의 삶을 둘러싸고 있는 상황적 맥락에 어떤 영향을 미치는지 면밀히 검토해야 하며, 이러한 요인들이 치료관계에도 어떤 영향을 미치는지 항상 주의 깊게 보아야 한다.

몇몇 클라이언트는 매일의 생존을 위해 개방적인 태도를 취하기보다 심리적 방어를 유지해야 할 필요가 있을 수 있다. 일상생활에서 경험하는 무시와 모욕, 협박과 같은 사소한 공격들이 심리적 안녕에 엄청난 영향을 미친다(Sue, Bucceri, Lin, Nadal, & Torino, 2007). 예를 들어, 미국 흑인들은 일상생활에서 경험하는 지속적이고 사소한 공격들과 인종차별로 인해 이에 대응하는 방어기제로 '건강하거나 혹은 문화적인 편집증'을 보일 수 있다(Jones, 1990; Ridley, 1995). 이러한 현상은 미국 흑인 클라이언트의 보다 큰 삶의 맥락에서 이해될 필요가 있다. 대응 전략으로 '건강한 편집증'을 보이는 클라이언트는 상담을 시작할 때 심리치료사가 물어보는 개인적인 질문들을 위험하고 위협적이며 부적절한 것으로 받아들일 수 있다. 심리치료는 개방성과 자기노출을 요구하기 때문에 클라이언트의 세계관은 역사적 · 사회정치적 · 개인적 경험에 기반을 둔다는 것을 명심하면서 신뢰를 구축해야 한다.

문화적으로 민감한 개입방법

심리치료사, 상담사, 사회복지사는 문화적 역량을 갖추고, 전통적인 서양의 기법과 개입방법들을 수정하고 변화시킬 수 있는 기술과 능력을 지녀야 한다. 그렇게 함으로써 다양한 문화의 클라이언트와 가족에게 문화적으로 적합하게 반응할 수 있고, 치료도 효과적으로 이루어질 수 있다. 개입 전략들은 서양에 기초한 개입방법에 문화적 규범과 실천 방식을 통합한 문화적 세계관으로부터 나와야 한다. 어떤 민족(예: 아시아인이나 라틴 민족)은 대화치료(talk therapy)를 통해 문제를 해결하는 것은 자연스러운 방법이 아니라고 여기기도 한다. 따라서 상담사, 심리치료사, 사회복지사는 문화적으로 민감한 기법을 사용하기 위하여 클라이언트의 문화적 가치관과 세계관을 이해하는 것이 무엇보다 중요하다.

대화치료에 대한 하나의 대안으로 가족의 역사와 관계를 그림으로 나타내는 가계도를 사용할 수도 있다. 특히 아시아인이나 라틴 민족, 미국 원주민처럼 가족을 매우 중요하게 여기는 문화권에서 온 클라이언트들에게 적합할 수 있다. 세상을 떠난 사람들의 영혼이 현존한다고 믿는 문화권의 사람들(예: 아프리카인, 아시아인, 미국 원주민)에게는 죽은 사람의 영혼이 심리치료에서 중요한 역할을 하거나, 조상에 대한 생각과 조상의 충고가 은유와 상징을 통해 나타나고 이러한 내용을 상담 중에 이야기할 수도 있다.

다양한 민족과 인종에 도움이 될 수 있는 문화적으로 적합한 개입방법들을 소개하면 다음과 같다.

- 미국 원주민들이 뜨거운 방에서 땀을 내거나 태양 춤을 추는 의식(Herring, 1999)
- 미국 흑인들이 치료를 위해 신에게 바치는 술을 붓거나, 조상이나 역사적 인물을 부르는 의식(Parham, 1989)
- 인도에서 저소득층을 위한 가내수공업(옷감이나 카페트 등) 치료 집단
- 푸에르토리코계, 쿠바계, 멕시코계 미국인과 함께하는 다가족 치료 집단, 심령술, 산테리아(혼령을 부르는 의식), 신령 치유사(Higginbotham, Trevino, & Ray, 1990; Koss-Chioino, 2000)

- 불교 승려들에 의한 세척 의식(Ito, Chung, & Kagawa-Singer, 1997)
- 몇몇 아시아 문화권에서의 무당 굿, 약초를 활용한 치료, 신체에 직접 적용하는 치료(예:침, 뜸, 마사지, 경락, 타이치/기공과 같은 호흡법; Kleinman & Kleinman, 1985; Koss-Chioino, 2000; Muecke, 1983; Westermeyer, 1988).

서양의 전통적 개입방법

서양의 전통적 개입방법으로 다양한 문화에서 효과적으로 적용되며 동시에 사회 정의를 위해 사용될 수 있는 방법들이 많이 있다. 예를 들어, Zane과 Sue(1991)는 문화적으로 다양한 여러 집단에 대한 개인치료와 가족치료의 적용 가능성을 검증하였다. 인지행동 개입방법들 또한 난민들을 대상으로 그들의 고통스러운 기억과 경험을 넘어서고, 미래에 대한 불안을 감소시킴으로써 현재에 잘 적응할 수 있도록 하는 데 성공적으로 활용되었다(Beiser, 1987; Bemak & Greenberg, 1994; Egli, Shiota, Ben-Porath, & Butcher, 1991). 이러한 기법들은 또한 우울증으로 힘들어하거나 성학대를 경험한 사람들에게도 효과적인데(Hollon & Beck, 2000) 그들의 경험을 재해석하고 보다 적응적인 행동을 학습하도록 돕기 때문이다.

구체적으로 몇몇 민족에게 인지행동 기법이 효과적임이 보고되었다. 예를 들어, 아시아인 클라이언트들에게 인지행동 기법이 불교와 여러 면에서 통하고 비슷하며(De Silva, 1985; Mikulas, 1981), 불교 신자의 시각으로 문제들을 다시 생각하도록 돕기 때문에 효과적일 수 있다. 몇몇 연구에서는 인지행동치료와 라틴 문화 사이에 연결성이 있어(Arce & Torres-Matrullo, 1982; Comas-Diaz, 1985; Stumphauser & Davis, 1983) 라틴 문화의 시각에서 문제 상황을 재정의하고 행동을 변화하도록 돕는다. 다른 개입방법들에서도 불안장애를 감소시키기 위해 치료 기법들이 효과적으로 활용되었다(Beck, Sokol, Clark, Berfchick, & Wright, 1992; Krijn, Emmelkamp, Olafsson, & Biemond, 2004). 부부치료와 가족치료 또한 클라이언트의 상황을 개선하는 데 도움이 되었으며(Ho, 1987; McAdoo, 1993; McGoldrick, 1998) 여성주의 치료도 여성들에게 도움이 된 것으로 나타났다(Bowman et al., 2001; Brown & Root, 1990).

비서양의 전통적 개입방법

MPM에는 서양의 전통적인 개입방법들을 넘어 정신건강과 사회정의에 뿌리를 둔 다양한 치료 기법이 활용된다. 예를 들어, 꿈 작업(dream work)이 문화적으로 민감한 치료에서 중요한 역할을 할 수 있다(Bemak, 1989; Bemak & Timm, 1994; Szapocznik & Cohen, 1986). 나는 전통적인 심리치료에 저항하는 클라이언트에게 외상후 스트레스를 해결하기 위해 꿈 작업을 적용하였다. 꿈 작업을 통해 클라이언트는 어려운 과거의 사건들과 이러한 사건들에 어떻게 대응하였는지 이야기하였고, 결과적으로 오랫동안 그를 괴롭혔던 고통과 두려움을 해결할 수 있었다.

스토리텔링과 투사적 그림 그리기가 트라우마로 고통받는 아이들이 무의식의 감정과 생각을 표현하도록 도움으로써 자신의 삶에 대한 통제력을 다시 갖도록 하는 데 효과적으로 도움이 되었다(Pynoos & Eth, 1984). 이야기치료 또한 자신의 이야기를 재구성하도록 함으로써 다양한 상황에서 유용하게 활용되었다(Monk, Winslade, Crocket, & Epston, 1997). 놀이치료는 수많은 상황에서 많은 아동과 청소년에게 적용되었다(Vargas & Koss-Chioino, 1992). 도덕성 개발과 정직성과 같은 문화적으로 매우 중요하게 여기는 가치에 초점을 두는 것은 아이티 난민들에게 효과적인 것으로 보고되었다(Charles, 1986). MPM에 활용되는 다른 기법들로 상담사가 클라이언트로 하여금 내적 갈등의 표현으로 자신의 다양한 면을 점검하게 하는 게슈탈트 치료, 복식 호흡이나 근육 이완을 포함한 체계적 둔감화를 통해 스트레스를 줄이는 완화치료, 클라이언트가 과거나 앞으로의 상황을 재현하고 새로운 시각과 통찰력을 갖도록 하는 역할 놀이, 클라이언트에게 극심한 스트레스나 불안을 가져오는 상황을 재연하여 도움을 주는 사이코드라마 등이 있다.

사회정의에 초점을 둔 집단과 가족 심리치료와 상담

서양의 전통적 심리치료는 개인을 중심에 두고 가족과 사회적 네트워크, 지역사회를 희생하면서 개인을 변화시키는 것을 강조함으로써 많은 비판을 받고 있다. 세계 문화의 70%와 미국 내 대다수 인종 집단들이 집합주의(collectivist) 문화에 뿌리를 두고 있다는 것을 감안해 보면 사회와 가족 네트워크의 상호 의존을 높이고

(Morris & Silove, 1992; Rechtman, 1997), 사회변화를 촉진하기 위하여 집단과 가족, 지역사회에 개입하는 것을 강조하지 않을 수 없다. 개인상담에서 사회적 네트워크에 뿌리를 둔 보다 체계적인 접근으로 옮겨 가는 것이 MPM과 MPM이 초점을 두고 있는 인권에 근본적인 것이다.

집합주의 문화에서는 집단과 가족에 대한 강조가 개인에 대한 강조보다 훨씬 더 중요하다. 상호 의존의 가치를 강조하는 많은 문화권에서는 개인이 가족과 지역사회의 욕구를 충족시키기고 도움이 되도록 기여하는 것이 개인의 욕구와 목표보다 훨씬 더 중요하다. 예를 들어, 개인이 직업을 선택할 때에도 지리적으로 가족들과 함께 생활할 수 있도록 가능한 한 가족이 살고 있는 곳과 가까운 직장을 구하고, 가족이 생활을 유지할 수 있는지, 대학 등록금과 같은 재정적 지원을 제공하는지를 고려하여 결정한다. 따라서 MPM은 대가족이나 확대가족, 지역 공동체에 뿌리를 둔 집합주의 문화에서 온 사람들의 정신건강 문제를 다루는 적절한 개입방법으로 집단상담과 가족치료, 지역사회 개입을 강조한다.

집단이나 가족, 지역사회에 개입할 때, 상담사, 심리치료사, 사회복지사는 문화적 맥락 속에서 사회적 네트워크의 속성과 체계의 변화에 관한 명확한 이해와 지식을 지녀야 한다. 이것은 보다 넓게 사회적으로 기반을 갖춘 정신건강 개입에 누구를 포함시킬 것인가를 결정하는 데 중요한 정보를 제공한다. MPM은 조부모와 고모/이모, 삼촌/외삼촌, 사촌, 그 외에 생물학적 가족은 아니지만 클라이언트가 가족으로 생각하는 종교 지도자나 이웃, 친구 혹은 먼 친척을 포함하는 보다 넓은 사회적 네트워크에 대한 평가를 필요로 한다. 생물학적 가족은 아니지만 가족이라고 생각하는 사람들은 가족체계는 물론 가족이 속한 집단과 보다 넓은 사회적 공동체 혹은 지역사회에도 영향을 미칠 수 있다.

많은 경우에 이것은 클라이언트의 생물학적 가족, 가족으로 생각하는 사람들, 이웃, 지역사회 구성원, 지역의 종교 지도자, 지역의 어르신 등이 포함된다(Bemak, Chung, & Pedersen, 2003). 심리치료사, 상담사, 사회복지사가 누가 클라이언트의 사회적 네트워크에 속하는지를 파악하면 위계와 의사소통의 사회적 패턴을 인식하고, 가족이나 지역사회에서 존경을 받는 중요한 역할을 하는 사람이 누구인지를 파악하는 것이 중요하다. 예를 들어, 지역사회가 나이 많은 여성이 남성 가구주보다 더 많은 권위를 지니고 존경을 받는 모계사회 문화를 지니고 있다면 심리치료사, 상담사, 사회복지사는 이 나이 많은 여성을 제일 높게 다루는 것이 중요하다.

문화와 진단

MPM을 사용할 때, DSM이나 ICD와 같은 서양의 진단기준 틀을 각별히 주의하여 사용할 것을 강조한다. 서양의 사정도구들은 특히 정신건강이나 인권의 문제를 다룰 때 적합하지 않거나 문화적으로 민감하지 않을 수 있다. 실제 구체적인 진단은 클라이언트에게 오명을 부여하고 인권 상실을 영속화시킬 수 있으며, 많은 경우에 평생 짊어져야 할 낙인이 되기도 한다.

우리는 앞에서 정신건강 문제의 개념화에 대한 문화적 영향에 대해 논의하였다. 서양의 정신장애 분류에 포함되지 않는 문화적 표현이나 증상 발현이 있을 수 있으며, 이러한 경우 심리치료사, 상담사, 사회복지사는 기존의 분류체계에 억지로 맞추어 잘못된 진단과 비효과적인 치료 결과를 가져오기도 한다(Chung & Kagawa-Singer, 1995; U.S. HHS, 2001). 실제 미국에서 심리치료사들이 클라이언트의 문화적·언어적 차이에 대한 이해와 지식이 부족하여 잘못된 정신의학적 진단이 이루어지고(예: Baskin, Bluestone, & Nelson, 1981; Huertin-Roberts & Snowden, 1993), 인종/민족별로 고정관념이나 선입견이 있어 진단에 영향을 미치는 것으로 보고되었다(U.S. HHS, 2001). 따라서 정확하게 진단하기 위해서 정신건강 전문가들은 클라이언트들이 어떻게 정신질환을 개념화하고 심리적 고통을 표현하는지에 대한 지식을 지니고 있어야 한다. 이것은 진단 분류에 내재되어 있는 인종적 편견(Chung & Kagawa-Singer, 1995)뿐 아니라 개인적인 고정관념과 선입견에 대해 깨어 있어야 함을 요구한다.

잘못된 진단의 한 예로 미국 위스콘신주의 미국 원주민 거주지역에 살고 있던 클라이언트와의 경험을 들어 보려고 한다. 클라이언트는 거주지역을 떠나야 할지, 아니면 계속 그곳에 머물러야 할지에 대한 결정을 내리는 데 몹시 힘들어 하고 있었고, 20년 전 세상을 떠난 한 노인과의 만남을 이야기하였다. 노인은 평생을 원주민 거주지역에서 살았으며, 노인의 지혜와 경험으로 이 지역에 살고 있는 사람들에게 조언을 해 주는 매우 중요한 인물로 인정받고 있었다. 클라이언트는 꿈속에서 이 노인을 만나 무슨 일이 있었는지를 설명하였다. 클라이언트는 노인이 구름에 가려져 있었지만 분명히 노인을 알아보았고 노인을 만났다는 사실에 매우 놀랐다. 클라이언트가 노인에게 안녕하시냐고 인사를 건네자 노인은 2미터 정도 뛰어올라 바위에 걸터앉아 원주민 거주지역으로 걸어가고 있는 커다란 사슴을 가리켰다. 클라이언트가 놀라 잠에서 깨었고 이 노인과의 만남이 결코 꿈이 아니라 실제 일어난 사건이라고 믿었다. 이 노인과의 만남을 통해 클라이언트는 사슴을 따라 거주지역에 남는 것으로 결정하였다.

이런 경우에 상담사, 심리치료사, 사회복지사는 클라이언트가 망상을 지닌 것으로 생각하고 잘못된 진단을 내리기 쉽다. 클라이언트는 이 사건이 꿈이 아니라 이미 20년 전에 세상을 떠난 노인을 만났다고, 실제 살면서 겪은 경험으로 믿고 있기 때문이다. 미국 원주민 문화의 시각에서 이해하고 클라이언트의 믿음과 경험을 지지하는 것이 클라이언트가 중요한 결정을 내리는 데 도움이 될 수 있다. 클라이언트의 이야기를 듣는 것이 그의 경험과 문화적 가치와 세계관, 문화적 결정 방식을 이해하는 기회가 되었다. 정신건강에 대한 클라이언트와 나의 차이를 연결하는 것이 효과적 진단과 개입에 중심적 역할을 한 것이다. 이것은 Kleinman(1980)에 의해 지적되었듯이 심리치료사, 상담사, 사회복지사가 문제의 근본적인 원인과 과정부터 도움 요청행위와 치료 결과에 이르는 전체적인 상황을 충분히 탐색하도록 요구한다. 또한 문화적으로 독특한 증상의 발현과 표현, 문화적으로 선호되는 치료방법과 문화적 기대에 대한 이해와 수용을 요구한다.

DSM의 정신의학 진단장애에 문화적 요인들과 문화적으로 민감하며 다양한 문화에 적합한 분류 항목들이 포함되었다 해도(Fabrega, 1992; Mezzich, Fabrega, & Kleinman, 1992), 원조 전문가들의 문화적 역량에는 여전히 의문이 남는다(예: Arredondo et al., 1996; Sue, Arredondo, & McDavis, 1992). 더욱이 서양의 심리치료사, 상담사, 사회복지사는 그들 자신의 유럽식 세계관과 그들 각자의 세계관이 문화적으로 적합한 진단을 방해할 수 있는지를 인식하고 인지해야 한다.

예를 들어, 미국 흑인들은 다른 인종보다 조현병으로 진단받는 경우가 많았으며, 아시아인들은 다른 인종보다 성격장애 진단이 많았다(Draguns, 2000). 두 경우 모두 특정 질환의 발생이 높게 나타난 것은 문화와 세계관에 따른 잘못된 진단일 가능성이 높다. 미국 흑인의 경우 인종차별의 경험이 불신과 의심 혹은 편집증을 키울 수 있으며, 아시아인의 경우 가족에 대한 의존을 오히려 삶의 건강한 측면으로 보는 문화적 견해 때문일 수 있다. 이러한 예들은 상담사, 심리치료사, 사회복지사들이 다양한 인종 집단에 대한 다문화 역량을 지니는 것이 얼마나 중요한지를 분명히 보여준다.

3단계: 문화적 임파워먼트

MPM의 3단계는 클라이언트의 치료에 또 다른 중요한 차원을 제공한다. 문화적 임파워먼트는 치료 과정에 결정적으로 중요한 영향을 미친다. 왜냐하면 클라이언트들이 그들의 세계에서 겪는 어려움을 해결하는 데 필요한 기술과 능력을 습득할 수 있기 때문이다. 상담사, 심리치료사, 사회복지사를 찾아오는 클라이언트들은 직업을 구하거나, 살 집을 마련하거나, 직장으로 가는 대중교통을 이용하는 법을 알거나, 몸이 아플 때 혹은 복지 서비스를 필요로 할 때 어디로 가야 하는지와 같은 절박한 요구를 지닐 수 있다. 예를 들어, 나(Rita)는 복지혜택이 나오기를 기다리면서 2주 동안 빵 한 덩어리로 삶을 유지한 난민 가족을 만난 적이 있다. 실제 그들에게 제공되는 복지 혜택이 2주 전에 나왔으나, 그들은 은행이 어디에 있는지, 어떻게 은행을 이용하는지 알지 못했다. 그들은 짧은 영어로는 복지혜택 카드를 갖고 동네 슈퍼에서 음식을 구입할 수 없었다. 그들은 복지혜택 카드로 음식을 구하지 못하였을 때 엄청난 상실감에 빠졌으며, 그 카드가 소용없는 것이라고 생각하였다. 그들은 어찌할 바를 몰랐으며 가족들이 빵을 나누어 먹으며 '실질적인' 복지혜택이 오기만을 기다렸다.

불공정한 치료와 불평등 또한 클라이언트들이 겪는 중요한 이슈이다. 그들은 인종차별, 성차별, 연령 차별의 희생자들이며, 원조 서비스 체계에 접근할 수조차 없으며, 집주인과 공무원에 의해 차별을 겪고, 직장으로부터 부당하게 해고될 수도 있다. 이러한 이슈들과 이와 유사한 수없이 많은 이슈는 정신 내적 혹은 대인관계 이슈들보다 훨씬 더 절박하게 긴급하며, 클라이언트들이 자신의 세계에 대해 임파워먼트와 지식을 지닐 것을 요구한다. 클라이언트들은 사회생활이나 지역사회에서 겪는 문제들을 쉽게 이해하고 효과적으로 해결할 수 없기 때문에 높은 수준의 불안이나 우울, 분노, 좌절감, 스트레스를 경험할 수밖에 없다. 클라이언트들에게 거주하는 지역사회 환경에 대해 잘 알 수 있도록 돕고, 적절하게 반응할 수 있도록 지원하는 것이 심리적 반응들(예: 불안, 우울, 분노, 좌절, 스트레스)을 다루는 것보다 훨씬 더 도움이 될 수 있다. 심리치료사, 상담사, 사회복지사는 치료 과정의 파트너로서 지원을 제공하고 안내하고 정보를 제공하는 중요한 역할을 할 수 있다.

다학제적 협력: 여러 기관과 일하기

클라이언트들이 여러 개의 서비스 체계와 연결되기 때문에 원조 전문가는 전통적인 사무실 벽의 한계를 넘어 여러 기관과 일해야 할 필요가 있다. 클라이언트의 생활을 총체적으로 파악하기 위하여 클라이언트와 상호작용하고 클라이언트의 생활에 영향을 미치는 여러 기관의 유형과 체계, 견해를 포괄적으로 이해하는 것이 중요하다. 기관들은 아동보호 서비스, 사회 서비스, 청소년 서비스, 주택, 교육, 고용, 건강과 보건, 사법, 의료 서비스 등을 위한 것을 포함한다. 클라이언트가 여러 기관과 상호작용할 때 원조 전문가가 클라이언트의 허락하에 이러한 네트워크의 한 부분이 되어 정보를 공유할 필요가 있다.

이러한 한 예로 내가 만난 이민 온 네 명의 여성을 들 수 있다. 이들의 영어 실력이 크게 부족하고, 그들 중 한 명은 시력에 문제가 있었다. 서로를 지지하기 위하여 그들은 시력검사를 하러 검안사에게 함께 가기로 하였다. 그들은 시력검사는 '통과'를 해야 하는 테스트가 아니라는 것을 알지 못했기 때문에 시력검사를 '통과'하기 위하여 시력검사 차트를 암기하기로 하였다. 상담사, 심리치료사, 사회복지사는 그들에게 시력검사가 어떻게 진행되며 '통과'를 해야만 하는 것이 아니라는 것을 알려 줄 필요가 있었다. 또한 클라이언트에게 친구들로부터 지원을 받는 가장 좋은 방법이 무엇인지를 함께 탐색해야 했다.

이러한 상황은 상담사, 심리치료사 혹은 사회복지사와 검안사의 의사소통을 필요로 했다. 검안사에게 환자가 '좋은' 시력검사 결과를 얻기 위해 시력검사 차트를 암기하였다는 것을 알려 주었다. 검안사와의 네트워킹은 클라이언트를 위한 중요한 연결이었다. 클라이언트가 시력검사를 받아야 하는 이유와 환자로서의 역할, 친구들이 클라이언트를 지원하기 위해 할 수 있었던 부분들을 이해하도록 돕는 것은 상담사, 심리치료사, 사회복지사에게도 클라이언트의 세계를 이해하고 깊이 있게 파악하는 데 중요하였다.

여러 기관과의 연결을 통해 클라이언트의 문화를 제대로 이해하는 데 도움이 된 다른 예를 들어 보겠다. 18세의 클라이언트는 건강문제가 있었고 간염 진단을 받았다. 그는 보건소의 의사로부터 어느 누구와도 '성관계'를 갖거나 '신체적 접촉'을 하지 않아야 한다고 들었다. 이러한 의학적 처방은 '신체적 접촉'이 무엇을 의미하는지, 얼마 동안 신체적 접촉을 피해야 하는지, 그것이 결혼에도 영향을 미치는지 정확히 알 수 없었기 때문에 클라이언트에게 엄청난 혼란과 스트레스를 가져왔다. MPM을 적용하여 상담사, 심리치료사 혹은 사회복지사가 클라이언트와 의학 정보에 대해 이야기하고, 더 많은 정보를 찾아보도록 지원하고, 간염을 지니고 어떻게 생활해야 하는지를 이야기하는 것은 매우 중요한 일이었다. 클라이언트가 상담 중에 의사에게 전화를 걸어 물어보도록 지원하였으며, 여자 친구에게 어떻게 이야기할지 역할 놀이를 해 보는 등 클라이언트를 지원할 필요가 있었다.

따라서 MPM은 상담사, 심리치료사, 사회복지사가 클라이언트의 삶 전체 영역에 대해 적절히 대응하고, 매우 민감해야 하며, 클라이언트에게 영향을 미치는 제도와 체계의 힘에 대해 잘 알고 있어야 할 것을 요구한다. 원조 전문가가 전통적으로 '사무실에서만' 하던 일에서 사례관리와 같은 도움과 지도, 클라이언트의 역량을 강화하는 자원에 대한 정보를 제공한다. 이러한 활동이 반드시 시간을 더 필요로 하지 않는다는 점과 문화적 임파워먼트는 정기적인 상담 시간과 일정에 따라 이루어지는 치료적 만남의 바탕을 이루는 핵심임을 강조하고자 한다.

문화체계 정보 가이드와 옹호

문화적 임파워먼트의 또 다른 방법은 상담사, 심리치료사, 사회복지사가 '문화체계 정보 가이드와 옹호자'로서의 책임을 맡는 것이다. 이러한 능력에는 상담사, 심리치료사, 사회복지사가 적극적으로 클라이언트에게 체계가 어떻게 움직이는지, 이러한 체계들과 겪으면서 발생하는 문제들을 어떻게 해결해야 하는지, 어떤 새로운 대응 전략들이 필요한지에 관해 적절한 정보들을 갖고 클라이언트를 돕는 것이다. 클라이언트가 체계의 문제들을 다루는 데 필요한 지식과 기술을 갖출 수 있도록 하는 장기 목표에 따라 치료 시간이 어떻게 쓰일지에 대해서도 다시 생각할 것을 요구한다. 이렇게 함으로써 클라이언트가 이러한 문제들을 다루는 기술을 완벽하게 습득하는 성공적인 경험을 하고 문화적 역량이 강화되는 경험을 하게 된다.

문화적 임파워먼트와 심리치료의 통합

3단계에서 정상적인 치료 회기보다 클라이언트와 더 많은 시간을 쓸 필요가 없다고 한 것을 다시 언급할 필요가 있다. 문화적 임파워먼트는 심리치료나 상담의 중요한 핵심이다. 예를 들어, 클라이언트의 허락하에 전문가와 함께 기관에 전화를 걸고, 편지를 쓰고, 서비스 상황을 파악하고 정보를 얻기 위해 다른 전문가에게 전화하는 활동들은 치료 과정의 한 부분이며, 치료와 상담에서 시간을 가치 있게 쓰는 활동으로 재정의된다. 전문가는 클라이언트의 정신건강과 심리적 안녕에 기여하는 여러 과업을 해내는 것이다.

따라서 심리치료사, 상담사, 사회복지사는 체계의 문제를 파악하고, 성공적으로 다루는 데 유용한 기술들을 배워 가며, 동시에 클라이언트에게 지역사회의 자원에 효과적으로 접근하기 위하여 클라이언트가 지니고 있는 기술들과 새로 배운 기술들을 어떻게 통합하여 활용할 수 있는지를 지원하고 교육한다. 이 단계에서 상담의 목표는 클라이언트를 억제하는 스트레스 유발요인들을 제거하는 것이고, 이러한 목표는 클라이언트로 하여금 체계와 체계의 역동에 대해 더 잘 이해하도록 역량을 강화하고, 필요한 기술들을 발전시키도록 도움으로써 가능하다. 이렇게 함으로써 클라이언트는 어느 정도 자신의 삶에 대해 통제력을 지니고 희망을 갖기 시작할 수 있다. 체계가 어디에 있는지 찾아내어 접근하는 기술을 습득하는 것은 불안이나 좌절감, 우울, 무기력감, 절망감의 증상들을 감소시키는 데도 도움이 될 것이다. 일단 안정감과 자기결정을 위한 기초를 형성하게 되면 다시 2단계로 돌아가 그다음 더 깊은 내면의 심리적 문제들을 탐색할 수 있는 기반을 닦는 것이다.

'~주의'에 대한 이해와 맞서 싸우기

3단계의 또 다른 중요한 요소는 연령차별주의, 장애인차별주의, 인종주의, 성차별주의, 계층차별주의와 여러 다른 형태의 차별과 억압 같은 '~주의(isms)'를 다루는 기술을 발전시키는 것이다. 앞서 논의한 바와 같이 서양의 개인주의 나라에서 민족 중심적이고 자아중심적인 가치의 부산물인 차별과 인종주의(Pedersen, 2000)는 겉으로 드러나거나 은밀히 차별적인 실천과 행동을 부추겨 왔다. 편견을 지닌 태도와 행동들은 경제가 어려운 시기일수록, 정치적 이슈가 강렬할수록 더욱 강화되었다. 아랍계 미국인들을 향한 증오의 행동들은 이라크전쟁 때 더욱 강력하였다. 인종이나 민족, 종교적 배경이 다르거나 게이나 레즈비언 같은 성적 소수자, 이민자, 가난한 사람들, 신체 및 정신 장애인과 같이 사회의 주류에 속하지 못하는 클라이언트들에 대한 인내와 이해, 수용의 부족은 이들에게 정신건강 문제를 일으키고 심리적 안녕을 위협할 수 있다. 인종주의가 심리적 안녕에 미치는 병적인 영향들에 대해서는 이미 여러 연구에서 명백하게 검증되었고(예: Aponte & Wohl, 2000; Asamen & Berry, 1987; Hughes & Demo, 1989; Steele, 1998; Steele & Aronson, 2000), 치료 결과의 약 40%는 클라이언트의 환경과 치료 회기 밖에서 일어나는 치료 외적인 요인들에 의해 결정된다는 연구(Lambert & Bergin, 1994)와도 일치하는 것이다.

따라서 정신건강과 사회정의가 서로 연결되어 있는 MPM을 사용할 때 심리치료사, 상담사, 사회복지사는 사회적 상황과 환경적 조건과 관련하여 클라이언트가 직면하고 있는 어려움과 도전에 맞추어야 하고, 민감하게 반응하며, 이러한 이슈들이 클라이언트의 심리적 안녕에 어떻게 영향을 미치는지에 대해 인식하고 이해할 것을 요구한다. 클라이언트들이 환경과 상호작용하는 다차원적 특성들을 충분히 이해하는 것은 심리치료사, 상담사, 사회복지사가 자신들의 편견과 선입견, 특권을 인식하고 인지하고 이해하며 수용하는 것이 얼마나 절실히 필요하고 중요한지를 알려 준다.

한 예로, 동성 간의 결혼을 금지하는 주에 살고 있는 남성 동성애 커플이 결혼 가능성을 알아보기 위해 상담을 요청한 사례를 제시하고자 한다. 이 두 사람과 상담을 진행하는 심리치료사는 동성애 결혼에 대한 자신의 가치관과 신념을 평가하고, 법률이 이 두 사람에게 미친 영향을 이해하도록 하는 것이 중요하다. 클라이언트들은 법에 대한 강한 분노와 좌절, 주류 사회에서 겪는 어려움들에 대해 이야기하였다. 심리치료사는 이러한 이슈에 대한 자신의 반응에 대해 명확하게 이해하고, 남성 혹은 여성 동성애자, 양성애자, 트랜스젠더 혹은 의문시되는 성적 소수자(LGBTQ) 집단에 존재하는 현실적 장애물들을 이해하고 받아들여야 한다. 이러한 자기이해는 심리치료사로 하여금 클라이언트의 세계관과 인생 경험을 받아들이도록 돕고, 사회정의를 위해 일하는 데 매우 중요한 것이다.

4단계: 서양의 치유방법과 토착적 치유방법의 통합

4단계는 토착적 치유방법과 서양의 정신건강 실천방법의 통합으로 구성되어 있다. 일반적으로 서양의 정신건강은 심리적 안녕에 영향을 미치는 사회적 · 문화적 요인들의 중요성과 영적이고 초자연적인 힘과의 관련성을 무시한 채 정신 내적 과정들을 강조하였다(Lefley, 1984). Helms와 Cook(1999)은 "서양 정신건강 체계의 뿌리는 비서양 문화권의 치유체계에 있는 초자연적 · 대인관계적 · 상호작용적 요인들과는 대조적으로 생물유전학적 · 심리사회적 · 상호작용적 요인들에 있다."(p. 255)라고 설명하면서 두 문화권에서의 정신건강 체계의 차이를 설명하였다.

세계보건기구(World Health Organization, 1992)는 서양의 정신건강 실천과 토착적 치유방법을 통합하는 것이 실제로 더 효과적인 결과를 가져온다고 인정하였다. 이것은 전 세계를 통해 널리 퍼져 있는 대체의학, 대체치료 방법의 사용과도 일맥상통하는 것이다. 예를 들어, 미국 인구의 약 1/3, 유럽 인구의 절반, 전 세계 인구의 3/4 이상이 요가나 침술, 약초의학, 향기치료, 기도와 같은 대체의학 혹은 토착적 치유방법들을 사용하고 있다고 보고되었다(Micozzi, 1996). 치유에 대한 서양과 비서양의 접근 방식은 상담과 심리학의 영역에서도 점차 서로 보완적인 관계로 발전되고 있다(Pedersen, 2000). 하지만 아직도 서양의 심리치료사, 상담사, 사회복지사들은 토착적인 치유행위들을 낮게 평가하고 있다. 대체의학을 받아들이는 것은 비서양 문화권의 문화적으로 결합된 치유 형태를 받아들이고, 서양의 치유 방식이 토착적인 치유 방식보다 우수하다는 믿음을 포기하는 개방적인 태도를 요구한다. 종종 다른 문화권의 치유행위들을 거부하거나 받아들이지 못하는 것은 유럽 중심적이고 민족 중심적인 견해에 사로잡혀 다른 문화권의 세계관을 알지 못하고 이해하지 못하며, 서양의 신념체계와 치료가 가장 우수하며 유일하게 효과적인 치유방법이라고 생각하는 것에서부터 기인한다.

다른 문화권의 치료행위에 대한 지식과 수용을 확장하기 위하여 몇몇 대학에서 토착적 치유에 대한 과목들을 개설하기 시작하였다. 예를 들어, 명망이 있는 존스 홉킨스 대학교 의과대학을 포함해 다른 몇몇 의과대학에서도 토착적 치유에 관한 강좌를 개설하였다. 동시에 몇몇 정신건강 훈련 프로그램에서도 토착적 치유에 관한 강좌를 개설하면서 서양의 훈련 과정에 토착적인 치유행위들을 결합하는 움직임을 보이기 시작하였다. 더욱이 연구 분야에서도 문화적 역량과 서양의 심리치료에 토착적 치유행위를 통합하는 것에 관한 연구들이 증가하고 있다(예: Aponte & Wohl, 2000; Constantine, 2007; Constantine & Sue, 2005; Gielen, Fish, & Draguns, 2004; Pedersen, Draguns, Lonner, & Trimble, 2002).

서양의 치유방법과 전통적인 치유방법이 결합된 한 예로, 캄보디아에서 수백만 명을 살해한 폴 포트 치하에서 가족을 잃고 이민 온 문제 청소년 집단의 사례를 제시하고자 한다. 이 소년들은 가족의 상실을 슬퍼하였으며 불교의 전통과 관습에 따라 제대로 장례조차 치르지 못한 것에 대해 깊은 슬픔과 후회에 사로잡혀 있었다. 심리치료로 이들의 상처를 치료할 수 없었기 때문에 불교 사원의 승려와 파트너십을 형성하여 불교 장례 절차에 따라 엄숙하고 존경하는 마음으로 사망한 가족들에 대한 장례식을 치렀다. 이러한 의식과 함께 서양의 심리치료인 개인치료와 가족치료를 병행하여 서양의 심리치료와 문화적 행위가 결합되었다. 이러한 통합된 개입 방법은 정신역동 이론에 뿌리를 두고 정신병리적 구인에 기초를 두고 있는 서양의 전통적인 기법만을 사용하는 것과는 대조를 이룬다. 서양의 심리치료와 기법들은 정신건강의 인권적인 측면들을 다루는 데에도 적합하지 않다.

하지만 전통적 치유를 적용할 때에는 각별한 주의를 필요로 한다. 모든 토착 치유사가 합법적이지는 않기 때문에 클라이언트를 의뢰하거나 이들과 협력하여 일을 할 때 이들의 정통성 혹은 진위 여부에 주의하여 결정해야 한다. 지역사회, 종교적 혹은 영적 지도자들과 관계를 형성하여 선호되는 치유 유형이나 방법을 탐색하고, 토착 치유사의 신뢰성을 평가하는 데 도움을 받을 수 있다. 이러한 예로, 소말리아에서 미국으로 이민 오기 전 강도들에 의해 가족들이 살해되는 것을 목격한 클라이언트 사례를 제시하고자 한다. 그녀는 이 사건을 도저히 마음에서 지울 수 없었고 수면장애와 악몽에 시달리고 일에도 집중할 수가 없었다. 클라이언트는 절박한 심정으로 상담사를 찾아왔다. 상담사는 소말리아인 지역사회에서 토착적 전통 의료행위를 하고 있는 노인이 있다는 것을 들은 적이 있다. 클라이언트의 허락하에 상담사는 소말리아인 지역사회의 리더를 접촉하였고 토착적 전통 치유사의 연락처를 얻을 수 있었다. 상담사와 전통 치유사는 클라이언트의 상황에 대해 논의하여 죽은 가족들의 영혼을 달래 주는 의식을 치르는 것이 클라이언트의 치료에 매우 중요하다는 결론을 내렸다. 클라이언트는 상담사와 상담을 지속하면서 동시에 치유사와 함께 코란의 메시지를 읽고, 향을 피우고, 특별한 음식을 먹는 중요한 예식에 참여하였다. 서양의 치유와 토착적 치유행위를 결합한 것이 클라이언트에게 가족들의 죽음을 평화롭게 받아들이는 데 도움이 되었다.

지역사회에 접근하기

실제 지역사회에 접근하는 것이 도전적일 수 있다. 몇몇 지역사회는 외부인에게 개방적이지 않기 때문이다. 이러한 경우 상담사, 심리치료사, 사회복지사는 지역사회 내에서 어떻게 하면 인정과 존경을 얻을 수 있을지 생각해 내야 한다. 신뢰를 얻는 가장 중요한 방법은 그 지역사회에서 공동체와 개인의 문화적 태도와 가치, 신념, 행위들을 존중하는 것이다. 이것은 개방성과 지역사회를 진심으로 가치 있게 여길 것을 요구한다. 지역사회와의 접촉을 유지하기 위해 지역사회의 종교 의식이나 행사에 참여할 수도 있다. 미국에서 9 · 11 사건 이후 많은 주요 인사가 아랍계 미국인 지역사회에서의 회의와 모스크에서의 예식에 참여하였다. 지역사회에 접근하기 위하여 지역사회의 음식점에 가서 음식을 시키거나 즐기고, 정기적으로 음식을 주문하면서 식당의 주인들과 친분을 쌓을 수도 있다. 심리치료사, 상담사, 사회복지사가 어떻게 치료와 상담이 전통적인 치유에 도움이 될 수 있는지를 설명하는 강연을 하는 것도 도움이 된다. 어떤 방식으로 지역사회에 접근하든지 간에 다른 문화를 이해하고 수용하는 것을 목표로 정직하게 진심으로 다가가는 것이 가장 중요하다.

전통적 치유방법의 유형

Jerome Frank(1974)는 공통의 이해와 신화를 공유하는 문화적 집단 내에서 심리치료는 효과적이라고 보고하였다. 그의 저작의 영향도 일부 있었지만 정신건강 분야에서 전통적 치유를 받아들이는 경향이 더 높았으며, 최근에는 전통적 치유사에

의한 네 가지 접근으로 ① 신체적 치료, ② 마술적 치유법, ③ 상담, ④ 약물요법이 제시되었다(Hiegel, 1994). 이러한 네 가지 접근에 대한 이해는 원조 전문가가 토착 치유사와 '치료 파트너십'을 맺는 데 필요한 기초를 제공한다. 종교 지도자와 영적 지도자는 토착적 치유에서 중요한 역할을 할 수 있으며, 특히 종교와 영적 행위에 강한 뿌리를 갖고 있는 가족과 지역사회에서는 더욱 그러하다. 다음에 제시하는 두 개의 예를 통해 치료 파트너십의 효과를 보여 주고자 한다.

첫 번째 예는 7년 전 미국으로 이민 온 아프가니스탄 가족이다. 어머니는 아프가니스탄과 러시아와의 전쟁에서 남자 형제 둘과 조카를 잃었다. 그녀는 집안을 이끄는 강한 인물이었지만 점차 무기력하고 우울해졌으며, 폭격을 맞는 악몽에 시달렸다. 가족 내에 여러 문제가 발생한 후에 가족은 그녀를 아프가니스탄 지역사회에서 명망이 높은 정신건강 전문가에게 데려갔다. 첫 상담 회기에서 심리치료사는 그녀의 클라이언트가 매우 종교적이라는 것을 알았다. 심리치료사는 그전 사례를 통해 아프가니스탄에서 행해지는 종교 의식과 정신건강 행위들을 이미 알고 있었고, 기도와 영적이고 종교적인 지도자의 중요성과, 질병을 치료하기 위해서는 코란의 특정 구절들을 사용하는 것을 알고 있었다.

심리치료사는 또한 특정 구절들을 적어 목걸이로 만들어 목에 거는 의식인 타위즈(ta'wiz), 종이에 적은 구절들을 물에 적신 후 나중에 특정 의식을 통해 이 물을 마시는 슈이스트(shuist), 적은 구절들을 향으로 피워 연기를 마시는 두디(dudi)와 같은 의식들이 알라신의 뜻에 기초한 치유행위임을 알고 있었다. 아프가니스탄 사람들의 가장 큰 관심은 초자연적 존재인 진즈(Jinns)와 악마의 눈인 나자르(nazar)인데, 이들이 질병을 일으키고 꿈과도 연결되어 있다. 이러한 문화적 믿음체계와 치료행위를 인정하는 것은 정신건강 전문가로서의 그녀의 훈련과 능력 밖에 있었으며, 심리치료사는 치료 파트너십을 맺기 위하여 가까운 모스크의 지도자와 접촉하였다. 이러한 파트너십을 통해 치료사는 클라이언트와 상담을 지속하면서 가족을 위한 영적 지도와 개입이 가능하도록 하였다.

두 번째 예는 베트남전쟁 동안 강간을 당한 적이 있는 베트남 여성 사례이다. 치료사는 그녀가 독실한 불교 신자인 것을 알게 되었다. 그녀의 허락하에 지역의 불교 사원에 연락하여 강간을 치유하는 의식에 관해 물었다. 강간이나 성적 학대를 치유하는 별도의 의식은 없었지만 치료사는 승려들에게 수많은 동남아시아 여성 난민이 전쟁 중 강간을 당했다는 사실을 설명하였다. 또한 승려들에게 이러한 이슈로 다른 나라의 불교 승려들과 일해 본 경험이 있다는 것을 알려 주었다. 그러자 승려들은 강간의 상처를 깨끗이 씻어 내어 치유하는 의식을 개발할 수 있으며, 이러한 의식이 가능하고 도움이 될 것이라는 데 동의하였다. 이러한 치료 파트너십은 승려들이 새로운 의식을 개발하도록 촉진하였고, 정신건강 작업이 균형을 갖추는 데 도움이 되었다.

앞의 두 사례는 문화에 기반을 둔 치료를 받아들이고 토착 치유사와 치료 파트너십을 발전시키는 것이 필요함을 보여 주었다. 원조 전문가는 치유사와 지역사회 지도자를 받아들이고, 치료 기간 동안 협력해야 한다(Chan, 1987; Hiegel, 1994). 클라이언트들이 서양 중심의 심리치료보다 토착적 치유방법을 혹은 두 치료가 결합된 것을 더 선호할 수 있다는 것을 깨닫는 것 또한 매우 중요하다. 많은 클라이언트는 심리치료사, 상담사, 사회복지사 몰래 두 가지 치료방법을 사용하기도 한다(Chung & Lin, 1994).

전통적인 치유사들과 파트너십 맺기

앞의 두 사례는 지역사회에서 심리치료사, 상담사, 사회복지사 등과 전통적인 토착 치유사들 간의 협력적인 파트너십을 통해 서양의 치유방법과 전통적인 토착적 치유방법을 통합하는 파트너십의 중요성을 분명히 보여 주고 있다. 지난 20여 년 동안 많은 심리치료사, 상담사, 사회복지사로부터 전통적인 치유사와 서양의 원조 전문가들의 협력에 대한 요청이 있었다(예: Bemak et al., 2003; Bemak & Chung, 2008; De La Cancela & Martinez, 1983; Delgado, 1977; Ishiyama, 1990; LaFromboise, 1988). 파트너십은 지역사회 지도자, 목사, 승려, 토속 종교인, 치유사 그리고 다른 중요한 지역사회 구성원들과 함께 만들어질 수 있다. 지역사회 구성원들은 심리치료사와 상담사, 사회복지사가 클라이언트의 문화적 배경과 도움 요청행위 그리고 정신건강과 치유에 대한 견해들을 파악하는 데 도움을 주고, 건강과 정신건강 이슈와 관련한 문화적 견해들을 제공하는 중요한 역할을 한다. 또한 중요한 지역사회 구성원들은 전문가들이 지역사회를 대상으로 정신건강과 상담에 관한 교육을 하도록 도움을 줄 수 있으며, 심리치료사, 상담사, 사회복지사는 수 세기 동안 이어져 온 전통적인 치유행위와 문화적 믿음을 존중하고 지원할 수 있다.

토착 치유사들과 함께 일하는 데 있어 반드시 기억해야 할 중요한 점은 파트너십이 효과적이기 위해서는 관계의 본질과 질이 진실된 상호 존중과 신뢰, 이해를 바탕으로 해야 한다는 점이다. 이것은 전통적인 치유사들이 서양 전문가들의 판단에 따라 지장을 받지 않아야 하며, 각자의 치료행위에 대해 터놓고 이야기하는 개방적인 대화가 유지되어야 함을 의미한다. 서양식으로 훈련된 심리치료사, 상담사, 사회복지사는 몇몇 전통적인 치유사가 자신들의 능력을 과시하고 이미지를 보호하려는 경향이 있어 이상하게 보일지라도 그들이 지역사회에서 존경과 신뢰를 받고 있다는 점을 반드시 기억해야 한다(Hiegel, 1994).

더욱이 심리치료사나 상담사, 사회복지사의 개인적인 가치관이 전통적인 치유사와 파트너십을 형성하는 데 개입되어서는 안 된다. 예를 들어, 원숭이의 골이나 동물의 내장이나 고환, 뱀이나 닭의 피와 같은 음식을 먹거나 마시는 것은 서양 문화에서는 혐오스러운 것이지만 다른 문화에서는 치료의 수단으로 소중하게 여겨지기도 한다. 심리치료사, 상담사, 사회복지사는 클라이언트가 가치 있게 여기는 치유의식에 참여하는 것을 지원하기 위하여 이러한 음식에 대한 혐오를 극복해야 한다. 전통적인 치유사와 파트너십을 맺는 목적은 클라이언트가 문화적으로 적합하고 효과적인 치료를 받도록 하는 것이기 때문이다. 치료 파트너십에 대한 가치 중립적이고 판단 중립적인 개방성과 서양의 치료와 토착적 치유 모두 도움이 된다는 진심 어린 인정이야말로 정신건강이라는 같은 목표를 향하는 데 매우 중요하다.

흥미로운 예로, 불교 승려들과 협력하여 일한 경험을 이야기하고자 한다. 엄격한 불교의 원리를 따르는 승려들은 특정 시기에는 여성과 직접적인 상호작용을 하는 것이 금지되어 있으며 다른 특정 시기에는 하루 중 정해진 시간에만 여성과 상호작용할 수 있도록 되어 있다. 종종 나는 스크린을 사이에 두고 스크린 뒤에서 승려와 이야기해야만 했다. 어떤 경우에는 승려들이 불교에서 허락하는 특정 시간에만 만나는 약속을 할 수 있어 서양의 근무 일정과 맞지 않는 경우에는 약속을 하지 못하여 힘들기도 하였다. 이러한 경우에 여성인 나를 전문가로 대하지 않고 남성과 다르게 취급하는 것에 대한 개인적인 이슈들이 나의 여성주의 시각과 너무나 쉽게 충돌할 수 있었다. 내가 이러한 이슈들을 갖고 있었다면 치료 파트너십을 손상시키고 결과적으로 클라이언트에게 부정적인 영향을 미쳤을 것이다. 불교 승려들의 행위에 대한 이해와 수용, 존중이야말로 이러한 상황에서 매우 중요하였으며 그들로 하여금 클라이언트를 함께 도울 수 있도록 하였다.

치료에 대한 선호

MPM이 심리치료사, 상담사, 사회복지사가 토착 치유사들과 파트너십을 맺고 협력할 것을 강조한다 할지라도 클라이언트의 치료 선호에 대해 고정관념을 갖지 않도록 각별한 주의가 필요하다. 심리치료사, 상담사, 사회복지사는 서양 문화권이 아닌 다른 문화권의 클라이언트들은 모두 전통적인 치유를 선호한다고 가정해서는 안 된다. MPM은 클라이언트와 그들의 사회적 네트워크와 함께 문화적으로 적용 가능한 개입방법들을 탐색하고 개방되어야 함을 옹호한다. 따라서 원조 전문가는 주어진 특정 상황과 문화적 믿음체계에서 효과적인 개입방법으로 전통적 치유의 효과성을 탐색하고 검증하며, 전통적 치유사가 믿을 만한 치료사인지 신뢰성을 확실히 하는 것이 필요하다.

5단계: 사회정의와 인권

앞서 언급한 대로 MPM은 상담과 심리치료는 사회정의 및 인권과 밀접하게 연결되며, 이렇게 연결되었을 때 정신건강 개입을 위한 기초를 제공한다는 점을 전제로 한다. 우리는 치료 성과의 40%를 차지하는 치료 외적인 요인들(Lambert & Bergin, 1994)이 사회정의와 인권에 밀접하게 상호 연관되어 있음을 제시하였다. 더 구체적으로 MPM에서는 평등과 공평한 접근성에 관한 이슈들 그리고 억압과 인종주의, 차별, 대인관계에서의 범법행위, 학대, 신체적/심리적 위험, 생명에 대한 위협, 굶주림, 빈곤, 폭력을 포함하는 인권의 이슈들이 40%의 긍정적 치료 성과와 관련하여 매우 중요하게 다루어진다. 우리는 MPM이 이러한 치료 외적인 요인들 안에 내재되어 있는 사회정의와 인권의 이슈를 다룬다는 점에서 독창성을 지닌다고 믿는다.

MPM은 정신건강에서 사회정의를 핵심 구성요소로 강조함으로써 정신건강의 개념을 전환한 것이다. 이것은 철학적 전환을 요구할 뿐 아니라 심리치료사, 상담사, 사회복지사로서의 역할을 재정의하도록 요구한다. 따라서 원조 전문가는 위험을 감수하고, 선제적으로 적극적인 리더의 역할을 해야 하며, 클라이언트의 개인적 · 사회적 · 정치적 · 윤리적 권리를 옹호하는 자세를 지녀야 한다. 5단계는 사회정의와 인권이 개인의 심리적 안녕에 내재되어 있으며, 치료관계의 핵심 구성요소임을 전제로 한다. 이러한 견해는 이미 여러 연구를 통해 지지되었다(예: Aponte & Johnson, 2000; Asamen & Berry, 1987; Bemak, 1989; Chung & Bemak, 2007; Hughes & Demo, 1989; Toporek, Gerstein, Fouad, Roysircar, & Israel, 2007).

이러한 연구에 기초하여 우리는 클라이언트의 인권을 침해하는 이슈들을 못 본 척 내버려 두는 것은 양심적이지 않을 뿐 아니라 이러한 침해들이 영속화되는 것을 돕는다고 믿는다. 따라서 심리치료사, 상담사, 사회복지사는 정신역동적이고 정신내적인 이슈들보다 그 이상의 이슈들에 주의를 기울여야 한다. 개인의 안전, 적절한 음식과 의복, 적합하고 지지적인 사회 서비스에의 접근성, 질적으로 좋은 건강과 정신건강 보호에의 접근성, 난방과 전기 및 수도 공급에 필요한 재정적 지원, 주거 혜택, 동등한 교육에의 접근성, 차별과 인종주의에 대한 개인적 · 제도적 전략, 불공정한 치료, 지역사회와 사회 전체에서 이용 가능한 자원과 기회에의 접근성과 같은 이슈들을 포함하도록 실천 영역을 확장하여야 한다. 인권 침해와 관련한 이러한 이슈들을 정신건강 문제를 일으키는 원인들로 보고 적절한 주의를 기울였다면 정신건강 문제들이 감소되거나 제거될 수 있었을 것이다. 따라서 심리치료사, 상담사, 사회복지사는 정신건강 개입의 중요한 가치로 사회정의와 공평성을 존중하여 사회옹호자의 역할을 해야 한다.

MPM과 전통적 모델들의 차이

서양의 개인 심리치료의 주요 모델들과 MPM의 차이를 명확히 하는 것은 중요하다. 개인 심리치료는 자신을 변화시키는 개인주의적 시각으로 이슈를 바라보며 클라이언트로 하여금 더욱 효과적으로 자신의 문제를 다루도록 돕는다. 집단이나 가족, 지역사회에 대한 개입 모델들도 있지만 개인 심리치료가 가장 널리 활용되는 개입방법이다. 이와 반대로 MPM은 개인을 보다 더 큰 생태체계의 부분으로 보고, 개인과 사회, 가족, 지역사회는 물론 제도의 변화를 위해 여러 개인과 파트너십을 형성한다. 다시 말하면, MPM은 개인을 체계에 맞추도록 변화시키기보다 오히려 개인이 자신의 삶에 있는 불공평함을 변화시켜 다른 사람들과 동등한 권리와 기회, 치료를 받을 수 있도록 돕는 것을 옹호한다. MPM은 근본적으로 사회정의와 인권이 개인과 집단, 가족, 지역사회 그리고 체계의 변화를 이끈다고 믿는다.

한 예로, 직장에서 인종차별을 겪은 클라이언트의 사례를 보자. 전통적인 심리치료는 이러한 개인들이 어떻게 인종차별적 발언에 반응할지, 어떻게 차별 행위자를 무시할지, 화를 내기보다 진정하기 위해 어떻게 시간을 갖도록 할 것인지를 탐색하도록 돕는다. 클라이언트는 인종차별 발언에 대해 보다 분명하게 자신의 의견을 제시하고, 행위자의 반응에 대한 자신의 생각을 재정의하도록 돕는다. 하지만 이러한 전략들은 인종차별이 클라이언트와 직장 동료들에게 지속적으로 일어나는 보다 더 큰 상황들을 다루지 않으며, 클라이언트가 개인적으로 상황을 다루는 법을 알게 되었다 할지라도 직장에서의 다른 사람들에게 일반화될 수 있는 보다 더 큰 문제들에 주의를 기울이지 않는다.

MPM을 사용함으로써 심리치료사, 상담사, 사회복지사는 개인을 도울 뿐만 아니라 보다 더 큰 제도적 변화를 가져오는 대응 전략들을 다룬다. 이것은 클라이언트와 토론하고, 의사소통 역할 놀이를 함으로써 공공 서비스 기관에서 당당히 의견을 말할 수 있도록 지원하고, 개인의 문제만을 다루기보다 더 큰 시각에서 수퍼바이저와 효과적으로 문제에 대해 토론하는 방법을 찾아내도록 돕는다. 직장에서 유사한 문제를 경험한 동료들과 건설적으로 행동하는 전략을 세우는 것에 대해 이야기하고, 클라이언트가 관리자와 직장 동료들에게 문화적 다양성과 포용력을 교육하는 방법을 구상하도록 도우며, 클라이언트가 조직에서 인종차별을 다루는 정책과 절차를 수립하도록 경영진에 접근하는 전략을 발전시키도록 돕는다.

사회정의, 옹호, 리더십

MPM의 다른 단계들과 마찬가지로 5단계도 분리된 일직선상의 한 단계가 아니다. 오히려 5단계는 앞의 모든 단계로부터 영향을 받는다. 원조 전문가는 사회적 옹호자의 역할을 취하는 것과 동시에 선제적으로 위험을 감수할 것이 요구된다. 이러한 역할은 클라이언트의 심리적 문제를 일으키는 근본적인 원인으로 인권 침해를 다룰 것을 강조한다. 이러한 패러다임에서 개입은 반응적이기보다 오히려 선제적이고 적극적이어야 한다.

이 책에서는 각 나라에서 혹은 전 세계적으로 일어나고 있는 사회 불평등과 부정의에 관한 통계 수치들을 제시하였다. 우리는 심리치료사, 상담사, 사회복지사는 선제적이고 적극적인 변화 매개인으로 그들이 지닌 잠재력을 더 이상 거부하거나 회피하거나 무시할 수 없다고 믿는다. 전문직의 목적이 개인과 가족, 지역사회를 건강하고 긍정적인 안녕 상태가 되도록 돕는 것이라면, 전문가는 과거의 실천에 머물지 말고 앞으로 나아가야 한다. 정신건강과 심리적 안녕에 핵심적인 사회정의와 인권을 지원하기 위해서 심리치료사, 상담사, 사회복지사는 정신건강과 사회정의 개입의 효과성에 관한 더 많은 연구를 수행하고, 연구 결과를 발표하여 보급하도록 하는 것 또한 중요하다.

한 예로, Chung과 Kagawa-Singer(1995)가 네 개의 동남아시아 난민 집단에 대해 수행한 연구를 제시하고자 한다. 연구는 정신질환에 대한 개념화와 증상의 발현 및 표현에 대한 문화적 영향력을 분석하였다. 연구자들은 동남아시아인들이 정신질환을 서양인과 같은 방식으로 표현하지 않는다는 것을 발견하였고, 이러한 발견은 DSM과 ICD의 진단과 사용, 이에 따른 치료 개입에 중요한 함의를 제시하였다. 우리가 서양의 진단분류 체계가 문화적 한계를 지니고 있다는 것을 알면서도 문화적으로 다양한 집단에 일반화하여 사용한다면, 우리는 그들을 서양의 진단분류 체계에 강제로 끼워 맞춤으로써 그들에 대해 부정의를 저지르고 있는 것일 수도 있다. 결과적으로 진단과 치료가 비효과적이며 심지어 해가 될 수도 있을 것이다.

사회정의 작업은 MPM의 여러 수준에서 이루어질 수 있다. 예를 들어, 클라이언트에게 그들의 권리에 대해 교육하거나, 클라이언트와 가족, 지역사회가 동등한 치료 그리고 자원과 기회에 대한 동등한 접근을 위해 투쟁하도록 돕거나, 상원의원에게 편지를 보내 정책과 제도를 바꾸거나, 데모에 참가할 수도 있으며, 인종 집단 간 혹은 인종 집단 내의 차이에 대해 심리치료사, 상담사, 사회복지사들을 교육할 수 있다. 인종 분류 내에 혹은 인종 분류들 사이에 있는 차이를 인식하여 하나의 인종 분류 내에 있는 모든 집단은 같다고 보는 잘못된 가정을 피할 수 있도록 한다. 따라서 사회정의 작업은 작은 규모에서 시작하여 중간 정도의 크기로, 그다음 더 큰 거대한 크기로 사회개혁을 이끈다.

결론

많은 클라이언트와 그들의 가족은 사회부정의를 경험하였고, 현재도 경험하고 있다. 많은 클라이언트가 높은 회복탄력성을 발휘하여 잘 견디어 낸 반면, 여전히 다른 많은 사람은 인권의 침해로 인해 더 악화된 심각한 어려움을 겪고 있다. 불행히도 정신건강 분야는 더욱 복합적이고 심리적으로 파괴적인 사회부정의를 무시한 채 개인치료에 기초를 둔 서양의 전통이 지속될 것으로 예상된다. 우리는 이 장에서 정신건강과 사회정의 및 인권을 결합한 모델을 설명하였다. 이 모델은 정신건강과 사회정의 및 인권은 분리될 수 없으며, 함께 효과적으로 다룰 수 있는 새로운 패러다임이 개발되어야 한다는 전제하에 시작되었다.

심리치료, 상담, 인권 및 사회정의의 다단계 모델(MPM)은 전통적인 서양의 상담과 비전통적인 접근을 통합하여 다양한 문화에서 적용 가능한 개입방법이며, 5단계로 구성되어 있다. 이 모델은 문화적으로 반응하며, 토착적 치유방법들과 문화적 임파워먼트, 심리교육 훈련, 사회정의와 인권을 모두 다루고 있다. MPM은 클라이언트의 다양한 욕구를 충족시키기 위하여 유연하고 통합적인 전략을 개념화한 총체적인 준거 틀을 제공하며, 이를 위하여 역사적 시각, 문화적 신념체계, 세계관, 사회적 역동, 가족 역동, 공동체 혹은 지역사회 관계, 정책, 정치, 경제, 인종주의와 차별, 억압의 경험을 포함하고 있다.

📝 토의문제

1. MPM 모델이 적용될 수 있는 세 개의 다른 시나리오를 생각하고, 당신이 각 시나리오에서 어떻게 MPM 모델을 사용할지 설명한다.

2. 클라이언트와의 첫 회기를 생각하고 답하시오.

    a. 당신은 소말리아에서 최근에 온 성인 난민 여성에게 비밀보장을 어떻게 설명하겠는가?

    b. 당신은 가정폭력이 의심되어 의뢰된 10세의 미국 흑인 소년에게 어떻게 비밀보장에 대해 설명하겠는가?

    c. 당신은 외상후 스트레스장애를 겪고 있는 아프가니스탄 전쟁 퇴역군인 집단에서 사생활 보장과 비밀보장을 어떻게 다루겠는가?

    d. 당신은 앞의 각 상황에서 어떤 특별한 반응을 기대하는가?

3. 당신은 MPM을 통해 상담사, 심리치료사, 사회복지사로서 당신의 강점에 대해 혹은 당신이 앞으로 더 발전시켜야 할 영역에 대해 무엇을 배울 수 있었는가?

4. 클라이언트의 세계관이 당신과 다를 때 당신은 어떻게 문화적 민감성을 보여 줄 수 있을지 설명하시오.

5. 당신이 다루기에 어떤 '～주의(ism)'가 가장 어렵다고 생각하는가? 그 이유는?

6. 20세의 줄리아는 최근에 결혼한 클라이언트로 남편을 많이 사랑하고 있다고 하였지만 결혼생활이 질식할 것 같고 지쳐 버렸다고 하였다. 첫 회기에서 줄리아는 여성의 인권이나 임신, 성병, 에이즈를 포함하여 그녀가 들었던 이슈들을 꺼내었다. 당신은 어떻게 줄리아와 이러한 이슈들에 대해 이야기하겠는가? 어떤 접근방법을 사용할 것인가?

7. 당신은 대화로 치료를 진행하는 대화치료 외에 집단이나 가족, 개인 심리치료를 위한 개입방법과 기법을 배운 적이 있는가? 개인이나 가족, 집단과 대화치료가 잘 되지 않을 때 이용 가능한 다른 전략들이 있다면 무엇이 있을까?

8. MPM 모델을 사용하면서 다음과 같은 상황에서 무엇을 하겠는가? 한 이라크 가족이 4년 전에 미국으로 이민을 왔다. 아빠와 엄마 그리고 두 아이는 그들의 망명 신청이 받아들여지기를 기다리고 있으며, 다른 두 명의 아이는 미국에서 태어났다. 그들이 최종 결정을 기다리는 동안 가족은 저축한 돈과 잠시 일해서 버는 돈으로 근근이 생활하고 있다. 결혼생활의 어려움과 가정폭력으로 인해 아이들 중 한 아이가 필요한 의학적 치료를 받지 않아 의료학대를 이유로 집에서 다른 곳으로 옮겨졌다. 가족은 건강보험이 없었으며 부모는 아이가 감기에 걸려 열이 난다고 생각하였지만 마지막 남은 돈을 쓸 수는 없었다. 부모가 아이를 병원 응급실에 데려갔을 때는 아이는 탈수 상태였으며 경련을 일으켰다. 아이의 병이 심각한 상황에서 가족은 지역 내의 가족 보호소로 옮겨졌고, 사회복지사가 배당이 되었다. 사회복지사의 역할은 부모가 제대로 역할을 하는지 평가하고, 남은 아이들도 다른 곳으로 옮겨야 하는지를 결정하는 것이다. 당신이 MPM 모델을 적용하는 사회복지사라 생각하고, 다음 질문에 답하시오.
   • 당신은 모델의 단계들을 어떻게 적용할 것인가?
   • 당신은 이 사례에서 당신의 역할을 어떻게 정의할 것인가?
   • 당신이 사용하기 위해 필요로 하는 기술과 지식은 무엇인가?
   • 당신이 직면하는 사회적 도전들은 무엇인가?
   • 당신이 두렵거나 염려하는 것들은 무엇인가?

참고문헌

Aponte, J., & Johnson, L. R. (2000). The impact of culture on intervention and treatment of ethnic populations. In J. Aponte & J. Wohl (Eds.), *Psychological intervention and cultural diversity* (pp. 18-39). Needham Heights, MA: Allyn & Bacon.

Aponte, J., & Wohl, J. (2000). *Psychological intervention and cultural diversity*. Needham Heights, MA: Allyn & Bacon.

Arce, A., & Torres-Matrullo, C. (1982). Application of cognitive behavioral techniques in the treatment of Hispanic patients. *Psychiatric Quarterly, 54*, 230-236.

Arredondo, P., Toporek, R., Brown, S. P., Jones, J., Locke, D. C., Sanchez, J., & Stadler, H. (1996). Operationalization of the multicultural counseling competencies. *Journal of Multicultural Counseling and Development, 24*, 42-78.

Asamen, J. K., & Berry, G. L. (1987). Self-concept, alienation, and perceived prejudice: Implications for counseling Asian Americans. *Journal of Multicultural Counseling and Development, 15*, 146-160.

Baskin, D., Bluestone, H., & Nelson, M. (1981). Mental illness in minority women. *Journal of Clinical Psychology, 37*(3), 491-498.

Beck, A. T., Sokol, L., Clark, D. A., Berfchick, R., & Wright, F. (1992). A crossover study of focused cognitive therapy for panic disorder. *American Journal of Psychiatry, 149*(6), 778-783.

Beiser, M. (1987). Changing time perspective and mental health among Southeast Asian refugees. *Culture, Medicine, and Psychiatry, 11*, 437-464.

Bemak, F. (1989). Cross-cultural family therapy with Southeast Asian refugees. *Journal of Strategic and Systemic Therapies, 8*, 22-27.

Bemak, F., & Chung, R. C-Y. (2008). Counseling refugees and migrants. In P. B. Pedersen, J. G. Draguns, W. J. Lonner, & J. E. Trimble (Eds.), *Counseling across cultures* (6th ed., pp. 325-340). Thousand Oaks, CA: Sage.

Bemak, F., Chung, R. C.-Y., & Pedersen, P. B. (2003). *Counseling refugees: A psychological approach to innovative multicultural interventions*. Westport, CT: Greenwood Press.

Bemak, F., & Greenberg, B. (1994). Southeast Asian refugee adolescents: Implications for counseling. *Journal of Multicultural Counseling and Development, 22*(4), 115-124.

Bemak, F., & Timm, J. (1994). Case study of an adolescent Cambodian refugee: A clinical, developmental and cultural perspective. *International Journal of the Advancement of*

Counseling, 17, 47-58.

Bowman, S. L., Rasheed, S., Ferris, J., Thompson, D. A., McRae, M., & Weitzman, L. (2001). Interface of feminism and multiculturalism: Where are the women of color? In J. G. Ponterotto, J. M. Casas, L. A. Suzuki, & C. M. Alexander (Eds.), *Handbook of multicultural counseling* (2nd ed., pp. 779-798). Thousand Oaks, CA: Sage.

Brown, L. S., & Root, M. P. P. (Eds.). (1990). *Diversity and complexity in feminist therapy*. New York, NY: Haworth.

Chan, F. (1987, April). *Survivors of the killing fields*. Paper presented at the Western Psychological Association Convention, Long Beach, CA.

Charles, C. (1986). Mental health services for Haitians. In H. P. Lefley & P. B. Pedersen (Eds.), *Cross cultural training for mental health professionals* (pp. 183-198). Springfield, IL: Charles C Thomas.

Chung, R. C-Y., & Bemak, F. (2007). Immigrant and refugee populations. In M. G. Constantine (Ed.), *Clinical practice with people of color: A guide to becoming culturally competent* (pp. 125-142). New York, NY: Teachers College Press.

Chung, R. C-Y., Bemak, F., & Kudo Grabosky, T. (2011). Multicultural-social justice leadership strategies: Counseling and advocacy with immigrants. *Journal of Social Action in Psychology and Counseling, 3*, 86-102.

Chung, R. C.-Y., & Kagawa-Singer, M. (1995). Interpretation of symptom presentation and distress: A Southeast Asian refugee example. *Journal of Nervous and Mental Disease, 183*(10), 639-648.

Chung, R. C-Y., & Lin, K. M. (1994). Helpseeking behavior among Southeast Asian refugees. *Journal of Community Psychology, 22*, 109-120.

Comas-Diaz, L. (1985). Cognitive and behavioral group therapy with Puerto Rican women: A comparison of group themes. *Hispanic Journal of Behavioral Sciences, 7*, 273-283.

Constantine, M. G. (Ed.). (2007). *Clinical practice with people of color: A guide to becoming culturally competent*. New York, NY: Teachers College Press.

Constantine, M. G., & Sue, D. W. (2005). *Strategies for building multicultural competence in mental health and educational settings*. Hoboken, NJ: Wiley.

De La Cancela, V., & Martinez, I. Z. (1983). An analysis of culturalism in Latino mental health: Folk medicine as a case in point. *Hispanic Journal of Behavioral Sciences, 5*(3), 251-274.

Delgado, M. (1977). Puerto Rican spiritualism and the social work profession. *Social

Casework, 58, 451-458.

De Silva, P. (1985). Buddhism and modern behavioral strategies for the control of unwanted intrusive cognitions. *The Psychological Record, 35*, 437-443.

Draguns, J. (2000). Psychopathology and ethnicity. In J. Aponte & J. Wohl (Eds.), *Psychological intervention and cultural diversity* (pp. 40-58). Needham Heights, MA: Allyn & Bacon.

Egli, A., Shiota, N., Ben-Porath, Y., & Butcher, J. (1991). Psychological interventions. In J. Westermeyer, C. Williams, & A. Nguyen (Eds.), *Mental health services for refugees* (pp. 157-188). Rockville, MD: U.S. Department of Health and Human Services.

Fabrega, H., Jr. (1992). Diagnosis interminable: Toward a culturally sensitive DSM-IV. *Journal of Nervous and Mental Disease, 180*, 5-7.

Frank, J. D. (1974). *Persuasion and healing: A comparative study of psychotherapy*. New York, NY: Schocken Books.

Gielen, U. P., Fish, J. M., & Draguns, J. G. (Eds.). (2004). *Handbook of culture, therapy, and healing*. Mahwah, NJ: Lawrence Erlbaum.

Helms, J. E., & Cook, D. (1999). *Using race and culture in counseling and psychotherapy: Theory and practice*. Boston, MA: Allyn & Bacon.

Herring, R. D. (1999). *Counseling with Native American Indians and Alaska Natives: Strategies for helping professionals*. Thousand Oaks, CA: Sage.

Hiegel, J. P. (1994). Use of indigenous concepts and healers in the care of refugees: Some experiences from the Thai border camps. In A. J. Marsella, T. Bornemann, S. Ekblad, & J. Orley (Eds.), *Amidst peril and pain: The mental health and well-being of the world's refugees* (pp. 293-310). Washington, DC: American Psychological Association.

Higginbotham, J. C., Trevino, F. M., & Ray, L. A. (1990). Utilization of curanderos by Mexican Americans: Prevalence and predictor findings from HANES 1982-1984. *American Journal of Public Health, 80*(Suppl.), 32-35.

Ho, M. K. (1987). *Family therapy with ethnic minorities*. Newbury Park, CA: Sage.

Hollon, S. D., & Beck, A. T. (2000). Cognitive therapy. In A. E. Kazdin (Ed.), *Encyclopedia of psychology* (Vol. 2, pp. 169-172). Washington, DC: American Psychological Association, and London, UK: Oxford University Press.

Huertin-Roberts, S., & Snowden, L. (1993, December). *Comparison of ethnographic descriptors of depression and epidemiological catchment area data for African Americans*. Paper presented at the 18th annual American Anthropology Association

Meeting, Washington, DC.

Hughes, M., & Demo, D. H. (1989). Self-perceptions of Black Americans: Self-esteem and personal efficacy. *American Journal of Sociology, 95*, 135-159.

Ishiyama, F. (1990). Meaningful life therapy: Use of Morita therapy principles in treating patients with cancer and intractable diseases. *International Bulletin of Morita Therapy, 3*(2), 77-84.

Ito, K. L., Chung, R. C-Y., & Kagawa-Singer, M. (1997). Asian/Pacific American women and cultural diversity: Studies of the traumas of cancer and war. In S. B. Ruzek, V. Olesen, & A. Clarke (Eds.), *Women's health: Complexities and differences* (pp. 300-328). Columbus: Ohio State University Press.

Jones, N. (1990). Black/White issues in psychotherapy. *Journal of Social Behavior and Personality, 5*, 305-322.

Kleinman, A. (1980). *Patients and healers in the context of culture*. Berkeley: University of California Press.

Kleinman, A., & Kleinman, J. (1985). Somatization: The interconnections in Chinese society among culture, depressive experiences, and the meaning of pain. In A. Kleinman & B. Good (Eds.), *Culture and depression: Studies in the anthropology and cross-cultural psychiatry of affect and disorder* (pp. 429-490). Berkeley: University of California Press.

Koss-Chioino, J. D. (2000). Traditional and folk approaches among ethnic minorities. In J. Aponte & J. Wohl (Eds.), *Psychological intervention and cultural diversity* (pp. 149-166). Needham Heights, MA: Allyn & Bacon.

Krijn, M., Emmelkamp, P. M. G., Olafsson R. P., & Biemond, R. (2004). Virtual reality exposure therapy of anxiety disorders: A review. *Clinical Psychology Review, 24*(3), 259-281.

LaFromboise, T. D. (1988). American Indian mental health policy. *American Psychologist, 43*, 388-397.

Lambert, M. J., & Bergin, A. E. (1994). The effectiveness of psychotherapy. In A. E. Bergin & S. L. Garfield (Eds.), *Handbook of psychotherapy and behavior change* (4th ed., pp. 143-189). New York, NY: Wiley.

Lefley, H. P. (1984). Delivering mental health services across cultures. In P. B. Pedersen, N. Sartorius, & A. J. Marsella (Eds.), *Mental health services: The cross-cultural context* (pp. 135-177). Beverly Hills, CA: Sage.

McAdoo, P. H. (1993). *Family ethnicity: Strength in diversity*. Newbury Park, CA: Sage.

McGoldrick, M. (1998). *Re-Visioning family therapy: Race, culture, and gender in clinical practice*. New York, NY: Guilford Press.

Mezzich, J. E., Fabrega, H., & Kleinman, A. (1992). Cultural validity and DSM-IV. *Journal of Nervous and Mental Disease, 180*, 4.

Micozzi, M. S. (1996). *Fundamentals of complementary and alternative medicine*. New York, NY: Churchill Livingstone.

Mikulas, W. (1981). Buddhism and behavior modification. *The Psychological Record, 31*, 331-342.

Monk, G., Winslade, J., Crocket, K., & Epston, D. (Eds.). (1997). *Narrative therapy in practice: The archaeology of hope*. San Francisco, CA: Jossey-Bass.

Morris, P., & Silove, D. (1992). Cultural influences in psychotherapy with refugee survivors of torture and trauma. *Hospital & Community Psychiatry, 43*(8), 820-824.

Muecke, M.A. (1983). In search of healers. Southeast Asian refugees in the American healthcare system. *Cross-Cultural Medicine, 139*(6), 835-840.

Parham, T. (1989). Cycles of psychological nigrescence. *The Counseling Psychologist, 17*(2), 187-226.

Pedersen, P. B. (2000). *A handbook for developing multicultural awareness* (3rd ed.). Alexandria, VA: American Counseling Association.

Pedersen, P. B., Draguns, J. G., Lonner, W. J., & Trimble, J. E. (Eds.). (2002). *Counseling across cultures* (6th ed.). Thousand Oaks, CA: Sage.

Pynoos, R., & Eth, S. (1984). Children traumatized by witnessing acts of personal violence: Homicide, rape or suicide behavior. In S. Eth & R. Pynoos (Eds.), *Post-traumatic stress disorder in children* (pp. 17-44). Washington, DC: American Psychiatric Press.

Rechtman, R. (1997). Transcultural psychotherapy with Cambodian refugees in Paris. *Transcultural Psychiatry, 34*(3), 359-375.

Ridley, C. R. (1995). *Overcoming unintentional racism in counseling and therapy: A practitioner's guide to intentional intervention*. Thousand Oaks, CA: Sage.

Root, M. M. (1998). Facilitating psychotherapy with Asian American clients. In D. R. Atkinson, G. Morten, & D. W. Sue (Eds.), *Counseling American minorities* (5th ed, pp. 214-234). New York, NY: McGraw-Hill.

Steele, C. M. (1998). Stereotyping and its threat are real. *American Psychologist, 53*(6), 680-681.

Steele, C. M., & Aronson, J. (2000). Stereotype threat and the intellectual test performance of African Americans. In C. Stangor (Ed.), *Stereotypes and prejudice: Essential readings. Key readings in social psychology* (pp. 369-389). New York, NY: Psychology Press.

Stumphauser, J., & Davis, J. (1983). Training Mexican-American mental health personnel in behavior therapy. *Journal of Behavior Therapy and Experimental Psychiatry, 14*, 215-217.

Sue, D., Arredondo, P., & McDavis, R. (1992). Multicultural counseling competencies and standards: A call to the profession. *Journal of Multicultural Counseling and Development, 20*, 64-88.

Sue, D. W., Bucceri, J., Lin, A. I., Nadal, K. L., & Torino, G. C. (2007). Racial microaggressions and the Asian American experience. *Cultural Diversity and Ethnic Minority Psychology, 13*, 72-81.

Sue, S., Fujino, D., Hu, L., Takeuchi, D., & Zane, N. (1991). Community mental health services for ethnic minority groups: A test of cultural responsive hypothesis. *Journal of Consulting and Clinical Psychology, 59*(4), 533-540.

Szapocznik, J., & Cohen, R. E. (1986). Mental health care for rapidly changing environments: Emergency relief to unaccompanied youths of the 1980 Cuba refugee wave. In C. L. Williams & J. Westermeyer (Eds.), *Refugee mental health in resettlement countries* (pp. 141-156). New York, NY: Hemisphere.

Toporek, R. L., Gerstein, L. H., Fouad, N. A., Roysircar, G., & Israel, T. (2007). *Handbook for social justice in counseling psychology*. Thousand Oaks, CA: Sage.

U.S. Department of Health and Human Services. (2001). *Mental health: Culture, race, and ethnicity. A supplement to Mental health: A report of the surgeon general*. Rockville, MD: Author.

Vargas, L. A., & Koss-Chioino, J. D. (Eds.). (1992). *Working with culture: Psychotherapeutic interventions with ethnic minority children and adolescents*. San Francisco, CA: Jossey-Bass.

Westermeyer, J. (1988). Folk medicine in Laos: A comparison between two ethnic groups. *Social Science & Medicine, 27*, 769-778.

Wohl, J. (2000). Psychotherapy and cultural diversity. In J. Aponte & J. Wohl (Eds.), *Psychological intervention and cultural diversity* (pp. 75-91). Needham Heights, MA: Allyn & Bacon.

World Health Organization. (1992). *Refugee mental health: Draft manual for field testing.* Geneva, Switzerland: Author.

Zane, N., & Sue, S. (1991). Culturally responsive mental health services for Asian Americans: Treatment and training issues. In H. Myers, P. Wohlford, P. Guzman, & R. Echemendia (Eds.), *Ethnic minority perspectives on clinical training and services in psychology* (pp. 49–58). Washington, DC: American Psychological Association.

제**3**부

사회정의로의 여정과 개별적 적용

Social Justice Counseling: The Next Steps Beyond Multiculturalism

인권과 사회운동 투사인 한 아시아 여성의 여정

Rita Chi-Ying Chung

모든 위대한 꿈은 꿈을 꾸는 사람에 의해 시작된다. 세상을 변화시킬 영웅이 되기 위한 힘,

인내 그리고 열정이 당신 안에 있다는 것을 기억하라.

-Harriet Tubman

정의로운 것을 실행하기 위한 시간은 항상 옳다.

-Martin Luther King Jr.

왜 인권과 사회운동이고 의사는 아닌가

한번은 백인 이성 친구가 나에 대한 공격적인 말 세 가지, 즉 ① 아시아인이라는 것, ② 여성이라는 것 그리고 ③ 영국령에서 성장했다는 것을 했다. 나는 여자아이에게 유일한 희망은 존경받는 가정에 시집 가는 것이라고 믿는 전통적인 중국 가정에서 성장했다. 여자아이가 교육을 받는 것은 최우선 순위가 아니었고, 굳이 교육을 받겠다면 법, 의학 혹은 공학을 선택해야만 했다. 부모님은 왜 내가 의사에 비해 사회적 지위도 낮고 수입도 적은 심리학 학위를 취득해야 하는지를 이해하기 힘들어했다. 그러나 역설적이게도 나의 부모님이 내가 심리학, 인권, 사회정의 그리고 사회행동에 관심을 갖도록 가르치신 분들이 그들이었다.

최근까지 나는 어린 시절에 사회적으로 정의롭지 못한 경험을 했다는 것을 깨닫지 못했다. 나는 어떤 사람이 자신의 어릴 적 기억을 탐색해 가는 훈련을 보여 주는 TV쇼를 보고 있었다. 그때 나는 '대단한 훈련이야.'라고 생각했다. 그래서 난 나의 어릴 적 기억을 생각하기 시작했다. 나의 최초 기억은 할아버지의 손을 잡고 걸음마를 배우고 있었으므로 그의 다리만 볼 수 있었던 기억이었다. 그 따뜻한 기억은 갑자기 혼돈과 고통으로 바뀌었다. 우리 가족이 운영하는 과일가게에 우리가 들어갔을 때 나는 백인 손님들에게 주문을 받고 있는 나의 부모님, 숙모님 그리고 삼촌들을 보았다. 내가 아마 18개월 정도 되었기 때문에 우리 가족들과 그 손님들 사이의 상호작용을 이해하진 못했다. 그러나 18개월밖에 안 되었지만 분명하게 기억나는 한 가지는 백인 손님들이 우리 가족을 멸시하고, 자기들끼리 희희덕거리며, 생색내면서 무시하는 행동들을 보여 고통스러웠다는 것을 알았다는 것이다. 그것이 나의 최초의 경험이라니! 불행하게도 그 경험은 인종차별과 억압에 대한 나의 마지막 경험이 되지 못했다.

그 이후로부터 지금까지 가족과 나는 수없이 많은 인종차별, 차별 대우 그리고 억압을 경험해 왔다. 예를 들면, 젊은 시절 아버지는 개와 중국인은 입장 불가라는 게시문 때문에 극장에 들어가지 못했고, 여동생은 중국인이라는 이유로 졸업식 때 수석 졸업생 대표가 될 수 없었다. 교장은 여동생에게 "우리 모두는 네가 우리 학교에서 수석이라는 걸 알지만 중국인들에게는 그 자격을 줄 수가 없어."라며 고약하게 말했다. 이러한 반복적 메시지와 우리가 인간 종의 다른 일부로 보이지 않는다는 것이 내 마음에 깊이 각인되었다. 역사 선생님이 제2차 세계대전에 대한 수업을 했던 13세 때의 기억이 내게는 아직도 뚜렷이 남아 있다. 학급에서 유일한 유색 인종이었던 나는 제2차 세계대전에서 일본의 참여에 대한 토론이 있을 것이라는 사실을 잘 알고 있어 수업 내내 긴장하고 있었다. 나의 주된 걱정은 백인 아이들이 나를 일본인으로 생각하고 있지 않을까 하는 걱정이었다. 그러나 그건 약과였다. 선생님이 "너희는 왜 중국 사람이 노랗다고 생각하니?"라고 물었다. 그 순간 나는 긍정적인 반응이 나오지 않을 것을 직감했다. 그리고 선생님은 자랑스럽게 학급을 향해 "제2차 세계대전 중 중국인은 자신들의 여자나 소녀들이 강간당하는 것을 원치 않았어. 그래서 그들은 여자들을 그들이 소변을 보는 큰 통에 넣었단다. 그래서 노랗게 된 거야." 라고 말했다. 많은 유색 인종은 이와 같이 셀 수 없는 많은 인종차별과 억압을 경험했고, 영화, 연극, 책, 이야기, 시, 음악, 춤 등의 문화 매체들을 통해 당신도 이미 익숙할 것이다.

이 같은 부정의에도 불구하고 내 부모님은 모두 제2차 세계대전 때 그들의 경험에 기초해서 영국령하에서 동반자 없는 어린아이였던 내 형제와 내게 겸손하고, 항상 나보다 더 불우한 사람들을 돕고 인종, 종족, 문화, 사회적 지위, 장애, 나이, 종교 등에 상관없이 존경심으로 대하고 판단하지 말고, 이기적이지 않게, 거만하거나 자기중심적이지 않도록 교육시켰다. 유교와 불교 배경을 가진 우리는 사회부정의에 대해서는 음양 접근법(ying-yang approach), 즉 열려 있어야 하고, 감정이입적으로 공감하고, 겸손하며, 용서의 미덕을 배워야 한다는 가르침을 받았다. 놀림 받는 것 혹은 차별, 불평등, 우리가 경험했던 정의롭지 못한 대우에 대해 불평하지 않도록 배웠다. 몇몇은 이를 수동적 수용이라고 해석했지만, 나는 이러한 수용이 조화, 균형 그리고 부정의에 대한 아시아인의 대처법으로서 어떤 효과가 있는지 성인이 될 때까지 이해할 수 없었다. 나는 이민자 그리고 이민 지역사회에서 살았기 때문에 새로 도착한 중국이나 남쪽 아시아 난민들을 위한 문화와 언어통역사가 되었다. 나는 지난날에 겪었던 부정의한 경험들을 통해서 다음 세대는 이런 부정의를 인내해야 할 필요가 없도록 인종차별 등의 여러 종류의 차별과 억압을 최소화하는 것을 목표로 지역사회에 도움이 되고자 했다. 나는 내 경험과 내 가족 그리고 지역사회에 대해 더 많이 이해하기 위해 심리학 학위를 받기로 결심했다. 나는 심리학 개념, 이론, 인종차별 모델, 증오, 학대, 차별, 편견, 용서, 자유 심리학 그리고 회복적 정의에 관하여 배우면서 인권 침해, 사회부정의에 대해 투쟁할 도구, 기술 그리고 용기를 얻었다. 나는 경험을 통해 내가 누구이고, 무엇을 위해 살고, 무엇을 상대로 기꺼이 싸워야 하는지에 대해 결정했다.

나는 어릴 때부터 인권과 사회정의를 위해 싸워 왔기 때문에 심리치료사로서의 내 직업은 자연스럽게 이어졌다. 내 이름 Chi-Ying은 문자대로 하면 하늘의 용기를 부여받은 것으로 자연의 곤경을 자신이 처한 환경과 조화를 이루면서 용기 있게 견

더 내는 것이라 해석된다(Aria & Gon, 1992). 인종차별, 학대 그리고 억압을 경험하고 견디는 것이 나의 업(karma)이었고 계속해서 그렇게 할 것이다. 그러나 내게 주어졌던 전통적인 여성의 역할을 벗어나기 위해 앞장서고 인권 침해와 사회부정의에 대해 능동적으로 투쟁하는 것 역시 나의 업이다. 또한 음양의 이론과 행동을 결합하여 아시아인의 문화적 가치와 가르침을 사회운동으로 바꾸는 것도 나의 업이다. 나는 특별한 기술도 없고 다른 사람과 다르지도 않지만 오직 가진 것은 내가 만나게 되는 부정의와 인권 침해에 대항하여 싸울 열정과 헌신하려는 마음이다. 왜냐하면 나는 이 같은 부정의에 대해서 침묵할 수 없고 그렇게 하지 않을 것이기 때문이다. 다음 내용은 모든 사람을 위한 권리와 공정한 대우를 위해 싸우는 한 아시아 여인으로서 내가 습득한 교훈에 대한 소박한 이야기이다.

사회정의 전사로서 한 아시아 여성이 습득한 여덟 가지 주요 교훈

인내, 끈기, 고집, 창의성, 융통성, 동정, 용서, 희망. 이러한 개념들이 사회정의와 인권 활동을 하면서 내가 습득한 여덟 가지 주요 교훈이다. 사회정의 활동의 성공적 결과는 며칠, 몇 주 혹은 몇 달 만에 이루어지지 않는다. 수년이 걸릴 수도 있다. 나는 진심으로 씨를 심는 비유를 믿는다. 사회운동은 씨를 심는 것과 같다. 나는 내가 하는 일이 효과적이고 변화를 이끌어 낼 것이라는 점에 대한 믿음을 가지고 인내하는 것을 배웠다. 내가 실제로 변화를 보지 못할 수도 있다. 내가 변화를 이끌어 낼 수 있을까에 대해 염려하기보다는 차이를 만들어 낼 수 있을 것을 확신하고 믿었다. 예를 들면, 나와 접촉한 결과로 발견하게 된 우리의 상호작용과 변화의 영향력에 대해 학생과 지역사회로부터 받은 이메일, 카드 그리고 편지들로 인해 나는 끊임없이 놀라고 겸손해졌다. 여덟 가지의 주요 교훈이 나의 사회정의 활동에 영향을 끼쳤으므로 지금부터는 이 여덟 가지 중요한 교훈이 개인적으로 그리고 전문적 수준에서 나에게 어떤 영향을 주었는지에 대해 나누어 볼 것이다.

인내, 끈기 그리고 고집

어느 누구도 사회정의 활동이 쉽다고 말한 적이 없다. 변화는 모든 사람에게 어렵다. 위기라는 한자어는 어려움과 사람과 체제를 위한 변화의 본질로 기술되는 위험과 기회라는 말로 번역된다. 변화는 두려움과 위험의 의미를 내포한다. 알려지지 않은 것에 대한 위험과 두려움이다. 따라서 사회정의 활동을 할 때에는 인내와 끈기 그리고 고집이 요구된다. 인간은 사회부정의에 맞서 싸우는 것을 포기할 수 없다. 포기하는 것도 쉽지 않다. 사회정의 활동을 할 에너지와 시간이 없다고 느낄 때 나는 2008년 5월 미얀마(버마)에서 태풍 나르기스가 지나간 후 만났던 사람들을 떠올린다. 그의 전 가족을 잃고 나와 함께 일했던 젊은 청년 그리고 그의 가족을 찾기 위해 시신을 세기 시작하였으나 200명을 센 후에는 포기했다는 어린 소년, 그들 가족을 잃고 마을 전체가 파괴된 경험을 한 그 둘 모두는 태풍으로 가족을 잃었거나 별거하게 된 어린 고아들을 돕기 위해 국제 비영리 조직인 INGO(International Nongovernmental Organization)에서 자원봉사자로 일하고 있었다. 그들이 보여 준 용기, 힘 그리고 회복탄력성이 내가 사회정의와 인권을 위해 싸울 때 끈기 있게 고집하면서 인내할 수 있는 힘을 주었다.

창의성과 융통성

고정적인 틀 밖에서 생각하는 것, 즉 창의성과 융통성이 내가 배운 또 다른 교훈이다. 난민 가족과 일하는 것과 그들을 받아 준 지역사회에 대해 가르치고, 이 사람들이 서비스에 접근할 수 있도록 하는 것도 도전이다. 전통적인 주류의 방식으로 행한다는 것이 항상 긍정적인 결과를 낳는 것은 아니다. 따라서 이들에게 자원과 기회에서 공정한 대우와 동등한 접근을 어떻게 확실히 보장해 줄 것인가에 대해 창의적인 사고를 할 필요가 있다. 예를 들면, 난민을 위해 긴 시간 동안 사회 서비스, 건강과 정신건강 전문가, 교사, 사회 서비스 제공자들을 교육한 후에도 이들이 난민들을 위해 어떻게 문화적으로 적절히 실천할 수 있을지에 대한 방법들을 알지 못했다. 누구도 이에 대해 경청해 주지 않았다. 그냥 빨리 문제만 해결하고자 했다. 그들은 단지 난민들이 서양 옷을 걸치고 그들의 새집 밖에서 서 있는 사진을 보여 주는 신문

기사를 보고 난민들이 잘 적응하고 있다고 믿었다.

나는 부분적으로 미디어에 의해 창조되고 강화된 신화뿐만 아니라 교육, 사회, 건강과 정신건강 전문가들이 문화적으로 민감하게 반응하지 못하고, 깨닫거나 이해하고 신속히 반응하지 못하는 것을 보고 좌절했다. 나는 그 잘못된 관점에 대항하여 싸우기 위해 잘못된 인식을 만들어 낸, 사회운동을 위한 도구로서 미디어를 이용하기로 결정했다. 영향력이 큰 신문을 훑어보면서 난민이 이주 후에 직면하는 도전을 이해하고 있을 것 같은 기자들과 접촉했다. 기자와 만나서 난민이 이주 후 겪는 도전들에 관해 보다 정확한 기사를 쓸 의향이 있는지를 물었다. 얼마간의 협상을 통해 한 기자가 그 이야기를 쓸 것에 동의했다. 우리(난민 공동체, 기자 그리고 나)는 단 한 번의 기사로 우리가 얻고자 하는 영향력을 만들어 내기는 충분하지 않을 것이므로 기자가 여러 달에 걸쳐 이 주제에 관하여 연재 기사를 쓰는 것에 동의했다. 그 기사는 도전적인 면에만 초점을 두지 않고 난민 집단의 힘, 회복탄력성과 난민들의 기여가 그들 지역사회를 잘 이끌었다는 것에 초점을 두었다. 신문 기사의 결과로 나는 건강, 교육, 사회 서비스 부서로부터 난민을 위해 문화적으로 민감하게 반응하는 서비스와 관련하여 의료 및 정신건강 전문가, 사회 서비스와 관련된 서비스를 제공하는 사람들을 위한 일련의 워크숍과 훈련을 실시하게 되었다.

그 일로 발생하게 된 다른 상황 역시 창의적인 내용을 필요로 했다. 내가 일했던 아시아 난민과 이주민은 건강과 정신건강에 대한 그들만의 전통적 접근법을 가지고 있었다. 그들은 기름 바른 동전을 몸에 문지르는 동전요법(coining)을 회복을 위해 사용해 왔다. 동전요법은 사람의 몸에 자국이나 멍을 생기게 하면서 동전을 몸에 문지르는 것이었다. 이런 자국이 서구의 주류 의료, 정신건강 그리고 교육 전문가들에게는 학대의 증거로 잘못 해석되었다. 나는 아시아인 공동체들로부터 동전요법으로 인한 자국을 신체학대로 오해한 교사로 인해 자신의 부모님 집에서 아동을 분리시켜야 하거나 의사가 어르신들에게 난 자국을 노인학대로 치부하는 상황을 도와 달라는 요청을 수없이 많이 받았다.

서비스와 보호 제공자에 대한 지속적인 교육의 결과, 나는 보다 많은 집단의 사람들을 교육하기 위해 동전요법에 관한 비디오를 제작해서 제공하는 것이 효과적인 방법일 것이라는 생각을 했다. 비디오를 제작할 예산도 기술도 없었기 때문에 나는 전화번호부에 있는 비디오 제작회사에 전화를 해서 그들이 무료로 서비스를 제공해 줄 수 있는지 물었다. 결국에는 그 회사가 무료로 비디오를 제작해 주었고 학교, 병원, 아동보호전문기관, 보건소, 사회 서비스국, 법원, 사범대학, 건강과 정신건강대학 훈련 프로그램에 배포할 동전요법에 관한 15분짜리 비디오를 제작하기 위해 난민 공동체와 비디오 제작회사와의 합작을 성사시켰다(이 상황에 대한 세부내용은 뒤의 사례연구 3에 소개되어 있다).

동정과 용서

인권 침해와 사회부정의에 있어 내게 어려운 교훈은 사회부정의 가해자에 대한 동정과 용서의 마음을 갖는 것이다. 부정의와 인권 침해의 어려움을 용서와 동정으로 승화시킨 생존자들로부터 배운 것은 매우 가치 있는 교훈이다. 다른 사람을 판단하는 건 아니지만, 왜 어떻게 사람들이 부정의한 행동에 가담하고 그런 행동을 하는지에 대한 행동과 동기를 이해하기 위해서이다. 만약 생존자가 가해자를 용서하고 그들에게 동정심을 갖는다면 사회정의 심리사와 상담사인 나도 그 같은 감정을 가질 필요가 있다. 고문 생존자 혹은 다수의 강간과 성학대를 당한 생존자와 일하면서, 용서하기 힘든 상황임에도 용서하는 능력을 가진 것을 경험했을 때 인도주의적 관점에서 그들의 용서하는 마음, 진심 어린 친절 그리고 진정성은 내게 말할 수 없는 귀중한 교훈을 주었다. 따라서 사회정의 상담사와 심리사로서 나 역시 모든 사람에 대한 용서와 동정에 대한 가치를 포용해야 한다.

희망

내가 배운 주된 교훈은 개인에게 심리사나 상담사가 교육해야 할 필요성만큼이나 중요한 것은 그 개인이 가진 희망의 수준이었다. 때때로 대량학살, 잔학행위, 전쟁 트라우마, 인간 납치 생존자와 쓰나미, 태풍 나르기스, 허리케인 카트리나, 샌디에이고의 들불(wildfire)과 같은 자연재해를 겪은 개인, 가족, 지역사회 생존자들과 일하면서 나는 항상 사회부정의 속에서도 생존자들이 갖는 희망과 회복탄력성의 수준에 놀라고 숙연해진다. 예를 들어, 인디언 보호구역이 거의 전소될 정도의 2007년 샌디에이고 들불이 났을 때 그 지역을 운전하고 갔는데 그 보호구역 입구에 "우리는 기적을 믿는다."라고 페인트로 쓰인 표지판이 있었다. 나는 허리케인 카트리나 후에도 비슷한 수준의 희망을 목격했다. 허리케인 카트리나가 가장 심하게 강타한 지역을 지나면서 "함께라면 우리는 우리 지역을 재건할 수 있다. 함께라면 우리는 서로를 지지할 수 있다. 함께라면 우리는 그 길을 이끌 것이다."라고 커다랗게 적힌 문구를 보았다.

연구 결과를 보면, 일반적으로 성공적인 상담의 15%가 희망을 갖게 됐다. 이를 근거로 하면 자연재해, 전쟁 그리고 다른 억압에서 생존한 사람들의 경우 적어도 65%로부터 성공적인 결과를 기대할 수 있을 것이라 예측할 수 있다. 사회운동을 하는 상담사와 심리사가 희망과 회복탄력성에 기여하기 위해 희망을 주입하는 능력만큼이나 그들의 클라이언트, 가족, 지역사회에 희망을 갖게 하는 것이 매우 중요하다.

현재 사회정의 운동에서 습득한 여덟 가지 교훈을 결합하는 것

현재 국제사회정의 운동

현재 나는 아시아에서 납치되어 온 생존자들과 일하고 있다. 이들은 상업적 성매매를 위해 납치된 소녀들을 포함하고 있다. 이 사업은 아동학대 문제와도 관련된다. 납치 생존자와 일할 때도 회복탄력성, 강점, 희망과 용서 같은 주제를 많이 활용한다. 나는 INGO로부터 아동납치와 아동학대 예방 관련 일을 할 수 있는 특권을 부여받았다. 지난 3년간 나는 자원이 거의 없는 미얀마에 있는 도시와 시골 마을에서 일했다. 때로는 전기, 수도, 화장실 등이 없는 마을에 있기도 했다. 그 마을 사람들은 그동안 미얀마인이 아닌 사람을 본 적이 없었다. 생활 상태는 원시적이다. 그들은 마루 위의 매트에서 잠을 잔다. 어떤 가옥은 지붕만 있고 벽과 문이 없다. 캠핑을 선호하지 않은 나에게 이 같은 경험은 삶에서 개인적 평안함은 제쳐 두도록 만들었고 일에만 초점을 맞추도록 이끌었다.

나는 100~400명의 마을 사람들과 납치와 학대에 대한 회의를 열었다. 납치, 아동학대와 폭력이 난무했지만 어떤 사람들에게는 그 같은 개념은 처음 들어 보는 것이었다. 지속적으로 극심한 빈곤 속에 살고 있고, 문명의 변방에서 살면서 규칙적으로 자신의 아이를 때리고 돈을 받고 파는 무지한 사람들을 교육하는 일은 인내, 끈기, 고집, 융통성과 창의성을 필요로 했다. INGO는 깨달음을 느끼게 하기 위해 아동들에게는 정치적 힘을 사용하도록 가르쳤고, 부모나 마을 사람들에게는 교육을 제공하였다. INGO는 부모들과 마을 사람들에게 이러한 것들을 인식시키고 교육시키기 위해 아이들에게 정치적 소재의 연극을 가르쳤다. 아동들이 전체 마을 사람들에게 그들의 경험을 연극으로 전했을 때 항상 많은 눈물과 감동이 있었다. 이 극은 아동들이 그들이 경험한 폭력, 납치, 학대를 부모, 어르신 그리고 마을 사람들에게 처음으로 소리 내어 알리는 자리였다. 나는 의사소통, 집단 역학과 집단 과정에 기반을 둔 다문화 기법을 활용하면서 아동 납치, 아동 노동과 폭력에 대한 깊이 있는 깨달음과 예방 그리고 개입에 대해 아동들과 마을 사람들과 협력하여 일해 왔다.

다음은 부모와 마을 사람들을 교육하기 위해 사회정의 극장을 연 아동들의 놀라운 활동 사례이다. 아동들이 그들의 사회정의 극을 발표한 후에 우리(아동, 마을 사람들, INGO 직원들과 나)는 땅에 앉아 어떻게 하면 부모들이 자신의 아이를 때리지 않을 수 있을까에 대해 몇 시간 동안 생각 모으기를 했다. 어머니들은 그들이 자녀를 때리는 것이 아이들에게 어떤 영향을 끼치는지를 깨닫고 둘러앉아 울었다. 그들의 아이가 말썽을 부릴 때 부모가 긍정적으로 할 수 있는 것에 대해 얘기하고 나누었다. 아이들도 그들이 믿는 효과적인 체벌에 대한 생각을 부모와 나누었고, 자신들이 말썽 부릴 때 때리지 않고 부모와 상호작용할 수 있는 것과 관련된 제안을 하였다. 그 마을을 떠날 때 그곳에는 아동 방임과 학대보다는 아동보호에 대한 약속이 있었다. 변화를 위해 필요한 것은 인내이고, 결과가 즉시 나타나지 않을 수 있다. 얼마의 시간이 지난 후 그 마을을 다시 찾았을 때 이전에 자녀를 때리는 행위의 영향을 깨닫지 못했던 한 어머니가 전체 마을 사람들에게 "나는 더 이상 아이를 하루에 다섯 번씩 때리지 않아요. 아들을 단지 세 번 정도 때립니다."라고 했다고 말해 주었다. 그 아이, 부모, 마을이 변하고 있었다. 부모와 아동은 달라질 것이라는 희망을 가진다. 아동은 이전에 심하게 때렸던 어머니를 용서하고 이제부터는 좋은 아들이 되려고 노력하겠다고 했다. 이것은 그 마을 전체의 교훈이 되었다.

그 어머니는 이제 다른 부모들에게 아이들을 때리지 않고 그들의 화와 좌절감을 해소하는 다른 방법을 얘기하고 있다. 집단의 희망, 마을에서 일어난 집단적 용서, 마을 아이들이 낸 소리로 성인과 아동이 CRC(UN 인권협약)를 알게 되었고, 마을 수준에서 CRC를 적용하기 위한 집단적 의지가 있었다. CRC가 지켜지도록 어르신, 마을 사람들과 아동으로 구성된 아동보호 위원회가 구성되었다. 이것은 사회운동의 결과로 어떻게 개인, 가족, 지역사회 수준에서 변화가 일어날 수 있는지에 관한 한 가지 예이다. INGO와의 협력하에 조직적 수준에서 우리는 아동납치와 아동학대 예방을 위해 마을 지도자, 정신적 지도자, 지역 관료, 경찰 그리고 미얀마 사회복지 담당 관료와의 만남을 가졌다.

현재 국가적 사회운동사업

미국에서 나는 사회정의에 관한 석사 수준의 과목을 설계하고 가르친다. 이 과목은 석사 수준의 모든 학생을 대상으로 하는 과목이다. 이 과목은 '체험(hands-on)' 프로그램이다. 매 학기 학생들에게 사회정의 프로젝트가 주어진다. 이 프로젝트는 대학 캠퍼스에서의 억압을 헤쳐 나가는 길을 개발하는 것과 적용하는 것으로부터 미국상담학회 공공정책과 입법위원회와 함께 일하는 것, 미국학교상담협회(American School Counseling Association)를 위해 학교 상담사들을 위한 교내 갱 집단 예방 매뉴얼을 개발하는 것, 노숙자 쉼터를 위해 옷을 수집하는 것, 푸드뱅크를 위해 음식을 수집하며 이라크에 있는 병사들을 위한 위문품을 수집하고 만드는 것과 다양한 사회적 이슈를 다루는 다양한 비영리 단체와 일하는 것 등으로 그 범위가 다양하다. 어떤 사례는 고문 생존자에 관한 국가적 모임을 개발하고 보조하는 것, 성인 미동반 난민 아동과 취약 아동에 대한 국제회의를 돕거나 어르신 난민 집단을 위해 일하는 것, 이주민을 위해 이력서 쓰기, 면접 기술과 직업상담을 위한 일자리 박람회를 개최하거나 이주민을 위해 지역 자원 안내지를 만드는 것도 포함한다.

또 내 동료인 국경 없는 상담사협회란 단체를 만든 Fred Bemak와 일하면서 허리케인 카트리나 생존자와 일하거나, 인디언 거주지에서 일하거나, 샌디에이고 들불 사고 후 멕시코 이주민들과 일하는 학생 집단을 보조자로 이끌거나 지도 감독하는 기회도 있었다. 국경 없는 상담사협회와 일하고 사회정의 과목을 가르치는 것을 통한 우리들의 목표는 다문화 사회정의 행동 접근을 하는 차세대 상담사와 심리사를 교육하는 것이다.

사회정의 운동을 보급하는 것의 중요성

사회운동 상담사나 심리사는 비영리 조직, 교회, 학교 등과 같은 전문적 조직과 지역사회 현장에서 강연해야 할 뿐 아니라 전문 학술논문, 책, 비디오, 지역신문은 물론 다양한 종류의 재정 지원을 통해 우리의 일을 보급하는 것 또한 중요하다. 우리가 하는 일을 동료, 정부와 주 관료, 정책 입안자, 다른 전문직과 일반인에게 알리는 것이 중요하다. 사회정의와 인권 사업의 일부는 교육하는 것이다. 첨단기술 시대에 우리의 일은 다양한 방법으로 전파될 수 있다. 나는 지방과 국가 그리고 국제적인 연설을 할 기회를 수없이 많이 가졌고 내 일에 관해 폭넓게 여러 도서를 출판하였다. 저서를 내고, 연설을 통해 나는 뉴욕에 있는 UN에 초대되어 상업적 성을 위해 아시아 여성들이 납치되는 것에 관해 연설했고, 이주민에 관해 미국심리학회 전문가대회(APA Expert Summit)에 초대받아서 이민자들과 일하는 것에 대한 협회 훈련용 비디오를 제작했다. UN 연설의 결과, 전문 학술지에 내 연설이 게재되었을 뿐 아니라 같은 주제로 출판 계약도 하게 되었다. 이 같은 사회정의 운동사업은 사회정의 프로젝트에 종사하는 누구에게든 '눈덩이 현상(snowballing)'을 만들어 내었다.

나는 납치 생존자와 아동보호 분야에서 일했던 업무를 통해 서구의 이론, 모델 그리고 개입방법에 대해 다시 생각해 보게 되었다. 예를 들면, 현재 나는 지속적으로 극심한 빈곤 속에 있는 사람들의 관점으로 인간 성장과 발달 그리고 도덕 발달에 관한 원고를 쓰는 일을 하고 있다. 내가 발표했던 선택에 대한 서구적 개념도 또 다른 주제이고 현재 나는 납치 생존자에 관해서도 쓰고 있다. 사회운동이 개인, 지역사회 혹은 체제를 변화시키는 것뿐 아니라 연설과 장학금을 통해 이 사업을 보급하는 것도 의미 있는 교육적인 행동이라고 보는 관점도 중요하다.

요약하면, 이와 같은 일은 다음 세대의 다문화적 사회정의 심리사와 상담사를 교육하는 것처럼 심리학과 상담 영역을 새롭게 창조하려는 나의 변화를 위한 노력의 몇 가지 사례일 뿐이다. 나의 이야기가 사회정의와 인권 지식이 어떻게 행동으로 이어지는가에 대한 아이디어를 제공해 주었기를 바란다. 내가 사회운동 활동에서 배웠던 여덟 가지 핵심 가치인 인내, 끈기, 고집, 창의성, 융통성, 동정과 용서 그리고 희망을 독자에게 전한다. 다음은 우리 영역에서 통합적 사회정의 실천에 대한 세 가지 사례연구의 예이다.

사례연구 1: 도박

K 부인은 남편의 도박에 대해 걱정하고 있는 보스니아 난민이다. 처음으로 이 문제행동이 시작된 것은 토요일 밤 행사였는데 현재는 매일 하는 일로 바뀌었다. 그녀는 자신의 집단상담 모임에서 이 얘기를 하는 것을 창피하고 당황스러워했다. 상황이 점차 악화되어 더 이상 그 일을 비밀로 할 수가 없었는데, 특히 음식을 사거나 집 월세를 낼 돈이 없는 상태에서도 남편의 도박행동이 점차 잦아지고 있었기 때문이다. 그녀는 남편이 계속 도박을 하면 가족이 모두 노숙자가 되거나 아이들이 굶을 수도 있다고 걱정했다.

자신의 도박에 대해 남편은 택시기사로 오랜 시간을 일하기 때문에 자신도 휴식을 취할 시간이 있어야 할 것 아니냐고 자신의 문제를 합리화했다. K 부인이 집단(내가 그 집단의 운영자였던)에서 자신의 걱정을 얘기했을 때, 다른 보스니아 난민이 자신도 남편의 도박과 관련해서 유사한 경험을 했었다고 내키지 않은 듯 얘기했다. 분명히 이 일은 단순히 한 가정의 사례만은 아니었고, 지역사회에서 자신의 주급을 날렸을 때 가족을 위기에 빠뜨릴 수 있음에도 불구하고 그들의 스트레스를 날리는 한 가지 방법으로 오랜 시간 도박을 하는 다른 사람들이 있다는 사실이 분명해졌다.

그 문제는 개인의 문제를 넘어서 집단적인 문제가 되었다. 나는 집단에게 이 상황을 다루는 최선의 방법이 무엇일까를 물었다. 그 남편과만 개인적으로 얘기를 하는 것은 먹히지 않을 거라는 것이 분명했다. 그들은 이 문제를 다룰 다양한 방법에 대해 생각을 모았다. 보스니아 문화에서는 남성이 여성보다 더 많은 권위를 갖기 때문에 이 상황을 지역사회 수준에서 다루는 것이 가장 효과적인 접근이라고 결정했다. 이것은 다른 보스니아 여성과 가족뿐만 아니라 지역사회에서 등록된 지도자들을 포함시키는 것을 의미한다. 나는 집단 구성원의 역할극을 활용하여, 도박이 개인의 문제를 넘어서 지역사회 내에서의 더 큰 문제라는 점에 초점을 맞추어 그 문제를 다루기 위해 지역 주민과 지도자들이 수용할 수 있는 안전한 다른 전략을 제안했다.

집단은 다른 집에서 도박이 열리는 하루 저녁을 잡아 지역사회 지도자들을 모이게 했다. 지역 주민들이 아이들을 돌봐 주었기 때문에 집단에 있는 여성들은 그곳에서 도박에 대해 자신의 남편들과 대면할 수 있었다. 지역사회 지도자들과의 협력으로 나는 그 상황에 대해 모든 여성과 남성이 자신들의 의견을 표현할 수 있도록 집단을 이끌었다. 나는 또한 가학적 도박이 개인, 가족 그리고 더 나아가 지역사회에 미칠 영향에 대해 교육했다. 이 상황은 지역사회의 많은 다른 구성원을 위해 시청에서 열리는 모임으로 발전되었다. 이 말이 퍼지자 친구와 친척을 걱정하는 다른 사람들이 토론에 참석하기 위해 모여들었다. 지역사회 모임은 도박보다 스트레스를 날릴 수 있는 다른 방법을 제시했고, 여성들에게 힘을 실어 주어서 행동을 취할 수 있는 상황을 제공해 주었다. 이 상황은 문화적으로 민감한 방법으로 그들의 남편과 대면할 수 있는 힘을 부여하는 한 가지 예이다. 그리고 지역사회 지도자와 상담사, 심리사가 협력하여 이룬 체계적 변화의 과정과 방법을 강조하고, 더 나아가 이를 통해 어떻게 개인으로부터 지역사회까지 변화시킬 수 있는지를 보여 준다.

사례연구 2: 가정폭력

소말리아 난민인 L 부인은 가정폭력의 신체적 자국이 있음에도 불구하고 그 일에 대해 이야기하는 것을 꺼렸다. 그녀는 자신의 남편은 그녀뿐 아니라 아이 6명과 그의 어머니까지 부양하기 위해 오랜 시간을 일하면서 많은 스트레스를 받고 있다고 했다. 그녀의 남편은 교육을 제대로 받지 못했고, 영어를 잘 하지 못했기 때문에 육체노동을 할 수밖에 없었는데, 낮 시간에는 식당 설거지 일과 저녁에는 여러 가지 청소 일을 하고 있었다. 그는 고향에서 전쟁이 일어났을 때 고문을 당했고 마을의 거의 전 지역에서 참혹한 학살을 목격했다. 미국에 도착한 이후로 그는 불면증을 앓고 있었다.

L 씨는 점점 더 분노하게 되었고 그의 아내를 때리기 시작했다. L 부인은 그의 폭력이 '음식을 사고 생활비를 낼 정도의 충분한 돈을 벌려고 노력해야 한다는 스트레스와 관련이 있는 것'처럼 말했다. 그리고는 "그는 소말리아에 있을 때는 한 번도 때린 적이 없어요."라고 덧붙였다. 폭력적 논쟁이 있었던 저녁에 이웃이 L 부인이 소리 지르며 우는 소리를 들었고 경찰을 불렀다. 그는 구속되지는 않았다. 다음 날 남편이 일 나간 후 사회복지사가 L 부인을 찾아왔다. 그 사회복지사는 L 부인에게 아이들을 데리고 쉼터로 가야 한다고 말했다. 그녀는 쉼터에 가는 것을 망설였고, 만약 그녀가 남편을 떠나게 될 때 남편이 분노할 것과 결과적으로 그 지역사회에서 소외될 것에 대한 걱정을 했다. 사회복지사는 쉼터에서는 그녀와 아이들이 안전할 것

이고 남편도 그들을 찾지 못할 것이라고 설명했다. 그럼에도 불구하고 L 부인은 저항하면서 자신의 걱정을 토로하였다. 사회복지사에게 자신의 문화에서는 이 같은 문제는 가족과 지역사회 내에서 비밀로 지켜진다고 했다. 쉼터가 그녀와 아이들을 위한 최선의 선택이라고 믿는 사회복지사는 이동할 것을 강요하면서, 그녀와 아이를 쉼터로 데리고 갔다.

사회복지사가 강제로 L 부인과 아이들을 데리고 간 것을 목격한 한 집에 살고 있던 시어머니가 내게 도움을 요청한 친구에게 도움을 요청했다. 그 어머니는 무슨 일이 일어나고 있는지를 이해할 수 없었고 소말리아에서 군대가 와서 사람들을 데리고 사라지고, 마을 사람들은 그 후 다시는 그들을 볼 수 없었던 경험을 그 사회복지사의 행동과 연관 지어 이해하였다. 나는 사회복지 체계를 알고 있었고, 그녀가 어디에 있는지를 찾을 수 있었다. 그녀와 얘기를 나누면서 비록 그곳 기관 직원들은 그들이 쉼터에 머물도록 강력히 설득했지만, L 부인은 쉼터에 있기를 원치 않는다는 사실이 분명해졌다. L 부인은 그녀의 전쟁 경험으로는 권력을 가진 사람들에게 저항한다는 것은 그녀와 아이들에게 죽음도 초래할 수 있다고 생각했기 때문에 협조했노라고 말했다.

첫 번째 사회정의 개입으로 나는 만약 그녀가 원한다면 쉼터를 떠날 수 있는 권리를 갖고 있다고 교육했고, 쉼터 직원들에게는 만약 L 부인이 쉼터에 남아 있게 되면 발생할 문화적 결과에 대해 교육했다. L 부인과 쉼터 직원을 교육하는 것이 사회정의 증진을 위한 첫 단계였다. 그리고 나는 L 부인에게 가정폭력에 맞서는 것이 가장 효과적인 접근방법이라고 얘기했다. L 부인은 시어머니가 의심하고 있었을 수도 있었지만 창피해서 그의 시어머니와 가정폭력에 대해 의논하지 않았다. 그러나 이제는 그 상황이 너무 심각해졌고 소말리아에서는 평생을 부모를 존경하는 문화가 있으므로 시어머니가 효과적으로 중재하실 수 있을 것이라 느꼈다. 또한 가족의 안정과 결합은 그들 문화에서는 중요한 점으로 간주된다. 내가 동석해서 지지하고 있는 상황에서 그녀에게 향하는 폭력이 멈추어질 수 있도록 동의한 시어머니가 그의 아들에게 폭력을 멈추도록 말할 것을 요청했다.

나는 또한 지역사회 어르신들과도 말했다. 지역사회에서 주어진 어른들에 대한 지위와 공경으로 많은 가족 갈등은 그분들의 중재를 통해 관리되기도 한다. 지역사회 어르신들과의 파트너십을 통해 나는 가정폭력과 같은 민감한 문제를 논의하면서 문화적으로 공인된 가족의 연합과 안정에 초점을 둔 지역사회 포럼을 만들어 지속적으로 운영했다. 나아가 가정폭력 문제에 대해 난민 가족들과 일할 때 문화적으로 민감한 서비스를 제공할 수 있도록 가정폭력 사업가, 사회 서비스 제공자, 사회복지사, 상담사, 심리사, 공중보건 간호사 등과 같은 원조 전문가들에게도 워크숍을 제공했다. 사회정의를 증진시키고 인권 침해를 예방하기 위해서는, 가족, 지역사회, 원조 전문가 주류를 포함하여 다양한 수준에서의 사회정의 개입이 이루어졌다.

사례연구 3: 전통적 치유 실천

아동보호전문기관(Child Protective Services: CPS)은 미국인 교사에 의해 학대로 신고된 두 명의 캄보디아 난민 아동의 양육권을 빼앗았다. 경찰과 아동보호전문기관 직원이 그 집에 갔다. 어느 쪽 부모도 영어를 할 줄 몰라서 의사소통의 문제가 있었다. 그 부모는 어떤 영문이지를 몰랐고 두 아이를 그들 앞에서 빼앗아 갔으므로 몹시 두려워했다. 그 일이 있은 지 얼마 지나지 않아 지역사회 지도자가 도움을 요청하기 위해 나를 만났다. 나는 캄보디아 난민 가족들과 오랫동안 일해 왔고 그들과의 신뢰관계도 형성되어 있었다. 나는 부모와 지역사회를 대신해 도움을 줄 것을 요청받았다. 기관 및 경찰과 좋은 관계에 있었기 때문에 나는 아이들을 만날 수 있도록 허락을 얻었다. 사정 내용은 아이들의 등에 있는 멍은 학대가 아니고 그들의 전통적인 신체질환의 치유방법인 동전요법 때문이었다는 것이다.

나는 걱정하고 있는 부모에게 얘기했고 그들이 오해했다고 말해 주었다. 그 부모는 아동보호전문기관과 학교 관계자들에게 동전요법에 대해 교육하고 그것이 어떻게 학대로 오해받을 수 있는지에 대해 말할 수 있도록 그들과 동행해 줄 것을 내게 요청했다. 그러나 학교나 기관 모두 우리의 설명을 믿지 않고 아이 등의 멍은 학대로 인한 것이라고 확신하고 있었다. 나는 그 불신과 오해에 대해 많이 걱정했고 동전요법에 익숙한 지역사회의 다양한 전문가를 동원해서 이 상황을 가장 효과적으로 다룰 수 있는 방법을 결정했다. 나는 동전요법이 문화적 치유방법이라는 것을 보여 주는 연구 결과를 제출했다. 나는 또 지역이나 전국적으로 활동하는 의사, 지역사회 지도자, 의료 및 정신건강 전문가 그리고 동전요법에 익숙한 공중보건 전문가들로부터 탄원서를 수집했다.

이런 서류들이 있었음에도 불구하고 아동보호전문기관은 아동을 돌려보내기를 거부했다. 이를 위해 우리는 사회적 기업 네트워크(pro bono) 쪽에서 일하는 변호사와 기자들과 접촉했다. 기자는 부모와 통역사를 통해 인터뷰했고 신문에 주 기사(lead article)로 이에 관해 썼다. 그 즈음 법정 재판일이 잡혔고, 아이들의 멍이 학대로 인한 것이 아니었다는 설명에 만족한 판사는 부모에게 아이들을 돌려주라고 아동보호전문기관에 명했다.

이런 상황이 재발하지 않도록 하기 위해 지역사회는 교육용 비디오를 만들고 배포했다. 나는 비디오 회사에 제작 비용을 좀 낮추어 줄 것을 요청했다. 신문에서 그 기사를 읽은 영화사는 비디오를 만들고 복사물을 무료로 만들어 주는 일에 동의했다. 나는 지역사회와 파트너가 되어 교사, 건강 전문가, 아동보호전문기관, 경찰 그리고 다른 서비스 제공자들에게 동전요법과 그것으로 인한 오해의 가능성에 대한 15분짜리 비디오를 만드는 일을 했다. 그 비디오에는 동전요법 관련 경험을 하고 그것이 어떻게 학대로 오해될 수 있는지를 경험한 이야기를 해 주는 교사뿐만 아니라 의료 전문가, 지역사회 그리고 오랫동안 지켜져 온 동전요법의 전통에 대해 설명해 주는 영적 지도자도 참여했다. 비디오는 지역 주민에 의해 동전요법을 받은 한 아이도 보여 주었다. 지역 주민들이 동전요법 과정을 설명하고 멍이 드는 양상이 어떻게 아동학대와 다른 폭력의 형태와 다른지를 설명하는 내용도 담았다. 이 비디오는 지역사회 기관의 훈련용으로 그리고 지역 대학에 의해 의료, 사회복지, 심리학, 사범대학 훈련 프로그램으로 사용되었다.

더불어 지역의 비영리 기관의 도움으로 문화적으로 민감해야 하는 건강, 정신건강 전문가, 이중언어와 다문화 통역사 그리고 그 지역의 다른 관련 자원 목록도 만들었다. 그 목록은 크메르어와 다른 언어로 번역되어 지역 주민들에게 배포되었다.

이 사례연구는 사회정의 실천에 다양한 전략을 활용할 수 있는 한 가지 예이다. 이 예는 개인 클라이언트, 가족, 지역사회와 파트너십을 갖고 일하는 것의 중요성을 보여 준다. 이는 인권과 사회정의를 위한 일을 하는 사람들이 전체적이고 생태적인 견지에서 예방과 개입을 효과적으로 할 수 있는 집합적 관여(collective involvement)에 속한다.

참고문헌

Aria, B., & Gon, R. E. (1992). *The spirit of the Chinese character: Gifts from the heart.* San
Francisco, CA: Chronicle Books.

사회정의의 근간: 인권 옹호자가 되기까지의 여정
Fred Bemak

> 정의가 없으면 정의가 있는 곳도 위협이 된다.
>
> – Martin Luther King Jr.

> 확신에 찬 'No'는 불확실한 'Yes'로 대강 회피하는 것보다 낫다.
>
> – Mahatma Gandhi

> 신념으로 가득 찬 요지부동의 영혼 몇 명만 있어도 역사의 흐름을 바꿀 수 있다.
>
> – Mahatma Gandhi

사회정의와 관련하여 나의 평생을 돌이켜 보면 어린 시절의 영향으로 인해 가치관이나 행동양식을 키웠다고 볼 수 있다. 어린 시절 전체를 사회정의라는 말로 단정지을 수는 없지만 핵심적 가치관은 가족에서 비롯되었다. 러시아 이민자요, 노동운동가였던 조부는 노동자의 권리를 위해 싸우셨던 분이다. 그는 후에 구두 공장 주인이 되어 스스로 관리자가 되었을 때에도 노동자에 대한 관심과 공정성을 잃지 않았던 분이다. 조부의 이런 점, 특히 공정성, 평등성, 권리, 인간 존엄성, 특권에 대한 신념과 고집은 우리 가족의 가풍이 되었다.

조부의 신념에도 불구하고 부친은 혈기왕성하고 반항적이었다. 물질에 무관심하도록 교육되었고 Pete Seeger 같은 가수에 대해 반대하면서 이해하지 못할 질문을 쏟아 내는 것이 마치 의미 있는 듯한 분위기였다. 그러던 중 6학년 때에 이런 가치에 상충되는 사건이 발생하였다. 나는 6학년 시절 우등반에 속해 있었다. 우리 학급의 모든 학생은 다른 반의 학생들보다 훨씬 성공적인 미래를 약속받을 것이라는 메시지를 끊임없이 받고 있었다. 우등반의 학생들은 미래의 지도자가 될 아이들로 인정받고 있었고 특별대우를 받았을 뿐만 아니라 특별한 학습 활동과 관심을 받고 있었다.

재미있는 점은 담임선생님이 해병대 장교 출신이었고 유별나게 질투심이 많았으며 온 세상을 군인의 시각으로 보았고 미국적인 철학과 과학의 관점과 철두철미한 군사적 통제사상을 가지고 있었다는 것이다. 이런 점은 우등반이 현장 답사를 어디로 갔는지를 보면 알 수 있다. 유명한 박물관, 역사적 장소, 업무환경이 좋은 기업, 문화 공연을 보여 주는 것이 아니고 메릴랜드주 애나폴리스에 위치한 미 해군 아카데미를 10시간에 걸쳐 당일치기로 다녀오게 하였다.

11세의 어린 나이에도 나는 이미 사회주의나 공산주의는 저소득층에게나 도움이 되는 사상이라는 내용의 독서를 마쳤고, 『내셔널 지오그래픽(National Geographic)』 잡지, 세상의 종교를 다룬 『타임』지나 『라이프』지를 좋아하게 되었다. 이런 책은 다른 문화에 접하게 하였으며 다양한 안목과 세계관을 가지게 하였다. 6학년 어느 날이었는데 그날도 선생님은 여전히 미국과는 다른 문화, 종교, 정치에 대해 '끔찍하고 사악한' 가치라고 가르치고 있었다. 나는 집에서 읽는 책이나 부모님과의 토론을 떠올리게 되었고, 조부모께서 러시아 출신임을 생각하면서 손을 들었고 다른 문화가 각각 다른 견해를 가지고 있는 것 아니냐고 말하였다. 선생님의 말씀과는 다른 견해를 낸 것은 결국 나에게 불이익으로 다가와, 나는 학년이 끝날 때까지 힘들게 지내게 되었다. 학생들 사이에는 인기도 있었고 친구도 많았지만, 담임선생님은 내가 결코 '훌륭한 해병대'가 될 인물은 아니라고 결론을 지어 집단에 끼워 주지 않았다. 이 사태로 인해 나의 사회적 네트워크나 비판적 사고력이 영향을 받지는 않았고 오히려 모든 말을 '사실'로 받아들여서는 안 되고, 말이 안 되는 경우에는 나서야 한다는 것을 확신하게 되는 계기가 되었다.

6학년 때의 경험은 그 이후 나의 성장의 기초가 되었다. 몇 년 후 11학년 때 나는 양쪽 갈등 사이에 끼이게 되었다. 모든 학생이 점심시간 메뉴에 대해 불평하고 있었다. 설탕과 탄수화물이 가득한 음식을 만끽하던 나는 그 당시 마틴 루터 킹, 마하트마 간디, 존 F. 케네디 등 인권이나 시민의 권리를 위해 싸운 영웅들에 대해 배우고 있었다. 이들은 고등학교 수준보다는 큰 세상을 바꾸는 데 의연히 싸워 온 분들이었다. 더구나 그 당시 우주 비행사가 달에 착륙했던 시기라서 불가능한 것이 없어 보였다. 지도자라는 것, 변화 도모, 권리 추구, 정의, 이런 개념들이 16세 때 나의 지평을 넓혀 주고 있었고 꿈을 실현할 때가 온 것이었다. 나는 점심 메뉴 개선을 위하여 최초의 데모를 조직하게 되었던 것이다.

나는 학급의 전원이 점심 메뉴가 엉망이고 이에 대해 '뭔가 행동해야 한다'는 데 만장일치할 수 있었던 것에 매우 놀랐다. 거의 대부분 '데모'에 참여하였고 수업을 거부하면서 운동장에 앉아 우리의 행동으로 과연 세상을 바꿀 가능성이 있는 것인지 우리의 힘의 정도를 가늠하고 있었다. 그러자 곧 학교 당국이 우리의 데모를 무산시키면서 교실로 돌아가라고 지시하였고, 지도자급 몇 명(두 명의 학생과 나)을 따로 분리시켰으며, 부모를 호출하였고, 화를 내며 교장실로 불러들였다. 정학이라는 단어가 머리에 맴돌았지만 동시에 강한 신념과 확신에 대한 헌신, 고립감(다른 학생은 모두 교실로 갔는데 나만 남아 있었으므로), 권력에 대한 이해 증진, 리더십이라는 것에 대한 새로운 경험, 점심 메뉴는 바뀌지 않았다는 사실 등을 깨달으면서, 조금씩 내 자신이 어떤 사람인지, 내가 믿는 것과 내가 나서려는 것에 대해 보다 명확하게 정리하게 되었다. 나의 학급 동료들이 문제되는 사항을 바꿀 수가 없다는 무력감에 대해 불평하는 동안, 나는 평등한 권리, 공평성, 평등성, 사회정의를 위해 싸우게 될 나름대로의 길을 모색하게 되었고 이에 대한 정체성을 가지는 계기가 되었다.

그러므로 나의 사회정의 운동은 16세 때 있었던 점심 메뉴 관련 데모와 그 당시 행정에 대해 무능하게 대처했던 것에서 시작되었으나, 이를 계기로 사회변화, 평등, 권리, 권위, 인내, 인권에 대해 배우게 되었다. 그 후 곧 대학생이 되어 1960대 말에 매사추세츠주 럭스버리에서 흑인을 위한 시민운동을 시작하게 된 것은 자연스러운 일이었다. 그 당시 럭스버리에서는 베트남 전쟁 반대와 흑인의 시민권을 위한 데모가 자주 있었다. 또한 대학 캠퍼스에서 케네디 프로젝트였던 '빈곤과의 전쟁'이라는 주제하에 생겨난 Upward Bound 프로그램에 참여하였다. Upward Bound는 8~10주 동안 다양한 인종이 함께 주거하는 프로그램인데 주로 저소득층이면서 성적이 부진한 고등학생을 대상으로 하여 다양한 내용을 경험하게 하는 프로그램이다. 인종 간의 갈등, 흑인, 히스패닉계, 영어가 서투른 이민자들이 대상이 되었는데 지역사회에서 부딪히는 제반 문제를 마치 현미경으로 들여다보듯이 직접 빈곤문제, 인종차별 등을 경험하곤 하였다.

나는 대학 졸업 후에도 Upward Bound(UB) 프로그램에서 계속 일하게 되었으며 고등학생 대상이던 프로그램을 가족, 지역사회, 학교 당국으로 넓혀서 빈곤, 인종차별, 불평등을 다루어 주는 역할을 담당하였다. 일을 하면서 대학원(암허스트의 매사추세츠 대학교)도 다녔는데 수업과 현실 세계를 절충하려고 노력하는 계기가 되었다. 예를 들면, 워싱턴에서 프로젝트 예산에 대해 협상하기도 하고 다음 날은 인근 지역에서 부당하게 서비스를 받지 못하여 대학 진학이 어려워진 사례에 대해 부모나 조부모들과 옹호자 전략회의를 하기도 하였다. 그러다가 오후에는 이런 경험이 전혀 없는 학생들 사이에 앉아 수업을 듣곤 하였다. 이들은 대부분 사회정의, 인권, 인간 존엄성, 다문화, 인종차별, 억압을 겪는 현실 세계에 대해 전혀 접해 본 적이 없는 대학원생들이었다.

5년 동안 이런 생활을 한 이후에 나는 UB 프로젝트 대표가 되었는데 이때 나는 국내에서 가장 어린 나이에 대표가 되었고, 박사학위도 마친 상태였다. UB에서의 경험은 이후 나의 전 생애의 작업을 위한 무대를 마련해 주었다. 나는 연방정부나 주정부 차원의 정책이나 예산을 세우는 일, 현장에서 직접 지역의 사례를 다루는 일 사이를 오가면서 진정으로 사회정의의 가치를 알게 되었고, 이와 같은 일들은 사회변화를 도모하고자 하는 지금의 나를 만드는 데 매우 중요한 경험이 되었다. 부당함을 겪었을 때의 고통과 분노, 차별 대우를 알게 되면서 위험을 무릅쓰려는 확신, 대변자 역할, 리더십, 이런 것들이 UB 기간 동안에 형성되었다. UB를 그만두고 1년 동안 배낭여행을 하며 저개발 국가를 돌아다니게 되었는데, 이 기간 동안 문화가 얼마나 다른지에 대해 더 깊이 이해하였고 더 폭넓은 세계관을 가지게 되었다. 그 이후 몇 년간은 다양한 경험을 하게 되었다. 국가정신건강국(National Institute of Mental Health: NIMH)의 임상부서 대표로서 입원했다가 퇴원한 청년들의 지역사회 재진입 프로그램을 맡기도 하였고, 정신건강 관련 지역사회 프로그램을 전국으로 확대하여 자문과 교육을 시키는 협력단에 예산을 편성하기도 하였으며, 각종 장학금을 받아 해외 프로젝트를 실시하기도 하였다. 풀브라이트 재단(Fullbright Foundation)의 후원 연결을 도왔고, 국제교환전문가연구원으로 발탁되어 인도에서 전문가를 훈련시켰으며, 켈로그 재단(Kellogg Foundation)의 도움을 받아 남미와 캐리비언 지역에서 2년 반 동안 국제지도자 양성에 임하기도 하였다.

이런 경험들을 통해 그 후 사회정의를 나의 일생의 과업으로 정하는 데 더욱 굳건한 바탕을 가지게 되었다. 나는 미국뿐만 아니라 전 세계 34개국을 다니며 사회정의를 주제로 자문하거나 훈련 프로그램을 수행하였다. 특히 위험군 청소년과 가족을 위한 사회정의와 인권 문제를 부각시키는 일에 대한 조사연구를 실시하였으며, 사회정의와 인권이 상충되는 영역, 즉 다문화 정신건강, 빈곤, 인간 매매, 난민, 학생의 성적 향상과 공정성, 노숙자, 이민자, 분리되고 취약한 아동, 길거리 청소년, 아동, 군인, 재난 후 정신건강 등의 문제에 초점을 맞추었다.

정확히 어떻게 되었던 것인지 확실치는 않지만, 경우에 따라서는 여러 활동이 겹치는 때도 있었으나 결국 사회정의라는 이슈에 연결되는 일로 결론이 나곤 하였다. 사람들마다 일하는 스타일이 다르지만, 나의 경우에는 동시에 여러 가지를 해내는 데 익숙한 편이다. 사회정의 관련 업무에 종사하려는 독자들에게 도움이 되고자 하여 나는 현재 하고 있는 일을 설명하려고 한다. 그런데 종신직 교수로 임명된 이후에 내가 하는 이런 일은 하지 않아도 되는 일이었음을 밝힌다. 그리고 대부분 내가 쫓아다녔다기보다는 대체로 초대받아 이루어진 일이 대부분이었다. 인간 삶의 조건을 향상시키고 변화를 도모하려는 데 대한 헌신과 열정으로 인하여 끊임없이 이런 기회들이 생겼던 것으로 생각된다. 이런 점은 당신에게도 동일하게 적용될 것이며, 사회정의를 위한 일들을 추구하면 저절로 더욱 많은 기회가 발생하고 여러 차원에서 도움이 되는 변화를 가져오는 주체자가 될 수 있다.

이런 설명을 전제로 하고서 현재 내가 하고 있는 사회정의 관련 업무는 다음과 같다. 현재 나는 국제 프로젝트 두 개를 맡아 하고 있고 세 번째 프로젝트를 준비 중이다. 하나는 아동 인신매매 주요국인 코스타리카에서 진행하고 있는데 아동 인신매매 근절을 위하여 정신건강 전문가들에게 주기적으로 훈련 프로그램을 제공하는 것이고 이는 지진 발생 이후부터 진행되고 있다. 두 번째 프로젝트는 아시아에 있는 큰 NGO 단체와 함께 자문 역할을 해 주는 것이다. 아시아 6개국의 국경 지역에서 진행되는 아동 인신매매 예방 프로그램을 평가하는 역할이다. 태국, 중국, 캄보디아를 다니게 되고 다른 평가자들은 미얀마, 베트남, 라오스를 다니게 되어 있다. 현존하는 예방 프로그램의 효과를 평가하고 국내외적으로 좀 더 효율적인 방안을 모색하여 정책변화를 가져오게 하는 것이 목적이다. 과거 UB에서 경험했던 바와 같이 정부 관료, 기관 책임자를 만나 회의하고 마을 사람들을 두루 만나 면접하게 될 것이다. 세 번째 프로젝트는 미성년 군인들과 일하는 직원들에게 사회심리적 훈련을 시키고 다양한 측면에서 지지해 주기 위한 프로젝트이다.

이러한 제반 국제 프로젝트와 함께 국내 프로젝트도 진행하고 있다. 동료와 함께 미국 정부와 논의 중인데 중도탈락 위기학생을 돕기 위해 학생의 20%에게 도움을 제공하는 프로젝트를 개발 중이다. 국내 유수 교육기관의 초대로 학교 상담과 성적 증진을 주제로 학회에 주제 발표도 하였다. 학교 상담 프로그램을 어떻게 변화시켜야 더욱 효율적으로 성적 증진을 도모하게 할지를 조사 연구하기 위해 전국적인 조사를 하고 있는 중이다. 이런 연구의 결과는 공동 연구자와 함께 집필 중이다. 또한 사회정의에 대한 책도 최종 마무리 단계에 있다. 사회정의와 정신건강의 제반 측면에 대해서는 연구 결과를 논문으로 제출할 준비를 하고 있다.

요약하면, 나는 전문가로서 정의 구현을 위해 일하는 것을 정말 즐기고 있다. 실제로 이런 것을 업무라고 말할 수 없을 정도로 즐기고 있으며, 사회정의 구현은 나의 삶 그 자체라고 말할 수 있을 것이다. 조그만 일이라도 세상을 더 낫게 만들기 위해 사회변화와 사회정의를 구현하지 않고 지나가는 날은 하루도 없다. 독자들에게 이야기 하나를 남기려고 한다. 우리 각자 사회정의 구현을 위해 어떤 일을 할 수 있을까에 대해 언급할 때마다 생각나는 이야기이다.

젊을 때 니카라과에서 보건복지부 자문을 해 준 적이 있었다. 이 일 바로 전에 시민전쟁을 치렀기에 전쟁고아가 많았던 때였다. 나는 보건복지부 장관과 함께 고아원에 가장 도움이 되는 인적 구조에 대해 논하고 있었다. 한 나라 전체의 전략을 짜는 자리이고 크게 영향을 줄 수 있다는 점에서 특별한 느낌을 주는 경험이었다. 바로 다음 날 정신병원 직원이 꽤 떨어져 있는 마을로 나를 데리고 나갔는데 입원했다가 퇴원한 환자를 만나 얼마나 잘 관리되고 있는지를 보여 주고자 하였다. 한적한 곳으로 차를 몰고 갔으며 점점 더 좁아진 골목길로 들어서더니 급기야 정글 언저리에 닿았다. 차를 두고 걷기 시작했다. 바나나 과수원, 벼농사, 판잣집을 지나갔고 진흙탕 길을 거쳐 갔다. 걸으면서 '세상의 끝' 아주 한적한 지점에 있구나 생각했던 기억이 생생하다. 아주 조그만 마을에 도달해서 드디어 퇴원한 클라이언트와 그의 가족을 만났다. 그는 입원 기간 중에 이발 기술을 배우게 되었다고 하였다. 지역사회로 복귀하자 그는 나무 그늘 밑에 다 낡은 의자를 놓고 깨진 거울을 달고 이발소를 시작하였다. 그와 대화를 시작하자 가족 전체와 마을 사람들이 모여들기 시작하여 모임은 순식간에 가족치료 회기 또는 지역사회 개입 회기가 되고 있었다. 회기를 끝마치고 클라이언트와 가족들은 회기를 통해 많이 배우고 기분도 더 좋아졌다고 깊이 감사드린다고 말하였다. 그때 나는 깨닫게 되었다. 복지부 장관과 함께 전국 단위의 정책을 돕는 일이나 정글 속 '세상의 끝'에서 한 개인을 돕는 것이나 같다는 것을. 경험의 내용이나 일 그 자체, 사회정의를 강조하는 점이나 모두 똑같았기 때문이다. 필요로 하는 곳에서 도울 수 있는 능력이 되기만 한다면 그 시점이 언제이거나 장소가 어디이거나 상관이 없다. 나는 이런 교훈을 통해 잘 배웠으므로 이제 정말로 남은 생애에 개인을 돕는 것이든 또는 국가 정책을 지원하는 것이든 사회정의를 구현하고 도와주는 것이면 무조건 달려갈 것이다. 사회정의는 우리 각자가 각각 분담해야 할 몫이다. 독자들에게 평화가 함께하기를 빌며 사회정의 실천을 직접 다룬 세 개의 사례를 제시하고자 한다.

첫 번째 사례연구

첫 번째 사례는 학교에서 청소년 집단을 통해 임파워먼트를 도모하였던 사례이다. UB 시절부터 나는 위험군으로 분류된 청소년 집단을 운영하였고 이런 집단을 성적 향상을 위한 임파워먼트 집단(Empowerment Groups for Academic Success Approach: EGAS)이라고 불렀다[EGAS 집단에 대한 자세한 묘사는 Bemak, Chung, & Sirosky-Sabdo(2005)에서 찾아볼 수 있다]. 이 사례를 특히 택하게 된 것은 최근 워싱턴 소재 고등학교에서 발생한 사건 때문이다. 프로젝트는 기금 후원을 받았고 특히 박사과정 학생이 논문을 쓰면서 그 일환으로 고등학교 상담선생님과 공동 작업을 하게 된 프로젝트였다. 서너 달 지나면서 우리는 고등학교 1학년 중에서 가장 위험군이었던 학생 15명씩 두 팀을 추천받았는데, 이들은 자주 결석하거나 숙제를 제출하지 않거나 성적이 부진한 학생들이었다.

　30명 중에서 임의추출 방식으로 8명씩 두 집단을 만들었다. 이들 16명은 인종이 다양하여 흑인, 남미계, 아시아계, 백인이 골고루 섞여 있었다. 개별적으로 면담하면서 12주 동안 진행되는 집단상담에 참여하여 학교생활의 문제나 수업 관련 문제를 토론할 수 있다고 권하였다. 16명은 모두 기꺼이 동의하였고, 두 집단으로 나누어졌다. 두 집단으로 나누는 것도 임의추출 방식을 따랐다. 16명 전원이 집단상담에 적극 참여하였다. EGAS 방식을 따랐으며 학생들이 가져오는 사적 문제나 대인관계 문제를 함께 해결해 보자는 취지를 가지고 임하였다. 탈락 위험이 있는 학생의 성적을 높이는 것이 최종 목적이었다. 참여자에게도 이 취지를 명백하게 밝혔다. 그리고 집단의 형식은 모든 토론 내용을 학생들이 직접 골라 어젠다를 만들고 방향성을 정하고 내용을 정하는 것이라는 점을 인지시켰다.

　처음에는 두 집단 모두 의아한 표정이었다. '우리가 원하는 주제로 진짜 이야기를 할 수 있을까?' '성적 하락, 숙제하기, 공부하기 등의 주제로 설교하는 거 아닐까?' '진짜로 우리가 뭘 언급할 수 있는 거야?' 등 집단 내에서 실제로 무엇이 허락되는지를 탐색하다가 집단 내에서 안전하게 하고 싶은 이야기를 나눌 수 있다는 것을 알게 되었다. 학교 상담교사와 내가 집단을 운영하면서 학생들의 깊은 내면의 이슈를 꺼내도록 돕게 되었다. 실제로 두 집단에서 부모와의 갈등, 성문제, 약물남용 문제, 친구관계, 가족문제 등을 터놓고 이야기할 수 있는 곳이 여기밖에 없다고 학생들이 말하기 시작하였다. 이런 이슈를 터놓고 이야기할 뿐만 아니라 이런 어려운 경우를 어떻게 대처해 나가야 할지 함께 머리를 맞대고 대안을 모색하곤 하였다.

　7주차 되었을 때 우리 집단을 포함하여 모든 과외 활동을 금지하고 주정부 학력고사 준비를 하도록 지시가 내려졌다. 이런 광고가 발표되자 학생들이 매우 흥분하였다. "어떻게 그럴 수 있어?" "말도 안 돼, 이럴 수는 없어!" "우리 집단이 못 만나게 되다니, 일주일 중 제일 신나는 시간인데……." "이 집단 활동을 통해서 학교 수업이 잘 되라고 만나는 거 아냐? 그런데 왜 그만두라는 거지?" 이 집단이 왜 만나야 하는가에 대해 진심으로 대화를 하게 되자 그들은 서로 마음을 터놓게 되었고, 진심 어린 대화를 나누게 되었다. 16명의 학생 전원이 학교생활이 훨씬 좋아졌고 정서적으로도 좋아졌다고 선언하기에 이르렀다.

　이때쯤 해서 나는 학생들이 집단을 통해 얻고자 하는 목표가 무엇인지, 성적은 어느 정도 향상되었는지를 언급하도록 도전해 보았다. "성적이 올라가지 않는데 교장 선생님 입장에서 어떻게 이 집단만 특별히 봐줄 수가 있겠니? 여러분이 더 노력해야 하지 않을까? 학력고사 성적이 안 좋게 나오면? 숙제를 제때 제출하지 않는다면? 여러분이 교장 선생님이라면 뭐라고 말할까?"

이런 식의 대화는 학생들의 강한 반응을 일으키기에 충분하였다. "우리가 지금 나아지고 있는 중이라니까요." "성적도 올라가고 있어요. 담임선생님께 물어보세요." "집단이 시작된 이후부터 정말로 향상되었어요." 조사해 본 결과, 한 명만 성적이 나쁜 상태였는데 집단에서 이 내용을 밝히자 집단원들은 한 명에게 더 노력해 보라고 하면서 그렇지 않으면 집단에 계속 참여할 수 없다고 설득하기까지 하였다. 그 학생은 '더 노력하겠다'고 약속하였고 그 후 여러 회기 동안 집단에 향상된 증거 자료를 가져오곤 하였다.

학생들은 집단을 유지하기 위해 상담교사와 나를 설득하려는 의도로 생애 최초로 그들의 성적이나 학교생활 태도에 대해 진지하게 대화를 나누게 되었던 것이다. 결과적으로 그들은 성적이 향상되었다. 그래서 교장에게 왜 집단을 그만두게 해서는 안 되는지를 설명하는 편지를 쓰는 것이 어떻겠냐고 제안하였다. 그들이 권위를 가진 분을 대상으로 건설적인 도전을 해 보는 것은 처음 경험하는 것이었다. 16명 전원이 정성껏 교장에게 편지를 보냈다. 결국 교장은 다른 모든 활동을 중지시키고 시험공부만 하게 하였음에도 불구하고 우리 집단만 예외를 허락하였다.

나의 집단이라는 느낌을 갖고 집단에 참여하게 된 것은 모든 학생에게 매우 혁신적인 경험이 되었다. 옳다고 믿는 것, 즉 집단을 지속하는 것을 변호하는 경험도 값진 것이었다. 그들의 주장이 이루어지자, 성적, 출석률이 획기적으로 향상하였으며, 자신감이 향상되어 한 인간으로서, 학생으로서 임파워먼트가 성공하게 되었다.

두 번째 사례연구

두 번째 사례는 지난 수년간 우간다에서 진행된 프로젝트이다. 20년 넘게 지속되고 있는 내전 때문에 가족이 붕괴되었고, 살생, 고문, 유괴, 기아, 강간이 난무하고 있는 지역이다. 아동은 고아가 되거나 에이즈에 감염되었고, 군인으로 차출되기도

하고 심지어 엄마 역할을 하는 아동도 있는 상태였다. 이 지역에서 주로 내가 하는 일은 취약한 환경의 청소년이 학교로 돌아가서 공부를 해내도록 돕는 NGO 단체와 협력하는 일이었다. 전쟁을 겪은 지역이 비슷하게 겪는 문제는 청소년들이 공부를 하고 싶어도 트라우마 후유증 때문에 집중이 안 되고 회상 현상을 겪으며 여러 정신건강 문제를 가지고 있다는 점이다.

우간다에서 사회정의 상담사로서 내가 했던 일은 NGO 직원들이 심리사회적 접근의 기본을 알고 트라우마를 겪은 후에 외상후 스트레스장애(PTSD) 진단과 증상이 무엇인지 교육시키는 일이었다. 때로는 마을을 방문하고, 학교나 감옥을 방문하여 전쟁 중에 겪은 끔찍한 경험과 현재의 삶의 어려움을 접목시켜 인식하도록 돕는 일을 했다. NGO 직원들과 늘 함께 다녔는데 그들에게는 내가 어떻게 접근하는지 관찰하면서 배우는 기회가 되었다. 나중에는 NGO 직원들이 일단 아동과 가족을 상담하게 하고 이어서 수퍼비전을 주는 형태로 발전하였다. 이 일을 하는 동안 내가 만났던 트라우마를 겪은 개인들의 예는 강제로 군인으로 차출되어 강압적으로 살인과 강간을 저지르게 했다거나, 부모, 가족, 이웃이 죽임을 당하거나 강간당하는 장면에 노출되었거나, 십대 미혼모가 되었거나, 에이즈에 걸렸다는 것을 통보받았거나, 동생을 돌보는 책임을 맡고 있거나, 악몽과 회상 현상에 시달리고 있거나, 부모를 잃었거나, 노숙자이거나, 범죄 및 기아에 시달리고 있거나, 인간에 대한 깊은 불신을 가지고 있는 청소년들을 포함한다. 이런 이슈는 대부분 우울증, 학교문제, 미래에 대한 아무 희망이 없는 형태로 나타나게 된다. NGO 직원들과 내가 했던 일은 이런 청소년들의 트라우마, 고통, 두려움, 분노감에 접근하면서 결국 그들이 치유를 경험하여 학교생활을 제대로 하게 하는 것이었다.

이런 작업을 할 때에는 개인의 생태체계가 중요하므로(Conyne & Bemak, 2004) 빈곤, 트라우마, 취약점, 차별, 성차별, 폭력, 교육 정책 등을 모두 포함시켜야 한다. 청소년의 학교생활에 영향을 끼치는 이러한 중요한 사안을 무시하고서는 그들이 의미 있는 미래를 갖도록 도울 수가 없다. 심리사, 상담사, 사회복지사들이 청소년을 상담할 때에는 반드시 그가 처한 사회적 · 정치적 · 경제적 현실에 민감해야 하며 이는 상담에서 매우 중요한 사안이라고 나는 늘 강조해 왔다. 청소년 학습에 영향을 끼치는 상위요소를 무시하고서는 우간다뿐만 아니라 다른 국가에서도 성공적이지 못한 개입이 될 것이다.

세 번째 사례연구

세 번째 사례는 2010년도 아이티 지진 이후 내가 수행해 온 작업에 대한 내용이다. 주로 범문화적 재난 구호 모델(disaster cross-cultural model: DCCC)에 근거한 것이다[DCCC 모델에 대한 자세한 내용은 Bemak & Chung(2011) 참조]. 지진은 국가 전체에 영향을 미쳤고, 건물이 파괴되었으며 수많은 사상자와 상해자가 발생하였고 백만이 넘는 사람들이 집을 잃고 노숙자가 되었다.

지진 이후에는 트라우마 때문에 외상후 스트레스장애가 많이 발생하므로 심리상담이 전적으로 필요하였다. 국경 없는 상담사협회(Counselors Without Borders: CWB)는 2005년 허리케인 카트리나를 겪으면서 만들게 된 단체인데 이후 다른 국내 · 국외의 위기에 부응하기 위하여 더 확대된 기관이다. 지진 직후 나는 CWB 측과 대화를 나누면서 학교 교직원과 지역사회 전문가들에게 트라우마 훈련을 시켜야 한다고 제안하였고 3개월 후에 지원을 받게 되어 CWB 팀을 파견하게 되었다. 팀원은 나를 비롯하여 이 책의 공저자도 포함하였다.

유일하게 남아 있던 학교 건물이었던 포르토프랭스(Port-au-Prince) 학교에서 훈련이 시작되었다. 수도에 있는 학교 여덟 곳의 교장들과 관계자들이 훈련에 참여하였다. 아이티에는 정신건강 전문가가 학교체계 내에 없는 상태였고, 교장이 상담을 해 주는 경우가 많았으므로 훈련 내용에는 트라우마를 겪은 학생, 부모, 교사들을 어떻게 심리적으로 도와야 하는지를 점검하고 개입 방안을 설계하도록 도움을 주었다. 동시에 교장들에게도 개인적으로 겪은 트라우마에 대응하도록 도움을 주었다. 그들이 개입하는 동안 학교행정가들은 DCCC 모델 적용방법을 관찰한다. 직접 상담은 학생(개인치료, 가족치료, 집단치료), 부모(개인치료, 가족치료, 집단치료), 교사(개인치료, 집단치료)에게 제공된다. CWB 소속 상담사들은 학교 교장과 만나 수퍼비전이나 자문을 제공한다.

다른 지역에서는 심리사와 사회복지사들을 대상으로 트라우마와 관련된 수련 회기를 갖기도 하였다. 모든 수련은 문화적으로 적합하고 사회정의에 알맞은 틀로 제공되었으며 재난에 대해 부적절한 대응 방식 때문에 울분과 좌절감을 느끼게 되는 것, 재정문제에 대한 이슈, 주택과 의료 문제, 치유에 대한 신념, 적절한 서비스와 보조를 받기 위해 홍보하는 것 등 다양한 내용이 다루어졌다.

📚 참고문헌
....

Bemak, F., & Chung, R. C-Y. (2011). Social justice group work and group supervision in post-disaster situations. *Journal for Specialists in Group Work, 36*(1), 3-21.

Bemak, F., Chung, R. C-Y., & Sirosky-Sabdo, L. A. (2005). Empowerment groups for academic success (EGAS): An innovative approach to prevent high school failure for at-risk urban African American girls. *Professional School Counseling, 8*, 377-389.

Conyne, R., & Bemak, F. (2004). Teaching group work from an ecological perspective. *Journal for Specialists in Group Work, 29*, 7-18.

대학원생들의 사회정의에 대한 회고

이 장에는 조지메이슨 대학교(George Mason University: GMU)의 상담과 발달 프로그램(Counseling and Development Program)에서의 경험에 대한 학생들의 회고가 담겨 있다. 상담과 발달 프로그램의 핵심 목표는 미래의 다문화 사회정의 상담사(multicultural social justice counselors)를 양성하는 것이었다. 학생들은 대학원생으로서의 경험을 회고하였고, 훈련 속에서 중심적이면서 가슴 아픈 경험에 초점을 맞추었다. 사회정의와 관련된 주제들은 도입 첫 시간부터 강조되었고, 집중적으로 탐색되었으나, 사회정의와 다문화주의에 대한 학생들의 인식 및 통찰은 다문화 상담 수업, 상담과 사회정의 수업에서 최고조를 이루었다. 우리가 알고 있는 범위 내에서는, '상담과 사회정의' 수업은 대학생 상담 혹은 심리 프로그램 과정에서 요구되는 사회정의와 관련된 유일한 과정이다. 따라서 우리는 학생들의 훈련에 있어서 중심축이 되었던 순간을 회고하도록 하였고, 학생들이 이 두 가지 수업 중 한 가지를 선택하여 그 수업과 관련된 자신의 경험에 다가가도록 하였다. 학생들의 회고는 지극히 개인적이며, 학생들의 삶의 변화, 그들이 감수했던 위험, 학생들의 개인적이고 전문적인 발달 과정에서 관련되었던 사회부정의에 반대하여 행동하고 말했던 용기의 한 예시이다.

나는 너를 흑인 소녀로 본다. 하지만 나는 감히 말하고 도전한다
-Reston Bell

나는 나와 관련된 두 가지 표식을 가지고 태어났다. 나의 이름은 Reston Bell이며 나는…… 흑인…… 여자이다. 이것은 이 다문화 상담 수업을 회고하는 데 있어서 기초가 되는 기준이다. 나는 나의 경험을 나누는 것이 왜 안전하다고 느끼게 되었을까? 내가 지체 없이 다음 단계로 넘어갈 수 있게 한 것은 무엇이었을까? 사람들이 말할 수 있는 용기를 얻게 해 준 단어는 무엇이었을까? 이러한 질문들은 내가 실제 상황에서, 알맞은 때에 생생한 반응을 할 수 있도록 도와준 좋은 질문들이다. 당신이 이 부분을 읽을 때, 나는 당신이 열린 마음으로, 당신이 겪은 일은 아니지만 동시에 나 혼자 참아 내야만 하는 것도 아닌, 나의 표현들과 감정들을 알아주기를 바란다. 현실 속에서는 인종차별이라는 문제와 인종 간의 불화가 우리가 정직하게 말하기를 주저하게 하고, 집단 내에서는 침묵함으로써 영속화되고 있다. 이것은 우리가 함께 짊어져야 할 책임이다. 따라서 나는 이 글에서 진실을 서술하도록 시도할 것이다.

무엇이 나를 지체 없이 다음 단계로 넘어갈 수 있게 하였는가

이 강의를 등록하기 전에, 나는 나 자신에게 질문을 던져야만 했다. "Reston, 너 정말로 네가 고통스럽게 쌓아 올렸던 방어벽을 해체하고 싶은 거야?" 나는 질문에 대한 불확실한 답을 가진 채 수업에 등록하였고, 앞으로도 내가 같은 행동을 할 수 있을 것이라고 생각하지 않는다. 나에게 있어서 수업에 등록한다는 것은 가끔씩 밤에 잠을 못 이루게 만들고, 초조함을 가져다주며, 힘들었던 시간에 받은 상처들에 대한 기억들을 새삼 살아나게 하였다.

다문화 상담이라는 이 수업에서의 가장 큰 도전은, 내가 자라고 사회화가 되는 과정 속에서 고의적으로 잊으려고 했던 나의 방어기제에 대한 것이었다. 이 도전은 아직 방어기제가 내 안에서 작용하며, 나 스스로 어쩔 수 없다고 느끼는 두려움과 연결되어 있는, 내가 고의적으로 잊고자 했던 상처들과 관련이 있었다. 다시 배우는 과정들은 특히 어려웠는데, 왜냐하면 이 학습된 반응이 얼마나 많이 나를 뒤로 물러서게 했는지 가늠할 수 없어서 나도 모르게 바보 같은 방법으로 애를 썼기 때문이다. 읽기, 쓰기 그리고 수학에는 자기혐오라는 주제가 포함되어 있지 않았지만, 나는 자기혐오를 학습했다. 우리의 과제 중 하나에서 "나는 그동안 내내 나를 공격한 사람들에 대해 언급하지 않았으나, 어떻게 나를 학대했던 것들을 내재화하고, 그것들이 마음속에서 상처로 남아 있는지를 기억한다. 나의 사회교육은 이와 같이 미묘하였으며, 이러한 사실로 인해 나는 신속하게 재학습하였다."라고 작성하였다. 나는 이에 대해 주의 깊게 다시 생각해 보면서, 이것이 사실이 아니라는 것을 알았다.

말할 수 있는 용기를 발견하기

다른 많은 사람처럼, 내가 받은 메시지는 전혀 복잡하지 않고 한계가 없었다. 인위적으로 스트레이트 파마를 했던 내 머리를 자르고 자연스러운 곱슬머리가 되었을 때, 70대의 아프리카계 미국 여성이 나에게 물었다. "너는 네가 좋은 머리카락을 가지고 있다고 생각하니?" 이 메시지는 나를 낙담하게 만들었다. 내가 한 1년 정도 자연스러운 웨이브 파마를 유지한 후 스트레이트 파마를 하였을 때, 이전 프로그램의 한 교수님은 나에게 말했다. "머리를 그렇게 하니까 전문가로 보이네요." 나는 상처받았다. 왜냐하면 내가 자연스러운 곱슬 상태일 때는 나의 전문성이 왜곡될 것이라는 메시지였기 때문이다. 고등학교 시절, 내가 상담 지도사에게 나의 교육에 대한 기대를 나누었을 때, 그는 이렇게 말했다. "그 생각이 매우 좋구나. 하지만 나는 네가 좀 더 현실적일 필요가 있다고 생각한다." 나는 그가 그렇게 말한 것에 대해 화가 났으며, 나 스스로도 부분적으로 그 메시지를 믿고 있다는 것에 격분했다. 보통의 노력 이상을 투입하지 않은 완성된 과제에 대해서 '잘한 일들'이라고 평가받은 것들은 사람들이 나에게 매우 작은 부분을 기대하고 있거나 혹은 더 나빠지지만 않은 것을 바라고 있다는 것을 의미했고, 사람들은 내가 나의 학습 과정에서 성공할 것인가에 대해 진심 어린 관심의 눈으로 바라봐 주지 않았다. 영어 선생님은 나를 호명한 적이 전혀 없었으나, 나에게 영어에 흥미가 없고 준비성이 없는 학생이라는 꼬리표를 붙였으며, 이러한 상황은 내게 여러 메시지를 남겨 주었다. 내가 2009년 취임식(오바마 전 미국 대통령 취임식으로 추정—역주)에서 돌아왔을 때, 내 앞마당에는 혜드라인이 보이는 조석간 신문으로 더럽혀져 있었다. 누군가 나에게 "너 백인 소녀처럼 말하는구나."라고 말했을 때, 혹은 다른 사람들이 "너는 백인 소녀처럼 너무 논리정연해."라고 말했을 때, '백인 소녀'처럼 말한다고 한 것은 칭찬이었을까? 내가 논리적인 것인가, 아니면 내가 '흑인 소녀'이기 때문에 생각보다 논리적이라고 느낀 것일까? 언어로 표현할 수 없는 다른 메시지들도 나에게 큰 영향을 미쳤다. 작년 부활절에 한 목사는 다음과 같이 설교했다. "내가 하나님을 찬양하는 것은 이력서에 적힐 수 없는 것들입니다. 나는 그 행간 사이에서 일어나는 모든 것을 위해 하나님을 찬양합니다." 같은 방식으로, 의도나 단어의 표현과 상관없이, 그들이 나에게 준 단어 사이에 있었던 행간의 메시지들은 나의 진보성을 마비시키고 찔렀다.

마음을 여는 것과 인내를 발달시키고 강화시키는 것은 진행 중이다. 수업 읽기 자료들은 미국에서 백인으로서 살아가는 것의 의미를 결정하는 것의 어려움을 반복해서 강조하고 있었다. 아프리카계 미국인 여성으로서 백인으로 살아간다는 것에 대한 이야기는 나에게 부러움을 갖도록 했다. 나는 백인들이 그들이 백인으로서의 정체성과 함의를 결정하기 위해 열심히 노력해야 한다는 사실이 매우 부러웠다. 소수자들은 이러한 사치를 부릴 수 없었으며, 이러한 사실에 나는 매우 화가 났다. 나는 내 스스로가 방에 들어가, 내가 이러한 부분을 극복해야 한다는 것에 대해 서두르지 않기를 원했다. 하지만 대부분의 다른 소수민족처럼 지배적인 문화 속에서 나는 내가 누구인가를 잊을 수 있는 기회조차 없었다. 내가 잊을 만하면 나의 피부색이 항상 나에게 말해 주었고, 이 세계는 나를 조롱하듯이 나의 귀에 크고 조용하게 속삭이고 있었다. "나는 네가 흑인 소녀라는 것을 알아." 이렇게 나는 항상 느끼고 있었다. 나는 기억하지 않으려 발버둥쳤으나, 기억해 내기도 전에 그것이 조롱하는 메시지로 다가왔다.

이전에 나는 민족/인종이라는 기준에 대해서 편하게 느끼려고 노력한 적이 있다. 하지만 다문화 상담 강의를 통해서, 이러한 노력들은 오히려 내 안에 항상 한계선을 긋도록 했다는 것을 깨달았다. 사람이 산에 오르는 데 있어서 그 순간을 공유할 사람이 없다면 무엇이 좋겠는가? 수업을 통해 나는 관점을 바꿀 수 있었다. 수년 동안 나는 관용이 개인적인 여정이라고 믿으며, 자기 혼자 스스로 산을 오르고자 노력했다. 이러한 생각은 부분적으로 사실일 수는 있겠으나, 이러한 방식의 전쟁은 절대로 평화를 가져다주지 못했다. 즉, 홀로 싸우는 고립은 넓은 수용으로 이어지지 못했다. 따라서 나는 나의 많은 수업 동료와 함께 두려워 보이는 깊은 구덩이 속으로 뛰어들었으며, 이러한 과정은 쉽지 않았으나 정직한 인종차별적 담론을 동반한 현실과 마주할 수 있게 되었다. 결과적으로, 내가 혼자 인식하고 '극복'하고 내재화하고자 했던 것들을 함께 논의할 수 있게 되었다.

이 수업을 가능하게 한 용맹한 교수 덕분에 나는 이 글을 읽는 독자들에게 자신의 위치에서는 경험할 수 없었던 관용에 관한 단계적 가르침에 대해 말할 수 있게 되었다. 나는 당신이 이러한 배움의 과정들이 쉽지 않으며, 가르치기에는 매우 어렵지만 저항하기는 매우 쉽다는 것을 알기 원한다. 나는 Chung 박사님이 두려움 없이 솔직하게 말해 주었던 것들이 학생들로 하여금 수업 시간만큼은 솔직하게 말해도 되는 장소라고 느끼게 하였을 것이라고 생각한다. 심지어 학생들의 의견이 어떠한 집단을 반대하는 것일지라도 말이다. 학생들은 다문화주의와 함께 먹고, 마시고, 잤다. 학생들이 수업 동료들 사이에서 상호작용한 언어들은 종이에 적힐 수 있는 단어 이상의 것이었다. 또한 수업 시간에 말했던 말이 밖으로 새어 나가는 것은 매우 낭비라고 가르쳤다. 그리고 진짜 과제는 수업 시간을 떠나서 세상과 연결되는 순간부터 시작되는 것임을 배웠다. 수업 동료들과 나는 단순한 말로 공유했다. 우리는 효과가 있으면서도 틀리고 아프고 도전이 되는 정직한 말들을 들으려고 노력했다. 가장 중요했던 것은 용감히 말하려고 한 것, 용감히 들으려고 한 것이었다.

백인의 특권에 대한 중독
–Elizabeth Davis

나는 27세의 백인 여성이며, 평생을 동남부의 주에서 살았다. 최근 몇 년 사이에 지금의 남편과 약혼 및 결혼을 하였고, 북쪽의 교외 지역에서 버지니아의 남쪽 시골 농장으로 이사했다. 나는 매우 다양한 집단의 또래 사이에서 학교생활을 했고, 지금은 대부분 백인들로 구성되어 있는 집단 사이에서 일을 한다. 하지만 나는 GMU에서의 상담학 석사과정을 마친 후 나의 고향을 꽤 자주 방문한다. 내가 다양한 문화와 민족의 친구들과 함께 자랐지만, 다문화 상담 수업을 듣기 전까지 내가 다문화 주제에 관하여 별로 고민하고 있지 않았으며, 다문화에 관련된 이슈들이 나의 친구들에게 어떻게 영향을 주고 있는지 생각해 보지 않았다는 것을 인식하지 못했다.

나는 완전히 솔직해져야만 했고, 다문화 상담 수업은 내가 기대했던 수업이 아니었음을 인정했다. 나는 내가 금기라고 항상 생각했던 주제들에 대해서 솔직하고 열린 자세로 토론하는 게 무섭고 당황스러웠다. 우리 가족 안에서는 말하면 안 되는 네 가지의 키워드가 있다. 돈, 종교, 정치 그리고 인종이 그것이다. 인종에 대해 토론하는 것에 대한 나의 두려움은 매우 컸다. 내가 군중 속에 있는 한 사람을 지목하여 그 사람의 유색 인종으로서의 정체성에 대해 질문하라고 한다면, 나는 그 사람을 피부 색깔보다는 그가 입은 티셔츠 색깔로 묘사했을 것이다.

다문화 상담 수업 동안, 처음에는 불안, 분노에서 죄책감에서 오는 무수한 감정들을 경험하고, 다음에는 혼란을 경험하였으며, 마침내 자신감을 얻게 되었다. 하지만 이러한 감정을 홀로 경험한 것이 아니다. 문화적 유능함을 얻기 위한 여정을 떠날 때는 누군가와 함께하는 것을 추천한다. 그렇지 않으면 그 여정은 매우 외로운 것이 될 것이다. 나는 처음에 수업을 함께 듣는 친구들에게 정직하게 말하는 것이 많이 두려웠다. 하지만 이후에 그들 중 많은 사람이 나의 여정에서의 동반자들이 되었다. 사실, 친구들의 격려와 친절한 말들이 없었다면 오늘날의 나는 있을 수 없을 것이다.

나의 전환점은 『인종은 소유하기 좋은 것: 백인이 되거나 백인을 이해하기 위한 가이드(A Race is a Nice Thing to Have: A Guide to Being a White Person or Understanding the White Persons in Your Life)』(Helms, 2008)를 읽은 것이었다. 우리에게는 책을 읽은 후 정직한 회고록을 작성하는 과제가 부여되었다. 그 당시에 내게는 약물중독과 싸우고 있는 친구가 있었다. 친구의 경험과 이 책의 내용을 결합하여, 나는 인종차별을 통해 야기되는 우월감과 마약에 의해 야기되는 높은 우월감의 상관관계에 대해 글을 썼다. 마약과 같이 인종차별은 만족을 추구하는 이에게 독이 될 수 있다. 그러나 사람이 술에 취했다가 깰 때처럼, 나와 같은 백인들 개인은 건강한 백인종의 정체성을 발전시키기 위해 끊임없이 노력해야 한다. Helms의 조언을 통해 내가 백인우월주의에 젖어 있다는 것을 발견하게 되었다. 또한 인종차별에 맞서 싸우기 위해서 나는 건강한 백인 정체성을 확립하기 위한 여정을 떠나야 했다. 비록 그것이 조금은 불편한 여정일지라도 말이다. 약물중독자가 마약 해독 과정을 거쳐야만 하듯이, 나는 나에게 주어진 높은 우월성을 벗어던지는 것을 경험해야만 했다. 마약

중독자들이 해독 과정에서 고통을 호소하듯이, 나는 인종이라는 주제에 대해 유능한 상담사가 되기 위한 여정 동안 나의 인종과 다른 인종 집단에 대한 괴로움을 느끼곤 했다. 내가 큰 소리로 읽기 가장 어려웠던 부분은 이전의 나의 인종주의적인 관점을 기억하는 부분이었다. 내가 수업 시간에 솔직한 회고록을 크게 읽을 때, 나는 내 자신이 떨고 있음을 느꼈고 당황했으며 뜨거운 눈물을 흘렸다. 그 눈물은 마치 내 인생에서 억압되어 있었던 견해들이 쏟아져 나오는 것처럼 흘러내렸다. 그 경험 이후에 내 안의 정서적인 장벽이 무너지고, 나 자신을 좀 더 자유롭게 탐색할 수 있었다.

다문화 상담 수업 안에는 내가 성공적인 경험을 하도록 이끈 몇 가지 요인이 있다. 첫 번째로, 앞서 언급하였듯이 함께 수업을 들었던 동료들, 교수님 그리고 나의 가족의 지지를 받았다. 나와 수업을 들었던 동료들이 서로 도울 수 있도록 활용했던 도구는 '칠판'이었다. 이 칠판은 사이버 지지 그룹(cyber-support group)을 제공하였고, 우리가 각 사람을 판단하지 않고 솔직하게 나눌 수 있도록 도와주었다. 두 번째로, 우리에게 주어진 읽기 자료들과 과제를 통해서 다른 사람들이 인종차별에 대항하여 싸우고 있는 과정과 내 안에서도 그것과 분투하는 과정을 볼 수 있었다.

이 수업을 통해서, 나는 인종과 관련된 주제에 관하여 이야기하는 것이 자연스러운 과정일 뿐만 아니라 반드시 필요하다는 사실을 배웠다. 다문화 상담 수업을 끝까지 완주하는 것은 클라이언트의 인종을 이해하고 공감하는 데 도움을 줄 것이다. 또한 이 수업은 내가 인종차별에 반대하는 목소리를 낼 수 있도록 나의 역량을 강화시켜 주었다. 이것은 쉽지 않은 과업이며, 나의 여정은 아직 끝나지 않았다.

그곳에 머무르고, 그것을 행하라: 나는 배우는 것 이상의 것은 없다고 생각한다
-Jan Weng

나는 2006년도에 상담학 석사과정을 졸업하였다. 학업 과정 기간 동안, 사회정의와 다문화주의에 대한 최고의 훈련을 제공하고 나에게 큰 영향을 준 두 가지 수업이 있었다. 하나는 상담과 사회정의라는 수업이었으며, 다른 하나는 다문화 상담이라는 수업이었다. 이 두 수업을 손꼽는 다른 이유가 있을 수도 있겠지만, 이 두 수업이 나의 마음에 가장 남는 주된 이유는 나의 삶과 나의 삶의 과업인 상담에 필요했던 과정이기 때문이다.

나는 54세의 흑인 남자이며, 태어날 때부터 왼쪽 팔에 손상이 있었다. 나는 또한 18세경에 약물에 중독되었다가 회복하였다. 더 나아가 나는 27세경 약물중독을 다루는 상담사가 되었다. 사람들은 내게 묻곤 했다. "어떻게 단순히 중독에서 회복한 사람으로서가 아니라, 약물중독 상담사로서 설 수 있었나요?" 이것은 내가 누구인지를, 그리고 내가 전문성을 갖추기 위해 무엇부터 시도했는지를 알기 위해 고려해야 할 매우 중요한 질문이다. 그리고 나의 이야기가 절대 특별한 것이 아님을 말하고 싶다. 내 삶의 경험이 '어떻게 이 두 수업이 개인으로서뿐만 아니라 상담사로서의 나의 성장에 영향을 주었는가?'라는 질문에 대한 대답의 핵심 키워드이다. 자라면서 나는 내 자신을 그다지 좋아하지 않았고, 그 결과로 나는 자신에 대해서 부정적으로 느끼는 것들을 선택하곤 했으며, 그것들이 더 나쁜 행동으로 이어지곤 했다. 나는 낮은 자존감, 중독, 범죄 그리고 처벌의 파괴적인 순환 고리에 갇혔다. 그리고 1975년에 나는 수감 대신에 치료를 받도록 조치되었고, 치료를 받게 되었다.

치료 과정이 거의 끝나 갈 무렵, 나는 내가 치료받았던 프로그램과 같은 프로그램에서 상담사로서 일해 보는 건 어떠냐는 제안을 받았다. 그 당시에 나는 임상가로서 일하기보다 행정적인 일을 더 많이 하였으나, 점점 약물중독 분야에서 상담사로서 알을 깨고 나오기 시작했다. 동료 상담사로서 그리고 회복 상담사로서 일을 할 수 있었다. 이러한 '새로운' 형태의 전문가는 내 생각에는 두 가지 이유에서 보편화되기 시작하였다. 첫째, 노동에 대한 급여가 비교적 낮았고, 둘째, 회복된 중독자들은 약물중독의 경험과 중독으로부터의 회복과 관련된 생생한 경험이 있었기 때문이다. 중독에서 회복까지 직접 경험했던 사람보다 더 좋은 지침을 줄 수 있는 사람이 누가 있을까?

나는 치료적 지역사회 모델(therapeutic community model)과 상담 기술들을 훈련받았지만, 이러한 학습은 내가 업무상 필요로 했던 기술들에는 훨씬 미치지 못했다고 느꼈다. 대부분의 약물중독 상담사들은 상담이론과 윤리를 잘 공개하지 않는 편이다. 따라서 당신은 스스로 정식 훈련을 추구하지 않는다면 그러한 훈련을 받을 수 없다. 나는 클라이언트와 클라이언트의 욕구에 대해 단순히 반응하기보다는 적극적으로 행동하기 위해 지속적으로 노력했다. 내게는 전이 및 역전이와 같은 주제에 대한 지식이 없었으며, 대부분의 상담에서 다른 동료 상담사들과 같이 '손으로 더듬어 직관적으로' 진행하였다. 뒤늦게서야 나의 무지로 인해 몇몇의 클라이언트에게 피해를 줄 수 있었겠다고 생각하였으나, 나는 내 자신이 다른 사람을 진정으로 돕고 싶은 진심 어린 열망이 있다는 사실로 위안을 삼았다. 나는 몇 년 동안 상담에 대해 많은 것을 배웠다. 이론을 열심히 공부했고, 경력사항에도 중요하게 기재할 수 있는 실천에 대해서도 이해도를 높였다.

GMU에 입학하기 전에, 내가 배울 수 있을 부분이 많지 않을 것이라고 확신하였다. 나의 전문성에 대해 자만심에 차 있었고, 수업 시간에는 내가 모든 것을 알고 있다는 태도로 임하였다. 아직 학생으로서 이 수업에 적합하지 않다고 생각했기 때문에 이러한 학문에 대해서 심지어 더 저항하기도 했다. Chung 박사님의 조언을 받으며 다문화 상담 수업과 상담과 사회정의 수업을 수강하였을 때, 나에게는 두 수업이 분리된 수업이 아니라 결합된 경험으로 다가왔다. 다문화 상담 수업은 말하기에 안전한 장소였다(Chung 박사님은 이 부분에 대해서 굉장히 강조하였다). 예를 들어, 그녀는 낙관적인 감정적 위기(positive emotional risks)를 겪고 있는 사람에게 그녀 자신이 먼저 수용해 줌으로써 지지를 제공하곤 하였다. 나 또한 내가 미국에서 흑인으로서 느낀 부분들과, 더 나아가 심리적인 장애가 있었던 흑인으로서 느꼈던 부분에 대해서 솔직하게 표현하면서 그러한 감정적 위기를 겪었다.

이러한 토론 과정을 거치면서, 백인 중산층 가족을 상담했을 때 경험했던 역전이 과정에 대해 이야기를 나누었다. 몇 년 동안 나는 백인 중산층 가족을 상담했을 때에 느끼는 불편감과 고군분투하고 있었으나, 그것을 절대 다른 사람들과 나누고 토론하지 않았다. 나는 이 수업을 듣기 전에 '백인의 특권'이라는 단어를 들어 본 적이 없었다. 그 단어를 듣자마자 즉각적으로 나는 나의 불안감과 부적절함의 원천을 이해할 수 있었다. 나는 이 보고서를 내 인생에서 처음으로 인종차별에 대해 고민하면서 작성하였고, 진정한 회복과 이해를 위한 희망을 발견하였다. 또한 규모가 큰 포럼에서 인종차별과 관련된 토의가 열렸으며, 이 주제는 내가 일터에서 배우고, 수퍼비전을 받고, 심지어 나 또한 동료들에게 수퍼비전을 준 주제이기도 하다. 하지만 Helms의 책을 읽음으로써, 내가 백인과 유색 인종 사람들과 행했던 상호작용 속에서 경험했던 다양한 종류의 인종차별에 대해 개념화할 수 있는 명백한 방향성을 배웠다. 나는 여전히 이 수업을 통해 흑인으로서, 특히 소득이 낮은 지역의 다른 흑인들과 상호작용을 했던 사람으로서 내가 가지고 있던 '백인'에 대한 사고를 인식할 수 있었다는 점에 매우 놀랐다.

상담과 사회정의 수업은 다문화 상담 수업의 연장선이었다. 수업은 수업과 토론 안에서 안전을 담보한다는 Chung 박사님의 공약으로 시작되었다. 많은 학생이 다문화 상담 수업에 참여했던 사람들이었기 때문에 관계들을 그대로 유지할 수 있었다. 내가 기억하는 이 수업의 가장 중요했던 부분은 캐릭터 묘사(character portrayals)에 참여하는 것이었다. 각각의 학생들은 다른 성별, 계급, 인종 그리고 민족 집단의 캐릭터를 묘사해야 했다. Chung 박사님은 학생들과 가장 다른 캐릭터들을 각 학생들에게 배치하였으며, 각 캐릭터는 학생들이 옹호하고 논의해야 하는 이슈들을 갖고 있었다. 나는 백인의 중산층이며, 30대의 두 자녀가 있는 주부를 배정받았다. 그녀의 남편은 매우 학대적이지만 일을 매우 열심히 하였고, 돈이 많았으며, 돈을 지불하는 존재였다. 이 학기를 통과하면서, 우리는 매우 다양한 캐릭터와 그들이 갖고 있는 이슈들에 옹호나 임파워먼트 등의 사회정의적인 요소들을 적용할 수 있도록 논의하였다.

전통적인 상담에서는 클라이언트 내에 있는 문제들과 그들이 수행해야 할 과업들을 상정하고, 기본적이면서 사회환경적인 부분은 너무 광범위하기 때문에 영향을 끼치기 어렵다고 본다. 하지만 사회정의 상담은 클라이언트의 경험들을 정당화한다. 나는 클라이언트 중심 치료와 협력의 경험에 대한 이해를 크게 높였다. 내가 성장해 왔던 병리학적 관점 안에서의 치료적 접근에 대한 토의 속에서 강점관점의 접근에 대한 이해가 명백해졌다. 병리학적 관점 안에서 나는 무엇이 잘못되었는지를 '말해 주었으며' 클라이언트가 문제를 '고치도록' 말했다.

이러한 예들은 이 두 수업이 상담에 대한 나의 견해에 어떻게 영향을 주었는지를 보여 주는 것이다. 내게는 실제로 GMU의 학업 과정을 통해서 패러다임의 변화(paradigm shift)가 일어났다. 특히 다문화 상담 수업과 상담과 사회정의 수업의 과정을 통해서 말이다. 이 수업들은 그 당시에 가장 다루어야 할 필요가 있는 부분에 대해서 매우 효과적으로 다루어 주었던 수업들이었다. 상담사로서 클라이언트와 치료관계를 수립하는 과정, 특히 성별, 인종, 계급, 민족, 종교, 성적 지향 등 상담사 스스로 가지고 있는 이슈와 관련된 클라이언트와의 치료관계를 수립하는 것을 가르쳐 주었다. 궁극적으로 우리는 클라이언트에게 필요할 것이라고 우리 스스로 임의적으로 생각하는 것을 주장하는 것이 아니라 클라이언트가 마음속에 그리고 있는 방향으로 그들을 임파워먼트시키고, 지도하고 코치하는 일을 해야만 하는 것이다.

백인인 것을 부인하기: 나는 백인이 아닙니다. 나는 유대인입니다
-Kathering Golkow

다문화 상담 수업에 대한 나의 경험을 회고하자면, 나에게 있어서 그 수업의 존재는 굉장한 도전이었다. 내가 가장 격렬하게 고군분투하였던 주제는 백인 특권(White privilege)이라는 용어에 관한 것이었다. 대부분의 내용이 소화시키기에 매우 고통스러웠음에도 불구하고, 문화적인 유능성에 대해 훈련받지 않은 상담사의 반열에 오르고 싶지 않아, 이 수업을 지속하였다.

다문화 상담 수업이 시작되기 전에, 나는 백인 특권이라는 용어에 대해서 들어 본 적이 없다. 사실, 나는 나 자신을 백인이라고 생각했던 적이 거의 없다. 인종이라는 질문지에는 '기타', 민족에는 '아슈케나직(Ashkenazic)'(중부/동부 유럽 유대인의 후손—역주)이라고 써야 한다는 것은 유대인 민족인 우리 집에서는 자주 하는 농담이었다. 나의 인생 전반에서 유대인은 나머지의 백인 인구와 구분되는 개념이었다. 나는 역사를 통해 유대민족은 고통받았으며, 오늘날 여전히 많은 사람이 반유대주의 사상을 고수한다는 것을 배웠다. 그리고 나는 백인과 같은 피부 색깔을 가졌음에도 그들과 매우 달랐다. 나는 '진짜' 백인이 아니라는 '백인 부정(White denial)' 사상을 지니고 있었다. 나는 유대인이었다.

수업 시간에 수행했던 활동 중 정곡을 찔렀던 것은 백인 특권으로부터 수혜를 받았던 부분에 대해 문항을 체크하는 것이었다. 내가 모든 문항에 대해서 체크해야 하는 것에 대해 매우 충격을 받았다. 이 일로 나의 감정은 심하게 흔들렸고, 오랫동안 '백인'으로서 나를 부정해 왔기 때문에 매우 화가 났고 혼란스러웠다. 나의 분노는 매우 깊었으며, 분노는 안과 밖으로 향하였다. 내가 백인으로서 받고 있는 특권에 대해 인식하지 못하도록 나를 기른 가족에게 화가 났으며, 내가 오랜 시간 동안 무지함 속에 살았다는 것에 대해 스스로에게 너무 화가 났다. 나는 나의 친구, 가족,

심지어 낯선 사람에게까지 화가 났는데, 백인 특권에 대해서 아무것도 하지 않았던 나만큼이나 그들도 그 특권을 바로 보지 못하는 눈이 먼 사람들이었기 때문이다. 모든 분노는 혼란과 함께 뒤섞였다. 지금까지의 나의 세계관이 잘못 되었다는 것을 알았으나, 나는 그다음에 어떻게 해야 할지 몰랐다. 나는 오랫동안 분노했고, 그다음 질문으로 이어졌다. "그래서 지금은?"

이 시점에서 다문화 상담 수업의 몇몇 부분이 나를 한 단계 더 성장하도록 도와주었다. 특히 서로 나누는 과정과 그 나눈 감정의 처리 과정을 강조하는 면에서 말이다. 교수님은 우리가 수업 자료에 대한 우리의 생각을 공유하도록 격려하였고, 표현을 할 수 있는 안전한 환경을 조성해 주었다. 나는 분노와 혼란을 처리할 수 있게 되면서 도움을 얻었고, 다른 사람들의 정보와 생각을 들으면서 또한 도움을 얻었다.

생각과 감정을 공유하고 처리하는 과정들이 다양한 부분에서 도움이 되었지만, 그것은 큰 도전이었다. 내가 고통스러운 주제와 나의 경험과 편견에 대해 편하게 나누기까지는 몇 주 동안의 시간이 필요했다. 하지만 이러한 주제를 한번 나눈 후로부터는 강력한 감정에 휩싸였고, 임파워먼트되고 있음을 느꼈다. 당신이 인종차별에 대해 논의하지 않을 경우, 당신은 인종차별적인 관점에 사로잡히게 되지만, 당신이 인종차별에 대해 정의하고 그것을 표현하게 되는 순간, 당신은 인종차별에 대해서 통제할 수 있게 된다. 그리고 당신은 미래에 대한 긍정적인 변화를 만들 수 있다는 점에서 임파워먼트를 도모하게 된다. 비록 고통스럽고 어려울지라도 모든 다문화 상담 수업이 학생들이 자신의 편견을 회고하는 과정을 포함해야 한다고 생각한다. 왜냐하면 우리가 가지고 있는 편견과 무엇이 편견인가에 대한 지식이 없다면, 상담사는 자신의 편견을 클라이언트에게 투사함으로써 상처를 입힐 수 있기 때문이다.

수업의 읽기 과제는 나의 감정을 넘어서는 과정을 도와주었다. 『개인주의를 통한 하나의 도전: 반인종적인 백인 정체성을 향하여(One Struggle Through Individualism: Toward an Antiracist White Identity)』(Croteau, 1999)라는 책은 나에게 아주 큰 도움을 주었다. Croteau와 같이, 나는 백인으로서의 개인인 나 스스로를 분석하지 않고, 소수민족 집단이라고만 규정하였다. 나는 유대인 여성으로서의 '우리'를 포용했으나, 백인으로서의 의미가 무엇인지 최근까지도 이해하려고 노력조차 하지 않았다. 동성애자로서의 자신의 정체성이 백인 남자로서의 정체성에 대한 '기회'를 만들어 내었다는 Croteau의 통찰은 매우 흥미로웠다. 그의 여정을 통하여 나는 백인이라는 것이 유대인 여성으로서의 나의 정체성을 박탈하는 것이 아님을 깨달았다. 다른 읽기 과제는 내가 분노를 넘어서서 백인으로서 나의 정체성을 발달시켜 주는 데 도움이 되었다. 그 책은『인종은 소유하기 좋은 것(A Race is a Nice Thing to Have)』(Helms, 2008)이었다. 이 책은 건강한 백인 정체성을 찾기 위한 나의 여정을 도와주었고, 내가 다음으로 떠나야 할 여정을 깨닫게 해 주었다.

백인 특권에 대해서 배우고, 분노와 혼란을 지나 백인 여성으로서 나의 정체성을 받아들이는 것은 인생이 변화되는 경험이었다. 나의 눈을 가렸던 허물이 제거된 느낌이었다. 갑작스레, 나는 백인 특권이라는 것이 나의 인생에서뿐 아니라 사회 전체에서 끼치고 있는 영향을 살펴볼 수 있게 되었다. 모든 상담사들은 학문적 수준에서 백인 특권에 대해 배워야 할 것이 아니라 각자 자신의 삶과 관련된 깊은 수준에서 백인 특권에 대해 배워야 한다. 그래야만 클라이언트가 어떻게 백인 특권을 통해서 혜택을 얻고 있는지 혹은 어떻게 인종차별 밑에서 고통받고 있는지를 이해할 수 있게 될 것이다. 다문화 상담 수업에 대한 내 경험의 회고를 통해서, 다른 분투하고 있는 학생들에게 당신은 혼자가 아니라는 것을 느끼게 하고, 그 수업이 어떻게 학생들을 잘 도울 수 있는지를 이해하게 되길 바란다.

다른 사람의 입장에서 살아가기: 살아 있는 사회정의와 옹호
-Rodolfo E. Marenco

나의 이름은 Suzanne Johnson이다. 나는 고등학교 마지막 학기를 다니고 있는 16세의 백인 여성이다. 그렇다. 나는 선배이다. 사실, 내게 있어서 선배라는 의미는 크지 않다. 그리고 내가 고등학교를 마치면 이 악몽은 끝날 것이다. 고등학교 시절은 내게 있어서 악몽과도 같았다. 좀 더 말하면, 나의 인생 전체에서 학교생활이라는 경험은 모두 악몽이었으며 거짓말이었다. 나는 다른 사람들에게 내가 특별한 존재가 아니라는 것을 보여 주는 데 지쳤다. 나는 내 자신이 역겹다. 그 이유는 내가 레즈비언이 아니라는 것 때문이 아니라, 내가 레즈비언이 아니라는 것을 꾸준히 보여 주고자 하기 때문이다. 나는 이성애자인 소녀로 살아가는 나의 삶이 싫증이 난다. 나는 내가 남자를 좋아하는 척하는 것이 지겹다. 나는 거절에 대한 두려움 없이,

친구와 나의 삶의 방식, 나의 부모를 잃을 것에 대한 두려움 없이, 모든 사람에게 나에 대한 진실을 말하고 싶다. 때때로 나는 모든 것이 행복하게 끝나는 것을 바란다. 그렇다. 나는 어떤 경우에는 나의 인생의 끝에 대해 생각하곤 한다. 나는 왜 내가 살고 있는 삶의 양식이 정상적으로 받아들여지지 않는 이 세상에 태어났는가에 대한 의문을 갖는다.

어렸을 때부터 나는 항상 다른 소녀들과 다르다는 것을 느끼곤 했다. 그 당시에 나는 내가 레즈비언이라는 사실에 대해서 몰랐으며, 레즈비언이 무엇인지도 몰랐다. 하지만 나는 여자로서 어떻게 행동하도록 기대받는지를 알았으며, 나의 감정을 스스로 절제해야 한다는 사실에 대해 알았다. 이러한 이유에서 나는 항상 혼자라고 느꼈으며, 진정한 나로서의 세계에서 스스로 고립되어 있다고 느껴 왔다. 나는 중산층 이상의 안전한 가족에서 성장하였으나, 나에게 있어서 가정은 절대 안전한 곳이 아니었다. 나의 아버지와 어머니는 두 분 다 매우 보수적이었으며, 부모님들이 언론 매체에 나온 게이나 레즈비언에 대한 탐탁지 않은 평가를 내리는 것을 듣곤 했다. 나의 아버지는 직업상 여행을 매우 많이 하셨다. 그는 군대에 소속되어 있으며, 세계의 다른 나라들을 여행해야 할 일이 종종 있었다. 군대 안에서 아버지는 나와 같은 사람들(성적 소수자)을 싫어하도록 훈련받았다. 반면, 어머니는 나를 돌보기에는 너무 바빴다. 그녀는 쇼핑과 친구 등 그녀 자신만의 세계에서 아버지가 벌어 온 돈을 소비하며 살기에 바빴다. 아마도 집에 거의 없는 군인과 결혼함으로써 느끼는 외로움을 달래기 위한 어머니 자신만의 방법이었던 것 같다. 어머니는 바람을 피고 있는 것 같았다. 나는 나의 부모님에게서는 어떠한 지도를 받을 수 없었으며, 나의 부모님이 내가 여자를 좋아한다는 것을 알게 된다면 나와 관계를 끊어 버릴 것 같았다. 내가 가장 두려운 것은, 부모님이 이 사실을 언젠가 알게 될 거라는 것이었다. 나는 나의 부모님이 어떻게 하실지 상상조차 할 수 없었다. 부모님이 나를 집 밖으로 내던질 것인가? 나는 부모님을 너무나 실망시킬 것을 알기 때문에 진실을 말하는 위험을 감수할 수 없었다.

나는 항상 나와 같은 사람들(성적 소수자)에 대한 정보를 찾기 위해 혼자서 스스로 찾아가야만 했다. 학교나 이웃에 레즈비언 친구가 전혀 없었다. 나의 친구들은 모두 이성애자였거나, 적어도 이성애자처럼 행동했다. 축구팀의 주장이 되고 나서, 나는 또래들 사이에서 매우 유명해졌다. 많은 사람이 내 입장이 되고, 나처럼 많은 친구를 가지기를 원했다. 그리고 내가 레즈비언이라는 사실을 숨기기 위해서 남자친구를 사귀려는 노력을 한 적도 있다. 전 남자친구는 심지어 내가 그에게 매료되었다고 생각하나, 사실 나는 그가 내 근처에만 와도 역겨움을 느꼈다. 내가 전 남자친구와 보통 금요일 밤 풋볼 게임이 끝난 후 시간을 보낼 수 있었던 유일한 방법은 술의 힘을 빌리는 것이었다.

이러한 방식의 삶은 중단되어야만 한다. 나는 항상 다른 사람의 시선을 통해서 나자신을 바라보는 삶을 유지할 수 없었다. 나는 나의 영혼을 세상의 기준으로 평가하고 있었다. 나는 거짓말에 지쳤다. 침묵 또한 거짓말의 형태이다. 나는 나와 같은 사람들을 수용하지 않는 주변 사람들에게 양해를 구하는 인생을 보낼 수도 없으며, 내가 동성애자임을 알리기로 결심했을 때 내 주변에 머물러 있는 사람들의 평판에 대해 염려하는 삶을 살 수 없었다. 나는 냉대받지 않고, 거절당하지 않는 레즈비언으로서 존재할 권리가 있다. 내가 커밍아웃을 선언할 그날까지 레즈비언으로서의 외로움은 지속될 것이다. 과거의 많은 경우에 나는 나에 대해서 말할 용기 없이 레즈비언에 대한 편견 가득한 지적을 들어 왔으며, 레즈비언에 대한 농담을 단지 듣고만 있었다. 나는 나의 친구와 학급 친구들, 또래들이 내 앞에서 레즈비언에 대한 농담을 하는 것을 들어 왔고, 그것은 매우 고통스러운 일이었다.

이러한 삶이 당신의 삶이라고 상상해 보라. 당신이 지금 읽고 있는 이 글 속에 있는 소녀이며, 인생에 대한 적절한 지도 없이 살아왔고, 희망 없는 두려움으로 가득한 삶이라고 상상해 보라. 이것이 내가 GMU의 상담과 사회정의 수업에서 해야 했던 숙제였다. 당신이 읽은 캐릭터인 Suzanne Johnson은 실제 인물이 아니다. 그녀는 캐릭터 적용(character adaptation)을 만들어 보라는 수업 과제 때문에 창작된 상상 속의 캐릭터이다. 과제에서 나는 16세의 고등학생이며, 백인 여성이고, 당신이 읽은 것과 같은 인생을 경험한 캐릭터를 만들어 냈다.

이 과제는 나에게 있어서 다른 사람이 생각하는 것보다 더 큰 도전이 되었다. 왜냐하면 내 자신과는 매우 다른 경험을 한 존재에 대해 고민하고, 나와 매우 다른 존재를 수용해야만 했으며, 내가 심지어 이해하려고 시작조차 하지 않은 누군가의 세계관을 이해해야만 했기 때문이다. 따라서 이 과제를 작성하면서, 이성애주의인 2명의 십대 자녀를 기르고 있는 히스패닉 남자로서, 내가 나와 모든 것이 다른 누군가를 이해할 수 있는가에 대한 질문이 지속되었다.

나는 37세였으며, 결혼을 한 히스패닉계의 이성애자였고, 16세 아들과 12세 딸의 아버지였기 때문에, Suzanne Johnson의 캐릭터를 만들어 내는 것은 매우 어려운 작업이었다. 이 숙제 전에, 나는 레즈비언에 대한 어떤 문헌도 읽어 본 적이 없었으며, 레즈비언·게이·양성애자·트랜스젠더(LGBT)와 친구가 되어 본 경험도 없었다. 이 주제에 대한 나의 무지뿐 아니라 나의 민족 문화와 군대에서 일을 했던 나의 배경 경험들은 이 숙제를 수행하기 더욱 어렵게 만들었다. 나는 19세까지 엘살바도르에서 성장하였고, 미국으로 이사하여 5년 동안 캘리포니아에 살았고, 이후 버지니아로 이사하여 미군에 합류하였다. 그리고 군대에서 군인으로 9년간 복무하였다. 그럼에도 불구하고 이 프로그램 안에서 교수님의 지도와 주제와 관련된 문헌 자료들 덕분에 Suzanne Johnson이라는 캐릭터가 만들어질 수 있었다. 그녀는 실존 인물은 아니지만 그녀와 비슷한 사람들이 존재하며, 그녀의 캐릭터를 좋아하는 사람들은 그들을 판단하고 수용하지 않으려는 사람들에게 대처해야 한다.

당신의 주변 사람들이 당신을 수용하지 않은 세계에 살고 있다고 상상해 보라. 당신 주변의 사람, 특히 당신의 학급 친구들, 친구들, 동료들, 고용자, 부모, 형제, 배우자 등 당신에게 의미 있거나 혹은 심지어 당신에게 의미가 없는 모든 사람을 대할 때에도 지속적인 두려움을 느끼는 삶을 상상해 보라. 당신이 아닌 누군가로 살아가기 위해, 진심으로 자신을 숨기기 위해, 심지어 당신 스스로를 감추기 위해 지속적으로 분투해야 하는 삶을 상상해 보라. 당신이 경멸하는 것들을 지속해야 하고, 당신이 사랑하는 것들을 포기해야 하는 삶을 상상해 보라. 언젠가 당신이 모든 사람 앞에서 그동안 인생 전체에서 모두에게 숨겨 왔던 진짜 자신을 드러내야 하며, 드러내는 순간 당신 자신이 거절당할 수 있을 뿐만 아니라 정죄받고, 미움받고, 폭력의 대상이 되며 사회적 고립과 불평등을 경험할 수 있는 삶을 상상해 보라. 당신은 진정한 자기 자신으로 존재할 수 있겠는가? 혹은 사회적 압력에 굴복할 것인가? 나에게 있어서 이 과제는 내 자신에게 이러한 질문을 처음 한 순간이었다.

GMU 프로그램은 다문화주의와 사회정의라는 내용을 모든 수업에 녹여 놓았다. 나는 수업과 과제를 통해 상담 기술에 대해 훈련받았을 뿐만 아니라, 사회정의와 다문화주의의 역할과 영향에 대한 주제들에 대해 탐색할 수 있었다. 나와 내 학급 동료는 어떻게 다른 문화와 개인의 민족 정체성이 역할을 수행하고 우리가 배운 주제에 대해 영향을 끼치는가에 대해 배웠으며, 그 맥락 안에서 개인적으로 나는 히스패닉계 사람으로서 나의 존재 의미에 대해 새롭게 배울 수 있었다. 다른 말로 표현한다면, 우리가 배운 것은 단순히 상담 프로그램에서 요구되는 주제들을 넘어, 다문화주의와 사회정의가 우리의 클라이언트뿐 아니라 나와 나의 동료들에게 어떻게 영향을 주는지에 대한 것이다. 상담과 사회정의 수업 그리고 다문화 상담 수업보다 진실한 것은 어디서도 찾아볼 수 없다.

나는 라틴계 사람의 전형적인 세계관을 가진 히스패닉계의 이성애자이다. 남자다움(Machismo)의 피가 끓는 사람이며, 그 결과로 성적 소수자(LGBT)에 대한 편견을 가지고 있다. 19세경 처음 나의 고국을 떠난 후, 37세였을 때 나는 내가 할 수 있는 한 동성애 혐오자가 되려고 노력했다. 흥미로운 사실은 내게는 동성애 혐오에 대한 자기인식이 없었다는 것이다. 상담을 배우는 학생으로서 나는 항상 내 주변에 있는 사람들을 수용하고 이해하려고 노력했다. 또한 상담과 사회정의 수업 및 우리 프로그램 안의 다른 다문화주의 주제를 가르치는 다른 수업들을 통해 나의 편견을 직면하기 전까지 나는 나 스스로 성적 소수자 사람들을 수용하는 데 있어서 문제가 없다고 확신했다. 감사하게도 GMU 상담 프로그램은 내가 성적 소수자 클라이언트에게 개입할 때 수용과 관용이 충분하지 않다는 사실을 깨닫도록 도와주었다. 우리가 그들에게 매우 효과적인 상담사가 되기 위해서 그들을 향한 우리의 편견을 탐색해야 할 뿐만 아니라 그들이 갖고 있는 세계관을 이해해야 한다. 마지막 항목이 프로그램 동안 내가 가장 어렵다고 느낀 부분이었다. 대학원생 프로그램 안에서의 과제, 프로그램에서 요구되는 읽기 자료들 덕분에 나는 내 자신과 다른 문화로부터 온 사람들과 성적 소수자들을 대하는 데 있어서의 나의 무지를 인식할 수 있었다. 그리고 가장 중요한 도움은 사회정의와 다문화주의 자료들을 마음에 새길 수 있도록 도와주시는 교수님의 지도였다.

나는 클라이언트가 마주해야 하는 사회부정의 이슈를 이해하고, 문화적으로 유능한 상담사가 되기 위한 훈련이 매우 중요하다고 생각한다. 사회부정의 이슈는 직장에서, 가정에서, 길거리에서, TV를 보면서 휴식하는 시간 동안, 저녁을 먹으러 식당에 가는 때 등 어떤 시간이나 공간에서도 발생할 수 있다. 전문적인 상담에서는 클라이언트가 해결하기를 원하는 정신건강과 관련된 문제들에 영향을 미치는 이슈들에 대한 무지를 개선할 수 있도록 개입해야 하는 의무가 있다. 요즘 만약 클라이언트에게 영향을 끼치는 사회정의 이슈를 부인한다면, 우리는 우리 자신을 더 이상 전문적인 상담사나 심리학자라고 부르지 않는다. 요즈음 다수는 더 이상 소수에 대한 절대적인 권력을 가지고 있지 않다. 왜냐하면 상담 전문직은 백인 특권 혹은 성별, 계급, 민족, 피부색, 성적 지향에서 기인하는 차별과 같은 이슈를 중요하게 생각하기 때문이다. 이제는 전문직이 책무성을 지닐 때이고, 정신건강 전문직이 무지와 사회교정(social correctness)에서 벗어날 때이다. 우리는 우리의 클라이언트, 우리 자신, 우리가 사랑하는 이들 모두에게 정신건강 옹호와 그에 대한 인식으로 나아가야 한다. 더 이상 우리는 현 상태를 유지하거나 강화하면서 우리 자신을 전문적인 원조자라고 불러서는 안 될 것이다. 우리의 무지는 우리 자신과 클라이언트를 다치게 하며, 정신건강 전문직을 손상시킬 수 있다.

GMU에서 제공되었던 프로그램들은 정신건강 전문직을 성장시키기에 매우 좋은 자료이다. 이 프로그램에서 보여 준 리더십은 상담사가 사회교정과 부정이라는 사슬로부터 자유롭도록 도와줌으로써 우리의 전문직에 대한 변화를 불러일으켰다. 교수님은 무엇이 클라이언트와 함께할 때의 사회정의인지 알려 줌으로써 우리를 감동시키고 동기화시켰으며, 많은 다른 수강생도 나와 동일하게 느꼈다. 우리는 많은 도전을 하였고, 전문직에 있어서 변화의 장벽을 극복하기 위해 부단히 노력했다. 또한 사회적인 기대에 순응하고 있는 클라이언트뿐만 아니라, 사회에서 무시당하는 클라이언트를 포함한 모든 클라이언트에게 유익이 되는 변화를 도모하였다.

묻어 두었던 것을 드러내는 용기
-Candace Fleming

흑인 여성으로서 다문화 상담 수업을 듣는 것이 조금 걱정스러웠다. 수업에서 인종차별에 대한 경험을 공개적으로 말하고 공유하는 것을 매우 꺼렸다. 나는 오랫동안 나의 내면에 묻어 둔 고통스러웠던 기억과 경험들이 다시 떠오르는 것을 원하지 않았다. 나는 정서적으로 위험에 빠져들기를 원하지 않았고, 무엇보다도 인종차별의 고통과 현실로부터 나 자신을 보호하기 위해 내 삶의 많은 부분을 희생하면서 쌓아 올린 보호막을 무너뜨리고 싶지 않았다. 그렇지만 수업에서 침묵을 지키는 것이 더욱 고통스럽다는 걸 알게 되었다. 차별이 나에게 내면화되는 걸 피하기 위해 나는 학급 친구들과 나의 경험을 공유하기 시작했다. 그러한 행동은 나를 보호하기 위한 내 나름대로의 노력이었다. 나는 나의 조상들과 그들이 극복한 모든 걸림돌을 생각해 볼 수 있었다. 침묵을 유지하는 것은 어떤 면에서 이전 세대의 성취와 유산을 부정하는 것이다. 나는 나의 아이들을 위해 침묵을 깨고 얘기하였다. 나는 우리 애들이 스스로를 자랑스러워하도록 키우고 있다. 내가 침묵한 채로 지낸다면 우리 애들의 눈을 쳐다보기 어려울 것이다. 그래서 나는 나의 경험을 나누고 공유하기 시작했다. 수업에서 다른 사람들의 의견은 나의 관심사가 아니었다. 나의 주 관심사는 인종차별이라는 사회악에 굴복하지 않는 것이었고, 그것들이 나의 정신에 해를 입히지 않도록 방어하는 것이었다.

학기 중에는 인종차별과 관련된 경험들을 급우들과 공유하는 것이 더 편해졌다. 어떤 점에서는 그 일이 나를 치유하기도 했다. 수업의 교재 중 일부는 내 경험을 입증시켜 주었다. 그렇지만 여전히 내 맘속에 한 가지 메시지가 있었는데, 지나치게 멀리 가지 말라고 경고를 해 주었다. 내가 두려워했던 것은 고통과 감정이 아니다. 나는 내가 일상생활에서 인종차별에 맞서 기능하고 대처할 수 있도록 수년에 걸쳐 개발해 온 나만의 대처 기술과 방어 능력이 약화될까 두려웠다. 인종주의의 현실과 고통을 제대로 알고 느끼게 되면 내가 일하고 살아가는 데 무력해질까 두려웠던 것이다. 이런 점이 나에게 진정한 두려움이었다. 나는 애들을 키워야 하고, 그 애들을 강하게 사회에 잘 적응하는 개인으로 키우려면 나 자신이 강하고 정신적으로 강건해야 하기에 내 자신이 무력해지는 것을 허용할 수가 없었다.

다문화 상담 수업은 내게 큰 영향을 주었다. 그것은 매우 감정적인 경험이었다. 처음에는 많은 분노와 괴로움을 경험했다. 나는 좌절감, 상처, 패배감, 무력감 등을 느꼈다. 그러다 학기 말로 갈수록 영감을 얻으며, 확신이 생기고, 조금 더 희망적이게 되었다.

나에게 가장 충격적인 순간은 학기 초 Chung 박사님이 우리에게 사람들의 이름이 나열된 목록을 보여 주었을 때였다. 나는 목록에 있는 이름들을 다 인식하진 못했지만 두 번째 목록에 있는 이름 중 일부를 인식했다. 목록에는 실종 신고된 개인의 이름들이 포함되어 있었다. 첫 번째 목록은 실종된 소수자들의 이름이 나열되어 있었다. 그 순간, 나는 내 자녀들이 실종된다면 누구도 들어 보거나 인식하지 못했던 첫 번째 목록에 이름이 오를 것임을 깨달았다. 인종차별의 추악함과 잔인함이 너무나도 분명하게 느껴진 순간이었다. 아이들의 갈색 피부색 때문에 실종된 경우에도 매체들은 관심을 거의 기울이지 않았다. 내가 가장 사랑하고 존중하는 사람들이 이 사회에서 전혀 가치 없이 여겨지는 것을 알게 되었을 때 너무나 황망하였다.

나는 그 수업 후에 울었다. 그 생각은 여전히 내 마음속에 남아 울리고 있다. 내가 이 내용을 수업 시간에 공유했을 때, Chung 박사님은 이 수업을 듣는 우리 모두가 내 자녀를 찾는 데 도움을 줄 거라고 안심시켜 주었다. 그런 끔찍한 일이 일어나면 대부분의 친구가 나를 도울 것이라고 믿지만, 참으로 생각만 해도 끔찍한 일이다.

학기 중에 때때로 나는 성장이 멈춰 있다고 느끼기도 했다. 나 자신이 화가 나고, 비참하며, 분개하고, 회의가 드는 걸 느꼈다. 수업받는 동료들 중 일부가 부모님과 다른 친척들의 인종차별적인 견해와 신념을 묘사한 것을 듣고 나는 낙심하고 희망이 없다고 느꼈다. 대부분의 수업 동료는 나보다 젊었는데, 내게는 그 가족들에 의해 표현된 생각이나 믿음을 듣는 것이 무척 고통스러웠고 좌절감을 느꼈다. 그 결과로, 나는 백인 친구 일부와 그 가족에 대해 다소 의심스럽게 생각했다. 내가 주위에 없을 때 뭐라고들 하는지 궁금할 수밖에 없었다. 나와 내 가족에 대해 그 친구들도 비슷한 생각이나 느낌을 가진 건 아닐까라고 생각하기도 했다.

수업 시간에 내 경험을 공유하는 것이 때론 어려웠다. 때때로 내가 동물원에서 관찰되는 대상처럼 느껴지기도 했다. 동물들이 동물원에 있는 것이 좋은 게 아니란 걸 알면서도 사람들은 동물들을 보고 관찰하기 위해 동물원 방문을 즐긴다. 사람들은 동물들이 동물원에 지내는 게 동물들이 원하는 최선이 아니란 걸 알면서도 그저 구경하고, 생각 없이 지나친다. 그 동물들은 다른 사람들의 즐거움이나 오락을 위해 전시되어 있는 것이다. 나는 학급 친구들 중 일부가 동물원의 동물을 대하듯 나를 대했다고 느꼈다. 그들은 소수자들이 인종차별적인 사회에서 살아가고 있는 모습을 잠시 엿보는 것에 관심이 있었고 그냥 지나쳐 갔다.

나는 항상 인종주의와 차별에 대해 의식하고 있었다. 그것은 항상 내 인생 경험의 일부분이었다. 그러나 이 다문화 상담 수업을 들으면서 나는 인종차별의 영향과 결과를 실제로 확인하게 되었고, 그것들이 사회 안에서 실제로 작동하는 것을 알게 되었다. 그리고 내가 사회 속에서 인종차별을 경험했는지에 관하여 더 이상 생각하고, 가정하고, 의심할 필요가 없어졌다. 바로 지금 나의 감각으로 확인하고 있는 것이다. 예를 들어, 가끔 인종차별을 경험할 때, 가게에서 한 사람이 나를 무시하거나 다른 사람들이 나에게 무례하게 대하는 이유가 인종주의 때문은 아니라고 나 스스로를 설득하려고 노력한다. 내가 실제로 인종차별적인 일을 당하는 줄 알면서도, 때로는 '그 사람이 하루 일과 중에 기분 나쁜 일이 생겨 나에게 그런 거겠지.' 또는 '그 사람이 다른 모든 사람과 그렇게 상호작용하는 방식이겠지.' 하고 스스로 자위하면서 그런 일들을 정당화하곤 했다. 그 수업은 내 직감이 일반적으로 틀리지 않았다는 점을 알려 주었다.

그러한 인종차별적인 사회에 사는 것은 어떤 면에서는 미친 짓이다. 자신의 인종 때문에 멸시받고 미움받는 것이 정당화되어서는 안 된다. 하지만 대부분의 소수자는 인내심을 가지고 있으며 광기에 성공적으로 대처해 왔다.

이전 세대가 인종차별을 극복하기 위해 노력해 온 부분들도 분명히 있으며, 이런 부분들이 타인에 의해 내가 무력화되지 않도록 지지해 준다. 인종차별은 고통스럽긴 하지만 불행히도 내 삶의 한 부분이다. 나는 인종차별을 극복하기 위해 계속해서 노력해야만 하고, 인종차별이 내 목표와 꿈의 성취를 저지하거나 방해하지 못하도록 방어할 것이다. 나는 인종차별이 나와 내 아이들이 가진 최선의 것을 빼앗아 가지 못하도록 할 것이다.

이 글을 쓰는 지금 내 마음이 무겁다. 인종주의와 차별은 엄청난 짐이다. 하지만 나는 강하고, 나와 내 가족을 위해 맞서는 것에 두려움이 없기 때문에 마음이 편하다. 나는 언젠가 나의 도움이 필요할 수도 있는 다른 사람들을 위해 위대한 옹호자가 될 것이고, 이러한 신념이 나를 계속 지켜 줄 것임을 알고 있다. 나는 계속 앞으로 나아갈 것이다.

◉ 제안사항

경험을 공유하기 위해 학생들이 다문화 상담 과목을 듣기를 권한다. 정말 슬프거나 불쾌할 수도 있지만 학생들이 이러한 경험을 공유하기를 권한다. 다른 사람들의 경험으로부터 언제나 배울 점이 있다. 당신의 이야기가 다른 사람들에게 얼마나 영향을 주고 다른 사람들을 도울 수 있는지 모른다. 또한 공유를 통해 치료받고 해방감을 느낄 수 있다.

타인 앞에서 내려놓기에는 부끄럽고, 곤혹스러웠던 숨겨 온 고통스러운 이야기나 경험을 공유한 후, 누군가가 성취하고 성장하는 것을 지켜보는 것보다 더 영향력 있는 것은 없다. 우리는 이러한 경험들을 공유해야 한다. 그러한 이야기와 경험들을 매장시키거나 숨겨 두는 것은 인종주의가 우리 사회에서 계속해서 만연케 하는 방법이다.

때로 다른 사람들의 이야기를 듣는 것이 어려울 수 있지만, 열린 마음을 유지하고 그것이 당신에게 개인적이고 감정적인 영향을 주지 않도록 해야 한다. 급우들에게 차별과 인종주의에 관해 논의하는 것이 괜찮다고 알리자. 인종주의에 관한 이야기와 경험을 공유하는 것에 참여하고 이겨 내자. Chung 박사님은 종종 "이 과정들을 신뢰하자."라고 말씀하셨다.

우리 모두는 인종주의에 영향을 받고 있으며, 일부는 다른 사람들보다 직접적으로 영향을 받기도 하지만, 인종주의는 우리 모두에게 결과적인 영향을 미친다. 유능하고 효과적으로 일하는 상담사, 심리치료사, 사회복지사가 되려면 우리가 사회로부터 어떤 메시지의 영향을 받았는지 점검해야 하고 그 과정에서 경험한 것들을 다루어야 한다. 다문화 상담 수업에 적극적으로 참여하면서 우리가 가진 편견들에 대해 인식하고 직면해야만 미래의 클라이언트에게 더 나은 서비스를 제공할 수 있다.

방관자에서 사회정의 옹호자로의 여정

-Brad J. Pabian

나는 31세의 백인 남성으로 뉴욕의 롱아일랜드에서 자랐는데, 대부분 백인 중산층이 이웃인 지역이었다. 나는 다른 인종과 다른 문화적 배경을 가진 사람들이 거의 없는 초등학교에 다녔다. 내가 속한 문화와 인종 이외의 친구들과는 거의 어울리지 않았고, 딱히 다양한 배경의 친구들을 사귀고 싶지도 않았다. 우리 부모님의 친구들은 모두 백인들이었다. 부모님의 지인들도 모두 백인들이었고, 나의 모든 친구도 백인들이었다. 기본적으로 나는 매우 좁은 세계관을 가지고 있었다. 좁고 편협한 세계관을 갖는다는 것은 지식이 부족한데도 무엇인가가 그 견해를 변화시킬 때까지 좁은 세계관을 가지고 있다는 사실조차도 깨닫지 못하는 것을 말한다. 우리 자신의 세계관과 클라이언트의 세계관을 인식하토록 하는 것이 GMU 상담 프로그램과 상담과 사회정의 수업이 다룬 모든 내용이었다.

나는 펜실베이니아 시골에 위치한 백인 중심의 인문 단과대학에 다녔다. 사실, 대학을 마칠 즈음인 마지막 해에 해외 교환학생이 되어서야 세상에 눈을 뜨기 시작했다. 난생 처음으로 스페인에서 외부인이자 다른 인종과 문화에 속한 사람, 주류와 다른 사람이었던 것을 깨닫고 경험했다. 나는 스페인에서 '소수자'였다. 스페인이라는 외국에서 나는 미국인이었고, 많은 경멸스러운 시선을 받았다. 때론 속으로 "왜 날 불쾌하게 쳐다보지? 내가 이런 대우를 당해야 하나? 난 너희들과 딱히 다를 게 없는데?"라고 말하기도 했다. 그때 나는 처음으로 20년 동안 나의 세계관이 얼마나 좁았는지, 그리고 얼마나 세상에 만연한 억압의 문화와 편견이 있는지를 작은 경험을 통해 깨닫기 시작했다.

상담과 사회정의 수업을 들으면서 상담사, 심리치료사, 사회복지사가 사회문제와 편견을 인식하고 클라이언트를 옹호하는 것이 얼마나 중요한지를 확실히 알게 되었다. 내가 GMU에 오기 전까지는 상담사, 심리치료사, 사회복지사의 역할이 다른 사람의 피해를 옹호하는 것이라고는 생각하지 않았다. 나는 단순하게 클라이언트를 정신적·감정적으로 돕는 것을 내 직업이라 생각했고, 클라이언트와 연관된 사회부정의의 문제가 있다면 내가 그것을 해결할 수 있는 일이 그다지 많지 않고, 기본적으로 클라이언트가 그 일을 직접 다루도록 했을 것이다. GMU의 사명 선언문에도 나와 있고, 본 수업에도 반영되어 강조된 점은 클라이언트와 상담을 할 때 사회정의가 고려되지 않는다면, 전문적 관계에서 모든 것이 결여된 것이라고 할 수 있고, 상담사, 심리치료사, 사회복지사가 실제로 클라이언트를 도울 능력이 제한된다는 점이었다.

상담과 사회정의 수업을 위한 과제 중 하나는 가상 인물 적용이라는 것이었다. 이 과제는 가상의 인물이 되어 보는 것이었으며, 그 목적은 억압당한 사람들의 심정을 이해해 보는 것이었다. 나는 인신매매에 대한 광범위한 조사를 했다. 내가 정한 가상 인물은 인도네시아에서 미국으로 인신매매를 당한 24세의 여성이었다. 그녀는 좋은 보수로 가정부로 일할 곳을 약속받았지만, 실제로는 인도네시아에서 취업을 원하는 사람을 착취하기 위해 유인한 경로였을 뿐이었다.

모든 자료를 수집하여 실제 인신매매 피해 당사자인 Muka인 것처럼 글쓰기를 시작하기 전까지는 내가 설정한 가상 인물이 되었다고 생각하지 않았다. 미국에서 일하고자 했던 Muka의 꿈은 무참히 끝났다. 내가 그녀의 입장이라면 뭘 어떻게 해야 할지 모르겠다. 다른 나라 출신의 누군가가 미국에 와서 기회와 자유를 얻는 것이 얼마나 흥분되는 일인지 상상해 보았고, 나중에 자신이 착취당하고 이용당했다는 걸 알았을 때 느끼는 좌절감에 대해 생각해 보았다. 그 무렵 나는 스페인에서 살며 학교를 다닐 기회에 대해 흥분했던 일과 스페인에서 견뎌 냈던 편견에 대해 기억하기 시작했다. 스페인에서의 나의 경험이 인신매매와 사기에 따른 공포에 비할 바는 아니지만, 편협했던 세계관에도 불구하고 가상 인물이 되어 보려고 노력하는 것은 의미 있는 개인적인 경험이었다.

나는 이 에세이를 쓰면서 미국 내 많은 사람이 인신매매범에 의해 노예화되었을 때 느낄 법한 감정으로 화가 났고 좌절감도 느꼈다. 나는 이것이 가상 인물 과제의 목적이라고 생각한다. 클라이언트의 세계관과 사회정의 이슈를 돕기 위해 내 자신의 세계관을 알아야 할 필요가 있음을 어느 정도 깨닫게 되었다. 내 경우에는 이 능력을 더 발전시켜야 했다. 나는 이제 억압당한 클라이언트를 옹호하는 것이 우리 업무의 일부임을 이해한다. 상담과 사회정의 수업을 통해서 실제로 나는 열정과 의지를 가지고 클라이언트의 권리를 보호하는 데 보다 적극적으로 참여하게 되었고, 사회정의와 옹호를 상담에 적용하게 되었다. 이 수업은 학생들이 전인적으로 클라이언트를 대하는 상담에 있어 통합적인 접근을 개념화하도록 돕고, 클라이언트를 임파워먼트함으로써 그들 스스로를 옹호하도록 도와준다.

GMU의 상담 프로그램은 내가 사회환경에 영향을 행사하도록 도와주었다. GMU 석사과정 이전에 다른 석사과정도 이수했는데, 프로그램은 좋았지만 미국 내 지배 문화의 억압적인 영향을 개선하기 위해 내가 옹호자가 되어야 한다거나 변화의 역량을 갖도록 이끌어 주지는 못했다. GMU의 프로그램은 상담사, 심리치료사, 사회복지사가 단순히 변화의 방관자가 아니라 적극적인 참여자가 되어야 한다는 역량을 갖게 해 주었다. 아울러 수업을 통해 학생 자신의 세계관이 유일한 세계관이 아니라는 점을 인식하게 도왔고, '클라이언트의 입장이 되어 보는 것'을 통해 학생들이 환경의 변화를 가능하게 하는 힘을 지속적으로 사용하도록 도와주었다. 이 프로그램을 통해 내가 변화를 만들어 낼 수 있을 거라고 생각하지만, 그 변화를 얼마나 크게 확장시킬 수 있는지는 결국 나에게 달려 있다는 걸 알았다.

나는 옹호 중독자입니다!

−Hollie M. Jones

학교에서 상담사가 되기로 결정했을 때, 내 자신이 가진 개인적 편견에 대해 성찰하는 생각을 결코 해 본 적이 없고, 그 과정이 어떻게 나의 삶을 전적으로 바꿀지 몰랐다. 나는 버지니아 남부 작은 마을에서 자랐는데, 흑인과 백인으로 나누어져서 모든 것이 아주 단순하게 유지되는 곳이었다. 2006년 북버지니아로 이주하여 22세 여성으로서 새 삶을 시작했다. 나는 새로운 지역의 다양성에 대해 몰입했고, 나와 매우 다른 사람들을 만나는 것을 즐겼다. 다문화 상담 수업은 내 인생을 바꾼 수업이었다. 편견을 가지고 세상을 바라보며 대학원 석사과정을 시작했는데, 다문화 상담 수업에 참여한 백인 여성으로서 스스로를 돌아보면 내가 참으로 무지한 사람이었음을 깨달았다.

이 수업을 듣기 전에, 나는 집단상담 수업에서 상담의 과정을 배웠고, 집단상담에 성공하기 위해서는 상담의 과정을 신뢰해야 한다는 것을 배웠다. 다문화 상담 수업에 임하기 전까지 그런 지식들은 내게 전혀 와 닿지 않았다. 수업에서 과제로 부여된 책 『인종은 소유하기에 좋은 것』(Helms, 2008)을 부엌에 앉아서 읽던 기억이 난다. 나는 이 책을 읽는 중에, 분노, 죄책감, 당혹감, 수치심으로 가득 차서 울었다. 독서 중에 떠오른 것은 다름 아닌 아버지, 조부모님, 어머니 그리고 내 인생에서 중요한 역할을 한 모든 사람이었다. 나는 매우 인종차별적인 시각을 통해 세상을 바라보는 가정에서 자랐다.

여동생은 항상 흑인 청년과 사귀었는데, 둘 중 내가 나이 많은 언니라서 아버지에게 여동생의 이러한 행동을 숨기는 걸 돕는 게 나의 일이라고 항상 느꼈다. 아버지의 허락이 필요한 문제가 제기될 때마다, 여동생을 향한 경멸과 조롱으로 가득 찬 논쟁으로 바로 중단되곤 했다. 가족의 신념을 거스르면서 어떻게 흑인 남자와 데이트할 수 있겠나? 급우들과 Chung 교수님의 지지를 바탕으로, 우리 가족 내에 있는 인종차별 문제에 관해서 아버지에게 이야기할 수 있는 용기를 내보려고 했다. 아버지를 대상으로 사회정의 문제에 관해 교육하는 것에 몰입하게 되었고, 지속적으로 어머니와 얘기하거나 북버지니아에서 내가 참석했던 문화 체험에 부모님이 참석하도록 초대했다. 처음에 부모님은 내 말에 귀 기울이지 않았고, 내가 대학원에서 '이런 걸 배운다'고 충격을 받았다. 조부모님들도 내가 사회적 상호작용에 대해서 독특한 나만의 관점을 가졌다고 매우 당황해하셨다. 나는 내 자신의 가치와 신념을 형성하기 시작했고, 그로 인해 내 가족들은 내 문화가 그들과는 아주 다른 방향으로 굳어져 가는 것에 대해 꽤 실망스러웠을 것이다.

인생에서 처음으로 내가 백인이라는 것을 깨달았다. 나는 다른 사람들이 유색 인종이기 때문에 결코 경험하지 못할 특권을 내가 누리고 살고 있음을 인식하게 되었다. 내 피부에도 백색이라는 색이 있었지만, 백인이기 때문에 내게는 그것이 특권이 되었다. 나는 다른 사람들이 금발의 백인 여성인 나를 어떻게 바라보는지에 대해 깨달았고, 다른 사람들과 지낼 때 이 정체성을 어떻게 활용해 왔는지를 돌아보게 되었다. 백인의 특권과 인종에 관한 주제를 가지고 논의에 참여하는 사람들에게는 무척 불편하고 방어벽을 만드는 여지가 있기 때문에 논의가 잘 이뤄지지 않는다. 우리 가족은 오랜 시간 동안 매우 불편하게 보냈지만, 가족들은 내가 옹호에 몰입되어 있다는 것을 깨달았고, 다른 선택의 여지없이 내 말을 들을 수밖에 없었다.

나는 죄책감과 수치심을 극복하며 싸웠고, 가족들에게 직면하는 용기를 발견하면서 시간이 지남에 따라 변화가 일어난다는 것을 확신할 수 있었다. 지금은 그들에게 씨앗만 뿌리고 있다고 하더라도 시간이 지남에 따라 그들은 그것에 대해 경청할 것이다. 석사과정에 들어갈 때에는 5년간 사귀면서 미래를 약속한 이성 친구가 있었는데, 다문화 상담 수업을 들으면서 사회정의 실천에 열정을 갖게 된 백인 여성으로서 나의 견해를 지지해 주는 삶의 파트너가 필요하다는 것을 깨달았다. 다문화 상담 수업을 들은 지 6개월 만에 인생에 대한 가치와 신념이 변화되었기 때문에 그 친구와도 관계를 정리하게 되었다. 나는 다시 태어난 느낌이 들었고, 내가 비전으로 삼은 여정을 시작할 준비가 되었다. 이제는 내가 옹호에 대해 뒤로 물러설 수 없으며, 옹호를 위한 나의 열정을 경청해 주고 지지할 준비가 된 가족과 동료들의 강력한 지지망을 갖게 되었다.

백인 특권이 인정받는 환경에서 살게 되면, 추악하고 불의에 찬 이슈들을 외면하게 된다. 우리 백인들이 가진 특권 중 하나는 그러한 부분들을 보지 않아도 된다는 것이다. 우리는 그렇게 살아야 할 필요가 없다. 백인 특권을 누렸던 과거 세대들은 자주 그들이 가진 힘을 남용하였고, 차별에 기여해 왔다. 내가 백인 여성이기 때문에 사람들이 나의 말을 경청할 거란 걸 알게 되었고, 내가 학생들과 유색 인종을 대상으로 사회부정의에 대해 열정적으로 옹호할 때 나에게 귀를 기울이게 될 거라는 점을 깨닫게 되었다. 내게는 말할 거리가 있고 얘기하고 싶은 바를 당당히 얘기할 능력이 있다. 이 다문화 상담 수업을 듣고 내 인생의 모든 목적이 바뀌었다. 이 수업을 통해 나는 죄책감, 수치심, 이기심, 용기, 분노, 좌절, 자기결정력, 결단력을 경험했다. 우리 가족은 내게 많은 것을 가르쳐 주었다. 숨겨져서 잘 드러나지 않는 추악함을 얘기하는 것은 어려운 일이긴 하지만, 그러한 시도는 가족에게 새로운 깨달음을 가져다줄 것이며 이를 통해 전반적으로 가족 구성원들 간에 서로 존중할 수 있게 된다.

나는 단신의 금발, 백인, 특권을 누리는 여성이고, 사회부정의에 맞서는 데 활용하고 싶은 옹호의 목소리를 가지고 있다. 나는 이 회고적 에세이를 읽는 사람들이 자신의 관점과 편견을 바라볼 수 있고 그것들을 인정할 수 있기를 희망하고, 아울러 자신의 편견을 없애 가면서 자신의 고유한 인종, 견해, 관점을 돌아보는 것이 매우 자연스러운 일임을 알게 되길 바란다. 다음 질문은 '궁극적인 목적을 달성하기 위해 바로 지금 해야 할 일은 무엇인가?'이다.

먼저 내가 경험했던 바와 같이, 당신도 이 과정을 한번 시도해 보길 권한다. 지금까지 경험해 보지 못한 수준으로 마음껏 울고 표현하면서 부끄러움을 느낄 시간을 가져 보길 바란다. 자신이나 가족들에게 편견이 있더라도 괜찮다고 수용해 주자. 자신을 수용하는 사람이 될 수 있도록 자신의 말을 하도록 허락해 주자. 차별이 있는데도 그냥 지나치고 말하지 않는다면, 각자가 가진 가치에 상관없이 우리는 차별을 허락하는 억압자가 되는 것이다. 같은 수업을 듣는 동료나 가족, 수업의 교수님과 함께하면서 용기를 내 보자. 많은 사람이 백인이라는 특권을 누리며 산다는 것을 이해하지 못할 수도 있지만, 이러한 행위들을 통해서 우리는 다른 사람들에게 실제 생활에서 백인 특권의 소유자로서 살아가는 것이 진정으로 의미하는 바를 알릴 수 있다. 나누는 것이 안전하다고 느끼는 사람들은 더 많이 공개할 것이다. 이 경험의 과정을 통해 당신을 지지해 줄 동료들과 소통하고 믿고 의지하기를 바란다. 이 과정은 진정한 다문화 인식을 성공적으로 발전시키기 위해서 당신이 반드시 신뢰해야 하는 과정이다.

유색 인종 학생들이 백인들을 대상으로 화를 내고 증오감을 갖는 것에 대해서도 용인해 주어야 한다. 화를 표현하는 것이 타당한 면이 있다고 생각하면서 스스로에게 허락하길 바란다. 백인 친구들이나 동료들에게는 당신의 감정적 직면이 점차 분노에서 신뢰로 바꾸어 전해질 것이다. 가능한 최대한으로 자신에게 솔직해지길 권한다. 현대 사회는 과거와 달리 더욱 불의한 세상으로 변해 가고 있다. 억압은 모든 직업, 학교 및 일상에서 매일 일어나고 있다. 이러한 불의를 깨뜨려 나가려면 감정적인 억압에 대해 나누는 것과 같은 방안들을 강조하고 사람들에게 옹호할 필요가 있는 정의로운 시스템에 관하여 교육하는 일은 많은 사람이 합심해서 반드시 해야 할 일이다.

이를 위해서는 인종적 차이가 야기한 고통에 대해 토론하고, 의사소통하면서 얘기하는 것으로 시작해 볼 수 있다. 여러 차별과 세대 간 전승된 차별의 후유증에 의해 야기된 많은 상처는 모든 문화권에 존재한다. 나와 같이 백인 특권의 세상을 살아왔던 사람들은 지금까지 해당 현상에 관심 갖지 않았다는 사실을 인정하는 용기만 가져 준다면 이러한 상처에 대하여 설명할 수 있다. 일단 그런 편견을 수용하는 용기를 갖고 그것을 주위 사람들에게 말할 수 있게 되면, 당신은 당신 삶에 결코 중요한 문제가 아니라고 생각되었던 불의한 편견과 인종차별의 이슈들에 대해 타인에게 영향력을 줄 수 있는 자신감을 갖게 되고, 스스로 강해지며, 옹호의 준비가 되었음을 느끼게 될 것이다.

문화적 유산을 포용하여 사회정의의 대변인이 되어 가기: 긍정적이지만 고통스러운 여정

-Diana P. Ortiz

내 이름은 Diana이고 라틴계 여성이다. 나는 미국에서 가장 큰 소수자 집단의 일원이다. 나는 GMU의 상담교육 프로그램의 박사과정에 있으며, 여기서 석사학위도 받았다.

지난 몇 년 동안, 나는 통찰력을 갖는 과업과 함께 나의 생각과 좋은 의도를 행동으로 실천하는 과업을 수행해 왔다. 그러한 경험은 단기간 동안에 일어나지 않았으며, GMU의 석사 및 박사 과정 자체가 나의 이러한 성장과 관련이 있다. GMU 학위 과정의 모든 수업과 과제가 나의 신념을 재확인하는 새로운 기회였고, 내가 도전하도록 했으며, 성장할 수 있는 기회를 제공해 주었다. 나는 에세이에서 내 인생에서 가장 긍정적인 경험의 일부로 여겨지는 결정적인 순간에 관하여 설명할 것이다. 이 경험들에 대해 미리 주의 삼아 얘기하지만, 긍정적이었지만 즐겁지만은 않았다.

독자들에게 회고와 관련된 나의 여정을 나눌 때 진실하게 임하기로 마음먹었다. 나의 여정은 순탄치 않고 기복이 심했으며, 신비롭기도 했지만 적나라한 폭로가 있었고, 고통과 함께 치유로 가득 차 있다. 이 지난한 여정에서 정신건강 전문가로서의 열정과 취약계층을 위한 옹호 노력은 내 사명에 분명히 임할 수 있도록 도움이 되었다.

문화 충격

나는 남미 콜롬비아에서 태어나고 자랐는데, 몇 년 전에 이 다문화와 사회정의와 관련된 여정을 시작하게 되었다. 6년 전, 나는 사회복지기관에 취직해서 뉴욕에 도착했다. 새로 취직한 나 같은 전문가에게 직장의 취업 조건은 매력적이었다. 새 직장에서는 나에게 주택, 교통수단 그리고 콜롬비아 화폐 가치로 따져 볼 때 꽤 괜찮은 급여를 제공했다. 기관은 고용의 대가로, 값싼 비용으로 잘 훈련된 이중언어 전문가를 고용한 셈이다. 물론 내가 처음부터 이런 사실을 알고 있었던 건 아니다! 그렇지만 이러한 경험은 옹호자와 변화 매개인으로서 나의 인식과 관심을 분명하게 강화시킨 긴 여정의 시작이 되었다.

나는 취업 후에 근무하면서 원인도 모르게 변해 가고 있었다. 표면적으로 내가 생각하기에 도저히 용납이 안 되는 태도나 연락, 홍보물, 수많은 정보에 의해 나는 무참히 노출되어 있었다. 피부색으로 인해 불편함을 느끼기까지는 그리 오랜 시간이 걸리지 않았다. 나는 내가 왜 소수자로 '분류'되는지 이해할 수 없었다. 미국에 오자마자 더 이상 나는 본국에서 다수자의 일원으로서 특권과 자산을 가진 메스티자(스페인과 인디언의 혼혈)가 아니었던 것이다. 나는 자동적으로 유색 인종 여성인 소수 여성이 되는 것이었다. 그것은 엄청난 충격이었고, 나의 삶은 이 경험의 전후로 둘로 나누어지게 되었다. 나는 인종차별이 무엇인지 알고 있다고 생각했다. 본국에서 다른 문화적 배경을 가진 사람들과 유능하게 일할 능력이 있다고 생각했기 때문에,

그러한 경험을 미국에서도 적용하여 일할 수 있다고 생각했다. 나는 이전부터 취약계층과 일해 본 경험이 있기 때문에 스스로를 사회정의 옹호자라고 생각했다. 그러나 분명히 말하지만, 차별과 관련된 미국의 고통스러운 현실을 잘 모르고 있었던 것이다.

확실하게 해 둘 필요가 있어서 말하지만 내 고향인 콜롬비아도 많은 문제를 안고 있다. 미국에 오기 전에 콜롬비아의 현상을 이해했다고 하면 이는 거짓말이 되겠지만, 미국에서의 경험을 통해 비로소 본국의 상황도 이해하게 된 것 같다. 피부색이 소수자를 규정케 하는 미국에서의 경험을 통해 나의 내면을 돌아볼 기회를 갖게 되었고, 그 경험은 이 세상에서 내가 어떤 입장을 견지하며 살아야 할지 선택하는 기회를 제공해 주었다. 미국에서의 첫 2년은 매우 힘들었다. 설문지 등에서 라틴계/히스패닉 체크박스에 응답해야만 하는 것이 불편했다. 내 문화나 정체성과 상당히 다른 사람들과 지낸다는 생각이 떠나질 않았다. 적어도 그 당시의 내 생각은 그랬다. 시야를 넓히고 반복되는 격한 감정들을 다스리기까지 고통스러운 경험들이 있었다. 그것은 참으로 긴 과정이었다.

내 자신이 섹시한 라틴계 여성이라는 고정관념으로 연결되는 것을 좋아하지 않았다. 여성들의 아름다움을 자랑스럽게 생각하지만, 라틴계 여성들은 훨씬 더 많은 것을 기여할 수 있고, 다른 것으로도 충분히 인정받을 수 있다. 라틴계 여성은 몸매나 속옷 사이즈, 춤추는 무대에서의 동작들 때문이 아니라 그 자체로서 가치 있는 존재이다. 사람들이 나의 외모나 말하는 억양에 따라서 나를 판단하는 사실이 불편했다. 그래서 비록 내가 문제의 일부가 아니었지만, 나는 해결책의 일부가 될 수 있다. 나는 능동적으로 변하려 하였고, 유색 인종 여성에게 도움이 안 되는 것을 바꾸려 하였으며, 비슷한 상황에 처한 다른 사람들을 도우려고 했다. 그 시점에서 나는 갈등하며 지낼 수도 있고, 적응하려 노력하며 살 수도 있으며, 변화의 일부로 살아갈 수도 있다. 나는 두려움을 이기며 싸우길 원했고, 이러한 현실을 바꾸기 위해 할 수 있는 도전들에 적극적으로 참여하고자 했다. 다만, 그러기 위해서 내게는 더 많은 방법들이 필요했다.

전환점: 대학원 진학

미국에서 일하는 이민자 외국인으로서 1년을 보낸 후 내가 느낀 점은 환경을 바꾸기 위해 필요한 수단들 중에서 마치 내 공구 상자에는 망치와 스크루드라이버 등 작은 도구들만 있는 것 같았고 더 중요한 나머지 도구는 없는 것 같았다는 것이다. 비록 내가 서비스를 제공해 온 이용자 가족들 덕분에 열정을 얻곤 했지만, 동시에 나는 슬프고 혼란스러웠다.

나는 직장 상사에게 대학원에 지원하겠다고 얘기했고, 그에게 추천서 받기를 원한다고 말했다. 그는 나를 보고 웃기만 했다. 그러고선 그는 내게 그런 목표를 성취하기까지 얼마나 비용이 많이 들고 어려운지에 대해 설명하기 시작했다. 그는 나에게 말했다. "너는 영리하지만 가난해. 더구나 너는 글 쓰는 솜씨가 형편없잖아! 너 정말 그 일을 잘 해낼 수 있을 걸로 확신해? 꼭 콜롬비아 대학원에 갈 필요는 없지 않아?" 그 대화가 있은 지 벌써 5년이 지났지만, 나는 여전히 글 쓰는 재주가 없는 사람이라는 낙인감을 가지고 있다. 그 일이 더 이상 내게 상처가 되지는 않지만, 그 일은 지금의 나를 있게 한 긴 여정을 지속적으로 상기시켜 준다.

GMU 대학원 과정에 오기 전에, 나는 나의 인종적·민족적 정체성에 대해 매우 무지하고 순진했다. 나는 직장 상사의 말에 은밀하게 숨겨진 또는 문맥 안에 숨겨졌다기보다 명백한 메시지에 대해 거의 인식하지 못했다. 직장 상사가 나에게 조언해 주었던 그날 나는 기분이 좋지 않았지만, 그 경험이 내게는 더 강한 자극제가 되어 지금의 나로 이끌어 주었기에 오히려 기쁘게 생각한다. 우리가 매일 일상에서 경험하는 작지만 지속적인 인종차별적인 사건들은, 그 짧은 시간 동안 전달받은 메시지의 일부를 가지고 우리 스스로가 지나치게 과민하게 반응하는 건 아닌지, 잘못 해석하는 건 아닌지, 또는 오해하는 건 아닌지 의문을 갖게 만들기도 한다. 하지만 그 순간은 그냥 지나치기도 어렵고 무시하기도 어렵다. 그 자극들은 미묘하기도 하지만 감정적으로도 우리를 아주 힘들게 한다.

■ 자신을 포용하기

석사과정의 첫 학기를 시작했을 때, 나는 내 억양을 숨기기 위해 열심히 노력했다. 나는 뭔가를 만들어 내기 위해 노력하였고, 빠르게 말하려고 하였고, 내가 파악한 방식과 내가 보여 주고 싶은 이미지에 대해 많이 강조하였다. 교수님은 내가 당시에 파악하지 못한 점들을 파악하고 있었다. 교수님과 수업의 동료들은 나에게 도전이 되었다. 그들은 내가 여전히 가지고 있던 원천적인 감정들을 다룰 수 있도록 도와주었다. 그런 과정을 통해 결국에는 내가 느낀 점들에 대해 내가 생각한 바를 연결할 수 있게 되었다. GMU의 대학원 과정은 다문화주의, 사회정의, 국제적 지원, 리더십 및 옹호라는 다섯 가지 핵심 요소에 의해 운영되고 유지된다. 수업이 많이 어려웠지만, 마침내 나는 집에 있는 것처럼 편안히 여기게 되었다. 수업 시간 동안에는 내가 감정적인 위험에 노출되어도 안전하게 느끼게 해 주었고, 모든 감각을 통해 배울 수 있을 정도로 편안했다.

대학원 과정은 직업적 측면뿐 아니라 개인적 측면에서 나를 변화시켰다. 나는 아주 의미 있는 변화를 경험했다. 모두가 그 특혜를 누릴 수 있기를 바란다. 나는 내 자신의 편견과 선입견을 직면했다. 나는 울었고, 거울 속에 있는 내 자신을 다르게 여기기도 했다. 나는 새로운 것을 배웠고 지난 일을 잊기도 했다. 나는 성장했고, 더 나은 내 자신이 되었다. 나는 새로운 진실을 인식하게 되었기에, 기술을 익히고 마음과 영혼을 새로운 지식을 향해 열 수 있었다. 변화와 행동에 대한 사명감은 궁극적으로 나를 다른 사람으로 만들어 주었다. 석사과정의 다문화와 사회정의 수업 시간에 '세대 간 전승된 트라우마'와 '내면화된 인종주의'의 개념을 이해하게 되어 기뻐했던 순간을 기억한다. 새로운 기술과 지식에 스스로 더 자신감을 갖게 되었다. 내 자신이 더 나은 곳에 있는 모습을 확인하면서, 솔직하고 진정성 있게 비슷한 여정을 시작한 다른 사람들을 도울 수 있었다.

이 수업에서처럼 과거를 돌아보고, 책을 읽고, 내 자신의 경험을 확인하고, 내 정서에 대한 새로운 의미를 탐색해 볼 여유와 기회가 없었더라면, 나의 문화적응 과정은 지금과 같지 않았을 것이다. 수업을 통해 나는 보다 정의롭고 공정한 세상을 위해 지금의 현실을 변화시키는 데 적극적인 역할을 하기 위해 의식적인 결정을 내릴 수 있었다. 수업을 준비하기 위해 읽어야 했던 책들, 수업 중 토론, 회고록 과제, 수업의 과제물 등은 매우 어려웠다. 그렇지만 이 수업은 너무나 가치 있는 실제적인 경험을 할 수 있기 때문에 배우지 않을 수가 없었다.

상담과 사회정의 수업에서 나는 숫자가 어떻게 관심사로 연결되고, 관심사가 어떻게 행동 가능한 기회로 연결되는지 알게 되었다. 내가 가진 선의가 아무리 많아도 내가 뭔가를 행하지 않으면 변화는 일어나지 않는다고 배웠다. 나는 변화가 역동적이고, 일상적으로 일어나며, 가치 있는 삶을 살기 위해 뭔가를 실천하는 용기가 필요하다는 것을 알게 되었다. 나는 수업 동료들 앞에서 직면했고, 수업 동료들은 나의 취약점을 놓치지 않으면서 더 강하게 성장하도록 교훈을 주었다. 나는 수업을 통해 너무나 많은 걸 배워서 해결 방안보다 궁금한 게 많아졌고, 내게는 아직도 배울 게 많이 남아 있는 걸 안다.

훈련 중인 다른 상담사, 심리치료사, 사회복지사들을 위해서 이 수업 과정을 지원하고 더 개발시키는 것을 원했기 때문에, 나는 박사학위 과정을 이수하기로 결정했다. 인간이 겪는 고통의 의미를 다른 사람들에게 교육하는 것이 내 삶의 사명이다. 나는 미래의 상담사, 심리치료사, 사회복지사와 교육자들이 스스로를 직면하여 영감을 얻도록 고무시키는 일을 삶의 목적으로 삼고 있다. 나는 국경을 넘어 어린 아동들에게 피부색에 상관없이, 키 높이에 상관없이, 억양에 상관없이 모두가 동일한 기회를 가져야 하고, 동일한 기회를 가질 수 있다고 보여 주고 싶다. 이렇게 노력하는 것이 당신과 나에게 동시에 행하는 나의 약속이다.

새로운 나: 행동주의와 사회변화를 통한 전환

대학원 교육의 결과로 나는 내가 영향을 받아 온 문화유산을 받아들이고 내 지역사회, 가치 및 신념에 대해 계속 배우고 있다. 나는 나 스스로를 유색 인종, 여성, 강한 라틴계 여성, 이민자, 딸, 아내, 자매, 친구, 상담사, 심리치료사, 사회복지사, 이웃, 지도자, 대변인이라고 여기며, 상반된 두 가지 세상을 살아야 하는 다른 젊은 라틴계 여성을 위한 역할 모델로도 생각한다. 나는 모든 사람이 기회에 대해 동일 수준의 접근성을 가져야 한다고 생각한다. 내가 박사과정의 유일한 라틴계 여성이거나 시청 관리자 회의에 참석한 유일한 소수자가 아닌 시기가 하루 빨리 오길 바란다. 나는 일반적 상황 안에서 예외적인 특별한 개인이 되고 싶지 않다. 나는 사람들이 내 억양을 통해 나의 정체성을 알게 되더라도, 별도의 부단한 노력을 통해 내가 알고 있는 바를 증명해야 할 필요가 없어지는 때가 오기를 기대한다.

박사과정 이수를 결정하고서, 나는 불의와 맞서 싸울 수 있고 오래되고 불균형적인 사회체제를 변형시킬 수 있는 더 정교한 수단들을 갖게 되었다. 연구를 통해 무엇을 변화시켜야 할지 알게 되었고, 어떻게 그 일들을 해야 하는지 알게 되었다. 리더십 역할은 나에게 효과적이고 변화에 영향을 줄 수 있는 기회를 주었다. 내 하루는 여러 가지 과업과 할 일로 가득 차 있으며, 하루가 끝나 가면 지쳐도 행복하다. 나는 변화의 기회를 놓치고 싶지 않으며, 나의 지역사회와 미래 세대를 위해 필요한 곳에 있을 기회를 놓치고 싶지 않다.

내가 교육과정에서 배웠던 가장 좋은 점 중 하나는 내가 있어야 할 곳을 선택하고, 기회를 붙잡는 데서 누릴 수 있는 특권에 대해 책임감을 느끼는 선택을 하는 것이다. 감사하게도 이러한 싸움을 나 혼자 하는 것이 아니라, 씩씩한 동료들이 주위에 있고, 나의 지지망은 나로 하여금 에너지를 충전하여 이 일을 계속하게 도와주는 안식처가 되어 주었다. 나는 사회정의를 위해 싸우는 과정 속에 공포와 영감이 때로는 공존할 수 있다는 것을 알게 되었다. 내 주변에 불의가 지속되는 것을 보는 것이 두려웠지만, 나는 그 두려움을 열정과 에너지로 승화시켜 더 열심히 싸울 수 있었다. 나는 더 이상 라틴계 여성으로 분류되어 모욕을 당하지 않는다. 나는 겸손한 자세로, 존중받으면서 새로운 정체성을 수용해서 여전히 자기 목소리를 내지 못하고 있는 유색 인종 동료 여성과 남성들을 위해 내 목소리를 낼 것이다. 여전히 즐겁지 않은 경험을 계속하지만 긍정적으로 생각한다. 그 경험들은 우리가 이 일을 계속해서 해야 할 이유이기도 하다.

나는 더 나은 세상을 꿈꾸어 본다. 과거를 포용하고 잘못된 점들을 개선시키기 위해 뭐라도 시도해 보자.

📖 참고문헌

Croteau, J. M. (1999). One struggle through individualism: Toward an antiracist White racial indentity. *Journal of Counseling & Development*, 77, 30-31.

Helms, J. E. (2008). *A race is a nice thing to have: A guide to being a white person or understanding the white persons in your life* (2nd ed.). Hanover, MA: Microtraining.

제 4 부

비판적 사회정의 도구

Social Justice Counseling: The Next Steps Beyond Multiculturalism

제9장

사회변화와 사회정의의 중요한 교차점

생존하는 종(species)은 가장 강하거나 지능이 좋아서가 아니라

변화에 가장 잘 반응하는 종이다.

-저자 미상

만약 그대가 적을 만들려면 무엇인가 변화를 시도하라.

-Woodrow Wilson

변화는 인생의 법칙이요, 단지 과거나 현재만을 찾는 사람은 분명히

미래를 놓칠 것이다.

-John F. Kennedy

1. 개인적으로 변화했던 시기를 회상하라. 무엇이 변화를 결정하게 했는가?

2. 변화의 상황에서 당신이 직면했던 장애물은 무엇이었나?

3. 당신이 바라던 변화가 일어났는가? 아니면 그 과정에서 어떤 장애가 있었는가?

4. 당신이 지금 변화하기를 바라는 것은 어떤 것인가? 당신을 붙잡고 있는 것은 무엇인가?

5. 자신의 권리를 표현할 수 없는 사람들을 관찰하거나 들어 봤는가? 그랬다면 이 개인이나 단체가 그 상황을 변화시키고 권리를 얻기 위해 무엇을 시도했는지 보았는가? 어떻게 되었는가?

6. 어떤 과정이 계획되고 있는지 생각해 보고 '변화는 과정이다.'라고 말하는 것은 무엇인가?

사회정의와 인권에 대한 쟁점을 다루는 데는 여러 구성요소, 즉 사회변화, 옹호, 리더십 그리고 임파워먼트가 포함된다. 효과적인 변화 매개인이 되려면 리더십, 옹호 및 임파워먼트와 같은 기술을 갖출 필요가 있다. 사회변화가 사회정의의 본질을 다루는 데 필수 요건이기 때문에 변화의 이론과 모델을 이해할 필요가 있다. 이 장에서는 사회변화의 모델과 이 모델들이 사회정의와 인권에 어떤 관련성이 있는지에 대해 기술하고자 한다. 이 장은 사회변화의 다차원성을 이해하는 데 유용하고 사회변화와 사회정의 및 인권과의 관계를 이해하게 할 뿐만 아니라 효과적인 변화 매개인이 되기 위한 통찰력을 주게 될 것이다.

사회정의와 사회변화의 관계성

심리학과 상담 분야에서 일하는 우리 모두는 변화 매개인이다. 우리가 한 클라이언트를 대상으로 상담하거나 집단, 가족 또는 더 큰 공동체를 대상으로 할 때에도 우리의 목적은 건강하고 긍정적인 변화를 촉진시키는 데 있다. 전통적으로 심리치료의 강조점은 개인을 변화시키는 것이었다. 사회정의와 인권을 상담과 심리치료에 합병시키는 것은 집단, 가족 및 체계들을 포함하기 때문에 그 변화의 규모와 범위가 넓어진다. 체계적 변화를 포함하는 데 내재되어 있는 전제는 정신건강 실천이 개인적인 정신병리학에 의해 운영되지 않는다는 것과 개인이 항상 결함이 있는 것은 아니라는 것이다. 본질적으로 사회적 · 정치적 · 환경적 · 역사적 · 문화적 · 환경적 쟁점의 맥락에서 개인을 보아야 하며, 이러한 견해에 따르는 함의는 커다란 체계는 반드시 변해야 한다는 것이다. 보다 큰 체계적 변화에 내재되어 있는 중심은 사회정의와 인권이다.

사회정의를 강조하는 것은 개인의 상황, 특히 임파워먼트, 공평, 공정 그리고 정의와 관련된 상황이 외적 요인에 의해 영향을 받으며 단지 개인의 통제하에 있는 것만은 아니라는 것이다. 개인의 문제는 지역사회와 사회 전반에 의해 만들어진다는 것이고, 개인의 문제에 얽힌 맥락을 언급하는 개입이 필요하다는 것이다. 예를 들면, 나(Fred)는 한때 공립학교 9학년 전체 학생에게 정신건강 문제에 대한 상담을 부탁받았다. 그런데 7학년 학생 여러 명이 상담사와 심리사에게 와서 9학년 학생들에게 협박당하고 차별과 괴롭힘을 당했다고 불평하는 일이 있었다. 나는 7학년 한 학생 한 학생을 상담하기보다는 학교와 협의하여 9학년 학생 전체를 대상으로 개입하기로 하고 중학생에게 영향을 미치는 안전, 폭력 및 공정에 관한 보다 넓은 쟁점들을 다루었다. 이것이 9학년 학생들의 행동 때문에 생긴 정신건강 문제를 가진 30여 명의 7학년 학생의 상담을 강조하는 개별적 심리치료에서 집단으로 그 대상을 확대한 좋은 예이다. 대신에 상담의 초점은 인종차별과 편협하고 약자를 괴롭혀 왔던 넓은 체계의 변화에 두었다.

그러므로 사회정의와 인권을 다루는 일은 사회변화와 밀접히 관련된다. 이것이 일반적인 변화 모델과는 대비되는 것이다. 즉, 개인들은 과식, 과음, 흡연 등과 같은 사적인 행동을 변화시킨다. 우리는 '사회변화'를 제도나 조직과 같은 체계와 법, 정책, 절차, 사회적 역할 및 기능과 같은 구조의 변화나 개선을 포함하는 것으로 정의하고자 하는데, 이는 긍정적이면서 최적의 성장, 개발, 기회를 가로막고, 방해하며, 모든 개인과 가족, 집단 및 지역사회의 물리적 및 심리적 안녕을 저해하는 것들에 대해 도전하는 것이다.

사회변화는 개인, 조직, 지역사회 그리고 사회 수준에서 일어날 수 있다. 심지어는 변화가 일어나는 수준, 사회정의에 대한 상담 시기, 궁극적으로 개인과 가족, 집단 및 지역사회와 같은 복합적 수준에 영향을 미치는 변화의 충격에 별 영향을 받지 않는 것까지 암시한다. 그러므로 정신건강 사회정의 실천은 전문가를 돕고, 적극적으로, 의식적으로, 의도적으로 사회변화에 기여하는 방법이다. 사회정의 실천에 대한 우리의 상담 목표는 기존에 만연하는 불평등, 잠재적 불평등, '~주의', 불공정한 대우, 부, 자원 및 기회에 대한 불균형적인 분배 및 접근에 개입하고 이를 제거하며, 감소시키고, 예방하는 사회적 변화를 추진하는 것이다. 사회변화와 변화의 구성요소, 즉 과정, 효과 및 영향을 이해하는 것은 상담사와 심리사 및 사회복지사에게 필수 항목이다.

변화는 쉽지 않다

우리는 변화되기보다 오히려 파괴될 것이다. 우리는 순간의 십자가를 오르는
것보다 오히려 우리의 두려움에서 죽고 우리의 환상을 죽게 만들 것이다.

-W. H. Auden

변화의 순간이 편안하고 분쟁이 없는 것으로 기대하는 사람들은
그들의 역사를 배우지 못한다.

-Joan Wallach Scott

변화는 어디에나 있다. 상담사, 심리사와 사회복지사들처럼 우리는 변화와 함께 살고 호흡하며 지지한다. 우리의 세계는 끊임없는 변화의 공세로 가득 차 있다. 우리는 지속적으로 대중매체의 소리를 들으며, 지금 이 순간까지 중국 변방 지역에서 대항하는 지역사회의 세밀한 부분을 인터넷을 통하여 보고, 어제가 오늘에는 이미 구식이 되는 기술적 진보를 주목하고, 최첨단의 이동 전화와 컴퓨터가 급속히 구식이 되는 경험을 한다. 우리는 TV와 인터넷을 통해 세계 어딘가에서 일어나는 재난들을 보고, 전쟁과 생존 갈등을 보기 위해 거실 소파의 맨 앞자리를 차지하고, 세계 어딘가에서 HIV/AIDS, 지구촌의 온정이나 빈곤 등과 같은 사회적 사안을 돕기 위한 자선음악회를 시청한다. 우리와 같은 상담사, 심리사 그리고 사회복지사들에게 이러한 사안들은 우리가 살아가는 세계와 이 세계를 바라보는 클라이언트들의 견해 모두에 작동한다.

변화는 어디에나 있으며 상담 및 정신건강 전문가들이 적극적 변화를 추구하는 것이 사실임에도 불구하고 그 변화는 많은 사람을 곤란하게 한다. 인적·사회적 변

형은 딜레마를 나타낸다. 우리는 동일한 과정에 머물러 있는가, 아니면 이 과정을 바꾸려 하는가? 중국어에서 위기라는 단어는 명백한 변화의 곤경 상태로 번역된다. 중국어에서 위기를 일컫는 두 글자는 위험과 기회를 의미하는 것으로 번역된다. 변화는 전환과 성장 및 개발의 기회가 될 수 있다. 동시에 변화는 그 대상의 존재와 실천행동들을 수정하기 때문에 위험하며 무섭고 두려움을 줄 수 있다. 결과적으로 변화는 흥분과 불안 모두를 만들어 낸다. 변화에 대한 혼합된 반응은 개인 중독을 치료하는 등의 중요한 변화와 사랑하는 사람과의 상호작용 패턴을 수정하거나 약간의 체중 감소와 같은 사소한 변화 두 가지 모두에서 일어난다는 것을 주목해야 한다. 변화의 정도에 따라 두려움, 불확실성, 긴장 및 불안감 등을 유발할 수 있는 불편함, 불안, 좌절감 및 고통이 수반된다.

개인적 · 사회적 변화와 사회정의의 관계를 완전히 이해하기 위하여 우리는 계속해서 심리적 변화를 기술하고 사회변화의 원리에 대해 토론하고자 한다. 지역사회 변화 모델에 대한 간략한 요약이 제시될 것이다. 이러한 개념을 명확하게 정리하기 위하여 우리는 또한 사회변화에서 시스템의 역할에 대한 논의를 통해 사회정의 실천으로의 변화문제를 주입하는 방법을 검토하고, 권력과 저항이 사회변화를 촉진시키는 데 기여하는 부분에 대해서도 살펴볼 것이다. 이 장은 사회변화에 대한 권고로 결론지을 것이다.

변화의 심리학

한 연구 결과는 상담사와 심리사, 사회복지사들이 실제로 변화를 일으킨다는 것을 보여 주고 있다(Lambert, Shapiro, & Bergin, 1986; Smith, Glass, & Miller, 1980). 흥미롭게도 심리치료와 상담으로 인한 성장은 치료 이외의 다른 메커니즘에서도 발생할 수 있다는 것도 밝혔다(Hubble, Duncan, & Miller, 1999). Prochaska와 동료들(Prochaska, 1999; Prochaska & DiClemente, 1982; Prochaska, DiClemente, & Norcross, 1992; Prochaska, Norcross, & DiClemente, 1994)은 개인이 다른 생활문제를 해결하는 데 사용하는 치료법에서 동일한 변화 전략을 사용한다는 것을 발견했다. 예를 들면, 내가 더 운동을 하려고 하는 경우 상담할 때와 마찬가지로 개인적인 노력으로 똑같은 전술을 적용하여 형제자매와의 상호작용 패턴을 변경하려고 시도할 것이다. 이것은 개인이 심리치료의 도움 없이 독립적으로 변화할 수 있는 잠재력을 가지고 있다는 것을 보여 주는 흥미로운 연구 결과이다(Norcross & Prochaska, 1986a, 1986b).

Prochaska와 Diclemente(1992)는 전문적인 원조에 상관없이 사람들이 어떻게 변했는지 설명하기 위해, 변화의 초이론적 모델(Transtheoritical Model: TTM)을 개발하였다. 심리치료와 상담 분야에서 TTM은 가장 포괄적인 변화 모델 중의 하나로서 변화의 다양한 단계를 설명해 준다. TTM에 관한 연구는 외래환자 치료에서부터 자기변화에 이르기까지 다양한 환경에서 실행 가능한 모델이라는 사실이 밝혀졌다(예: DiClemente & Hughes, 1990; DiClemente & Prochaska, 1985; DiClemente, Prochaska, & Gillbertini, 1985; Lam, McMahon, Priddy, & Gehred-Schulz, 1988; McConnaughy, DiClemente, Prochaska, & Velicer, 1989; Prochaska & DiClemente, 1992). 이 TTM은 변화의 5단계로 구성되어 있는데, 계획이전(precontemplation) 단계, 계획(contemplation) 단계, 준비(preparation) 단계, 실행(action) 단계, 유지(maintenance) 단계와 같다([그림 9-1] 참조). 우리는 심리사, 상담사, 사회복지사가 사회정의와 인권 활동을 위한 도약으로 이해하고 사용하는 것이 중요한 기초라고 생각하기에 아래에서 더 자세히 설명하고자 한다.

첫 번째 단계는 계획이전 단계로서 어려운 단계 중 하나로 기술되어 왔다(Brogan, Prochaska, & Prochaska, 1999). 이 단계에서 개인들은 변화 의지가 없다. 많은 사람은 그들의 문제 또는 심지어 변화의 필요성을 알지 못한다. 이 단계의 클라이언트들은 파트너, 배우자, 또는 가족 구성원과 같은 다른 사람들의 압박감과 외부 압력과 동시에 일어나는 변화를 자극할 수 있기 때문에 일반적으로 치료를 받는다. 그래서

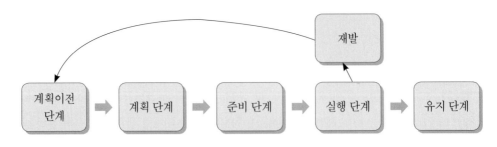

[그림 9-1] 변화의 초이론적 모델(TTM)

출처: Prochaska & DiClemente (1982).

만약 가족이 나의 높은 콜레스테롤 때문에 튀긴 음식을 중단하기 원할 경우, 가족 구성원이 주위에 있으면 음식을 중단할 수 있다. 그러나 자기 혼자 있을 때는 이 변화가 필요하다고 믿지 않기 때문에 튀긴 음식을 계속 먹을 것이다. 그래서 일단 압력이 줄어들면 사람들은 재빨리 옛날 방식으로 돌아간다. 이 단계에서 변화는 단기간에 일어나지만 지속되지 않는다.

계획 단계에서는 개인들이 기존 문제를 인식하고 이를 극복하기 위한 의지와 함께 좀 더 진전하는 것을 발견한다. 따라서 튀긴 음식을 먹는 사람은 이제 자신의 콜레스테롤 수치가 높고 심장마비로 이어질 수 있음을 깨닫는다. 이러한 인식을 하면서 변화에 대한 약속을 했지만, 여전히 행동으로 옮기지는 않는다(Prochaska, DiClemente, & Norcross, 1992). 사람들은 해야 할 일을 알고 있지만 뭔가를 실행하기보다는 생각만 한다. 예를 들면, 우리는 운동이 유익한 줄 알고 있지만 어떤 유형의 신체운동을 할까 진지하게 생각할 것이다. 우리는 몇 달 또는 몇 년 동안 운동하는 것을 고려할 수 있지만, 실제로는 체육관에 가야 하는 조치를 취하지 않는다. 개인들은 이 위험한 상태에 머물 수도 있다.

세 번째 단계인 준비 단계에서 의도와 행동이 결합된다. 이 단계의 개인들은 과거에는 변화하려고 시도하지 못했지만, 곧 조치를 취할 것이다. 그런 사람은 '나는 튀김 요리 먹는 것을 멈추고 싶다.' 또는 '나는 운동하고 싶다.'라고 생각할지도 모르지만, 실제로 튀긴 음식을 먹지 않거나 운동을 시작한 것은 아니다. 이 단계에서 작은 행동의 변화가 있을 수 있으나 전반적으로 효과를 볼 수 있는 변화를 위한 행동이 아직 뿌리내리지는 못했다. 어떤 사람이 준비 단계에 있을 때, 그는 가까운 장래에 행동으로 실행하려는 의도가 있는 것이다. 그러므로 이 단계에서 나는 튀긴 음식의 대안으로 음식을 요리하기 위해 찜기를 구입하거나, 운동 준비를 위해 운동복을 구입하여 어느 시점부터 운동을 시작할 것이다. Prochaska와 동료들(1992)은 이것을 초기 실행 단계라고 부른다.

네 번째 단계인 실행 단계는 개인들이 실제로 자신의 문제를 해결하기 위한 조치를 취하기 때문에 준비 단계와 다르다. 나는 지금 찜기에 요리하고 있으며, 주 3회 체육관에 갈 것이다. 이 단계의 특징은 명백한 행동변화와 시간 및 에너지의 상당한 헌신이 나타나는 것이다. 이 단계에서 개인들은 "변화를 위해 열심히 노력하고 있다."라는 이야기를 하며, 문제에 관해 무언가 실제로 행동한다. 이 단계를 본 모델에서 마지막 단계로의 이동이 필요하다고 생각되는 실제 변화와 혼동해서는 안 된다. Prochaska와 동료들(1992)에 따르면, 실행 단계의 특징은 목표행동을 수용 가능한 기준으로 수정하고 변경하려는 명백한 노력을 하는 것이다. 결국 그 사람은 실제로 그 행동을 한다.

마지막 단계는 유지 단계인데, 이 단계에서 개인은 실행 단계에서 얻은 이익을 유지하기 위해 노력한다. 그러나 이 단계는 정태적으로 볼 수 있다. 어쨌든 이 단계는 변화를 지속하고 유지·관리하는 것이기 때문에 실행 단계만큼 중요하다. 운동하기 위해 체육관에 가기 시작했을 뿐만 아니라 지속적으로 운동을 하고 있다. 변화를 보존하는 것은 일생 동안의 작업일 수 있으며 중독성 행동을 다루는 개인의 노력에서 이를 찾아볼 수 있다. 이 단계의 특징은 재발을 피하고 예방하는 행동의 변화를 안정화시키고 유지하는 것이다.

마지막 단계에 도달한 사람과 재발하는 사람은 다시 처음 단계에서 끝나기 때문에 다섯 단계 모두를 거쳐 변화 과정을 반복해야 한다. 그래서 만일 내가 6개월 동안 나의 찜기로 요리하고, 어떤 튀긴 음식이라도 완전히 피하고 난 후에 감자 튀김과 튀김 요리를 다시 먹게 되면, 나는 8개월 만에 다시 찜기로 돌아가려고 노력할 때 변화가 의미 있는 것인지 생각하면서 다시 계획이전 및 계획 단계로 돌아가게 될 것이다. 그래서 변화 과정이 처음부터 다시 시작된다. 이 다섯 단계는 다음의 사회변화의 원리에 대한 논의에서 중요하게 적용될 수 있다.

사회변화의 원리

우리는 사람들이 어떻게 변화하는지에 대해 토론했는데, 이제 이 변화 모델을 사회변화의 광범위한 영역으로 확장시키고자 한다. 개인적인 변화에서 사회적인 변화로의 전환이 사회정의를 세우는 일에 중요한 구축물과 토대를 제공한다. 다음 절에서 우리는 Homan(2008)의 몇 가지 사회변화의 기본 원리를 검토하고자 한다. 원리 목록이 철저하다고는 볼 수 없지만, 사회정의 및 인권 상담을 하는 상담사와 심리사 및 사회복지사에게 필수적인 기본 신념이라는 것을 강조한다는 점을 유념해야 한다(〈표 9-1〉 참조). 또한 일부 원리와 중복되는 아이디어가 있지만, 우리는 전

〈표 9-1〉 변화의 원리

설명
1. 핵심적 연결—건강한 환경이 심리적으로 건강한 사람을 만든다.
2. 사회변화는 생태체계적 관점에 관여한다.
3. 사회환경을 건설적으로 변화시키기 위해 정신건강 전문가는 반드시 의도적으로 계획을 세워야 한다.
4. 사회정의는 독단적이지 않다.
5. 사회변화는 새로운 행동을 시도하고 새로운 방향으로 진행될 위험을 감수해야 한다.
6. 사회정의 실천에서 중요한 점은 권력에 대한 사안이다.
7. 임파워먼트는 개인적 차원에서 시작될지라도 타인으로 확장됨에 따라 사회정의 실천이 될 잠재성이 있다.
8. 임파워먼트는 파트너십을 의미하며, 제왕적 치료를 의미하지 않는다.
9. 개인과 지역사회가 기존에 가지고 있는 강점과 자원을 토대로 형성한다.
10. 문화적 다양성을 파악하고 존중한다.
11. 변화는 사회정치적 · 역사적 · 심리학적 · 문화적 및 생태학적 관점에 대한 자각, 이해와 바른 인식을 요구한다.
12. 변화는 과정이지 신속한 정착이 아니다.
13. 변화는 작게 또는 크게 나타날 수 있다.
14. 변화의 계획 수립과 실행에는 차이가 있다.
15. 사회변화를 통한 사회정의의 촉진은 자아에 관한 것이 아니라 더 큰 집단을 향한 작업이다.
16. 효과적인 사회변화 매개인은 배우는 것과 가르치는 것을 함께 한다.

체 원리를 제시하기 위해 각 원리를 분리하여 다루는 것이 중요하다고 생각한다.

사회변화의 기초 신념 및 원리

■ 핵심적 연결—건강한 환경이 심리적으로 건강한 사람을 만든다

우리를 둘러싼 환경이 우리를 형성한다. 건강하고 안전한 환경은 심리적 안녕 및 정신건강과 상관관계가 있다. 이와 반대로 위험하고, 우울하며, 고통받는 지역사회는 고통을 보다 더 심화시키는 경향이 있다(Homan, 2008). 사회정의 실천을 담당하는 상담사, 심리사 및 사회복지사는 이와 같은 상관관계와 이를 통한 상담 개입에 어떤 영향을 미치는가에 대해 잘 이해할 필요가 있다. 지역사회 변화를 명확히 다루

고 촉진하는 과정은 개인과 가정 그리고 지역사회 전체의 가치를 인정해 주는 건강하고 안전한 지역사회를 조성하는 데 있어서 중요한 시사점을 가진다. 이는 클라이언트만의 옹호 활동 탐구 또는 주위 지역사회와 직접 관련된 사안 모두를 포함한다. 사회정의 상담사, 심리사 및 사회복지사로서 우리는 독립적이고 협력적으로 공평과 공정함 그리고 평등을 존중하지 않는 환경에 이의를 제기해야 한다.

■ 사회변화는 생태체계적 관점에 관여한다

인간이 완벽하게 고립된 상태로 살지 않기 때문에 전체론적이고 거시적인 관점으로 사안을 검토하는 것은 매우 중요한 일이다. 동성결혼 관련 법률 제정을 사례로 들어 보면, 이는 매우 개인적인 사안임에도 불구하고 이웃, 나아가 도시와 주, 또는 국가에 영향을 미칠 수 있다(〈표 9-2〉 참조). 또 다른 사례로 미국 컬럼바인 고등학교와 버지니아 공과대학 총기난사 사건은 해당 주와 특정 지역사회에서뿐만 아니라 연방정부 차원에 이르기까지 총기 폭력에 대한 사회적 논의와 법률 제정 논의를 이끌어 낸 바 있다. 세계화에 따라 오늘날 미국에서 일어나는 일들이 세계에 미치는 영향 등과 같은 다양한 측면에서 이슈를 다룰 필요가 있다.

생태적 접근(Bemak & Conyne, 2004)은 문제를 더 큰 체계적 관점에서 바라보게

〈표 9-2〉 개인의 이슈가 지역사회 전반에 미치는 영향 사례

「미국가족통합법(Uniting American Families Act: UAFA)」
「미국가족통합법(UAFA)」은 게이, 레즈비언 미국인과 그들의 해외에서 태어난 파트너의 삶을 변화시킬 수 있다. UAFA는 이성/동성 미국인, 미국 영주권자의 파트너들이 미국에서의 합법적 거주권을 취득할 수 있도록 한다. 해당 법안은 상원과 국회에 제출되었으며, 통과될 시 「이민국적법(Immigration and Nationality Act)」의 특정 조항 중 '배우자'와 '결혼'의 문구에 이어 '영구적 파트너십'이 추가된다. 커플은 결혼한 배우자 또는 그 외 '영구적 파트너십'을 맺은 자와 재정적 책임을 공유할 수 있게 된다. 법 안에서 '영구적 파트너십'은 '양자가 평생에 걸친 헌신을 목적으로 맺는 사적인 관계'로 규정한다. 부정행위 발생 시, 위장 결혼에 준하는 벌금이 부과된다. 커플은 최대 5년 수감과 25만 달러의 벌금에 처할 수 있다. 미국에는 현재 약 3만 5,000명의 이중 국적자인 동성 커플이 있다. 새로운 법안이 게이, 레즈비언에 연장 적용된다면 이들 커플은 더 이상 불법 결혼을 하지 않아도 되거나 또는 파트너와 함께 살기 위해 미국에서 같이 추방되지 않아도 된다.

출처: "Seperation anxiety" (2009).

한다. 다양한 하위 체계와 상위 체계 간에는 내재된 관계가 존재한다. 상위 체계의 단계 또는 일부를 변화시키는 것은 전체 생태체계에 영향을 미치는 것이다. 예를 들어, 직장에서 지속적으로 부적절한 성적 언행을 접해 온 여성은 정신건강뿐만 아니라 신체건강에 영향을 받고 있을 수 있다. 그 여성의 업무 효율성은 줄어들 수 있으며, 개인적 관계 형성에서도 어려움을 겪을 수 있다. 사실, 이 같은 문제를 보다 깊게 살펴보면 앞과 비슷한 업무환경에서 비슷한 문제를 겪고 있는 여성의 사례를 많이 접할 수도 있다. 이 같은 문제를 적절히 다루기 위해서 사회정의 실천 상담사, 심리사 및 사회복지사는 상황을 해결하기 위해 개인과 논의하는 것을 넘어 그녀를 둘러싼 환경에서의 성차별과 여러 종류의 차별까지 함께 살펴볼 필요가 있다. 생태학적이고 거시적인 관점에서 상황을 면밀히 살펴볼 때에는, 클라이언트와 전략을 계획하거나 또는 체계 안에서 어떤 방법으로 해결해 갈지에 대해 논의해 볼 필요가 있다. 만약 직장에 고용된 전문가일 경우 사안을 직장의 일부로서 내재된 것으로 보면서 더 큰 관점에서 다루는 것은 중요하다. 예를 들면, 여러 종류의 차별, 성차별, 성희롱 등의 관점에서 다루는 것을 말한다. 해당 사안은 다수의 여성에게 영향을 미칠 수 있다. 따라서 전체적인 관점에서 이슈를 검토해야 한다.

■ 사회환경을 건설적으로 변화시키기 위해 정신건강 전문가는 반드시 의도적으로 계획을 세워야 한다

사회정의 실천은 선천적으로 현재 상태를 변화시킨다. 현재의 조건을 변화시키고 개선하기 위해 우리는 반드시 의식적이고 의도적이어야 한다. 이 같은 의도성은 사회적 불평등과 공평하지 않은 행위들을 강화시키고, 유지시키는 현 상태를 차단하는 결과를 이끌어 낼 수 있다.

우리는 저항을 기대하고 그 과정을 이해함으로써 예상되는 저항을 잘 해결해 갈 수 있는 행동 계획을 개발할 수 있다. 예를 들어, 한 상담센터가 더 많은 집단상담을 진행하는 방향으로 가고자 할 때, 개별상담 진행을 보다 더 편하게 생각했던 센터 내 전문가들은 이 같은 변화에 저항할 것이다. 계획에 앞서, 현행의 의무적 임상 요건을 조직적으로 바꾸기보다는 제안서에 센터 내 심리사, 상담사 및 사회복지사가 스스로 집단상담을 진행할 수 있는 수준과 단계들을 직접 선택할 수 있게 하는 것을 고려해 볼 수 있다.

■ 사회정의는 독단적이지 않다

인권을 침해하는 분명하고 흥미로운 사안에 집중할 필요가 있다. 실질적인 인권 침해는 관련 당사자에 명백하게 알려야 한다. 특정한 불평등에 대해 명백히 하는 것은 이와 관련된 당사자들을 통합시키고, 방향과 목표를 확고히 하는 데 도움을 줄 수 있다. 클라이언트 등을 대상으로 한 사회적 불평등 교육은 정신건강 실천에 있어 중요한 요소이다.

■ 사회변화는 새로운 행동을 시도하고 새로운 방향으로 진행될 위험을 감수해야 한다

사회변화는 생각과 행동 측면에서 기존 방식으로부터 새로운 방식으로의 변화를 요구한다. 새로운 방향과 새로운 행동은 사회정의를 촉진하는 데 있어 필수적이다. 상담사, 심리사 및 사회복지사는 개인, 가족, 집단, 지역사회가 새로운 문제를 해결해 나가는 데 있어 새로운 접근법을 취할 수 있도록 도와야 한다. 새로운 행동에 대한 고려는 앞서 다룬 초이론적 모델(TTM)과 연계되는 것으로, 개인이 각각의 단계를 거칠 것을 요구한다. 새로운 방법을 찾는 것은 위험을 감수하는 능력과 용기 그리고 비전을 필요로 한다. 또한 공개적으로, 클라이언트 및 타인들과 함께 새로운 방향을 모색하는 능력을 포함한다.

■ 사회정의 실천에서 중요한 점은 권력에 대한 사안이다

권력을 가지고 있는 자는 의식적으로 또는 무의식적으로 구조와 규범, 사회적 맥락에서의 역동성을 쥐고 있으며 이를 포기하지 않으려 한다는 것은 오랫동안 잘 알려진 사실이다. 현상 유지에 대항하거나 도전하는 것은 기존의 권력층에 도전하는 것이다. 이 같은 현실은 상담과 심리학 및 사회복지 실천 영역에서 '권력'이 주는 부정적 암시와 일맥상통한다. 권력은 권위, 지배, 힘, 강제가 가진 부정적 요소들과 연관될 수 있다. 한편, 권력은 사회변화와 사회정의에 있어 핵심 요소이다. 또한 사회정의 체계 안에서의 권력은 긍정적인 의미를 내포한다. 사회정의와 사회변화의 맥락 측면에서 권력을 고려해 보면, 권력의 행사는 주도적이어야 한다. 즉, 권력을 행사한다는 것은 아이디어를 토대로 긍정적으로 실행하고 평등과 정의를 저해하거나 억제하는 권력 집단에 대항한다는 의미이다. 사실, 권력은 사회변화에서 필수적인 요소이자 정신건강 전문가가 사회정의를 옹호하고 이의를 제기하는 데 있어 익숙

하게 활용해야 할 도구이다.

그 예로, 문화적으로 둔감했던 스티븐이라는 임상의를 언급하고자 한다. 스티븐은 청소년을 위한 주거치료 프로그램(residential treatment program)에 참여하고 있었다. 많은 직원은 스티븐을 좋아했지만 그는 음주나 마리화나 등 청소년들의 문제행동을 무시하거나 묵인함으로써 청소년에게 피해를 끼쳤다. 스티븐은 그의 어린 클라이언트들의 문제행동에 대응하는 대신 그가 담당하는 청소년들이 그의 주변에 있을 때 지각 있게 행동한다면 문제를 보고하지 않겠다는 개인적인 '거래'를 암암리에 하고 있었다. 이에 스티븐에 대응하기에 앞서, 그의 지지자와 권력 기반이 누구인지 파악하고, 단순히 친구를 지지하는 것을 넘어 치료의 진실성과 문제행동의 결과에 대해 함께 논의할 사람이 누구인지 파악하는 것이 필요했다. 결과적으로, 프로그램의 부책임자가 치료의 진실성에 있어 가장 관련이 깊은 지지자였으며 그는 명백한 권력 기반으로 파악됐다. 따라서 부책임자는 스티븐의 직위를 해제하는 데 있어 가장 우선적인 접촉점이 되었다. 권력과 사회정의 실천에 대한 심도 있는 논의는 제10장에서 다룰 예정이다.

■ 임파워먼트는 개인적 차원에서 시작될지라도 타인으로 확장됨에 따라 사회정의 실천이 될 잠재성이 있다

임파워먼트는 한 개인과의 상담에서부터 시작될 수 있다. 상담은 클라이언트가 자신감을 회복하고 행동을 취하며 불공평에 대항하고 동등한 처우를 위해 맞서 싸울 수 있도록 돕는다. 한편, 개인과 직접적으로 일할 때라도 우리는 앞서 논의한 바 있는 생태적 맥락에서 사안을 바라볼 필요가 있다. 임파워먼트는 클라이언트의 삶에서 타인과의 고립, 이별, 분리가 있을 때는 발생하지 않으며, 개인이 살고 있는 세계에서 타인에게 영향을 미친다는 것이 우리의 신념이다. 사회적 네트워크는 클라이언트 삶의 한 측면이며, 따라서 클라이언트의 역량이 강화될 때마다 자신을 둘러싼 환경에 변화를 일으킨다. 어떤 사람이 지역사회 내에서 불평등과 차별에 대해 목소리를 높이고 질문을 던지기 시작했다면 이는 빠르게 타인들이 동참할 수 있도록 이끌 잠재력을 가진다.

■ 임파워먼트는 파트너십을 의미하며, 제왕적 치료를 의미하지 않는다

클라이언트와 일할 때 우리는 사회정의 상담을 진행하며 동등한 파트너십을 형성한다. 우리는 클라이언트에게 어떻게 하라고 알려 주거나, 치료 회기를 통제하고 종속적 관계를 만들거나, 제왕적 치료자로서의 역할을 가정하는 전문가가 아니다. 우리는 사회변화와 옹호를 목표로 하는 치료적 파트너십을 육성한다.

■ 개인과 지역사회가 기존에 가지고 있는 강점과 자원을 토대로 형성한다

변화 매개인은 반드시 개인과 지역사회가 이미 가지고 있는 강점과 자원이 무엇인지 파악할 수 있어야 한다. 이 같은 자원을 토대로 한 자본화와 형성화는 사회변화를 촉진하는 좋은 출발점이 될 수 있다. 클라이언트가 리더십 역량 및 경험을 가지고 있거나 지역사회 조직 기술을 가지고 있다는 것을 알고 있다면 상담사, 심리사 및 사회복지사는 이 같은 기술들을 바탕으로 긍정적인 사회변화 촉진을 지원해 나갈 수 있다. 기존의 강점을 이해하는 것은 개인과 지역사회가 현재 어떤 역할을 하는지 이해하고 사회 불평등 문제를 제기하는 데 유용한 전략을 수립할 수 있도록 돕는 수단이 된다.

■ 문화적 다양성을 파악하고 존중한다

효과적인 사회변화는 다문화적 역량에 대한 명확하고 견고한 이해를 필요로 한다. 우리의 지역사회는 다양한 인종·민족·문화 배경을 가진 사람들로 구성되어 있다. 상담사와 심리사 및 사회복지사는 지역사회의 다양성과 사회적 요청에 따라 다문화적 역량을 갖춰야 한다. 우리는 문화적으로 상이한 가치관과 문제해결 방법, 시간 개념, 협상과 의사소통 유형 등 다양한 문화적 관점과 세계관에 대해 인지하고, 이해하고, 인정하고, 존중해야 한다. 우리는 다문화주의가 굉장한 풍부성과 개방성을 개발하는 잠재력을 가지고 있으며 사회정의 실천에 도움이 되고 있음을 안다.

2007년 캘리포니아주 샌디에이고 산불 이후 인디언 거주 지역에 우리 정신건강 팀이 투입되어 얻은 경험을 예로 들어 보려 한다. 우리 팀은 해당 지역에서 일어난 엄청난 재난에 대해 문화적으로 잘 대응할 수 있는 정신건강 지원에 대한 요구가 있음을 알게 됐다. 우리 팀은 인디언 보호 구역에서 일했던 경험이 있었기에 부족의회에 개별적으로 접근해 거주 지역에서 일할 수 있도록 허락을 구했다. 부족의회와의

회합은 몇 시간에 걸친 토론 진행, 서로 알아 가는 과정, 목표가 같은 방향을 가지고 있는지를 확인하는 과정으로 구성됐다. 또한 우리가 인디언의 문화와 방식, 우리가 제안하는 정신건강 지원이 문화적 준거 틀 안에서 적합한지 아닌지 등을 다뤘다.

■ 변화는 사회정치적 · 역사적 · 심리학적 · 문화적 · 생태학적 관점에 대한 자각, 이해 와 바른 인식을 요구한다

다문화적 역량을 갖추는 데 있어 핵심 요소는 개인의 문화적 배경 안에서 사회정의 쟁점에 대한 사회심리정치적 · 역사적 관점을 인식하고, 인정하며, 이해하고, 존중하는 것이다. 특정 집단은 개인과 지역사회에 대한 지속적인 인종주의와 차별을 경험하고 있다. 클라이언트가 경험한 불평등을 진심으로 이해하기 위해 상담사와 심리사 및 사회복지사는 문화적 측면뿐만 아니라 사회심리정치적 · 역사적 · 생태학적 관점을 함께 아우를 수 있어야 한다.

■ 변화는 과정이지 신속한 정착이 아니다

우리가 신속한 해결책과 짧은 인상적 발언을 선호하는 사회에서 변화의 과정을 펼치기에는 너무 성급한 경우가 종종 있다. 상담사와 정신건강 전문가는 사회정의 실천의 과정이 각각의 단계들을 거쳐 갈 수 있도록 용인하는 데 익숙해질 필요가 있다. 사회정의 실천은 피상적일 수 없으며, 반드시 시간을 거치면서 뿌리를 내리고 성장해 나갈 수 있어야 한다. Homan(2008)은 지역사회 변화 과정을 일곱 단계로 구분했는데 이는 다음과 같다.

① 도입 단계: 문제가 인지된 시점
② 초기 실행 단계: 정보가 수집되고 동맹이 확인된 때
③ 리더십과 구조의 등장 단계: 집단이 형성되면서 동시에 리더가 등장하는 것 포함
④ 쇠퇴 단계: 일정한 쇠퇴가 오는 때. '실질적인' 일들이 일어나는 것에 관심이 없는 자들과 변화에 몰입하는 자들 간 명확한 경계가 이뤄질 때
⑤ 재몰입, 새로운 과제, 새로운 구성원 단계: 집단이 재구성될 때. 지도자들이 각자의 역할을 더욱 확고히 하고 집단에 다시 동기를 부여함에 따라 방향성이 추가로 규정될 때

⑥ 지속적 실행 단계: 집단의 업무를 심화시키고 새로운 도전 과제로 확장해 나감
을 포함

⑦ 성장, 쇠퇴, 또는 종결 단계: 최종 단계로 사회변화 목표를 달성하기 위해 앞의 여
섯 단계를 더욱 확실히 거치거나, 목표 달성 종료 단계에 도달했거나 그렇지
못했을 때

■ 변화는 작게 또는 크게 나타날 수 있다

사회변화가 항상 주요한 변화를 암시하는 것은 아니다. 때론 장기적 변화 과정에
서 작은 변화의 조각을 만들어 낼 수 있다. 한편, 변화가 규모에 상관없이 개인뿐만
아니라 개인이 속한 더 큰 지역사회의 평형에 균열을 일으키고 차후 영향을 미친다.

작은 변화를 간과하지 말아야 한다. 변화를 시작하고 형성하기 위한 시도는 더 크
고 복합적인 사안으로까지 연결될 수 있다. 예를 들어, 동료나 친구 또는 가족 일원
과 편안한 대화를 나눌 때, 그들의 동성애 공포증적 행동이나 노숙인에 대한 행동에
대해 언급해 보자. 이는 장기적으로 그들의 가치에 대해 질문을 던짐으로써 그들의
가치와 행동을 변화시키게 되는 장기적인 과정의 출발점이 될 수 있다. 이는 '사회
정의의 씨앗'을 심는 것으로, 항상 그 영향력이 즉각적으로 드러나지는 않는다. 시
민권 운동은 하룻밤에 이뤄지지 않았다. 따라서 상담사와 심리사 및 사회복지사는
더 큰 변화로 이끄는 데 기여할 수 있는 작은 변화들을 민감하게 인지하고, 허용하
고, 인정해야 한다.

■ 변화의 계획 수립과 실행에는 차이가 있다

변화 계획 수립과 실질적으로 변화를 실행하는 데에는 중요한 차이가 있다. 또한
다른 기술이 필요하다. 상담사와 심리사 및 사회복지사는 각자 구별된 기술을 인식
하여야 한다.

■ 사회변화를 통한 사회정의의 촉진은 자아에 관한 것이 아니라 보다 더 큰 집단을 향
한 작업이다

사회정의를 촉진하는 일을 할 때 더 넓은 목표를 향해 일한다는 것을 잘 인지할
필요가 있다. 때때로 사회정의 변화 촉진자는 더 큰 집단을 위한 보조자로 여겨질

수 있으며, 정의를 촉진하기 위한 사람들과의 파트너십을 통해 작업할 수 있다. 즉, 각 변화의 단계에서 투입, 제안, 클라이언트의 생각, 이해당사자, 공동체 구성원들이 중요할 수 있으며, 따라서 상담사와 심리사 및 사회복지사인 우리는 다른 사람을 사회정의 협력파트너로 받아들인다.

■ 효과적인 변화 매개인은 배우는 것과 가르치는 것을 함께 한다

수년 전, 나(Fred)는 브라질 길거리의 아동들과 같이 일한 바 있다. 이 아동들은 '도시를 정화'한다는 명목하에 살해를 저질러 온 자경단으로부터 공격의 위협을 받고 있었다. 내가 함께한 아이들을 대상으로 한 연구와 한편으로 무고한 이들의 살해를 알리기 위한 노력을 통해 얻은 경험은 내게는 심오한 작업이었고, 내가 이들에게 가르친 만큼이나 나 또한 배웠다. 나는 이러한 경험을 주제로, 「거리의 연구자가 길거리 아동의 학생이 되다(Street Researchers Becoming Students of the Street Children)」(Bemak, 1996)라는 논문을 쓰게 되었다.

이 같은 개념은 우리 정신건강 전문가들이 업무를 수행하면서 사회정의와 사회변화 과업으로 이어진다고 믿는다. 우리의 역할은 변화하고 있다. 우리만이 유일한 치유자나 원조자 또는 교사가 아니다. 우리 또한 학생이다. 권위자나 전문가로서의 확고한 역할을 뒤로 하고 우리가 함께 일하는 개인과 지역사회로부터 배울 수 있어야 한다. 결국 그들이 사회 불평등과 함께 살아가고 있는 사람들이자 전문가들이다.

요약하자면, 사회정의 실천은 변화에 관한 것이며, 개별적 · 공동체적 · 사회적 단계를 아우른다. 사회정의 변화는 모든 개인과 그들의 가족, 공동체가 최적의 심리적 · 신체적 성장과 발달 및 안녕을 경험할 수 있는 기회를 보장하는 데 있어 필수적이다. 효과적인 변화 매개인이 되기 위해서 우리는 다양한 체계에 대한 복합성과 다각성을 이해하고 체계적 단계 안에서의 쟁점들이 개인과 가정에 이어져 어떤 영향을 미치는지를 살펴보고, 클라이언트의 상황에 관한 생태적 관점을 받아들일 필요가 있다. 따라서 사회정의 실천은 자원과 기회에서의 불공정한 처사를 세우고 유지해 온 체계와 현상 유지를 분열시키는 것이다. 체계가 사람들에게 영향을 미치는 만큼이나 사람 또한 체계에 영향을 미친다(Cowan & Egan, 1979). 심리사와 상담사 및 사회복지사는 체계의 일부이며 따라서 체계를 변화시킬 능력을 가지고 있다.

사회변화에서 권력의 의미

사회변화와 권력은 함께 연관되어 있다. 권력이 변화의 원리로 알려져 있지만, 권력과 사회정의의 관계에 대해 보다 더 탐구해 보고자 한다. 사회정의와 인권 사업에 있어 상담사와 심리사 및 사회복지사는 지속적으로 권력에 대한 쟁점을 접하게 된다. 누가 권력을 가지고 있는가? 그 권력을 어떻게 다룰 수 있는가? 사회정의를 달성하기 위한 권력의 건설적 활용이란 무엇인가? 모든 사람이 사회경제적 상황, 성별, 성적 지향, 종교, 장애, 민족적·인종적·문화적 배경 등을 떠나 공정한 자원과 부, 기회를 얻을 수 있도록 권력 기반을 바꾸려면 어떻게 해야 하는가?

권력과 사회변화 간 관계를 고려해 보면, 긍정적인 결과를 도출하기 위해 긍정적인 방향으로 갈 수 있도록 사람을 돕는 목적을 가진다는 것을 알 수 있다(Homan, 2008). 사회정의 실천에서의 권력 활용은 긍정적이고, 의도적이며, 주도적이다. 권력 활용의 일차적인 목적은 평등과 공정한 처우에 대한 장애물을 제거하는 데 있다. 일례로, 나(Fred)는 청소년을 위한 치료 프로그램에서 지역 책임자로서 정신건강 부서의 고위직에 있었다. 그리고 이 직위를 바탕으로 청년의 권리를 저해하는 일부 정책을 변화시키고 옹호할 수 있었다. 이와 비슷하게 나(Rita)는 대학원 과정을 밟고 있는 유색 인종 학생과의 모임을 조직하며 이를 유색 인종 학생 모집 및 유지를 위한 대학 행정에 변화를 제시하는 플랫폼으로 활용하였다.

사회정의에서 권력의 다양한 정의는 모든 개인이 권력을 소유하고 있음을 제시한다(예: Robinson & Hanna, 1994; Rubin & Rubin, 1986; Wrong, 1995). 그리고 권력은 목적 지향적이며 의도적이다. 사회정의 상담 시 어떤 사람이 권력을 활용하면 이는 반드시 클라이언트와 더 큰 사회적 네트워크와 지역사회에 혜택을 제공할 수 있어야 한다는 명확한 기대가 있다. 종종 새롭거나 더 나은 조건을 개발할 수 있도록 상호 간 해법을 찾기 위한 다양한 이해당사자(클라이언트, 가족, 지역사회) 간 권력의 공유와 협력적인 활용이 이뤄진다. 예를 들면, 정신건강 전문가는 미국에서 다양한 민족 집단(아프리카계 미국인, 아시아계 미국인, 북미 원주민, 라틴계 미국인, 아랍계 미국인 등)에게 용기를 북돋아 줄 수 있다. 또한 게이 권익단체가 서로 협동하여 혐오 범죄에 대응하고, 혐오 범죄를 예방하기 위해 보다 엄격한 법률을 갖추도록 로비를 펼치게 도울 수 있다.

사회정의 실천에서 권력의 활용은 조작이나 강압을 포함하지 않는다. 이보다는 공유된 협조적 권력의 성격을 가진다. 예를 들어, 당신과 동료 집단은 인종적 긴장 상태에 있는 업무환경에 대해 책임자가 부적절한 방식으로 문제를 제기하는 것을 우려하고 있다. 과거에는 이와 같이 문제를 제기하면 무시되거나 일축되었다. 우려 감을 가지고 있는 직원의 공동 집단으로서 당신은 책임자에게 접근하여 전략을 제 시한다. 이것은 협력적인 권위를 이용해 직장 내 이슈를 이끌어 내는 건설적이고 긍 정적인 단계이다. 어느 누구도 집단에 동참하도록 강요받지 않았으며, 긍정적인 결 과를 위한 목적을 가지고 있었다. 누군가가 바라는 결과를 향해 집단을 움직이도록 제안을 했다.

비록 모두가 권력을 가지고 있지만, 일부는 지위나 권력의 성격에 의해 남들보다 더 큰 권력을 가지고 있다. 권력의 수준은 관련된 상황과 상호작용에 달려 있다. 예 를 들면, 집단치료자로서 당신은 언제 만날지, 얼마나 만날지, 누가 집단에 들어오 고, 집단 내 심리학적·신체적 안전의 한계를 정하는 것과 같은 집단 내 구성원 간 권력을 가질 수 있다. 또는 직장에서 높은 직위에 있는 관리자로서, 고참 교수로서 당신은 상급자로서의 더 많은 권위를 가지고 있을 수 있다.

따라서 권력은 사람들과의 관계와 연관되며, 이는 긍정적일 수도 있고 부정적일 수도 있다. 권력을 활용한 타인에 대한 영향력은 자원, 돈, 정보, 음식 등 해당 자원 을 가진 타인에 대한 의존성 및 통제의 수준과 연관된다. 예를 들어, 직장을 통해 얻 은 소득으로 가족을 부양한다면(비용 지불, 음식 구매, 교통비, 의복 등) 당신의 직장 관 리자의 영향력은 당신이 이 같은 비용을 지불하기 위해 소득을 사용하지 않을 때보 다 더 클 수 있다.

사회변화는 개인 또는 집단이 새로운 방향으로 나아갈 수 있도록 하는 권력의 등 급을 필요로 한다. 때때로 권력은 변화에 도움이 되는 실행을 시작하도록 동기부여 하거나 동원하는 데 활용된다. 이 같은 상황에서 권력은 바람직하지 않은 상황을 바 람직한 상황으로 변화시킬 수 있도록 영향력을 미치고 행사함으로써 긍정적인 요 소로 인식된다. 우리는 사람들의 사회변화를 촉진할 수 있도록 격려하고 활성화할 때 정중하게 권력을 활용해야 한다. 권력을 활용할 때는 타인을 존중하면서 목표에 대한 명확한 그림을 제시해야 하며, 개인적인 이득이나 관심사를 피해야 한다.

마지막으로, 사회변화를 위한 실천은 원조 전문가들이 혼자서 할 수 있도록 하는 것을 뜻하지 않는다. 클라이언트 및 이해당사자들과의 협력적 업무는 잠재적으로 목적을 달성할 가능성을 높이고 우리의 권력을 강화시킬 수 있다.

변화에 대한 저항

사람들은 변화에 저항하지 않는다. 사람들은 변화되는 것에 저항한다!

-Peter Senge

마음을 변화시키거나 그럴 필요가 없다는 것을 증명하라는 선택이 주어졌을 때
대부분은 증명할 증거를 찾느라 바빠진다.

-John Kenneth Galbraith

앞서 논의한 것처럼 변화는 불확실성과 예측 불가능성을 내포하고 있다. 명확성의 결여는 권력의 변화와 전환을 동반하며, 일부 사람이 변화에 저항한다는 것은 놀라운 일이 아니다. 변화는 우리가 아는 것, 우리가 행동하는 방식, 미래를 예측하는 능력에서 나오는 안정성을 흔들 수 있다. 흥미로운 점은 자신이 건강하지 않고, 부정적이고, 또는 바람직하지 않은 상황에 처해 있음을 인지하고 있을 때에도 여전히 변화에 저항하며 예상 밖의 것보다는 질서와 명확성을 선호할 수 있다는 것이다. 예를 들면, 우리는 종종 직업이나 직장에 대한 사람들의 불만을 이야기하지만, 새로운 직업을 알아보기 위한 노력은 하지 않거나 하더라도 빈도수는 적다. 두 개의 옛날 속담이 변화와 관련한 양면성을 잘 보여 준다. 하나는 '내가 아는 악마가 모르는 악마보다 낫다.'이며, 다른 하나는 '프라이팬에서 불로 뛰어들기'이다. 이 두 속담은 변화와 관계된 위험을 잘 드러낸다.

변화에 있어 저항은 자연스러운 요소이다. 우리가 속한 세상에 있는 것이 우리가 모르는 세상을 재창조하는 것보다 쉽다는 것을 알기 때문이다. Homan(2008)은 자신이 투자한 시간과 에너지를 떠나보냄으로써 특정 상황에 대처할 수 있는 모든 기술이 더 이상 관련되지 않는 어려움에 주목했다. 앞서 언급한 바와 같이 저항은 또

한 특권, 권력 등 개인의 지위와 현재의 방식을 포기하거나 나누기를 꺼리는 리더십 상황에서 드러날 수 있다. 변화를 위해 자신의 지위를 포기하는 것은 변화의 이유에 대한 혼란을 일으킬 수 있다. 저항과 관련된 공통적 요소는 예측 불가능성과 혼란에 대한 두려움이다.

또한 결과에 대한 불확실성도 있다. 사회변화는 보장할 수 있는 것이 아니며, 그 과정에서 많은 '뒤틀림'이 있을 수 있다. 명확성의 결여는 변화의 방향과 능력, 미래 위치에 대한 자기회의를 일으킬 수 있다. 사실, 사람은 현재의 상황이나 지난 시간 동안 이뤄 온 방식들을 활용하지 못할 때 비통함을 느낄 수 있다. 낯설게 들릴 수 있겠지만, 개인은 자신의 삶에서 불만족스러운 상황에 대해 비통해한다. 한편, 억압을 당해 왔지만 음식, 주거지, 의복 등 기본적인 욕구가 충족되어 온 사람은 안전함과 보안에 대한 경험의 측면을 그리워할 수 있다. 이 사례에서의 비통함은 기본적인 욕구를 충족한다는 보안 및 예측성과 연계될 수 있다. 스스로 선택을 내리고 자신의 삶을 살아가는 자유를 누리는 경험과 같이 다른 요소들은 고려되지 않을 수 있다.

저항 다루기

상담과 심리치료 시 저항은 치료 과정을 방해하고 긍정적 변화와 성장을 파괴하는 클라이언트의 행동으로 나타난다. 사회변화를 촉진하는 정신건강 전문가와 상담사는 인권과 평등의 촉진을 방해하는 비슷한 종류의 저항에 마주하게 된다. 이는 외부 원인으로부터 오는 외적 저항과 내적 저항으로 이뤄진다. Homan(2008)은 대부분 변화에 대한 저항은 단순히 우리가 스스로에게 말하는 것에 근거한다고 제시했다. 이 같은 추정을 바탕으로, 저항을 최소화하기 위한 한 가지 방법은 변화의 이유와 목표를 사람들에게 알리는 것이다. 예를 들면, "우리는 이 학교의 정학과 관련한 정책을 신중히 검토 중입니다. 정학을 받은 학생의 78%는 유색 인종이었습니다. 이들이 전체 학생 구성원의 41%만 차지하고 있음에도 말입니다." 이 같은 설명을 통해 부모와 학생에게 왜 정책을 검토하는지, 정책과 실행의 변화가 왜 고려되고 있는지 명백하고 투명하게 공유할 수 있다. 개방적 의사소통은 사안이 무엇인지, 왜 고려되고 있는지에 대해 사람들이 이해할 수 있도록 돕는 잠재력을 가지고 있으며, 이를 사회정의 목표와 맞춰 나갈 수 있다.

Ridley와 Thompson(1999)이 다문화 훈련과 연관해 구분한 저항의 원리에서 저항의 사례를 찾아볼 수 있다. Ridley는 변화의 과정에서 반드시 대가를 치러야 하고 상실을 경험할 수 있다는 사실에서 저항은 개인의 실질적 행동에 반영되며 변화를 좌절시킬 수 있음을 주목했다. 그는 또한 저항이 회피로 나타난다고 설명했다. 나(Rita) 또한 한 대학원생이 내가 가르치고 있던 다문화 상담 과정의 수업 내용이 너무 위협적이라고 말하며 참여를 거절했던 사례가 있다. Ridley가 구분한 저항의 다른 양상은 변화에 저항하고자 하는 사람들이 때론 직접적으로, 때론 업무나 과제 수행에 저항하는 등 소극적인 방식으로 의문을 제기하는 것이다. 마지막으로, 주제를 전환한다거나 질문의 방향을 바꾸는 등 미묘한 형태의 저항으로도 나타날 수 있다. 여기에 우리는 자신의 취약성으로 인해 심리적 안정감이나 보안에 대한 높은 욕구—이 같은 욕구는 종종 자신의 삶에서 가능한 한 많은 것을 통제하고자 하는 형태로 나타난다—가 있는 개인은 더욱 극심한 저항을 표현할 수도 있다.

저항을 긍정적인 역량으로 활용

저항을 다루는 것은 사회변화 작업의 일부로 간주될 수 있다. 상담사와 심리사 및 사회복지사들은 저항하는 클라이언트나 집단을 회피하기보다는 변화에 반대하는 이들과 어떻게 연계할 수 있을지에 대한 방안을 모색해야 한다. 정신건강과 상담 교육을 받은 사람으로서 우리는 이들의 주저함을 잘 이해할 수 있는 위치에 있다. 우리는 저항의 실질적 근원, 변화에 대한 두려움, 이와 관련된 불안감을 모색하고 해석할 수 있는 고도의 교육을 받았다. 저항 감정이 있는 사람들은 취약한가? 그들은 잘못된 정보를 가지고 있는가? 그들은 적대적인 태도를 보이는가? 저항의 뿌리에 대한 통찰력을 활용함으로써 우리는 개인 또는 특정한 체계에 적합한 전략을 개발하고 실질적인 저항 뒤에 있는 동기를 말할 수 있다. 이같이 이해하고 개입하는 전략은 사회정의를 촉진하는 데 있어 필수적인 요소이다.

요약

클라이언트, 가족 또는 지역사회와 성공적으로 일하기 위해서 사회정의 상담사와 심리사 및 사회복지사는 반드시 클라이언트가 세상과 어떻게 관계를 형성하고 인식하고 있는지 잘 알아야 한다. 클라이언트의 세계관은 도움을 주는 전문가의 세계관과 다를 수 있다. 세계관이 다를지라도 변화 매개인은 반드시 클라이언트의 세계관을 존중하고, 이는 사회변화를 장려하는 데 있어 필수적인 요소임을 인지해야 한다. 변화 매개인은 클라이언트의 세계관과 삶의 경험을 이해하고, 인식하고, 인정하고, 수용할 때만 효과적인 역할을 수행할 수 있다. 어떤 변화이든 클라이언트의 세계관에서부터 접근해야 한다. 다시 한 번 말하자면, 다문화 상담 역량을 온전히 이해하고, 적용하고, 시행하기 위한 핵심적인 출발점은 클라이언트와 가족의 세계관을 이해하는 것이다. 다문화 상담을 다룬 제16장에서 설명하는 바와 같이 약간의 다문화 또는 문화감수성 훈련 워크숍으로는 충분하지 않다. 다문화를 인지하고 역량을 갖추기 위해선 심도 깊은 자아성찰, 검토, 탐색이 필요하며, 다문화주의에 대한 진실되고 온전한 개념이 필요하다.

📝 토의문제

1. 이 장을 읽고, 243쪽의 다음 문구에 대한 자신만의 해석을 제시하시오.
   "사회정의와 인권을 다루는 일은 사회변화와 밀접히 관련된다. 이것이 일반적인 변화 모델과는 대비되는 것이다. 즉, 개인들은 과식, 과음, 흡연 등과 같은 사적인 행동을 변화시킨다 …… 우리는 '사회변화'를 …… 체계와 ……구조의 변화와 개선을 포함하는 것으로 정의하고자 하는데, 이는 긍정적이면서 최적의 성장, 개발 기회를 가로막고, 방해하며, 모든 개인과 가족, 집단 및 지역사회의 물리적 및 심리적 안녕을 저해하는 것들에 대해 도전하는 것이다.

2. 글로벌 커뮤니케이션이 전 세계의 생각의 변화에 영향을 미친다는 것에 대해 당신은 어떻게 생각하는가? 여기에서의 강점은 무엇이며, 장애물은 무엇인가?

3. Prochaska와 DiClemente(1982)의 초이론적 모델(TTM)을 고려하시오.
   a. 변화하고자 하는 자신의 개인적 도전 과제(워밍업 연습으로 활용 가능)는? 이 같은 변화를 이루는 데 있어 거쳐 간 단계를 설명하고, 어려웠던 점, 결정, 결과를 설명하시오.

b. 변화가 필요하다고 믿는 지역사회 사안을 검토하시오. 변화에 필요한 단계를 구분하고 어려움과 결정, 결과를 설명하시오.

4. 이 장에서는 권력의 다양한 의미와 주도적인 방식의 권력 활용을 논하고 있다.

   a. 당신이 생각하는 권력이란?

   b. 학생으로서 또는 직장에서 당신이 가진 권력의 종류는 무엇인가?

   c. 당신이 가진 권력을 주도적으로 활용할 수 있는 방안은?

   d. 대학이나 직장에서 중요한 권력을 가지고 있다고 생각하는 사람은 누구인가? 그들은 권력을 주도적이고 긍정적인 방식으로 활용하고 있는가? 현 상황을 변화시키기 위해 당신이 할 수 있는 일은 무엇인가?

5. 이 장에서는 사회변화의 원리를 "효과적인 변화 매개인은 배우는 것과 가르치는 것을 함께 한다."라고 설명하며, 개인의 자아는 변화의 과정을 저해하는 요소로 언급하고 있다.

   a. 이 같은 개념에서 있을 수 있는 어려움은 무엇인지 제시하시오.

   b. 이 두 개념의 중요성을 타인이 이해할 수 있도록 돕는 방법은?

📖 참고문헌

Bemak, F. (1996). Street researchers: A new paradigm redefining future research with street children. *Childhood, 3*, 147-156.

Bemak, F., & Conyne, R. (2004). Ecological group work. In R. K. Conyne & E. P. Cook (Eds.), *Ecological counseling: An innovative approach to conceptualizing person-environment interaction* (pp. 195-218). Alexandria, VA: American Counseling Association.

Brogan, M. M., Prochaska, J. O., & Prochaska, J. M. (1999). Predicting termination and continuation status in psychotherapy using the transtheoretical model. *Psychotherapy: Theory, Research, Practice, Training, 36*(2), 105-113.

Cowan, G., & Egan, M. (1979). *People in systems: A model for development in the human-service professions and education*. Pacific Grove, CA: Brooks/Cole.

DiClemente, C. C., & Hughes, S. L. (1990). Stages of change profiles in alcoholism treatment. *Journal of Substance Abuse, 2*, 217-235.

DiClemente, C. C., & Prochaska, J. O. (1985). Processes and stages of change: Coping and competence in smoking behavior change. In S. Shiffman & T. A. Wills (Eds.), *Coping and substance abuse* (pp. 319-343). San Diego, CA: Academic Press.

DiClemente, C. C., Prochaska, J. O., & Gillbertini, M. (1985). Self-efficacy and the stages of self-change of smoking. *Cognitive Therapy and Research, 9*, 181-200.

Homan, M. S. (2008). *Promoting community change: Making it happen in the real world* (4th ed.). Pacific Grove, CA: Brooks/Cole.

Hubble, M. A., Duncan, B. L., & Miller, S. D. (1999). *The heart & soul of change: What works in therapy*. Washington, DC: American Psychological Association.

Lam, C. S., McMahon, B. T., Priddy, D. A., & Gehred-Schultz, A. (1988). Deficit awareness and treatment performance among traumatic head injury adults. *Brain Injury, 2*, 235-242.

Lambert, M. J., Shapiro, D. A., & Bergin, A. E. (1986). The effectiveness of psychotherapy. In S. L. Garfield & A. E. Bergin (Eds.), *Handbook of psychotherapy and behavior change* (3rd ed., pp. 157-212). New York: Wiley.

McConnaughy, E. A., DiClemente, C. C., Prochaska, J. O., & Velicer, W. F. (1989). Stages of change in psychotherapy: A follow-up report. *Psychotherapy, 26*, 494-503.

Norcross, J. C., & Prochaska, J. O. (1986a). Psychotherapist heal thyself: The psychological distress and self-change of psychologists, counselors, and laypersons. *Psychotherapy: Theory, Research, Practice, Training, 23*, 102-114.

Norcross, J. C., & Prochaska, J. O. (1986b). Psychotherapist heal thyself: II. The self-initiated and therapy-facilitated change of psychological distress. *Psychotherapy: Theory, Research, Practice, Training, 23*(3), 345-356.

Prochaska, J. O. (1999). How do people change, and how do we change to help people? In M. A. Hubble, B. L. Duncan, & S. D. Miller (Eds.), *The heart & soul of change: What works in therapy* (pp. 227-258). Washington, DC: American Psychological Association.

Prochaska, J. O., & DiClemente, C. C. (1982). Transtheoretical therapy: Toward a more integrative model of change. *Psychotherapy: Theory, Research and Practice, 20*, 161-173.

Prochaska, J. O., & DiClemente, C. C. (1992). Stages of change in the modification of problem behaviors. In M. Hersen, R. M. Eisler, & P. M. Miller (Eds.), *Progress in behavior modification* (pp. 184-214). Sycamore, IL: Sycamore Press.

Prochaska, J. O., DiClemente, C. C., & Norcross, J. C. (1992). In search of how people change: Applications to the addictive behaviors. *American Psychologist, 47*, 1102-1114.

Prochaska, J. O., Norcross, J. C., & DiClemente, C. C. (1994). *Changing for good*. New York: William Morrow.

Ridley, C. R., & Thompson, C. E. (1999). Managing resistance to diversity training: A social systems perspective. In M. Kiselica (Ed.), *Confronting prejudice and racism during multicultural training* (pp. 3-24). Alexandria, VA: American Counseling Association.

Robinson, B., & Hanna, M. G. (1994). Lessons for academics from grassroots community organizing: A case study-the industrial areas foundation. *Journal of Community Practice, 1*(4), 63-94.

Rubin, H., & Rubin, I. (1986). *Community organizing and development*. Columbus, OH: Merrill.

Separation anxiety. (2009). *The Washington Post*. Retrieved from http://www.washingtonpost.com/wp-dyn/content/article/2009/03/15/AR2009031501669.html

Smith, M. L., Glass, G. V., & Miller, T. I. (1980). *The benefits of psychotherapy*. Baltimore, MD: Johns Hopkins University.

Wrong, D. (1995). *Power: Its forms, bases and uses*. New Brunswick, NJ: Transaction.

리더십과 사회정의

인간을 판단하는 궁극적인 척도는 안락하고 편안한 시기에
보여 주는 모습이 아닌, 도전하며 논란 속에 있을 때 보여 주는 모습이다.

-Martin Luther King Jr.

지도자는 희망의 중재자이다.

-Napoleon Bonaparte

나는 국민을 따라야 한다. 나는 그들의 리더가 아니지 않은가?

-Benjamin Disraeli

사람들에게 어떻게 일하라 말하지 마라, 무엇을 할 것인가를 말하라.
그들이 성취한 일이 당신을 놀라게 하라.

-George S. Patton

리더는 사람들이 그가 존재하고 있다는 것을 거의 모를 때가 최선이고,

사람들이 리더에게 복종하고 찬사를 보낼 때는 그리 좋지 않으며, 그들이 리더를

경시할 때는 더 나쁘다. 좋은 리더는 적게 말하고, 그의 일이 완수되고 목표가

성취되었을 때 사람들은 우리 스스로 해냈다고 말한다.

– Lao-Tzu(노자)

리더십과 배움은 서로 불가분이다.

– John F. Kennedy

📖 연습문제

1. 당신은 리더십을 어디서 배웠는가?

2. 당신이 언제 리더로서의 경험을 했는지 기억해 보시오. 그것은 어떠했는가?

3. 당신이 리더 지위를 맡거나 리더로서의 다른 사람을 분석할 때 그들이 잘할 때는 어떤 특성을 보이며, 잘못할 때는 어떤 특성을 보이는가?

4. 당신이 존경하는 리더는 누구인가? 왜 존경하는가?

5. 당신이 사회정의 영역에서의 리더가 되는 것을 방해하는 것들은 무엇인가?

6. 당신의 삶에서 더 많은 리더십 역할을 맡는다면 당신 삶의 어느 영역에 부가하겠는가?

많은 사람이 사회정의와 인권 침해를 경험하고 있다. 그들은 여러 다른 삶의 경로에서 왔다. 그들은 무슬림, 유대인, 기독교인, 혹은 불교 신자들이고, 게이나 레즈비언이며, 아시아계, 아프리카계 미국인, 라틴계 혹은 아랍계, 미국 원주민, 혹은 혼혈인이고, 이민자와 피난민이며, 여성과 아동이고, 가난하고 교육받지 못했으며, 노인과 젊은이이고, 신체적으로 어려움을 갖고 있는 자이다. 그들이 어떤 배경을 갖고 있는지와는 상관없이 차별, 인종주의, 편견, 억압, 신체적 · 심리적 폭력에 대한 경험을 통해 고통스럽고, 상처가 되며, 인간의 영혼과 정신이 파괴되는 동일한 경험을 하게 된다.

사회부정의와 인권 침해를 철폐, 방지, 개입하기 위해서 우리 사회복지사, 심리사 및 상담사들은 다양한 기술, 능력, 가능성으로 무장되어야 한다. 앞 장에서 사회정

의와 인권 관련 업무의 핵심 요소로서 변화 매개인이 되는 것을 논의했다. 리더십, 옹호, 임파워먼트는 사회정의 실천의 중요한 요소들이다. 리더십은 이 장에서 논의하고 다른 옹호와 임파워먼트에 대해서는 다음 장에서 논의할 것이다.

각 요소는 여러 형태의 불공정, 부정의, 불평등 처우들을 철폐시키는 데 결정적인 도구이며 상담자, 심리사, 사회복지사로서 반드시 수행해야 하는 방향을 제시한다. 사회정의의 요소들은 모든 사람에 대한 평등하고 공정한 처우 그리고 자원과 기회에의 접근성을 확립해 가도록 변화시키고, 재창조하며, 발전시키는 데 필수적 도구들이다. 원조 전문가로서의 우리는 우리가 돕는 사람들을 위해서 옹호와 임파워먼트를 통해 사회변화를 실천하는 데 있어서 반드시 리더십 역할을 수행해야 한다.

이 장은 사회정의와 인권과 관련해서 리더십의 중요성에 대한 논의로 시작할 것이다. 사회정의 실천에서 리더십의 중요성을 이해하는 기초를 제공하기 위해 리더십 형태와 스타일에 대해 간략히 설명하고, 이어 정신건강 치료와 상담 그리고 사회복지 상담에서 리더십에 관한 논의를 제시할 것이다. 마지막으로, 사회정의와 인권, 정신건강 전문가의 리더십 특성에 대한 논의가 소개될 것이다.

사회정의에서의 리더십

급속한 사회변화의 시대에 원조 전문가에게는 리더십 기술 개발의 필요성이 증가하고 있다. 이 필요성을 인식하고 주요 심리학과 상담 전문가 기관들(예: 미국심리학회, 미국상담학회)은 리더십을 주제로 전국 회의를 개최했고 리더십 관련 수많은 워크숍, 발제 및 세미나를 제공했다. 그러나 리더십 기술과 특성은 심리사와 상담사, 사회복지사를 위한 전통적 교육이나 면허에 초점을 두지 않았다. 리더십의 기본 원리들이 박사과정 수준의 몇몇 과정에서 발견되고 있으나 석사과정에서 리더십이나 리더십 기술 훈련에 초점을 둔 특수과정이나 분야는 거의 없다. 리더십 역할을 맡은 심리사, 상담사, 사회복지사는 흔히 졸업 후 직장에서 리더십 기술을 습득하게 된다.

사회정의와 인권에 관한 이슈를 위해 일하는 원조 전문가들이 리더십 기술을 갖는 것은 중요하다. 클라이언트를 옹호하고 임파워먼트를 돕기 위해 심리사, 상담사 그리고 사회복지사는 클라이언트와 지역사회를 동기화하고, 행동하며 클라이언트, 지역사회, 기관, 서비스 제공자, 조직과 협력해서 일하는 방법을 알아야만 한다. 이것이 사회정의와 인권을 위해 일하는 원조 전문가에게 고유하게 요구되는 리더십 기술이다. 사회정의와 인권에서 리더십의 고유성을 충분히 이해하기 위해서 전통적 리더십 모델에 대한 간략한 개관으로 시작해서, 이어 사회정의 리더의 특성에 대하여 논의할 것이다.

리더십 모델

Webster's New College Dictionary(4th ed., 2008)는 리더를 "지도하거나 방향을 제시하는 사람으로, 리더십은 선두에 서거나 지도하는 행동 또는 사례"(p. 814)로 정의하고 있다. 심리학, 상담학, 사회복지학 분야에서 리더십과 리더십 스타일에 관한 대부분의 문헌은 단체 혹은 기관과 연관되어 있다.

역사적 개관

■ 위인 연구
리더십에 관한 초기 연구들은 '위인 연구'라고 불렸다(Short & Greer, 2002). 이러한 모든 연구는 리더십 지위에 있는 사람들에게 초점을 두었다. 이 접근에 사용된 방법론은 위대한 군인, 정치인, 산업계 남성 리더의 보편적 인성 특성들을 규명하는 것이었다. 이 접근에 사용된 가설은 위대한 남성의 능력과 기술은 유전적 특성이고 타고나는 것이지 훈련과 경험을 통해 얻을 수 없다는 것이다.

■ 특성 접근
특성 접근(Mann, 1959; Stogdill, 1948)을 사용함으로써 리더십 특성에 대한 보다 정확한 측정이 가능할 것이라 희망했다. 이 접근은 리더십이 일방적 과정이므로 리더들만이 특수한 리더십 자질을 가질 수 있다고 가정했다. 리더십 특성은 면접, 관찰, 검증, 체크리스트, 평가척도를 통해 규명되었다. 규명된 리더십 특성은 다섯 가지 범주로 분류된다. 즉, ① 능력(지능, 집중력, 활기, 독창력, 판단력), ② 성취(학문, 지식, 운동적 성취감), ③ 책임감(의존성, 솔선, 연속성, 적극성, 자신감, 앞서려는 욕망), ④ 참여(활동성, 사회성, 협력, 적응력, 유머), ⑤ 지위(사회경제적, 위치 및 인기) 등이다(Mann, 1959; Stogdill, 1948).

특성 접근의 분류 범주가 타당하지만, 비판받는 부분들이 있다. 이를 세 가지로 나누어 논하고자 한다. 첫째, 특성의 보편성과 다른 상황에 대한 특성들의 전이 가능성에 대한 의문이다. 한 상황에서 앞에서 제시된 특성 중에 한 가지 혹은 몇 가지를 겸비한 리더가 다른 상황에서도 리더로서의 자질을 발휘할 수 있을 것인가? 둘째, 이 접근에 사용된 방법론의 정당성과 유효성에 대한 것이다. 이는 리더십 특성을 규정하는 데 사용된 척도들 간의 일관성이 결여된 것에 근거한다. 비판받는 부분들이 있지만, 이 접근은 실제로, 지성, 책임감, 참여를 포함하는 리더십에 중요한 몇몇 성격 특성들을 규명하였다(Short & Greer, 2002). 셋째, 리더십 특성이 남성들 사이에서만 특별하게 규정되어 있어 훌륭한 리더십 가능성을 보여 온 여성의 리더십의 긴 역사는 무시되었다는 것이다.

■ 상황적 리더십

특성 접근은 다른 배경을 넘어 리더로서 효력을 예측할 수 없기 때문에 상황적 리더십 접근이 나타나게 되었다(Hersey & Blanchard, 1969). 이 접근은 규모, 동질성, 안정성, 만족도 그리고 응집력과 같은 집단 특성에 대한 반응으로서 리더십을 본다. 집단 특성은 리더와 집단 구성원들과의 면담, 사회계량학적 도구를 사용한 관찰, 집단 구성원의 격려 활동에 대한 수행 등급, 그리고 집단 과정의 분석 등을 통해서 측정된다. 흥미롭게도 상황적 리더십은 특성 접근과 유사한 부분에서 비판받는다.

■ 행동학적 접근

행동학적 접근은 집단 구성원에 의해 관찰된 리더십 행동에 초점을 둔다(Short & Greer, 2002). 항공기에서 학교에 이르기까지 다양한 세팅이 조사되었다. 리더들을 관찰하기 위해, 리더십 행동묘사 질문지(Leadership Behavior Description Questionaire: LBDQ)를 개발하였는데, 이는 사고 능력과 조직을 이끄는 능력의 두 가지 요인으로 구성되어 있다(Schriesheim & Stogdill, 1975). 사고 능력 요인은 리더의 인간관계와 집단 구성원들과의 관계 형성 능력을 나타내는 인간관계 범주이다. 그러므로 예를 들어, 타니아가 리더십 위치에 있다면 사고 능력 요인은 그녀가 다른 사람과 어떻게 관계를 맺는지 시험할 수 있고, 남성 대 여성, 연장자 동료와 젊은 동료 간, 장애인들, 그리고 다른 종족이나 민족 배경에서 온 사람들과의 관계 형성 방법에서 차이가 있는지를 시험할 수 있다. 반면, 조직을 이끄는 능력 요인은 과업의 범위나 기관 업무를 조직하는 리더의 능력과 관계된다. 여기서 타니아가 일 자체를 수행할 때와 일을 완수할 때 얼마나 효율적인가를 관찰할 수 있을 것이다.

■ 상황이론

상황이론은 행동학적 접근, 상황적 리더십, 그리고 인성 특성의 복합 개념으로 전개된다. 이 새로운 이론은 리더십 특성이란 특정 과업, 현재 상황, 리더와 구성원의 관계, 리더의 인성, 집단 특성과 같은 다수의 요소에 의존한다는 확신 위에 구축된다(Fiedler, 1969; Hersey, Blanchard, & Natemeyer, 1979; House & Mitchell, 1974; Tannenbaum & Schmidt, 1973). 그러므로 '리더는 무엇을 구성하는가?'를 고려할 때, 상황이론가들은 "상황에 따라 구성하는 바가 달라진다."라고 대답할 것이다(Short & Greer, 2002).

그럼에도, 리더들의 행정적 · 개인적 스타일이 여러 다른 상황에서는 변화할 수 있는지와 관련해서 상황이론가들이 가지고 있는 다른 견해들이 있다. 리더가 그들의 스타일을 변화시키는 것은 불가능하기 때문에 일부는 그들의 개인적 리더십 스타일과 처한 상황의 요구에 맞는 리더가 세워지는 것이 맞다고 주장한다(Fiedler, 1969). 또 다른 이들(예: Hersey & Blanchard, 1969)은 리더십 역량과 스타일은 적용할 수 있어야 하고 다른 상황에서도 과업과 집단의 요구에 맞게 변화할 수 있다고 주장하는 다른 의견을 갖고 있다.

리더십 스타일

이전 장들에서 논의했던 것처럼 리더십이란 일반적으로 정신건강과 상담과 연결되지 않고 기관의 발전과 사업의 영역에서 더 많이 논의되고 있다. 한 기관의 장은

〈표 10-1〉 사회정의 실천 관련 여섯 가지 다른 리더십 스타일

- 독재적 리더십
- 온정적 리더십
- 관료적 리더십
- 임파워먼트 리더십
- 섬김 리더십
- 변화형 리더십

기관이 앞으로 나아갈 비전을 제시할 수 있어야만 하고, 체제 속에서 일하는 개인들을 효율적으로 다룰 수 있어야 한다. 그러므로 리더십 기술은 체제, 대인관계, 구조적 기술 그리고 상상력 기술까지 포함한다. 사회정의 실천과 연관되어 있는 여섯 가지 다른 리더십 스타일을 〈표 10-1〉에 정리하고 다음에서 논의한다.

■ 독재적 리더십

독재적 리더는 흔히 사람들과 거리를 두며 접근할 수 없는 리더로 평가되며 혼자서 결정하고 완전한 통제력을 갖는 리더라고 볼 수 있다(Burke, Sims, Lazzara, & Salas, 2007). 이들 리더는 보편적으로 자신들의 통제력을 약화시킨다고 보기 때문에 과업과 활동을 위임하는 것을 어려워한다. 나(Fred)는 콜롬비아에서 규모가 큰 사회 서비스 기관에서 상담하고 있을 때 그와 같은 유형의 리더를 만난 적이 있다. 그 기관의 대표는 대단히 권위적이었고 직원들은 그에게 접근하거나 그들이 가진 문제를 상의하기를 두려워해서 거리를 두고 있었다. 이러한 특성은 부대표의 특성과 직접적인 대조를 이루었는데, 그는 웃으며 직원과 개인적으로도 관계를 맺었다. 이러한 독재적 스타일의 리더십을 따르는 사람들은 유순하고 복종적이며 소극적인 경향이 있다. 그들은 콜롬비아 사회 서비스 기관의 직원이 한 것처럼 명령을 따르는 것이다.

■ 온정적 리더십

온정적 리더는 자주 부모의 스타일을 갖는다고 평가된다(Burke et al., 2007). 리더는 결정을 내리기 전에 부하직원들에게 귀를 기울일 것이다. 그러나 질서 있는 환경이 유지되도록 법과 규율이 지켜져야 한다는 기대가 있다. 나(Rita)는 리더가 실제로

'엄마'나 '아빠'로 불리는 사회 서비스 기관에서 상담한 적이 있다. 부모와 자녀 간의 이상적인 관계와 유사하게 리더와 직원 간의 관계가 아낌없이 주는 특성으로 구성된다. 온정적 리더는 돌보고 접근 가능한 것으로 보이지만 최종 결정권은 갖고 있음을 인정한다. 이 스타일은 리더가 고도로 숙련되어 있고 집단 구성원들이 방향 제시와 지도를 하는 이들 숙련 기술에 따른다면 효과적이다.

■ 관료적 리더십

대조적으로 관료적 리더는 질서, 명료한 정책 그리고 규율에 초점을 두는 관리적 효율성을 강조한다(Uhl-Bien, Marion, & McKelvey, 2007). 이러한 리더는 숙련되고 충성적인 사람들에게만 리더십이 발휘되며, 집단 구성원들은 기관에 충성해야 한다는 당위성을 갖게 된다. 관료적 리더는 일반적으로 좋은 대인관계와 사회적 기술을 가지고 있어 다가가기 쉽고, 좋은 경청자이기도 하다. 과업과 기대는 명료하게 정의되고 개인은 과업과 활동이 위임될 것임을 알고 있다.

■ 임파워먼트 리더십

임파워먼트 리더는 흔히 보다 민주적이고 참여적 · 협력적 접근을 한다(Burke et al., 2006). 이 리더는 적극적인 경청자이며 투명성을 갖췄다. 이러한 유형의 리더십 스타일이 겪을 수 있는 하나의 잠재적 딜레마는 기관의 요구, 개인의 가치관, 인간의 욕구 간의 균형을 찾아야 한다는 것이다. 임파워먼트 리더는 형식상 민주적이어서 기관을 보다 인간적으로 만들도록 하고, 개인의 양심에 따라 규칙을 수정하려고 한다. 집단 구성원들은 일부 의사결정 과정에 참여할 수 있다. 이러한 유형의 리더십은 다양한 요소 간의 균형을 잡고 사람들의 임파워먼트하려 노력하는 사회정의 실천과 일맥상통한다.

■ 섬김 리더십

섬김 리더십은 기관 내 상호작용의 질에 관여할 뿐 아니라 사회에 미치는 기관의 영향에도 관심을 갖는다(Avolio, Walumbwa, & Weber, 2009). 섬김 리더는 고용인들의 발전 극대화를 추구할 것이고, 동료 팀과의 상호 의존적 행정을 위탁할 것이며, 호혜적 책임감과 동료의식에 따라 집단의 의사결정을 격려한다. 집단 구성원들은 특징적으로 더 높은 책임감을 느끼고 높은 수준의 신뢰와 동료애로 일하게 된다. 임파워먼트 리더십과 유사하게 섬김 리더십도 자율성, 협력, 자기결정 방향 그리고 의사결정을 개발하는 사회정의와 깊은 연관성이 있다.

■ 변화형 리더십

마지막 여섯 번째 리더십 스타일은 가장 높은 수준의 의식을 나타내지만 찾아보기가 어렵다. 이 단계에서 리더십과 팔로워십이 부상한다. 모든 활동이 자연적으로 상호 의존적이며 관심은 글로벌하다. 리더는 물질적 상품 세계와 개별 인간 욕구 간의 균형 개선을 강조한다. 업무는 생태론, 인권, 갈등 집단의 화해, 기술의 창조적이고 인간적인 사용 등과 연관된 이슈들에 초점을 둔다. 사회정의와 인권 정신건강 전문가들을 위한 리더십의 연속성에 미치는 여섯 번째 리더십 스타일은 임파워먼트 및 섬김 리더십을 능가하는 이상적 목표이며 클라이언트와 기관을 고려한 형평성, 공정성, 인권에 두는 변화형 리더십의 가치에 의해 특징 지을 수 있다.

젠더와 리더십

남녀의 리더십 스타일을 비교하는 광범위한 연구는 성별에 따라 영향을 받거나 성별과 연관되지만 남녀 고유한 리더십 스타일은 없다는 연구 결과가 나와 유사점과 차이점 모두가 밝혀졌다(Tarule, Applegate, Earley, & Blackwell, 2009). 한 메타분석은 여성이 더 민주적이며 참여적인 방식으로 이끄는 경향이 있으며, 남성은 더 권위적이고 지시적인 성향을 보인다는 것을 발견했다(Eagly & Johnson, 1990). 이 차이점들은 상황과 행동의 집합성의 결과일 것이라 보고, 단지 성 고정관념 때문이라 보지는 않는다. 그 대신에 여성은 도덕성과 기관의 복지에 초점을 두는 대인관계 요소들에 대해 관심을 기울이는 경향이 있는 데 반해, 남성은 업무 수행과 활동의 성과를 강조하는 보다 과업 중심의 경향이 있다고 연구 결과가 제시하고 있다(Eagly & Johnson, 1990; Tarule et al., 2009).

리더십 역할에서 남녀 간의 성 차이는 생물학적 기능 차이로 나타나지는 않지만 대신 수많은 다른 요소에 기초할 수 있다. 일부 고려사항은 관리직 직위에서의 여성의 낮은 대표성, 기관 내에서의 불평등한 남녀 처우, 임금 격차, 조직 내에서의 지위 격차, 여성 리더는 돌봄과 양육으로 묘사되는 고정관념 등이 포함되어 이들 모두가 그 사람이 이끄는 방법에 영향을 미칠 수 있다(Bordas, 2007; Tarule et al., 2009). 리더 십과 관리직 직위에서 여성의 지속적인 낮은 대표성은 여성을 소수집단으로 보고 따라서 명목상의 지위를 갖게 되는 것과 연관될 수 있으며(Kanter, 1977), 이는 리더 의 역할을 추정하는 이유와 방법에서 여성이 더 비판적으로 분석되는 결과를 가져 올 수 있다.

리더십 지위에 있는 유색 인종 여성은 추가적 도전에 직면한다. 리더십 이론과 모 델은 성 편견과 문화적 편견 모두를 만들어 온 백인 남성 중심 관점으로부터 지배적 으로 구축되어 왔다(Bordas, 2007). 그러므로 리더인 유색 인종 여성은 백인 남성 관 점에 바탕을 둔 기대에 맞게 살기 위해 더 엄격한 검사와 더 큰 압력을 경험하게 된 다(Patal, 1992). 이는 여성 리더가 고도로 노출되었을 때 더 많은 의견이 개진되어 유색 인종 여성 리더가 평가되고, 처우를 받으며, 남성 상대자와 비교되는 데 부정 적으로 영향을 미칠 수 있다. 리더십에서 가시성과 비가시성의 개념이 폭넓게 논의 되어 왔고(예: Applegate, Earley, & Tarule, 2009), 안전한 환경 구축의 중요성이 특히 주변화된 집단의 리더들을 위해 언급되어 왔다.

상담 리더십

앞서 논한 여섯 가지 리더십 스타일은 공공 및 사설 기관, 협회, 학교에서 일하는 상담사, 심리사와 사회복지사를 위한 사회정의 실천에 있어서의 리더십과 관련된 다. Lewis, Lewis, Daniels와 D'Andrea(2003)는 지역사회 기관과 조직에서 효율적 인 리더는 사람들의 잠재력을 실현하도록 돕는 능력과 기관의 목적과 목표에 기여 하는 능력을 가진다고 언급했다. 이는 효율적 리더십은 리더가 그들이 지도하는 집 단 구성원들의 개인적이고 전문적인 발전을 얼마만큼 이끌어 내느냐에 의해서 부 분적으로 평가될 수 있음을 의미한다. 이는 리더십의 핵심 특성인 비전과 결합되어 야만 한다. 이 혼합에 비전을 더하면 잠재력의 요소와 성장, 전략적 계획 수립 기술, 실천 전략 그리고 전체로서 기관의 미래를 위해 비전을 제시하는 능력을 가져온다

(Senge, 1990).

리더십 특성에 관한 몇몇 관점, 즉 지성, 비전, 조직, 훌륭한 대인관계 기술과 같은 관점들은 정신건강 사회정의 실천에 적합하다고 분석될 수 있으나, 리더십에 대한 전통적 정의가 문화적 차이, 남녀 차이를 적절히 설명하지 못하는 리더십의 서구식 개인주의적 개념에 바탕을 두고 있음을 생각할 수 있다. 이들 차이점은 사회정의와 인권을 이슈로 일할 때 특히 더 중요하다. 이는 또 다른 리더십의 질과 기술을 요구할 수 있으며, 개인주의, 독립성, 자신감, 자기책임성, 자존감, 자기발전감 등의 서구적 개념에 밀착되어 있지 않은 여러 문화의 틀 속에서 일할 때 특히 더 많은 연관성을 보인다. 사회정의 리더십을 논의할 때, 지배, 조작, 통제적 태도, '길 이끌기' '사람들에게 방법 제시하기' '모든 아이디어 보유' 등과 같은 군주적 리더십 특성을 의도적으로 회피해야 한다는 것을 언급하는 것은 중요하다. 우리는 보다 평등한 협업적 관점에서부터 사회변화 증진, 권력 균형, 형평을 이끌어 내기 위하여 일하고 있다. 이들 특성은 임파워먼트 및 섬김 리더십 스타일의 특성 일부와 유사하다. 다음 절에서는 사회정의와 인권과 관련되는 리더십과 리더십 특성에 관한 개념들을 논의하게 될 것이다.

사회정의와 인권 리더의 특성

권력, 지배, 조작의 개념에 초점을 두는 리더십의 전통적 원칙에 도전하는 진정한 리더십의 개념이 부상했다(Duignan & Bhindi, 1997). 진정한 리더십은 문화와 지역 사회 구축, 의사결정, 그리고 신뢰하는 환경 구축 능력 등을 통해서 그 역량이 검증되고 있다(Block, 1993). 사회정의 리더들은 진정한 리더십의 기반을 형성하는 이들 특성을 구축하는 유일한 리더들이다.

진정한 사회정의 리더들은 사회정의가 존중, 돌봄, 인식 그리고 감정이입의 기반 위에 구축되는 과정을 돕기 때문에 일반 리더들과는 다르다(Theoharis, 2007). 더 나아가 사회정의 리더는 역사적 · 사회정치적으로 현존하는 사회부정의를 의도적으로 강조하고 도전한다(Theoharis, 2007). 사회정의 리더의 의도는 사회적 · 경제적 · 정치적 · 교육적 · 법적 · 의료적 기관과 체제에서의 인권, 형평성, 평등과 공정성을 사전에 언급하고, 주장하고, 지속시키며, 발전시킴으로써 사회부정의를 옹호하는 기관과 조직을 바꾸고 변화시키며 때로는 제거하는 것이다(Goldfarb & Grinberg, 2002). Fine(1994)은 사회정의 리더들이 사회적으로 정의롭지 못한 현존하는 제도와 체제를 의도적으로 찾아내어 분열시키고 변화시킨다고 잘 묘사하고 있다. 그래서 사회정의 리더의 역할은 사회부정의에 대한 침묵을 깨고, 침묵해 온 사람들(즉, 억압받는 사람, 박탈당한 사람, 주변화된 사람)에게 목소리를 내게 하는 것이며, 한편 현실을 받아들이는 대신 '무엇을 할 수 있는가?'라는 가능성의 미래에 대한 희망과 비전을 그들에게 제공하는 것이다. Fine이 언급했듯이 사회정의 리더는 자연스럽게 보이는 것, 즉 사회적으로 부정의한 체제와 기관을 자연스럽지 않다고 변화시키는 것이다.

심리사, 상담사 그리고 사회복지사로서 우리의 교육·훈련을 고려해 보면, 우리는 인간관계, 집단 역동성, 의사소통 그리고 대인관계 기술에 대해 배웠다. 이들 모두는 진정한 사회정의 리더에게는 필수적인 기술들이다. 예를 들어, 경청하는 기술은 우리들로 하여금 클라이언트, 가족, 동료, 수퍼바이저의 아이디어, 요구, 도전 그리고 관심사에 더 효율적으로 귀 기울일 수 있게 한다. 우리는 사람들이 그들의 불만, 불만족, 좌절, 꿈, 희망, 건의, 제안 등을 나눌 수 있는 안전한 환경을 구성해 가는 방법을 알고 있다. 개인과 조직의 관심사와 장단기 목표에 대한 명료하고 통찰력 있는 이해가 개인과 집단이 이슈를 해결하고 개인과 조직의 목표를 달성하기 위해 전진하도록 돕는 데 있어 심리사, 상담사와 사회복지사들을 핵심 위치에 자리하게 한다. 유사하게, 언어적·비언어적 의사소통 기술의 결합은 사회정의 리더들이 다양한 수준에서의 의사소통을 이해할 수 있게 하고 협력과 파트너십을 구축해 나갈 수 있게 한다. 우리는 모든 이해당사자에 의해 위임된 분명한 비전을 명확히 제시하고 용이하게 하는 특수한 위치에 있다.

상담사, 심리사 그리고 사회복지사는 집단 역동성과 집단 과정에 대해 알아야 한다. 우리는 대인관계 역동성을 인지하고 집단을 촉진시키도록 훈련받았다. 이들 기술은 사회변화와 인권을 촉진하고 증진시키는 데 필수적이다. 그러므로 무의탁 아동을 위한 프로그램을 만드는 데 변화를 생각하는 사람들과 함께 일할 때, 심리사, 상담사 그리고 사회복지사들은 유리하다. 왜냐하면 그들이 당장의 이슈를 이해할 뿐 아니라 집단 과정과 인간관계에서도 숙련되어 있기 때문이다. 이러한 유형의 훈

- 진정성(genuineness)
- 진정한 협력자(authentic collaborator)
- 용기 있는 위기 수용자(courageous risk taker)
- 체제에의 도전(challenges systems)
- 창의성(creative)
- 동기부여자(motivator)
- 겸허함, 자존심 버리기(humble, lacking ego)
- 책임감(responsible)
- 전문가 아닌 안내자(a guide, not an expert)
- 임파워먼트 창출(generates empowerment)
- 자각하기(understand self)
- 다른 사람과의 차이 이해하기 및 인정하기(understands and appreciates differences in others)
- 조사연구 및 데이터 활용과 이해 능력(able to use and understand research and data)
- 사람들을 위한 모델(model for others)

련은 원조 전문가에게는 필수적이며 사회정의와 인권을 다루는 실천에 매우 중요한 기반이 된다.

효율적 사회정의 리더가 되는 데 필요한 것은 상담과 정신건강 치료 기술만이 아니다. 다른 기술과 특성들 또한 필요하다. 〈표 10-2〉는 필수적이라고 보는 14개의 특질과 특성의 목록이다.

사회정의 리더의 열네 가지 특성

진정성

사회정의 리더에게 있어 진정성은 결정적이며 깊은 신뢰와 도움을 끌어내는 잠재력을 가진다고 말할 수 있다. 이는 사회변화와 인권을 위한 목적을 가지고 클라이언트와 가족, 지역사회와의 관계를 구축할 때 특히 더 중요하다.

진정한 협력자

정신건강 전문가와 상담사로서 우리는 클라이언트를 넘어 통제와 권력을 유지할 필요성을 버려야 한다. 진실한 파트너십은 모든 이해당사자(즉, 클라이언트, 그 가족 그리고 그들의 지역사회)와 더불어 비전, 아이디어, 권력, 의사결정에 있어서의 권위를 나누는 것을 의미한다. 따라서 진정한 협력은 사회정의 리더가 이해당사자들로부터 방향 제시와 가르침을 주고받을 수 있음을 의미하고, 이것을 실천하는 과정에서 공유하는 협력적 리더십을 창조할 수 있다. 이것의 한 예는 학교 성적이 떨어진 아이들을 돕는 부모 집단을 발족시킨 것이었다. 이 집단에서는 각자(관련 전문가들을 포함한)가 집단 토론을 위한 의제, 토론 내용, 집단 의사결정에 대해 동등하게 발언하는 것이 필수적이었다.

용기 있는 위기 수용자

사회변화와 인권 개선은 위기를 감수하는 개인이 없이는 결코 발생할 수 없다. 변화를 이루려 할 때는 항상 어느 정도의 위기를 감수해야 한다. 그러므로 상담사, 심리사 그리고 사회복지사인 리더들은 불평등, 불공정한 관습, 처우 그리고 의사결정에 도전함에 있어 용기 있게 실행하는 방법에 대해 배워야만 한다. 만약 리더가 주장을 하고 행동을 취하는 데 위기를 각오하지 않는다면, 현상 유지를 주장하고, 보다 교묘하게 부정의를 유지하고, 강화하며 지원하게 된다. 따라서 안정된 영역에 머문다는 것은 현상을 유지하거나 강화함을 의미한다.

체제에의 도전

사회정의와 인권을 성취하기 위해서는 현존하는 규칙과 규정에 도전하는 리더가 필요하다. 일처리 방식이 누구나 기대하고 알고 있는 것일지라도, 현상 유지와 불공정, 불평등한 일처리 방식과 개인이나 집단을 다루는 기존 방식에 도전하는 것이 사회정의 리더들에게 반드시 필요하다.

창의성

사회정의 실천에서 리더가 되는 것은 우리에게 당면한 것 이상을 생각해야 함을 의미한다. 이슈를 설명하는 데 과거의 전형적인 방식을 넘어 확장하고 틀 밖의 보다 더 넓은 체계를 생각하면서 변화 과정에 관여할 때 유연하게 대처하면서 새로운 아이디어들을 탐색해야 한다.

동기부여자

리더는 사람들에게 동기를 부여하고 활기를 북돋울 수 있는 능력을 발휘할 수 있어야 한다. Benazir Bhutto, Nelson Mandela, Bantu Stephen Biko, Golda Meir, Mahatma Gandhi, Indira Gandhi, Jesse Jackson, Aung San Suu Kyi, the Dalai Lama, Caesar Chavez, Abraham Lincoln, John F. Kennedy, Robert Kennedy, Martin Luther King Jr. 그리고 다른 많은 사람이 국내외 대중에게 동기를 부여해 줄 수 있었다. 우리 대부분은 개인과 우리 지방, 지역 그리고 국가 및 지역사회에 초점을 두면서 상기 유명인들보다 훨씬 작은 규모로 일해 갈 것이다. 따라서 우리가 국가 혹은 세계를 향해 나아갈 필요는 없지만 사회정의와 인권을 지향하는 사람들을 어떻게 동기화시켜야 하는지를 알 필요가 있다. 이 능력은 고인이 된 Jerome Frank 의 설득과 치유에 관한 저서에 묘사된 것과 유사하다(Frank & Frank, 1991). Frank는 정신건강 전문가가 치료의 선택방법으로 심리치료가 도움이 된다는 것을 클라이언트에게 확신시키고 설득해야 한다는 점을 논의했다. 이는 정신건강 전문가가 인권이라는 주제를 포함하는 설득과 동기부여를 할 수 있어야만 한다고 확대 해석할 수 있을 것이다. 동기부여자가 되는 역할은 약속과 희망적인 비전 안에 내재된 희망과 신뢰를 심어 주는 것이다. 따라서 사회정의 리더는 이해당사자들이 현실을 받아들이는 것부터 미래 가능성을 믿는 것까지를 지원한다.

겸허함, 자존심 버리기

우리의 실천에서 사람들을 돕는다는 것은 한 발짝 물러서서 클라이언트의 성장과 발전을 방해해서는 안 된다는 것을 배워야만 힘을 얻을 수 있다. 사회정의 정신 건강 실천에서 바람직한 성과는 클라이언트 혹은 이해당사자가 자기책임감을 갖고 더 이상 리더를 필요로 하지 않게 되는 것이다. 이것은 원조 전문가로서 우리가 우리 자신의 이슈로 방해가 되지 않게 해야 하고, 클라이언트로 하여금 앞으로 나아가게 해야 함을 요한다. 자립을 지원하는 이 과정에서의 역할은 전문가는 항상 모든 것을 아는 사람이 아니며, 클라이언트의 문제를 그들 자신보다 좀 더 잘 이해하는 사람이 아님을 인식하고 물러서는 겸손함을 갖는 것을 의미한다. 우리는 변화 과정에서 동반자일 뿐이다. 그러므로 우리는 우리의 한계를 수용하고 인식해야 하며 사람들 속에 잠재된 힘과 성장을 인정하면서 우리의 자존심을 버려야 한다.

책임감

우리는 우리의 행동과 활동에 대해 책임지기보다 남을 비난하기 쉬운 세상에서 살고 있다. 한 사람이 커피가 너무 뜨거워 데었다는 이유로 맥도날드를 고발하는 것처럼, 다른 사람을 비난하는 예는 언론으로부터 셀 수 없이 들을 수 있다. 진실한 리더는 실수와 잘못, 작동하지 않는 아이디어와 계획에 대해 다른 누군가를 혹은 체제를 비난하는 대신 스스로에게 책임을 묻는 능력이 있는 사람이다. 우리는 또한 클라이언트와 이해당사자들을 위한 업무와 활동에 대해 책임을 지는 모델이어야만 한다.

전문가가 아닌 안내자

사회정의 리더는 전문가로서보다는 안내자로서의 역할이라 생각해야 한다. 진정한 동반자 정신과 권력의 재분배는 책임을 맡고 결정을 내리는 전문가가 아니라 정의와 변화의 과정을 용이하게 하는 안내자를 필요로 한다. 안내하는 역할을 정의하는 개념은 치료적 관계의 핵심 요소로서 신뢰를 강조한 Carl Rogers(1997)의 저서에서 유래한다. 그러므로 사회정의 리더는 그들의 클라이언트와 이해당사자들에게는 스스로 기여할 수 있는 능력이 있어 지역사회 기술과 전문성 및 자원을 활용할 수 있다는 것을 알아야만 한다.

임파워먼트 창출

사회정의 리더는 임파워먼트를 개선하는 사람들이다. 리더가 단지 일부 사람만 위해서가 아니라 각 개인 그리고 모든 사람을 위해서 임파워먼트를 지향하며 일하는 것은 사회정의와 인권을 위해 도전하는 데 필수 요건이다.

자각하기

효율적인 사회정의 리더가 되기 위해서는 먼저 우리 자신의 사회정치적 가치, 믿음, 태도, 세계관 그리고 특수성을 이해해야 한다. 이 자각은 우리가 다문화적 상담 능력을 습득하는 데 요구되는 것과 유사하다. 우리가 무엇을 믿고 어떻게 믿는지에 대한 자각을 통해서 사람들을 도울 수 있는 최선의 방법을 명확히 할 수 있고, 돕는 과정을 방해하는 우리 자신의 선입견과 편견을 방지할 수 있다. 예를 들면, 심리사가 자신의 이민자 부모에 대해 곤란을 겪었기 때문에 이민자에 대해 부정적 감정을 가지고 있다면 그는 엘 살바도르나 수단에서 이민 온 후, 미국 문화에 적응하도록 원조할 필요가 있는 클라이언트와 일하는 데 어려움을 가질 수 있다. 그러므로 원조 전문가로서 당신이 효율적 사회정의 전문가가 되기 위해서는 당신 자신을 먼저 알아야만 한다.

다른 사람과의 차이 이해하기 및 인정하기

사회변화 분야에서의 리더로서 우리는 우리 자신을 이해해야 할 뿐 아니라 클라이언트와 그들의 가족 그리고 우리가 함께 일하는 지역사회에 대한 깊고 진정한 이해와 존경심도 가져야 한다. 따라서 사람들의 역사와 그들의 현재 삶에 미치는 역사의 영향, 그들의 일상생활에 미치는 사회정치적·사회문화적 이슈들 그리고 그들에게 영향을 미치는 심리적·생태적 요소들을 알고 이해하고 인정하며 수용하는 것은 중요하다.

조사연구 및 데이터 활용과 이해 능력

사회정의 리더가 실천 수행에서 데이터와 조사연구를 활용하는 것은 필수이다. 사회변화를 고려하는 리더십은 개인적 의견에만 의존하지 않아야 하며 반드시 데이터의 지원을 받아야 한다. 예를 들면, 정신건강 전문가가 지적 기능에 대한 납 페인트의 파괴성을 알고 조사 결과에 대해서 안다면, 그는 클라이언트를 교육할 수 있고 저소득 주택 프로젝트에서 연구 결과를 활용하여 그들을 더 잘 옹호하고 도울 수 있을 것이다.

사람들을 위한 모델

사회변화를 이끄는 리더는 일반 사람들이 모방할 수 있는 모델이 되어야만 한다. 여러 관점에서 사회정의를 위해 일하는 리더는 길을 닦는 것이어서 많은 시선이 그들을 주시한다. 사람들을 위한 역할 모델이 되는 것은 다음 세대를 경작하는 중요한 단계이다.

사회정의 리더를 위한 이상의 14가지 리더십 특성은 사회변화를 촉진하기 위해 노력하는, 정신건강 분야에서 일하는 우리 모두에게 도전이 된다. 이들 각 특성은 그 자체가 도전이며, 상담사, 심리사 그리고 사회복지사로서 우리의 교육·훈련에서 앞의 특성을 습득할 기회가 제공된다면 우리는 앞의 기술에 정통한, 이상적인 위치에서 업무를 진행할 수 있을 것이다.

📝 토의문제

1. 리더가 가져야만 하는 특성은 무엇인가?

2. 사회정의 상담사, 심리사 그리고 사회복지사가 반드시 가져야 할 특성은 어떤 것인가?

3. 당신은 이 책을 접하기 전부터 적극적인 상담사, 심리사, 사회복지사로서 사회정의 리더가 될 수 있는 특성들을 가지고 있는가?

4. 리더로서 당신의 역할이 당신의 클라이언트에게 어떻게 영향(긍정적으로 혹은 부정적으로)을 미칠 것이라 생각하는가?

5. 당신의 대학원 과정 프로그램이 리더로서 당신의 역할을 연마하는 데 도움이 되어 왔다고 생각하는가? 구체적으로 제시해 보자.

    a. 강령을 살펴보시오.

    b. 어떤 수업을 택했나?

    c. 리더십 습득 훈련이 수업과 대학원 프로그램에 포함되어 있는가?

    d. 이들 개념 중 일부를 지역사회와 학교에서 실천에 옮길 수 있었는가?

6. 정신건강 직업에서 일하는 사회정의 및 다문화 리더에 대해 생각해 보자.

    a. 이러한 리더와 일반 정신건강 전문가 간에 구분되는 차이점이 무엇인가?

    b. 이 전문가는 어떤 기술을 가져야 하는가?

    c. 이 사람은 어떻게 지역사회와 전문직에 영향을 주었는가?

7. 리더와 옹호자가 되는 데 대해 당신의 두려움과 관심은 무엇인가?

📖 참고문헌

Applegate, J. H., Earley, P. M., & Tarule, J. M. (2009). Support for women leaders: the visible and invisible. In C. A. Mullen (Ed.), *Leadership and building professional learning communities* (pp. 151-160). New York, NY: Palgrave Macmillan.

Avolio, B., Walumbwa, F., & Weber, T. (2009). Leadership: Current theories, research, and future directions. *The Annual Review of Psychology, 60*, 421-449.

Block, P. (1993). *Stewardship: Choosing service over self-interest*. San Francisco, CA: Berrett-Koehler.

Bordas, J. (2007, Fall). How Salsa, soul, and spirit strengthen leadership. *Leader to Leader, 46*, 35-41.

Burke, S., Sims, D., Lazzara, E., & Salas, E. (2007). Trust in leadership: A multi-level review and integration. *Leadership Quarterly, 18*, 606-632.

Burke, S., Stagl, K., Klein, C., Goodwin, G., Salas, E., & Halpin, S. (2006). What type of leadership behaviors are functional in teams? A Meta-analysis. *The Leadership Quarterly, 17*, 288-307.

Duignan, P. A., & Bhindi, N. (1997). Authenticity in leadership. An emerging perspective. *Journal of Educational Administration, 35*, 195-209.

Eagly, A. H., & Johnson, B. (1990). Gender and leadership style: A Meta-analysis. *Psychological Bulletin, 108*(2), 233-256.

Fiedler, F. E. (1969). Style or circumstance: The leadership enigma. *Psychology Today, 3*(4), 34-43.

Fine, M. (1994). Dis-stance and other stances: Negotiations of power inside feminist research. In A. Gitlin (Ed.), *Power and method: Political activism and educational research* (pp. 13-35). London: Routledge.

Frank, J. D., & Frank, J. B. (1991). *Persuasion and healing: A comparative study of psychotherapy* (3rd ed.). Baltimore, MD: Johns Hopkins University Press.

Goldfarb, K. P., & Grinberg, J. (2002). Leadership for social justice: Authentic participation in the case of a community center in Caracas, Venezuela. *Journal of School Leadership, 12*, 157-173.

Hersey, P., & Blanchard, K. H. (1969). Life-cycle theory of leadership. *Training and Development Journal, 23*, 26-34.

Hersey, P., Blanchard, K. H., & Natemeyer, W. E. (1979). Situational leadership, perception, and the impact of power. *Group and Organization Studies, 4*, 418-428.

House, R. J., & Mitchell, T. R. (1974). Path-goal theory of leadership. *Journal of Contemporary Business, 10*(3), 81-97.

Kanter, R. M. (1977). Some effects of proportions in group life: Skewed sex rations and responses to token women. *American Journal of Sociology, 82*, 965-990.

Lewis, J. A., Lewis, M. D., Daniels, J. A., & D'Andrea, M. J. (2003). *Community counseling: Empowerment strategies for a diverse society*. Pacific Grove, CA: Brooks/Cole.

Mann, R. D. (1959). A review of the relationships between personality and performance in small groups. *Psychological Bulletin, 56*, 241-268.

Patal, D. (1992, January). Minority status and the stigma of "surplus visibility." *Education Digest, 57*(5), 35-37.

Rogers, C. R. (1957). The necessary and sufficient conditions of therapeutic personality change. *Journal of Consulting Psychology, 21*(2), 95-103.

Schriesheim, C., & Stogdill R. (1975). Differences in factor structure across three versions of the Ohio State leadership scales. *Personnel Psychology, 28*(2), 189-206.

Senge, P. M. (1990). *The fifth discipline: The art and practice of the learning organization*. New York, NY: Doubleday.

Short, P. M., & Greer, J. T. (2002). *Leadership in empowered schools: Themes from innovative efforts* (2nd ed.). Upper Saddle River, NJ: Merrill Prentice-Hall.

Stogdill, R. M. (1948). Personal factors associated with leadership: A survey of the literature. *The Journal of Psychology, 25*, 35-71.

Tannenbaum, R., & Schmidt, W. H. (1973). How to choose a leadership pattern. *Harvard Business Review, 51*(3), 162-180.

Tarule, J. M., Applegate, J. H., Earley, P. M., & Blackwell, P. J. (2009). Narrating gendered leadership. In D. R. Dean, S. Bracken, & J. Allen (Eds.), *Women in Academic Leadership: Professional Strategies, Personal Choices, 2*, 31-49. Sterling, VA: Stylus.

The Webster's New College Dictionary. (2008). 4th ed. Cleveland, OH: Wiley.

Theoharis, G. (2007). Social justice educational leadership and resistance: Toward a theory of social justice leadership. *Educational Administration Quarterly, 43*(2), 221-258.

Uhl-Bien, M., Marion, R., & McKelvey, B. (2007). Complexity leadership theory: Shifting leadership from the industrial age to the knowledge era. *Leadership Quarterly, 18*(4), 298-318.

옹호와 사회정의

당신은 사회의 부정의와 허위 그리고 탐욕에 대항하여 정직과 진실 그리고 연민을
표현하고 이를 바로잡기 위해 당신의 목소리를 높이는 것을 결코 두려워하지 마라.
세상의 모든 사람이 이를 실행하면 세상을 변화시킬 것이다.

-William Faulkner

행동이 없는 비전은 백일몽이고, 비전 없는 행동은 악몽이 될 수 있다.

-일본 속담

세상을 움직이기 위해서는 단지 하나의 아이디어와 하나의 행동만 있으면 된다.

-저자 미상

인간의 진보는 자동적으로도 그리고 필연적으로도 이루어지는 것이 아니다.
정의라는 목적을 지향하는 모든 사람의 발자국은 희생, 고통 그리고 투쟁을 동반한다.
즉, 모든 헌신적인 사람들의 꾸준한 노력과 열정적인 관심을 요구한다.

-Martin Luther King Jr.

이 장에서는 다문화주의와 사회정의와 관련해서 중요한 화두로 부각되고 있는 옹호에 대한 토론을 하려고 한다. 우선 주로 심리학과 상담 분야에서 이루어진 옹호의 역사에 대한 개관부터 소개할 것이다. 이어서 모든 원조 전문가들이 사용할 수 있는 옹호 전략들 그리고 사회정의 실천에 적용될 수 있는 옹호 기술들에 대해 토의하려고 한다.

옹호의 역사적 개관

지난 10년 동안 '옹호'라는 단어는 모든 원조 전문가들 가운데서 매우 빈번하게 거론되는 단어로 등장하였다. Gladding과 Newsome(2004)이 언급한 바와 같이 옹호 활동은 상담 분야에 있어서도 점차 성장하는 추세를 보였으며, 해당 주제에 관한 연구들이 지속적으로 이루어져 왔다(예: Bemak, 2000; Bemak & Chung, 2005, 2007, 2008; House & Martin, 1998; Kiselica & Robinson, 2001; Lewis, Arnold, House, & Toporek, 2002; Lewis & Bradley, 2000; Myers, Sweeney, & White, 2002; Stone & Hanson, 2002; Toparek & Liu, 2001). 지난 10년간에 미국심리학회(APA)와 미국상담학회(ACA)는 옹호위원회를 설립해 왔고, 특별 학술지를 출판해 왔으며, 옹호 도구와 능력 등에 관한 웹사이트도 개발해 왔다.

최근에 심리학과 상담 분야에서 이와 같은 옹호에 대한 관심에도 불구하고 역사적으로 살펴보면 사실상 옹호 활동은 이들 분야에서 새로운 개념이 아니다. 옹호는 1700년대 당시 정신장애를 가진 사람들에 대한 치료를 향상시키려는 공적인 운동이 일어났을 때부터 시작되었다고 볼 수 있다(Brooks & Weikel, 1996). 또한 1908년 Clifford Beers는 정신장애인들을 위한 옹호 활동을 전개했으며(Kiselica & Robinson, 2001), 한편 비슷한 시기에 Frank Parsons(1904)는 학교 중도탈락 청소년들의 실업 문제에 대응하기 위한 수단으로 직업 상담을 소개하는 옹호 활동을 했다. 반세기 후 사회행동주의(social activism), 예를 들면 인권운동, 페미니스트 운동 등이 미국 내에서 뿌리를 내리게 되고 이는 심리치료사와 상담사들의 옹호 활동 역할 수행에 대해서 원조 전문가들 내에서의 여러 논란이 야기되었다.

Wright(1992)는 전문직으로서의 심리학의 발전과 클라이언트의 권리를 보장하기 위해 미국심리학회 내에서 실시해 온 옹호 활동의 역사를 기록하는 작업을 했다. 억압, 인종주의와 차별의 결과로 다문화 상담(예: Arredondo et al., 1996; Atkinson, Thompson, & Grant, 1993; Leung, 1995)과 페미니스트 치료(예: Comas-Diaz, 1987; Ennis, 1993)의 두 분야가 모든 원조 전문가에 있어서 옹호 역할의 중요성을 강조하게 되었다. 지역사회 심리학과 상담 분야(예: Lewis, Arnold, House, & Toporek, 2002; Lewis & Lewis, 1983; Lewis, Lewis, Daniels, & D'Andrea, 1998; Prilleltensky, 1997)에서도 옹호를 원조 전문가의 중요한 역할로 받아들여야 한다고 강조했다.

1970년대에는 지역사회 정신건강 옹호 활동이 상담 분야의 중요한 요소로 인식되었다. 그러나 이러한 경향은 1980년대와 1990년대에 약간의 변화가 있었고, 이때에는 옹호와 사회변화 활동의 중요성이 감소했는데 이는 상담 분야가 전문직으로서의 인정과 신임을 획득하는 데 초점을 두고 노력함으로써 전문직으로서의 자격과 공적인 인증을 받기 위해 매진할 때였기 때문이라고 볼 수 있다(McClure & Russo, 1996). 일부 비평가는 옹호 역할을 상담 전문직으로 통합하려는 시도 자체가 비현실적이고 부적절하다(Weinrach & Thomas, 1998)는 주장을 했고, 그 이유로 전문직 활동의 경계문제와 이원적 역할(Toporek, 2000) 문제 그리고 권위주의(Sollod, 1998) 등의 이슈를 제기했다.

이러한 비판주의 견해에 근거하여, 많은 실천 현장에서 옹호를 지지하지 않거나 심지어 옹호를 클라이언트를 위한 서비스의 한 부분으로 보지 않고 오히려 잠재적인 위협으로 보기도 했다. 그 이유는 임파워먼트 능력을 갖춘 클라이언트들이 정치, 법적 절차, 조직의 구조와 기관들 그리고 제도들에 도전해 올 수도 있다고 생각했기 때문이다(Bemak & Chung, 2005). 또 다른 관점에서 보면, 클라이언트와의 실천에 옹호를 끌어들이는 것은 클라이언트에게 의존심을 갖게 하거나(Pinderhughes, 1983), 클라이언트의 무기력감을 키우거나(McWhirter, 1994), 사회 서비스 제공 시 클라이언트의 역량을 최소화시켜, 임파워먼트를 못하게 할 잠재적 위협이 된다고 (Toporek, 2000) 생각하는 경우도 있었다.

그럼에도 불구하고 2002년 미국상담학회는 실천에 있어서 옹호 활동 능력(Lewis, Arnold, House, & Toporek, 2002)의 필요성을 지지함으로써 상담에 있어서 옹호 실천 의 중요성을 인정하고, 이를 하나의 실천 단계로서 확인하는 입장을 취하게 되었다. 옹호 능력에 대한 지지가 원조 전문가들의 실천의 중요한 한 부분으로 옹호 활동의 중요성에 관한 논쟁을 지속시키고, 상담사, 심리사 그리고 사회복지사들이 자신들 의 실천에서 사회정의 이슈에 대응해야 하는 필요성에 대한 인식을 확립하는 데 기 여하는 계기가 되었다(Bemak & Chung, 2005; Myers, Sweeney, & White, 2002).

옹호 활동의 유형

옹호 능력(Lewis et al., 2002)이란 지역사회 내의 클라이언트 체계들, 다양한 주 변 체계들과 함께하는 옹호 활동 그리고 나아가 사회정치적 옹호 활동을 위해서 광 범위한 옹호 및 임파워먼트 전략들을 구사하는 능력이다. 원조 전문가들이 지향 하는 옹호에는 전문직이 클라이언트를 위해 실시하는 정책 옹호로부터 클라이언 트들이 자기 자신들을 위한 옹호 활동을 할 수 있도록 지원하는 활동들까지 광범 위한 활동들을 포함할 수 있어야 한다. 전문적이고 조직적인 옹호 활동은 입법 과 정, 면허인가 과정, 관리 보호 절차 및 관리 규정 제정 등 특정 전문직 관련 옹호 활 동들(Toporek, 2000) 그리고 다문화 상담 능력과 윤리 기준의 인증 활동 등과 같은 전문적 조직 내에서의 옹호 활동들도 포함된다(Arredondo et al., 1996; D'Andrea & Daniels, 1995; Sue, Arredondo, & McDavis, 1992).

Myers 등(2002)은 원조 전문가들이 실천하는 옹호 활동을 포괄적으로 검토하고 옹호를 적극적으로 추천하는 근거를 제시하고 있다. 클라이언트 옹호 활동의 실례 들은 상담사, 심리사, 사회복지사 그리고 다양한 원조 전문가가 인종주의, 차별 현 상, 각기 다른 민족 및 종족들 그리고 기타 다양한 불이익 집단들의 옹호를 위해 미국 내(예: Astramovich & Harris, 2007; Chen-Hayes, 2000; D'Andrea & Daniels, 2000; Goodman & Waters, 2000; Herring, 2000; Sanders, 2000)는 물론 세계적으로 일어나고 있는 옹호 실천 상황을 통해서 확인할 수 있다. Myers 등(2002)은 상담 활동과 옹호 활동(유형에 상관없이)이 상호 배타적이라기보다는 상호 보완적이며 클라이언트를 위한 실천 그리고 전문직 자체를 위한 실천으로서 매우 밀접하게 얽혀 있다는 사실을 인식해야 한다고 주장했다.

그럼에도 불구하고 지난 15년 동안에는 다문화 상담과 페미니스트 상담 분야를 제외하고는 옹호라는 용어는 클라이언트의 일상생활과 심리적 안녕에 영향을 주는 사회적 불평등과 제도적 변화에 대응할 수 있는 개혁을 증진시키는 활동이라기보다는 단순히 입법과 정책 형성에 영향을 주거나 전문직의 신뢰성을 강화하는 정도의 활동을 의미하는 용어로 사용되어 온 것이 일반적이다. 심지어 옹호를 요청하는 최근의 연구들(예: Bemak, 1998, 2000; Bemak & Chung, 2005, 2007, 2008; House & Martin, 1998; Kiselica & Robinson, 2001; Lewis et al., 1998; McWhirter, 1994; Myers et al., 2002; Ratts, De Kruyf, & Chen-Hayes, 2007)에서도 옹호의 필요성에 관한 이론적 논의와 실제적 훈련 및 실천 간에 상당한 차이를 보이고 있다. 다음 절에서는 사회정의 실천에 있어서의 옹호의 중요성, 정신건강 분야에서 실제적으로 옹호자가 되는 데 당면하는 도전들과 현실문제들 그리고 옹호자가 되기 위한 훈련과 수퍼비전의 필요성 등을 논의하고 검토하려고 한다.

사회정의와 인권 옹호

왜 사회정의 실천에 옹호가 결정적으로 중요한가

1960년대와 1970년대 이래로 정신건강 심리사, 상담사 및 사회복지사들은 자신들의 역할 내에서 옹호 활동이 통합될 수 있도록 자신의 전문성을 키우는 데 적극적이지 않았다. 일부 정신건강 전문가가 옹호의 역할을 지속적으로 지지하는 반면, 많은 다른 영역의 전문가들은 이에 대해 굳세게 저항해 왔다. 반대하는 사람들의 주장은 원조 전문가의 전통적인 가치를 중요하게 생각하기 때문으로 상담의 초점은 사람들의 개인적 그리고 정신적 문제를 돕는 데 있다는 것이다. 만약에 클라이언트 세계 내에서 부정의, 또는 불공정 또는 불평등 유형이 발생한다면, 상담사, 심리사 및 사회복지사의 전통적인 업무는 클라이언트 개인의 내적 과정을 탐색하여 보다 효과적으로 상황에 적응 또는 순응하도록 클라이언트의 행동을 변화시키거나 클라이언트의 반응을 변화시킬 수 있는 인지의 변화를 추구하는 방향으로 노력하는 자세를 유지해 왔다.

이러한 전통적인 실천 자세는 소말리아에서 이민을 온 이후 제과점에서 일하고 있는 에이드라는 한 이민자의 사례에서 찾아볼 수 있다. 직장에서 에이드는 3명의 직장 동료에게 다음과 같은 식의 비난을 듣고 있었다. "너는 아프리카로 돌아가라." "소말리아에서는 이런 음식을 먹어 본 적이 없었을 거야." 또는 "너는 정말 골칫덩어리야. 너희는 모두 여기 몰려와서 우리 일자리를 빼앗아 가고 있어. 네가 하는 일을 내 친구가 대신할 수 있는데 어떻게 네가 하고 있는 거야!" 에이드는 이러한 동료들 때문에 너무 화가 나서 잠을 못 잘 정도였다. 에이드는 교회에서 한 교인의 조언으로 심리사에게 도움을 요청하게 되었다. 이 심리사는 자신의 역할은 클라이언트인 에이드가 자신의 직장 동료들에 대한 새로운 시각(예: 동료들이 에이드를 질투하고 있고, 그들이 무지하며, 그들이 위협을 느껴서, 그들이 두려워서, 그들이 교육을 못 받아서 등)을 갖도록 유도하는 등 에이드가 직장에 적응하도록 지원하는 업무를 통해 에이드가 동료들의 비난에 대해 영향을 덜 받도록 하는 것이다. 또한 심리사는 에이드가 자신이 처한 상황에 대해 좀 더 좋은 느낌을 가질 수 있도록 지원하는 방법을 적용하면서 에이드가 가능한 한 기존과는 약간 다르게 행동을 하거나 말하는 등 다른 방법으로 반응하도록 전략을 세울 수도 있을 것이다.

반면에 사회정의 실천 지향의 정신건강 전문가들은 에이드가 동료들에 대한 그의 반응에 변화를 유도할 뿐만 아니라 실제적으로 전체적인 상황을 변화시킬 수 있는 방법을 탐색하여 직장 동료들이 그들이 내뱉은 비난의 말들과 에이드를 대하는 태도들에 직면할 수 있는 기회를 제공한다는 전략이다. 이러한 접근이 가능하기 위해서는 에이드가 자신의 반응을 좀 더 편안하게 느낄 수 있도록 도와주는 노력에 중점을 두기보다는 그가 처해 있는 적대적 상황을 변화시키는 것에 목표를 두고, 보다 큰 관심과 자신의 궁극적인 안녕을 추구하는 노력이 필요한 것이다. 만약 에이드가 자기 자신과 자신이 처한 상황을 변화시키는 것을 목표로 정했다면, 제과점이라는 작은 조직 내에서의 부정의 문제가 어느 정도 해결될 것이므로, 에이드 이후에 제과점에서 일하기 위해 오는 소말리아인 또는 이민자는 에이드와 같은 상황, 즉 억울하고 부정의한 상황을 더 이상 겪지 않아도 될 것이다.

이와 같은 사례는 클라이언트가 처한 실제 상황을 고려하지 않고 클라이언트 개인의 변화만을 강조하는 접근방법으로, 심리사회적 환경은 변화시키지 않고 방치하는 결과의 위험성에 대하여 잘 설명해 준다. 심리치료적 과정의 한 요소로서 옹호를 도입한다는 것은 현상 자체를 변화시키는 것을 의미하고 심리사, 상담사 그리고 사회복지사가 변화 매개인으로서 활동할 수 있는 계기를 마련할 수 있을 것이다. 치료 과정의 일부분으로 사회개혁을 포함시킨다는 것은 클라이언트와 일대일로 일하는 전통적 기법의 실천 정의에 새로운 차원의 정의를 첨가한다는 것을 의미한다. 클라이언트의 삶의 질과 심리적 안녕을 억압해 온 제도적 그리고 사회적 장애물을 수용하고 이에 적응하며 대처하도록 클라이언트를 지원하려는 노력은 현재까지의 심리사, 상담사 그리고 사회복지사의 훈련 그리고 현재의 많은 원조 전문가가 주로 사용하는 기술 및 능력과 일치하는 경향이 있다.

그러나 사회의 급격한 변화로 인해서 과거에 통용되던 임상적 방법들이 더 이상 효과적인 방법이 되지 못하게 되었음이 밝혀졌는데(예: Prilleltensky, 1997; Sue, 1981), 이는 클라이언트의 성장과 발달에 주로 중요한 역할을 하는 외부 요인들이 명확하게 존재하며 이들이 클라이언트의 삶에 영향을 미치는 것을 인식했기 때문이다. 사회 서비스 프로그램 자금 조달의 우선순위, 법적 결정, 전쟁, 취업에의 불평등한 접근 기회, 지속적인 인종주의, 인맥 중심의 승진, 불평등한 급여체계, 신체적 어려움 등으로 접근할 수 없는 활동들 그리고 동성애자 배우자에 대한 건강보호 혜택의 결여 등 정치적 요인들과 정책 결정들이 모두 클라이언트의 심리적 안녕에 지대한 영향을 주는 역할을 수행한다.

기존의 심리사, 상담사 및 사회복지사들은 클라이언트와 환경적 요인들 간의 관계와 상호 영향력을 거의 부인해 왔다고 볼 수 있다. 빈곤, 학대, 폭력, 약물, 학업의 실패, 인종주의, 성차별주의, 동성애 공포증 등 거대한 쟁점과 문제들이 클라이언트의 삶과 그들의 세계에 커다란 영향력을 행사한다(〈표 11-1〉 참조). 만약 우리가 보다 거시적인 이슈들을 등한시하고 이들의 사회적·정치적·문화적 요인들이 클라이언트의 삶에 미치는 영향에 대해 클라이언트와 직접 논의하지 않는다면 우리

〈표 11-1〉 한 소년이 반 게이(anti-gay) 따돌림 경험 후 목을 매어 자살함

11세 소년이 그를 게이라고 주장하는 급우들에게 따돌림을 당한 후 2009년 4월에 스스로 목을 매어 자살했다. 그 소년의 이름은 칼 죠셉 워커-후버였으며 매사추세츠주 스프링필드에 있는 뉴리더십 차터(New Le에이드rship Charter) 학교 학생이었다. 칼의 어머니는 따돌림을 막기 위해 몇 주 동안 노력했지만, 학교는 문제를 확인하기 위한 아무런 조치도 취하지 않았다. 칼은 자신이 게이라는 사실을 결코 밝히지는 않았지만, 많은 학생이 어려서부터 자신들의 주위 친구들에게 상처를 주기 위해 반 성적 소수자(Anti Lesbian Gay Bisexual Transgender Queer)라는 성적 소수자들에게 낙인을 찍는 언어들을 습득해 왔다. 젊은이들 사이에는 반 성적 소수자에 대한 언어 사용뿐만 아니라 일반적인 따돌림이나 왕따 행동도 널리 퍼져 있었다. 4월 17일은 칼이 12세가 되는 날이었으며, 이날은 열세 번째 맞이하는 침묵의 국경일(National Day of Silence)이었다. 매년 이날은 수천 명의 학생이 학교에서 반(anti) 성적 소수자 따돌림에 반대하는 사회행동을 취하겠다는 침묵의 맹세를 하는 날이다. 만약 학교 자체가 교실에서 일어나고 있는 따돌림 문제들에 적극적으로 대응하기 시작한다면 아이들의 생명을 구할 수 있으며, 다른 부모들은 칼의 어머니가 경험하는 슬픔을 겪지 않아도 될 것이다.

출처: Presgraves (2009).

가 클라이언트 삶을 지배하는 거대하고 강력한 부정의를 등한시하는 결과가 될 것이다. 사실상, 원조 전문가로서 사회정의를 옹호한다는 의미는 클라이언트의 사회적 · 정치적 · 문화적 문제들을 해결하기 위해 클라이언트 자신이 어떻게 자신의 역량을 발달시키고 촉진시켜서 변화 과정에 참여할 수 있을 것인가에 대하여 구체적으로 생각할 수 있도록 지원하는 것이다. 더 나아가 전문가 자신들도 전문가 협의체와 정치적 행동을 통해서 개인적 삶의 영역 내의 변화를 능동적으로 증진시키는 노력을 해야 한다. 에이드의 사례를 통해서 보여 준 적대적 그리고 인종차별적 비난의 패턴에 대한 도전방법은 에이드 개인의 영역만이 아니라 그가 처한 상황 자체를 변화시키려는 목적을 나타내고 있어야 한다.

그러므로 옹호는 모든 원조 전문가의 실천에 있어서 중요한 부분이다. 심리치료사, 상담사 및 사회복지사로서 전통적인 역할에만 집착하는 것은 현상 유지를 지속하거나 강화시키는 데 기여하는 결과를 초래하고, 사회적 부정의, 불공평성 그리고 특정 클라이언트 집단에 대한 불공정한 대우를 정치적으로 지원하는 결과가 될 것이다(Katz, 1985; Pack-Brown, Thomas, & Seymour, 2008). 사실상, 옹호는 심리사, 상담사 그리고 사회복지사에게는 윤리적이고 도덕적인 의무일 뿐만 아니라 효과적인 정신건강 전문가가 되도록 기여하는 데 매우 중요하며, 필수적인 요건이 되는 것이다.

최근 대부분의 원조 전문가에 있어서 옹호를 통합하려는 노력에 반대하는 한 가지 주요 쟁점은 전문직은 과학적이어야 하며 과학적 전문직으로서 특히 심리학이나 상담 분야는 옹호라는 입장을 취할 수 없다는 주장이다. 그러나 옹호는 사람들이 평등하고 공정한 처우, 동등한 기회들, 자원에 대한 평등한 접근성을 보장받게 하기 위해 사람들과 함께 일하는 것이며, 그것은 단지 과학에 근거할 뿐만 아니라 인도주의적 가치와 신념과 도덕적 의무 수행 등도 '전문가의 요소' 안에 포함되어야 하는 것이다. 사람들은 고립되어 사는 것이 아니며, 점점 더 복합적인 환경 내에서 살게 되므로 그들의 심리적 구조는 현대 사회에 뿌리를 내리고 있는 사회적 · 정치적 · 문화적 쟁점들과 명확하게 서로 얽혀 있다. 이에 관련된 한 가지 예는 인종주의가 심리적 건강과 매우 중요한 관계를 가지고 있다는 조사 결과를 통해서도 알 수 있다 (예: Constantine, 2006; Steele, Spencer, & Aronson, 2002; Sue, 2003).

개인과 환경 간의 연계성을 설명해 주는 한 가지 좋은 예는 내(Fred)가 최근에 북아일랜드의 보건성(Ministry of Health)을 위한 자문(consultation) 기간 중에 경험한 일이다. 북아일랜드 지역은 불행하게도 청소년 자살률이 매우 높은 지역이다. 따라서 정부는 새로운 자살 예방 개입 프로그램을 개발하고 도입하려는 시도를 적극적으로 해 왔는데도 높은 자살률이 그대로 유지되고 있었다. 나는 동료와 함께 문제에 대한 사정을 실시하고 개입 계획을 추진하기 위한 북아일랜드 방문 초청을 받게 되었다. 우리는 벨파스트와 데리에 있는 가톨릭과 개신교 지역에서 진행되는 여러 자살예방 프로그램들을 방문했으며, 지방의 지역사회 구성원들에 의해 보호되고 운영되고 있는 지역사회 센터들을 방문하고, 북아일랜드의 보건 관련 및 정신건강 고위층 공무원들을 만나서 정부에 몇 가지 권고사항을 제시했다. 우리가 명확히 확인할 수 있었던 것은 정부가 자살 예방 프로그램과 개입을 설계하는 데 기반이 되는 것은 개인에 초점을 둔 개인적 심리치료 접근이었으며, 지역 내에서 종파 간의 갈등을 의미하는 용어로 사용되고 있는 소위 '골치 아픈 분쟁 문제들'이 사람들에게 주는 영향력에 관심을 두지 않았다는 사실이다. 나와 내 동료는 보건성 관료들에게 자살 예방에 관한 권고사항을 전달하는 과정에서 우리가 참여한 매 회기 회의를 통해 지역 내 종파적 갈등 및 분쟁의 문제가 명확히 드러났으며, 가톨릭이든 개신교이든 종교에 관계없이 지역 주민들과 정신건강 실천가들까지도 자살과 관련해서 열린 토론에서 이러한 갈등과 분쟁 문제를 가장 전면에 부각시켰다는 사실을 전했다.

따라서 문제에 대한 사정에 기반을 두어, 우리는 직접 방문한 북아일랜드 지역사회들에 만연하고 있는 상실감, 슬픔, 자살, 절망감 등에 대한 토론을 활성화하기 위해 지역사회 및 집단 회합을 개최할 것을 권고했다. 우리는 이러한 권고 대상으로, 우선 종파 내의 집단들부터 시작해서 점진적으로는 종파 간 집단들로 확산시키며, 모두 청소년 자살에 초점을 맞추고 특히 이러한 과정들은 지역 내 중립적 집단들에 의해 촉진되어야 한다고 권고했다. 그러나 이러한 권고는 보건 행정가들에 의해 단호하게 거부되었다. 그 이유는 이런 조치가 잠재적으로 효과를 거두기 힘든 단회성 조치로 비춰질 가능성이 있으며, 또한 이러한 조치는 보건부서의 권한 내에 있지 않다는 것이었다. 흥미로운 사실은 시간이 경과하고 자살 개입을 위한 다른 시도들이 모두 실패한 후인 2년 후에 우리의 권고사항들이 정신건강 치료에서 차선의 대책으로 권유되었다는 사실을 확인했다는 것이다. 즉, 북아일랜드 내의 모든 종파 집단들의 젊은이들이 당면하고 있는 자살이라는 매우 복잡하고 어려운 문제를 해결하기 위해 지역사회 차원에서 개입을 구상하고 적용하는 방안으로서, 이는 실질적으로 지역사회 토의에서 결정된 사항이라는 것이다. 우리는 이 사례를 심각한 심리적 문제를 다루기 위해서는 보다 큰 지역사회 내의 관련 요인들과 연결시키는 것이 얼마나 중요한가에 대해 설명하는 데 활용하고 있다.

북아일랜드와 다르지 않게 어디에 살든지 개인들은 자신들의 정신건강과 심리적 안녕에 가해지는 사회의 영향을 피할 수가 없는 것이다. 상담사, 심리치료사 및 사회복지사들은 개인들을 그들의 주위 세계로부터 고립시켜서 마치 진공 속에서 일하는 것처럼 실천 활동을 할 수는 없다. 실천에 있어 근본적인 것은 우리가 만나는 클라이언트, 그들의 가족 그리고 지역사회의 삶의 질과 심리사회적 안녕에 관련된 요인들을 인정하고, 인식하며, 그들의 문제를 해결하기 위해 이와 같은 체계에 관여해야 한다는 것이다. 때로는 정신건강 실천가들은 이러한 실천의 옹호자로서의 역할을 수행해야 하며, 이는 앞서 Lerner(1972)가 주장한 바와도 일치한다. 즉, 그는 원조 전문가가 어떻게 사회행동과 심리치료 간의 잘못된 이원론을 주장하게 되었는지에 대해 언급했다. Lerner에 따르면 심리치료와 사회행동의 목적과 결과는 동일하다. 단지 차이가 있다면 심리치료는 심리내적 장애물을 다루는 반면에, 사회행동은 외적 장애물들을 다루는 것이라는 주장이다. Lerner는 클라이언트의 심리문제를 해결하기 위해 실천 기술을 적용하는 실천가와 클라이언트의 문제를 해결하기 위해서 외부에서 일하는 사람으로 이원론의 성격을 설명했다.

클라이언트를 위해서 일하는 상담사, 심리사 및 사회복지사들은 옹호를 자신들의 실천에 통합하기 위하여 자신의 관점과 정체성을 알아야 한다. 상담사, 심리사, 사회복지사가 된다는 것은 제도적 권한과 특권에 근거한 지위와 인증된 전문성을 소유하고 있다는 것을 의미하기 때문에 자신이 실천, 과정 및 정책에 영향을 행사할 수 있다. 정신건강 관련 전문가들은 인간적 고통과 아픔의 정신 내적 복합성을 이해할 뿐 아니라 대인관계의 역동과 조직적 기술에 대한 지식을 가지고 있으며, 자원에 대한 접근성, 정책 결정자와 클라이언트에게 희소한 변화를 가져올 수 있는 수단들에 대한 접근성도 가지고 있다. 그러나 이미 알려진 바와 같이, 모든 상담사, 심리사 그리고 사회복지사들이 주요한 제도적 또는 정책적 변화에 영향을 줄 수 있는 시간 또는 에너지를 소유하고 있는 것은 아니지만 단순히 클라이언트들에게 그들의 상황과 권리에 대해 교육하거나 또는 옹호 기술을 가르치는 등과 같은 일종의 사회적 변화를 촉진할 수 있는 능력을 가지고 있다(Kiselica & Robinson, 2001). 심리치료의 한 부분으로서 옹호를 채택한다는 것은 개인 클라이언트를 넘어서 보다 나은 세상을 창조하고 무언가 변화를 가져오기 위한 잠재력을 갖추는 것을 의미한다.

비록 우리가 정책 변화를 위한 옹호 그리고 클라이언트에 영향을 주고 혜택을 줄 수 있는 전문직 존속을 위한 재원 확보를 위해서 옹호의 중요성을 인정하더라도, 동시에 클라이언트에게 보다 직접적으로 연결된 옹호 활동 또한 매우 중요하다는 사실도 인식해야 한다. 그리고 서비스, 재원 그리고 정책 등을 가로막는 장애물을 제거하는 것이 근본적으로 중요하다 하더라도 클라이언트의 심리적 성장, 발달 그리고 안녕을 가로막는 제도적 그리고 사회적 장애물을 제거하는 도구로서의 옹호도 똑같이 중요하다는 사실도 기억해야 할 것이다. 이런 유형의 옹호 접근은 클라이언트, 그들의 가족 그리고 지역사회에 보다 직접적 영향을 미친다. 이와 같은 보다 직접적인 유형의 옹호 활동을 실천함에 있어서는 상담사, 심리사 및 사회복지사 등 모든 원조 전문가가 옹호를 채택하는 이유와 의도를 명확히 알고 그들의 옹호 활동이 클라이언트에게 줄 수 있는 영향을 인식할 수 있어야 한다.

한 주요 대학에 근무하는 우리의 동료인 백인 여교수가 있었는데, 그녀는 특히 흑인 대학원 학생들에게 매우 지지적이었기에 그녀를 예로 들어서 설명하려고 한다.

비록 흑인 학생들의 학업 수행 능력과 책임 수준이 어떤 다른 민족 및 인종의 학생들과 유사함에도 불구하고 이 백인 교수가 흑인 학생들에게는 과도하게 지지적이라는 사실이 학생들은 물론 교수들 사이에도 잘 알려져 있다. 흑인 학생들이 과제물을 늦게 제출하면 그녀는 제출 마감일을 조정해 주고 흑인 학생이 수업을 빠지면 출석 점수 기준을 조정해 준다. 그래서 사실상, 그녀가 하는 일은 흑인 학생들이 그들의 행동과 활동에 대해서 그리고 동일한 기준에서 다른 학생들과 똑같은 책무성을 지키지 못하게 막는 결과를 가져오는 것이다. 이런 이슈를 엄밀하게 따져 본 결과, 그녀는 확연히 드러나는 인종주의자이며, 흑인을 미워하는 아버지를 가진 가정에서 성장했다는 사실이 명확히 밝혀졌다. "나는 결코 아버지가 한 일을 되풀이하지 않겠다." 왜 그리고 어떻게 그녀가 흑인 학생들을 옹호하고 있는가 그리고 다른 학생들보다 흑인 학생들에게 다른 기준을 적용하고 있는가에 대한 인식을 갖게 된 것은 교수로서 그녀에게 매우 중요한 도전 과제를 안겨 주는 결과가 되었다.

이러한 상황이 시사하는 것은 다른 집단에 비해 더 낮은 기준을 한 집단에 적용한다는 것은 도움이 되기보다는 해를 가하는 것이고, 이는 장기간에 걸쳐 영향을 줄 것이라는 점이다. 이 교수가 자신이 깨닫지 못한 가운데 흑인 학생들을 위해 다른 기준을 설정한 것은 흑인 학생들뿐 아니라 이 프로그램 내의 다른 학생들에게도 심각한 영향을 주는 상황을 만든 것이다. 그러므로 만약에 심리사, 상담사 및 사회복지사들이 자신의 개인적 미해결 이슈들이나 가족에 대한 죄책감 또는 자신들의 특권의식 등 때문에 옹호 활동을 하게 된다면 이런 경우의 옹호는 부적절한 것이며 때로는 클라이언트와 가족들에게 해로울 수 있을 것이다. 따라서 우리는 사회정의에 목표를 두고 일하면서 자기 자신의 이슈들을 인식하고 옹호하는 것과 아울러 위장된 역전이 현상을 면밀히 살펴봐야 할 것이다.

사회정의 실천에서 옹호의 정의

Merriam-Webster의 온라인 사전(http://www.m-w.com/dictionary/Advocate)에서는 옹호란 "어떤 명분 또는 제안을 옹호하거나 또는 지지하는 행동 또는 과정으로서 다른 사람의 명분을 보호하는 행동 또는 과정 그리고 다른 사람의 이익을 지원하거나 또는 증진하는 행동과 과정"이라고 정의하고 있다. **사회정의 옹호**는 개인적 그리고 집합적 행동이 개인과 집단 모두의 이익이 될 수 있는 조건을 향상시키기 위해서 부정의와 싸우는 것이 필요하다는 신념이라고 정의 내릴 수 있을 것이다(House & Martin, 1998). 클라이언트를 위해 옹호한다는 것은 클라이언트를 대신해서 환경적 변화를 지향하며 크게 말하거나 또는 행동을 취하는 행위라고 볼 수 있다(Kiselica & Robinson, 2001). 이러한 개념이 리더십과 임파워먼트라는 개념과 함께 어울려 상담사, 심리사 및 사회복지사를 비롯한 원조 전문가들의 사회정의와 인권의 개념적 틀을 구성할 수 있게 도와줄 수 있다. 사회부정의와 인권 침해 현상들에 효과적으로 대항하고 투쟁하기 위해서는 옹호 활동이 실천의 근본이 되는 요소가 되어야 할 것이다.

사회정의 실천에서 효과적 옹호를 위해 필요한 자질

견실한 임상 기술과 상담 기술을 갖추는 것만이 효과적인 옹호 활동가가 되기 원하는 원조 전문가들에게 요구되는 유일한 자질은 아닐 것이다. 다문화 상담 수업에 참가하고 있는 한 학생이 나(Fred)에게 다음과 같은 얘기를 했다. "나는 얼마 전까지 대학원 상담 수업에서 내가 얻을 수 있는 가장 중요한 정보는 견실한 상담 기술에 관한 것이라고 생각했는데 내가 견실한 다문화에 대한 인식, 지식 그리고 능력을 갖추지 못했다면 상담 기술들이 별로 도움이 안 될 것이라는 사실을 알게 되었습니다. 그뿐만 아니라 사회정의 실천 기술도 병행되어야 하며, 최근 많은 학생이 사회정의 실천 기술이 다문화 실천 기술과 똑같이 중요하다는 사실을 알게 된 것입니다."라고 얘기했다.

그러므로 옹호자가 되기 위해서는 핵심적 상담 기술과 다문화 실천 역량이 필요하며, 여기에 에너지, 책임감, 동기, 열정, 끈기, 융통성, 인내심, 자기주장성, 조직력, 임기응변 능력, 창의성, 다중체계 및 다학문적 관점, 갈등을 처리하고 타협하며 체계들에 접근할 수 있는 능력 등이 필요하다. 또한 사회변화 모델들과 변화에 대한 개인 및 제도적 장애물과 같은 조직의 역동, 조직 간 협동, 학제간 협력 그리고 클라이언트와 파트너십에 대한 이해도 필요할 것이다. 개인적 차원에서는 타인에 대한 마음으로부터의 존엄성에 대한 인식과 존경심이 결합된 겸손함이 요구된다.

옹호는 몇 가지 차원에서의 능력 및 재능들이 균형을 갖추어야 한다. 즉, 실천가는 개별 클라이언트, 가족 그리고 지역사회 체계들과 직접적으로 일을 할 수 있는 반면에 다른 한편으로는 회합, 학술 활동 및 조사 활동을 통해서 사회 정책 변화에 기여할 수 있는 역량을 보여 줄 수 있어야 한다. 이 책을 쓴 우리 두 저자도 사회적 변화를 이끌어 내기 위해 각기 다른 차원들에서 일했다. 예를 들면, 나(Fred)는 소위 다루기 어려운 사춘기 청소년을 위한 매사추세츠 정신건강 부서의 제1 지역 청소년 치료 프로그램을 직접 운영하면서, 다른 한편으론 매사추세츠주의 정신건강 서비스, 청소년 서비스, 사회 서비스 그리고 교육을 담당하는 위원들과 주정부의 전체 프로그램들의 자료 조달, 정책 그리고 변화문제를 토의하기 위한 조찬 모임에 참석하기도 했다. 그리고 저녁에는 정신건강 프로그램의 일부로 운영되는 수용시설로 가서 시설 거주자 및 직원들과 함께 저녁 모임을 하고 거주자들의 생활, 그들의 가족 그리고 학교에서의 생활에 대한 의견을 나누는 활동을 했다. 16세 정도의 정서장애 청소년들과 자리를 함께하고 대화하는 활동에는 주정부 위원들과 예산을 타협하는 기술과는 매우 다른 특정한 기술이 필요하다.

나(Rita)는 비슷한 업무를 진행했는데, 아침에는 지역사회 거주의 난민 집단을 만나서 그들의 욕구, 권리, 걱정거리들 그리고 미국 사회의 새로운 구성원으로서 부딪히는 도전들에 대해서 대화하고, 오후에는 사회 서비스 부서장 및 지역사회 기관 부서장들, 정책 결정자들 그리고 난민 영어교육 교사들을 만나서 난민 지역사회의 문제들에 대한 관심을 공유했다. 이러한 후반기 모임들은 난민 지역사회가 서비스 제공자 그리고 정책 결정자들과의 직접적 대화를 통해서 주정부 난민 기관들이 어떻게 난민들과 협력적으로 노력하여 새로 들어온 난민들의 문화적 차이에 대응할 수 있는가를 결정할 수 있는 논의의 장을 만들어 줄 수 있었다. 난민들과 대화를 나누는 데는 일련의 기술이 필요한 반면, 정책 결정자 그리고 행정가들과 토의를 진행할 때는 전혀 다른 일련의 기술 그리고 정치적 기지가 필요했다.

Kiselica와 Robinson(2001)은 앞서 언급한 효과적인 옹호 활동의 질적 수준을 보완하기 위해서는 책임감, 분별력 그리고 인간적 고통을 줄여 주겠다는 소망이 절실히 필요하다는 사실을 지적했다. 그들은 모든 원조 전문가는 클라이언트를 위한 열정, 민감성 그리고 공감 능력과 클라이언트의 생활 여건을 향상시키는 데 대한 책임감을 가질 것을 요구했다. 여기에 첨가할 사항은 자신들의 실천 활동에 옹호 활동을 통합하고 있는 선임 수준의 상담사, 심리사 및 사회복지사 등 원조 전문가들은 보다 젊은 실천가, 후배들 및 학생들의 멘토가 되고 안내자로서의 역할을 수행해야 한다는 것이다. 이러한 노력은 그들의 일하는 다양한 일터에서 현장의 수퍼비전, 훈련 회기 운영, 부정의와 불공정 현상을 확인하기 위한 자료 분석 과정, 그리고 보다 큰 집단의 대중에게 영향을 줄 수 있는 출판물 출간 활동 등 구체적 방법을 통해서 실행되어야 할 것이다.

옹호의 유형과 옹호 과업 및 활동

Ezell(2001)은 13가지 각기 다른 유형의 옹호 활동을 확인했으며, 이들 각 활동에 관한 포괄적인 평론을 제시하고 있다. 이들 유형은 개인을 위한 옹호에 초점을 둔 사례 옹호(case advocacy)로부터 동일한 문제를 공유하는 개인들의 집단을 위한 계층 옹호(class advocacy), 법적 · 사회적 · 경제적 그리고 정부 프로그램과 정책 등에 영향을 행사하려는 정책 옹호(policy advocacy)에 이르기까지 광범위한 영역을 차지하고 있다. Lewis와 Lewis(1983)는 옹호를 다른 유리한 관점에서 세 가지 차원의 옹호로 나누어 보고 있다. 첫 번째 차원은 **현시점 옹호**(here and now advocacy)로, 이는 직접적인 현재 상황에 대한 즉각적 반응으로서의 옹호이다. 두 번째 차원은 **예방적 옹호**(preventive advocacy)로 이는 한 집단에 대한 개인의 부정의한 영향을 예방하기 위해 행동을 취하는 옹호이다. 세 번째 차원은 **시민 옹호**(citizen advocacy)로, 이는 타인들이 특정 문제 및 이슈들에 대응해서 해결할 수 있도록 용기를 북돋우는 활동으로서의 옹호이다.

Toporek와 Liu(2001)가 주장하는 옹호의 모델은 옹호의 차원들로서의 임파워먼트 활동과 사회행동의 두 가지를 모두 포함한다. 즉, 이 모델은 한쪽 끝에 임파워먼트 활동 그리고 다른 한쪽 끝에는 사회행동을 설정하는 하나의 연속성 개념으로 옹호를 소개한다. 임파워먼트 활동과 사회행동의 두 가지 차원은 모두 사회정치적 맥락을 고려하고 있다. 임파워먼트 활동은 개인들뿐만 아니라 그들의 가족 그리고 지역사회까지를 실천 대상으로 포함한다. 이 모델은 클라이언트들에게는 사회적 상황의 변화를 생성하기 위한 기술 또는 지식이 없다고 가정하기 때문에 상담사, 심리사 및 사회복지사 등 원조 전문가 역할의 초기에는 클라이언트 체계들 자체의 목적을 달성할 수 있게 도와주는 활동을 포함시킨다. 그러나 임파워먼트의 궁극적 목적은 클라이언트 체계들이 원조 전문가들로부터 독립하게 하는 것이며, 그렇게 함으로써 그들이 실질적으로 임파워먼트될 수 있다고 결론을 내리고 있다. 다른 한쪽 끝의 사회행동은 사실상 정신건강 전문가의 상담 활동을 벗어난 외부 환경적 활동으로서 클라이언트, 그들의 가족 그리고 그들의 지역사회가 당면하고 있는 장애물들을 능동적으로 제거하도록 도와주는 활동들을 포함하는 것이다. 사회행동이 임파워먼트 활동과 다른 점은 사회행동은 거시적으로 행해지며 입법 과정, 정책 등과 같은 클라이언트에게 영향을 주는 거시적 이슈들의 변화를 목표로 실행된다는 것이다.

옹호의 유형과 모델을 아는 것도 중요하지만 더욱 중요한 것은 옹호를 실행해 가는 방법을 아는 것이다. 옹호자로서 옹호를 추진해 가기 위해서는 조직적인 관점을 이해하고 보다 큰 체계에 대한 큰 그림을 보면서 자신이 진행하고 있는 옹호 실천의 목적을 확인하고 버티면서 끝까지 나아가는 능력이 필요하다. 옹호와 사회변화는 매우 어려운 작업이기 때문에 사회변화를 이루기 위한 힘과 협력을 얻는 데 도움이 될 수 있는 잠재적 동맹자를 고려해서 결정하는 것이다. 예를 들면, 내(Fred)가 보다 큰 조직에 중요한 변화를 가져오려고 노력했을 때, 주정부의 위원장보다는 부위원장이 변화를 추진하는 데 도움이 되는 동맹자가 될 수 있다는 사실을 알게 되었다. 옹호 전략을 효과적으로 활용하기 위해서 체계적 변화를 창조하는 기술을 획득하는 것 또한 매우 중요하다. 그러므로 옹호를 실행하는 데 실천가들은 그들의 클라이언트를 대신해서 보다 능동적이 되어야 하고, 때로는 장기간 지속되어 온 다루기 어려운 전통, 정책, 절차 그리고 불공정한 처우와 불공평성을 야기하고 강화시켜 온 신념들에 도전하기 위해서는 클라이언트 체계들과 동반자가 되어 노력하는 것이 필요하다. 옹호자가 되는 것은 자동적으로 이루어지는 것이 아니다. 옹호자가 되는 데는 조직적 기술 그리고 의사소통 기술이 요구된다. 그러므로 전문직 교육의 대학원 프로그램에는 학생들이 체계적이고 조직적인 기술을 개발할 수 있게 도와줄 수 있는 사회정의 교과목 수업이 확립되어야 한다(이 프로그램에 대한 심도 깊은 논의는 15장 참조).

옹호자로서 활동하는 모든 전문가들은 개인들이 현 체계에 적응할 수 있도록 개인의 변화를 추구하는 전통적인 실천 모델들에 대해 논쟁을 제기하고 도전하는 노력을 하며, 보다 큰 환경과 주변의 사회·생태적 체계들을 변화시키기 위한 주장을 하면서 이를 행동으로 옮기려는 노력을 기울여야 한다. 옹호의 구체적인 틀 내에서는 원조 전문가와 클라이언트 모두 이러한 변화를 촉진하는 데 도구적 역할을 수행하게 된다. Lewis 등(1998)은 옹호 활동이 다음의 두 가지 목적에 기여하는 것이라고 주장했다. 즉, ① 클라이언트의 개인적 역량 및 권력에 대한 감각을 증대시키는 것 그리고 ② 클라이언트의 개인적 욕구들에 보다 큰 반응을 가져올 수 있게 환경적 변화를 촉진하는 것이다(Lewis et al., 1998, p. 172).

원조 전문가들에게 실제로 이루어질 수 있는 옹호 실천의 유형들에 관한 유용한 아이디어를 제공하기 위하여 Kiselica와 Robinson(2001)은 다양한 출처로부터 수집된 옹호 실천의 목록(예: Baker, 1981, 2000; Kiselica, 1995, 2000; Kiselica & Ramsey, 2000)을 제시했으며, 옹호 활동의 유형들은 야심찬 공격적 유형들에서부터 겸손한 실천 유형에 이르기까지 다양한 활동이 포함되어 있다. 그러나 이들 각기 다른 유형의 옹호 활동은 자체적인 영향력을 가지고 있다. 각 유형의 실체들은 신문 기자들과 얘기하거나 TV에 출연하는 활동들로부터 해당 이슈들에 관련된 기사를 쓰거나 저서를 출판하는 등의 표준화된 검증에 의한 문화적 편견에 도전하는 활동 등에 이르는 광범위한 활동 등을 포함한다. 이들이 시사하는 모든 활동을 주목하는 것은 중요하지만, 옹호 활동이 반드시 시위운동을 벌인다거나, 로비 활동을 한다거나 정치적 캠페인을 실시한다거나 또는 선거권자들을 동원하는 활동일 필요는 없는 것이며 많은 다른 방법 및 수단으로 이루어질 수도 있다. 예를 들면, 나(Rita)는 주요 신문의 언론인과 접촉했으며, 그에게 난민들이 당면하는 심리사회적 적응이라는 도전에 대해 이야기를 했다. 언론인과 논의해야 하는 목적과 필요성은 난민들이 당면하고 있는 곤경에 관한 기사를 쓰도록 해서 대중을 교육시키고 동시에 정책 결정자들이 해당 이슈에 대한 인식을 하고 주의를 기울일 수 있게 하는 것이다. 이는 결국 이들 난민 및 난민 집단에 대한 보다 나은 서비스로 이어질 수 있는 계기를 마련하려는 시도였다. 〈표 11-2〉는 각기 다른 유형의 옹호 활동 목록을 제공하고 있다.

〈표 11-2〉 사회정의 옹호 유형

- 보다 좋은 서비스 실현을 위해 논쟁하는 활동
- 기관 내에서 클라이언트가 증대된 권리를 획득할 수 있도록 추진하는 활동
- 기관들과 협상하는 활동
- 의사결정자들에게 증거를 제시하는 활동
- 개별적 정책 결정자에게 하는 로비 활동
- 소송을 제기하거나 또는 법적 개선책을 추구하는 활동
- 행정적 공청회에서 클라이언트 대리인으로 설명하는 활동
- 다른 기관들의 행정적 규칙 제정에 영향을 주는 활동
- 클라이언트들에게 문제해결을 위한 옹호 기술을 가르치는 활동
- 클라이언트들에게 그들의 권리를 의식화하게 교육하는 활동
- 대중에게 특정 기술 및 문제를 교육하는 활동
- 다른 기관들의 업무 수행을 모니터링하는 활동
- 특정 이슈에 대한 조사 활동
- 연합을 조직화하는 활동
- 특정 이슈에 대한 미디어 보도에 영향을 주는 활동
- 선거권자의 지지 및 지원을 동원하는 활동
- 정치적 캠페인을 일으키는 활동
- 공공기관에 의해 제공되는 정보에 클라이언트 접근을 촉진하는 활동
- 공공기관과 클라이언트 간을 중재하는 활동
- 외부 기관들과 공공기관들이 클라이언트에게 보다 나은 서비스를 제공하도록 협상하는 활동
- 교육적 로비 노력을 통해 정책 결정자들에게 영향을 끼치는 활동
- 기관의 부적절한 서비스 또는 억압적인 정책들에 관한 클라이언트의 불평이나 불만을 자금 조달 기관들에 전달하는 활동
- 인터넷을 활용하여
    - 상담 및 원조 전문직 서비스 시장을 운영하는 활동
    - 온라인 시청각 기관들의 도움에 접근하는 활동
    - 사용자의 인종 및 민족, 연령 그리고 성별에 맞는 다중 매체 기반의 사정 및 정보 자원을 전달하는 활동
    - 교통 시설 이용의 어려움이 있거나 또는 지리적으로 외딴 지역에 거주하는 클라이언트에게 손을 뻗치는 활동
    - 클라이언트의 자조 집단들에 대한 접근성을 향상시키는 활동
    - 장거리 전화로 이루어지던 심리사, 상담사 및 사회복지사의 전통적인 대면적 수퍼비전을 전자식(electronics) 수퍼비전으로 보충해 주는 활동
    - 상담사 및 다른 원조 전문직 실천가들 간의 의사소통 기회를 확장하는 활동

출처: Ezell (2001); Kiselica & Robinson (2001).

사회정의 옹호의 도전과 현실

옹호자가 되는 것은 쉬운 일이 아니다. 옹호자가 되려는 사람은 소진되거나 정서적으로 탈진하거나 또는 사고뭉치로 비춰져서 소외될 수도 있다. 일부의 사람은 옹호 활동이 실제로 자신들의 직업을 위기로 몰고 가는 사실을 확인하기도 했고, 어떤 사람들은 동료들로부터 급격한 반감 또는 괴롭힘을 당하는 표적이 되기도 했다(예: Bemak & Chung, 2005, 2007, 2008; Dinsmore, Chapman, & McCollum, 2000; Kiselica & Robinson, 2001). 그럼에도 불구하고 옹호자가 되는 것은 커다란 개인적 만족감을 주기도 한다(Kiselica, 1998, 1999). 그래서 옹호자의 능력을 발휘해야 할 결정적 요구와 필요성이 있다(Bemak & Chung, 2005, 2007, 2008).

옹호가 문제를 일으킬 수 있다는 사실은 불가피하다. 현상 유지 상태에 도전하고 변화를 추진하는 것은 개인적 어려움 그리고 전문직 유지에 있어서 어려움을 수반할 수도 있다. 사회정의와 사회적 공정성을 위해 옹호자가 되어 기존의 체계에 관여한다는 것은 전통적으로 규정된 상담사, 심리사 및 사회복지사의 역할 및 지위와는 매우 다른 일을 감당하도록 요구하는 것이다. 따라서 경험에 비추어 볼 때 배 자체를 흔드는 격의 옹호 활동을 향한 전형적인 저항 또는 분노의 감정이 존재할 수밖에 없다.

최근에 지역의 사회 기관에 부임한 한 상담사의 이야기가 관심을 끈다. 약물남용 치료 시설에 고용된 새로운 상담사는 한 선배인 공동 집단치료사와 함께 몇 개의 집단을 인계받아서 일하게 되었다. 이들 집단 구성원들은 이전에는 치료사로부터 주로 강의를 듣고 심지어 각 집단치료 회기에서 정확히 무엇을 얘기해야 하는지에 대해 지시받는 데까지 익숙해져 있었다. 새로운 상담사는 집단 구성원들이 집단 내에서 발생하는 일들에 대해서 별로 말을 하지 않으며, 이러한 집단 역동을 변화시키기 위해 그들 자신에게는 권위와 권한이 없다는 사실을 명확히 알게 되었다. 새로운 상담사는 집단 구성원들을 임파워먼트하려는 시도로 그들에게 약물남용 문제와 관련해서 집단치료 회기에서 어떤 것을 토의하는 것이 중요하다고 느꼈는지에 대해 물어보면서 종래의 집단 역동을 변화시키려는 노력을 시작했다. 이러한 그녀의 임파워먼트를 위한 옹호 활동은 우선 공동 치료사와의 의견 차이를 가져와서 불화의 씨앗이 되었다. 기관장과의 만남에서 도대체 '무슨 일이 어떻게 벌어지는가?'의 질문을 받게 되고, 건방진 새로운 피고용자에 대한 심각한 우려를 가진 동료들로부터는 적개심을 일으키는 계기를 만들게 되었다. 새로운 상담사의 목적은 분명히 동료들과 마찰과 불화를 조성하려는 것은 아니었으며, 한 사람의 팀 활동자로서 적응하려는 것이었다. 기존의 '주어진 실천(given practice)'인 전통적 실천에 대해 완강한 태도를 취하거나 인정을 거부하기보다는 클라이언트를 임파워먼트하도록 서비스를 향상시켜 클라이언트에게 보다 공정하고 공평한 혜택을 줄 수 있는 옹호 활동을 하기 위해 현재의 실천에 의문을 제기한 것이다(Bemak & Chung, 2005).

앞서 제시한 사례에서 서술한 바와 같이 사회적 공정성을 지향하는 옹호 활동을 하기 위해 주위에 도전하거나, 수퍼바이저나 조직과 직면하는 활동은 매우 위험하기도 하다. 모든 정치적 세력, 절차 그리고 자신이 일하고 있는 실천 현장에 도전한다는 것은 매우 부정적인 반응을 야기할 수 있다는 것이다(Bemak & Chung, 2005). 그러나 여기에서 제기할 수 있는 질문은 '어떻게 우리가 이런 일을 하지 않고 그냥 넘어갈 수 있는가?'이다. 결과적으로, 성공적인 옹호자가 되기 위해서 생각해야 할 중요한 국면은 수퍼바이저나 조직이 가장 소외되거나 또는 억압받고 있는 클라이언트에게 혜택을 줄 수 있는 옹호 활동의 목적을 채택할 수 있도록 현명하게 도전하면서 훌륭한 전문적 관계들을 유지할 수 있는 방안을 강구하는 것이다.

착한 상담사 신드롬

착한 상담사 신드롬(Nice Counselor Syndrom: NSC; Bemak & Chung, 2008)은 기관, 학교 또는 조직 내에서 착한 사람으로 비춰지는 친절하고 항상 좋은 의도를 지닌 심리사, 상담사 그리고 사회복지사들에게서 전형적으로 나타나는 증상이다. 이들 전문가들은 착한 사람이라는 평판에 맞춰 생활하며, 그들이 일하는 학교 또는 조직에서 대인관계상의 갈등을 피하거나 빗겨 지나가려 하면서 최대한 다른 사람들과 조화를 지속적으로 추구하는 자세를 유지하기 위해 노력한다. 예를 들면, 학교환경 내에서 NSC는 학생들, 학부모들 그리고 다른 학교 교직원들과 일할 때 중재자나 문제해결자로서의 역할을 담당하면서 안정감을 느끼는 상담사나 사회복지사들에게서 분명히 나타나는 현상이다. 이와 같이 다른 사람들로부터 착한 사람으로 비춰지기를 바라는 데 가치를 부여하는 상담사나 사회복지사들은 학교 내의 서로 다른 사람들, 특히 현존하는 교육적 상태를 유지하는 데 급급한 사람들과 대인 간의 불일치와 갈등을 야기할지도 모르는 다문화적·사회정의 옹호 그리고 조직의 변화를 가져오는 서비스 활동 등을 실행하는 데 어려움을 느낄 것이다(Bemak & Chung, 2008, p. 374).

NSC를 경험하고 있는 많은 상담사, 심리사 그리고 사회복지사도 사실은 모든 학생, 특히 소외된 집단에 소속한 학생들을 위한 교육적 공정성을 제고하기 위한 노력의 중요성은 믿고 있다. 그러나 이 분야의 실천가들은 착한 사람으로서의 지각에 대한 지나친 관심, 그래서 어떻게 해서든지 다른 사람들을 수용하려 하고 평화와 대인적 조화를 추구하는 결과로 인해 공정성의 이슈에 대응하고 주도적 역할을 하거나 직면하려는 노력 그리고 공정한 처우와 기회 및 자원에 대한 접근성을 옹호해 주는 옹호 활동을 겁내게 된다. 그러므로 NSC는 착한 사람으로 평가받기 위해 다른 사람들의 기대와 욕구에 순응함으로써 현재의 상태를 영속화시키는 데 도움을 주려는 의도를 보이는 상담사와 심리사 그리고 사회복지사들의 특성이라고 볼 수 있다(Bemak & Chung, 2008).

NSC를 넘어서 사회정의 옹호자가 되는 것

옹호자가 되는 과정에서 직면해야 하는 도전과 현실들을 고려할 때 개인적이고 전문적인 어려움의 세부적 사항들을 예상해 보는 것이 근본적으로 필요하다. 예를 들면, 두려움은 개인적 장애물이 될 수 있을 것이다. 즉, 자신이 혐오의 대상이 될 수 있다는 두려움, 개인적 압력 또는 자신의 행동을 부정적인 관점에서 보는 동료들의 압력을 겪을 수 있다는 두려움, 전문직 내에서 배척을 당하는 표적이 될 수 있다는 두려움 등이 있을 수 있다. 이러한 현상은 전통적인 원조 전문가로서의 역할 실행에 무리 없이, 논란의 여지가 없도록, 지지적이고 우애 있는 태도로 순응하지 못할 경우에 흔히 발생하며, 이때에 우리는 사고뭉치라는 낙인이 찍힐 수 있다(Bemak & Chung, 2008). 또한 전문적인 역할을 수행하는 데 암살당할 가능성에 대한 두려움도 있다. 동료들 또는 행정가들은 옹호를 실천하는 상담사, 심리사 및 사회복지사를 불신함으로써 이들의 직업 유지를 위협할 수도 있다(Bemak & Chung, 2008).

다른 하나의 개인적 장애물은 무관심이다. 개인적 무관심은 당사자인 상담사, 심리사 및 사회복지사로 하여금 동료 직원들과의 논쟁이나 갈등에 참여할 여지를 제거해서 결국 현존하는 상황에 만족하는 듯 보이게 하여 현 상태를 지지하는 듯한 결과를 가져오게 할 수 있다. 전문적 장애물에는 전문적 마비 상태가 포함될 수 있다

〈표 11-3〉 옹호자로의 상담사, 심리사 그리고 시화복지사에게 필요한 13가지 권고사항

1. 원조 전문가로서 자기 자신의 역할을 명확히 규정한다. 여기에 옹호 활동의 성공에 기여할 수 있는 상담사, 심리사 그리고 사회복지사로서의 책임과 과업들을 포함시킨다.
2. 옹호 활동에 있어서 공정성과 평등한 기회 보장을 강조한다. 그리고 지지 및 지원, 시간 그리고 자원 등을 공평하게 배분한다.
3. 옹호 활동 개입 전략들을 재구조화한다. 즉, 개입 전략들을 점진적인 '아웃리치'활동을 통해 보다 큰 지역사회 체계에 적용한다.
4. 클라이언트에게 그들의 권리에 대해 가르친다. 클라이언트들이 사회정의, 평등한 기회 그리고 동등한 자격 등을 추구할 수 있도록 변화를 촉진하는 도구를 제공한다.
5. 클라이언트와 동반자 관계를 형성한다. 자기옹호(self-advocacy)를 위한 지식과 기술이 부족할 수 있는 클라이언트와 동반자 관계를 형성한다.
6. 환경 내에 존재하는 자원들에 접근하기 위해 클라이언트와 협력한다. 공정성을 지향하여 긍정적인 변화를 촉진할 수 있는 조직체계들에 대하여 숙지한다.
7. 클라이언트의 환경 내에 있는 다른 사람들과도 협력한다. 사회변화 그리고 불공정성 감소를 위해 일하고자 하는 주위의 다른 사람들과도 협력해서 함께 일한다.
8. 상담사, 심리사 그리고 사회복지사로서 자신의 역할변화를 위해 다양한 자료를 활용하고 옹호 활동을 통합시킨다. 역할변화를 지지해 줄 수 있는 자료와 사실적 정보를 수집하고, 그 변화를 위해 옹호한다.
9. 리더십과 옹호 기술의 훈련을 촉진한다. 조직 구조와 변화에 대해 잘 숙지하고, 조직 내에서의 훈련을 권장하며 훈련 프로그램을 실행한다.
10. 다른 정신건강 관련 전문가들과 공동으로 일한다. 변화를 위한 옹호에 사용할 수 있는 자료를 모으기 위해 정신건강 분야의 다른 전문가들과 공동으로 일한다.
11. 사회개혁 노력에 참여한다. 개혁을 위한 중요한 노력들에 기여할 수 있는 참가자가 된다.
12. 사회정치적 상황 내에서 사회행동을 촉진한다. 사회정치적 영역 내에서 사회행동을 촉진할 수 있는 방법을 이해한다.
13. 다른 서비스들을 제공하는 지역사회 기관들과 협동해서 일한다. 추가적인 자원들을 활용하기 위하여 팀으로서의 지지체계를 생성한다.

출처: Bemak & Chung (2005).

(Bemak & Chung, 2008). 상담사, 심리사 및 사회복지사들이 사회부정의의 규모만을 생각한다면 문제의 복잡성에 압도당하거나 혼란을 경험하게 될 수 있다. 이러한 혼란은 이어서 다음과 같은 사고로 이어질 수 있다. '이런 현상을 변화시키는 데 내가 무슨 기여를 할 수 있겠는가? 결국 나 혼자뿐인데.'

어떤 준비나 사전에 사안에 대한 충분한 고려 없이 단순히 옹호를 자신의 역할의 한 부분으로 선택하는 것은 마치 아무런 준비 없이 사자 굴로 들어가는 것과 유사하다. 옹호 활동을 하는 심리사, 상담가 그리고 사회복지사들은 자신들의 직장을 최대한 지키면서도 공정성, 정의 그리고 공평성의 명분을 지지하기 위해 노력할 수 있도록 공들여 준비한 정교한 노선을 따라 움직여야 한다. 정신건강 전문가와 상담사, 사회복지사들에게 근본적으로 필요한 것은 클라이언트들을 위해 사회정의를 실현하는 윤리적이고 도덕적인 책임을 가졌지만 해당 이슈들에 반응하고 행동을 취할 수 있는 최소한의 권한만을 행사할 수 있는 제도적 현실 속에서 일하고 있다는 사실을 감안하며 행동할 수 있는 기술을 습득하는 것이다. 결정적으로 중요한 것은 제도적 그리고 개인적 장애물들을 처리할 수 있는 전략들을 구체적으로 구상하는 능력이다. Bemak와 Chung(2005, 2008)은 교육환경 내에서 효과적인 옹호자가 되기 위해 심리사, 상담가 및 사회복지사들이 필요로 하는 유형의 기술들을 제시하고 있다. 이러한 기술들은 지역사회 세팅에서도 적용되고 활용될 수 있다. 〈표 11-3〉은 옹호자로서의 상담사, 심리사 그리고 사회복지사가 적용할 수 있는 열세 가지 권고사항이다.

옹호 활동의 예

상담 전문가인 제러드는 정신건강 진료소에 취업을 해서 상담 서비스를 제공하기 시작했다. 업무를 시작하고, 6개월이 지난 후, 진료소에 오는 많은 클라이언트가 각기 다양한 이슈에 관련되어 있었지만 거의 모두가 두통과 복통에 시달리는 것을 알게 되었다. 제러드는 처음에는 클라이언트들의 특정한 정신건강 문제들을 중심으로 도움을 주었으며 여기에는 집중력의 문제, 결혼 갈등, 차에 치인 사람을 목격한 후에 생긴 운전에 대한 불안감 그리고 학교생활에서의 문제행동 등이 포함되었다. 그는 이들의 문제를 다루는 데 두통이나 복통의 문제들을 중요하게 보지 않았다. 그러나 제러드는 그를 만나러 온 모든 사람이 자신들의 신체적 불편에 대해 언급하는 사실을 주목했다. 제러드는 정신건강 문제로 분류된 문제들로 상담을 받으러 오는 보다 많은 사람으로부터 계속해서 두통과 복통의 호소를 듣게 되었다. 따라서 그는 점차로 이들이 지속적으로 제기하는 문제 유형에 관심을 갖게 되었고, 이들의 신체적 문제를 탐구하는 조사를 시작하게 되었다.

그는 곧바로 모든 클라이언트가 1년 전부터 새로운 소유자에 의해 운영되고 있는 화학 폐기물 공장 근처에 살고 있다는 사실을 알게 되었다. 그는 해당 공장, 소유주 그리고 공장에서 처리되고 있는 유독성 물질의 환경적 영향 등에 관한 자료를 수집하기 시작했다. 그리고 그는 관련 연구들과 정부 관료와의 접촉을 통해서 폐기물에 의해 심각한 신체적·정신적 반응이 야기될 소지가 있다는 사실 그리고 새로운 소유주가 과거에도 안전 규칙을 준수하지 않아서 벌금을 부과받거나 소환장을 받은 기록이 있다는 사실을 알게 되었다. 이러한 시점에서 제러드는 두 가지 차원에서 옹호자로서의 역할을 택하게 되었다. 첫째, 그는 조직체계적 차원에서 지역 신문사 편집장에게 서신을 보내고, 선출직 공무원들에게 전화를 걸거나, 주 차원의 회합에 참여하고, 공공 보건 부서와의 접촉 등을 통해서 화학 공장의 영업행위에 관한 문제를 제기하기 시작했다. 둘째, 클라이언트들이 두통과 복통을 호소할 때마다 그들이 보이는 증상들과 자신이 조사한 공장 관련 정보들을 상시로 공유하기 위해 노력하기로 결정했다. 그는 클라이언트들에게 그 지역에서 처리되고 있는 화학 물질들의 잠재적 위험성을 알렸고 공장 소유주의 과거 행적에 관한 정보들을 제공했다. 만약 상담 중에 클라이언트가 이러한 상황에 대해 사회행동을 취하기 원한다는 사실을 밝히면, 제러드는 직접적 행동과 옹호 활동의 통로를 탐색하는 데 도움을 제공할 것이라고 말했다. 이러한 방법으로 그는 클라이언트들을 위한 옹호자가 되었고, 동시에 클라이언트들이 자기옹호를 위한 행동을 취하기 원할 때 그들을 돕는 활동을 하게 되었다.

결론

요약한다면, 상담사, 심리사 그리고 사회복지사를 비롯한 모든 원조 전문가는 모든 사람이 자신이 가진 잠재력 실현을 추구하고 평등한 기회와 자원을 가질 수 있는 정의로운 사회를 창조하기 위해 옹호 활동을 자신의 직무의 주요 부분으로 삼아야 할 것이다. 옹호 활동은 모든 프로그램, 서비스, 절차 그리고 정책들이 모든 사람에게 접근 가능하고 효율적으로 적용되도록, 모든 사람에게 균형 잡힌 동등한 권리와 자격 기준을 확립하고 보호하기 위해서, 사회적 · 경제적 · 정치적 영향력의 부정적 · 비윤리적 충격을 제거하기 위해서 반드시 필요한 것이다. 따라서 원조 전문가들은 개인의 정신 내적 측면에만 초점을 두던 과거의 전통적 접근을 넘어서 앞으로 나아가야 하며, 우리가 담당하는 클라이언트 개인과 가족들에게 영향을 미치는 사회 정치적 요인들의 영향을 수용하고 인식하고, 옹호 활동이 이러한 쟁점들을 개선시키기 위하여 효과적으로 적용될 수 있는 방법들을 확인하고 결정해야 한다. 이러한 작업을 수행하면서 동시에 전문가로서 우리 자체 내의 문제 및 이슈들과 개입 과정을 명확히 이해하려는 노력 그리고 우리가 옹호의 역할을 어떻게 감당할 것이며 왜 옹호자가 되려 하는가를 명확히 인지하는 것이 중요하다.

옹호자로서 우리는 다른 전문가들 그리고 클라이언트들과 협력적으로 함께 일하는 방법을 배워야 한다. 또한 옹호자로서 일하면서 사회변화의 과정을 지켜볼 수 있는 인내심을 길러야 한다. 심리치료나 상담 그리고 사회복지 실천과 유사하게 옹호도 하나의 과정이기 때문이다. 옹호는 정신건강 전문가들이 수행할 수 있는 많은 역할 중에 하나라는 사실을 인식하는 것이 중요하다. 그러나 클라이언트와 함께 일하는 모든 활동과 행동이 옹호라는 개념 안에서 규정될 수 있는 것들은 아니기 때문에 우리의 행동과 개입을 안내해 줄 수 있는 옹호의 작업적 정의가 명확히 규정 되어야 한다. 우리가 명확히 개념화해야 하는 옹호의 구조적 틀은 옹호가 목적을 추구하는 노력이며, 옹호 과정은 표적화된 목적을 달성하기 위한 변화를 획득하거나 수정하거나 촉진하는 과정을 포함한다는 것이다. 옹호의 과정은 사회적 변화를 목적으로 하며, 현상 유지 상태를 지속적으로 변화시킬 수 있다는 것이다(Ezell, 2001). 옹호자가 된다는 것은 목적성, 계획성 그리고 변화, 즉 사회적 · 경제적 · 법적 · 문화적 · 정책적 변화를 생성하기 위한 목적 지향적인 노력이 요구된다는 것이다.

1. 미국상담학회(ACA)에 의해 2003년 지지된 옹호 능력들을 확인해 보고, 이들을 참조해서 다음 질문들에 답해 보아라.

   a. 직장에서 또는 개인적으로 당신은 옹호자로서 어떤 것들을 실행하고 있는가?

   b. 옹호자로서 당신의 강점은 무엇인가?

   c. 미국상담학회에 의해 보증된 능력들 중 당신에게 부족한 것은 어떤 것들인가?

   d. 당신이 향상시키려는 의지를 가진 능력은 어떤 것들인가?

2. 이 장에서 언급된 다음의 성향을 적용하여 분석해 보시오. "우리는 옹호가 심리사, 상담사 그리고 사회복지사의 윤리적 및 도덕적 의무이며, 효과적인 정신건강 전문가의 중요 부분이며 영역이라고 주장할 수 있다."

   a. 이러한 옹호 실천의 입장을 지키는 당신은 상담, 심리치료 그리고 사회복지 지위를 가지고 있으면서도 옹호를 하지 않는 사람들 그리고 옹호가 정신건강 전문직 역할의 부분이 아니라고 주장하는 사람들 앞에서 어떻게 그들을 설득하고 이해시킬 수 있는가?

   b. 당신이 정신건강 전문가로서 당신의 실천 속에서 옹호 활동을 효과적으로 통합할 수 있는 상황의 예를 들어 볼 수 있는가?

3. 이 장에서는 사회정의 실천가의 일부 특성을 서술하고 있다. 이 중 세 가지 특성은 겸손 (humility), 깊이 있는 품위(profound dignity) 그리고 타인에 대한 존경심이다.

   a. 만약에 당신이 자신의 중학교 벽에 낙서를 했다는 이유로 당신 앞에 불려 온 두 명의 문제 학생을 마주하고 있는 상황이라면, 당신은 앞서 제시한 세 가지 특성을 각각 어떤 방식으로 당신의 업무 수행 속에서 혹은 당신의 성격을 통해서 확인할 수 있겠는가?

   b. 당신은 어떻게 상대방에 대한 존경심을 보여 줄 수 있는가?

   c. 당신은 어떻게 겸손을 보여 줄 수 있는가?

   d. 어떤 특성이 당신에게 도전 과제가 될 수 있는가?

4. Lewis와 Lewis(1983)에 따르면 옹호 활동의 세 가지 차원이란 현시점 옹호, 예방적 옹호 그리고 시민 옹호이다. 어떤 것이 당신이 가장 선호하는 차원이고 나머지 다른 차원에서 당신이 취할 수 있는 행동은 어떤 것인지 확인해 보자.

5. 옹호는 현상 유지 상태에 대한 도전으로 서술될 수 있고, 그러므로 개인적이고 전문적인 어려움을 생성할 잠재성이 있다. 따라서 옹호자 그리고 위험 또는 모험을 감행하는 실천가가 되는 것에 대한 두려움과 걱정뿐만 아니라 대인적 그리고 조직적 긴장을 조성할 수 있다는 것에 대한 두려움과 걱정을 반성적으로 고찰해 보자.

6. 당신이 개인적·사회적·체계적·정치적 임파워먼트가 활용된 사례들을 찾아보고 직접 경험한 상황을 서술해 보자.

참고문헌

Arredondo, P., Toporek, R., Brown, S. P., Jones, J., Locke, D. C., Sanchez, J., & Stadler, H. (1996). Operationalization of the multicultural counseling competencies. *Journal of Multicultural Counseling & Development, 24,* 42-78.

Astramovich, R., & Harris, K. (2007). Promoting self-advocacy among minority students in school counseling. *Journal of Counseling and Development, 85*(3), 269-277.

Atkinson, D. R., Thompson, C. E., & Grant, S. K. (1993). A three-dimensional model for counseling racial/ethnic minorities. *The Counseling Psychologist, 21,* 257-277.

Baker, S. B. (1981). *The school counselor's handbook.* Boston, MA: Allyn & Bacon.

Baker, S. B. (2000). *School counseling for the twenty-first century* (3rd ed.). Columbus, OH: Merrill.

Bemak, F. (1998). Interdisciplinary collaboration for social change: Redefining the counseling profession. In C. C. Lee & G. R. Walz (Eds.), *Social action: A mandate for counselors* (pp. 279-292). Alexandria, VA: American Counseling Association.

Bemak, F. (2000). Transforming the role of the counselor to provide le에이드rship in educational reform through collaboration. *Professional School Counseling, 3,* 323-331.

Bemak, F., & Chung, R. C-Y. (2005). Advocacy as a critical role for urban school counselors: Working toward equity and social justice. *Professional School Counseling, 8,* 196-202.

Bemak, F., & Chung, R. C-Y. (2007). Training counselors as social justice counselors. In C. C. Lee (Ed.), *Counseling for social justice* (2nd ed., pp. 239-258). Alexandria, VA: American Counseling Association.

Bemak, F., & Chung, R. C-Y. (2008). New professional roles and advocacy strategies for school counselors: A multicultural/social justice perspective to move beyond the nice counselor syndrome. *Journal of Counseling and Development, 86,* 372-381.

Brooks, D. K., & Weikel, W. J. (1996). Mental health counseling: The first twenty years. In W. J. Weikel & A. J. Palmo (Eds.), *Foundations of mental health counseling* (pp. 5-29). Springfield, IL: Charles C Thomas.

Chen-Hayes, S. F. (2000). Social justice advocacy with lesbian, bisexual, gay, and transgendered persons. In J. Lewis & L. Bradley (Eds.), *Advocacy in counseling: Counselors, clients and community* (pp. 89-98). Greensboro, NC: ERIC Counseling and Student Services Clearinghouse.

Comas-Díaz, L. (1987). Feminist therapy with Hispanic/Latina women: Myth or reality? *Women & Therapy, 6*(4), *The politics of race and gender in therapy* [Special issue], 39–61.

Constantine, M. (2006). Racism in mental health and education settings: A brief overview. In M. G. Constantine & D. W. Sue (Eds.), *Addressing racism* (pp. 3-14). Hoboken, NJ: Wiley.

D'Andrea, M., & Daniels, J. (1995). Promoting multiculturalism and organizational change in the counseling profession: A case study. In J. G. Ponterotto, J. M. Casas, L. A. Suzuki, & C. M. Alexander (Eds.), *Handbook of multicultural counseling* (pp. 17-33). Thousand Oaks, CA: Sage.

D'Andrea, M., & Daniels, J. (2000). Youth advocacy. In J. Lewis & L. Bradley (Eds.), *Advocacy in counseling: Counselors, clients and community* (pp. 71-78). Greensboro, NC: ERIC Counseling and Student Services Clearinghouse.

Dinsmore, J. A., Chapman, A., & McCollum, V. J. C. (2000, March). *Client advocacy and social justice: Strategies for developing trainee competence.* Paper presented at the Annual Conference of the American Counseling Association, Washington, DC.

Ennis, C. Z. (1993). Twenty years of feminist counseling and therapy: From naming biases to implanting multifaceted practice. *The Counseling Psychologist, 21*(1), 3-7.

Ezell, M. (2001). *Advocacy in the human services.* Belmont, CA: Brooks/Cole.

Gladding, S. T., & Newsome, D. W. (2004). *Community and agency counseling* (2nd ed.). Upper Saddle River, NJ: Prentice-Hall.

Goodman, J., & Waters, E. (2000). Advocating on behalf of older adults. In J. Lewis & L. Bradley (Eds.), *Advocacy in counseling: Counselors, clients and community* (pp. 79-88). Greensboro, NC: ERIC Counseling and Student Services Clearinghouse.

Herring, R. (2000). Advocacy for Native American Indian and Alaska Native clients and counselees. In J. Lewis & L. Bradley (Eds.), *Advocacy in counseling: Counselors, clients and community* (pp. 37-44). Greensboro, NC: ERIC Counseling and Student Services Clearinghouse.

House, R., & Martin, P. (1998). Advocating for better futures for all students: A new vision for school counselors. *Education, 119,* 284-291.

Katz, J. H. (1985). The sociopolitical nature of counseling. *The Counseling Psychologist, 13*(4), 615-624.

Kiselica, M. S. (1995). *Multicultural counseling with teenage fathers: A practical guide.*

Thousand Oaks, CA: Sage.

Kiselica, M. S. (1998). Preparing Anglos for the challenges and joys of multiculturalism. *The Counseling Psychologist, 26*, 5-21.

Kiselica, M. S. (1999). Confronting my own ethnocentrism and racism: A process of pain and growth. *Journal of Counseling and Development, 77*, 14-17. Belmont, CA: Brooks/Cole.

Kiselica, M. S. (2000, April). *Keynote address: The mental health professional as advocate: Matters of the heart, matters of the mind.* Great Lakes Regional Conference of Division 17 of the American Psychological Association, Muncie, IN.

Kiselica, M. S., & Ramsey, M. L. (2000). Multicultural counselor education: Historical perspectives and future direction. In D. C. Locke, J. E. Myers, & E. L. Herr (Eds.), *The handbook of counseling* (pp. 433-452). Thousand Oaks, CA: Sage.

Kiselica, M. S., & Robinson, M. (2001). Bringing advocacy counseling to life: The history, issues, and human dramas of social justice work in counseling. *Journal of Counseling and Development, 79*(14), 387-398.

Lerner, B. (1972). *Therapy in the ghetto: Political impotence and personal disintegration.* Baltimore, MD: Johns Hopkins University Press.

Leung, S. A. (1995). Career development and counseling: A multicultural perspective. In J. G. Ponterotto, J. M. Casas, L. A. Suzuki, & C. M. Alexander (Eds.), *Handbook of multicultural counseling* (pp. 549-566). Thousand Oaks, CA: Sage.

Lewis, J., Arnold, M., House, R., & Toporek, R. (2002). *ACA advocacy competencies.* Retrieved from http://www.counseling.org/Publications/

Lewis, J., & Bradley, L. (2000). *Advocacy in counseling: Counselors, clients and community.* Greensboro, NC: ERIC Counseling and Student Services Clearinghouse.

Lewis, J. A., & Lewis, M. D. (1983). *Community counseling: A human services approach.* New York: Wiley.

Lewis, J. A., Lewis, M. D., Daniels, J. A., & D'Andrea, M. J. (1998). *Community counseling: Empowerment strategies for a diverse society* (2nd ed.). Pacific Grove, CA: Brooks/Cole.

McClure, B. A., & Russo, T. R. (1996). The politics of counseling: Looking back and forward. *Counseling and Values, 40*, 162-174.

McWhirter, E. H. (1994). *Counseling for empowerment.* Alexandria, VA: American Counseling Association.

Myers, J. E., Sweeney, T. J., & White, V. E. (2002). Advocacy for counseling and counselors: A professional imperative. *Journal of Counseling and Development, 80*, 394-402.

Pack-Brown, S. P., Thomas, T. L., & Seymour, J. M. (2008). Infusing professional ethics into counselor education programs: A multicultural/social justice perspective. *Journal of Counseling & Development, 86*, 296-302.

Parsons, F. (1909). *Choosing a vocation.* Boston, MA: Houghton Mifflin.

Pinderhughes, E. B. (1983). Empowerment for our clients and for ourselves. *Social Casework, 64*(4), 331-338.

Presgraves, D. (2009, April). *11-year-old hangs himself after enduring daily anti-gay bullying.* Retrieved from http://www.glsen.org/cgi-bin/iowa/all/news/record/2400. html

Prilleltensky, I. (1997). Values, assumptions, and practices: Assessing the moral implications of psychological discourse and action. *American Psychologist, 52*, 517-535.

Ratts, M., DeKruyf, L., & Chen-Hayes, S. (2007). The ACA advocacy competencies: A social justice advocacy framework for *professional school counselors. Professional School Counseling, 11*(2), 90-98.

Sanders, J. L. (2000). Advocacy on behalf of African-American clients. In J. Lewis & L. Bradley (Eds.), *Advocacy in counseling: Counselors, clients and community* (pp. 15-24). Greensboro, NC: ERIC Counseling and Student Services Clearinghouse.

Sollod, R. N. (1998). Unexamined religious assumptions. *American Psychologist, 53*(3), 324-325.

Steele, C. M., Spencer, S. J., & Aronson, J. (2002). Contending with group image: The psychology of stereotype and social identity threat. In M. Zanna (Ed.), *Advances in experimental social psychology* (pp. 379-440). New York, NY: Ac에이드mic Press.

Stone, C. R., & Hanson, C. (2002). Selection of school counselor candidates: Future directions at two universities. *Counselor Education and Supervision, 41*(3), 175-193.

Sue, D. W. (1981). *Counseling the culturally different: Theory and practice.* New York, NY: Wiley.

Sue, D. W. (2003). *Overcoming our racism: The journey to liberation.* San Francisco, CA: Jossey-Bass.

Sue, D. W., Arredondo, P., & McDavis, R. J. (1992). Multicultural counseling competencies and standards: A call to the profession. *Journal of Counseling and Development, 70,* 616-624.

Toporek, R. L. (2000). Developing a common language and framework for understanding advocacy in counseling. In J. Lewis & L. Bradley (Eds.), *Advocacy in counseling: Counselors, clients and community* (pp. 5-14). Greensboro, NC: ERIC Counseling and Student Services Clearinghouse.

Toporek, R. L., & Liu, W. M. (2001). Advocacy in counseling. In D. B. Pope-Davis & H. L. K. Coleman (Eds.), *The intersection of race, class, and gender in multicultural counseling* (pp. 385-413). Thousand Oaks, CA: Sage.

Weinrach, S. G., & Thomas, K. R. (1998). Diversity-sensitive counseling today: A postmodern clash of values. *Journal of Counseling and Development, 76*(2), 115-22.

Wright, R. H. (1992). The American Psychological Association and the rise of advocacy. *American Psychologist, 23*(6), 443-447.

임파워먼트의 신화와 실제

우리는 우리의 행동 결과를 결코 알지 못한다. 그러나 우리가 어떤 것도
하지 않는다면 어떤 결과도 존재하지 않을 것이다.

-Mahatma Gandhi

우리의 성공이란 타인의 성공을 돕는 일이다.

-저자 미상

📖 **연습문제**

1. 옹호 활동을 해 본 경험이 있는가? 어떤 일이 일어났는가?

2. 옹호 활동에 장애가 된 것은 무엇인가?

3. 자신들의 신념과 가치를 위해 옹호를 하는 영웅이 주변에 있는가? 그리고 그들의 효과적인
옹호 활동의 질적인 효과를 확인할 수 있는가?

사회정의, 사회변화 그리고 임파워먼트는 분리될 수 없다. 정신건강 영역에서의 사회정의와 인권에 대한 결과란 일부 특정 부분에서 힘의 전환이며 클라이언트와 이해관계자가 그들의 삶과 타인의 삶에 대한 주장과 영향을 얻어 내는 것이다. 사람의 임파워먼트를 효과적으로 하기 위해서는 개인, 가족, 지역사회의 정의와 인권에 힘이 어떻게 행사되고 있는지를 인식해야 한다. 역량 부족은 개인, 가족, 지역사회의 성장과 발달에 장애가 되는데, 이것이 기회와 동등한 권리에 접근하지 못하도록 함으로써 불이익을 지속시키는 일임을 이해하고 인식해야 한다. Rappaport(1987)는 임파워먼트란 한 개인의 삶을 이해하고 타인을 돌보고, 개인적 차원에서 이해할 뿐만 아니라 외부적으로 정치적·사회적 영향에 대한 능력에까지 영향을 미친다고 했다.

임파워먼트는 힘의 개념에 그 뿌리를 두고 있으며 사회변화, 사회정의에 관한 제9장에서 논의됐다. May(1972)는 관계의 특성에 기초하여 파괴적일 수도 있고 건설적일 수도 있는 양면의 모든 요소를 내포한 다섯 가지 유형의 힘에 대해 서술하고 있다. May는 힘의 파괴적 측면이 어떻게 형성되고 조작되는지를 설명했다. 그는 힘이 어떻게 사용되느냐에 따라 건설적이 되거나 혹은 파괴적이 되는지를 설명하고 있다. 경쟁이란 긍정적으로 혹은 부정적으로 사용될 수 있다. 반면, 성장하는 힘 혹은 타인에 대한 영향력 그리고 통합의 힘, 더 나아가 다른 사람과 함께하는 힘은 유용할 수도 있지만 유용하지 않게 사용될 수도 있다.

클라이언트를 지지하여 그들이 힘을 얻도록 하고 이를 기반으로 개인과 사회, 체계 내에서뿐 아니라 정치적 수준까지 힘을 얻을 수 있도록 한다. 우리가 사회정의의 틀을 갖고 상담할 때, 그 결과와 목표는 **개인적 임파워먼트**뿐만 아니라 **사회적·체계적·정치적 임파워먼트**까지 확대된다. 그러므로 우리가 클라이언트의 권리를 옹호하고 상담할 때, 우리의 목표는 클라이언트가 그들 자신의 삶에 대해 주장할 수 있도록 지원하며, 주변 세계에 영향을 미치도록 지지하는 것이다. 예를 들어, 한 라틴계의 직원이 기관의 다른 직원에게 부당한 대우를 받고 차별을 받았기 때문에 상담에 오게 된 경우를 생각해 보자. 상담사, 심리치료사, 사회복지사는 단순히 클라이언트의 무기력과 좌절에 초점을 맞추어 그녀가 상황에 잘 대처하도록 도울 수 있다. 또한 그녀의 상황에 대한 사회적 측면을 언급할 수 있는데, 이는 그녀를 차별한 사람들에 대한 도전에 관심을 갖고, 탐색하며 지지한다는 의미이다. 이것이 사회적 차원에서 임파워먼트가 될 수 있다.

상담사, 심리치료사, 사회복지사는 그녀가 일하는 기관의 다른 많은 라틴계 여성도 부당한 대우를 경험했고 좌절과 분노의 경험을 했다는 것을 깨닫고 그녀가 원하는 것을 탐색하면서 체계적 임파워먼트를 강화하고자 한다. 만약 그녀가 좀 더 폭넓은 인간 서비스 프로그램에서 자신의 경험 그 이상으로 더 폭넓은 문제에 대해 언급하고 관계를 통합시키고자 하는 도전을 한다면, 체계적 임파워먼트를 구성할 수 있는 것이다. 체계적 임파워먼트란 수퍼바이저가 정치적 옹호에 대해 관심을 갖는 경우에 실행된다. 상담사, 심리치료사, 사회복지사는 라틴계 여성들의 옹호에 관심을 갖고 있는 수퍼바이저를 지지하고 도울 수 있다. 이 여성들이 여러 기관의 위원회에 참여하여 문제 제기를 하고 새로운 운동과 정책을 소개할 수 있도록 돕는다. 즉, 이것이야말로 정치적 임파워먼트가 될 것이다.

앞 장에서 논의한 대로 전통적 심리치료와 상담은 클라이언트와 그들 가족이 직면하는 문제에 영향을 주는 사회정치적 영향이나 환경적 요인을 고려하지 않고 클라이언트에게 초점을 둔다. 역사적으로 원조 전문가는 심리치료와 상담 회기에서 드러나는 개인적 문제 외에는 개입하지 않았다. 사회정의와 인권을 위해 일할 때는 좀 더 폭 넓게 인식해야 한다. 즉, 클라이언트의 삶에 영향을 주는 요인들을 중요시하며 타인의 권리에 관심을 가져야 한다. 이는 개인 내면의 심리적 과정 그 이상의 영역까지 클라이언트가 임파워먼트 되도록 해야 한다는 것이다.

그러므로 임파워먼트를 위해 일하는 원조 전문가는 클라이언트의 일상생활의 경험뿐 아니라 부정의와 관련된 것까지 다루어야 한다. 사회경제적 · 사회문화적 · 사회역사적 · 사회정치적 · 환경적 맥락은 상담에서 상호 협력적이 되는 기본 요소이다(Bemak & Conyne, 2004: Toporek & Liu, 2001). McWhirter(1994)는 이를 강조하며 임파워먼트를 위해서는 클라이언트가 살고 있는 범위 내에서의 사회정치적 맥락을 고려해야만 한다고 주장한다. 클라이언트는 자신의 삶에 영향을 주는 사회적 평등과 동등한 권력과 같은 차원에서 영향력을 가져야만 한다.

결론적으로 임파워먼트란 사회, 지역사회, 문화, 가족 그리고 개인의 모든 수준에서 힘의 역동의 가장 핵심적인 역할로 인식된다(Pinderhughes, 1983). 좀 더 넓은 맥락에서 힘의 중요성을 간과한다는 것은 임파워먼트에서 중요한 영향을 간과하는 것이다. 클라이언트가 단순히 억압을 인식하고, 차별과 빈곤, 인종차별 등에 대한 문제를 그들의 삶 속에서 다루느냐 하는 것만으로는 충분치 않다. 오히려 상담사와 심리치료사 그리고 사회복지사들은 사회정의, 즉 차별이나 억압 등에 대해 관심을 갖고 실행력을 갖춰야 한다. 이는 그들의 전통적 역할을 확대시키고, 사회적·정치적·경제적으로 소외되고 박탈당한 내담자가 직면하는 장벽들에 대한 인식을 발전시킴으로써 가능하다(McWhirter, 1994).

진정한 임파워먼트

임파워먼트란 최근에 일반화된 용어이다. 상담사, 심리사와 사회복지사들은 개인, 가족, 지역사회의 임파워먼트에 대해 정기적으로 언급한다. 그리고 임파워먼트란 바람직한 것이라고 인정한다. 그 개념과 용어는 일반적으로 클라이언트와 심리적 개입에 관한 논의에서 사용된다. 누구도 임파워먼트에 반대하지 않으며 모든 사람은 타인의 임파워먼트를 목표로 하는 것을 지지한다. 그러나 우리는 상담사, 심리치료사, 사회복지사들의 영역에서 임파워먼트가 내포하고 있는 일반적인 의미로서의 어떤 힘과 역량에 대해 간과할 수도 있다. 우리는 임파워먼트가 갖고 있는 어려운 요인들이 어떻게 통제되고 클라이언트가 치료 상황에서 어떻게 자신이 갖고 있는 힘의 요소들을 포기하는지와 그들이 새롭게 찾게 된 힘에 '적응하도록' 지지하는지를 관찰할 때 매우 놀라웠다. 때로 잘 의도된 치료적 상황은 임파워먼트의 목적을 약화시킨다. 그래서 우리는 임파워먼트를 고려할 때 **진정한 임파워먼트**라는 단어를 사용해 왔다.

클라이언트가 성장하고 진정한 임파워먼트를 경험하기 시작할 때 상담사, 심리치료사, 사회복지사에 대한 도전이나 자기주장을 펼치기도 하는데, 이런 것은 정신건강 전문가에게는 어려움이 되기도 한다. 비록 상담사, 심리치료사, 사회복지사에게 요청하는 최후의 요구나 의존의 감소가 치료의 목표임은 분명하지만 우리가 원하지 않는 현실, 그리고 우리의 클라이언트가 갖게 된 진정한 자율성과 자기통제는 클라이언트의 임파워먼트에 대한 인식 또는 무의식적 저항으로 나타나는 강한 역전이 반응으로 나타날 것이다.

진정한 임파워먼트와 옹호

진정한 임파워먼트는 옹호의 차원으로 생각할 수 있다. 옹호란 전문가들이 클라이언트가 목적을 성취하고 그들이 받아야 하는 공평한 대우, 평등한 삶의 질을 가질 수 있도록 여러 장애를 감소시켜 감으로써 클라이언트와 그 가족을 보호하는 것이다. 먼저 상담사, 심리치료사 그리고 사회복지사는 클라이언트에게 그들의 환경에 대해 교육해야 하고 그들에게 옹호의 기술을 가르치고, 사회정의를 획득하기 위해 함께 노력해야 한다. 그 결과, 클라이언트가 스스로 자신들을 옹호하는 기술을 완벽히 습득하게 되는 것이다. 진정한 임파워먼트란 상담사와 심리치료사 그리고 사회복지사가 순수하게 클라이언트를 성장시키고 지지할 때 나타난다. 클라이언트가 개인적인 권위를 가지고, 자신들을 통제하고 그들 주변에 긍정적으로 영향을 미칠 수 있는 능력을 개발하도록 지지한다. 클라이언트는 더욱 심오하게 자신에 대한 인식을 갖게 된다. 즉, 그들은 자신들을 개선시킨다는 의미를 더 깊게 이해하고 주변 환경을 개선시키며, 결과적으로 옹호 활동에 개입한다. 사회정의와 인권과 연결된 옹호란 클라이언트가 개인문제를 해결함으로써 시작된다. 클라이언트는 이를 통해 자신이 다른 사람을 돕고, 돌봐야 한다는 기본 인식을 갖게 된다.

임파워먼트의 요소

사회정의를 증진시키기 위한 임파워먼트의 옹호란 자동적 과정은 아니다. 사회정의가 증진됨에 따라 임파워먼트의 옹호가 자동적으로 되는 것은 아니다. 시간 투입, 기여와 헌신도 필요하다. 다음에 10개의 요소를 서술하는데, 이는 임파워먼트에 필요한 주요 열쇠라고 생각한다(〈표 12-1〉 참조).

- 개인적 헌신
- 희망
- 사회적 지지
- 공통의 목표
- 가능한 행동
- 갈등이나 긴장을 두려워하지 말 것
- 불편함을 편안하게 하기
- 과정의 이해
- 역사적 성공
- 임파워먼트에 성공한 모델 갖기

개인적 헌신

임파워먼트를 만들기 위해서는 우리 앞에 있는 문제를 해결하기 위한 노력을 기울여야 한다. 사회정의 문제에 개인적으로 참여해야 한다. 이것이 자신과 타인의 임파워먼트를 이끌어 내게 된다. 변화를 위한 헌신은 임파워먼트와 직결되어 있다. 만약 사람들이 동성애자들을 위한 대등한 혼인권리 운동에 참여한다면 이는 이 목표를 추구하는 데 임파워먼트를 갖게 되는 것과 유사하다.

희망

희망이 있고 우리의 행동 결과로 인하여 어떤 긍정적인 결과물이 있을 것이라는 신념이 있을 때, 그것은 더 큰 임파워먼트의 잠재력이 될 것이다. 반대로 성공의 실현 가능성이 없고 변화나 정의를 만들어 가는 데 진전이 없다면 힘이 빠지고 용기는 줄어들게 될 것이다. 그러므로 비록 사회정의의 목표 달성에 영향을 미친 작은 성공일지라도 이는 긍정적 결과를 가져올 것이라는 신념을 만들어 낸다. 예를 들어, 한 여인이 직장에서 성추행을 당했다면, 그녀는 상담사나 사회복지사를 찾아가서 자신의 분노, 원한 등의 감정을 처리하고자 할 것이다. 만약 상담 중에 그녀가 많은 여성이 똑같은 경험을 하고 있음을 깨닫게 된다면 자신의 수퍼바이저와 함께 직장에서의 성추행에 대한 폭넓은 문제를 언급하기 위해 자신이 어떤 행동을 취하고자 할 것이다. 혹은 그녀가 직장에서 이러한 행동을 취하고 그 결과로 성추행이 감소된다면 그녀는 실제로 상황이 변화될 수 있다는 것을 보면서 임파워먼트되었다고 느낄 것이다.

사회적 지지

우리가 인권과 사회정의를 향상시키기 위한 행동을 하고 이러한 운동을 지지하는 사람들이 있다는 것을 알게 될 때, 그것은 임파워먼트를 만들어 가는 것이다. 개인이 참여할 수 있는 사회적 지지체계를 갖고 있다는 것도 임파워먼트이다. 즉, 우리의 동료들이 유사한 문제에 직면하고 있다는 것을 알고 그들도 변화를 만들어 가려고 노력한다는 것을 알게 되면 자연스럽게 임파워먼트됨을 느끼게 된다.

공통의 목표

공유된 목적은 임파워먼트에 기여하는 요인이다. 우리가 사회정의를 위해 타인들과 같은 의견을 공유할 때, 상호 교류감과 임파워먼트의 감정을 갖게 된다. 특정 지역의 화학 공장에서 나오는 독소 방사에 대해 흥분하는 사람들이 있다는 것을 알면, 그들이 어떤 행동을 취하는 데 지지를 받고 임파워먼트화된 느낌을 갖게 된다.

가능한 행동

취할 수 있는 행동이 예측 가능할 때 임파워먼트되고 있다는 강한 인식을 갖게 되고, 변화가 가능할 수 있다는 생각을 하게 된다. 예를 들어, 몇몇 고등학생이 술 문제로 체포되었을 때, 교장은 백인 학생들이 연루되었을 때보다 이들 아프리카계 미국 학생에게 더 심한 벌을 주었다. 많은 아프리카계 미국인 부모는 화가 나서 학교 이사회에 찾아갔다. 이러한 것은 부모가 임파워먼트된 느낌을 갖게 하여 그들이 취할 수 있는 행동을 실행에 옮겼다는 인식을 하게 된다.

갈등이나 긴장을 두려워하지 말 것

사회정의와 인권 문제에 이의를 제기하는 것은 기존 구조에 대한 도전과 불화를 만든다. 임파워먼트를 형성해 가는 과정에서는 긴장과 갈등을 다룰 수 있는 능력이 매우 중요하다. 만약 어떤 이가 개인 상호관계에서 나타나는 긴장을 피한다면, 그것은 임파워먼트에 역행하는 것이다.

불편함을 편안하게 하기

공평, 기회 그리고 평등을 증진시키기 위해 기존 구조에 도전하는 것은 혼란과 무질서를 만들어 간다는 의미이다. 변화가 일어나는 동안 무질서한 세상을 받아들이고 적응하는 능력을 갖는 것은 임파워먼트의 인식에 있어 중요한 요소이다.

과정의 이해

어떻게 변화가 일어나는지를 이해하고 이러한 과정에 대한 바람직한 느낌을 가져야 임파워먼트가 된다. 진전되고 변화가 일어나기까지는 시간이 걸리며 임파워먼트 된 기분을 갖기 위해 우리는 인내하고 이를 수용해야 한다.

역사적 성공

과거에 임파워먼트에 참여한 경험은 임파워먼트 형성의 기초가 된다. 변화하는 과정에서 작은 성공을 경험했다면 우리는 더욱 임파워먼트된 인식을 하게 된다.

임파워먼트에 성공한 모델 갖기

사회정의와 인권을 위해 일한 모델이 되는 누군가가 있다는 것은 매우 중요하다. 예를 들어, 사회를 개선시키기 위해 변화에 대한 문제 제기를 하는 자들은 임파워먼트를 육성하는 데 도움이 된다. 역할 모델은 이웃에 살고 있는 사람이 될 수도 있고 국내뿐 아니라 국외의 사람이 될 수도 있다. 예를 들어, 마틴 루터 킹 2세, 해리 터브만, 존 F. 케네디, 넬슨 만델라, 달라이 라마, 아웅산 수지, 마하트마 간디, 모하메드 알리, 시저 차베스, 프레드릭 더글라스, 시팅 불, 시린 에바디, 로사 파크스, 재키 로빈슨, 하비 밀크 등을 찾아볼 수 있다.

사례연구: 사회정의와 진정한 임파워먼트

사회정의, 옹호 그리고 임파워먼트를 설명하기 위해 실제 삶에 대한 사례를 제시하고자 한다. 여기에서 상담사, 심리치료사, 사회복지사들이 어떻게 그들의 클라이언트를 돕기 위해 옹호를 활용하고 임파워먼트화하여 사회정의의 작업을 해 가는지에 대한 과정을 보게 될 것이다. 연구를 위해 이 책의 두 저자는 마사 홀든 제닝스 재단(Martha Holden Jennings Foundation)에서 지원을 받고 연구를 수행했다. 연구는 위기에 처한 학생들과 함께 가족을 참여시켜서 학업성취를 높이는 목적으로 진행되었다. 연구는 저소득계층이 사는 도시 지역에 있는 한 학교에서 수행되었다. 이 지역에는 빈곤한 학생들이 많고 무료 혹은 저가의 급식 프로그램의 서비스가 제공되고 있다. 학생들의 학업성취가 낮은 것으로 알려져 있다. 연구의 목적은 탈락 위기 수준에 있는 학생들의 학교 활동과 학업성취도를 높이는 것이다. 연구 결과, 가족 개입은 학생들의 학업성취도를 높인다는 것이 확인되었다(Jeynes, 2007). 이 사업은 특히 소외되고 유리된 가족을 대상으로 하여 부모와 조부모 혹은 양육자 집단을 지지하는 상담 개입을 하기도 했다. 집단의 장기 목표는 가족이 연구에 대한 주인의식과 책임을 인정하고 학생의 교육에 적극적으로 개입하는 것이었다.

유리된 가족이란 자녀들의 학교생활에 적극적으로 관여하지 않거나 거의 관여하지 않고, 학교 선생님들과의 접촉이 없는 가족을 의미했다. 사실, 모든 가족은 자녀들의 학교생활이나 학업 성적에 대해 의논하고자 접촉하려는 학교 교감 선생님, 학교 상담사, 학교 사회복지사들의 반복되는 노력에 대해 오랫동안 반응하지 않았다(Bemak & Cornely, 2002).

교장 선생님은 초반에 이 연구를 강하게 반대했고, 부모들이 교장 선생님의 리더십과 권위에 도전하고 자신의 위치를 위협하는 것은 아닌지 염려했다. 몇 번의 만남 끝에 우리는 잠정적으로 긍정적인 연구 결과가 있을 것임을 시사했다. 그래서 교장 선생님은 이를 이해하고 연구를 수행하도록 허락했다. 연구 프로그램에 개입된 학생들은 다음과 같은 범주에 따라 선출되었다. 즉, 낮은 학업 성적, 문제행동, 학교 선생님들과 접촉이 전혀 없거나 별로 없는 가족이다. 학교 상담사, 학교 사회복지사와 함께 10명의 학생을 선발했다. 그들은 7학년(한국 학제로는 중학교 1학년-역주)에서 낙제하고 그들 가족은 학교에 전혀 관여하지 않았다. 다음 단계는 10명의 학생 부모 또는 보호자와의 계약 체결이다. 부모와의 계약은 중요한 도전인데 선택 범주의 하나는 부모나 혹은 학생의 보호자가 학교의 접촉 시도를 무시해 왔다는 것이다. 여러 번 전화를 하고 그 후 가정 방문을 한 끝에 8명의 부모는 자녀의 학교 활동에 대해 논의하는 회의에 참석한다는 허락을 했다.

첫 회의에서 우리는 연구의 목표에 대해 의논했다. 참석자들은 초기에 의구심이 가득했고, 말하려 하지 않고, 이야기해야 하는 어떤 회의에도 참여하지 않으려고 했다. 우리가 회의에서 하고자 하는 것을 부모나 학생의 보호자들에게 얘기하기보다는 그들의 자녀들을 학교에서 지지하기 위해 가장 도움이 되는 것이 무엇인지를 결정할 수 있도록 도와달라고 했다. 결국 연구 사업을 위해 정해진 사항들을 부모들에게 제시하기보다는 그들의 의견을 중시하여 연구 사업을 진행했다.

그들은 회의의 목표와 안건을 결정할 수 있는 여러 아이디어를 생각해 냈다. 가치 있는 참여자가 되는 경험은 이들 부모와 보호자에게 매우 특별한 것이다. 그리고 첫 회의가 진행되면서 참석자들은 안건과 목표를 그들 스스로 정하게 되어 상당히 흥분하고 활기를 띠었다. 매우 생산적인 논의와, 이 회의가 그간 경험했던 어떤 회의보다도 전혀 다른 성격이었음에 대한 동의 후에 얼마나 자주 회의를 할 것인지도 물었다. 집단 참여자들은 격주마다 정기적으로 회의를 하기로 스스로 결정했다.

부모와 학생의 보호자 집단에서 특별히 정해진 정규적인 안건은 없다. 대신에 회원들이 자녀의 학업 성적을 개선하고자 하는 틀 안에서 매 회의에 대한 안건이 결정된다. 우리(Fred와 Rita)가 회의를 진행하였다. 처음에 부모와 학생의 보호자는 우리에게 계속 질문을 하면서 무엇을 해야 할지 그들에게 얘기해 달라고 했다. 왜냐하면 그들은 이런 태도로 회의에 참석하는 것에 익숙했기 때문이다. **진정한 임파워먼트와 동등성을 위하여** 우리는 계속 집단으로서 회의 안건, 집단 규칙과 규범을 만들도록 요구했다. 회원들은 그들이 자녀들에게 관심을 갖게 되고 자녀들의 학교생활을 개선하기 위한 방안들에 대해 논의하기 시작했다.

참석자들은 자녀들에 대해 얘기하고 자연스럽게 자신들의 개인적 생활과 도전, 두려움, 어려움 그리고 그들이 부모와 학생의 보호자로서 직면하는 도전에 대해 공유하는 회기를 갖게 될 정도의 토의를 했다. 가족 내의 관계에 대해 토의하고 나서 미해결된 개인적 문제가 있었는데, 그것은 과거의 투옥, 노숙, 매춘, 약물남용 등의 문제였다. 이런 회기들은 자기치유, 더 큰 자아인식 그리고 자녀교육에 대한 지지 제공 기술로 이어졌다.

어느 날 어머니 한 분이 자신은 시간도 없고 에너지도 없고 또 자녀의 학교생활 지도에 대한 지식도 없다며 좌절감을 표현했다. "나는 여러 가지 일을 하고, 또 오랜 시간 일을 해야 합니다. 그래서 집에 오면 너무 지쳐요. 우리 애들은 뛰어다니고, 나는 소리치고, 이런 상황이 계속돼요. 그래서 나는 침실로 달아나고 문을 잠그고 음악을 크게 틉니다. 애들은 내 방문을 두드리지만 난 무시하지요." 회의와 집단 지지를 통해 이 어머니는 집에 와서 세 아이와 함께 지낼 수 있는 시간을 어떻게 조정해야 하는지 그리고 가족이 인정하는 자신의 시간을 어떻게 찾을 수 있는지를 배웠다.

회의는 학기 중 내내 월 2회씩 정기적으로 열렸다. 회의 때마다 교통수단이 없는 회원들을 위한 교통수단, 회의 시 어린아이들을 보호하기 위한 돌봄 교실에 참여할 대학생 자원봉사자 그리고 학습을 지도하는 자원봉사자의 서비스가 포함되었다. 학기 중에 부모, 학생의 보호자, 학생, 자원봉사자 중 어느 한 명도 이 프로그램에서 낙오되지 않았다. 시간이 지나면서 참여 아동의 부모 중 어떤 한 부모가 회의에 정기적으로 참여하기 시작했고, 다른 아동의 부모들도 집단에 참여했다. 몇 달 후, 참여 대기자의 명단이 생겼는데, 이는 관심 있는 학생, 부모, 혹은 보호자로 대기자는 더욱 많아졌다. 부모와 조부모 집단은 모든 사람이 이 회의에 참여하여 어떤 식으로든 기여하도록 결정했다. 합당한 이유 없이 회의에 두 번 이상 참석하지 않으면 집단에 남아 있지 못하게 했다.

회의는 학교 체육관에서 열렸다. 몇 개의 활동이 동시다발적으로 이루어졌다. 체육관 한쪽에서 우리(Fred와 Rita)는 부모와 학생의 보호자가 부모교육뿐만 아니라 개인, 가족 그리고 일과 관련된 문제에 대해 논의하는 것을 보았다. 이 회기는 가장 빈번한 것으로, 매우 사적인 것들이어서 함께 울고, 안아 주고, 엄청난 지지적 환경을 만들었다. 체육관의 다른 영역에서 나이에 따라 혹은 수업 과목에 따라 나뉜 아동들이 자원봉사 선생님과 함께 숙제를 하고 공부를 했다. 한편, 체육관의 다른 한쪽에서는 대학생 자원봉사자들이 돌봄이 필요한 어린 형제들을 돌보고 있었다. 체육관에 배치된 것은 거실의 것과 유사했고, 거기에서 모든 가족이 참여하여 서로가 볼 수 있는 지속적인 다양한 활동이 있었다. 때로 모든 사람이 큰 지역사회의 회합을 위해 함께 모였고, 그 모임에서 부모와 학생의 보호자, 아동, 자원봉사자는 제기된 문제를 해결하기 위해 공동의 목표와 프로그램에 대해 함께 토의했다.

연구 사업이 진행됨에 따라 학생들은 학교에서의 성취도가 개선되기 시작했고, 부모와 학생의 보호자, 조부모는 자신이 힘을 갖게 되는 임파워먼트를 인식하기 시작했다. 집단과 지역사회 모임에서 삶에 대한 도전에 관한 이야기는 노력하는 세상 속에서 가족관계에 영향을 주고 자녀와 상호작용을 변화시켰으며 집단은 안전하고 지지적인 천국이 되었다. 어머니, 아버지, 조부모는 함께 어떻게 자신들의 문제를 극복했는지에 대해 서로 여러 가지 얘기를 했으며, 이는 서로에게 바람직한 조언이 되었고 서로가 중요한 변화를 만들 수 있도록 격려했다.

회원들은 자신들의 삶이 변화된 경험을 가능하게 한 집단에 관해 얘기했다. 한 어머니는 집단 참여가 어떻게 자신의 삶에 전환점이 되었는지를 공유했다. 그 점이 기본 시작점이 되었고, 회원들은 이 집단과 연구 사업을 '터닝 포인트(Turning Point)'라고 명명했다. 집단 이름에 따라 아동들 역시 자신들의 생각을 표현하고 싶어 했기 때문에 우리는 그들이 프로그램에서 자신들의 집단 이름을 결정하는 지역 회의를 했다. 그들은 'TP'라는 용어를 사용하기로 결정했다. 왜냐하면 그것은 '터닝 포인트'보다 더 멋지고 부모뿐만 아니라 아동들도 소유권을 갖고 그들 삶에서 발언권을 가질 수 있기 때문이다. 그 용어가 확산되어 학교 외부의 학생들이 TP의 한 부분이 되고 싶어 기다리게 되었다. '터닝 포인트'에 소속된 부모와 학생의 보호자는 어떤 학생도 이 연구 사업에 들어올 수 있게 했는데, 유일한 규칙은 가족이나 학생의 보호자가 참석해야만 한다는 것이었다.

비록 그들의 자녀들이 그 당시 모임에 참여하지는 않았지만 학년 말에 터닝 포인트 집단을 움직이는 사건이 일어났다. 학기 마지막 날에 행정담당관은 진급하지 못하는 학생들의 부모에게 편지를 보냈다. 학생들이 다시 한 번 같은 학년에서 학습을 반복해야 한다는 것을 알리는 내용이었다. 이들 부모는 자녀들이 학업을 그 정도로 잘 수행하지 못하고 있다고는 생각하지 않았기 때문에 엄청난 충격을 받았다. 통신문을 학교 수업 마지막 날에 받았고 학교가 끝났기 때문에 부모들은 이 일을 선생님이나 교장 선생님과 의논할 수 없었다.

터닝 포인트 집단은 이 일이 일어났을 때 분노했다. 학교 행정담당자들이 이 상황을 다루는 방법에 대해 화가 났고 이 문제에 대해 어떻게 방어해야 할지 이런저런 고민을 했다. 그들은 집단으로 이웃의 다른 부모와 접촉하기로 했고 교장 선생님의 결정에 대해 부모와 교장 선생님이 함께 이 문제에 대해 회의를 하자는 탄원서를 돌리기로 했다. 그들은 또한 시위보다는 몇몇 대표로 구성된 작은 부모 집단이 지도감독을 받기 위해 주 교육부서와 접촉해야 한다고 결정했다.

새 학기 시작 전에 부모들은 새로운 교장 선생님이 학교에 부임했다는 소식을 접했다. 이것이 터닝 포인트 집단의 직접적인 결과인지는 분명치 않다. 그럼에도 불구하고 그 행동은 부모의 신념을 강화시켰고 그들은 그 상황을 잘 통제할 수 있었고, 평등을 향한 변화를 만들어 냈으며, 이를 옹호하고 '임파워먼트'의 힘을 얻게 되었다.

측정된 연구 결과는 매우 높은 수준에서 유의미했다. 부모는 좀 더 긍정적이 되었고 자녀들을 훈련하고 관심을 갖게 되었고, 자녀들은 더욱 개방적이고 적극적으로 부모와 조부모와 의사소통하였고 학교에서뿐만 아니라 집에서도 파괴적 행동들이 의미심장하게 줄었다. 그리고 성적과 출석률이 극적으로 개선되었다. 더욱이 터닝 포인트 집단의 부모와 학생의 보호자는 임파워먼트가 강화되었으며 그들이 자신들의 권리를 위해 싸울 수 있도록 다른 이들에게도 힘을 부여했다.

이 사례는 옹호, 리더십 그리고 진정한 임파워먼트를 보여 주고 있는데 여기에서 개인들은 진정으로 건강한 성장을 위한 전략, 목표, 방향을 정했다. 집단 구성원들은 권리를 빼앗기고 힘을 잃은 사람들로 자신들의 자녀, 자녀교육, 혹은 자신의 삶에 대해 어떤 얘기도 하지 못했다. 그러나 학교체계와 함께 지도자로서 역할을 수행할 수 있는 기회와 자신들을 서로 옹호할 기회를 갖게 되어 임파워먼트가 강화되면서 그들은 스스로 더 유능해졌다.

1. 임파워먼트에 대한 한두 개의 신화를 인식할 수 있는가?

2. 이 장에서 나오는 '임파워먼트'의 정의를 논하시오.

3. 정신건강 전문가로서 일할 때 임파워먼트의 중요한 요소들은 무엇인가?

4. 다음의 진술을 분석하시오. "억압, 차별, 빈곤, 인종차별 등을 단순하게 인식하고, 클라이언트들이 그들의 삶 속에서 이러한 문제를 다루는 힘이 얼마나 부족한지를"
   a. 최근 우리의 지역사회에 영향을 주는 문제를 찾아보시오.
   b. 정신건강 전문가로 이러한 부당함을 언급할 수 있도록 전략을 구상하시오.
   c. 임파워먼트의 어떤 요소를 사용할 것인가?

5. 임파워먼트를 부여하는 10가지 요소 중 하나를 선택하고 자신과 타인에게 임파워먼트를 부여하는 과정에서 이것이 얼마나 중요한지 반영하시오.

6. 이 장에 나오는 '터닝 포인트'의 예를 활용하여, 집단 구성원이 임파워먼트되기 위해서는 어떤 요소가 중요한지 확인해 보시오.

7. 이 장에서는 타인을 위해 개인 문제해결의 중요성을 서술하고 있다. 사회복지 실천에서 클라이언트의 진정한 임파워먼트를 위해 실천하고 있는 개인적 사회정의 해결책을 두세 개 나열하시오.

참고문헌

Bemak, F., & Conyne, R. (2004). Ecological group work. In R. K. Conyne & E. P. Cook (Eds.), *Ecological counseling: An innovative approach to conceptualizing person-environment interaction*. Alexandria, VA: American Counseling Association.

Bemak, F., & Cornely, L. (2002). The SAFI model as a critical link between marginalized families and schools: A literature review and strategies for school counselors. *Journal of Counseling and Development, 80*, 322-331.

Jeynes, W. H. (2007). The relationship between parental involvement and urban secondary school student academic achievement: A meta-analysis. *Urban Education, 42*, 82-110.

May, R. (1972). *Power and innocence*. New York, NY: Norton.

McWhirter, E. H. (1994). *Counseling for empowerment*. Alexandria, VA: American Counseling Association.

Pinderhughes, E. B. (1983). Empowerment for our clients and for ourselves. *Social Casework, 64*(4), 331–338.

Rappaport, J. (1987). Terms of empowerment/exemplars of prevention: Toward a theory for community psychology. *American Journal of Community Psychology, 15*(2), 121–145.

Toporek, R. L., & Liu, W. M. (2001). Advocacy in counseling. In D. B. Pope-Davis & H. L. K. Coleman (Eds.), *The intersection of race, class, and gender in multicultural counseling* (pp. 385–413). Thousand Oaks, CA: Sage.

사회정의 실현수단으로서의 학제 간 협력

당신에게 평화, 사랑, 우정을 드립니다.

나는 당신의 아름다움을 보고, 당신이 필요하다고 하는 것을 듣습니다.

그리고 나는 당신이 느끼는 것을 느낍니다. 나의 지혜는 가장 높은 그 어떤

원천으로부터 흘러옵니다. 당신 안에 존재하는 그 원천에 나는 경의를 표합니다.

이제 우리 함께 합시다, 연합과 사랑을 위해.

-Mahatma Gandhi

📖 연습문제

1. 당신은 어떤 전문 분야가 상담과 심리학과 협력할 수 있으리라 생각하는가?

2. 1번 문항에서 생각한 각 전문 분야가 어떻게 상담과 심리학과 연결되는지 설명해 보시오.

3. 상담사나 심리사가 당신이 1번 문항에서 제안한 다른 분야와의 협력을 통해 무엇을 배울 수 있을까?

4. 당신은 다른 분야에 어떻게 접근하여 어떻게 협력하겠는가? 당신이 적용할 수 있는 전략에 대해 논의해 보시오.

5. 당신이 다른 전문가 동료들에게 제안할 수 있는 프로젝트를 설명해 보시오.

사회정의를 위한 활동 중 주요한 열쇠 하나는 상담사, 심리사들이 여러 학제와 함께 작업하는 것이다. 사회정의 모델이 등장하면서 타 전문 분야를 배타적으로 보아 왔던 정신건강 전문가와 상담사들에 대한 비판이 대두되었다. 역사적으로 정신건강 분야는 고립되어 왔다. 이는 이 책의 앞부분에서 제기했던 것과 같이 개인의 심리치료에 집중해 온 유럽계 미국인들과 관련이 있다. 개인을 강조한 상담 기조는 다른 전문 분야를 오랫동안 배제해 왔던, 좁고 단선적인 시각을 강화시켰다. 사실, 정신병리, 질병 모델 전통에 뿌리를 두고 개인에 대한 개입에 집중해 온 정신건강이나 상담의 전문성 때문에 이들은 다른 전문 분야로부터 받을 수 있는 이득을 생각하기 어려웠을 것이다.

기존의 정신건강과 상담의 이러한 제한적인 정의를 넘어서 사회생태적, 지역사회, 사회역사적, 사회정치적, 심리사회적 그리고 가족 맥락들을 고려하여 좀 더 광범위하고 포괄적인 관점과 실천을 지향하게 됨에 따라 사회정의 모델이 지향하는 타 학제와의 연계와 광범위한 융합이 시도되었다. 인간문제를 해결하기 위한 방안으로 인권과 사회정의를 기반으로 한 전체적인 관점에서 사회사업, 사회학, 심리학, 공중보건학, 교육학, 의학, 정신의학, 인류학, 지리학, 소수인종 연구, 여성학, 간호학, 법학, 경제학, 정치학과 같은 학문들이 정신건강 이슈나 상담과 조우하기 시작했다.

인권 침해와 사회정의적 측면에서 개인, 가족, 집단 또는 지역사회를 위해 행동하는 것은 복잡하고, 다차원적이고, 다면적인 이슈들을 포함하고 있다. 우리의 학문이 이렇게 다양한 이슈 해결에 필요한 확실한 이해와 근거를 제시한다 하더라도 그것은 기껏해야 하나의 시각에 불과하다. 그러나 다른 전문 분야들은 우리 사회의 개인, 집단, 가족 그리고 지역사회가 직면한 문제에 대해 그 이상의 이야기를 할 수도 있고, 또한 다른 관점을 제공할 수도 있다. 특히나 인권과 사회정의를 위해 노력하고자 우리의 역할을 확장한다면 이는 심리학적 영역을 넘어 다른 시각을 통합하는 데 도움이 될 것이다. 예를 들어, 우리(Fred와 Rita)는 도시에 거주하는 아동들, 난민, 다른 소외계층의 문제를 더 잘 이해하기 위해 사회학자나 문화인류학자, 공중보건행정가 그리고 국제변호사들과 광범위하게 협력해 왔다. 사회학, 인류학, 공중보건 그리고 법 전문가로서 그들이 훈련받고 일하는 방식은 이런 인구 집단을 연구하고 예방 프로그램을 개발하는 데 새롭고 다른 방식을 알려 주었으며, 이 이슈와 관련하여 우리 심리학적 방식보다 더 심도 있게 이해하도록 해 주었다.

따라서 다학제적 관점에서 인권 침해 배제와 사회정의를 위한 작업은 그 상황에 대해 좀 더 전체적인 관점에서 이해할 수 있도록 하며, 이러한 문제들을 다루는 데 있어 더 넓은 접근을 가능케 한다. 노숙자 가족을 상담하는 상담사 또는 심리사라면 다음과 같은 이야기를 듣게 될 것이다. 정신건강 전문가는 주거복지 사무실, 고용 프로그램, 지역 학교, 청소년 서비스 그리고 공중보건 전문가들과 협력할 것이다. 또는 상담사는 위탁보호를 받고 있는 클라이언트와 상담할 수도 있으므로 이런 경우 사회복지사, 사례관리자, 정신건강의학과 의사, 교사 등의 전문가들과 협력해야 할 것이다.

다른 분야 전문가들과 학제 간 협력을 하려면, 현대 사회의 사회적 이슈와 불평등 문제를 해결하는 데 파트너로서의 역할을 해야 할 상담사 또는 심리사의 역할과 기능에 변화가 필요하다. 상담과 심리학에 기초가 되는 근본적인 철학 원리를 재검토하고 변화, 성장 과정에서 개인, 집단, 지역사회, 기관 그리고 사회가 참여하도록 하는 전략의 재개념화가 필요하다. 이와 동시에 여러 전문 분야를 넘나들면서 사회정의와 인권을 위해 일하는 기술을 효과적으로 수행하기 위해 정신건강 전문가, 상담사를 위한 훈련에 대해서도 비판적 검토가 필요하다.

우리는 전문직으로서 현대 상담심리학이 전 세계 사람들이 직면한 사회, 정치, 문화, 경제 문제를 다루는 사회변화와 옹호의 원칙을 구현함에 있어 더 큰 사회, 세계와 연결하는 데 매우 취약해 왔기 때문에 사회정의를 실현하는 데 있어 상담사와 심리치료사의 역할을 재정의하는 것이 중요함을 제안하는 바이다.

학제 간 협력의 중요성

이 장에서 강조하는 것은 우리가 다른 특정 분야의 전문가들과 협력하는 것이야말로 본질적인 것이라는 것이다. 이는 상담사와 심리사의 역할변화에 직접적으로 영향을 미치는 인권과 사회정의에 관심을 두고 보면, 사회, 문화, 심리, 교육, 정치, 건강, 역사 그리고 경제 문제들 중 하나와 관련될 수 있다는 중요하고 근본적인 신념과 연관돼 있다. Bronfenbrenner(1986)는 그의 저서에서 사회, 심리, 교육적 욕구와 정신건강 간에 연관성이 있다고 기술하였다. 이것은 그의 학교 업무에서 나온 결론이었다. 이에 더하여 Heath와 McLaughlin(1987)은 평탄하지 않은 학교와 가족들의 문제는 너무 복잡해서 그 문제들을 해결하기 위해 우리는 반드시 지역사회 자원들과 협력해야 한다고 주장하였고, Bemak(1998)은 학제 간 협력이야말로 인권과 사회정의를 위한 실천수단이라고 강조하였다.

다양한 문제를 다루는 새로운 모델을 개발하기 위해서는 성공적이고 긍정적인 결과와 변화를 위해 다양한 영역, 다양한 측면 그리고 학제 간 협력이 필요하다는 것이 꾸준히 지적되어 왔다(Boyer, 1990). 사실상, 포드 재단(Ford Foundation), 애니 E. 케이시 재단(Annie E. Casey Foundation), W. K. 켈로그 재단(W. K. Kellogg Foundation)과 같은 주요 재단들은 정신건강 전문가들이 새로운 협력 방향을 도출하기 위해 다기관, 학제 간 협력을 하거나 이러한 학제 간 개입과 연구를 통합하는 개혁들을 신중히 검토하는 프로젝트들을 지원해 왔다. 이에 우리는 사회변화와 사회정의를 위한 수단으로 상담과 심리치료의 주된 흐름에 이러한 학제 간 협력을 구체화하는 것이 필요하다는 것을 강조하고자 한다.

상담과 심리학 분야에서도 옹호의 역사가 있기 때문에(Bemak & Chung, 2005; Lewis & Bradley, 2000), 학제 간 협력은 현대 상담과 심리학을 좀 더 넓게 확장하고 우리의 가치, 전문직의 미션, 직업 현안들을 아울러 양립하게 할 것이다. 상담사들 업무에 학제 간 협력을 가능하게 한 최근의 예는 워싱턴에 기반을 둔 교육 옹호 그룹인 교육신탁(The Education Trust)으로 볼 수 있다. 1990년대 중반, 미국 전역에서 모인 약 15명의 상담 전문가가 학교 상담사의 역할이 어떠한 것이어야 하는지를 다시 정의하기 위해 18개월 동안 정기적으로 모임을 가졌다. 이들의 노력과 드윗 월러스-리더스 다이제스트 재단(DeWitt Wallace-Reader's Digest Fund)의 기금을 기반으로 6개 대학이 지원받아 학교 상담 서비스 개혁을 위한 전국 위원회(National Initiative to Transform School Counseling)를 운영하였다. 사회평등과 정의에 대한 초점을 두었던 이 기금의 주안점 중 하나는 대학원 수준의 교육, 상담실무 훈련을 발전시키고 공립학교 시스템과 주(州) 교육체계에 의한 학교 상담사의 역할을 다시 정의하기 위해 여러 학문 분야에 걸쳐 협력하도록 하는 것이었다.

사회정의로 나아가는 학제 간 협력의 필요성

사회정의와 인권을 통합하는 것은 상담과 심리학에 있어서 시대적으로 요구되는 실천과 신념에 도전하는 중요한 변화이다. 앞서 언급한 바와 같이 이러한 전문직은 유럽계 미국인의 신념체계에 근거하여 개인을 명시적이고 암묵적으로 강조한 이론을 중시한다. 이렇게 상담과 심리학을 정의하는 방식은 상담과 심리학의 사회정치적인 맥락을 전혀 고려하지 않은 것이기 때문에 이를 변화시키려면 현재의 패러다임을 해체해야 한다.

패러다임 변화의 한 예를 들자면 대학원 교육 프로그램의 표준화인데, 상담과 심리학 분야에 자격과 인증을 위한 기준을 마련한 것이다. 그런데 이 기준들은 전통적인 상담과 심리치료를 넘어 지지적 개입을 할 수 있는 혁신적인 학제 간 프로그램을 위한 여지를 두진 않았다. 더욱이 이들의 대학원 교육에서는 팀워크나 리더십, 사회 행동, 빈곤, 공중보건, 사회학, 고고학, 정치, 옹호와 같은 상담사와 심리사를 위한 교육과정이 거의 포함되어 있지 않다. 면허 및 인증 평가자는 대학의 학부에서는 새롭고 혁신적인 교과과정 및 연구 프로그램을 계획할 수 없다는 결과와 더불어 그 표준화 기준을 경직되고 편협하게 분류하였다(Aubrey, 1983; Thomas, 1991; Weinrach, 1991). 결과적으로, 새로운 교과과정의 도입이 금지되고 프로그램은 새로운 개념의 도입을 금지하고 심리상담직의 변화하는 요구, 역할 및 기능에 보조를 맞추지 못하는 근본적인 구조적 장벽을 만들어 기술 개발과 관련하여 현상 유지를 지속하였다. 반면, 상담과 심리학의 근본적인 변화들을 통합해 온 한 프로그램은 조지메이슨 대학교의 상담개발 프로그램인데, 이에 대해서는 제15장에서 논하도록 하겠다.

이러한 현상 유지는 상담과 심리학이 전문직으로서 단독으로도 효과적으로 기능할 수 있다는 잘못된 가정을 믿는 것과 같다. 이전에 언급한 바와 같이 상담과 심리학의 교육 프로그램이나 실천, 수퍼비전 또는 컨설팅 그 어떤 과정에서도 학제 간 협력에 거의 관심을 두지 않고 제한적으로 상담과 심리학의 이론과 전략들만을 유지해 왔다. 실천가들은 심리문제에 대해 다른 전문 분야의 시각이 제공할 수 있는 가치를 간과한 채 협소한 해결책을 제시할 뿐이다. 현대 사회의 심층적이고 복합적인 사회문제와 인간 상호 간 폭력은 우리 내담자, 학생, 가족, 학교, 기관, 조직, 지역사회에서 계속 늘어나고 있는데, 이러한 문제를 오직 상담과 심리학의 관점으로만 이해할 순 없다. 사회적 문제를 오직 하나의 학문을 통해 바라보는 것은 자신의 내담자에게 표준화된 서비스를 제공하고 치료하는 상담사와 심리치료사가 궁극적으로 잘못된 자기중심적인 시각을 갖게 하고, 그 결과 유해하고 비윤리인 실천을 하게 한다. 그런데도 막상 상담사와 심리치료사들은 협력팀으로서 학제 간 노력을 도전하고 지지하는 다범주적 체계를 중요시하는 새로운 패러다임의 훈련이나 실천을 거의 또는 전혀 경험하지 못했다. 따라서 이러한 현상을 변화시키고, 사회정의와 인권을 강화할 수 있는 학제 간 노력을 시도하기 위해, 우리는 다음과 같이 네 가지 주요 고려사항을 제안하고자 한다.

힘의 재편성

우리는 다른 전문 분야와 파트너십을 갖고 있는 심리사들과 상담사들은 계획된 사회변화에 집중하여 여러 분야를 넘나들면서 적극적인 역할을 수행할 것이라 생각한다. 이와 같은 시각은 사회의 급변하는 역동에 좀 더 효과적으로 적용할 수 있다. 기본적인 사회구조에 영향을 미치고, 개인과 사회 가치, 태도, 행동 그리고 정치에 영향을 주기 위해서는 체계적인 개입이 필요할 것이다. 사회적 변화는 사회 내의 권력(power)과 지위의 재조직을 포함하기 때문에 적극적이고 재규정된 역할에 대한 생각은 특히 민감한 사안이다. 그래서 한 직업이 사회적 변화를 자극하는 데 힘을 얻게 되면 전체 역동 시스템은 상호 연관성과 사회적 영향에서 변화를 겪는다. 그러한 힘의 재편성에 관한 예로 정신건강 관련 공공정책 변화를 위해 직종 간에 힘을 공유했던 정신건강 분야들(심리, 상담, 정신의학, 사회사업) 간 협력을 들 수 있다. 또 다른 예로는 저소득층 거주 지역에 건강 공동체를 구축하기 위해 공공정책 행정가, 공중보건 행정가, 사회학자 그리고 주거행정가와 함께 연합체를 구성한 상담사와 심리사를 들 수 있을 것이다. 이것은 존경받는 전문직들이 공평하게 나누어 갖던 과업들이 보다 중요한 공유된 목표를 추구하도록 변화되는 것을 요구하게 될 것이다.

이러한 예들은 권력 재편성이 얼마나 필요한지를 보여 준다. 즉, 다른 분야 전문직 또한 그들의 역할과 지위를 재정의할 필요가 있으며, 특히 그들이 서로 상호작용할 때 아마도 권력과 영향력의 상실 또는 획득을 경험할 수 있다. 사실상, 정치적·사회적 구조의 변화를 통해 새로운 패러다임이 형성됨에 따라 기존에 익숙하게 수용되어 왔던 것들이 변화되어야 한다. 학제 간 협력을 통합하기 위해 모델을 변경할 때, 힘 있는 지위에 있어 왔던 참가자들은 그들의 의사결정과 권한을 공유해야 한다는 의미이다. 이러한 권력변화에 있어서 어떤 상황에서는 다른 전문 분야들이 필요한 전문성을 가질 수 있다는 것을 인정하는 것이 무엇보다 중요하다. 그러므로 상담사와 심리사는 더 의미 있는 목표를 성취하기 위해 권력과 통제력을 내려놓아야 한다. 다시 말해, 중요한 핵심은 학제 간 협력이지 개인적인 자아(ego)가 아니라는 것이다.

이런 예를 설명하기 위해 상담과 심리와 정신 영역 간의 전통적인 관계에 대해 생각해 볼 필요가 있다. 우리 두 사람(Fred와 Rita)은 모두 학제 간 정신건강팀이었고, 이 팀은 전문적인 학위를 가진 정신건강의학과 의사가 이끌었다. 또한 우리 두 사람 모두 정신건강의학과 의사를 포함한 팀을 이끌기도 했다. 첫 번째 예에서, 정신건강의학과 의사는 팀의 장(chief)이었다. 그 이유는 그들이 가진 어떤 전문성이나 기술 때문이라기보다는 그들이 정신건강의학과 전문의로 훈련되었기 때문이었다. 이는 정신건강의학과 의사가 정신건강 분야에서는 지배적인 힘을 갖고 있었으며, 간호사나 심리사, 사회사업가 그리고 상담사로 구성된 학제 간 팀에서 일어나는 일에 대해 궁극적으로 결정해 온 역사적 관행과 일치하는 것이다. 좀 더 평등한 학제 간 파트너십에서는 아마 정신건강의학과 의사가 지배적인 개인으로서 최종 결정을 하기보단 학제 간 팀의 일원으로서 문제를 해결하기 위해 정신건강의학과 영역에서 훈련된 전문성과 지식으로 기여할 수 있다. 이것이 권위와 전문성의 위계 모델에 빠져 있던 근래 구조로부터 획기적인 변화가 될 것이며, 우리 생각엔 하나의 팀을 구성하는 각 전문 영역을 좀 더 효과적으로 이용하는 것이기도 하다.

다른 예는 학교체계에서의 학제 간 팀 기능에서 명백하게 드러난다. 나(Fred)는 많은 학교 기반 프로젝트에 관여해 왔다. 이 프로젝트는 학교 밖 지역사회의 인간 서비스 기관, 비즈니스 그리고 부모들을 통합하는 프로젝트였다. 이런 파트너십은 학교문제를 다루기 위해 학교들 간 연맹을 구축케 했다. 그 한 예가 바로 앤 애런델 카운티 학교(Anne Arundel County School) 체계(메릴랜드주 아나폴리스)이다. 이곳에서 나는 해당 주(州) 소속 교육부로부터 기금을 받아 학교, 지역사회 기관들, 부모들과 함께 학교와 지역사회의 폭력 감소를 위해 일했다. 우리 팀은 폭력 감소를 목적으로 하여 거의 2년에 걸쳐 형성되었다. 흥미롭게도 권력변화는 학제 간 팀들이 학교와 지역사회 이슈를 다루기 위해 협력했을 때 나타났다. 우선 교장들의 역할이 달라졌다. 학교의 지휘권을 행사하는 사람보다는 많은 실천가의 일원이 되기 시작했으며 학교와 지역사회 폭력문제를 다루기 위한 전략을 세우는 데 책임을 갖기 시작했다. 학부모들도 높은 참여율을 보였는데, 그들의 의견은 학교상담사나 교장 그리고 인간 서비스 기관 사람들만큼 의미 있는 것이었다. 공유된 권유와 공유된 의사결정을 위한 변화는 위계적이었던 학교체계의 역동을 바꾸었다. 구성원 간에 좀 더 평등한 참여가 가능해졌으며, 그 가운데 참여자들이 학교 공동체에 기반을 둔 문제해결을 위해 협력하였다.

희망: 하나의 핵심 요소

학제 간 협력을 통한 변화를 창출하는 데 있어서 또 다른 중요한 측면은 변화에 대한 희망(hope)과 비전을 만들어 가는 것이다. 희망은 행동을 지속하기 위한 전제조건으로 정의되어 왔다. 사실상, 희망은 치료 결과의 15% 정도 기여하는 요소로 알려졌다(Lambert & Bergin, 1994). 열망, 희망 그리고 비전이 없다면 변화를 위한 추진은 어려울 것이다. 하나의 빈곤 지역 내 폭력 감소에 초점을 두었던 앤 애런넬 카운티 프로젝트와 같은 프로그램을 계획하기 위해서는 변화 가능성에 대한 확신뿐 아니라 용기와 인내 그리고 기술이 필요하다. 폭력이 감소할 수 있다는 희망 없이 프로젝트를 진행했던 아나폴리스에서는 학부모, 학교 구성원 그리고 인간 서비스 기관 전문가들 모두 환멸을 느꼈을 것이며, 우리 생각엔 아마 그 프로젝트는 제대로 진행되지 않았을 것이다. Penn과 Kiesel(1994)은 희망을 정의하고 미래가 어떻게 진행될지 식별하는 아프리카계 미국인 심리학자들의 역할이 단합과 결속에 기여한다고 했다. 우리는 이러한 정의가 사회변화를 이끌어 가는 사람으로서, 이러한 역할을 수행할 상담사, 심리치료사들에게 보편적으로 적용되기를 바란다.

생태적 맥락

우리 사회에 많은 문제가 있기 때문에 상담사와 심리사들은 세상의 압력과 영향으로 인해 삶을 만족스럽게 사는 데 어렵고 생활환경에 기여하기 어려운 개인, 가족, 집단 그리고 여러 지역사회를 만나게 된다. 사회, 경제, 정치 그리고 문화적 힘(force)들은 상담사가 무엇을, 어떻게 수행해야 할지에 대해 지대한 영향을 미쳐 왔다(Bemak & Conyne, 2004; Bronfenbrenner, 1986; Kasambira & Edwards, 2000; Shiraev & Levy, 2010). 정신건강 전문가와 상담사처럼, 우리는 이러한 이슈들을 다루기 위해 클라이언트들과 함께 개별상담보다는 좀 더 넓은 기준을 적용하여 도전해야 한다. 그리고 이러한 도전엔 여러 학제가 함께 협력하는 것이 필요하다는 것을 제안하고자 한다. 예를 들어, 우리(Rita와 Fred)는 난민 정신건강과 관련하여 상담을 제공해 왔는데, 이 과정에서 우린 난민 정신건강에 영향을 미치는 그들의 생활 측면에서 고려되어야 할 개입, 프로그램 개발, 지역사회 계획 등 모든 것을 위해 대변인, 이민국 변호사들, 헬스케어 행정가, 보호관찰 사무관, 사회 서비스 제공자, 학교 구성원 그리고 정치학자들과 협력하는 것이 중요하다는 것을 체계적으로 알게 되었다.

생태적 맥락에서 문제를 재개념화하는 것은, 상담사 역할이 전통적인 역할에서 현재 시스템을 도전하는 데 요구되는 새로운 역할로 재규정될 것이다. 현재 시스템들은 다양한 형태로 사회적 불평등이 유지되는 동안 개인적이고도 사회적인 문제를 초래했으며, 이러한 문제들이 지속되도록 했다. 이러한 이슈들을 효과적으로 다루기 위해서는 상담사와 심리치료사들이 좀 더 큰 생태적 맥락에 관심을 두고 학제 간 협력을 도모하는 것이 필수적이다.

사회정치적이고 문화적인 영역에서 상담을 하고, 현재 구조에 도전을 시도하는 것은 아마도 매우 어려운 일일 것이다. 그러나 상담과 심리학의 핵심이 개인, 집단, 가족 기반하에 클라이언트를 위해 도전을 촉진해 왔기 때문에 이러한 도전은 옳은 것이다. 우리가 주장하는 환경을 다루는 것은 개인, 가족, 집단이 호소하는 문제들을 창출하고 기여하는 데 큰 의미가 있다. 그리고 동시에 새로운 문제와 어려움도 있다. 그렇다 하더라도 아이러니하게 정신건강 전문직이 의미 있는 영향을 위한 잠재력을 가진 직종으로서 개인의 변화를 증진해 왔음에도 불구하고 좀 더 큰 사회적 이슈를 다루는 데에 있어서는 부적절하고 부진했던 것이 사실이다.

이는 Boyer(1990)가 자신의 연구에서 설명하고 있는데, 그는 이에 대해 **실용학문**(scholarship of application)이라는 용어를 만들었다. 그는 연구자가 문제를 정의하고 개인과 제도 모두에게 이익이 되는 해결안을 관통하는 지식의 적용성을 연구해야 할 필요성을 조심스럽게 설명하고, 사회에 기여할 뿐 아니라 사회를 재형성하는 것이 얼마나 중요한지에 대한 그의 생각을 논의하였다. 이는 변화하는 세계에 기여할 수 있는 상담과 심리학 전문가를 위한 국내 및 국제 동향 그리고 기회와 함께 변화하는 심리적 및 사회적 문제의 맥락하에서 특히 중시된다.

한 걸음 뒤

어떤 시각에서는 정신건강이 심리적 변화를 증진하는 가장 잠재력 있는 전문직 영역의 하나로 간주되어 왔다. 그러나 우리는 사회 전체에 영향을 미치는 사회, 경제, 문화, 정치 그리고 기술 발달과 관련된 변화와 상관없이 전문가로서 한 걸음 뒤로 물러나길 제안하고자 한다. 정신건강 전문직이 사회를 변화시키는 데 있어서 주요 세력으로 고려되지 않은 이유는 복합적인 현대 문제를 다루는 데 있어 필요한 학제 간 협력에 관심을 두지 않고 이에 대한 공식화를 하지 않았기 때문이다.

이는 부분적으로 지역사회의 영향이나 외부적 요인에 대한 고려 없이 심리내적인 이슈와 개별상담 위주의 서구 틀 안에서 상담과 심리학이 특징지어진 고정관념과 관련이 있다. 예를 들어, 우리(Rita와 Fred)는 아동매매 이슈를 다뤄 왔는데, 우리가 학제 간 팀의 유일한 심리사/상담사였다는 건 놀라운 일이 아니다. 마찬가지로, 학교 상담사의 위험성, 즉 상담사가 '사무원 업무'로 자리를 옮겨 쓸모없게 되고 문제 지역에서 나타나는 차별, 인종주의, 또는 테러리즘의 영향과 같은 큰 문제에 대해 정기적인 교육을 받지 않는 등의 문제 역시 그다지 놀라운 일이 아니다.

결과적으로 급속한 변화 시기에 발맞춰, 전문직은 상담과 심리치료의 기본적 신조(tenet)를 다시 검토해야 한다. 이러한 자기검토는 현대 사회의 문제를 좀 더 적절하게 다룰 수 있게 할 것이며, 우리 시각에서 사회적이고 정치적인 변화를 위한 수단으로 학제 간 협력을 주체적으로 강조할 수 있을 것이다.

권장행동 그리고 전략

전망을 바꾸고 학제 간 관점을 통합하려면 새로운 사고방식이 필요하다. 그것은 일반적으로 다른 분야를 배제하는 심리학 및 상담 분야에서 우세한 독자적인 관점을 버리는 것을 의미한다. 그러려면 이론과 실천에 있어서도 주요 변화를 동반해야 할 필요가 있을 것이다. 또한 권위, 기금 및 책임에 영향을 미치는 영역에 대한 재고가 필요하다. 이렇게 잘 정립된 경계를 깨는 것은 기념비적인 일이지만 사회정의의 발전에 필수적이고 본질적인 일이다.

이 방향으로 나아가려면 심리사와 상담사는 직업의 근원에서 시작된 자신의 사고방식이 인간행동과 더 큰 사회문제를 이해하는 데 필요한 답변을 제공할 수 있는 유일한 견해임을 규정한 독단적인 관점에서 벗어나야 한다. 정신건강의 관점은 포괄적인 것이라기보다 여러 가지 관점 중 하나임을 인정하면 겸손, 수용, 인식 및 세계와 그 문제를 다른 방식으로 인지하는 새로운 방법을 존중하는 것과 더불어 자신의 신념체계에도 상당한 변화가 필요하다. 우리는 심리사들과 상담사들이 그동안 자신의 눈을 가렸던 가리개를 벗고 다른 분야와 긍정적인 파트너십을 적극적으로 형성하는 데 리더십 있는 역할을 해야 한다고 확신한다. 인간관계 및 집단 리더십에 대한 훈련 및 기술을 고려할 때, 정신건강 분야에서 이러한 리더십을 수행해야 한다. 이에 잠재적으로 그들의 클라이언트, 가족, 지역사회 및 사회를 위한 더 효과적인 결과를 기대할 수 있을 것이다.

학제 간 협력을 위한 요소

사회변화를 위한 기본 요소로서 학제 간 협력을 증진하기 위해, 우리는 〈표 13-1〉에 제시된 바와 같이 17개의 가이드 요소를 제안하고자 한다. 비록 가이드 요소 중 몇몇은 중복되긴 하지만, 우리는 각각의 영역이 독립적인 범주로서 충분히 의미 있는 것이라 믿는다.

<표 13-1> 학제 간 협력을 위한 17가지 가이드 요소

1. 전문적 정체성 개발하기
2. 전문가 간 갈등, 적대감, 불신감 감소시키기
3. 협의의 정신건강을 넘어선 폭넓은 해결안 제시하기
4. 협력하여 함께 프로젝트와 목표 수립하기
5. 협력적인 파트너십을 지지하고 촉진하는 프로젝트와 목표 개발 및 수행하기
6. 전문가의 역할 재구조화하기
7. 힘과 결정권 공유하기
8. 전문가 간 협력을 위한 교류하기
9. 보상과 장려 재구성하기
10. 팀워크 촉진을 위한 사무실 재배치하기
11. 재정조달 계획의 재고와 재배치하기
12. 팀 전체와 연관된 훈련 제공하기
13. 대학원 수준에서 학제 간 대학교육 개발하기
14. 상담 및 심리치료를 위한 변화이론 및 그 적용에 대한 이해 향상시키기
15. 학제 간 협력을 촉진하는 출판물 만들기
16. 학제 간 공동 발표하기
17. 연구하기, 평가하기 그리고 문서화하기

전문적 정체성 개발하기

심리학이 그 전문적 정체성은 잘 성립되어 있는 반면, 상담 영역에 대한 비판 중 하나는 전문가로의 정체성은 좀 더 살펴봐야 한다는 것과 연관되어 있다(Hanna & Bemak, 1997). 심리학과 상담 모두 서구의 개인 심리치료에 뿌리를 두고 있다. 심리 사와 상담사는 그들의 전문 분야를 확장하고 다른 전문 영역과 협력적인 파트너십을 시작하기 전에, 상담사와 심리사의 역할과 정의(definition)에 대해 정체성을 분명히 하고, 오랜 정체성과 새로운 역할을 통합하는 데 집단의 합의를 이끌어 내야 한다.

상담과 심리학 전문직 내부와 두 직역 간 갈등이 지난 수십 년 동안 있어 왔 던 것은 명백하다. 상담 분야 내의 여러 영역은 미국상담학회(ACA)와 의견을 달 리해 왔으며, 이후엔 미국상담학회로부터 학교상담사협회(Association of School Counselors Association), 미국정신건강상담사협회(American Mental Health Counselors Association)로 분리해 나왔다. 반면, 상담과 임상심리학 간의 긴장처럼, 심리학 영역

에서도 갈등이 지속되어 왔다. 재정의와 설명은 심리학, 사회사업, 결혼 및 가족 치료, 정신의학 등의 다른 직업과 차별화된 상담 및 심리학 분야의 유사점 및 차이점을 상담 및 심리학 분야뿐만 아니라 전문 분야로서 윤곽을 그리는 데 도움이 될 수 있다. 상담과 임상심리학의 유사점과 차이점을 보다 명확하게 정의함으로써 직업의 상태를 명확하게 나타낼 수 있다.

전문가 간 갈등, 적대감 그리고 불신감 감소시키기

여러 직역은 다른 전문직의 기여 가능성에 대해 회의적이고 불신한다. 사회적·경제적·문화적·정치적 문제에 대한 접근 방식과 마찬가지로, 심리학과 상담을 비롯한 다양한 분야에 의해 잘 정의되어 있다. 다른 관점에 대한 감사 혹은 인정의 부족과 관련되어 있는 접근 방식에서의 차이는 다양한 전문가 집단과 기관 사이의 갈등과 불일치의 근거를 제공한다.

이와 같은 갈등의 좋은 예는 복수의 인간 서비스 기관이 개입하고 있는 문제 가족의 사례에서 명확히 드러난다. 16세의 큰 아들은 학교에 결석하고, 차를 절도한 이유로 청소년 서비스과(Department of Youth Service)에 의뢰되었다. 그의 14세 여동생은 정신건강 클리닉에서 개인상담을 받고 있고, 또 다른 여동생은 매주 학교 상담사를 만나고 있다. 부모들은 직업훈련 프로그램과 공공부조에서 벗어나 재정적으로 자립하도록 지원하는 상담에 등록되어 있다. 청소년서비스과, 사회 서비스과, 학교, 정신건강 클리닉이 각각 다른 가족 구성원들을 지원하고 있다는 사실은 가족문제를 더 넓은 영역에서 다룰 수 있는 보다 포괄적인 개입의 좋은 기회를 제공할 수 있을 것이다. 현재와 같은 체계에서는 개별 기관 각각이 자기 방식의 고유한 전략을 개발하고 가족체계 전체 차원에서 진행되는 다른 개입을 고려하지 못한 독자적 개입을 제공할 가능성이 높다. 우리는 문제는 서로 긴밀하게 연결되어 있고 학제 간 접근을 필요로 하며, 문제 증상보다 인과 요인에 주의를 기울이는 것이 필요하고, 교차 학문적 상호 신뢰와 존중이 반드시 증진되고 유지되어야 한다고 제안한다.

협의의 정신건강을 넘어선 폭넓은 해결안 제시하기

상담사와 심리사가 문제해결을 위해 다학제적 시각을 적용할 때, 상담과 심리치료의 역할을 이해하는 데 일어나는 중요한 변화들이 있다. 서로 다른 학문 분야는 각각 고유한 가치체계, 지각 그리고 이론적 기반을 가지고 있다는 것을 인지하는 것은 문제를 다루기 위한 토대가 된다. 정신건강 쟁점을 넘어 광의적으로 문제를 이해하는 것이 추가적으로 주는 장점을 감사하는 것 또한 필수적인 요소이다. 따라서 새로운 관점, 즉 다학제적 시각은 다른 전문 분야에 대한 수용 또는 인내뿐만 아니라 실질적인 상호 존중, 그리고 해당 쟁점의 이해와 해결에 다른 전문 분야가 기여하는 바에 대한 열린 마음을 필요로 한다. 예를 들면, 내가(Fred) 도시 지역 위기 청소년과 일하는 스위스 사회학자 친구와 협업했을 때, 그는 도시 지역 내의 공간은 청소년의 위험행동을 확산시키고, 위험행동을 정의하는 데 핵심 요소라고 언급했다. 이 시각은 문제에 대한 나의 개념을 극적으로 확장시켰다.

다른 학자들도 이와 같은 사유 방식을 지지한다. Adler(1986)는 문제를 해결하는 데 다른 전문 분야의 문화를 혼합하는 것은 효과성을 높인다고 주장했다. Bergan(1995), Caplan, Caplan과 Erchul(1995)은 Adler의 주장이 학교의 문제를 다루는 데 실제로 적용된다고 강조했다. 이와 같은 사유 방식의 변화에 근거해, 가장 효과적인 해결안은 전통적인 정신건강 영역에만 존재하지 않는다는 것을 인식하는 것이 중요하다.

협력하여 함께 프로젝트와 목표 수립하기

학제 간 협력을 통해, 사회정의를 증진하는 핵심 요소는 성과와 목표에 대한 협약 수립에 각 전문 분야의 모든 주체가 참여하는 것이다. 이는 성과에 중요한 영향을 미치는 공유된 책임감과 동등한 참여를 촉진한다. 또한 무엇보다도 협력하는 여러 주체의 합의체가 프로젝트를 기획했기 때문에, 협력은 공유된 목적뿐만 아니라 상호 동의한 목적의 공동 소유권을 발생시킨다. 따라서 도심 학교 지역에서 학교-지역사회-가족의 파트너십 프로그램을 개발할 때, 우리는 계획을 수립하고 추진하는 데 기여해야 할 학교 관계자, 부모 그리고 지역사회 주민 모두를 참여시켰다. 프로젝트가 진행되면서 우리(Fred와 Rita)만이 아닌 전체 집단이 이 프로젝트를 소유하고 있다는 것이 명확해졌다.

기획 과정의 초기에 모든 관련 학문 분야가 전문성을 공유하는 동등한 협력자가 되었다는 것이 중요하다. 다학제적 집단은 전통적 경계를 넘어서면서, 이전에 정신건강의 시각으로만 보던 문제들을 좀 더 총체적인 관점으로 고찰하기 시작했다. 기획 단계에서, 특정 학문 분야가 더 가치 있거나 또는 더 많은 영향력을 갖는다는 신념에 근거해 권위를 강요하는 학문 분야는 상호 신뢰를 약화시키고 학제 간 파트너십에 부정적인 영향을 미친다.

협력적인 파트너십을 지지하고 촉진하는 프로젝트와 목표 개발 및 수행하기

앞의 네 번째 전략에 묘사된 것처럼 프로젝트 기획은 단지 첫걸음이다. 프로젝트의 개발과 수행도 동등하게 중요하다. 기획, 그 후의 개발과 수행이라는 이 두 단계 각각은 더 광의적이고 더 포괄적인 개입 목표를 이루려는 진정한 협력적 학제 간 팀을 육성하고 존속시키는 데 있어 핵심이다. 전통적인 전문 분야 간 경계를 극복하기 위해 학제 간 팀이 함께 일하는 과정, 문제해결과 동일한 목적을 향한 열정은 단단하고 적극적인 협력적 작업환경을 조성하는 데 필수적이다.

전문가의 역할 재구조화하기

다른 모든 전문 분야에서처럼, 정신건강 분야 내에 가치, 신념 그리고 전문성에 대한 명시적 또는 암시적 규범이 있다. 상담과 심리학의 문화는 세대에 거쳐 전수되고, 매우 잘 수립된 철학을 전달했다.

학문 분야를 넘어 일하는 것의 흥미로운 측면 중 하나는 상호 포용적인 전문적 파트너십을 재구축하기 위해서 상담사와 심리사가 자기의 기능과 역할에 대한 역사적·현대적 가정들을 파괴하고, 학제 간 팀의 틀 안에서 작동할 새로운 역할 정의를 재창조해야 한다는 것이다. 전문가 역할을 재정의하기 위해서, 정신건강 전문가는 전통적 경계를 와해하고 익숙하지 않은 영역으로 나아가야 한다. 전문 상담사와 심리사는 다른 분야 전문가들과 함께 일하는 것에 포용적인 시대에 적합한 새로운 정의를 발전시켜야 하기 때문에, 전문가 역할의 재구조화의 자연스러운 부작용으로 높은 불편함과 불안이 따른다. 이것은 더 복잡한 교차 학문적 방식의 불확실성을 안고 일하도록 정신건강 전문가들에게 짐을 지운다. 그러나 이것은 학제 간 개입을 계획하고 발전시키는 데 기초가 될 것이다.

힘과 결정권 공유하기

학제 간 협력의 중요한 요소 중 하나는 프로그램 기획과 개발 과정이다. 협력을 발전시켜 가면서, 모든 관계자는 기여와 참여의 동일한 기회를 가져야 한다. 반대로, 수직적 학제 간 집단이 만들어질 때, 영향, 투입 그리고 다양한 전문적 시각의 진정한 수용에 간극이 있다. 결론적으로, 공유된 권력과 의사결정은 실현 가능한 학제 간 파트너십에 결정적이다.

우리는 협력적 팀의 두드러진 특징이 동등성과 공유된 의사결정이라고 확인한 Friend와 Cook(1996)에게 동의한다. 이 논의에서 주목할 만한 것은 수직적 서열로 악명 높은 정신건강 분야에서 정신의학이 주도적인 지휘자의 역할을 맡는다는 것이다. 다른 정신건강 전문가(예: 상담사, 심리사, 사회사업가, 결혼 및 가족 치료사)와 비교해서 정신건강의학과 의사는 심리치료와 상담에 가장 적은 시간의 훈련을 받기 때문에 이것은 특별히 흥미롭다. 사실상, 정신건강의학과 의사는 정신적 질병의 심리학적 그리고 생의학적 요소를 강조한다. 그리고 질병을 모든 심리적 혹은 정신병리학적 문제를 이해하기 위한 틀로 사용한다. 결론적으로, 문제를 진단적 틀 안에서 고려하는 의료적 모델은 학제 간 정신건강 연합에서 지배적인 목소리이며, 정신질환을 더 강력한 시각이라고 주장한다. 더 동등한 권력분배는 의료적 모델을 문제를 구성하는 것과 그것을 어떻게 다루어야 하는가에 대한 권위 있는 생각보다 하나의 목소리로 간주할 것이다.

다른 전문 분야 내에서 권력 차이가 명확하다는 것과 권력 차이는 다학제적 팀의 효율성에 부정적으로 영향을 미칠 가능성이 있다는 것은 언급할 필요가 있다. 우리 두 저자 모두가 경험한 바에 의하면, 전문성에 근거해 선출된 지도자가 아닌 촉진자를 지명하는 것이 팀 내의 전문 분야들을 아울러 일할 때 권력으로 인한 문제의 가능성을 피해 갈 수 있는 가장 좋은 방법이다. 지명된 촉진자는 모든 팀 구성원의 지식과 전문성을 활용한 협력을 독려하는 능력을 가져야 한다. 이것이 최종 결정을 내리기 위해 팀 구성원의 전문적 역량을 이용하는 것보다 더 좋은 방법이다.

전문가 간 협력을 위한 교류하기

전문 분야 상호 간의 파트너십을 증진하는 하나의 방법은 전문 분야 상호 간의 교류를 목적으로 하는 특정 프로그램을 조직적으로 만드는 것이다. 이와 같은 프로그램들은 제도적 구조의 일부로 내포되고, 공공 및 민간 기관, 조직, 부서, 기구 그리고 학교의 기반 시설의 일부가 될 수 있다.

이 프로그램은 다른 전문 분야와 그들의 시각에 노출되는 것을 최대화하도록 교차학문적으로 설계될 수 있다. 예들 들면, 나(Fred)는 나카라과에서 전쟁으로 고아가 된 위기 청소년들의 문제를 효과적으로 다루기 위해서 교육부, 사회 서비스부와 함께 부서 간 직원교환 시범 프로그램을 설계하고 자문했다. 나는 유사한 형태의 메릴랜드 사회 서비스 기관과 도심 학군 간의 교환 프로그램을 실행했다. 이 교환 프로그램은 인력을 사무 공간과 기관 기반이 아닌 팀 중심의 프로젝트에 분배함으로써 공격적인 문제 청소년과의 협력 작업을 추구했다. 이 프로젝트를 축약한 버전은 '전문가 상호 교환의 날'이라고 소개할 수 있다. 이것은 기관과 학교가 다른 전문 분야에 기관을 비공식적으로 개방하는 날을 지정하거나 또는 기관이 하루 동안 전문가를 교환하는 것을 공식화하는 것이다.

유사하게, 나(Rita)는 인신매매에 관한 7개국 프로젝트에 참여했다. 프로젝트 팀은 인류학자, 아동 연구가, 지리학자, 경제학자, 교육자, 공공정책 전문가 그리고 국제 변호사로 이루어졌다. 이 다학제적 다국적 팀은 아동에 대한 연구 지침에 대한 규정과 아동보호법과 아동권리 그리고 취약아동의 인권에 대한 국가적 및 국제적 정책 이행의 어려움에 대해 논의했다.

보상과 장려 재구성하기

전형적으로, 학문적, 전문적, 혹은 공로에 대한 보상은 특정 분야의 탁월한 성과인 제한적인 성취에 부여한다. 더 훌륭한 학제 간 협력을 유도하기 위한 제안은 이런 보상체계를 사회변화를 위한 학제 간 파트너십을 지지하는 보상과 장려 (incentives) 체계로 발전시키도록 개조하는 것이다.

예를 들면, 학제 간 접근을 이용한 최고의 사회변화 프로젝트를 기리기 위해 도시, 지역, 주 혹은 국가 단위의 전문가 협회에서 수여하는 상이 있다. 사회변화를 이끌어 내기 위한 가장 혁신적 다학제 프로젝트, 연구물, 혹은 발표에 수여하는 상도 있다. 또 다른 아이디어는 다학제적 노력을 통해 사회적 변화를 촉진한 대학에 주는 상과 연구비, 기관에 주는 상, 혹은 학교를 기반으로 한 상을 추진하는 것이다. 교차학문 간 보상과 장려를 좀 더 표준화하는 방법은 한 조직 이상이 공동으로 재원을 출자한 연구비와 상을 마련하는 것이다.

팀워크 촉진을 위한 사무실 재배치하기

물리적 공간은 사회적 정의를 향한 학제 간 팀워크를 촉진하는 또 하나의 중요한 차원이다. 직원들을 협업하는 기관에 함께 배치하는 방식이라면, 사무실을 재배열하는 것은 어렵지 않다. 자신들의 직원에게만 사무실을 제공하는 개별 기관, 학교 혹은 조직 중심의 공간 배치와 반대되는 이 방식은 문제에 대한 팀 접근을 더 잘 반영한다.

우리는 기관, 직원이 다른 조직의 사무실에서 근무하게 되도록 조직의 사무 공간을 재배치하는 것이 문제해결을 위해 함께 일하는 학제 간 팀을 지지하는 방향으로의 가치 전환을 강화할 수 있을 것이라고 제안한다. 운영의 기반인 물리적 공간을 이와 같은 방식으로 근본적으로 전환하는 것은 팀 접근에 긍정적일 것이다. 이것은 많은 공간에서 이루어지고 있다. 우리 두 저자는 학교의 목적에 부합하고 의미도 있는 가족 공간을 학교에 만들고, 보건과 사회 서비스 사무소에 정신건강 클리닉을 배치하고, 학교에 정신건강 전문가를 상주시킴으로써 이와 같은 생각을 제도화했다.

재정조달 계획의 재고와 재배치하기

사회복지 재정은 거의 항상 한 기관, 학교, 단체들에게 직접적이고 독립적으로 수

여되는 것으로, 기관은 재정을 그 기관의 최선의 목적에 가장 적합하게 사용해야 하는 궁극적인 책임과 권리를 가진다. 학제 간 작업/연구의 개발을 증진하기 위해 대안적 재정조달 방식을 개발하는 것은 흔하지 않은 일이다.

대안적 재정조달 방식의 예는 다음과 같다. 첫째, 재정이 기관, 단체, 학교 내에서 사용되는 경우로 협력적 학제 간 프로젝트에 참여하도록 해당 직원 개인에게 시간을 지원해 주는 것이다. 이렇게 하여 직장이 학제 간 작업의 동기이자 지지자가 된다.

두 번째 가능성은 도심 학군의 사례에서 예시된 것으로, 상당한 착수비용이 학교-지역사회-가족 프로젝트에 투입되었다. 대학에 있으면서 지역 정치에서는 외부인이었을 때, 이 프로젝트는 내가(Fred) 책임지고 있었다. 나는 위험한 환경에 처한 청소년들을 위한 다수의 기관과 학군에 재정 할당과 승인을 집행하는 책임을 맡고 있었다. 재정이 한 기관이나 학군만을 위한 것이 아니라는 것은 명백했으며, 재정은 지역이나 영역이 아니라 아동과 가족에게 투자하는 중립적인 외부 집단에 속해 있는 나와 같은 사람에 의해 집행되었다.

프로젝트 실행의 공동 책임을 맡은 여러 기관의 협력을 지원하는 재정은 관계부처 합동 팀 개념에 대한 책임과 팀의 자원, 인력, 재정의 배분을 강조한다. 이것이 지역 인간 서비스 기관들과 지역 학군을 결합한 진정한 팀 기반의 보조금이라고 할 수 있다. 이러한 재정 지원 경험의 결과는 협동 프로그램과 달라진 직업적 책임이 수반되고, 협력적 구조를 지원하기 위한 각 기관의 자원 관리가 요구되는 새로운 협력적 노력으로 나타났다. 이 프로젝트와 다른 유사한 프로젝트들은 자원 할당의 큰 변화와 같은 완전히 새로운 패러다임으로 발전하는 잠재력을 가지고 있으며, 정신건강과 사회정의 문제를 수반하는 복잡한 문제들에 개입할 수 있는 더욱 효과적인 서비스 전달이라는 결과로 나타났다.

팀 전체와 연관된 훈련 제공하기

협력적인 프로젝트를 위한 연구비 지원 계획(schemata)으로의 재개념화와 유사하게, 학제 간 팀에 맞는 교육은 필수적이다. 학제 간 파트너십을 위한 활동들도 추구하고자 하는 성과와 일치하여야 한다(예: 더 큰 문제를 해결하기 위한 팀 접근).

전통적으로 교육은 한 기관 혹은 학교의 분절된 집단을 포함하며, 특정 기관, 조직 또는 학교에서 제공하는 교육에 다른 기관에서 온 사람들이 참여하는 일은 매우 드물다. 다른 분야에서 온 팀원들이 함께 어우러져 어떤 구체적인 문제 영역에 대한 교육에 참여하는 일은 잠재적으로 전문 분야 간의 활발한 교류와 아이디어의 교환을 이룰 수 있는 무한한 가능성을 가지고 있다.

예를 들어, 나(Fred)는 도시에 사는 저소득 위기 가정과 함께 일을 할 새로운 다학제적 팀을 위해 3일 동안 스타트업 교육 프로그램을 진행하였다. 그 팀은 팀원들의 역할과 관계를 재정의하면서 교육을 시작하였다. 이 깊이 있는 논의와 기관과 개인의 장벽을 허무는 작업을 진행한 후에 프로젝트를 위한 공동의 목표가 수립되었다. 목표를 염두에 두고, 그 팀은 현재의 과업과 책임을 분석하였으며, 이 과업과 책임을 어떻게 재정의해야 더 효과적으로 목표를 수행할 수 있는지를 탐색하였다. 교육에서는 효과적인 팀, 집단 과정, 긍정적인 상호 의존, 개인의 책무성 그리고 직접적인 소통 방식을 만들기 위해서 Johnson과 Johnson(1997)이 설명한 활동을 활용하였다.

흥미롭게도 협력을 방해하는 요인들에 대한 논의는 이러한 장애요인들을 제거하는 결과를 가져왔다. 전통적인 기관의 장벽들이 사라지자, 역할과 관계는 새롭게 정의되고 형태가 바뀌어 기관 간에 공유할 수 있는 새로운 비전과 공동의 언어를 낳았다. 이것은 응집력 있는 방향성과 목적을 가지고 새롭게 구성된 팀을 확인할 수 있는 주춧돌이 되었다. 팀의 목표는 모두가 동의할 수 있는 목표를 세우는 것이 긍정적인 협력으로 이어진다는 Villa와 Thousand(1988)의 가정을 토대로 진행된 교육 중에 세워졌다.

대학원 수준에서 학제 간 대학교육 개발하기

정신건강 실천에서 학제 간 업무를 포함시키기 위해서는 교육을 받고 있는 대학원 학생들이 이러한 협력적 파트너십을 필수적으로 경험해야 한다. 우리는 대학 차원에서부터 학제 간 협력이 반드시 이루어져야 하며, 학제 간 교육 모델들이 원형(prototype)으로 개발되고 교육과정 중에 포함되어야 한다고 제안을 하고자 한다. 정신건강 분야에서 사회정의와 인권에 관련된 복잡한 이슈들을 다루는 데에 있어서 매우 중요하게 여겨야 할 부분이다.

현재 대학원 수준에서의 교육은 전문 분야에서 공고화되고 있고, 기본적으로 아무도 문제 제기를 하지 않는 구체적인 전공 분야만을 포함하고 있다. 전문가 교육과정 초반(즉, 대학원 수준 대학교육)부터 시작하는 것은 미래의 전문가들에게 학제 간활동에 필요한 기술을 개발하고, 이에 대한 수용성을 높이는 데 도움을 줄 것이다. 흥미롭게도 이미 15년 전에 다학제적 성격을 가진 대학원 교육, 대학원 수업 그리고응용 실습이 협력을 촉진시키는 데에 장기적인 함의를 갖고 있는 것으로 확인되었다(Golightly, 1987; Humes & Hohenshil, 1987).

학과 간 교육의 아주 훌륭한 예는 유타 대학교의 대학원에서 개발되었다. 이 프로그램은 미래의 교사, 특수교육 교사, 상담사, 행정가 그리고 학교 심리사들을 포함하고 있다(Welch et al., 1992). 또 다른 예로는 일단 모든 신입 박사과정생이 대학원에 들어오고, 본인이 집중하고자 하는 영역의 전문 분야(예: 상담, 특수교육, 교육 리더십 등)를 갖는 방식의 조지메이슨 대학교의 교육과 인간발달 단과대학(College of Education and Human Development: CEHD)의 박사과정의 예를 꼽을 수 있다. 그들의전문 분야에 대한 교과목을 듣기 전에, 모든 학생은 하나의 코호트 집단으로서 리더십, 배움의 방법, 조직 발달, 연구 등을 배울 수 있는 6개의 교과목을 들어야 한다.

상담과 심리치료를 위한 변화이론 및 그 적용에 대한 이해 향상시키기

정신건강 전문가가 다른 분야를 전공한 동료들과 함께 효과적으로 일을 새롭게하고 사회변화를 추구하기 위해서는 앞서 설명한 조지메이슨 대학교의 프로그램에서 학생들이 배우게 되는 것과 유사하게 조직과 체계의 변화에 대한 이해가 있어야한다. 심리사, 상담사 그리고 사회복지사들은 자주 지역사회를 바꾸고, 더 큰 사회에 기여하거나, 평등과 인권을 추구하는 것에 대해 이야기하지만, 사회변화에 대한훈련과 기술의 부족으로 그들의 노력이 성공하지 못하는 경우가 종종 있다.

교육, 수퍼비전, 그리고 경험을 통해 얻을 수 있는 기술 없이 정신건강 분야에서사회정의를 추구하기 위한 노력은 실패와 좌절감만 안겨 줄 뿐이라 생각한다. 따라서 상담사, 심리사 그리고 사회복지사들은 어떻게 변화가 일어나는지를 이해하고,사회변화와 정신건강에 대한 이론을 알고 있어야 한다. 변화를 촉진시킬 수 있는 방법에 대한 이해를 돕기 위한 자료로 Alinsky(1971), Bemak와 Chung(2005), Hanna 와 Robinson(1994), Prilleltensky와 Prilleltensky(2003) 등을 꼽을 수 있다.

이 분야에서 어떻게 교육 프로그램을 만들 것인지에 대한 예는 조지메이슨 대학 교의 상담과 발달 분야의 대학원 프로그램을 들 수 있다. 우리는 이 대학원에서 훗 날 큰 사회의 변화에 기여하게 될 미래의 정신건강 전문가들에게 이론적 기반과 교 육 및 훈련의 장을 제공하기 위해 우리가 석사학위 과목으로 만든 상담과 사회정의 라는 강의를 개설하였다. 단순히 변화에 대한 이론적 이해를 하는 것이 변화를 실제 이행하기 위해 필요한 준비가 충분히 될 수 없으므로, 우리는 사회변화 이론을 실제 에 적용할 수 있는 방법 또한 함께 배워야 한다고 주장하고 싶다. 따라서 모든 교육 은 적용을 포함해야 하며, 이는 교육과정에 사회정의 프로젝트를 포함하고 있는 석 사 수준의 교과목(예: 노숙자의 진로 상담)과 사회정의에서 박사과정 인턴십을 통해 제공될 수 있다. 이러한 예의 근본에는 이론과 실제의 적용에 대한 심층적인 이해를 도울 수 있는 교육에 대한 욕구가 있다. 조지메이슨 대학교의 상담과 발달 프로그램 에 대한 자세한 설명은 대학원 교육 프로그램에 대해 설명하고 있는 제15장에서 볼 수 있다.

학제 간 협력을 촉진하는 출판물 만들기

학제 간의 작업을 독려하고 촉진시키는 전문적인 출판물은 드물다. 더 나아가 가 장 협력적인 출판물들은 같은 전공 분야의 동료들과 작성한 것들이며, 이어서 해당 전문 분야의 학회지에 게재된 것들이다. 학술지를 읽는 사람들이 특정 전공 분야에 있는 동료들로 구성되어 있기 때문에, 전문가의 고립이 지속되고 있다. 저자의 경험 에서 봤을 때, 다학제적 프로젝트에 관여를 하고 있더라도 학술적 논문의 교류는 거 의 없다. 따라서 우리는 학자들에게 전문 분야와 다른 분야에서 논문을 게재하라고 추천하는 것을 또 다른 원칙으로 제안하고자 한다.

예를 들어, 지역사회 기반의 심리사와 지역사회 기관의 상담사가 학교 상담사와 학교 심리사 그리고 학교 행정가와 협력하여 가족을 지원하는 개입 프로그램과 학 교의 학업성취의 관계를 연구하고 제안하는 논문을 교육행정 학술지에 투고하는 것이 도움이 될 것이다. 이러한 연구를 단순히 학교 행정가가 일반적으로 잘 읽지 않는 가족치료 학술지나 학교 상담 학술지에만 게재하는 관례에서 탈피하는 것이다. 이러한 경우에는 각각의 학교에 가족 개입 프로그램을 개발하고, 촉진하고, 자금을 지원해 줄 수 있는 학교 전문가나 행정가에게 영향을 미칠 수 없다.

학제 간 공동 발표하기

학제 간 협력을 발전시키는 데 중요한 또 다른 영역은 다른 분야의 학자들과 함께 전문적인 발표를 도모하는 것이다. 두 저자는 인류학, 사회학, 공공보건 관리, 교육자, 정신건강의학과 의사, 내과 의사, 간호사, 경제학자, 지리학자, 국제 변호사, 경영인, 정치학 전공자 등을 포함하는, 상담학, 심리학 그리고 사회복지학 이외 분야의 동료들과 같이 일을 한 무수히 많은 경험을 가지고 있다. 우리는 우리의 연구와 그 결과를 우리의 전공 학회에서뿐만 아니라, 그들의 전공 분야의 학회에서 동료들과 함께 발표를 한 경우도 있었다. 어떤 경우에, 우리는 심리학 배경을 가진 유일한 전문가인 경우도 있었으며, 이에 따라 우리는 학술적 대화에 가치 있는 관점을 제공한다.

더 구체적인 예는 내가(Fred) 주요 도심 학교체계에서 학교폭력과 공격성을 줄이기 위한 지원금을 받았을 때의 일을 꼽을 수 있다. 지원금의 핵심 요지는 학교 상담사, 정신건강 기관에 소속되어 있는 상담사, 학교 교장, 중앙과 지방 교육청의 학교 행정가, 교사, 다양한 지역사회 기간 대표, 사회복지사, 심리사, 간호사, 부모, 경영인 등이 포함된 포괄적인 학교-지역사회-가족 파트너십을 개발하는 것이었다. 나는 독립적으로 이 연구의 성공을 미국상담학회나 미국심리학회 연중 회의에서 독립적으로 발표하기보다 연구에 참여했던 전문가나 개인들과 함께 발표를 할 수 있도록 그들 중 일부를 초대하였다. 그 대신에 학교 행정가들은 그들의 전문적인 회의에 다른 참여자들을 초대하였다. 우리가 매일 함께 일할 뿐만 아니라 전국적인 주요 포럼에서 이 일을 함께 발표한 것에 대한 결과는 상당히 긍정적이었으며, 프로젝트의 설계와 일치하였다. 사실, 함께 발표를 하는 일은 더 나은 관계 형성과 프로젝트의 발전에 크게 기여하였다.

또 다른 예는 내가(Fred) 전국학교이사회연합(National School Board Association) 가운데 도시 교육위원회의 평의원회에서 주최하는 전국 학술대회에서 각기 다른 두 해에 특별연사로 초대받은 일을 꼽을 수 있다.

연구하기, 평가하기 그리고 문서화하기

많은 프로젝트는 최종 보고서를 요구한다. 흥미롭게도 최종 보고서는 프로젝트를 반복할 수 있는가에 대한 실행 가능성 혹은 수정 또는 지속에 대한 보다 공식적인 평가를 항상 의미하지 않는다. 우리는 학제 간 프로젝트를 고려할 때, 학제 간 연구, 평가 그리고 실천에 대한 함의가 있다는 기록을 포함하는 것이 중요하다는 점을 강하게 제안하고 싶다. 이는 학제 간 연구가 잘 기록되어 있지 않으며, 효과성 또한 증명되지 않았기 때문에 더욱더 중요하다. 이러한 종류의 프로젝트의 효용성을 평가하는 것은 최고의 실천과 이러한 종류의 개입이 얼마나 실현 가능한지에 대한 이해를 도모할 것이다. 더 철저하고 심층적인 평가를 완성하기 위해서는 대학, 기관 그리고 시설들이 실천과 연구의 간극을 메울 수 있도록 더 많은 협력을 요구한다. 더욱이 학제 간 파트너십의 평가와 측정은 학제 간 과업에 단기적·장기적 이익과 장애요인을 이해하는 데 도움이 된다.

결론

우리는 새로운 세기를 시작하고 있다. 21세기는 우리 주변을 발전시키고 사회부정의를 해결할 우리의 노력을 다음 단계로 이끌어 갈 수 있는 기회와 다른 중요한 전환점을 제공한다. 시간이 지나면서 정신건강 분야는 이 분야를 재점검하고, 어떻게 다양한 전문 분야가 더 나은 세상을 만들기 위해 더 효과적으로 기여할 수 있는지에 대한 범위와 한도를 살펴볼 수 있는 기회가 생길 것이다.

역사적으로 정신건강 분야에서 사회행동이 전문가의 주요 책무로서 요구되었던 적이 있다. 이러한 현상은 빈곤한 도시 지역의 초창기 프로젝트, 정신건강 클라이언트의 권리를 보장하기 위한 옹호 사업, 가족과 학교 문제를 경험하고 있는 청소년들과의 개입 등에서 볼 수 있었다. 현대 사회의 생태체계적 맥락은 과거의 것과는 확연한 차이를 보인다. 그럼에도 불구하고 변하지 않는 것들이 있다. 문화적·사회정치적·경제적 영역들은 계속해서 사람들의 삶에 영향을 미치며, 심리사, 상담사 그리고 사회복지사들은 이러한 개개인 한 명씩에게 영향을 미치기보다는 더 넓은 맥락에서의 상황에 영향을 미칠 수 있는 기회를 얻고 있다.

변하고 있는 현대 사회의 이슈들을 고려할 때, 상담 전문가의 역할, 구조 그리고 기능이 바뀌어야 하며, 21세기의 복잡한 문제들에 더 잘 대처하고, 시대적 흐름에 발맞춰 나아가기 위해서 적응을 해야 한다. 상담, 심리치료 그리고 사회복지의 중요하지만 제한적인 범위를 넘어서는 다른 전문가들과 함께하고, 다른 부서, 기관 그리고 시설들과 협력하는 것은 사회변화와 더 나은 세상을 만들기 위해 의미 있는 기여를 할 수 있는 정신건강 전문가의 능력에 중요한 영향을 미칠 것이다.

📝 토의문제

1. 당신과 다른 문화적 배경을 가지고 있는 토착 치유자의 역할을 살펴보시오.

   a. 치유자의 역할을 설명하시오.

   b. 치유자의 힘, 영향력, 그리고 신뢰성과, 치유자가 일을 하고 있는 곳에서의 위계를 분석하시오. 서구에서 바라보는 치유자의 역할에 대한 관점과 이 치유자의 역할은 어떤 차이를 보이는가?

   c. 치유자는 지역사회에 있는 다른 전문가들과 어떤 관계를 맺는가?

2. 한 학생이 당신에게 의뢰되었다. 모하마드는 이 나라에 새로 왔다. 그는 2년 전에 파키스탄에서 왔다. 비록 그는 영어를 잘하지만, 대부분의 수업에서 어려움을 경험하고 있으며, 선생님들은 그의 학점이 떨어지고 있다고 보고한다. 그는 수업 시간에 집중하지 못하며 선생님, 특히 여선생님의 지시를 무시한다. 당신은 모하마드의 부모님과 면담을 하기를 계획하나, 모하마드의 엄마가 스스로 영어를 잘 하지 못한다고 생각하여 학교에 오지 않는다는 것을 알게 되었다. 모하마드의 아빠는 최근에 파키스탄으로 이주하여 현재 부모는 각자 따로 살고 있는 상황이다. 모하마드의 엄마와 전화로 통화를 한 이후에, 당신은 그들이 건강보험에 가입되어 있지 않다는 사실을 확인하였다. 또 최근에 아빠가 나라를 떠났기 때문에 그들은 집을 잃을 위기에 처해 있다. 당신의 수퍼바이저는 당신이 모하마드의 사례를 살펴보기 위한 특별한 회의를 계획하도록 독려하고 있다.

   a. 당신은 이 사례와 관련하여 주요 이슈로 어떤 것을 꼽겠는가?

   b. 이 회의에 누구를 초대할 것인가? 모하마드의 친척, 학교 관계자, 지역사회 서비스, 사회복지 서비스 등을 고려해 보시오.

   c. 이 회의에서 어떠한 주제들이 다루어지기를 희망하는가?

3. 당신의 대학원 프로그램을 비판적으로 분석해 보시오. 학제 간 접근을 위해 필요한 지식과 기술 가운데 빠져 있는 요소들에 어떠한 것들이 있는가?

4. 당신의 수퍼바이저는 당신에게 문화적·언어적으로 다양한 위기 청소년 예방 프로그램의 담당자로 지목하였다. 창의적으로 생각하시오. 당신의 프로그램이 어떻게 구성될 것인지 설명하시오.

   a. 이 프로그램을 개발하기 위해서 다양한 전문 분야에서 5명의 전문가를 뽑을 수 있는 기회가 있다. 당신은 당신의 팀에 어떤 전문 분야의 전문가들을 포함시킬 것인가? 원하는 순서대로 최소한 10명을 나열하시오. 그리고 논의하시오.

   b. 당신은 각각의 전문가에 대해 어떤 선입견을 가지고 있는가? 설명하시오.

   c. 당신은 당신의 프로그램이 필요로 하는 전문가가 이들이라고 수퍼바이저에게 어떻게 타당하게 설명할 것인가?

   d. 당신은 어떤 어려움에 직면할 것으로 예상하는가?

5. 저자들이 '눈가리개를 벗고(taking off blinders)' 적극적으로 다른 분야와 긍정적인 파트너십을 형성할 것에 대해 이야기할 때 무엇을 의미하는가?

   a. 당신 스스로가 가지고 있는 눈가리개에는 어떠한 것이 있는가? (4~5개 정도 서술하시오.)

   b. 다른 분야와 적극적으로 협력하기 위해 일과에 포함시킬 행동을 최소한 세 가지만 서술하시오.

📖 참고문헌

Adler, N. J. (1986). *International dimensions of organizational behavior*. Boston, MA: Kent.

Alinsky, S. D. (1971). *Rules for radicals*. New York, NY: Random House.

Aubrey, R. (1983). The odyssey of counseling and images of the future. *The Personnel and Guidance Journal, 62*, 78-82.

Bemak, F. (1998). Interdisciplinary collaboration for social change: Redefining the counseling profession. In C. C. Lee (Ed.), *Counselors and social action: New directions* (pp. 279-293). Alexandria, VA: American Counseling Association.

Bemak, F. (2000). Transforming the role of the counselor to provide leadership in educational reform through collaboration. *Professional School Counseling, 3*(5), 323-331.

Bemak F., & Chung, R. C-Y. (2005). Advocacy as a critical role for urban school counselors: Working toward equity and social justice. *Professional school counseling,*

8, 196-202.

Bemak, F., & Conyne, R. (2004). Ecological group counseling: Context and Application. In R. K. Conyne & E. P. Cook (Eds.), *Ecological counseling: An innovative approach to conceptualizing personenvironment interaction* (pp. 219-242). Alexandria, VA: American Counseling Association.

Bergan, J. R. (1995). Evolution of a problem-solving model of consultation. *Journal of Educational and Psychological Consultation, 6*, 111-123.

Boyer, E. (1990). *Scholarship reconsidered: Priorities of the professorate*. Princeton, NJ: Carnegie Foundation for the Advancement of Teaching.

Bronfenbrenner, U. (1992). Ecological Systems Theory. In R. Vasta (Ed.), *Six theories of child development* (pp. 187-250). Philadelphia: Jessica Kingsley Publishers.

Caplan, G., Caplan, R. B., & Erchul, W. P. (1995). A contemporary view of mental health consultation: Comments on "Types of Mental Health Consultation" by Gerald Caplan (1963). *Journal of Educational and Psychological Consultation, 6*, 23-30.

Friend, M., & Cook, L. (1996). *Interactions: Collaboration skills for school counselors* (2nd ed.). White Plains, NY: Longman.

Golightly, C. J. (1987). Transdisciplinary training: A step forward in special education teacher preparation. *Teacher Education and Special Education, 10*, 126-130.

Hanna, F. J., & Bemak, F. (1997). The quest for identity in the counseling profession. *Counselor Education and Supervision, 36*(3), 194-206.

Hanna, M. G., & Robinson, B. (1994). *Strategies for community empowerment: Direct action and transformative approaches to social change practice*. Lewiston, NY: Mellen.

Heath, S. B., & McLaughlin, M. W. (1987). A child resource policy: Moving beyond dependence on school and family. *Phi Delta Kappan, 68*(8), 576-580.

Humes, C. W., & Hohenshil, T. H. (1987). Elementary counselors, school psychologists, school social workers: Who does what? *Elementary School Guidance and Counseling, 1*, 37-45.

Johnson, D. W., & Johnson, F. P. (1997). *Joining together: Group theory and skills* (6th ed.). Englewood Cliffs, NJ: Prentice-Hall.

Kasambira, K. P., & Edwards, L. (2000, June). *Counseling and human ecology: A conceptual framework for counselor educators*. Paper presented at the 8th International Counseling Conference, San Jose, Costa Rica.

Lambert, M. J., & Bergin, A. E. (1994). The effectiveness of psychotherapy. In A. E. Bergin

& S. L. Garfield (Eds.), *Handbook of psychotherapy and behavior change* (4th ed., pp. 143-189). New York, NY: Wiley.

Lewis, J. A., & Bradley. L. (Eds.). (2000). *Advocacy in counseling: Counselors, clients, & community*. Greensboro, NC: Educational Resources Information Center Counseling and Student Services Clearinghouse.

Penn, M. L., & Kiesel, L. (1994). Toward a global world community: The role of black psychologists. *Journal of Black Psychology, 20*(4), 398-417.

Prilleltensky, I., & Prilleltensky, O. (2003). Synergies for wellness and liberation in counseling psychology. *The Counseling Psychologist, 31*, 273-281.

Shiraev, E. B., & Levy, D. A. (2010). *Cross-Cultural Psychology: Critical Thinking and Contemporary* Applications (fourth edition). Boston, MA: Allyn & Bacon.

Thomas, K. R. (1991). Oedipal issues in counseling psychology. *Journal of Counseling and Development, 69*, 203-205.

Villa, R., & Thousand, J. (1988). Enhancing success in heterogeneous classrooms and schools: The power of partnerships. *Teacher Education and Special Education*, 144-154.

Weinrach, S. (1991). CACREP: The need for a mid-course correction. *Journal of Counseling and Development, 69*, 491-495.

Welch, M., Sheridan, S. M., Fuhriman, A., Hart, A. W., Connell, M. L., & Stoddart, T. (1992). Preparing professionals for educational partnerships: An interdisciplinary approach. *Journal of Educational and Psychological Consultation, 3*(1), 1-23.

제**5**부

사회정의의 적용

Social Justice Counseling: The Next Steps Beyond Multiculturalism

사회현장연구: 사회정의 실천을 위한 주요 도구

어떤 사람은 다른 사람들이 아침에 일어나 꿈을 이루기 위해

열심히 일하는 동안 성공에 대한 꿈만 꾼다.

－저자 미상

어떤 사람은 있는 그대로를 보며 왜냐고 묻지만,

나는 존재하지 않는 것들을 꿈꾸며 "왜 안 돼?"라고 묻는다.

－George Bernard Shaw

한 사람에게 직접적인 영향을 미치는 일은 모든 사람에게 간접적으로 영향을 미친다.

당신이 원하는 사람이 되기 전까지 나는 내가 원하는 사람이 될 수 없다.

이것이 바로 서로 연결되어 있는 현실의 구조이다.

－Martin Luthar King Jr.

1. 연구를 언제 활용해 보았는가? 연구가 어떤 목적으로 활용되었나?

2. 연구가 사회정의를 이루는 데 어떠한 도움을 줄 수 있을 것으로 생각하는가? 예를 들어 보시오.

3. 특정 상황을 바꾸는 것에 도움을 주기 위해 당신은 어떻게 자료와 연구 결과를 발표하겠는 가? 연구 결과를 발표함에 있어서 변화를 촉진시키는 데 중요한 역할을 할 수 있는 요소들이 있는가?

4. 클라이언트들과의 상담 과정에서 연구는 어떤 역할을 할 수 있는가? 임상에서 연구를 활용할 기회가 있는가?

5. 상담사, 심리치료사, 사회복지사로 일하면서 관련 자료를 수집할 수 있는 쉬운 방법에는 어떤 것들이 있는가?

6. 어떠한 활동이나 과제가 대학원 과정에서 사회정의를 학습하는 데 도움이 될 수 있겠는가?

연구 자료는 우리가 심리치료사, 상담사, 사회복지사로서 수행하는 업무의 효과성을 보여 주는 중요한 역할을 한다. 자료 수집을 위해 상담사, 심리치료사, 사회복지사들이 사회실행연구(social action research)에 대한 근본적인 이해를 갖추는 것은 중요하다. 이 장에서는 사회정의를 추구함에 있어서 기초 연구에 대한 이해와 수행의 중요성에 대해 논의하고자 한다. 우리는 연구와 사회변화의 관계에 대한 논의에서부터 출발하여, 이와 관련된 연구방법에 대한 논의로 이어 갈 예정이다. 이후 사회정의 실천을 실행하고 있는 심리치료사, 상담사 그리고 사회복지사들의 사회실행연구 적용에 대해 초점을 맞추어 논의를 진행할 것이다.

왜 연구가 필요한가

연구의 활용은 사회부정의와 인권 침해를 없애기 위한 노력에 있어서 매우 중요한 도구이다. 원조 전문가들 중 어떤 이들은 연구의 이점을 보지 못하여 연구 자료의 활용을 간과한다. 어떤 사람들은 연구를 싫어하거나 무서워해서 자신이 하고 있는 일과 연구는 관련이 없다고 간주해 버린다. 또 다른 이들은 연구에 대해 부정적인 견해를 가지고 있다(Robinson, 1994). 상담 분야에서의 연구에 대한 아주 오래된

양가감정은 지금까지 계속 이어지고 있으며(Sprinthall, 1981), 이는 연구와 실천 간에 관계가 없다고 여기는 몇몇 사람의 신념을 공고히 하는 데 기여하고 있다. 우리는 사회정의 상담(social justice counseling)의 매우 중요한 연구와 적용 사이에 연결고리가 있어야만 한다는 신념을 가지고 있다. 우리는 체계를 변화시키고, 클라이언트, 가족, 학교 그리고 지역사회의 삶의 질과 심리적 안녕감을 높이기 위해 자료, 통계 그리고 연구 결과가 중요한 도구라고 주장하고 있다.

Prilleltensky(1997)는 연구에서 도출된 지식은 사회운동의 도약판이 되어야 한다고 제안했다. 이는 과학적인 연구 결과에 기반을 두고 있는 실증적 증거가 절대적인 진실로 여겨지고 있는 서구 사회의 세계관에 더 적합한 이야기이다. 그러므로 사회정의 심리치료사, 상담사 그리고 사회복지사들은 연구가 자신들이 하고 있는 다른 일들과 동일하게 효과가 있고, 연구를 가치 있는 도구로서 인정하고 포용하는 것이 중요하다. 연구 자료를 어떻게 하면 간단하면서도 신뢰성 있게 수집할 수 있으며, 사회변화를 위해 이를 어떻게 활용할 수 있는지 그 예를 다음에서 제시하고자 한다.

사회변화를 위한 연구 자료의 활용

심리치료사, 상담사 그리고 사회복지사가 효과적인 변화 매개인이 되기 위해서는 변혁의 대상이 되는 체계들과 소통을 할 수 있어야 한다. 효과적인 소통은 조직의 문화를 이해하고, 사회변화에 필요한 자료를 수집하기 위해 주어진 환경에서 무엇을 조사해야 하는지 파악하는 일을 포함한다. 예를 들어, 미국의 고등학교는 대체로 시험 성적으로 평가받고 있기 때문에, 학생들의 학업 성과 및 성취에 주로 관심을 갖는다. 큰 시험을 앞두고 있을 때, 학업 성과를 향상시킬 수 있는 중요한 방법 가운데 하나로 상담 전략 및 개입을 통한 학생 또는 클라이언트의 심리적 안녕의 향상을 꼽을 수 있다. 학교 심리치료사, 상담사 그리고 사회복지사를 학교에서 적극적으로 활용하려고 할 때, 행정가들의 관심이 학업 성과에 있기 때문에 정신건강 개입 프로그램을 지지하지 않는다는 어려움이 있을 수 있다.

학교에서 일하는 심리치료사, 상담사, 사회복지사들은 이에 대해 자신들의 역할을 정신건강의 관점에서 좁게 정의하여 지속적인 어려움을 겪기보다는 상담 회기의 효과가 학업성취에 영향을 미친다는 사실을 체계적으로 기록하는 것이 훨씬 더 합리적인 대응방법일 것이다. 따라서 상담 회기가 친구관계의 문제, 가족 긴장, 왕따, 지역사회 폭력의 영향, 약물남용과 예방을 다루더라도 개인, 집단, 가족 개입에서 수집된 자료는 학업 성적, 출결 상황, 자퇴율, 징계 요청 등을 포함할 수 있다. 수집된 자료는 학교환경의 언어를 구사하여 상담이 어떻게 학업 성과 혹은 성취와 연관이 있는지를 행정가들에게 보여 줄 수 있는 과학적 증거가 된다.

그 예로, Bemak, Chung과 Sirosky-Sabado(2005)의 연구를 꼽을 수 있다. 이들은 학교를 중퇴할 가능성이 높은 고위험 여학생 8명과의 집단상담이 학업 능력 향상에 유의미한 영향을 미쳤다는 사실을 입증하였다. 이들은 성적, 출석률 등을 자료로 활용하여 프로그램에 참여했던 8명의 여학생이 모두 좋아졌음을 보여 주었다. 이 연구는 정교한 통계 분석이나 복잡한 연구방법이 아닌 단순한 자료 수집을 통해 이루어졌다는 점이 중요하다. 더욱이 수집된 자료는 학교에도 중요하였으며, 학교 행정가들은 이러한 자료 수집을 적극적으로 지지하였다.

상담 개입 이전의 상태와 상담 개입 이후의 상태를 대조하기 위한 자료 수집은 비교적 간단하며 쉽다. 앞의 예에서는 비교적 쉽게 측정이 가능한 학생들의 지각, 출·결석, 징계 요청, 교실 내에서의 문제행동, 성적, 가족 참여 정도 등을 분석하였다. 수집된 자료는 학교의 전반적인 학업 목표를 달성하는 데 있어서 상담 개입이 어떠한 영향을 미칠 수 있는지에 대한 증거를 제공하여 궁극적으로 상담에 대한 행정적 지원을 가능하게 하였다. 따라서 연구는 엄격한 양적 연구방법이 아닌 비교적 쉽게 적용할 수 있는 연구방법의 활용을 통해서도 가능하다.

창의적인 연구: 여러 연구방법의 활용

역사적으로 사회과학 연구는 과학적·객관적 관점이 지배적이었다(Bemak, 1996; Tyler, 1991). 이 관점은 연구와 실천 사이의 연관관계가 거의 없다는 잘못된 선입견을 도출했다. 물론 전통적으로 행했던 기존의 실증적 양적·질적 연구방법도 사회정의 연구의 한 축을 이룰 수 있으나, 우리는 전통적으로 행했던 실증적 연구방법이 효과적인 사회정의 실천을 위한 유일한 방법이 아니라는 점을 주장하고자 한다.

사회정의 실천은 때로는 혁신적이고 창의적인 방법의 정보 수집을 요구한다. 사회적 이슈에 대한 자료를 수집하기 위해서 심리치료사, 상담사 그리고 사회복지사들은 전통적인 연구 설계와 방법을 넘어서 사례연구, 사회실행연구, 또는 민족지 연구 등의 방법을 활용해야 한다. 이러한 연구방법은 각기 중요한 정보를 제공하며, 연구자가 아닌 전문가들이 비교적 쉽게 활용할 수 있다. 또한 양적 연구방법과 질적 연구방법을 동시에 활용하는 등 여러 개의 연구 설계를 같이 활용하는 것도 가능하다. 이 모든 방법은 연구에 포함되며, 실증적 연구 설계 못지않게 엄격하고, 신뢰도와 타당도가 높을 수 있다(Kumar, 2007).

우리는 연구를 수행하고 활용하는 것이 사회부정의와 인권 침해를 예방하고, 이미 발생한 사회부정의와 인권 침해에 개입하며, 이를 제거하고자 하는 심리치료사, 상담사, 사회복지사의 중요한 역할 중 하나라고 믿는다. 활용 가능한 연구 설계는 누가 조사를 하는지 그리고 연구 수행에 필요한 관리자와 동료의 지지와 자문을 얼마나 받을 수 있는지에 따라 달라질 수 있다. 자료를 수집하고 결과를 분석하는 것은 사회정의 상담사, 심리치료사, 사회복지사 업무의 중요한 단계 중 하나이다. 사회정의 틀 안에서 연구를 하는 궁극적인 목적은 사회정의와 관련된 사안을 조사하는 데 도움이 되고, 클라이언트와 더 큰 사회체계들을 변화시키는 데 적용 가능한 연구들에 집중하기 위함이다. 연구의 수행은 추가적인 과업이나 장애요인으로 여기기보다는 도움이 되고 유용한 것으로 바라보는 자세가 중요하다.

심리치료사, 상담사, 사회복지사가 특히 연구를 수행한 경험이 없을 때는 스스로 연구를 수행할 필요는 없다. 상담학과, 심리학과 그리고 사회복지학과의 대학교 교수나 박사과정생, 성과 자료를 필요로 하는 기관이나 학교 그리고 다른 전공의 동료 등 공동연구를 할 수 있는 자원은 충분히 많다. 다른 사람들과의 공동연구는 연구 수행에 매우 귀중한 다른 인적·물적 자원을 들여올 수 있는 가능성을 높인다. 갱(gang) 예방 전략의 효과성을 평가하고 싶지만, 연구를 설계할 능력이 없는 심리치료사를 예로 들고자 한다. 이 심리치료사가 추진할 수 있는 접근방법은 여러 가지가 있을 수 있다. 하나는 근처의 대학에서 이 분야에 관심을 가지고 있는 교수를 찾아서 파트너십을 맺는 방법이다. 두 번째 방법은 이 분야에서 일을 하고 있었던 주(state)나 지역의 기관 혹은 관련 정부 부처에 연락을 해서 연구 프로젝트를 함께 설계할 수 있는 가능성을 타진해 보는 방법이다. 세 번째 방법은 갱 활동이 있는 학교에 연락을 해서 그 학교의 심리치료사, 상담사, 사회복지사들과 파트너십을 맺고, 함께 연구 프로그램을 발전시킬 의향이 있는지 타진해 보는 방법이다. 이 전략들은 모두 협력적인 팀 접근을 하고, 연구 기술이 있는 사람들을 포섭할 수 있는 가능성을 제공한다.

사회실행연구를 활용하여 사회 이슈를 이해하고 사회변화를 추구하려는 심리치료사, 상담사, 사회복지사들이 중요하게 고려해야 할 점은 바로 연구 설계이다. 사회실행연구의 철학, 미션 그리고 목적은 사회정의의 가치 혹은 신념과 맥을 같이하나, 실증적 연구의 설계는 사회변화를 위한 연구의 것과 일치하지 않을 수 있다. 사회실행연구는 특정 이론, 모형, 기술 혹은 개입방법의 증거를 개발하고, 형성하며, 전통적인 연구방법과 차별성을 갖는다. 사회실행연구는 사회변화를 만들어 내고, 행동으로 옮기는 데 집중하며(Reason & Bradbury, 2001), 전통적인 연구방법과 함께 활용될 수 있다. 다음 절에서는 사회실행연구의 역사와 목표를 간략하게 개괄하고, 사회실행연구와 사회정의 실천의 관계에 대해 논의해 보고자 한다.

사회실행연구는 무엇인가

사회실행연구의 역사

심리학, 상담학 그리고 사회복지학에서 사회실행연구(Social Action Research: SAR)의 중요성과 그것이 사회정의와 인권에 기여할 수 있는 잠재력을 이해하기 위해서는 사회실행연구의 역사를 이해하는 것이 중요하다. 오랜 시간 동안 실질적인 문제를 해결하기 위해 참여적인 형태의 연구는 존재해 왔고(Hall, 2001), 그 기원은 아리스토텔레스 시대까지 거슬러 올라갈 수 있기 때문에(Eikeland, 2001), 사회실행연구가 새로운 개념은 아니다. 예를 들어, 마르크스주의의 철학적 기조는 세상을 이해하는 것보다 세상을 바꾸는 것이 더 중요하다고 강조하였다. 많은 실행연구자는 사회실행연구의 기원을 1930년대와 1940년대에 활동했던 Kurt Lewin의 연구로 보고 있다. Lewin은 전 세계적으로 도입이 된 **실행연구**라는 개념을 만들어 낸 것으로 인정을 받고 있다(Adelman, 1993). 이 개념은 정치적 해방, 교육개혁 그리고 정부 조직,

비정부 조직(NGOs), 세계은행(World Bank) 등의 다국적 조직과 같은 기관의 발달을 위한 사정 등 다양한 영역에서 활용이 되고 있다(Gaventa & Cornwell, 2001).

사회실행연구의 가장 훌륭한 예로 Freire(1970)의 연구를 꼽을 수 있다. 그는 억압된 브라질의 해방을 위해 참여연구 방법을 적용하였다. John Dewey는 미국의 진보적인 교육운동을 위해 실행연구를 활용하였으며(Noffke, 1994), 영국에서는 교육과정을 바꾸기 위해 사회실행연구를 적용하였다(Elliott, 1997). 이와 유사하게, 호주에서는 실행연구를 토대로 협력적 교육과정을 도입하기 위한 운동이 일어났다(Kemmis & Grundy, 1997). 실행연구를 활용한 이슈와 나라의 범위를 살펴보면, 사회실행연구가 전 세계적으로 널리 퍼져 있다는 것을 보여 준다(Reason & Bradbury, 2001).

사회실행연구의 토대는 성별과 인종의 해방(예: 여성운동과 시민권운동)에 있다고 제안한다(Bell, 2001; Maguire, 2001). 이 두 운동은 의식을 고양시키고, 권력 기반의 구조와 실천에 맞서는 것에 목적을 두고 있었다. 두 운동은 실행연구와 목표가 유사했다. 여성운동과 시민권운동은 기존의 권력구조를 급진적으로 변화시킬 수 있는 임파워먼트를 기본적인 목표로 설정하였다. 또한 두 운동은 더 나은 사회정의, 공평성, 성별과 인종에 관계없이 모든 사람을 위한 민주주의를 위해 기존 체계 안에서의 권력관계를 극적으로 재정의하고자 하였다.

다른 사람들은 실행연구가 체험학습과 심리치료에 그 근간을 두고 있다고 주장한다(Schein & Bennis, 1965). 다양한 심리치료와 상담에 널리 포함되어 있는 과정이라는 측면에서 심리치료와 상담은 상호 탐구의 종류라고 주장한다(Rowan, 2001). 이는 특히 회복의 과정에서 치료적 역동이 중요한 집단상담이나 실존주의적이고 인본주의적인 심리치료 방법에 해당되는 이야기이다. 한 예로, Schein(2001)이 만든 **임상적 탐구**라는 개념이 학습 공동체로 발전된 결과를 보여 준 영국의 사례를 꼽아 볼 수 있다(Senge & Scharmer, 2001). 학습 공동체는 인본주의적 접근을 토대로 하고 있었으며, 실험 과정을 통해 개발되었고, 그 결과 협력적 탐구의 발전을 가져왔다(Heron, 1971).

1960년대와 1970년대 전 세계의 사회과학자들은 사회부정의와 인권 침해에 대한 의식을 더 많이 증진시켰다. 이들 중 대다수는 다른 사람들의 고통을 보면서 행동의 중요성을 느꼈다(Gustavsen, 2001). 전 세계적인 폭로가 증가함에 따라, 전 지구적인 인권 침해에 대응할 방법을 찾던 많은 수의 사회과학자는 자신들이 받았던 전통적인 교육과 그들이 일하고 있던 대학과 기관을 상대로 문제 제기를 하였다. 동시에 몇몇 사회과학자는 전통적인 교육 방식과 기관 지원의 부재로 인해 자신들이 느끼는 불만족도가 점점 늘었다. 부정의에 대한 의식 고양과 이러한 문제를 해결하기 위한 기관의 장애는 이들로 하여금 학계를 떠나도록 하였다. 예를 들어, 사회실행과 연구를 위한 로스카 재단(Rosca Foundation for Research and Social Action)은 콜롬비아에 설립된 첫 비정부 조직이었다. 이 조직은 소작농들이나 인디언들과의 협력을 통한 사회정의 구현을 위해 대학을 떠난 사회과학자들에 의해 만들어졌다(Fals Borda, 2001).

사회부정의에 대항하기 위한 운동은 전통적인 연구방법으로 훈련된 사회과학자들로 하여금 표준적인 연구 방식에 대해 재검토해 보고, 전통적인 연구 방식이 사회부정의 문제에 적용 가능한지를 묻게 하였다. 기존의 연구 방식에 대한 문제 제기에는 인권을 더 잘 이해하기 위한 탐색도 포함되어 있다. 이야기, 증언, 서술, 구술 역사 수집하기 등 정보 수집을 위한 새로운 연구방법들이 개발되었다. 연구 참여자 및 응답자에 대한 개념도 접근이 용이한 개인이나 학생과 같이 전통적인 표본의 개념에서 자유 투사, 토착민, 정신질환자 등 더 넓은 범위의 사람들로 확대되었다. 자료와 정보는 설문지나 관찰 등을 통해 이루어지는 협소하고 제한된 과정을 통해서 얻기보다는 직접 참여, 개입, 사회운동 과정의 개입 등의 활동을 통해 얻었다(Fals Borda, 2001). 연구를 변화시키기 위한 운동에 참여했던 사람들은 학계에서 통용되는 과학과 일반인들의 대중적인 사고를 융합할 수 있는 방법을 발견하였다. 둘의 통합은 사회변화를 위해 과학적 지지가 필요했던 낮은 계급에 의한 그리고 그들을 위한 더 포괄적이고 적용 가능한 지식을 지향하였다.

전통적인 연구방법들에 대한 문제 제기는 사회과학자들의 양심과 개인적인 윤리 기준의 성장을 수반하였다. 많은 학자는 세계, 국가, 지방 및 지역사회의 사회부정의 문제를 연구 과제에 반드시 포함시켜야 한다고 느꼈다. 많은 학자는 이러한 문제를 배제하는 것은 윤리 기준에 위배되는 일일 뿐만 아니라, 자신들의 도덕적 양심에 위배되는 행위라고 여겼다. 이에 따라 전체론적 인식론을 토대로 '머리와 가슴이' 함께 일을 해야 하는 상황이 발생하였다(Gustavsen, 2001). 많은 연구자에게 한때 자신의 승진과 진급에 매우 중요하게 여겨졌던 것들을 거부하는 연구의 변혁이 일어났으며, 그들은 연구의 범위를 재정의하였다. 많은 사회실행 연구자는 과거의 연구 대상자였던 사람들과 파트너십을 이루었고, 사회의 변화와 더 큰 사회의 개선을 이루기 위해 이들과 함께 일을 하였다.

사회실행연구는 많은 이론적 지향과 영감을 총망라하고 있다. 실용주의 철학 (Greenwood & Levin, 1998; Levin & Greenwood, 2001), 비판적 사고(Carr & Kemmis, 1986; Kemmis, 2001), 민주주의의 실천(Gustavsen, 2001; Toulmin & Gustavsen, 1996), 해방주의자들의 사고(Fals Borda, 2001; Selener, 1997), 인본주의 그리고 초개인 심리학(Heron & Reason, 2001; Rowan, 2001), 구성주의 이론(Lincoln, 2001; Ludema, Cooperrider, & Barrett, 2001), 체계적 사고(Flood, 2001; Pasmore, 2001), 복잡이론 (Reason & Goodwin, 1999) 등을 활용하고 있다. 사회실행연구는 사회실행연구에 영감을 준 다양한 이론과 개인, 지역사회, 조직 그리고 더 큰 사회를 포함시킴으로써 미시적 차원과 거시적 차원의 이슈를 모두 검증할 수 있었다. 사회실행연구는 이론적으로 그리고 방법론적으로 사회정의를 목표로 하는 상담 혹은 심리치료와 호환성이 높았으며, 사회부정의와 불공평 문제를 해결하는 데 활용될 수 있는 유연성과 융통성을 가지고 있었다.

사회실행연구의 목표

실행연구에 대한 아이디어는 사회과학자들이 실험실이 아닌 현장에서 실험을 하기 시작하면서 생기기 시작하였다. 전통적인 과학적 연구는 엄격한 연구방법론, 통제 가능한 변수, 재연이 가능한 방법 그리고 일반화시킬 수 있는 결과들에 토대를 두고 있다. 과학적 연구자들은 또한 일반적으로 대학이나 연구 기관, 연구소 그리고 기업의 연구 부서에 있는 사람들로 간주되어 왔다. 연구자들은 특정적으로 연구에 대한 훈련과 교육을 받았고, 명확한 연구 의제를 가지고 있는 기관이나 조직의 구성원이었으며, 서술 혹은 구술의 방법을 이용한 질문의 활용, 개인 또는 집단의 관찰, 실험 등을 통한 연구를 개발하고 수행하였다. 이러한 연구에 대한 우려는 연구자의 사고나 연구의 가설과 연구 대상자가 되는 집단의 관심사나 경험의 관계가 매우 적다는 점이다(Heron & Reason, 2001). 그러므로 전통적인 연구는 대체로 실질적이기보다는 이론적이라고 주장할 수 있다.

기존의 연구 설계나 방법과는 대조적으로 사회실행연구는 이론 자체가 변화를 만들어 낼 수 있는 힘이 약하며, 이론과 실제의 복잡한 상호작용이 훨씬 더 많이 필요하다고 주장한다(Gustavsen, 2001). 실증적 연구의 성과는 사람들로 하여금 행동을 하거나 자신들의 삶을 변화시킬 수 있는 방법을 제시해 주지 않는다. 대조적으로 사회실행연구는 이론을 발달시키기 위해서 수행될 뿐만 아니라 직접적으로 현장 적용에 기여하기 위해 수행된다. 예를 들어서, 변혁적인 참여 평가는 정치적인 입장을 택하고 변화를 추진하고자 하는 억압된 지역사회의 권력과 사회정의를 증진시키는 것을 목표로 한다(Whitmore, 1998). 따라서 사회실행연구에서 얻은 결과는 행동에 도움이 된다.

사회실행연구는 "참여적 세계관을 기반으로 두고, 가치 있는 인류의 목적을 추구하기 위해 필요한 실용적인 지식을 개발하는 것에 관심을 갖는 참여적·민주적 과정"으로 정의된다(Reason & Bradbury, 2001, p. 1). 일반 시민들이 일상생활에서 발생하는 관심사, 이슈, 문제 제기 등을 다루는 연구를 의미하며, 그 과정에서 사람들은 자신의 상황에 대한 지식을 생산한다. 이는 새로운 지식이 상황을 바꿀 수 있는 행동으로 이어질 수 있다는 의도에서 비롯되었다. 무엇보다 문제해결에 초점이 맞춰져 있으며, 지식의 생산은 그다음이기 때문에 궁극적인 목표는 지역사회, 사회, 기관, 조직, 구조 그리고 체계의 발전과 변화로 이어진다. 따라서 사회실행연구는 불평등, 불공평한 대우, 사회부정의 그리고 인권 침해의 축소 혹은 제거로 이어질 것이다. 사회실행연구 지식의 성과는 이후에 장기적으로 행동-반추-행동의 순환 과정에 포함된다(Rahman, 1991). 또한 사회실행연구의 과정을 통한 문제해결 단계에서는 보다 기초적인 사회적·문화적 변형이 이루어진다(Hall, 1981).

사회실행연구의 네 가지 특징

사회정의 상담사, 심리치료사 그리고 사회복지사들과 관계되는 사회실행연구는 네 가지 공통적인 특징을 갖는다. 이는 ① 민주적이며, ② 공정하고, ③ 해방적이며, ④ 삶의 질을 증진시킨다는 것이다.

사회실행연구의 민주적인 특성은 응답자의 연구 기여에 대한 가치와 무게를 의미하며, 연구에 관여하는 모든 사람이 연구에 참여하는 것을 의미한다. 따라서 치료 시설에서 이루어지는 약물중독 예방에 관한 연구를 실행하기 위하여 연구 방법과 절차를 개발하고 적용하는 과정에는 시설 수용자, 직원 그리고 관리직이 모두 포함된다. 연구에서 그들의 참여는 모두 똑같은 중요성을 갖게 된다.

사회실행연구의 두 번째 공통적인 특성은 **공정성**이다. 모든 사람이 연구에 기여할 만한 가치 있는 무언가를 가지고 있다는 것이 기본 가정이다. 사회실행연구에서는 응답자의 질에 대한 차별이 없으며, 모든 사람이 가치 있는 무언가를 기여할 수 있다는 신념을 갖고 있다. 예를 들어, 저자들은 도심 지역의 중학교에서 학업 실패의 위험이 가장 높은 학생들의 가족 참여도를 높여 학업성취를 증진시킬 수 있는 프로젝트의 지원을 받기 위한 계획서 작성에 필요한 지원금을 받았다. 이 학생들의 부모, 할머니, 보호자 그리고 양육자들을 만나는 과정은 꾸준히 점진적으로 더 많은 참여자들의 관심을 불러 모았던 매우 더딘 과정이었다. 흥미롭게도 과거에 학교에서 제대로 인정받지 못하였으며, 가치 있다는 평가를 받지 못했다고 느낀 이 어른들은 모두 학교의 교직원과 관계를 맺지 않고 있었다. 이 프로젝트는 엄청난 성공을 거두었는데, 가장 큰 이유는 모든 사람의 의견, 관심사 그리고 아이디어에 대해 가치 있게 평가하고 존경하는 마음을 갖게 되었기 때문이다. 아무도 자신의 의견에 귀를 기울여 주지 않았던 할머니, 어린 사춘기 딸의 엄마 노릇을 하려고 노력하던 전 약물중독자, 자신의 네 아이를 적절하게 '통솔'하지 못하여 그 분노와 좌절감으로 침실 문을 잠그고 그 안에 있던 엄마, 그리고 큰딸이 소년원에 있던 전 매춘부는 연구와 개입 팀의 핵심 구성원이 된 부모와 보호자들 중에 속한다. 프로그램에서 그들은 자신들을 가치 있게 여기고, 자신의 말에 귀를 기울이며, 자신을 존중해 준다고 느꼈다. 또한 프로그램의 모임은 이들의 걱정거리에 대해 의논하고, 자신들의 이야기를 들려주고, 변화를 창조할 수 있는 장소와 기회를 제공하였다.

실행연구의 세 번째 공통적인 특성은 **해방**이다. 연구를 통해 누군가가 자신의 상황을 변화시키고 억압으로부터 자유롭게 해 줄 수 있다는 생각은 영향력이 강한 신념이다. 사회실행연구는 이러한 해방을 제공할 수 있는 가능성을 갖는다. 이에 대한 예로, 내가(Fred) 상급진학 프로그램에서 일하던 것을 꼽을 수 있다. 상급진학 프로그램은 빈곤에 대처하기 위해 케네디 대통령이 만들었다. 학교에서 낙제할 위험이 있거나 소외계층인 고등학생과 그들의 가족과 함께 노력하여 학업 능력을 증진시키고, 대학 진학을 보장하는 것이 상급진학 프로그램의 목표 중에 하나이다. 이 가족들과 함께 일하면서 나는 지속적으로 절박함과 절망감을 보았다. 이를 피하기 위해, 나는 이들과 함께 사회실행연구를 진행하여 가족과 학생들을 위한 변화를 추진하는 데 도움이 될 수 있는 자료를 수집하였다.

한 지역에서 일할 때, 나와 부모들은 자신들의 아이들과 그 지역사회를 위해 어떤 변화가 있으면 좋겠는지에 대해 반복적으로 의논을 하였다. 이러한 논의의 결과, 한 부모는 정치인이 되기로 결정하였다. 부모 모임과 상급진학 프로그램 학생들이 과거에 우울한 실직자였던 한 아버지의 선거운동을 계획하고, 조직하며, 이를 진행시키는 과정을 보는 것은 매우 놀라운 일이었다. 공동 작업과 관련 연구를 통해 얻게 된 신념과 활동은 연구 참여자들에게 진정한 해방감을 맛볼 수 있게 해 주었으며, 제한된 자신의 상황을 넘어설 수 있는 희망을 제공하였다. 이는 그 당시에 그들이 직면하고 있었고 자신들을 무기력하게 만드는 상황을 적극적으로 바꿀 수 있는 동기를 부여하고 용기를 주었다. 바로 이것이 실행을 하는 연구였다.

모든 실행연구와 사회정의에 적용 가능한 네 번째 공통적인 특징은 **삶의 질 증진**이다. 한 사람의 삶, 세계 그리고 관계를 성장시키고 확대시키는 것은 그 사람의 삶을 풍요롭게 하는 것이다. 사회실행연구는 한 사람의 삶에 있어서 새롭고 건강한 부분을 만들어 줄 수 있는 가능성을 제공한다. 개인이 자신의 잠재력을 더 잘 발휘하고 더 넓은 지평을 추구할 수 있도록 해 준다.

사회정의를 위해 일하는 심리치료사, 상담사, 사회복지사들은 사회실행연구의 설계, 실행 그리고 적용에 관해 숙지하고 있어야 한다. 심리치료사, 상담사 그리고 사회복지사들은 자신들이 훈련받은 전통적인 연구방법을 이용하는 대신 사회실행연구를 이용해야 하며, 새로운 방법론을 포함시키고, 통제집단을 다시 고려하며, 사회변화를 위해 연구 결과를 어떻게 활용할 것인지를 사정할 수 있도록 노력해야 한다. 원조 전문가들이 활용하는 사회실행연구의 적용은 새로운 기술, 전통적인 연구방법의 각색 그리고 과거의 기술에 의존하기보다는, 사회정의와 사회변화 실천과 일치하는 연구 기술의 습득을 요구한다.

사회정의, 사회실행연구 그리고 상담학, 심리학 및 사회복지학의 관계

사회실행연구와 사회정의를 추구하는 원조 전문가들은 사회정의를 추구한다는 공통된 목표를 가지고 있다. 이전에 논의하였듯이, 사회실행연구의 뿌리는 사회의 불평등과 부정의에 대해 맞설 수 있는 정보와 지식을 수집하는 것이다. 이와 유사하게, 심리치료사, 상담사, 사회복지사는 직업의 특성상 변화의 과정에 관여한다. 사회실행연구와 사회정의 상담 모두 사회의 모든 구성원의 삶의 질을 증진시킬 수 있는 기회와 자원에 대한 접근성이 공평하게 제공될 수 있도록 현재 상태를 개선시키는 것을 바람직한 성과로 보고 있다. 사회실행연구와 상담 및 심리치료는 개인, 집단, 가족, 지역사회 그리고 기관들이 직면하고 있는 문제에 대한 관심에서 비롯되며, 두 가지 모두 사람들에게 자신들의 상황을 보다 더 나은 방향으로 발전시키고 변화시킬 수 있는 인식, 이해 그리고 기술들이 증진될 수 있도록 도움을 제공하는 것을 목적으로 한다.

그러므로 클라이언트들에게 도움을 제공하기 위한 하나의 수단으로서 사회실행연구를 활용하는 것은 변화를 추구하기 위한 자연스러운 과정이며, 상담과 심리치료의 과정과 유사한 공통점들을 공유한다. 사회실행연구와 상담의 기대 성과는 단순히 지식과 인식의 고양이 아니라 클라이언트들의 삶의 질, 그들의 심리적 성장과 발달 그리고 심리적·사회적 안녕감을 증진시킬 수 있도록 도움을 제공하는 것이다. 이는 변화, 임파워먼트 그리고 더 큰 생태체계적 맥락에 대한 강조를 통해 이루어진다.

상담 및 심리치료와 유사하게, 사회실행연구는 개인, 가족, 집단, 학교, 지역사회 그리고 사회의 삶의 질에 영향을 미치는 사회적 이슈들을 다룬다. 이러한 이슈들의 범위는 매우 넓다. 심리적 안녕감과 관련하여 사회실행연구는 교육, 낙제 성적, 학교 자퇴, 실업, 빈곤, 십대들의 임신, 지역사회 환경과 범죄의 관계, 신체건강과 심리적 안녕감의 관계, 정신건강에 도움이 되는 지역사회 주택 설계 등의 이슈들을 탐색할 수 있다. 다른 이슈들로 지역사회 개발, 장애, 가정 및 지역사회 폭력, 성차별, 이민, 총기 관련 폭력, 전쟁 후 스트레스, 종교와 영성 등을 포함시킬 수 있는데, 이는

〈표 14-1〉 가족은 학교 괴롭힘이 어린 여자아이를 자살로 이끌었다고 의심함

12세의 마리아 에레라는 학교에서 괴롭힘을 경험한 후에 자살하였다. 그녀의 어머니인 메르세데스 헤레라에 따르면, 반 친구들이 마리아를 괴롭히고 때렸다고 했다. 메르세데스는 괴롭힘에 대해 학교와 의논하고자 하였으나, 학교에서는 이에 대해 별다른 대응을 하지 않았다. 그 후 그녀는 마리아가 집에 있는 옷장에서 벨트에 목을 맨 것을 발견하였다. 마리아는 이후에 병원에서 사망하였다. 마리아는 일 년 전에 학생지도 상담사에게 자살하고 싶다고 이야기했으나, 상담사는 아무 조치도 취하지 않았다고 메르세데스는 말했다. 또한 메르세데스는 괴롭힘 문제에 대해 학교에 최소한 20회 이상 항의하였다고 했으나, 학교는 이에 대한 기록이 전혀 없었다. 교육부는 마리아가 지속적인 괴롭힘의 피해자이며 메르세데스가 학교에 항의를 했다는 기록이 없다고 주장하였다. 가족은 학교에 대해 법적인 조치를 취하는 것을 고려하고 있다고 했다. 연구에 따르면, 지속적으로 괴롭힘을 당하는 여자아이들은 그렇지 않은 여자아이들에 비해 우울감을 경험할 가능성이 32배 높으며, 자살을 생각하거나 시도할 가능성이 10배에서 12배 높은 것으로 나타났다.

출처: Family blames bullying for suicide (2008).

건강한 발달, 약물중독, 성적·심리적 학대, HIV/AIDS, 혹은 심리적 안녕감에 영향을 미치는 다른 형태의 억압이나 차별과 관계되기 때문이다(학교에서의 괴롭힘의 잠재적 영향의 예시를 위해 〈표 14-1〉 참조). 앞의 영역들을 조사하는 사회실행연구의 목적은 사람, 가족, 지역사회 그리고 기관에 영향을 미치는 사회적·문화적 상황을 발전시키기 위함이다. 연구의 진행은 상담사, 심리치료사, 또는 사회복지사에게 자신이 한 일들에 대한 결과를 알려 줄 뿐만 아니라 클라이언트들에게도 성과를 알 수 있도록 도와준다. 사회실행연구에 관여할 때에는 사회정의나 인권이 부재한 경우에, 클라이언트들과 다른 사람들이 주어진 상황을 변화시키기 위한 열의를 갖는 협력적 관여가 있으며, 변화를 창조해 내기 위해 도움을 제공하고자 하는 의지가 있다. 이는 전통적인 연구가 제공했던 것과는 다른 패러다임을 제공한다. 사회실행연구에서 연구자, 상담사, 심리치료사, 사회복지사는 무엇을 연구하고 사회 이슈를 어떻게 연구할 것인지를 독립적으로 결정하는 것이 아니라, 클라이언트와 클라이언트의 가족 그리고 지역사회를 포함시켜 이들이 성찰과 변화의 과정에 참여할 수 있도록 한다.

　다시 말해, 사회실행연구와 상담 혹은 심리치료의 유사점들은 자명하다. 이 둘은 도덕적·윤리적 책임감에 기반을 둔 철학적 토대를 가지고 클라이언트에게 가해진 사회부정의에 대응한다. 넓은 사회적 맥락에서 보았을 때, 클라이언트에게 가해지는 사회적 · 정치적 · 문화적 · 역사적 · 생태적 · 영적 영향을 무시한 채 클라이언트의 심리내적 역동만을 다루는 전통적인 심리치료와 상담의 가정을 따른다는 것은 피상적인 것으로 여겨진다. 따라서 사회정의를 위한 상담과 심리치료는 치료적인 만남 그 자체만으로도 변화의 과정에 관여하게 된다. 이와 유사한 것이 실질적인 연구 과정 자체가 변화에 도움이 되는 사회실행연구이다. 따라서 사회실행연구는 사회정의 상담사, 심리치료사, 사회복지사가 활용하기에는 이상적인 도구이다.

상담과 심리치료에서 사회실행연구의 적용

사회실행연구의 근본으로서 교육과 민주화

사회실행연구를 진행하는 상담사, 심리치료사, 사회복지사에게 가장 중요한 것은 협력이다. 협력적인 파트너십의 주요 요소는 조사된 이슈와 그 결과에 대한 교육과 훈련이다. 사회부정의와 인권 침해에 대한 교육을 제공하는 것은 지역사회 구성원들에게 중요한 이슈를 가르치는 사전적인 단계이다. 교육과 사회실행연구에 내포되어 있는 것은 모든 사람이 지역의 관심사에 대해 동등한 발언권을 갖는 바로 민주화 과정이다. 상담사, 심리치료사, 사회복지사가 민주화 과정에 참여하고 이를 촉진시킬 수 있는 한 가지 방법은 연구 결과에 기반을 둔 정보와 지식을 지역사회에 다시 제공하는 일이다. 연구 결과에 기반을 둔 개인의 삶과 지역에 대한 실제 사실은 자신들의 지역사회를 변화시킬 수 있는 가능성을 높인다. 이러한 협력은 밑에서부터의 참여적 민주주의를 창조한다.

이에 대한 한 가지 예로 내가(Fred) 서비스 제공자, 전문가 그리고 지역사회 구성원들과 함께 워싱턴 DC의 한 지역에서 설계한 프로젝트를 꼽을 수 있다. 나는 낮은 시험 성적, 학교 자퇴, 폭력 등의 지표를 통해 고위험 학교로 선정된 한 고등학교에서 폭력 예방 프로그램을 위한 지원을 받았다. 정부의 사회 서비스 부서와 정신건강 부서의 대표들, 학교 상담사 그리고 교장과 함께 회의를 주관하였다. 그 회의에서 문제에 대한 여러 기관의 관점을 알 수 있었으며, 관련된 이슈들을 조사하기 위한 협약을 체결하였다. 문제를 보다 잘 이해하기 위해 세 기관에서 연구 설문지를 공통으로 개발하고 자료를 수집하였다. 그 결과, 그 지역사회는 일자리 부족에 대한 두려움, 경찰 보호가 적절하지 않다는 인식 그리고 지역사회의 공공장소에 대한 관리가 부족하다는 인식을 갖고 있는 것으로 나타났다.

이러한 결과를 토대로 연구팀은 상담사, 심리치료사 그리고 사회복지사들로 하여금 개별 클라이언트들에게 상담을 제공하는 프로그램보다 지역사회의 구성원들과 함께할 수 있는 개입 프로그램을 개발하였다. 새로운 직업 훈련을 시작하였고, 지역 경찰들이 가시적으로 더 많이 배치되도록 하였으며, 지역 주민들에게 자신이 선택한 지역사회의 공공 장소를 관리하고 미화시키는 책임을 부여하였다. 그 결과, 고등학교에서 폭력에 대한 두려움으로 상담을 의뢰했던 사례 수가 유의미하게 감소하였다. 전통적인 연구방법을 통해서 적용할 수 있는 조치들과는 달리, 이러한 결과들과 조치들은 상담사, 심리치료사, 사회복지사들이 클라이언트, 가족, 학교 그리고 지역사회와 함께 혁신적인 방법으로 문제를 제시하고 이에 대응하는 사회실행연구의 문제해결을 위한 고유한 접근 방식과 일치하였다(Fals Borda, 2001).

■ 전문가에서부터 학생까지: 사회실행연구의 핵심

사회실행연구는 자신의 삶 가운데 어떤 부분을 바꾸고자 하는 사람들과 연구자, 사회정의 상담사, 심리치료사 혹은 사회복지사와의 파트너십을 강조한다. 원조 전문가들은 사람-클라이언트-학생-관계자들과 진정한 협력자가 된다. 팀워크는 개인적·사회적·문화적 변화를 위해 공통된 목표를 가지고 동등한 파트너십을 형성하게 한다. 이런 고유한 연구 협조 안에서 상담사, 심리치료사, 사회복지사는 전문가의 역할이 아닌 학생의 역할을 수행하게 되며, 클라이언트들은 원조 전문가들에게 자신의 상황에 대해 교육을 시킨다. 이 과정은 내가(Fred) 브라질에서 노숙 아동들에 대한 연구를 진행했던 경험에 대해 썼던 논문에서 분명하게 나타난다. '거리 연구자들: 노숙 아동과 미래의 연구를 재정의하는 새로운 패러다임(Street Researchers: A New Paradigm Redefining Future Research With Street Children)'(Bemak, 1996)이라는 논문에서 나는 거리 연구자들의 변화하는 역할을 기술하였다.

만약 거리 연구자들이 이 세계에 성공적으로 진입했다면, 이는 연구 대상자일 뿐만 아니라 때에 따라서 교사의 역할과 잠재적으로 위험한 상황에서 보호자의 역할을 수행한 노숙 아동의 안내 덕분일 것이다. 따라서 거리 연구자의 역할은 다차원적이며, '전문가'라는 주관적 현실을 포기하게 만든다. 거리 연구자들은 사회과학자일 뿐만 아니라, 새로운 의사소통 방식, 문화를 통치하는 규율과 규범, 주변 환경과 어떻게 노숙 아동의 문화가 상호작용하는지 그리고 잠재적으로 위협적인 세계에서 어떻게 안전할 수 있는지를 배워야 하는 새로운 문화에 입문한 사람들이다. 이 모든 것은 더 어리고, 가난하며, 교육을 훨씬 덜 받은 '대상자'들의 가르침을 받아들임으로써 이루어진다(pp. 151-152).

브라질의 노숙 아동의 예에서와 같이 풀뿌리, 지역사회 지도자 혹은 클라이언트 자신들이 지도자의 역할을 수행할 때가 있기 때문에 원조 전문가들은 지도자나 전문가의 역할을 포기해야 한다. 이는 주어진 이슈에 대해 모든 것을 알고 있는 전문가에서 협력자 혹은 조력자로 바뀌는 원조 전문가들의 역할변화를 경험하게 한다. 역할변화를 추진하는 원동력은 연구를 하고자 하는 상황을 매일 경험하는 클라이언트들이 그 상황에 가장 근접한 사람들이며, 그 이슈에 대해 가장 잘 아는 능력 있고 자격 있는 권위자라는 가정에 있다.

사회실행연구를 진행할 때, 역할과 권위의 변화는 상담사, 심리치료사, 사회복지사에게 혼란을 불러일으킬 수 있다. 상담과 심리치료의 일부로 사회변화를 도입함에 있어서 전문가들은 자신의 일에 사회운동을 어떻게 포함시켜야 할지 잘 모를 수 있다. 연구 설계, 의사결정, 불공평한 권력관계와 관련하여 그들의 지식이 반영되지 않았던 클라이언트의 목소리에 귀를 기울이는 것도 흥미로운 변화이다. 사회실행연구가 효과적이기 위해서는 연구팀의 구성원들과 클라이언트가 문제의 해결책을 찾아가기 위한 협력이 필요하다. 이는 참여적 공동연구의 한 형태이다. 공동연구의 성과는 클라이언트와 지역사회 구성원들이 지식을 창출하고, 연구 결과를 어떻게 활용할 것인지에 대한 의사결정의 공동 책임을 갖는 데에 있다. 이는 사회적·문화적 제도, 조직, 체계 그리고 구조를 변화시키는 데 있어서 형평성과 공정성을 추구하기 위한 중요한 요소가 된다. 요컨대, 사회실행연구에서 연구자의 역할변화는 핵심적인 가치이며, 클라이언트의 진정한 임파워먼트를 가능케 할 수 있는 잠재성을 갖는다. 한마디로 사회실행연구는 "연구방법일 뿐만 아니라 삶의 철학이다"(Fals Borda, 2001, p. 31).

■ 사회실행연구는 고정관념에서 벗어날 것을 요구함

사회실행연구의 필수 요건 중 하나는 융통성이다. 이미 앞에서 논의된 바와 같이, 사회실행연구를 수행한다는 것은 전통적인 연구방법을 넘어서 조사 전략으로 가족 기록, 구전, 증언, 집합적 기억을 검토하는 것을 포함한다. 이는 사회과학자로 하여금 언어, 문화, 전통, 종교, 사회와 문화적 관계 그리고 역사적·정치적 현실을 조사할 수 있도록 하기 때문에, 이러한 형태의 정보 수집을 심층적 기술이라고 한다 (Bell, 2001). 엄격한 연구가 중요하게 여겨지기는 하나, 연구자와 참여자의 동등한 협력적 관계를 허용하는 연구방법 또한 중요하다고 주장한다(Bell, 2001).

혹자는 사회실행연구가 자신의 의견을 이야기할 수 있는 권리와 관련이 있다고 이야기하기도 한다. 이는 억압된 집단에게 공개적인 발언권을 허용한다. 그들에게 발언권을 주기 때문에 사회실행연구는 참여자들에게 행동을 하거나 하지 않거나, 침묵을 깨거나 깨지 않거나, 생활 실태를 발전시킬 수 있는 방향으로 무엇을 어떻게 연구할 것인지를 확인할 수 있는 권한과 공간을 제공한다. Bell(2001)은 이에 대한 핵심을 다음과 같이 제시하였다.

> 발언권을 다룸으로써, 우리는 권력관계에 영향을 미친다. 사람들에게 귀를 기울이는 것은 그들에게 권력을 주는 것이다. 밑에서부터 개인적인 이야기와 경험들에 대해 이야기하는 것, 귀를 기울이는 것, 확인하는 것, 성찰하는 것 그리고 분석하는 것이 잠재적으로 그들에게 권력을 제공하는 실행연구 전략들이다(p. 62).

우리가 실행연구를 수행할 때, 우리는 학술적인 이론을 도출하려는 것이 아니며, 변화를 추구하거나 사회운동에 대한 이론을 개발하려는 것이 아니다. 오히려 사회실행연구는 더 나은 그리고 더 평등한 세상으로 이끌 수 있는 해방을, 더 많은 자유와 동등한 지위를, 그리고 불평등과 차별적 대우를 없앨 방법을 조사한다. 일상에 적용될 수 있고, 사람들과 지역사회에 더 넓고 더 평등한 관계와 삶을 제공할 수 있도록, 사회적·문화적·경제적·정치적·심리적·영적 삶의 질을 높일 수 있는 더 발전적이고 실질적인 지식을 얻기를 희망한다. 이러한 측면에서 성찰과 이해 없는 사회운동은 맹목적이며 단순한 이론이 되고, 억압적인 혹은 불평등한 상태를 변화시키지 못하기 때문에 사회실행연구는 새로운 형태의 이해를 창조하는 것을 의미한다. 사회실행연구는 참여를 요구하며, 연구 자체가 도움이 될 것으로 기대되는 사람들과 지역사회와 함께, 그들을 위해서 그리고 그들에 의해서만 가능하다. 상담사, 심리치료사, 사회복지사는 이 과정에서 핵심적인 역할을 수행할 수 있다.

미국에서 사회실행연구의 예

협력적인 사회실행연구 프로젝트의 예는 미국으로 이주한 아메라시안(Amerasians, 베트남 출신 어머니와 미국 아버지 사이에서 태어난 아이들)이 겪는 심각한 문제들을 조사하기 위해 미국 국립정신보건원(National Institute of Mental Health)의 지원을 받았던 전국 단위의 연구를 꼽을 수 있다. 1980년대와 1990년대 초에 미국의 정착 지원 기관은 이러한 청소년들이 베트남에서 소외당하고 거절당한 경험으로 인하여 특별한 문제를 안고 있다는 사실을 알게 되었다. 마침내 집에 간다는 희망을 가지고 많은 수의 아메라시안은 1980년대에 미국으로 이주하였으나, 이주한 후에는 자신들이 영어 능력이 없으며, 미국의 베트남 난민들로부터 소외당하고, 자신들의 친부를 찾을 수 없다는 사실을 깨닫게 되었다. 아버지의 나라로 돌아와 꿈과 마음의 평안을 얻을 것이라는 그들의 꿈은 현실이라기보다는 근거 없는 믿음에 가까웠다. 우리(Fred와 Rita)는 포괄적인 전국 아메라시안 연구를 처음 수행하게 되었다(Bemak & Chung, 1998, 1999).

이 연구는 미국 전역에서 12개의 기관을 무작위 추출하여 이들의 협력을 통해 발전하였다. 이 기관들은 베트남 난민들의 이주를 돕는 데 관여하고 있었다. 기관장들, 이 집단과 밀접하게 일하고 있는 전문가들 그리고 아메라시안들(이 연구에 참여하지 않았던)이 연구방법을 설계하는 데 참여하였다. 기관들은 연구 결과를 아메라시안들과 그들의 공동체와 함께 나누는 과정에 참여하였다. 함께 개발한 질문지를 이용하여 기관별로 각각 15명의 아메라시안 집단들이 질문지에 응답하도록 하여 총 12개의 기관에서 설문조사를 실시하였다. 감정적으로 민감한 질문들이 있는 만큼 연구자들은 설문 응답이 끝난 후에 2시간 동안 응답자들에게 설문 문항에 대해 다시 짚어 보는 디브리핑(debriefing) 시간을 가졌다.

흥미롭게도, 모든 기관에서 매우 개인적인 질문(아메라시안의 과거와 현재의 삶, 미국에서의 적응 그리고 미래에 대한 포부를 다루었다)에 대해 응답하는 행위와 그 이후에 설문 문항에 대해 디브리핑을 하는 과정 자체가 연구 참여자들과 그 기관의 직원들에게 변화의 과정을 불러일으켰다. 이는 설문지의 설계와 적용 과정에서의 협력과 연구 참여자들에게 자신들의 삶을 성찰하고 다른 사람들의 이야기를 들을 수 있는 기회 제공이라는 훌륭한 예를 보여 준다. 이 연구의 결과로 기관의 직원들과 아메라시안 연구 참여자들은 개인적·사회적 그리고 프로그램의 차원(직원의 경우)에서 추구하고자 하는 변화를 생각하게 되었다.

아메라시안에 대한 연구는 관심의 대상이 되는 공동체 구성원, 그들에게 서비스를 제공하는 기관과 조직 그리고 대학의 연구자들의 참여를 어떻게 충분히 유도할 수 있는지에 대한 좋은 예를 제공한다. 협력이 연구 프로젝트의 개발 단계에서부터 이루어졌으며, 연구의 모든 과정에서 지속되었다. 이는 응답자들을 수동적인 대상자로 보고 있는 순수과학 연구 모델들과는 상반된다. 사회실행연구에서 참여자, 응답자 그리고 대상자들은 능동적인 사회변혁의 주도자로 여겨지며, 연구는 그들에 대해서 이루어지는 것이 아니라 그들과 함께 이루어지는 것이다(Heron & Reason, 2001).

사회실행연구의 기본은 일반인들이 문제를 이해하고 그들의 상황을 변화시킬 수 있는 방법을 찾기 위해 스스로 아이디어를 개발할 능력이 있고 집합적인 연구팀에서 함께 작업을 할 수 있다는 믿음에서 비롯된다. 이 과정에서 세 가지 다른 종류의 활동이 이루어질 수 있다. 첫째, 문제의 원인과 맥락을 이해하기 위해 문제의 특성을 조사할 수 있다. 둘째, 사람들은 공동체 단위로 자신들을 조직화시킬 수 있다. 셋째, 사회운동을 위해 도덕적·정치적 차원에서 무슨 활동을 해야 하는지에 대한 인식을 향상시킴으로써 자신들을 동원할 수 있다(Fals Borda, 2001).

국제적 맥락에서 사회실행연구

연구 협력과 민주화의 결과로서, 상담사, 심리치료사 그리고 사회복지사들은 그들의 임무에 변화 매개인 역할을 포함시킬 수 있다. 억압의 굴레를 벗기고, 착취, 인종차별, 테러, 폭력 그리고 권력과 자원의 독점을 막으며 그들의 현재와 미래에 대한 의견을 제시할 수 있는 기회를 클라이언트에게 제공하는 것 모두 원조 전문가가 해야 할 기본적인 역할이다.

사회실행연구의 역사에서 검토하였듯이, 사회실행연구는 특정 국가에 국한되어 있는 것이 아니라 전 세계에 적용될 수 있다. Walters(1973)가 미국에서 인종차별과 착취를 경험한 흑인들에 관한 사회실행연구에 대해 통렬하게 진술하였듯이, "연구는 주인의 집을 파괴하고, 사회정의를 실현시키기 위한 도구이다."(p. 206) 이 진술은 호주, 남아프리카, 브라질, 영국 그리고 다양한 다른 유럽국가의 인종차별에도 적용될 수 있다. 다음 절에서는 국제적 맥락에서 사회실행연구 활용의 예를 제시한다.

국제 사회실행연구의 예: 아시아 사례연구

아시아에 사는 동안 나(Rita)는 가난한 시골 지역에 살고 있는 지역사회 구성원들과 함께 할 일이 있었다. 정치적인 억압으로 인하여 지역사회들은 다양한 문제를 경험하고 있었다. 사람들은 적은 식량과 자원을 가지고 비위생적인 환경에 살고 있었다. 그들은 적은 주급을 어떻게 사용할 것인지를 끊임없이 궁리해야 하는 딜레마에 빠져 있었다. 비위생적인 환경과 식량을 구입할 적은 돈은 가족들로 하여금 주급을 이용하여 식량을 구입할 것인지, 아니면 아프지 않기 위해 비누를 살 것인지를 결정하도록 강요했다. 지역사회는 정기적으로 사회정치적인 어려움들과도 직면하였다. 지역사회의 삶의 질을 개선하기 위한 정부의 노력은 실질적인 관심이 없는 형식적인 관례라는 것이 금방 자명해졌다. 진짜 문제의 근원은 독재정권하에서 아무런 반발도 하지 못한 채, 타당한 이유 그리고 법적 청구 과정 없이 구속되거나 수감되는 사회부정의와 잠재적 인권 침해의 두려움 속에서 살고 있다는 것이었다. 비록 나는 문제의 근원에 대해 알고 있었으나, 지역사회 주민들은 그들이 착취당하고 있는 상황에 대해 인식하지 못하고 있다는 사실이 분명했다. 그들은 단순히 삶은 그냥 힘든 것이라고 여기며 살아왔다.

이를 지적하기 위한 하나의 시도로써 나는 지역사회 및 영적 지도자들과 함께 관련된 정보를 수집하기 시작하였다. 이는 더 넓은 생태적 맥락에서 실질적인 문제를 정의하고, 문제를 지속시키고 악화시키는 요소들을 찾아내기 위한 첫걸음이었다. 우리는 지역사회 구성원들의 이야기와 증언들을 듣고 녹음하면서 정보를 수집하였다. 우리가 정보를 수집·분석하고 우리의 연구에서 체계적으로 도출되는 주제를 이해하기 시작하면서, 우리는 지역사회 구성원들에게 정보를 제공하기 시작하였다. 정보의 제공은 어떤 때는 저녁 시간 이후 마을 공터에 사람들이 모일 때나 다른 비공식적인 모임에서 이루어졌으며, 또 어떤 때에는 지역사회 구성원들이 자신들의 집합적인 이야기를 나누고 억압, 차별, 권력의 약화 그리고 절망감과 무기력함에 대한 반복되는 주제들을 논의하기 위해 모인 보다 공식적인 모임에서 이루어졌다.

나는 상담을 하면서 사회정의 이슈를 논의하기 위한 저녁 활동에 참여하고, 어떤 때에는 논의를 통해, 어떤 때에는 정치적인 연극을 통해 그리고 어떤 때에는 이야기 구연을 통해 이 모임들이 창의적으로 진행될 수 있도록 도움을 줌으로써 사회실행연구를 동시에 수행하고 있었다. 아이와 어른을 포함한 지역사회 구성원들이 이 과정에 참여하였고, 이들은 증언과 정치적인 연극을 통해 자신들의 억압 경험을 표현하는 데 흥미를 느꼈다. 이는 모든 지역사회가 나누고, 탐색하며, 분석하고, 설명하며, 궁극적으로 무슨 일이 일어났고, 그것이 개인, 가족 그리고 지역사회 전체에 어떤 의미를 갖는지를 서로 교육시키는 활발한 토론으로 이어질 수밖에 없었다.

이는 지역사회에 여러 가지 효과를 주었다. 첫째, 지역사회 주민들은 다른 사람들도 비슷한 사건을 경험하였으며, 이에 대해 비슷하게 반응했다는 사실을 알게 되었다. 그들은 또한 자신과 지역사회의 삶과 관련하여 부정의한 일에 대해 알게 되고, 동시에 이러한 상황이 일반적이라는 사실도 깨닫게 되었다. 사회실행연구를 통해 배우면서, 그들은 변화의 필요성에 대해 인지하기 시작하였다. 사회실행연구 프로젝트의 결과로 지역사회는 변화하기로 결정하였으며, 변화를 추구할 수 있는 전략에 대해 지역사회가 브레인스토밍을 하기 시작하였다.

Stringer(1999)는 사회실행연구의 마지막 단계가 연구를 통해 수집된 정보를 토대로 지역사회가 다시 검토하고, 재분석하며, 자신들의 반응을 수정하는 것이라고 설명한다. 우리(지역사회와 영적 지도자 그리고 나)가 모임을 진행함에 따라, 지역사회는 그들의 상황을 다시 검토하였으며, 변화를 위한 대응을 재고하였다. 따라서 사회실행연구는 중요한 정보를 수집하고 지역사회 구성원들에게 상담을 제공했다. 뿐만 아니라 앞에서 언급한 정보 수집과 지역사회 상담과 동일하게 중요하다는 인식을 가지고 지역사회 구성원들이 문제를 더 잘 이해하고 분석할 수 있도록 도와주었고, 그들의 아이디어와 의사결정을 지지하였으며, 그들의 반응을 독려하였고, 문제에 대응하기 위한 다양한 전략을 검토할 수 있도록 도와주었다.

■ 정치적 연극과 사회실행연구

문맹 집단과 일을 하면서 나(Rita)는 정치적 연극의 기술을 상담과 심리치료 그리고 사회실행연구의 한 측면으로서 지역사회 활동에 적용하는 것이 다양한 효과를 낳을 수 있다는 사실을 알게 되었다. 이는 심리적으로 격앙된 이야기를 이용한 정보 수집에 도움을 주고, 사람들의 이야기를 활용하여 자신의 감정적인 경험을 공유하는 공개 증언에 기여하였다. 실행의 카타르시스적인 특성은 고통스러운 감정을 치료적으로 해소할 수 있는 기회를 제공하고, 억압된 감정을 방출하여 개인, 가족 그리고 지역사회의 회복에 기여한다.

한 예로, 나는 지역사회 구성원들이 촌극을 쓰고 정치적 연극을 공연할 수 있도록 도와주었다. 이러한 연극을 통해 지역사회는 그 지역사회 전체에 영향을 미치는 정의롭지 못한 삶의 현실적인 문제에 대해 더 잘 알게 되었으며, 그들은 문제의 근원에 대한 지식을 습득하였다. 연극을 통해 어떻게 그리고 왜 삶이 지금과 같게 되었는지 등에 대한 질문들을 도출하였고, 이는 토론, 탐색, 검증 그리고 이론화로 이어졌다. 이러한 연구와 개입 과정의 성과는 지역사회 구성원들이 무엇을 할 것인지에 대해 실질적으로 고려하는 것에 있다. 내가 지역사회의 성찰과 다양한 정치적 촌극의 토론을 진행하면서 지역사회 문제를 해결하기 위한 아이디어, 전략 그리고 실행이 자신들의 생활 실태를 재분석하고 검토한 지역사회 구성원들을 통해 개발되었다.

전체 과정에서 나는 정보를 수집하고, 필요할 때 정치적 연극의 진행을 돕거나, 정치적 연극에 대한 보고 및 성찰에 대한 토의를 진행하며, 간간이 토론에 기여하는 부차적인 역할을 하였다. 내 아이디어나 가치가 이 과정의 어떤 단계에서도 도입되지 않았다는 점은 중요하다. 대신에 사회실행연구의 한 측면에서의 정치적 연극은 그들의 인식을 높였으며, 인식 고양을 통해 사회운동과 사회변화가 이루어졌다. 변화를 이루기 위한 결정은 지역사회에 있는 사람들에게서 비롯되었다.

결론

사회실행연구는 연구자가 아닌 상담사, 심리치료사 그리고 사회복지사들에게는 새로운 영역이다. 이는 사회정의를 위한 일을 함에 있어서 중요한 부분이며, 상담사, 심리치료사 그리고 사회복지사의 역할과 업무 범위의 재정의를 요구한다. 사회실행연구를 활용하면, 그들은 상담사나 임상 전문가일 뿐만 아니라 클라이언트들에게 결과를 다시 알려 주는 교육가, 클라이언트와 학생들과 함께 일을 하기 위해 파트너십을 맺는 연구자, 대인관계 기술을 활용하여 다양한 이해관계자들과 함께 사회변화를 추진하는 리더가 된다. 옹호자가 되는 것은 점차 범위가 확대되어 가는 일의 범위에 내포되어 있으며, 이는 상담사, 심리치료사 그리고 사회복지사들로 하여금 더 넓은 사회적 · 정치적 맥락에서 정치나 사회 행동가가 되도록 촉구한다. 상담사, 심리치료사 그리고 사회복지사가 훈련을 통해 행하는 치료에 사회실행연구를 포함시키는 것은 다단계 모델의 심리치료, 상담, 인권 그리고 사회정의의 한 부분이다. 원조 전문가들의 세계에 사회실행연구를 도입하는 것은 사회정의와 인권을 위해 일하고자 하는 그들의 비전과 약속을 기반으로 한다.

📝 토의문제

1. 실행연구는 전통적인 연구 모델과 어떻게 다른지 설명해 보시오.

2. 연구 실행을 하고자 할 때 당신의 가장 큰 두려움과 걱정은 무엇인가?

3. 당신이 일하는 곳에서 실행연구의 적용이 가능하다고 보는가? 왜 이것이 가능하다고 보는가? 특별히 조사하고 싶은 구체적인 주제를 제시할 수 있는가?

4. 변화시키기를 원하는 체계의 '언어로 소통'한다는 것이 무엇을 의미하는가? 당신이 효과적으로 그들의 '언어로 소통'하기 위해서 현재 직장에서 (만약 현재 직장이 없다면 미래의 직장에서) 어떤 조치가 필요하다고 생각하는가?

5. 일반적인 연구자에 대해 당신은 어떤 고정관념을 가지고 있는가? 당신이 생각하는 사회실행 연구자는 어떤 사람인지에 대해 논해 보시오.

6. 사회정의 상담사, 심리치료사 그리고 사회복지사가 활용하는 사회실행연구의 네 가지 주요 특성은 민주적이며(democratic), 공정하고(equitable), 해방적이며(liberating), 삶의 질을 증진시킨다는(life-enhancing) 점이다. 이러한 특성을 염두에 두고, 다음과 같은 시나리오를 고려해 보시오. 한 지역의 고등학교에서 정기적으로 학교폭력 사건이 일어나고 있다. 작년에는 여섯 번의 총기 사건이 발생하였다. 당신은 정보를 수집하고 문제를 연구하는 데 이 네 가지 특성과 사회실행연구를 어떻게 적용하겠는가? 다음의 질문들에 응답해 보시오.

a. 어디서부터 시작하겠는가?

b. 누구를 대상으로 인터뷰하겠는가? 참여자는 누가 될 것 같은가?

c. 학교 교사와 관리자의 응답과 학생과 부모의 응답 그리고 관리 직원들의 응답의 중요도를 어떻게 평가할 수 있겠는가?

d. 당신의 사회실행연구가 공유되었을 때 어떤 목표와 성과가 나타나기를 희망하는가? 목표와 성과에서 사회실행연구의 네 가지 특성이 어떻게 반영될 것이라 생각하는가?

📖 참고문헌

Adelman, C. (1993). Kurt Lewin and the origins of action research. *Educational Action Researcher, 1*(1), 7-25.

Bell, E. E. (2001). Infusing race into the US discourse on action research. In P. Reason & H. Bradbury (Eds.), *Handbook of action research: Participative inquiry and practice* (pp. 48-58). Thousand Oaks, CA: Sage.

Bemak, F. (1996). Street researchers: A new paradigm redefining future research with street children. *Childhood, 3*, 147-156.

Bemak, F., & Chung, R. C-Y. (1998). Vietnamese Amerasians: Predictors of distress and selfdestructive behavior. *Journal of Counseling and Development, 76*(4), 452-458.

Bemak, F., & Chung, R. C-Y. (1999). Vietnamese Amerasians: The relationship between American fathers and psychological distress and self-destructive behavior. *Journal of Community Psychology, 27*(4), 443-456.

Bemak, F., Chung, R. C-Y., & Sirosky-Sabado, L. A. (2005). Empowerment groups for academic success (EGAS): An innovative approach to prevent high school failure for at-risk urban African American girls. *Professional School Counseling, 8*, 377-389.

Carr, W., & Kemmis, S. (1986). *Becoming critical: Education, knowledge and action research* (3rd ed.). London: Falmer Press.

Eikeland, O. (2001). Action research as the hidden curriculum of the western tradition. In P. Reason & H. Bradbury (Eds.), *Handbook of action research: Participative inquiry and practice* (pp. 145-155). Thousand Oaks, CA: Sage.

Elliott, J. (1997). School-based curriculum development and action research in the UK. In S. Hollingsworth (Ed.), *International action research: A casebook for educational reform* (pp. 17-28). London, UK: Falmer Press.

Fals Borda, O. (2001). Participatory (action) research in social theory: Origins and challenges. In P. Reason & H. Bradbury (Eds.), *Handbook of action research: Participative inquiry and practice* (pp. 27-37). Thousand Oaks, CA: Sage.

Family blames bullying for suicide. (2008, April). WABC-TV Education News. Retrieved from http://abclocal.go.com/wabc/story?section=news/education&id=6080573

Flood, R. L. (2001). The relationship of "systems thinking" to action research. In P. Reason & H. Bradbury (Eds.), *Handbook of action research: Participative inquiry and practice* (pp. 133-144). Thousand Oaks, CA: Sage.

Freire, P. (1970). *Pedagogy of the oppressed*. New York, NY: Seabury Press.

Gaventa, J., & Cornwall, A. (2001). Power and knowledge. In P. Reason & H. Bradbury (Eds.), *Handbook of action research: Participative inquiry and practice* (pp. 70-80). Thousand Oaks, CA: Sage.

Greenwood, D., & Levin, M. (1998). *An introduction to action research: Social science research for social change*. Thousand Oaks, CA: Sage.

Gustavsen, B. (2001). Theory and practice: The mediating discourse. In P. Reason & H. Bradbury (Eds.), *Handbook of action research: Participative inquiry and practice* (pp. 17-26). Thousand Oaks, CA: Sage.

Hall, B. (1981). Participatory research, popular knowledge, and power: A personal reflection. *Convergence, 14*(3), 6-19.

Hall, B. L. (2001). I wish this were a poem of practices of participatory research. In P. Reason & H. Bradbury (Eds.), *Handbook of action research: Participative inquiry and practice* (pp. 171-178). Thousand Oaks, CA: Sage.

Heron, J. (1971). *Experience and method*. Guildford, UK: University of Surrey.

Heron, J., & Reason, P. (2001). The practice of co-operative inquiry: Research 'with' rather than 'on' people. In P. Reason & H. Bradbury (Eds.), *Handbook of action research: Participative inquiry and practice* (pp. 179-188). Thousand Oaks, CA: Sage.

Kemmis, S. (2001). Exploring the relevance of critical theory for action research: Emancipatory action research in the footsteps of Jurgen Habermas. In P. Reason & H. Bradbury (Eds.), *Handbook of action research: Participative inquiry and practice* (pp. 91-102). Thousand Oaks, CA: Sage.

Kemmis, S., & Grundy, S. (1997). Educational action research in Australia: Organizations and practice. In S. Hollingsworth (Ed.), *International action research: A casebook for educational reform* (pp. 40-48). London, UK: Falmer Press.

Kumar, M. (2007). Mixed methodology research design in educational technology. *Alberta Journal of Educational Research, 53*(1), 34-44.

Levin, M., & Greenwood, D. (2001). Pragmatic action research and the struggle to transform universities into learning communities. In P. Reason & H. Bradbury (Eds.), *Handbook of action research: Participative inquiry and practice* (pp. 103-114). Thousand Oaks, CA: Sage.

Lincoln, Y. S. (2001). Engaging sympathies: Relationships between action research and social constructivism. In P. Reason & H. Bradbury (Eds.), *Handbook of action research: Participative inquiry and practice* (pp. 124-133). Thousand Oaks, CA: Sage.

Ludema, J. D., Cooperrider, D. L., & Barrett, F. J. (2001). Appreciative inquiry: The power of unconditional positive question. In P. Reason & H. Bradbury (Eds.), *Handbook of action research: Participative inquiry and practice* (pp. 179-187). Thousand Oaks, CA: Sage.

Maguire, P. (2001). Uneven ground: Feminism and action research. In P. Reason & H. Bradbury (Eds.), *Handbook of action research: Participative inquiry and practice* (pp. 59-69). Thousand Oaks, CA: Sage.

Noffke, S. (1994). Action research: Towards the next generation. *Educational Action Research, 2*(1), 9-18.

Pasmore, W. (2001). Action research in the workplace: The socio-technical perspective. In P. Reason & H. Bradbury (Eds.), *Handbook of action research: Participative inquiry and practice* (pp. 38-47). Thousand Oaks, CA: Sage.

Prilleltensky, I. (1997). Values, assumptions, and practices: Assessing the moral implications of psychological discourse and action. *American Psychologist, 1*, 95-110.

Rahman, M. A. (1991). The theoretical standpoint of PAR. In O. Fals Borda and M. A. Rahman (Eds.), *Action and knowledge: Breaking the monopoly with participatory action-research* (pp. 13-23). New York, NY: Apex Press, and London, UK: Intermediate Technology.

Reason, P., & Bradbury, H. (2001). *Handbook of action research: Participative inquiry and practice*. Thousand Oaks, CA: Sage.

Reason, P., & Goodwin, B. (1999). Toward a science of qualities in organizations: Lessons from complexity theory and postmodern biology. *Concepts and Transformation, 4*(3), 281-317.

Robinson, E. H. III. (1994). Critical issues in counselor education: Mentors, models, and money. *Counselor Education and Supervision, 33*, 339–345.

Rowan, J. (2001). The humanistic approach to action research. In P. Reason & H. Bradbury (Eds.), *Handbook of action research: Participative inquiry and practice* (pp. 114–123). Thousand Oaks, CA: Sage.

Schein, E. H. (2001). Clinical inquiry/research. In P. Reason & H. Bradbury (Eds.), *Handbook of action research: Participative inquiry and practice* (pp. 228–237). Thousand Oaks, CA: Sage.

Schein, E. H., & Bennis, W. (1965). *Personal and organizational change through group methods: The experiential approach.* New York, NY: Wiley.

Selener, D. (1997). *Participatory action research and social change.* Ithaca, NY: Cornell Participatory Action Research Network, Cornell University.

Senge, P., & Scharmer, O. (2001). Community action research: Learning as a community of practitioners, consultants and researchers. In P. Reason & H. Bradbury (Eds.), *Handbook of action research: Participative inquiry and practice* (pp. 238–249). Thousand Oaks, CA: Sage.

Sprinthall, N. A. (1981). A new model for research in service of guidance and counseling. *Personnel and Guidance Journal, 62*, 491–495.

Stringer, E. T. (1999). *Action research* (2nd ed.). Thousand Oaks, CA: Sage.

Toulmin, M., & Gustavsen, B. (Eds.). (1996). *Beyond theory: Changing organizations through participation.* Amsterdam, Netherlands: John Benjamins.

Tyler, F. B. (1991). Psychosocial competence in developing countries. *Psychology and Developing Societies, 3*(2), 171–192.

Walters, R. (1973). Toward a definition of black social science. In J. A. Ladner (Ed.), *The death of white sociology* (pp. 190–212). New York, NY: Random House.

Whitmore, E. (1998). *Understanding and practicing participatory evaluation.* San Francisco, CA: Jossey-Bass.

교육훈련 프로그램 모델:
상담, 다문화주의, 사회정의와 인권

시간은 언제나 지금이다…….

-저자 미상

세상을 움직이는 데는 단 하나의 아이디어, 단 하나의 행동이 필요할 뿐이다…….

-저자 미상

📖 연습문제

1. 당신이 가르치거나 또는 다녔던 대학원 프로그램의 강령에 사회정의가 어떻게 선언되어 있는가?

2. 어떤 코스가 사회정의의 주제를 다루고 있는가? 그 주제들은 무엇이었는가?

3. 어떤 수업들이 사회정의에 관한 내용을 많이 담고 있거나 더 많이 추가할 수 있었는가? 당신
   은 이러한 것을 어디서 어떻게 할 것인가?

4. 어떻게 사회정의를 실습, 인턴십 그리고 현장학습 등으로 만들어 낼 수 있겠는가?

5. 어떤 현장 경험이 학생들로 하여금 사회정의를 학습하는 데 도움을 줄 수 있는 대학원 훈련 프로그램 과정으로 개발되어야 하겠는가?

6. 어떤 종류의 활동들이 대학원 훈련 프로그램에서 당신으로 하여금 사회정의에 관해 최상으로 학습하도록 하는 데에 도움을 줄 수 있겠는가?

많은 심리학과 상담 분야의 전문가들이 대학원 실습 프로그램 과정에 사회정의 (social justice) 개념을 포함시켜야 한다고 인정하고 있지만, 이를 실행에 옮긴 프로그램은 매우 드물다(Vera & Speight, 2003). 현재 사회정의와 인권을 조명하는 대학원 수준의 심리상담 훈련 프로그램의 수는 극소수인 것이 현실이다. 이 주제를 다루는 대학원 프로그램의 수는 몇 안 되는데, 보스턴 칼리지, 조지메이슨 대학교, 펜실베이니아 주립대학교, 마케트 대학교, 볼 주립대학교 그리고 로욜라 대학교에서만 이러한 프로그램을 실행하고 있다(Talleyrand, Chung, & Bemak, 2007). 이러한 프로그램들의 강령과 신설된 과정에는 사회정의라는 철학이 포함되어 있다. 이 프로그램들의 실행 계획에서는 상담과 심리상담 훈련 과정에서의 유색인종 학생들의 과소평가라는 문제를 다룬다.

보스턴 칼리지의 심리상담 프로그램은 그 훈련 과정의 이론적 기반으로 발달 맥락적 틀을 정했다(Lerner, 1995). 그들이 목표로 정한 것은 대학원생들로 하여금 개별적이고 맥락적이며 발달적인 관점에서 문제를 개념화하도록 훈련시키는 것이다. 학생들은 개인적이고 체계적인 수준에서 문제를 다룰 수 있는 치료 및 예방 프로그램을 개발하는 방법을 배운다. 이 접근법은 일반적으로 상담과 심리학 전문 분야에서는 인정되지 않았기 때문에 대학원 훈련 교육과정에서 이러한 방식을 집중 조명하지 않았다(Talleyrand et al., 2007).

사회정의와 인권 개념을 대학원 교육과정에 포함시키는 대학은 몹시 드물다. 이 프로그램들은 모든 학생에게 공평한 경쟁의 장을 만들어 주려는 의도로 '담화에서 행동으로(discourse to action)' 옮겨 갔다(Hartung & Blustein, 2002). 그러나 아직도 대부분의 대학원 훈련 과정에는 사회정의와 인권에 대한 훈련이 이루어지지 않고 있으므로, 이러한 문제에 관심 있는 헌신적인 전문가들은 실제 상황에서 이러한 일을 배워야 한다. 대학원의 심리상담 훈련 프로그램에서 사회정의와 인권을 실습과 연관시켜 논의하는 양상은 극히 드물다. 이러한 주제가 언급된다면, 일반적으로 철학적인 논의의 맥락에서 이루어지거나 다문화 상담 혹은 다양한 문화를 다루는 심리학 강의 시간에 이루어지는 것이다. 인간 발달, 아동 상담, 학교 상담에서의 원칙과 실습, 이상심리학, 진단과 치료, 정신건강 상담, 집단상담 혹은 집단 심리치료 등에서 사회정의를 논하는 것은 일반적인 모습이 아니다.

또한 실습 과목과 인턴십에서도 사회정의는 부재하다. 이 중요한 경험들을 지배하는 패러다임은 서구에서 온 모델인데, 이는 고학력 전문가가 되기 위하여 참여하는 훈련의 정점이다. 일반적으로, 훈련 중 가장 결정적인 순간인 이 시기에는 인권적인 측면에 대한 고려는 배제한 채 개인상담 회기를 기록한 테이프 혹은 글을 분석하는 식으로 개인상담의 측면을 지나치게 강조한다.

다문화 상담 혹은 교차문화 심리학 과목에서 논의되는 주제를 포괄하는 사회정의와 인권의 문제를 훈련 과정에 반영하지 않는 것은 훈련에 있어 큰 결점이다. 정신건강 훈련에서 중요한 주제인 사회정의를 배제하는 것은 우리 사회와 상담 환자가 겪는 불공평이 지속되도록 방관하는 것이다. 따라서 훈련의 제반 측면에 있어 사회정의와 인권을 다루는 것은 매우 중요하므로 사회정의와 인권에 대한 경험을 실제 근무환경에서만 배울 수 있다는 터무니없고 근시안적인 믿음은 버려야 한다고 생각한다. 만약 훈련 과정에 사회정의와 인권에 대한 주제를 포함시키는 것을 진지하게 고려한다면, 이 주제들이 훈련 과정의 모든 단계, 즉 시작과 입문 단계부터 훈련 과정의 정점인 실습과 인턴 단계에 모두 포함되어야 한다. 훈련 과정의 모든 단계에 이 주제들을 통합시키지 못하는 것은 이 잠재적인 주제에 대해 근본적인 접근보다는 피상적인 말을 하는 것일 뿐이고, 의도치 않았다 할지라도 사회적 부조리와 잠재적 인권 침해에 동조하고 그러한 양상을 유지시키는 것과 다름없다.

이 장에서는 석사와 박사 과정의 교육과정에 사회정의와 인권이라는 주제를 포함시킨 조지메이슨 대학교의 상담과 발달 프로그램을 다룰 것이다. 이 장의 목표는 두 가지이다. 첫째, 대학원 교육과정에 사회정의를 포함시키는 과정과 절차에 대한 논의를 하는 것이다. 둘째, 대학원 교육과정의 '모든' 단계에서 사회정의가 효율적으로 통합되고 실행될 수 있음을 보여 주는 것이다. 이 장은 상담사, 심리사, 심리치료사, 사회복지사들을 위한 다른 대학원 훈련 과정에 사회정의를 통합시키는 방법에 대한 추천으로 마칠 것이다.

조지메이슨 대학교의 상담과 발달 프로그램

상담사, 심리사, 심리치료사, 사회복지사들을 훈련하는 대학원 프로그램이 사회 정의와 인권에 대한 훈련을 강조할 때 어떻게 효과를 거둘 수 있을지에 대한 예시로 조지메이슨 대학교의 상담과 발달 프로그램(Counseling and Development Program) 을 선정하였다. 이 대학은 해당 프로그램을 만들고 개발하는 데 있어 중요한 역할을 수행한 이 책의 저자들이 일하고 있는 일터이기도 하다. 상담과 발달 프로그램이 사회정의를 포함시키도록 바꾸는 과정을 설명함으로써 다른 상담 프로그램의 교수진 도 그들의 절차와 실습 과정을 되돌아볼 수 있길 바란다. 프로그램의 변화와 제반 과정에서 겪은 어려움을 면밀히 살펴보기 위하여, 프로그램의 역사부터 알아봐야 할 것이다. 그 후 프로그램의 발전 과정과 변화에 대해 논의하고, 마지막으로 이 프로그램의 현 주소와 추천 방안 등에 대한 논의를 해 볼 것이다. 상담과 발달 프로그램에 사회정의와 인권을 포함시키고 발전시키는 데에 있어 겪은 어려움은 이 장 내내 논의될 것이다.

상담과 발달 프로그램의 역사

상담과 발달 프로그램은 조지메이슨 대학교의 교육과 인간발달 단과대학(CEHD) 내에 소속되어 있다. 2000년 이전, 이 프로그램은 석사와 박사학위 과정을 포함한 전통적인 대학원 수준의 상담 훈련 과정을 포함하였다. 박사과정이 전체 대학원을 포괄하는 일반화된 박사학위 과정에 포함되어 있다는 점은 꽤나 특이한 경우였다. 모든 박사과정을 하는 학생들은 교육학 분과의 박사과정 학생들과 같이 일반문화 에서 8학점의 수업(지식 습득의 방법, 리더십 세미나, 박사학위 세미나 등의 강의 과정)을 들었다. 또한 연구방법론 수업을 12학점 정도 들었고, 교수와 함께 각 학생마다 추 가적으로 12학점을 포함하는 자신이 정한 특별 전공과 부전공 영역에서 개별화된 수업(21학점)을 계획하였다. 흥미롭게도 저자들이 2000년도에 교수진으로 임명되 기 전에 상담과 발달 프로그램에서 박사학위 수준의 특화된 과정은 단 하나밖에 없었다. 즉, 상담을 전공하는 학생들은 갈등해결, 심리학, 사회학, 사회복지학, 응용범죄학, 행정학 등의 다른 분야의 과정을 수반하는 프로그램을 계획해야 했다.

1999년에 상담과 발달 프로그램은 특별한 기로에 놓여 있었다. 기존 교수진 전부가 학교를 떠났기 때문에, 학교 행정부는 프로그램을 유지할지 혹은 폐지시킬지 선택해야 했다. 행정부가 어떻게 해야 할지 고민하는 동안, 그들은 프로그램을 '잠시 유지할' 두 명의 임시직 인력을 채용하였다. 이 두 명은 해당 단과대학에서 박사학위를 받았기 때문에 이 프로그램에 열정을 가지고 있었지만, 현 상황에 대해 어찌할 바를 몰랐다. 마침내 새로운 교수진을 영입하여 프로그램을 유지하자는 결정이 내려졌고, 이 결정으로 인하여 저자 두 명이 채용되었다. 동시에 두 명의 이전 임시직 인력 또한 정규 교수로 임용되었고, 이로 인해 2000년도에 총 네 명의 교수가 이끄는 새로운 프로그램이 시작되었다. 네 명의 교수를 영입하고 난 후 첫해에 프로그램에 변화가 일기 시작하였다. 그 후 2001년과 2004년에 각각 두 명의 입문과정 교수들이 초빙되었다. 이 두 명의 교수는 다문화주의와 사회정의의 영역에 눈에 띄는 경험이 있었지만 제한적인 학력을 가지고 있었다. 여섯 명의 교수 중 세 명이 유색 인종이다.

우리(Fred와 Rita)는 상담과 발달 프로그램의 상태를 미리 알고 있었고 이번 기회야말로 그들의 이상적인 프로그램을 만들 수 있는 기회라는 것을 알았다. 우리는 교수직 제안을 받아들이기 전에 사회정의에 집중된 프로그램에 대한 비전을 해당 단과대학의 행정기관에 제시하였고, 행정기관이 이 제안을 수용하는 조건으로 교수직을 받아들였다. 우리는 기존 교육과정을 유지하는 데에 관심이 없다는 입장을 확실히 표명하였다. 우리는 전통적 상담과 발달 프로그램이 얼마나 뒤처진 프로그램인지 그리고 현재의 사회적 문제를 다루는 데 얼마나 비효과적인지에 대해 말하였다. 우리는 모두 다문화주의와 사회정의에 아주 다양한 경험을 가지고 있었다 (Talleyrand et al., 2007). 또한 빈곤, 정신질환 그리고 청소년 범죄에 대한 국내외적인 경험도 하였다. 우리가 만나 온 대상들은 난민부터 이민자, 거리로 내몰린 아이들, 위험에 처한 아동들과 가족들, 정신질환자, 교도소 수감자, 전쟁과 고문을 겪은 자들까지 다양하였다. 우리는 아시아계 미국인, 아프리카계 미국인, 라틴계 미국인들의 정신건강센터와 미국 인디언 원주민 보호구역과 같은 광범위한 교차문화적인 경험도 가지고 있었다. 더욱이 우리에게는 국제적으로 활동할 수 있게 해 준 기회가 있었다. Fred Bemak은 아프리카, 아시아, 유럽, 라틴 아메리카 그리고 남태평양의 30여 개 국가에서 일을 해 보았고, Rita Chi-Ying Chung은 미국에 오기 전 4개의 국가에서 살아 보았으며, 아시아, 환태평양, 유럽 그리고 라틴 아메리카의 10여 개 국가에서 일을 한 경험이 있다.

이전에 언급했듯이, 학교의 행정실은 상담과 발달 프로그램의 현황에 대한 걱정이 많았고, 그러므로 우리가 프로그램에 대해 가진 비전에 대하여 많은 관심을 보였다. 학교는 우리의 새로운 아이디어들을 프로그램에 도입하는 데 적극적으로 지원해 주겠다고 하였다. 이 시기에 영입된 다른 두 교수는 주(州)에서는 경험을 가지고 있었지만 전국적 혹은 국제적인 경험은 적었다. 흥미롭게도, 학교 행정실이 우리를 인터뷰한 후, 그들은 다른 두 명의 전도유망한 전임 교수 지원자들을 인터뷰하였다. 인터뷰 질문으로 우리가 제안한 비전에 대한 그들의 의견을 물어보았다. 학교가 교수 지원자들이 프로그램에 대해 갖고 있는 태도, 생각 그리고 신념 등을 평가하는 기준은 우리가 우리의 인터뷰에서 말하였던 새로운 아이디어에 기반을 두었다. 또한 프로그램이 아주 획기적으로 변화할 것이라는 예상도 포함되었다.

따라서 학교 행정실에게는 아주 명명백백한 비전이 제시되었고, 이 아이디어는 상담과 발달 프로그램의 미래에 대한 계획에 도입되었다. 새로운 프로그램이 시작하고 2년 후, 다섯 번째 교수가 초빙되었다. 사실, 개개인이 상담과 발달 프로그램에 매력을 느끼는 것은 사회정의라는 사명의식 때문이다. 2년 동안 채용된 교수들은 이 새로운 아이디어에 대해 적극 지지하였으며 차후 상담과 발달 프로그램이 나아가야 할 방향과 방법에 대하여 논의하였다.

상담과 발달 프로그램의 발전은 다음과 같은 일곱 가지 단계로 설명된다.

- 1단계: 강령에 대한 정의
- 2단계: 강좌 수정 및 학습 과목 변경(석사, 박사 과정 모두)
- 3단계: 실행에 옮기기
  - -3-1. 국경 없는 상담사협회(Counselors Without Borders)가 수행하는 작업을 통한 사회정의의 적용
  - -3-2. 전문적 규범의 설계와 실행
- 4단계: 프로그램 입학

- 5단계: 학생 및 프로그램 평가
- 6단계: 교수진 평가회의
- 7단계: 학생 참여 및 기여

1단계: 강령의 정의

네 명의 새로운 교수가 임용된 첫해였던 2000년도는 프로그램을 설계하고, 계획하고, 논의하는 해였다. 계획의 첫 단계로, 교수들은 강령에 대한 논의를 하고 프로그램이 나아가야 할 방향을 논의하는 회의 일정을 잡았다. 첫해에 세 번의 회의가 소집되었는데, 그중 두 번은 밤새 진행되었다. 회의의 결과는 프로그램에 대한 새롭게 정의된 사명이었다. 새롭게 탄생한 프로그램의 강령은 다섯 가지 주요 요소에 집중되어 있었다. 사회정의, 다문화주의, 국제주의, 옹호 그리고 리더십이었다. 강령은 다음과 같았다.

상담과 발달 프로그램은 개인, 가족, 사회 그리고 단체들의 사회적 · 심리적 · 물리적 · 정신적 건강을 증진시키는 상담사들을 양성함으로써 세계적인 행복과 안녕에 기여하는 데 그 목적을 둔다. 해당 프로그램은 기본 상담 기술의 기반을 제공하며 사회정의, 다문화주의, 국제주의, 옹호 그리고 리더십에 집중하는 상담 시각을 가지고 국내외적으로 훌륭하게 수행하는 것을 목표로 한다. 인생 전반에 걸친 발달에 대한 글로벌한 시각과 다문화주의, 다양성 그리고 사회정의에 대한 이해와 인정은 전문 상담사가 되는 데 매우 중요한 단계이다. 상담사라면 그들이 리더의 역할을 하고, 주도적으로 변화 매개인이 되고, 사회적 · 문화적 · 경제적 · 정치적 정의에 대한 옹호자가 될 준비가 되어 있을 것을 요구받는다. 이 프로그램은 학제 간 팀을 통하여 교수, 연구, 서비스 그리고 전문적 실습의 상호 연결성을 증진한다. 교수들은 협력적 합동, 프로젝트, 연구, 논문 출간, 발표, 상담 그리고 훈련의 과정들을 통하여 국제적 · 국내적 · 지역적 리더십이 오랫동안 지속되어 온 전통을 이어 간다.

교수진이 어떻게 서구적 전통의 개별 민족중심적 상담에 치우쳐 있던 프로그램에서 벗어나 완전히 다른 비전에 대해 함께 논의하게 되었는지에 대한 설명이 필요할 것 같다. 이전에는 다양성의 문제가 종종 조명을 받았지만, 사회정의라는 개념은 훈련 프로그램에 있어 일절 고려되지도 않았다. 또한 리더십과 옹호의 개념은 다문화주의와 사회정의라는 맥락 속에서 드물게 언급되었다. 더욱이 교수진 중 두 명의 교수는 전통적인 방식의 훈련을 받았고 각각 학교 내에서 전통적인 상담 직책을 맡고 있었는데, 그 직책 속에서 그들은 제도상으로는 금지되어 있지만 창의적인 혁신을 창조했다. 그러므로 사회정의, 다문화주의, 국제주의, 옹호 그리고 리더십을 우리의 동료들에게 제안하는 것은 관습과 그들이 쌓아 온 전문적인 경력 구조에 대한 도전이었다.

홍미롭게도, 우리 동료들은 사회정의에 대한 개념에 깊이 공감하였고 그들이 이전에 해 오던 작업에 더해 새로운 가능성을 여는 것에 흥미를 보였다. 비록 이전에는 사회정의적 · 다문화적 상담의 개념을 개념화하거나 실행에 옮기지 않았지만, 그들은 이 개념이 그들이 그 시점까지 유지해 온 신념이었지만 그것을 어떻게 실행에 옮기고 형상화할지 몰랐을 뿐이었다는 것을 알았다. 교수들이 모두 이 변화에 긍정적 관심을 보였다고 해도, 우리는 모두가 같은 개념에 대해 말하고 있는지 확신이 필요했다. 그래서 교수진이 각각의 다섯 가지 사명 요소를 어떻게 정의하고, 각 요소들이 그들 개인적으로, 또 전문적으로 어떻게 연관되어 있는지 물어보았다. 다섯 교수의 정의는 각각 달랐지만, 몇 가지 공통된 요소도 있었다. 예를 들어, 한 교수는 사회정의와 사회변화라는 두 개념이 헷갈린다고 말하였다. 또한 교수들의 다문화주의에 대한 정의도 모두 달랐다. 예를 들어, 한 교수는 다문화주의가 특수교육과 장애를 포함해야 한다고 생각하였다. 또한 우리의 작업이 왜 세계로 뻗어 나가게 해야 하는지 이해하지 못하는 교수들도 있었다. 우리는 이 아이디어에 대해 합의를 하기 위해 다섯 가지 사명 요소를 논의하는 데 시간을 들일 필요가 있고 프로그램을 만들기 위하여 같은 시작점에 있어야 한다는 중요한 점을 깨달았다.

다섯 가지 사명 요소에 대해 논의하는 것은 대학원의 상담 프로그램뿐만 아니라 우리 자신의 전문적인 작업을 각 요소와 연관시켜 더욱 잘 이해할 수 있게 도와주었다. 이러한 개념들을 더욱 심도 있게 탐구한 결과, 프로그램과 훈련 과정에 이 개념을 어떻게 통합시켜야 할지 진지하게 고민하기 시작하였다. 논의의 결과로 두 교수가 이러한 아이디어들을 지지하고 흥미롭게 생각했으며, 사회정의, 다문화주의, 국제주의, 옹호 그리고 리더십의 개념을 통하여 그들의 의견을 표현할 수 있었고 이는 표현되지 않았던 그들의 신념을 명백히 드러낼 수 있게 도와주었다. 논의는 집중적이면서도 포괄적이었다. 신념의 체계와 세계관 등이 재평가되었고, 가치는 상담의 작업과 역할의 틀 안에서 평가되었다. 그러므로 궁극적인 강령은 전반적인 합의를 볼 때까지 실험된 것이다.

강령에 대한 고찰의 중요한 측면은 그것이 유의미한 의의를 가지고 대학원 교육 과정을 이끌 수 있다는 신념이었다. 교수진은 강령이 프로그램의 절대적인 기반이 고 그것이 교수진과 학생 모두의 철학, 교육, 훈련 그리고 학문의 기반을 제공해 준 다고 동의하였다. 그러므로 사명선언문을 만드는 작업은 작성된 후 단순히 어딘가 에 보관되고 잊히는 무익한 것이 아니었다. 그 과정은 학과 과정을 설계하는 데 기 반이 될 프로그램의 정체성을 확립하는 시작점이었다. 우리는 모든 교수진과 강령 을 완전하게 논의하고 탐색하는 시간이 매우 중요함을 강조하고 싶다. 교수들이 모 여서 강령과 학과 과정에 대한 상호 합의를 맺는 것은 매우 중요하다. 이 과정에 일 년이라는 시간을 소요했지만, 모든 이가 배울 수 있었던 보람찬 해였다.

그 후 일 년이 지나고, 상담과 발달 프로그램에 다섯 번째 교수가 영입되었다. 지 원자들은 신중하게 평가되었고, 우리는 프로그램의 강령에 부합하는 사람을 찾으 려 하였다. 따라서 어떠한 주어진 교육과정을 가르치거나 어떤 특정한 분야를 연구 한 사람을 찾는 대신, 프로그램의 강령을 굳게 믿고 그것에 헌신하는 사람을 찾는 것에 몰두하였다. 인터뷰 과정은 철학적인 일관성에 대한 요구를 반영하였다. 인터 뷰의 상당한 부분은 프로그램의 개념을 대학원 수준의 훈련과 실습에 어떻게 통합 시킬 것인지에 대한 지원 후보들의 철학과 아이디어를 묻는 것으로 이루어졌다. 사 실, 채용된 교수는, 그녀가 프로그램에 이끌린 주요한 이유가 바로 그녀의 개인적이 고 전문적인 철학과 일치하는 프로그램의 강령과 철학 때문이라고 하였다.

2단계: 강좌 수정 및 학습 과목 변경

프로그램이 시작되고 두 번째 해에 영입한 다섯 번째 교수와 함께 밟아야 할 다음 수순은 프로그램의 강령과 학과 과정을 일치시키는 것이었다. 이것은 기념비적인 작업이었다. 교수진이 기존 프로그램과 각 개별 강좌가 강조해 온 분야를 수정하기 로 동의했기 때문이다. 교수들의 합의는 각 강좌에 프로그램의 사명이 반영되고 통합되어야 하고, 학생들이 그들의 학과 과정과 강령 간의 관계를 인지하고 이해해야 한다는 것이었다. 따라서 석사, 박사 과정에 있어 프로그램을 수정하고 새로운 강좌를 개설하는 데 거의 일 년이 소요된 과정이 시작되었다.

거의 90%의 학과 과정이 큰 변화를 맞이하였다. 세세한 사항까지 언급하는 것보다 사회정의, 다문화주의, 국제주의, 옹호 그리고 리더십의 강령과 연관된 수정사항을 몇 가지 이야기하는 게 낫다고 생각한다. 이 설명은 두 가지 부분으로 나뉠 것이다. 첫 번째 부분은 석사과정 프로그램에 대한 수정이고, 두 번째 부분은 박사과정 프로그램에 대한 수정이다.

석사과정 프로그램 개선

■ 인간 성장과 발달 심화과정

인간 성장과 발달 심화 과정은 전통적인 서구체제에서부터 가르쳐져 왔다. 문화는 이러한 강의에서는 보완적인 것이었으며 어떠한 의도나 초점 없이 주기적으로 언급되는 것이었다. 새로운 인간 성장과 발달 과정 수업은 문화, 사회정의, 인권 개념을 강조하는 '교차문화적 인간 성장과 발달 강의'로 바뀌었다. 이는 변화하는 미국 인구통계학, 세계화 그리고 빈곤, 총기폭력, 이민, 대인폭력, 아동 노동과 인신매매의 영향과 같은 현재의 사회정의에 관한 문제들과 관련이 있다. 새로운 강좌는 사회정의와 인권 문제가 어떻게 개개인의 일생 동안 심리적·육체적 행복에 영향을 미치는지에 대한 토론을 포함한다. 이러한 요인들을 인간 성장과 발달 과정 수업에 주입시킴으로써 상담사나 심리사들이 폭넓은 다문화적·교차문화적·사회정의적 관점에서 바라본 인간 발달에 대한 지식에 대해 더 전문적인 접근법을 제공한다.

■ 연구 과정 입문

연구 과정 입문은 교육과 인간발달 단과대학에서 일반적인 수업으로 자리 잡았다. 오랫동안 상담 교과 학생들로부터 수업 시간에 쓰인 예시들과 수업의 초점이 일반적인 상담 현장과, 더 구체적으로는 상담과 발달 프로그램의 실제 업무와 관련성이 떨어진다는 불만의 목소리들이 존재해 왔다. 이것의 결과는 상담 교과 학생들을 위해 상담과 발달 프로그램이 연구 과정에서 클라이언트들을 돕고 궁극적으로 변화를 만들기 위해 자료를 사용하고 이해하는 새로운 수업을 발전시켰다는 것이다. 이 수업의 과제들도 사회정의 문제에 대한 연구 과제들을 포함한다.

■ 상담의 기초 수업

상담의 기초 수업은 상담 현장에 대한 개요를 제공하기 위해 만들어졌다. 이 강의는 전체 현장에 대한 개요를 제공해 줄 뿐만이 아니라 프로그램의 임무와 철학에 대해 소개하는 기초 수업이다. 이 수업을 마치면, 모든 학생은 프로그램의 진행자와 상담사로서 어떻게 그 역할을 완수할 수 있는가에 대해 완벽히 이해하게 된다. 더 나아가 이 수업은 모든 상담 교수진이 그들의 연구와 장학금 그리고 이것이 임무와 어떤 관련이 있는지에 대한 교수진 소개를 포함한다.

■ 상담과 사회정의 강의

상담과 사회정의 강의는 학생들의 사회정의 문제에 대한 의식을 효과적으로 고취시키기 위한 방법을 제공해 주는 것이 중요했기 때문에 개발되었다. 이 상담과 사회정의 수업의 중요한 차이점이라면, 다문화 상담 수업과는 별개의 수업이라는 점이다. 비록 두 강의 모두 비슷한 목표를 가지지만, 상담과 사회정의 수업은 다문화 상담 강의를 기반으로 한 수업이자 프로그램의 철학을 다문화 수업이나 상담 수업에서 흔히 다루지 않는 지식 및 기술과 엮은 수업이다.

이 수업의 주요한 요소는 학생들이 현장에 나가 사회정의에 대한 실제 경험을 쌓는 사회정의 인턴십이다. 이 과제는 학생들이 사회정의 문제에 관한 다양한 조직과 단체에서 일하도록 요구한다. 예를 들어, 학생들은 학생들 누구에게나 열려 있는 '탄압의 터널(Tunnel of Oppression)'이라는 대학별로 널리 퍼진 전시회를 발전시켰다. 이 전시회의 목적은 구체적인 사회정의와 인권 문제에 대해 개개인을 교육시키기 위함이었다. 이 전시회는 이러한 문제에 대해 다양하고 창의적으로 묘사하고 이 문제에 대한 자원과 재료를 제공했다. 상담과 발달 프로그램의 모든 학생은 다른 수업들의 한 부분으로 이 전시회에 참석했고, 상담과 사회정의 수업의 학생들은 학교 내의 소규모 집단의 학생들에게 이 전시회에 대해 소개하는 것에 참여했다.

또 다른 예는 미국학교상담사협회(American School Counselor Association: ASCA)를 위한 조직 폭력 예방 프로그램의 발전이다. 이 프로그램은 이제 ASCA의 웹사이트에서 볼 수 있다. 이 수업의 학생들이 가져온 음식과 옷을 지역 무료 급식소나 노숙자 쉼터에 기부하기보다는 전통적으로 열게 되는 학기 말 파티에 가져온 음식을 넘겨주기로 결정했다.

이러한 예들은 그저 백 가지 중 세 가지일 뿐이다. 모든 사회정의 인턴십은 사회 정의에 한 발짝 다가서는 것과 그 과정에서 창의적으로 접근하는 방법에 대해 상담사 실습생들을 가르치는 목적을 가진다. 학생들이 전통적인 사고방식에서 벗어나 사회정의 지지자와 변화 매개인으로서 창의적이고 유동적이게 되도록 돕는 것은 변화 능력을 고취시키는 것에 있어서 중요한 요소이다. 또한 이 프로젝트들은 학생들이 자신이 변화를 만들 수 있다는 것을 보여 주고, 그들에게 사회에 기여하는 것에 대한 가치를 불어넣어 주었다.

■ 경력 상담 수업

경력 상담 수업은 다문화와 사회정의의 관점에서의 진로에 대한 이론을 가르칠 뿐만 아니라 실제로 공민권을 박탈당한 사람들과 상담해 보도록 한다. 예를 들어, 수업을 듣는 학생들이 지역 노숙자 쉼터와 일하면서 노숙자들에게 경력 상담을 해 주도록 했다. 이것은 수업의 정기적인 과제가 되었고, 이러한 학생들의 경력 상담 제공은 가정폭력 쉼터나 감옥과 같은 다른 지역 기관들로도 확장되었다. 이 종류의 실습 프로젝트는 학생들이 경력 상담의 맥락 안에서 사회정의의 틀을 잡을 수 있도록 도와준다(Bemak & Chung, 출판 중 a).

■ 학교 상담의 원리와 실습 수업

학교 상담의 원리와 실습 수업은 모든 학생의 학문적 성공에 집중한 학교 상담 변화(Transformation School Counseling) 계획의 주요 문제들을 다루기 위해 재설계되었다. 이 계획은 1990년대 중반에 교육위원회(The Education Trust)와 함께 학교 상담을 개편하고 변화시키기 위해 14개월 동안 진행된 국가적 평가를 주도했다. 이 평가는 상담사의 교육과 실습 간에 일관성이 떨어진다는 점, 교육에서는 학제 간의 관련성이 없다는 점 그리고 리더십, 옹호, 다문화, 협동 능력을 기르기 위한 교육이 부재하다는 점을 발견했다. 결과적으로, 미래 교육 프로그램을 위한 국가 시범정책을 개발하기 위해 4년 동안의 지원금이 지급되었다. Fred는 학교 상담 변화 계획의 모든 단계에 개입했고, Rita는 지원금 시행 단계에 개입했다. 우리는 모두 상담과 발달 프로그램의 임무가 리더십, 옹호, 데이터에 따른 사회변혁, 다문화, 사회정의를 포함하도록 하기 위해서 학교 상담 변화 계획의 결과들을 상담과 발달 프로그램으로 통합했다.

■ 실습 과목과 인턴십들

실습 과목과 인턴십들은 프로그램의 새로운 임무를 잘 반영시키기 위해 재설계되었다. 일반적으로 학생들은 이러한 경험들을 통해 상담 능력을 발전시킨다. 새로운 프로그램에서는 프로그램의 임무를 강조하는 새로운 과제들이 추가되었다. 이 과제들은 사회변혁을 촉진하기 위한 예방 프로그램, 사회정의 개입을 위한 프로그램 평가나 자료 수집과 사용을 통한 예방 프로젝트, 그리고 리더십과 옹호 활동들이 포함될 수 있다. 또한 학생들은 다문화 사회, 사회정의, 옹호, 리더십에 대한 능숙함을 발휘해야 한다.

이러한 강좌 개정에 따른 결과 중 하나는 지역 기관 상담과 학교 상담 프로그램의 학위를 받기 위해 이수해야 할 학점들의 수가 증가한 것이다. 이는 일반적으로 다문화 상담 수업 하나만을 요구하는 전통적인 인증 기준에서 벗어난 교육을 하겠다는 프로그램의 약속 때문이다. 사회정의, 옹호, 리더십과 같은 다른 분야에서의 능숙함은 상담과 발달 프로그램의 임무에 있어서 주요한 토대가 되지만, 인증 기준에서는 요구되지 않기 때문에 일반적으로 수업 활동에서도 요구되지 않는다. 하지만 이러한 기초 개념들이 임무에 있어서 매우 중요하기 때문에 수업들이 추가 및 수정되었으며 이 개념들을 교육 프로그램에 포함시키기 위해 변화되었다.

박사과정 프로그램 개선

조지메이슨 대학교의 교육과 인간발달 박사학위 과정에서는 일반화된 수업 프로그램이 있다. 이전에 언급했듯이, 상담학 박사과정의 학생들에게는 구체적으로 상담과 관련이 있는 수업이 하나만 있다. 새로운 박사과정 교육과정은 '최근 상담에서의 문제'라는 기존의 상담 수업들과 실제 업무와 관련이 있는 추가적인 강좌들을 포함한다. 추가된 두 가지 강좌는 '다문화 상담'과 '집단상담 심화과정'이다. 덧붙여 상담 리더십, 다문화 상담, 사회정의의 세 가지에서 심화과정 인턴십들이 각각 하나씩 추가되었다. 상담과 발달 박사과정의 전공 수업들에 대한 주요 개선안들에 대한 예시는 다음과 같다.

■ 다문화 상담 심화 수업

다문화 상담 심화 수업은 지식, 주의, 능력 각각의 영역을 통한 다문화 상담 역량에 대한 더 심도 있는 이해와 운용을 위해 고안되었다. 이 수업은 고급 능력과 기술의 발전과 다양한 문화권에서 일하는 것에 대한 개입을 통해 문화적 다양성에 대한 석사과정의 내용을 뛰어넘는다. 더 심화된 단계에서 사람들의 문화유산과 편견에 대해 조사하고, 임상적 감독자나 전문 상담사 혹은 심리사의 업무라는 맥락에서 인종적·민족적 정체성 발달을 탐구하거나, 인종에 대한 대화를 하기 위한 능력을 발달시키고자 한다. 학생들은 학교나 지역사회(예: 교회, 지역 센터 등)에서 자신들이 속한 인종이나 민족의 사람들보다는 처음 보는 사람들이나 다른 인종이나 민족의 사람들과 관련된 인종에 대한 대화를 해야 한다. 인종에 대한 대화는 인종차별, 선입견, 편견에 대해 치열하고 솔직한 토론을 장려한다. 이러한 대화는 학생들에게 다문화적 사회정의 리더, 교수자, 전문가들로서의 미래 진로에 도움이 될 만한 능력들을 갖추게 하는 것을 목표로 한다. 이 수업은 사회정의와 인권이라는 틀 안에서 다문화 상담 업무를 어떻게 적용할 것인지에 대한 생각을 발전시켰다.

■ 상담 리더십의 고급 인턴십

상담 리더십의 고급 인턴십은 리더십을 상담 및 사회변화와 통합하여 교육하기 위해 개발되었다. 이 수업은 리더십에 대한 심화이론들, 리더십 발달, 리더십의 가치 그리고 리더와 사회변화 간의 연관성을 탐구함으로써 석사과정의 상담과 사회정의 수업 수준을 뛰어넘는다. 더 나아가 이 수업은 학생들이 공적·사적 단체나 변화를 목표로 하는 시스템에서 리더십의 역할을 훈련할 수 있도록 인턴십 기회를 제공한다. 이 수업은 사회정의를 구현하기 위한 리더십 기술을 기르기보다 상담에 집중하는 전통적 정신건강 인턴십들과는 다르다.

■ 다문화 상담의 고급 인턴십

다문화 상담의 고급 인턴십은 프로그램의 초점을 다문화 상담에서 집중적이고 고급의 실습 경험으로 완전히 확장시키기 위해서 만들어졌다. 이 인턴십은 학생들에게 다문화 관점, 다문화 상담과 사회정의의 연관성에 대한 관점으로 모든 치료상의 만남을 탐구하면서 오직 다문화 상담과 감독만을 강조하는 경험을 제공한다. 이 수업은 박사과정의 학생들이 감독뿐만 아니라 상담도 같이 제공한다는 점에서 석사과정의 인턴십과는 다르다. 이는 감독이라는 것이 박사학위를 가진 사람들의 주요 역할이기 때문에 특별히 중요하고, 또 이 사람들이 감독자라는 위치에서 사회정의 정신건강 업무에 대한 지식에 대해 전문적이고 능숙해야 하기 때문이다.

■ 사회정의의 고급 인턴십

사회정의의 고급 인턴십은 사회정의와 인권 모델에 대한 리더십, 옹호, 다문화주의 수업에서의 수업 활동들을 통합하는 것을 강조한 고급 인턴십 경험으로 고안되었다. 의료 취약계층에게 복지 사업을 제공하는 국가 기관들과 단체들이 인턴 장소로 지정되었고, 학생들은 정신건강에 기반을 둔 사회정의 예방과 개입 프로그램의 발달과 실행, 기존의 프로그램들에 대한 평가 그리고 국가, 주, 지역의 정책에 대한 공부를 포함하는 폭넓고 다양한 인턴십 프로젝트들을 진행하게 된다. 이 수준의 학생들은 사회정의 프로그램의 설계, 실행, 평가에 대한 중요한 리더십 역할을 해 줄 것으로 기대된다.

3단계: 말한 것을 실행에 옮기기-국경 없는 상담사협회를 통한 사회정의 실천 적용시키기

국경 없는 상담사협회는 허리케인 카트리나 이후 사회정의의 필요성에 따라 생기게 되었다. 허리케인 카트리나가 발생한 지 두 달 후 상담 분야의 교수들과 감독자들을 위한 국내 회의에서 상담사 교육과 감독 협회(Association for Counselor Education and Supervision)의 협회장이 700명 정도의 감독자들과 상담사 교육자들에게 얼마나 많은 사람이 허리케인 카트리나로 인한 파괴 이후에 멕시코 연안 지역으로 갔는지 물었다. 그 자리에 있던 소수의 사람이 손을 들었지만, 얼마 지나지 않아 이들이 상담이 아닌 다른 중요한 일들을 도우러 갔다는 것이 밝혀졌다. 이와 동시에 뉴스 매체는 기본적인 서비스와 정신건강 지원을 제공하기 위해 계속해서 미국의 연방 긴급사태 관리연합(Federal Emergency Management Association), 적십자(Red Cross), 그리고 미국의 약물남용과 정신건강 서비스 관리청(Substance Abuse and Mental Health Services Administration)의 실패에 대해 다루고 있었다.

이러한 상황의 압력에 따라, 나(Fred)는 그 당시 소수의 내 동료들만이 멕시코 연안 지역으로 갔다는 것을 보고 대규모 팀을 꾸려서 절실하게 필요했던 정신건강 상담을 제공하기로 했다. 그때 당시에 가장 접근하기 쉬운 인적 자원은 언젠가는 실습과 인턴십을 하고 감독을 받게 될 내 학생들이었다. 멕시코 연안 지역에 정신건강 전문가들이 부족했고 거기서 일할 상담사들을 선택하는 것에 대한 제약이 있었으며(정부기관과 적십자에서 자격증이 있고 재해 지역에서 2주 이상 일할 수 있는 상담사들을 요구했음), 절실한 필요가 있었기 때문에 나는 사회정의와 다문화 실천에 뛰어난 16명의 대학원생에게 나와 함께 멕시코 연안 지역에서 상담을 제공하는 데 동참할 것을 권유했다. Rita도 다른 교수진 수퍼바이저로 국경 없는 상담사협회에 합류할 것을 초청받았다.

모든 학생이 트라우마와 재해 정신보건에 대한 집중적 심화교육에 참여하기로 동의했고 멕시코 연안 지역에 사는 문화적으로 다양한 사람들에 대해서도 익숙해지기로 했으며 그곳에 있는 동안 매일 2~3시간의 임상 집단에 대한 수퍼바이저를 하는 것에 대해서도 동의했다. 이와 동시에 나는 주의 전문 정신보건협회와 미시시피 정신보건부(Mississippi Department of Mental Health)에 연락해서 상담 서비스를 제공할 팀을 데려가겠다고 제안했다. 우리 팀은 미시시피에 가서 아프리카계 미국인, 백인, 베트남계 미국인의 지역사회에서 600명이 넘는 클라이언트들을 봤다. 우리는 미시시피 정신보건부 그리고 주의 심리학이나 상담 협회와 긴밀하게 협력했으며, 멕시코 연안 지역을 가로지르는 6개의 재해 지역에서 약물남용과 정신건강 서비스 관리청의 정신건강팀, 의사들, 간호사들, 교육자들, 사회복지사들과 협력해서 도왔다.

또한 캘리포니아 산불이 발생했을 때도 미국 인디언 부족들이나 라틴계 미국인들에 대한 정신건강 서비스가 부족했다. 대학원생들과 두 명의 교수 수퍼바이저로 구성된 국경 없는 상담사협회는 팀에 들어온 동료들과 샌디에이고 지역 학교들의 학생들과 손을 잡았다. 다시 한 번 말하지만 목표는 의료 취약계층에게 상담을 제공하는 것이었으며 이 일은 사회정의 다문화 문제로 강조되었다. 합쳐진 국경 없는 상담사협회 소속 상담사들은 인디언 보호 구역을 포함하는 저소득 지역사회와 학교로 가서 천 명이 넘는 클라이언트들에게 문화적으로 반응하는 상담 서비스들을 제공했다. 상담 구성 방식은 떠나기 전 집중 교육 기간과 현장에서의 일일 감독과 같이 멕시코 연안 지역에서 활용했던 것과 비슷했다.

기본적으로, 국경 없는 상담사협회는 상담이 절실하게 필요한 상황들을 위한 상담을 제공하기 위해 설립되었다. 이런 지역들에서는 상담 서비스가 제공되지 않았으며, 말한 것을 실천하는 것은 이런 상황들에서 존재했던 사회적 불평등을 바로잡기 위해 강력한 조치를 취하는 것을 말한다(Bemak & Chung, 2011 참조). 국경 없는 상담사협회 소속 상담사들이 한 일의 중요성으로 인해서 다른 상담과 심리교육 프로그램들이 학생들을 위해 비슷한 경험을 제공하는 것을 장려하기 위한 DVD가 만들어졌다(Bemak & Chung, 출판 중 b).

전문적 규범

이 새로운 프로그램의 초기 목표는 학생들이 임무를 완벽히 숙지하고 받아들였는지 확인하는 것이었다. 또한 교수진에게 똑같이 중요한 이후의 목표는 학생들이 그저 '책에 있는 지식'만을 얻는 것이 아닌 상담과 발달 프로그램의 임무를 운용할 수 있도록 하는 것이었다. 학생들이 그저 자신들에게 기대되는 것만 말하고 행동하거나 옳은 대답만 하는 것이 아님을 확인하기 위해, Rita는 다른 교수들의 도움과 함께 미국상담학회의 윤리 규범에 기반을 둔 윤리 규범을 만들었다. 미국상담학회의 규범은 상담과 발달 프로그램에서 나오게 된 전문적인 성향들을 포함시키기 위해 확장되었으며 이는 프로그램의 모든 학생에게 규범이 되었다. 이것들이 바로 여기서 제시하는 전문적 규범이다. 이것들은 강좌들에 매우 중요하며 강의 계획서에 전문가다운 행동에 대한 기대들로 적혀 있다. 따라서 전문적 규범들(〈표 15-1〉 참조)은 윤리 규범과 이 프로그램의 모든 학생의 행동에 대한 지침들을 제시해 준다.

일반적으로, 상담과 심리학 대학원 프로그램들은 과제물, 시험, 글쓰기 능력, 연구 역량, 임상 기술, 발표로 학생들을 평가한다. 많은 학생이 이런 일들에 능숙하지만 교수진을 골치 아프게 하는 태도나 행동들을 보일 수도 있다. 이 문제는 문학에서 충분히 논의되어 왔으며 정신건강 대학원 과정 교육에서 계속 문제가 되고 있다(Bemak, Epp, & Keys, 1999; Forrest, Elman, Gizara, & Vacha-Haase, 1999; Wilkerson, 2006).

특정 학생의 전문적 · 개인적 · 대인적 가치에 대한 우려는 세계의 상담과 심리학 프로그램과 비교해 봤을 때 조지메이슨 대학교의 상담과 발달 프로그램에서도 다르지 않다. 상담과 발달 프로그램을 위해 발전한 전문적 규범들은 다른 프로그램들의 비슷한 기준들과는 좀 다르다. 이러한 지침은 사회정의, 인권, 다문화적 철학에 대한 교육과정에 따라 맞춰지며, 개방성, 공정성, 통합, 인내 그리고 평등을 추구한다. 상담과 발달 프로그램에 지원하고 등록하기로 한 학생들은 이 사명을 확실히 이

〈표 15-1〉 상담과 발달 프로그램의 전문적 규범

미국상담학회의 윤리강령은 상담사들과 상담사 교육자들이 전문적 능력 수준을 유지하고 선량한 도덕적 품성을 가질 것을 요구한다. 따라서 조지메이슨 대학교 교육대학과 인간발달대학의 상담과 발달 프로그램은 학생들이 다음의 요건들을 갖출 것을 요구한다.

의사소통 능력	전문성

• 상담 능력에서의 다문화 역량에 대한 분명한 발표와 설명 능력
• 분명한 구두 의사소통 능력
• 분명한 서면 의사소통 능력
• 효과적이고 힘이 되는 원조 기술을 분명하게 보여 줄 수 있는 능력
• 효과적인 경청 기술을 분명하게 보여 줄 수 있는 능력
	• 다문화주의와 다양성에 대한 몰입
	• 상담과 관련이 있는 사회정의에 대한 몰입
	• 다문화주의와 다양한 문화에 대한 존중
	• 개방성, 배움의 의지, 다문화주의와 다양한 문화에 대한 긍정적 태도 보여 주기
	• 심리적 행복, 건강, 모든 사람의 건강에 대한 몰입
	• 현명한 판단
	• 진실성과 솔직함
	  -개인적 책임을 받아들일 수 있는 능력
	  -적극적 비판을 받아들이고 반성할 수 있는 능력
	  -긍정적 태도
	  -마감 기한을 지킬 능력
	  -클라이언트들, 학생들, 동료들과 비밀을 유지할 수 있는 능력
	  -적절한 자기주장
	  -스트레스를 관리할 수 있는 능력
	  -강좌 학습 과정의 요구사항을 충족시킬 수 있는 능력
	  -미국상담학회 윤리 규범 고수

협동	
• 다른 사람들의 의견과 존엄성에 대한 존중 • 다른 사람들과 협동할 수 있는 능력 • 효과적인 대인관계 기술을 보여 줄 수 있는 능력 • 모든 전문적 교육에서 동료와 팀 구성원으로서 참여할 수 있는 능력	

해하며, 그래서 등록할 때 전문적 규범을 수용하도록 결정을 내렸다.

규범적 문제에 있어 한 가지 예시는 아마 다문화 수업에 참여하며 라틴계 소녀 집단에 속하는 학생이 될 수 있다. 이 라틴계 소녀들은 대학원생에게 그들이 한 선생님으로부터 인종차별을 겪고 있다고 말했다. 대학원생은 그 다문화 수업에서 그 소녀들의 말을 믿지 않는다고 말했다. 왜냐하면 인종차별을 한다는 그 선생님이 자신의 친구이며, 그녀가 아는 그 친구는 절대 인종차별자가 아니기 때문이다. 더욱이 그 라틴계 소녀들은 소위 '문제아'들로 일컬어지고 있었다. 대학원생은 다문화 상담 수업에서 선생님에 대한 생각은 소녀들의 마음에서 나온 문제라 알려 주며 그 소녀들을 바로잡았다고 자신 있게 말했다. Rita(그 수업의 교수)가 그 대학원생에게 소녀들의 주장에 대해 조사된 바가 있는 것인지 물어보았을 때 대학원생은 방어적인 모습을 보이게 되었다. Rita가 그 상황에 대해 집요하게 질문하고 학생들의 주장을 조사하는 데 있어 객관적인 시각을 가질 것을 요구하자 대학원생은 화가 났고 적대적인 태세를 취하게 되었다. 대학원생은 "교수님께서 인종차별은 불안정한 이슈라 하셨고, 솔직히 말해서 저는 학교 상담사로서 이러한 유형의 상황에 크게 신경 쓰지 않았어요."라고 놀랄 만한 대답을 했다.

이러한 태도와 전반적인 처신에도 불구하고, 이 대학원생은 훌륭한 논문을 썼고, 잘 준비해 냈으며, 뛰어난 발표를 수행했고, 꾸준히 수업에 출석하고 참여했다. 하지만 그녀는 학교의 라틴계 소녀들이 제기한 심각한 문제에 앞과 같은 태도와 반응을 취했고, 이 말은 그녀가 본질적으로 학생들을 차별했던 교사와 자신의 개인적 관계에 근거하여 라틴계 소녀들을 가볍게 여겼다는 것이다. 확실히, 그 대학원생은 화가 났고 방어적인 모습을 보였으며, 교사나 친구가 그녀의 대처가 한쪽으로 치우친 방식으로 이루어졌다고 말했지만 들으려고 하지 않았다. 또한 건설적인 비판마저도 받아들이려 하지 않았다. 일반적으로 이것은 전통적인 프로그램들 속에서 규범적 문제를 일으키지는 않지만, 개방성과 자기인식을 목표로 하는 전문적 규범과 사회정의를 추구함에 있어 이 대학원생은 상담과 발달 프로그램 속에서 규범적 문제를 마주하게 되었고, 이는 다른 분야에서의 학문적인 성취를 이루어 낸 것과는 별개의 문제이다.

또 다른 예시는 최근 아프리카에서 미국으로 이민 온 한 소녀에 대한 이야기이다. 소녀는 상담과 발달 프로그램에 참여하는 다른 상담사에게 아프리카에서는 사람이 죽었을 때 육체는 사라지지만 영혼은 계속해서 살아 있다고 믿는다는 말을 했다. 그 상담사는 소녀에게 이 말을 다른 사람들에게 얘기하면 '미쳤다'는 말을 들을 수 있으니 절대 그 누구에게도 하지 말라고 했다. 또다시, 윤리 규범은 문화 다양성을 품지 못하는 이 대학원생의 가치관에 의문을 제기하지 않았다. 하지만 상담과 발달 전문적 성향에 있어 대학원생의 대답은 심각한 문제점을 나타낸다. 이 안타깝지만 흥미로운 예시는 학생들이 전공 연구에서 무엇을 배우는지, 학생들이 졸업할 때 갖추게 되는 무형의 가치, 태도 그리고 신념에 있어 무엇이 받아들여지고 있는지에 관해 되돌아보게 만들었다.

일반적으로 똑똑하고 좋은 마음씨를 가진 대학원생들이 말만 번지르르하게 하고 실천으로 옮기지 않는 경우가 있었다. 대학원생들이 보다 책임감 있도록, 윤리적으로 건강하도록 그리고 조지메이슨 대학교의 상담과 발달 프로그램에 내재하는 윤리 규범과 가치를 잘 따르도록 고취하는 방법으로써 내(Rita)가 전문적 규범을 발전시키는 것에 있어 앞장서도록 만들었다. 전체 교수진은 전문적 규범과 관련한 일에 지원을 했으며, 프로그램 수립에 있어 그것들을 채택하는 것에 동의하였다. 이에 따라, 학생들은 그들의 평가물과 과제 수행에 따라 A학점을 받을 수도 있다. 하지만 그들은 '전문적 규범'과 관련된 그 어떤 것이든 위반하게 된다면 다른 분야에서의 개선을 필요로 할 것이다. 첫 번째 예시의 대학원생은 이론적으로 미완료나 F학점을 받게 될 것이고, 전문적 규범을 다룰 수 있는 건설적인 방법을 배우기 위해 교수진의 지원과 안내를 제공받게 될 것이다. 만약 잘못된 행동이 계속된다면 그런 학생에게는 조사가 실시되고, 관찰 처분이 내려질 것이다.

상담과 발달 과정의 전문적 규범과 더불어, 학생들이 전문적 규범에 반하는 행동을 저질렀을 때 교수진과 직원들이 반드시 따라야 하는 단계별 목록이 있다. 전문적 규범은 사전적 조치로 학생들에게 그들의 윤리적 행동을 가르치기 위해 계획된 것이며, 비윤리적 행동이 지속될 시 취해야 할 행동 단계가 있다. 이 행동 단계는 태도나 행동의 개선을 보일 것을 요구하는 것에서부터 보호 관리 조치에 처해지는 것까지 범위가 다양하며, 심지어 이 프로그램을 나가서 상담을 하는 단계까지도 있다. 전문적 규범은 이 프로그램을 진행하는 동안 다루어지고, 입학 면접 과정에서 논의되며, 웹사이트에 게재되거나 강의 계획서에 첨부하고, 상담 기초 과정에서 면밀하게 자세한 부분까지 검토된다. 이에 따라 대학원생들은 프로그램에서 면접을 하는 첫 순간부터 마지막 인턴십 수업을 듣는 순간까지 완벽하게 전문적 규범에 대해 인지하게 된다.

전문적 규범이 다른 관점을 가진 학생들을 침묵하게 하는 방법이 아님을 명시하는 것은 중요하다. 다른 관점은 언제나 환영받지만, 모든 학생과 교수진을 향한 메시지에는 비록 여러 관점과 세계관이 있을 수 있고, 최소한 다른 사람의 관점을 듣고 귀 기울이는 개방성을 가지고 있어야 한다는 말이 함축되어 있다. 만약 의견 충돌이 있다면, 서로 존중하는 마음을 가지고 의견을 조율해 나가야 할 것이다. 예를 들어, 전문적 규범이 다문화 상담 수업에서 나타났을 때, 대학원생 한 명은 수업 중에 자신이 무슨 말을 하는지에 대한 관찰이 필요하다고 말했으며, 그녀는 전문적 규범이 자유로운 의견 표출을 저해한다고도 언급했다. 이 문제에 관해 토론이 있었으며, 누군가가 말하는 데 있어 전문적 규범이 방해가 되지 않는다는 사실에 만장일치로 동의했으며, 방해라기보다는 다양한 생각과 의견에 있어서의 개방성과 존중을 위한 지침으로 사용된다고 보았다.

4단계: 프로그램 입학

이전의 상담과 발달 프로그램 학생들은 조지메이슨 대학교의 교육과 인간발달 단과대학(CEHD)에 의거한 전통적인 요구사항에 기초하여 대학원 과정을 밟았다. 새로운 강령과 리더십 있고, 옹호를 펼칠 줄 알며, 사회정의 및 문화적 다양성에 높은 관심을 가진 학생을 모집하기 위한 의도적인 노력과 함께 상담과 발달 프로그램은 입학 기준을 변경하였다. 변경된 입학 요구사항은 입학 지망생들이 개인적 혹은 직업적 환경에서의 문화적 다양성, 사회정의, 인권의 문제에 대해 어떤 대답을 내어놓는지 평가하는 것을 포함한다. 앞의 문제에 대한 참가자의 인식이나 개방성을 평가하는 것은 학생이 이 프로그램의 취지나 교육에 부합하는지 결정하는 데 매우 중요하다. 평가는 또한 리더십과 옹호에 대한 현재 및 잠재적 능력에 있어서도 이루어진다. 이 평가를 위해 이 지원자가 사회정의, 다문화주의, 국제주의, 옹호, 리더십의 강령을 추진할 수 있는지에 관한 질문이 제기된다. 증빙 서류, 면접 점수, 자기소개서, 가치관 그리고 태도 부문이 입학에 있어 큰 비중을 차지하며, 학점 평균이나

GRE(Graduate Record Examination) 점수에는 크게 의존하지 않는다. 1차 시험을 통과한 지원자들은 집단 면접에 참가하게 되며, 상담과 발달 임무에 대한 그들의 생각과 프로그램과의 관계에 대한 그들의 가치관을 질문받게 된다. 뿐만 아니라 집단 면접 동안 보여 주는 대인관계 능력도 평가를 받는다. 입학 면접은 또한 상담과 발달 임무의 측면에 있어 어떻게 생각하는지를 담은 작문 예시까지 포함한다.

새로운 입학 기준은 시험 점수나 성적이 보여 줄 수 있는 것 이상을 나타내며, 시험 점수나 성적은 문화적으로 편향되었거나 미래 전문성에 있어 지원자의 잠재력을 보여 줄 수 있는 좋은 지표가 아닐 가능성이 다분하다. 입학 기준에 근거하여 이 프로그램은 유색 인종 학생의 비율을 대폭 확장하였으며 3년 만에 3%에 불과했던 유색 인종 비율을 35%까지 늘렸다. 새로운 강령과 변경된 입학 기준 및 과정은 유색 인종 학생과 다문화 사회정의 사명에 관심이 있는 학생들을 끌어들이는 데 도움이 되었다. 동시에 90%의 백인으로 이루어져 있던 교수진 또한 50%의 유색 인종이 포함된 교수진으로 바뀌게 되었다.

5단계: 학생 및 프로그램 평가

프로그램 내내 학생들의 발전 과정이 검토될 것이지만, 프로그램 중반부와 후반부에 더욱 형식적인 평가가 진행된다. 검토 및 평가 기준은 점수와 능력을 평가하는 기존 평가 방식뿐만 아니라 프로그램 임무에 대한 학생의 성취 정도까지 포함한다. 프로그램 막바지에 이르면 학생들은 기술들과 다문화적 능력과 같은 프로그램 요소에 대한 그들의 숙련도를 증명하거나, 이론과 실습 사이의 연결성을 증명하거나, 학습 프로그램 내내 상담과 발달 임무의 다섯 가지 요소를 얼마나 잘 성취하였는지 입증할 수 있는 전문적인 포트폴리오를 제출한다.

추가적으로, 프로그램은 최근 훈련의 질을 평가하기 위해 평가도구를 개선하였다. 설문지를 통해 프로그램의 효과 정도를 평가하고, 훈련받은 것을 인턴이나 직장에서 사용할 줄 아는 능력이나 사회정의 요소를 운용할 줄 아는 능력 등 여러 부문을 분석한다. 또한 이 프로그램을 수행한 학생들이 이전 대학원생 교육 프로그램을 수행한 학생들과 어떻게 다른지를 평가하는 것도 포함한다. 더불어 설문지는 훈련의 장기적인 효과를 평가하기 위해 최근 더 개선되었으며, 이 설문지는 대학원생들이게 그들이 최근 직업환경에서 어떻게 다문화 및 사회정의 능력을 구체화할 수 있었는지 질문한다.

6단계: 교수진 평가회의

여태까지 논의된 주제는 프로그램 구성의 개선이나 학생에 관련한 것이었다. 사회정의, 다문화주의, 국제주의, 옹호, 리더십을 포함하는 프로그램을 발전시킨 교수진의 힘든 작업이나 그 과정을 인지하는 것도 매우 중요하다. 흔히 대학은 교수진을 대학원 프로그램에서 소개하지 않기도 하고, 단지 학생들과 프로그램 구성만을 중요시한다. 상담과 발달 프로그램이 한 가지 약속한 바는 모든 교수진이 프로그램 개발에서 완전하게 포함되고 참여하는 것을 보장해 주는 것이었는데, 이는 긍정적이고 건강한 프로그램 환경 제작의 바탕이 되는 긍정적이고 건강한 교수진 관계를 가치 있게 생각하기 때문이었다. 앞서 언급했듯이, 교수진은 여러 번 평가회의를 하는데, 그중 세 번은 밤새 진행된다. 하루 종일 이루어지는 여러 번의 수행과 동시에 진행되는 야간 수행은 교수진이 프로그램의 임무에 대해 완벽한 의견 일치를 이루어내고, 임무를 어떻게 운용할 것인지에 관해 도움을 줄 수 있다.

이 과정에서의 흥미로운 측면은 한번 프로그램이 재설계되고, 수업 과정이 개선되고, 권위 있는 대학 위원회로부터 전체 승인을 받게 되면, 교수진은 다문화와 사회정의 같은 중요한 개념에 대한 그들 스스로가 정립한 과정, 관계 그리고 반응을 다시 되돌아보고 반영하는 것이 중요함을 깨닫게 된다는 점이다. 그러므로 교수진 평가회의에서는 다음과 같은 여러 질문에 대해 논하게 되어 있다.

- 현재 어느 부분에 대해 논하고 있는가?
- 프로그램 수정 과정이 자신에게 어떠한 영향을 미쳤는가?
- 다섯 가지 상담과 발달 요소가 수업지도, 연구 그리고 실습에 있어 어떻게 결합되었는가?
- 어떠한 생각을 가졌으며, 현재 가지고 있는가? 과정 중 어떠한 난관을 접했는

가? 그러한 시점에 교수진 서로에게 어떤 필요를 느끼는가?

한 교수진 평가회의에는 백인우월주의, 인종 정체성, 다문화주의, 사회정의에 관련한 개인적 신념이나 세계관을 탐구하는 것이 포함된다. 아주 심도 있는 경험이며, 이는 프로그램과 관련되었거나 그들 자신의 삶과 관련된 중요 이슈에 대한 교수진의 입장, 감정, 세계관을 솔직하게 논의하며 이루어진다.

마지막으로, 교수진은 상담과 발달 프로그램의 발전에 관련된 여러 프레젠테이션을 진행하며, 이는 컬럼비아 대학교 동계 원탁회의(Columbia University Winter Roundtable)나 상담사 교육 및 감독 협회와 미국상담학회의 연례 회의에서 이루어진다. 각각의 회의에서 발표자는 새로운 프로그램과 업무의 발전 과정과 더불어 이 과정에 대한 그들의 개인적인 반응과 대답을 공유한다. 차후 발표에서는 학생들이 이 프로그램의 일부분으로 참여하는 것에 대해 다문화와 사회정의에 초점을 맞추어 그들의 관점을 공유한다. 상담과 발달 프로그램에 대한 DVD가 최근 제작되었으며, DVD에는 상담과 발달 프로그램 임무의 고유한 특성에 대한 교수진 구성원과 학생들의 반응이 담겨 있다.

7단계: 학생 참여 및 기여

학생 또한 모든 상담과 발달 과정 속의 상담과 발달 업무에 투입되어 왔다. 첫 번째 사회정의 수업의 한 부분으로 학생들에게 어떻게 이 임무의 다섯 가지 요소가 모든 수업 과정과 결합될 수 있는지에 관해 생각해 보도록 요청하였다. 학생들의 생각은 평가회의 과정 중에 있는 교수진들에게 전달되었다. 교수진은 학생들의 건의를 진지하게 검토했고, 수업 과정을 구성할 때 그들의 생각이 반영되도록 했다. 또한 토론 방식의 회의가 학생들과의 꾸준한 대화를 위해 설립되었다. 더불어 대학원 상담 학생 조직인 카이 시그마 아이오타(Chi Sigma Iota)는 다양한 사회정의 활동을 만들었다. 그들은 노숙자들을 위한 운동과 자살 방지 운동을 시작하였고, 조지메이슨 대학교에 '누명을 벗은 사람들(The Exonerated)'이라는 작품을 가지고 오는 공동 스폰서가 되었고, 버지니아 폴리테크닉 주립대학교 총기 사건의 희생자와 가족들을 위한 모금 활동을 벌였다. 앞의 예시는 그들이 한 활동의 일부분일 뿐이다.

변화의 어려움

상담과 발달 프로그램은 기존 프로그램을 사회정의와 다문화주의를 통합하는 프로그램으로 변화시키는 데 있어 다행스럽게도 행정과 교수진의 지원 모두를 받을 수 있었음에도 불구하고, 여전히 어려움을 겪고 있다. 어려움 가운데 하나는 사회정의와 문화의 다양성에 대한 이슈를 탐구할 때 유색 인종 교수진과 백인 교수진에 대한 학생들의 반응이 다른 것에서부터 찾아볼 수 있다. 몇몇 학생은 백인 교수진보다 유색 인종 교수진으로부터 백인우월주의나 문화적 편향성을 지닌 주제에 관한 민감하고 직설적인 주제를 듣는 것을 꺼린다.

또 다른 어려움은 사회정의, 인권, 다문화주의에 대한 새로운 정보를 가지고 무엇을 할지 알고 있는 학생들과 연관되어 있다. 비록 모든 학생이 상담과 발달 업무를 인식하고 수용하면서 프로그램에 참여하지만, 개개인의 이해 정도와 능력은 상이하며, 그렇기 때문에 개인적인 삶이든 전문적인 삶이든 그 속에서 다문화주의, 사회정의, 인권에 대한 개념을 활용할 때 때로 어려움을 겪게 된다. 학생들은 앞의 이슈들에 대해 깊이 있게 연구하면서 개인적으로 매우 어려워했고, 이로 인해 수업 중 논의 자체가 더 복잡하고 어렵다고 느꼈다. (학생들의 다문화적 사회정의에 대한 탐구는 제8장에 자세히 서술되어 있다.) 학생들은 친구, 파트너, 배우자, 가족들에 대하여 그들이 배운 내용을 토대로 생각하게 될 것이며, 이로 인해 수업 중에 혼란스러운 감정을 느꼈을 수도 있다. 교생 실습이나 인턴십 과정에서 관계에 변화가 생기는 것과 타인의 다른 가치관을 수용하는 것이 매우 어려웠을 것이다. 프로그램의 임무나 가치관을 공유하고 있는 수퍼바이저를 찾는 것은 쉬운 일이 아니다. 이 프로그램의 수퍼바이저는 실습 현장에서 사회정의와 다문화주의적 틀을 가지고 일하는 학생들에게 이 프로그램의 임무와 기대가 무엇인지에 관해 교육해야 한다.

또 한 가지는 이 프로그램을 지지하고 다섯 가지 주요 요소들을 자신의 수업에서 핵심적인 부분으로 사용하고자 하는 시간제 강사들에 관한 것이다. 이 문제를 바로잡기 위해 교수진은 전임 교수와 시간제 강사 모두와 회의를 가졌고, 모든 수업에서 프로그램 강령이 기본적이고 공통적인 철학으로 구성되도록 비슷한 수업 과정을 진행하는 두 교수진(전임 교수와 시간제 강사) 사이에 멘토링을 진행하였다.

우리는 상담과 발달 프로그램이 프로그램의 변화를 위해 행정적 지원을 받을 수 있었던 것에 대해 매우 다행스럽게 생각하고, 그 어떤 프로그램 교수진으로부터도 큰 저항이 없었음을 알고 있다. 우리는 또한 앞과 같은 일이 다섯 가지 주요 가치를 교육, 연구, 훈련에 집어넣고자 하는 다른 프로그램이나 학부에는 해당되지 않을 것임을 인지하고 있다. 그들은 사회정의 훈련 프로그램을 도입하는 데 있어 많은 저항과 장애물을 마주했을 것이다. 이러한 갈등을 다루기 위해 다음 절에서는 비슷한 변화를 만들고자 하거나 사회정의의 다문화적 초점을 발전시키고 싶은 상담 및 심리학 교수진들을 위한 추천사항을 다룰 것이다.

추천사항

상담 및 심리학 훈련 프로그램에서 사회정의 임무를 성공적으로 설계하고 시행함에 있어 우리가 실시했던 몇 가지 추천사항이 있다. 비록 추천사항이 상담 프로그램에 바탕을 두고 있지만, 학부의 다문화주의와 사회정의에 대한 노력을 고려했을 때 상담, 지역사회, 임상심리학, 사회복지학 같은 다른 심리 훈련 프로그램에도 적합할 것이라 생각한다.

사회정의의 의미에 대한 전반적으로 동의하기

사회정의를 규정하는 의미는 매우 다양하기 때문에, 사회정의가 무엇인지에 관한 교수진 공통의 이해와 동의를 이끌어 내기 위한 시간을 확보해야 한다. 이를 위해서는 오랜 시간과 인내심이 필요하며, 우리는 교수진이 오직 사전적 정의만이 아니라 무엇이 사회정의를 구성하고, 그것이 대학원 교육에서 어떻게 나타나는지에 관련해 사회정의에 내포된 가치관, 편견, 믿음에 대해서도 조사할 것을 강조하고 있다.

행정적 지원 요구하기

학장과 핵심 행정으로부터 지원을 받는 것은 사회정의를 포함하는 학부로 변화하는 데 있어 매우 중요한 일이다. 학장으로부터의 허락은 학부가 이 일을 추진하고 사회정의의 구축과 실행에 관해 탐구할 수 있도록 힘을 실어 주게 된다. 초기 과정에서 이러한 힘을 얻는 것은 매우 중요하며, 그렇게 되면 교수진들은 사회정의가 통합되는 것이 수락되었음을 근본적으로 이해할 수 있다.

협력 단체, 조직의 지원을 얻기

모든 학부는 외부 단체, 센터, 조직과 밀접한 관계를 가지고 있다. 그것이 기금 지원 기관이든, 현장실습 장소든, 협의체든, 그 무엇이 되었든 간에 프로그램 훈련에 사회정의 요소를 통합시키기 위한 외부의 지원은 대학 행정 직원들과 접촉하는 데 매우 큰 도움이 된다.

교수진 평가회의에 많은 시간을 투자하기

한두 시간 정도의 회의로는 기존 대학원 훈련 프로그램과 사회정의를 결합함에 있어서 발생하는 복잡한 문제를 해결할 수 없다. 훈련 프로그램은 이 훈련에 초점을 맞춘 역사, 목표 달성을 위해 일을 하는 방법, 원리와 가치관 등을 수립해 오고 있다. 교수진이 교육과정과 사회정의 훈련에 대한 개인적 노력에 변화를 일으키는 데 있어 깊게 고민하는 시간을 가지는 것은 매우 중요하다. 심지어 수많은 상담사, 심리사 및 사회복지사들이 사회정의가 중요한 문제임에 동의했음에도 불구하고, 어떻게 사회정의를 설명하며, 어떻게 대학원 훈련에 사회정의를 구축할 것인지에 대한 의견은 분분하다. 교수진 평가회의는 어떻게 사회정의를 수업에서 다룰 것인가에 대한 생각을 나누는 시간이 될 수 있으며, 멘토 교수진이 사회정의 연구를 시작함에 있어 자리를 제공해 줄 수 있다.

시간 강사 및 현장 수퍼바이저와 밀접하게 작업하기

시간 강사 및 현장 수퍼바이저들은 정식 직원 미팅에 참여하지 않고 대부분은 이 프로그램에 깊게 관여되지 않기 때문에 학부와의 거리감을 느낄 수도 있다. 조지메이슨 대학교에서는 이러한 문제를 해소하기 위해 모든 시간 강사들과 현장 수퍼바이저들과 고용 관련한 프로그램 임무와 수업에 그 임무를 결합하는 데 필요한 부분에 대해 이야기를 나눈다. 또한 정식 직원이 원한다면 위 직원들에게 프로그램의 사회정의적 요소에 대해 그들에게 도움을 줄 수 있다고도 설명이 주어진다. 물론 그들이 사회정의와 문화적 다양성이 옳다고 생각하면 수업 내용 및 수퍼비전에 포함할 수 있는 학문적 자유가 있다. 하지만 이를 포함하는 것은 자격 조건을 요구한다. 이 부분을 보충하기 위한 수업지도와 수퍼비전에 대해 논의하기 위해 정기적인 시간 강사 회의가 진행된다.

학생에게 권한 부여하기

사회정의를 강조하는 훈련 프로그램에서 교수진과 학생들 사이의 결속력이 필수적이다. 학생들이 프로그램에서 확실한 성과를 거두면서 훈련에서 진행되는 부분을 실습하는 것이 중요하다. 상담과 발달 프로그램을 구축하기 위해 전체 회의가 진행되며, 여기에는 모두가 자신의 의견을 나눌 수 있는 기회를 가진다. 그리고 이 프로그램은 학생 우등생 단체의 지원을 받는 사회정의 프로그램이며, 허리케인 카트리나 사태에 따른 멕시코 연안 사태와 샌디에이고 산불 이후의 캘리포니아 사태에 대해 교수진의 지원을 받는 프로그램이다.

협력 파트너십 구축하기

사회정의 이슈를 다루기 위해 지역, 주, 국가, 국제적 단계에서의 파트너십을 구축하는 것이 중요하다. 그러므로 교수진은 전문 기관과 기타 기관, 다른 대학, 정신건강 단체 및 조직, 학교, 비정부 기구, 비영리 단체 등의 위원회와 연결고리를 구축하는 데 귀감이 되어야 한다.

평가 및 심사

변경된 대학원 교육 프로그램의 성공적인 부분과 미해결된 부분을 자체적으로 평가하는 것이 중요하다. 교수진은 반드시 변경된 프로그램의 효과와 질을 평가할 수 있는 척도를 개발해야 한다. 평가에 대한 문제는 학생들의 사회정의 발달, 개인 가치관의 변화, 상담에서의 사회정의가 어떻게 수행되는지, 사회정의를 이해한 정도 등을 포함할 수 있다. 평가는 정량적인 방법(설문조사 등), 정성적인 방법(비정형 인터뷰 등) 모두를 통해 이루어진다. 또한 이 프로그램을 수료한 학생들의 수료 면접을 진행하거나 이전 졸업생들이 그들의 업무에 사회정의를 결합했는지에 대한 후속 평가를 실시하는 것도 도움이 된다.

요약

요약하자면, 조지메이슨 대학교의 상담과 발달 프로그램의 발전은 힘든 과정과 모든 교수진의 노력으로 이루어진다. 이 프로그램은 교수진의 신념을 반영하고 예비 학생들이 이 프로그램에 적합한지 확실히 하기 위해 학생들을 관찰하는 과정이 사회정의를 구축하는 특별한 방법이기도 하다. 사회정의, 다문화주의, 국제주의, 옹호, 리더십에 대한 강조는 교수진의 중대한 업무, 시간 그리고 에너지를 필요로 하며, 지속적인 진행 과정에 관여하는 것을 포함한다. 우리는 사회정의와 인권을 훈련의 핵심적인 부분으로 잘 통합시킨 프로그램 중 하나로 독자들에게 좋은 예시를 알려 준다고 생각한다. 또한 우리는 이 장의 요소들이 대학원 훈련 또는 수퍼비전 작업에 있어 적합하기를 바란다.

참고문헌

Bemak, F., & Chung, R. C.-Y. (2011). Post-disaster social justice group work and group supervision. *Journal for Specialists in Group Work, 36*(1), 3-21.

Bemak, F., & Chung, R. C.-Y. (in press a). Classrooms without walls. *Journal of Humanistic Counseling, Education, and Development.*

Bemak, F., & Chung, R. C.-Y. (in press b). *Counselors without borders* [DVD]. Microtraining and Multicultural Development, a division of Alexander Street Press. Available from http://emicrotraining.com

Bemak, F., Chung, R. C.-Y., Talleyrand, R. M., Jones, H., & Daquin J. (2011). Implementing multicultural social justice strategies in counselor education training programs. *Journal of Social Action in Psychology and Counseling, 3*(1), 29-43.

Bemak, F., Epp, L., & Keys, S. (1999). Impaired graduate students: A process of graduate program monitoring and intervention. *International Journal for the Advancement of Counselling, 21,* 19-30.

Chung, R. C.-Y., & Bemak, F. (in press a). Use of ethnographic fiction in social justice graduate counselor training. *Counselor Education and Supervision.*

Chung, R. C.-Y., & Bemak, F. (in press b). *Incorporating social justice into your program.* Microtraining and Multicultural Development, a division of Alexander Street Press. Available from http://emicrotraining.com/

Forrest, L., Elman, N., Gizara, S., & Vacha-Haase, T. (1999). Trainee impairment: A review of identification, remediation, dismissal, and legal issues. *The Counseling Psychologist, 27,* 627-686.

Hartung, P. J., & Blustein, D. L. (2002). Reason, intuition, and social justice: Elaborating on Parson's career decision-making model. *Journal of Counseling and Development, 80,* 41-47.

Lerner, R. M. (1995). *America's youth in crisis: Challenges and options for programs and policies.* Thousand Oaks, CA: Sage.

Talleyrand, R. M., Chung, R. C-Y., & Bemak, F. (2007). Incorporating social justice in counselor training programs. In R. L. Toporek, L. H. Gerstein, N. A. Fouad, G. Roysircar, & T. Israel (Eds.), *Handbook for social justice in counseling psychology: Leadership, vision, and action* (pp. 44-58). Thousand Oaks, CA: Sage.

Vera, E. M., & Speight, S. L. (2003). Multicultural competence, social justice, and counseling psychology: Expanding our roles. *The Counseling Psychologist, 31*, 253–272.

Wilkerson, K. (2006). Impaired students: Applying the therapeutic process model to graduate training programs. *Counselor Education and Supervision, 45*(3), 207–307.

세계화 속의 사회정의

Social Justice Counseling: The Next Steps Beyond Multiculturalism

제 16 장

문화와 세계화 속의 사회정의:
사회정의 증진 어젠다

세상은 살아가기에 너무 위험하다. 악행을 하는 사람들 때문이 아니라

앉아서 바라보기만 하는 사람들 때문이다.

−Albert Einstein

위로하기 좋아하는 학자는 학자로 부르기에 적합하지 못하다.

−공자

📖 연습문제

1. 세상 다른 곳에서 일어나는 일들이 당신의 삶에 어떻게 영향을 미쳤는가?

2. 세상 다른 곳에서 일어났거나 일어나고 있는 사회부정의는 어떤 것이 있는가?

3. 다른 나라에서 온 사람들 중 만나 본 적이 있거나 알고 있는 사람들을 생각해 보시오. 이들의 본국 사람들, 그 나라에서의 경험, 그 나라 사람들과 당신 나라 사람들의 같은 점과 다른 점을 이 사람들과 함께 이야기해 본 적이 있는가? 이야기해 봤다면 사회정의에 대해 이 사람들의 경험에서 어떤 것을 배울 수 있었는가? 이야기해 보지 못했다면 왜 사회정의에 대해 같은 점과 다른 점을 이야기해 보지 못했다고 생각하는가?

세계 어느 곳을 살펴보아도 세계화의 영향을 알 수 있다. 마찬가지로 사회적·경제적 부정의와 불평등이 우리가 살고 있는 현재에도 많이 나타나고 있는 것이 현실이다. 상담사, 심리치료사 그리고 사회복지사의 입장에서 현재 강하게 영향력을 미치고 있는 이 두 가지 주제를 같이 연계하고 사회정의를 세계화 시각에서 검토하기 시작하면 여러 질문이 나올 수 있다. 미국 문화에 기반을 두고 있는 우리는 왜 우리나라 밖의 사회부정의에 관심을 가져야 하는가? 미국 문화에 기반을 두고 있는 우리가 미국을 위해 자원을 써야 하는데 왜 다른 나라를 위해 자원을 소모해야 하는가? 상담사, 심리치료사 그리고 사회복지사로서 나는 왜 내가 상대하는 클라이언트의 문제 이외의 다른 문제에 관심을 가져야 하는가?

사회정의에 관련해서 UN과 그 외의 여러 지역에서 할 일이 많다. 앞서 여러 장에 걸쳐 왜 사회정의가 정신건강 분야에서 중요한지에 대해 대략적으로 이야기하고 토론하였고, 현대 사회의 불평등 정도를 반영하는 자료들을 제시한 바 있다. 이 마지막 장에서는 우리가 속한 작은 공동체, 지역사회, 국가라는 경계선을 넘어 사회정의 문제를 확장하는 것이 중요하다는 점과 세계화의 관점을 어떻게 우리의 사회정의 정신건강 활동에 구현해 낼 수 있는지를 살펴보기로 하겠다. 세계가 축소되고 있기 때문에 이 문제는 21세기에서 대단히 중요하다. 세계화는 우리 사회의 여러 방면에 영향을 미쳤지만 정신건강 분야에서는 우리가 하고 있는 일을 국제화하는 데 최소한의 관심만 보여 왔을 뿐이다. Marsella(1998)가 심리학을 국제적 맥락으로 확장시키는 데 혁신적인 첫발을 떼었지만 그 이후에도 심리학의 국제화에 특별한 관심을 가진 사람들은 소수에 불과했고 심리학 분야에서도 정신건강의 세계화에 담겨 있는 함의를 계속 탐구하지 못했다. 이 장에서는 이와 관련된 문제를 좀 더 살펴보는 한편, 왜 그리고 어떻게 세계화와 정신건강이 연결되는지에 대한 답을 일차적으로 제시해 보고자 한다.

왜 세계화 시각에서 사회정의 문제를 다루어야 하는가

현실적인 문제를 살펴보면 세계화와 정신건강의 관계가 더욱 분명해진다. 세계 전역에 하루 1달러도 안 되는 돈으로 살아가는 사람들이 13억 명이나 된다. 세계 인구의 거의 절반에 가까운 30억 명은 하루에 버는 돈이 2달러도 채 안 되고, 주거지역에 공중위생 시설이 전혀 없다. 또한 16억 명은 전기를 전혀 이용할 수 없고, 개발도상국에서는 연간 100만 명 이상이 수인성 질병이나 부적절한 공중위생으로 인해 사망하고 있다(Shah, 2010b). UN 해비타트(UN-Habitat, 2008; 주택건설 국제봉사활동 단체−역주) 보고서에 의하면 불량 위생 시설 또는 위생 시설 미비로 인해 세계적으로 연간 160만 명이 사망하고 있다. 선진국의 20% 인구가 세계 육류와 생선의 44%를 포함한 생산품의 77%를 소비하고 있다. 반면에, 빈곤국의 하위 1/5은 전 세계 국가의 육류와 생선의 5%밖에 소비하지 못하고 있다. 소비에서의 격차는 다른 부분에서도 비슷하다는 것이 중요하다. 선진국 인구의 20%가 세계 에너지의 58%(세계 최하위 1/5 인구는 4% 미만)를, 세계 모든 종이류의 84%(최하위 1/5 인구는 1.1%)를 소비하고, 세계 모든 전화선의 74%(세계 최하위 1/5은 1.5%)를 사용하고 있고, 세계 모든 차량의 87%(세계 최하위 1/5은 1% 미만)를 소유하고 있다(Shah, 2010b). 이에 더해 선진 산업국가 인구의 단지 12%가 세계 물의 85%를 사용하고 있다(Shah, 2010b).

덧붙이자면, 세계 인구 최상위 830만 명이 소유한 부(富)는 2004년에 8.2%가 증가한 30조 8,000억 달러에 달했는데 이 돈은 세계 금융자산의 거의 1/4을 지배할 정도였다. 다시 말하면, 전 세계 인구의 약 0.13%가 세계 부의 25%를 지배하고 있다는 것이다(Shah, 2010b).

이와 같은 사실은 개인, 가족, 작은 지역사회, 지역, 국가의 사회적 및 심리적 복지에 영향을 미칠 뿐만 아니라 국제관계에도 영향을 미친다. 사회적 이슈에 대한 관심은 사회적 병리와 문제해결에도 영향을 미친다. 예를 들면, 세계에는 22억 명의 아동이 있다. 이 아동의 거의 절반에 해당하는 10억 명은 빈곤 상태에 있다. 개발도상국의 아동 19억 명 중에 6억 4,000만 명(3명 중 1명)은 집이 없고, 4억 명(5명 중 1명)은 안전한 물을 마실 수가 없으며, 2억 7,000만 명(7명 중 1명)은 의료 서비스를 받을 수가 없다(Shah, 2010b). 세계적으로 1억 2,000만 명은 교육을 받을 수 없고, 2003년에 1,060만 명(프랑스, 독일, 그리스, 이탈리아의 총 아동 수와 같음)이 5세 이전에 사망했다(Shah, 2010b). 안전한 물을 마실 수 없고 적절한 위생 시설이 갖춰지지 않아서 매년 140만 명의 아동이 죽어 가고, 매년 220만 명의 아동이 예방접종을 받지 못해 죽어 가고 있다. 1,500만 명의 아동(독일이나 영국의 총 아동 인구에 해당)이 부모나 보호자가 인체면역결핍바이러스/후천성 면역결핍증(HIV/AIDS)으로 사망하여 고아가

된다. 이러한 수치는 놀랄 만한 것으로 아동의 가족과 지역사회의 상황에 대해서는 물론 국제적 상황에 대해서도 관심을 불러일으킬 수 있는 명분이 된다.

조사연구자들도 빈곤과 폭력의 상관관계를 밝혀 왔다(Postmus & Hahn, 2007). 세계보건기구(WHO)의 폭력 보고서(WHO, 2002)는 폭력의 정도와 수준에 대한 놀랄 만한 통계치를 보여 주고 있다. 예를 들면, 2000년에 약 5만 7,000명의 아동을 포함한 160만 명이 폭력으로 사망했는데 폭력이 15~44세 사람들의 가장 많은 사망 원인이었다. 일부 국가에서는 여성 4명 중 1명꼴로 가까운 파트너로부터 성폭력을 당했고, 4~6%의 노인이 가정에서 학대를 받았다는 것이다(WHO, 2002). 사실, 20세기는 인류 역사에서 가장 폭력이 난무한 기간 중의 하나였다. 세계적으로 보면 갈등문제로 생명을 잃은 사람들의 절반 이상이 민간인이었다(WHO, 2002).

이같이 나열된 놀랄 만한 통계 수치를 보면서 당신은 이것이 어떻게 자신에게 영향을 미친다는 것인지 의아해할 수 있을 것이다. 만약 이런 통계를 보고 마음에 느끼는 바가 있다면 '그렇다면 내가 이런 사실에 대해 할 수 있는 일이 무엇인가? 내가 어떻게 이 문제들을 해결할 수 있는가?'라는 중요한 질문을 할 수도 있을 것이다. 다음 절에서는 이 같은 통계를 보다 상세히 검토하면서 세계적인 사회정의 문제가 미국과 어떤 관련성이 있는지를 검토해 보기로 하겠다.

세계적 이슈와 미국 이슈의 교차점

우리는 세계의 사회적 이슈와 미국의 사회적 이슈 간에 분명하고 확실한 교차점이 있다는 것을 제시하고자 한다. 우선 사회적 이슈와 정신건강 이해의 기초를 마련하기 위해 세계 경제에 대한 미국 경제의 영향을 검토해 보기로 하겠다. 우리의 경험으로 보면, 경제가 사회적 측면뿐만 아니라 정신건강 측면과도 관계가 있다는 것에 대한 연구는 최소에 그치고 있다(Marsella, 1998). 이런 사실로 인해 상담사, 심리치료사 및 사회복지사들은 정신건강에 영향을 크게 미치는 경제사항에 관심을 갖지 못하고 있다. 이 절에서는 경제가 상담, 심리치료와 사회정의에 미치는 영향의 타당성과 중요성을 검토해 보기로 하겠다.

세계경제의 약 62%는 미국과 관련이 있다. 즉, 전 세계 부(富)의 62%는 미국에서 일어나는 일과 관련이 있다는 것이다(Chung, 2005). 세계 어떤 나라보다도 미국에는 백만장자와 억만장자가 많다. 미국의 최상위 400명 소득자의 소득은 아프리카의 최빈국 20개국(3억 명)의 소득과 맞먹는다. 세계 최상위 200대 기업 중 미국 기업이 82%를 차지하고 있다. 200대 기업의 전체 매출액은 세계 최하위 빈곤국 인구 12억 명(세계 인구의 약 14%) 연간 소득의 18배에 달한다(Shah, 2010b).

미국 인구는 세계 인구의 4.6% 정도에 불과하지만 세계 부의 약 50%는 미국에 있고, 세계 소비의 약 30%는 미국에서 이루어지고 있다. 1990년대에 미국 시민 한 사람이 평균적으로 소비하는 자원과 상품은 인도 국민 1인당 소비의 30배 이상이었다. 세계 인구의 20%만 선진국에 살고 있지만 이들은 세계 자원의 2/3를 사용하고 있다. 동시에 세계 인구 중 최빈곤 40% 인구의 소득은 세계 전 인구 소득의 5%에 불과하다(Shah, 2010b).

통계로 나타난 이 같은 격차는 놀랄 만한 것으로 아직도 관련된 의문이 남아 있다. 한 개인이면서 일반인에 지나지 않고, 상담사, 심리치료사 및 사회복지사에 불과한 나와 이러한 사실들이 무슨 상관이 있다는 것인가? 나는 어느 기업과도 관계가 없고 다만 기업 주식 몇 주만 보유하고 있을 뿐 상위 소득군에 속하지도 않는다. 나는 빈곤하고, 병들어 있고, 굶주리고 있는 세계 다른 지역 사람들을 접해 보지도 못했고, 다만 내가 살고 있는 지역의 자선 단체에 가끔 기부할 수 있는 정도이다. 우리는 이 정도 관계일 뿐이라고 답하는 것이 적절한 답이라 생각한다. 상담사, 심리치료사 및 사회복지사는 고소득 전문직이기 때문에 정신건강 분야에서 일하는 것이 아니다. 오히려 많은 상담사, 심리치료사 및 사회복지사는 단순히 도움을 제공하거나 치료자가 되기 위해 정신건강 일선에서 일하고 있을 뿐이다. 다른 사람에 대해 돌봄 서비스를 제공하고 관심을 보인다는 것 자체가 작은 지역사회, 지역, 국가 및 국제 활동에 참여할 필요성을 보여 주는 것이라 할 수 있다. 국제사회 활동에 관여할 필요성을 제시하기 위해 이런 통계치를 보다 의미 있는 일상생활과 연계해서 살펴보기로 하겠다.

미국 소비가 세계에 미치는 영향

선진 산업국가에 살고 있는 우리는 기본적 욕구 충족에 필요한 범위를 넘어, 사치품과 효율성 높은 기술혁신 제품을 포함하여 많은 자원과 생산품을 소비하고 있다. 예를 들면, 미국과 유럽 사람들은 반려동물 식품에 1년에 170억 달러를 소비하고 있는데, 이 돈은 세계 모든 사람에게 건강과 영양 증진을 위해 1년간 추가 제공할 필요가 있는 식품비 추정액보다 40억 원이나 더 많은 금액이다(U.N. Development Programme, 1998, p. 5). 사실, 미국에서는 반려동물 식품비로만 162억 달러 이상을 소비하고, 반려동물 식품비에 가축 서비스와 기타 반려동물 용품 비용까지 합치면 무려 455억 달러나 된다(American Pet Products Association, 2009).

미국 사람들의 쇠고기, 일반 육류, 사육 조류, 생선 소비량은 연간 1인당 200파운드나 된다. 일반적으로 미국인들은 하루 8온스의 육류를 먹는데 이 양은 세계 평균의 2배나 된다(Bittman, 2009). 햄버거 1/4파운드를 생산하는 데 100갤런의 물과 1.2파운드의 곡물 및 한 컵의 휘발유에 해당하는 에너지가 필요한데, 이 같은 햄버거 생산 원료는 결국 1.25파운드의 비옥한 표토를 없어지게 하고, 일반 미국 자동차가 6마일 운행으로 배출하는 양과 같은 온실가스를 발생시킨다. 따지고 보면 한 덩어리 햄버거의 실제 추정 가격은 35달러나 된다(U.N. Development Programme, 1998). 육류 소비는 아마존 지역에서 소를 사육하기 위해 목초지의 열대우림을 베어 내는 것과 같다. 즉, 그 땅은 그 지역에서 소비하는 식품 생산에 사용되는 것이 아니라 미국으로 수출되는 쇠고기 생산을 위해 사용되는 것이다. 더구나 미국에서 생산되는 70~80%의 곡물이 가축 사료로 사용되고, 세계 곡물 수확량의 1/3 이상이 가축 사료에 사용되고 있다. 8억 명이 기아 상태에 있는데도 옥수수와 콩의 상당량은 소, 돼지, 닭의 사료로 사용되고 있다(Bittman, 2008; Shah, 2010b).

후식과 화장품도 선진국의 중요한 소비 물품이다. 2002년에 유럽 사람들이 110억 달러를 아이스크림에 사용했고, 미국 사람들은 약 200억 달러를 아이스크림과 냉동 디저트 및 그 신제품에 사용했다("Cost of U.S. Appetite", 2002). 미국의 연간 화장품 소비액은 80억 달러나 되는데, 이는 세계 모든 사람에게 기본교육을 제공하기 위한 비용보다 20억 달러나 더 많은 금액이다(Shah, 2010b). 이와 같은 소비에도 불구하고 미국인의 소비량 증가는 행복지수를 높이는 데는 관계가 없었다. 시카고 대학교 전국 여론조사센터(National Opinion Research Center)의 조사 결과를 보면 미국 사람의 개인 소비량은 2배나 증가했지만 '매우 행복하다'고 응답한 사람은 1957년 이래 여전히 약 1/3 정도 선을 유지하고 있을 뿐이라는 것이다(Durning, 1992). 해리스 여론조사

(Harris Poll)에서도 2010년에 33% 정도만이 '매우 행복하다'고 응답했는데 이 비율은 2008년과 2009년의 35%보다 더 낮아진 수치였다(Corso, 2010).

우리가 이렇게 자원을 소비하는 가운데 몇 가지 의문점이 제기된다. 우리가 소비하는 생산품과 자원은 실제로 어떻게 생산되는가? 그리고 그러한 생산이 환경, 사회, 지역사회, 개인에게 다차원적으로 어떤 영향을 미치는가? 누가 우리의 소비 선택에 영향을 미치는가? 어떻게 그리고 왜 생산해야 하고, 생산하지 않아야 하는지에 대해 누가 영향을 미치는가? 사회가 변하면서 소비 습관이 어떻게 변하는가? 부유한 국가와 부자의 요구가 가난한 국가에 미치는 영향은 어떠한가? 소비와 경제가 개인의 가치관에 미치는 영향은 어떠한가? 물질주의가 우리 가치관과 다른 사람과의 관계에 어떻게 양향을 미치는가? 정신건강이 이러한 문제 및 이슈들과 어떻게 관련되는가?

부유한 국가는 가난한 국가의 자연 자원을 빼앗아 세계 전역에 처참한 부의 격차를 만들어 내고 있다. 2003년 UN 보고서에 의하면 30년 내에 세계 인구의 1/3이 슬럼 지역에 살게 될 것이라 한다. UN 해비타트에서는 한 지역 주민 중 절반 이상이 한 번 이상의 주거 결핍을 겪으면 그 지역을 슬럼 지역이라 정의하고 있다. 주거 결핍은 주거의 절대적 부재, 주거의 기본적 편의 설비 부족, 주택의 구조적 문제, 주거 공간 내 거주자 과밀 또는 제한된 공간 내 주택 과밀 현상이라 정의할 수 있다. 현재 세계 인구의 거의 1/6이 슬럼과 같은 환경에서 살고 있으며 개발도상국 인구 3명 중 1명은 도시 슬럼 지역에서 살고 있다(Shah, 2010b; UN-Habitat, 2008). 미국 기업들은 세계 거의 모든 곳에서 거대한 이윤을 끌어내고 있다(Lewis, 2003). 미국이 세계의 자원을 소비하는 비율에 비하여 국제개발에 기여하는 자원의 비율은 선진국 중에 가장 적은 국내총생산(GDP)의 0.11% 정도에 불과하다(Krieger, 2003).

미국은 국제 인도주의 및 개발 원조에 보다는 미사일 방어체계 연구, 개발 및 배치에 더 많은 금액을 지출하고 있다(Stiglitz & Blimes, 2008). 예를 들면, 미국의 군사 비용은 세계 총 군사 비용의 46.5%를 차지하고 있는데 그다음에 훨씬 뒤처진 비율로 중국(6.6%), 프랑스(4.2%), 영국(3.8%), 러시아(3.5%)가 뒤따르고 있다(Shah, 2010c). 더구나 미국의 현재 전쟁 비용은 12년간의 베트남전 비용을 초과하고, 한국전 비용의 2배 이상이고, 제1차 걸프전 비용의 거의 10배에 해당되는 것으로 추정된다(Stiglitz & Blimes, 2008). Stiglitz와 Blimes(2008)의 추정에 의하면 이라크전 운영 비용은 월 1,250만 달러였고, 아프가니스탄전까지 포함하면 그 비용은 160억 달러였다. 이 금액은 UN의 1년 예산과 맞먹는다. 2007~2008 회계연도의 미국 군사예산은 500억 달러 이상이나 증가했다(Shah, 2010c). 이 같은 금액은 미국에서 1년간 아동 빈곤문제를 해결하고, 1년간 9만 4,000명 아동 건강보호 비용으로 사용할 수 있는 정도의 액수이다(Children's Defence Fund, 2004).

미국이 진지하게 빈곤문제와 사회부정의 문제를 다루지 못하는 것 때문에 미국 사람에 대한 세계적인 분개, 분노, 공격이 발생하고 있다. 미국 군사 비용 중 일부의 적은 금액이라도 식품, 건강보호, 교육, 위생 설비(Krieger, 2003), 심리적 안녕을 위한 인도주의 원조로 제공된다면 많은 생명을 구하고 우호관계를 형성할 수 있을 것이다. 예를 들면, 미국은 국가 예산 중 마음대로 사용할 수 있는 예산의 50% 이상을 군사 비용에 사용하고 있는데, 2004년에는 연간 4,537억 달러 또는 월간 378억 달러가 사용되었다. 이 돈을 주당으로 계산하면 87억 달러가 되는데, 이는 미국 근로자 가구의 아동 140만 명에게 1년간 보육 서비스를 제공하기에도 충분한 금액이다. 1일 단위로 나누면 12억 달러가 되는데 1년간 미국 내에서 84만 5,000명이나 되는 아동의 건강보호 비용을 충당하기에 충분한 금액이다. 시간 단위로 나누면 5,160만 달러가 되는데 7,400명의 미국 아동에게 헤드스타트(Head Start) 프로그램(미국 저소득층 조기교육 프로그램-역주)을 제공하기에 충분한 금액이다. 또한 분 단위로 나누면 86만 815달러가 되는데 미국 아동 1,300명에게 2세가 될 때까지 예방접종 전체를 제공하기에 충분한 금액이다(Children's Defence Fund, 2004).

세계적 차원에서 이야기하면, 지금까지 이라크전에 지출된 금액은 세계 기아 방지 프로그램에 7년간 사용할 수 있는 금액이고, 전 세계 에이즈 프로그램에 18년간 사용할 수 있는 금액이며, 전 세계 아동에 대한 기본 예방접종을 60년간 할 수 있는 돈이었다(National Priorities Project, 2009). 이와 같은 계산 수치는 사회정의 이슈에 지대한 영향을 미치며 정신건강에도 밀접한 관련이 있다.

UN 세계 인권 선언

사회부정의를 개선 또는 해결하고 전 세계의 평등을 증진하기 위해 UN 총회는

1948년에 세계 인권 선언을 채택하고 공포하였다(제3장 부록에 제시된 세계 인권 선언 30개 조항 참조). 세계 인권 선언에 의하면 UN의 모든 회원국은 정치적 상황에 관계없이 학교 및 기타 교육 기관에서 인권 선언을 확산하고, 전시하고, 읽히고, 토론하게 함으로써 인권 선언을 널리 홍보하도록 규정하고 있다.

세계 인권 선언은 모든 UN 회원국에게 적용되는 일련의 기본 규범이다. UN은 모든 회원국이 UN과 협력하여 그 선언의 목표를 달성할 것과 30개 조항에 걸쳐 규정된 인권과 기본적 자유를 존중하고 지킬 것을 서약하도록 강조하고 있다. 인권 선언의 핵심 내용은 자유와 정의 및 평화의 기초는 모든 인간의 존엄성과 동등한 권리를 인정하는 것이다. 그러므로 인권 선언은 야만적이고 잔혹한 행위를 금지하고, 기본적 인권을 존중하고, 표현과 신념의 자유와 공포와 결핍으로부터의 자유를 지지하는 것을 목적으로 하고 있다. 인권 선언에서 인권은 각국의 법률로 보호되어야 하고, 국가 간 우호관계를 발전시키는 것이 중요함을 강조하고 있다.

상담사, 심리사 및 사회복지사가 세계 인권 선언을 기본적으로 이해하는 것이 중요하다. 특히 이들은 인권과 사회정의의 영역에서 일하고 있기 때문에 인권 선언에 대한 이해가 더욱 중요하다. 이하에 인권 선언의 권리를 요약하고 그 권리가 상담사, 심리치료사 및 사회복지사로서의 활동과 어떻게 연계되는지에 대해 언급하기로 하겠다.

UN의 30개 인권 조항에서 모든 사람—인종, 종족, 국적, 성별, 언어, 종교, 정치적 및 다른 사항에 대한 견해, 국가 및 사회의 기원, 사회경제적 지위, 출생 또는 다른 지위에 관계없이—은 자유롭게 태어났고, 동등한 존엄성, 생존, 자유 및 안전의 권리를 가지고 태어났음을 규정하고 있다. 따라서 사람은 누구도 그 어떤 형태의 노예 상태나 종속 상태로 얽매여서는 안 된다는 것이다. 이 인권 조항에서는 또한 어느 누구도 고문, 잔혹하거나 비인간적이거나 품위를 손상시키는 처우나 처벌을 받아서는 안 되고, 합당한 이유 없이 체포, 구금 또는 유배당해서는 안 된다고 규정하고 있다. 이 같은 원칙은 모든 인간은 법 앞에 평등하고, 어떤 차별도 없이 법률에 의해 공평하고 공개적인 청문과 보호를 받을 수 있다는 것을 전제로 하고 있다. 본질적으로 모든 사람은 유죄 판정을 받기 전에는 무죄로 추정되어야 한다.

인권 조항의 다른 측면은 모든 사람은 사생활, 가정과 주거의 침해를 받아서는 안 되고 명예나 명성에 손상을 받아서는 안 된다는 것도 규정하고 있다. 또한 이 인권 조항은 모든 사람은 자기 국가 영역에서 이동과 주거의 자유권이 있으며 자기 국가를 떠나거나 다시 돌아올 권리를 규정하고 있다. 이동과 관련한 인권 조항은 사람들에게는 핍박을 피하여 다른 나라에 가서 살 권리가 있으며, 국적을 가질 권리가 있고 또한 국적 변경을 거부당하지 않을 권리가 있다는 것도 규정하고 있다.

성인 남성과 여성은 인종, 국적, 종교에 구애되지 않고 결혼할 자유를 가진다. 결혼은 관련 당사자의 충분한 동의에 의해 이루어지고 국가와 사회로부터 보호를 받는다. 인권 조항은 결혼에서 선택의 자유와 더불어 모든 사람은 사상과 양심과 종교의 자유를 가진다는 것을 규정하고 있다. 또한 모든 사람은 의견을 표현할 자유의 권리를 가지며, 그 권리를 행사하기로 선택한다면 언론 매체를 통하여 자신이 생각하는 바를 전파할 수 있다. 표현의 자유에 관해 모든 사람은 평화로운 집회 개최의 권리를 가지며 자기 나라 정부에 참여할 권리를 가진다. 이러한 권리는 자유롭고 방해받지 않는 선거와 공개적이고 접근 가능한 투표 절차를 통해 사람들의 의견과 의지를 나타내는 것을 기본 전제로 하고 있다.

인권 조항은 근로 관련 사항도 규정하고 있다. 즉, 모든 사람은 근로의 자유를 가지며, 고용의 자유로운 선택, 실업에 대해 보호받을 권리, 정당하고 수용 가능한 조건으로 근로할 권리를 규정하고 있다. 차별 없는 동일 노동, 동일 임금은 모든 사람의 권리이다. 같은 맥락에서 개인은 자신의 이익보호를 위해 노동조합을 결성하고 참여할 권리가 있다는 것도 규정하고 있다.

인권 조항은 또한 기본 욕구, 휴식과 자유시간도 다루고 있다. 모든 사람은 여가와 휴식의 권리를 갖는다. 또한 모든 기본 욕구를 충족시키는 것은 개인의 근본적 권리이다. 기본적 생활 수준(예: 의ㆍ식ㆍ주의 욕구), 의료적 보호와 적절한 사회 서비스, 특별한 상황에서의 보장(예: 실업, 질병, 장애, 배우자 사망, 노령)은 모두 생활 수준 보장에 필요한 필수적 인권이다. 모성과 아동은 특별한 보호와 원조를 받을 권리가 있고, 아동은 가치 있게 취급받아야 하고, 혼인을 통해 출생한 아동이든 그렇지 못한 아동이든 상관없이 같은 사회적 보호를 받을 수 있어야 한다.

부모는 자기 자녀들을 위해 교육과정을 선택할 권리가 있으며 교육받을 권리는 모든 사람에게 반드시 주어져야 할 권리이다. 고등교육은 수요자의 우월적 특성에 근거해야 하며, 교육의 목적은 개인의 인성을 개발하고 다른 사람에 대한 존중을 확인하고 가르치는 것이 되어야 한다. 평등과 수용과 우호관계의 증진은 평화를 전파

하는 UN 활동을 증진시키는 것이 된다.

마지막으로, 모든 사람은 창의성을 발휘하고 지역사회에 참여할 수 있는 기회를 동등하게 가져야 하고, 창의적 발명에 대해서도 보호를 받아야 한다. 인권 선언을 위한 사회적 및 국제적 기능을 증진한다는 것은 인권 선언에 서술된 내용이 어떤 특별한 집단이나 개인의 이익에 치우친 것이 아니라는 것과 인권 선언에 담겨진 자유와 권리를 파괴하려는 어떤 시도도 받아들일 수 없다는 것을 알고 인권 선언에 집약된 모든 권리가 잘 실현되도록 확인하는 수단이 되는 것이다.

기본적으로 이러한 권리는 선택의 자유, 건강보호, 근로, 결혼, 창의성, 심리적 및 신체적 안전, 사생활 자유, 이동, 표현 및 정치적 참여와 관련하여 정신건강과 사회정의를 증진시키기 위한 활동에 빼놓을 수 없는 본질적인 것이다. 이러한 인권보장 문제는 상담사, 심리치료사 및 사회복지사가 관여하는 정신건강과 사회정의 증진 활동에 매우 긍정적인 상관관계를 가지고 있다.

우리가 사회정의와 정신건강을 세계적 시각에서 검토하기에 앞서 이러한 개념을 우리 각자의 국내적 상황에서 먼저 검토해 보는 것이 중요하다. 우리 각자의 나라에서 어떤 일들이 일어나고 있고, 그 일어나고 있는 일들이 사람들의 정신건강에 어떻게 적용될 수 있는가? UN 세계 인권 선언과 관련하여 상담과 심리치료 및 사회복지 전문가로서 우리는 어떤 역할을 하고 있는가? 이 같은 세계적인 인권보장의 기초가 정신건강 및 사회정의 전문가들에게 어떤 의미를 갖는가?

왜 정신건강 전문가와 상담사가 관여해야 하나

세계화와 급속한 변화로 인해 서로 다른 나라와 문화 간에 더 많은 이해와 접촉과 접근이 촉진되었고 세계는 하나의 지구촌으로 만들어졌다. 급속한 세계화는 현대 일상생활의 모든 면에 영향을 미치고 있는데 인간 생활의 어느 한 면도 그 영향을 받지 않는 경우가 없을 정도가 되었다. 정교한 의사소통, 기술의 확산, 세계 여행으로 인해 세계 경제가 급격히 변화하고, 서로 다른 문화, 지역, 지방, 국가가 연결되어 금융의 상호 의존성이 나타나게 되었다(Chung, 2005).

불행하게도 이같이 빠르고 흥미로운 변화가 진행되면서 동시에 사회부정의와 인권 침해도 증가하고 있다(Chung, 2005). 특히 여성과 아동은 이런 사회부정의의 피해자가 되고 있다(WHO, 2002). 이 장의 앞부분에서 통계로 예시한 바와 같이 세계화는 단순히 경제와 무역에만 아니라 그 외 많은 면에 영향을 미치고 있고, 세계화에는 심리적 안녕(Sassen, 1998)과 문화적 활동(예: Appadurai, 2000; Giddens, 2000; Tomlinson, 1999)에 영향을 미치는 심리적 요인도 있다. 빈자와 부자 간, 그리고 개인, 지역, 지방 및 국가 간의 격차가 더욱 확대되어 세계 인권 선언 차원에서 딜레마가 나타나게 된다. 건강보호 서비스와 구명(救命)이나 생명 연장의 고가 의료 기술을 접하도록 정부가 예산을 우선 배정하는가 아닌가에 따라 국가 간 인권보장에 큰 격차가 발생하고(Chung, 2005) 정신건강에도 중요한 의미를 가지게 된다.

다른 인권 관련 정신건강 사항은 문화적 · 종교적 세계관, 성별, 인종 및 민족 배경과 사회경제적 상황의 영향으로 신념, 가치 및 행동 양태가 다른 집단 간의 평화 공존을 위한 갈등해결 전략을 개발하는 데 도움이 된다(Mays, Rubin, Sabourin, & Walker, 1996). 다른 종교나 신념을 가진 사람들에 대해 관용하는 것, 오래 유지되어 온 남성 지배의 문화 속에서 여성의 역할을 받아들이는 것, 또는 낙태나 여성의 성기 손상 같은 것을 인정하는 것, 이 모두는 인권과 정신건강의 잠정적인 공통 관심사가 되는 실례가 된다. 이와 같은 중요한 차이와 그로 인한 심리적 문제가 발생하게 되면 다민족, 다인종 및 다국적 사람들이 모여 사는 사회에 세계화와 변화를 유도하기 위해 원조 전문가들의 활동이 필요하게 된다(예: Arnett, 2002; Leong & Ponterotto, 2003; Marsella, 1998; Mays et al., 1996; Paredes et al., 2008).

미국은 세계에서 규모가 가장 크고 기술적으로 강한 경제력을 가지고 세계의 의료 기술을 주도하고 있지만 인구는 세계 인구의 4.5% 정도밖에 되지 않는다. 그러므로 세계 인구의 5%도 안 되는 인구가 세계 부의 약 50%를 차지하고 있으며, 세계 자원의 30%를 소비하고 있다(Shah, 2010b). 이 같은 사실로 미루어 보면 미국은 거대한 힘을 가지고 세계에 중요한 영향력을 미치고 있다는 것이다. 미국에 대한 세계인의 태도가 어떻든 관계없이 미국은 전 세계에 영향력을 미치고 있다. 이러한 미국의 국제적 지위를 생각하면 미국에 기반을 둔 전문 심리치료사, 상담사 및 사회복지사 조직(예: 미국심리학회, 미국상담학회, 미국정신건강상담사협회, 미국사회사업가협회 등)은 세계 다른 지역 조직에 비하여 경제적 및 정치적으로 유리한 위치에 있다고 할 수 있다. 미국에 기반을 둔 조직이라는 것 자체로 인해 이런 조직들은 세계적 사회정의와 인권 증진을 위한 활동을 효율적이고 주도적으로 해 나갈 수 있기 때문에 세계의 정신건강 조직에 영향을 미칠 수 있는 힘이 주어진다.

미국의 심리, 상담 및 사회복지 분야는 미국적인 개인주의와 추상적 이상주의와 합리성 추구의 문화적 가치와 행동에 깊이 빠져 있다는 비판을 받아 왔지만(Cheung, 2000; Kim, 1995; Leong & Ponterotto, 2003, Trimble, 2001), 이런 비판은 미국의 심리치료사, 상담사 및 사회복지사가 국제적으로 행동하는 것을 막지는 못할 것이다. Pedersen(2003)은 "다른 국제 심리학자들이 우리에 대해 아는 것 보다 미국 심리학자들이 다른 문화의 심리학에 대해 아는 것이 훨씬 적기 때문에 미국 심리학은 뒤처질 위험성이 있다."(p. 400)라고 말했다. 우리가 세계 자원을 소비하는 정도가 크고 우리가 미국에 살고 있다는 사실만으로도 변화를 이끌어 낼 수 있는 힘이 있다는 것 때문에 우리는 우리가 살고 있는 지역사회를 넘어 다른 지역, 국가 및 국제 영역으로 우리의 행동 반경을 넓히는 것이 우리의 윤리적이고 도덕적인 의무이고 책임이라 생각한다.

이 책을 통해 강조해 온 것은 개인의 삶은 단선적인 것이 아니라는 것과 정신건강 전문직 종사자는 인간 존재의 복잡성, 다차원성, 사회적 · 환경적 · 정치적 요인들이 인간에게 미치는 영향을 알고 이해할 수 있는 큰 그림의 틀로 볼 필요가 있다는 것이다. 이 장은 우리의 시야를 국제적 영역으로 한 단계 더 넓히려는 시도를 하고 있다. 우리가 매일 어떻게 행동하는가는 전 세계 다른 사람에게 영향을 미치게 된다. 우리가 상담 서비스를 제공하는 이민자들은 미국에 적응하는 자기 가족과의 관계도 유지하면서 동시에 고국의 가족과 친구들과도 관계를 유지하고 있다. 이들의 정신건강은 국제적 경계를 넘어서 관련되어 있다는 면에서 중요한 의미를 가진다. 예를 들면, 우리가 돕고 있는 클라이언트가 이라크 사람들을 더 관용적으로 받아들이면 중동 혈통의 사람들에 대해 차별을 덜 하게 될 것이다. 이 같은 상황은 여기 살고 있는 이라크인뿐만 아니라 이라크에 살고 있는 대가족과도 관련이 있다는 것을 의미한다.

우리가 상원의원에게 전화하거나 고문(拷問) 관련 전국조직에 전화해서 정신건강과 인권 문제에 대한 국제적 정책에 영향을 미치는 데 기여할 수 있다. 그러므로 우리의 행동은 세계적 차원에서 정책, 법률, 인권문제와 관련된 정신건강에 영향을 미치는 것이다. 우리는 세계적 이슈인 사회부정의와 인권 침해 문제를 무시할 수도 없고, 무시해서도 안 될 것이다. 왜냐하면 이런 세계적 이슈가 우리 지역사회에서 전개되고 있는 정신건강과 사회정의 증진 활동에 복잡하게 연계되어 있을 수 있기 때문이다. 앞서 제시한 통계에 조금이라도 관심을 가지게 되었거나 마음에 느끼는 바가 있다면 우리는 다음과 같은 질문을 던지고 싶다. "그런 문제에 대해 당신은 어떻게 할 것인가?" 마틴 루터 킹 목사가 한 말을 되새겨 보면 "문제되는 것에 대해 우리가 침묵하게 되는 그날은 우리 삶의 끝이 시작되는 날이다."

심리치료사와 상담사 및 사회복지사를 위한 실용 전략

우리 주위에서 사회행동에 관해 들어 온 격언이 있다. "생각은 세계적 차원에서 하고, 행동은 지역 차원에서 하라."는 것이다. 이 격언은 심리치료사와 상담사 및 사회복지사에게도 어울리는 것으로 '생각은 세계적 차원으로 하고, 행동은 세계 차원과 지역 차원으로 하라.'는 말이 될 수 있다. 우리는 사회정의를 위한 싸움에 사람들이 참여해 주기를 바라면서 마틴 루터 킹 목사가 한 말을 인용하여 관심과 참여를 촉구하고자 한다. "우리가 아니면 누가 할 것인가? 지금 아니면 언제 할 것인가?" 힘이 주어진 직책, 뛰어난 의사소통 능력, 잠재적 영향력을 가진 우리 심리사, 상담사 그리고 사회복지사가 사회정의와 인권을 침해하는 일에 이의를 제기하지 않는다면 누가 할 것인가?

정신건강과 사회정의에 관련하여 심리사와 상담사가 할 수 있는 세계적 활동에 적합하다고 생각하는 몇 가지 전략을 제시하고자 한다. 그 전략은 다음과 같다.

- 국제 동료들과 파트너십을 통한 정신건강 훈련 프로그램 개발하기: 훈련 프로그램은 국외 활동을 위한 것일 수도 있고, 국내에 있는 국제적 인구를 위한 것일 수도 있다.
- 국외 대학 동료와 협력하여 대학에 협동 심리학, 상담학 및 사회복지학 프로그램의 학위 과정이나 자격 과정 개발하기
- 외국 동료들과 협력하여 관련 논문을 작성하고 외국 학술지에 출판하기
- 관련 전문가 단체의 주요 의제, 회의, 학술지 논문에 세계화와 사회정의 주제를

많이 포함하도록 요청하기

- 국제관계 활동에 초점을 두고 있는 위원회에 참여하기
- 입법 대표자와 관리들이 국제적 사회정의와 인권보장에 도움이 되는 법안을 통과시키도록 로비활동 전개하기
- 도움을 필요로 하는 국제단체의 활동에 시간과 기술을 제공하는 자원봉사자로 참여하기
- 동료들에게 국제 협력에 관한 교육 실시하기
- 국내 또는 국외에서 같이 활동했던 국제 조직을 위해 자신의 경험, 사회정의 증진 필요성에 대해 강연과 저술 활동 전개하기

요약하면, 세계화는 더 작고 정보 교류가 활발한 세계를 만들어 냈다. 우리는 우리 지역에 이주한 사람들이 겪고 있는 이슈에 대해 알고 있고, 전 세계 많은 곳에서 일어나고 있는 일을 잘 알고 있다. 우리가 살고 있는 이 특정한 시대는 특별히 우리가 받은 훈련과 가진 기술에 비추어 보면 뭔가를 다르게 변화시킬 수 있는 많은 기회를 제공하고 있다. 나(Rita)는 부정의에 대해 우리는 "목소리를 크게 높이고 많은 사람에게 이야기할 필요가 있다"는 글(Chung, 2002)을 쓴 적이 있다. 우리는 당신도 이같이 했으면 좋겠다고 권한다. 우리가 이 장에서 말한 것이 지역사회와 국가 및 국제적 차원에서 사회부정의에 대응하는 행동을 하도록 당신을 분발시키고, 당신에게 동기를 유발하고 또한 추진력을 불어넣게 되기를 바라고 있다. 말하기 위해 말하는 것보다 말이 행동이 되게 해야 한다. 무엇보다도 필요한 것은 행동이다.

📋 토의문제

1. 정신건강 실천가에게 세계적 이슈가 될 수 있는 것으로 무엇이 중요하다고 생각하는가?

2. 경제와 정치가 상담 분야 이슈와 어떻게 관련이 되는지 토론해 보시오.

3. UN이 세계 인권 선언을 선포했는데 이 선언에서 얻는 교훈이 당신이 상담사, 심리치료사 또는 사회복지사로서 활동하는 데 어떻게 관련되어 있는가?

4. 상담사, 심리치료사와 사회복지사가 세계적 관심사에 관여할 수 있는 세 가지 전략을 말해 보시오.

참고문헌

American Pet Products Association (2009). *Industry statistics and trends.* Retired from http://www.americanpetproducts.org/press_industrytrends.asp

Appadurai, A. (Ed.). (2000). *Globalization.* Durham, NC: Duke University Press.

Arnett, J. J. (2002). The psychology of globalization. *American Psychologist, 57*(10), 774–783. doi.10.1037-066X.57.10.774

Bittman, M. (2008, January 27). Rethinking the meat-guzzler. *The New York Times.* Retrieved from http://www.nytimes.com/2008/01/27/weekinreview/27bittman.html

Children's Defence Fund. (2004). *State of America's children.* Washington, DC: Author.

Cheung, F. M. (2000). Deconstructing counseling in cultural context. *The Counseling Psychologist, 28*(1), 123-132. doi.10.1177/0011000000281008

Chung, R. C.-Y. (2002). Combating racism: Speaking up and speaking out. In J. Kottler (Ed.), *Finding your way as a counselor* (2nd ed., pp. 105-108). Alexandria, VA: American Counseling Association.

Chung, R. C.-Y. (2005). Women, human rights and counseling: Crossing international boundaries. *Journal of Counseling and Development* [Special issues on women and counseling], *83*(3), 262-268.

Chung, R. C.-Y. (2011). *Social justice counselors in action: Walking the talk* [DVD]. North Atlantic Region, Association for Counselor Educators and Supervisors (NARACES). Conference 2010 Keynote Presentation.

Corso, R. A. (2010 May). *Annual happiness index finds one-third of Americans are very happy.* Harris Interactive. Retrieved from http://www.harrisinteractive.com/NewsRoom/HarrisPolls/tabid/447/ ReadCustom%20Default/mid/1508/ArticleId/394/Default.aspx

Cost of U.S. appetite for frozen desserts to exceed $20 billion in 2002. (2002). Retrieved from http://www.packagedfacts.com/about/release.asp?id=14

Durning, A. (1992). *How much is enough: The consumer society and the fate of the earth.* New York, NY: Norton.

Giddens, A. (2000). *Modernity and self-identity: Self and society in the late modern age.* Cambridge, UK: Polity Press.

Kim, U. (1995). Psychology, science and culture: Cross-cultural analysis of national psychologies. *International Journal of Psychology, 30*(6), 663-679. doi: 10.1080/

00207599508246593

Krieger, D. (2003). Economic justice for all. Retrieved from http://www.golbalpolicy.org/socecon/inequal/income/2003/0523forall.html

Leong, F. T. L., & Ponterotto, J. G (2003). A proposal for internationalizing counseling psychology in the United. States: Rationale, recommendations, and challenges. *The Counseling Psychologist*, *31*(4), 381-395. doi: 10.1177/0011000003031004001

Lewis, T. (2003). *The growing up gap between rich and poor*. Retrieved from http://globalpolicy.org/socecon/inequal/2003/0801gap.html

Marsella, A. J. (1998). Toward a "global-community psychology": Meeting the needs of a changing world. *American Psychologist*, *53*(12), 1282-1291. doi: 10.1037/0003-066X.53.12.1282

Mays, V. M., Rubin, J. Sabourin, M., & Walker, L. (1996). Moving toward a global psychology: Changing theories and practice to meet the needs of a changing world. *American Psychologist*, *51*(5), 485-487. doi: 10.1037/0003-066X.51.5.485

National Priorities Project. (2009). *Cost of war*. Retrieved from http://www.nationalpriorities.org/constofwar_home

Paredes, D. M., Choi, K. M., Dipal, M., Edwards-Joseph, A. R. A. C., Ermakov., N., Gouveia, A. T., & Benshoff, J. M. (2008). Globalization: A brief primer for counselors. *International Journal for the Advancement of Counselling*, *30*(3), 155-166. doi:10.1007/s10447-008-9053-1

Pedersen, P. B. (2003). Cultural biased assumptions in counseling psychology. *The Counseling Psychologist*, *31*(4), 396-403. doi: 10.1177/0011000003031004002

Postmus, J., & Hahn, S. (2007). The collaboration between welfare and advocacy organizations: Learning from the experiences of domestic violence survivors. *Families in Society*, *88*(3), 475-484.

Sassen, S. (1998). *Globalization and its discontents: Essays on the new mobility of people and money*. New York, NY: New Press.

Shah, A. (2010a). *Global issues: Beef*. Retrieved from http://www.globalissues.org/article/240/beef

Shah, A. (2010b). *Global issues: Poverty facts and stats*. Retrieved from http://www.globalissues.org/article/26/poverty-facts-stats

Shah, A. (2010c). *Global issues: World military spending*. Retrieved from http://globalissues.org/article/75/world-military-spending

Stiglitz, J., & Blimes, L (2008). *The three trillion dollar war*. New York, NY: Norton.

Tomlinson, J. B. (1999). *The media and modernity*. Cambridge, UK: Polity Press.

Trimble, J. E. (2001). A quest for discovering ethno-cultual themes in psychology. In J. G. Ponterotto, J. M. Casas, L. A. Suzuki, & C. M. Alexander (Eds.), *Handbook for multicultural counseling* (2nd ed., pp. 3-13). Thousand Oakes, CA: Sage.

UN-Habitat. (2008). *State of the world's cities 2008/2009: Harmonious cities*. London, UK: Earthscan.

United Nations (U.N.). (2003). *Experts share strategies to stop child trafficking*. New York, NY: U.N. Special Session for Children.

United Nations Development Programme. (1998). *Human Development Report 1998*. New York, NY: Oxford University Press.

Winslade, J. (2003, March). *The impact of counselling in New Zealand*. Paper presented at the meeting of the American Counseling Association, Anaheim, CA.

World Health Organization. (2002). *World report on violence and health*. Geneva, Switzerland: Author.

결론

만약 당신이 정의롭지 못한 상황에서 중립적이라면, 억압자의 편을 선택한 것이다.

만약 쥐의 꼬리를 코끼리가 밟고 있는데 당신이 중립적이라고 말한다면

쥐는 당신의 중립에 고마워하지 않을 것이다.

-Desmond Tutu 주교

당신은 계단 전체를 볼 필요가 없다. 첫걸음만 떼라.

-Martin Luther King Jr.

사려 깊은 소수의 사람이 세상을 바꿀 수 있다.

실로 이것이 세상을 바꿔 온 유일한 것이다.

-Margaret Mead

기존 치료에 사회정의를 접목하는 것은 치료자에게 쉽지 않은 일이다. 이는 치료자가 이미 복잡하고 어려운 일에 새로운 관점을 결합하는 일이기 때문이다. 상담과

치료에서 중립을 유지한다는 것은 이미 많은 클라이언트의 삶에 영향을 미치고 있는 부정의 문제에 대응하지 않는 것이고, 개인의 삶에 중요하고 영향력 있는 요소를 무시하고 수동적으로 대처하는 것이다. 또한 불의한 상황에 항의하지 않고 행동하지 않는다는 것으로, 이는 사회부정의가 지속되는 것을 의미한다. 침묵하는 것은 클라이언트의 삶에 많은 영향을 미치는 억압과 폭력, 고통에 기여하는 것이다. 마틴 루터 킹 2세가 말한 것과 같이 이제 "침묵이 배신인 때가 오고 있다."

이 책은 정신건강 분야에서 다문화주의를 넘어선 다음 단계인 사회정의라는 다섯 번째 요소에 이야기를 하고 있으며, 다문화 사회정의와 관련한 상담사, 심리사, 사회복지사의 훈련, 이론, 적용, 연구에 대해 논의하였다. 이 책은 개인 중심 개입과 정신병리학에 뿌리를 둔 서양 심리학의 시각을 통해서만 정신건강을 조망하는 것을 받아들일 수 없으며 그러한 접근이 효과적이지 않다는 전제에 입각하고 있다. 또한 변화, 성장, 치료의 추진력으로서 사회변화를 강조하는 체계 중심 생태학적 관점을 통한 개입을 제공하고, 생각하고, 행동하도록 도전하면서 기존과는 다른 패러다임을 보여준다. 다문화 사회정의는 모든 사람을 위한 정의, 인간의 존엄성, 평등, 가치, 자유, 문화적 반응성, 기본 인권에 대한 분명한 가치에 근거하고 있다. 우리가 다문화 사회정의를 실천할 때, 타인의 권력과 특권으로 인한 위험성을 완화시킬 수 있다.

다문화 사회정의 정신건강 전문가가 되는 것은 사회정의 가치들을 습득하고 활용할 수 있는 능력을 갖추어야 함을 의미한다. 현장에서 사회정의를 실천하지 않으면서 이를 전파할 수는 없다. 사회정의 정신건강 전문가로 일하는 것은 우리 삶의 모든 부분에서 이 가치대로 살기로 결심하고 개인의 삶과 일의 가치체계가 이와 관련하여 일관성을 갖도록 요구한다. 이는 개인의 가치와 관련된 것으로 선입견, 편견, 특권에 대한 검토와 개인의 삶이 부정의에 대해 어떻게 침묵하는지, 혹은 억압으로부터의 자유, 존엄, 평등을 촉진하는지에 대한 평가를 신중하게 검토하는 것을 필요로 한다. 또한 우리가 스스로에게 어떻게, 언제 우리가 위험을 감수할 수 있는지를 질문하게 하는데, 이는 사회정의 상담에서 필수적인 과업이다. 더 나아가 사회정의 정신건강 실천은 우리의 권력과 특권을 점검하게 하며 사회정의를 촉진하기 위해 우리가 어떻게 접근하고 활용하는지를 의무적으로 검토하게 한다. 사회정의 관련 상담사, 심리사, 사회복지사가 되는 것은 개인의 내면 본질에 도전하고 종종 개인의 특성을 깊숙하게 재검토하는 것을 필요로 한다.

사회정의 상담사가 '착한 상담사 신드롬(nice counselor syndrome)'에서 벗어나 사회정의 옹호자가 될 수 있는 방법의 하나로 자기진단의 중요성을 강조한 논문이 있다(Bemak & Chung, 2008). 이 논문에서 두 저자는 그들이 중요하게 생각하는 것은 정신건강 전문가가 '착한' 사람이 되는 것이 아니라 사회정의를 지향하는 '옹호' 실천을 하는 것이라고 주장하였다. 우리가 누구이며 사회정의 정신건강 전문가로서 어떻게 할지에 대해 다시 고민해 봐야 하며, 사회정의 실천에 도움이 되는 특정한 역량을 갖추어야 할 필요가 있다.

다문화 사회정의를 실천하는 데 있어서 중요한 기반은 용기이다. 용기는 두려움에 대한 해결책이고, 그 두려움은 예전부터 지금까지 존재해 왔다. 그러나 사회정의를 실천하는 상담사, 심리사, 사회복지사들에게 두려움은 지배적인 동력이 될 수 없다. 오랫동안 지속되어 온 부정의에 목소리를 높이고, 외치고, 항의하기 위해서 그들은 반드시 용감해져야 한다. 우리의 경험에 의하면 사회정의의 기본 원칙을 확실히 믿는 것이 사회정의 실천의 동기와 행동을 증진시킬 것이다. 이렇게 모두를 위한 공정, 평등, 존엄을 촉진하는 용기와 동기를 갖는 것은 현재 살고 있는 사회의 공포문화를 초월하고 사회행동과 사회변화를 촉진하도록 돕는다.

최근 사회정의 상담에 대해 중요한 발표를 한 후, 나(Rita)는 "당신은 어떻게 당신의 영혼을 돌보나요?"라는 질문을 받았다. 우리 두 저자는 이에 대한 답을 즉각적으로 찾을 수 있었다. 그것은 열정과 헌신, 공평, 존엄, 공정, 평등에 대한 강한 가치와 신념, 평화로운 세상을 만들기 위한 치유에 대한 희망과 가족, 친구, 동료의 지원 등을 통해서라고 할 수 있다.

이 책이 당신의 마음을 움직여 사회정의에 대해 생각만 하는 것이 아니라 실천하도록 동기부여가 되길 바라며, 다문화 사회정의 상담사와 심리사, 사회복지사가 되기 위한 기술과 지식도 얻을 수 있기를 바란다. 이 책은 행동과 변화를 촉구하기 위해 저술되었다. 이제 사회정의 실천을 할 때는 이미 도래했고, 우리는 이것을 말이 아닌 행동으로 옮겨야 할 때라는 것을 믿는다. 이러한 생각으로 이 책을 마무리하며, 우리는 사회정의 정신건강 전문가로서 당신의 여행에 이 책이 도움이 되기를 바란다. 평화롭고 열정적인 여행이 되길 바라며……

📖 참고문헌

....

Bemak, F., & Chung, R. C.-Y. (2008). New professional roles and advocacy strategies for school counselors: A multicultural/social justice perspective to move beyond the nice counselor syndrome. *Journal of counseling and Development, 86,* 372-381.

CEHD 398
CSJ 75
DCCC 203
PsySR 75
TTM 246
UN 세계 인권 선언 71, 436
UN 해비타트 431

ㄱ
강령 401
계급주의 27, 67
고정관념 234
공산주의 62
공정성 377
공포 120
관료적 리더십 274
교육과 인간발달 단과대학 398
교차문화 24
교차문화 상담 검사도구 41
국경 없는 상담사협회 203
꿈 작업 144

ㄴ
낙관주의 114
내면화된 인종주의 236

ㄷ
다단계 모델 98, 108, 109, 135
다문화 상담 22, 222
다문화 역량 27, 63
다문화적 환경 검사도구 41
다문화주의 26, 236
다수준 모델 134
대화치료 142
독재적 리더십 273
디브리핑 385

ㄹ
리더 270
리더십 270
리더십 모델 270

ㅁ
문화 충격 233
문화권 232

문화적 결함 모델 25
문화적 임파워먼트 148, 151
문화적으로 다양한 모델 26
미국 소비 433

ㅂ
범문화적 재난 구호 모델 203
변화 매개인 369, 386
변화의 초이론적 모델 246
변화형 리더십 275

ㅅ
사회변화 243
사회복지사 227
사회실행연구 372
사회정의 22, 52
사회정의 상담가그룹 75
사회정의 실천 66
사회정의 옹호 301
사회책임 심리학자그룹 75
삶의 질 증진 378
상담 리더십 276
상담사 227

상황이론 272
상황적 리더십 271
섬김 리더십 274
성차별주의 27
세계화 430, 443
세대 간 전승된 트라우마 236
소수자 223
수퍼비전 31
시민 옹호 303
시민권 운동 24
신념/태도, 지식, 기술 27
실행연구 372
심리교육 모델 134
심리치료사 227

ㅇ
업무에 있어서의 두려움 70
연령주의 27
예방적 옹호 303
온정적 리더십 273
옹호 236
위인 연구 270
유전적 결함 모델 25

이야기치료 144
인간 중심적 접근 31
인종 및 민족 정체성 발달 모델
  32
인종주의 24, 103, 224
인종차별 223
임상적 탐구 373
임파워먼트 323
임파워먼트 리더십 274
임파워먼트 집단 199

ㅈ
자기보고 측정 36
자본주의 62
재정조달 354
저항 다루기 261
전문가주의 76
정의 52
정체성 235
정체성 이론 27
정치적 역전이 119
주류 문화 26
진정한 임파워먼트 324, 330

집단상담 229

ㅊ
차별 103
착한 상담사 증후군 121, 308
치료 파트너십 156

ㅌ
테러리스트 120
토착적 치유방법 153
특성 접근 270
팀워크 촉진 354

ㅍ
파트너십 157
포트폴리오 40
플라시보 효과 115

ㅎ
해방 377
행동학적 접근 271
현시점 옹호 303

:::::::

Rita Chi-Ying Chung 박사는 조지메이슨 대학교(George Mason University)의 교육 인간개발학부(Education and Human Development)의 교수이다. Chung 박사는 뉴질랜드 웰링턴에 소재한 빅토리아 대학교에서 심리학 학사와 석사 과정 수련을 받았다. 조지메이슨 대학교에 오기 전, 오하이오 주립대학의 교수였다.

Chung 박사는 로스앤젤레스에 있는 캘리포니아 대학교(UCLA) 심리학과에서 박사후 과정(postdoctoral fellowship)을 밟기 위해 1990년에 뉴질랜드에서 미국으로 왔다. 2년의 박사후 과정 이후, Chung 박사는 국립정신건강원(National Institute of Mental Health)의 지원으로 진행한 첫 번째 중국계 미국인 역학연구의 프로젝트 감독을 하기 위해 UCLA에 남았다. 그녀는 또한 워싱턴 DC에 있는 세계은행의 자문위원이었으며, 존스홉킨스 대학교와 워싱턴 대학교의 부교수를 역임했다.

Chung 박사는 전문 학술지와 주요 심리학과 상담 교재의 장을 80편 이상 저술했으며, 난민 정신건강에 대한 저서를 공동으로 집필했다. 그녀의 연구는 상담에서의 다문화와 문화 간 문제, 사회정의 문제, 인종주의의 심리학적 영향, 이민자와 난민의 심리적 조절과 적응, 유색인종 학생의 학업 성취와 심리적 스트레스 간의 상호관계, 재난 후 상담, 이민족 간의 인종관계에 초점을 두고 있다. 최근에는 아동 인신매매와 관련된 심리사회적 문제를 연구하고 있다. 동양인 여자 아동의 인신매매와 성매매에 대한 Chung 박사의 연구는 뉴욕의 UN 본부에서도 발표되었다.

Chung 박사는 '국경 없는 상담사협회(Counselors without Borders)'에 소속되어 있으며, 허리케인 카트리나 이후 미시시피 해협의 인디언 보호구역과 샌디에이고에서 발생한 화재 이후 라틴계 이민자 거주 지역에서 3개월가량 공동으로 학생들을 인솔하고 공동 수퍼바이저로 일했다. 또한 쓰나미 이후의 태국, 사이클론 나르기스(Cyclone Nargis) 이후의 미얀마, 2010년의 대지진 이후의 아이티에서 재난 후 자문과 훈련을 진행했다. Chung 박사는 미국 전역과 아시아, 퍼시픽 림 지역(Pacific Rim region), 영국, 유럽, 남미 지역에 걸쳐 활동하였다. Chung 박사는 국내와 해외의 기관들에서 사회정의와 다문화 업적에 대한 공로로 다양한 상을 수상했다.

Frederic P. Bemak 박사는 조지메이슨 대학교의 교육 인간개발학부의 교수이며, 다양성 연구활동센터(Diversity Research and Action Center)의 책임자이자 공동 창설자이다. 그는 암허스트의 매사추세츠 대학교에서 상담학 석사학위와 박사학위를 수여받고, 보스턴 대학교에서 심리학 학사를 졸업했다. Bemak 박사는 존스홉킨스 대학교와 오하이오 주립대학교, 브라질의 리우그란데두술 연방대학교(Federal University of Rio Grande do Sul)와 호주 퀸즐랜드 대학교의 교수를 역임하였다.

교직에 종사하기 전, Bemak 박사는 매사추세츠 대학교의 업워드 바운드 프로그램(Upward Bound Program)과 매사추세츠 정신건강부 지역1 청소년 치료 프로그램과 같은 연방 혹은 주 정부 지원 프로그램을 진행했다. 그는 국립정신건강원의 지원으로 설립된 매사추세츠 의과대학의 정신의학 부서에 기반을 둔 국제 훈련 컨소시엄에서 임상 수퍼바이저로 일했다. 또한 매사추세츠 윙 메모리얼 병원(Wing Memorial Hospital)의 수석 심리학자였다.

Bemak 박사는 미국 전역과 40개국 이상의 정신건강 전문가와 기관을 위해 광범위한 자문과 훈련, 수퍼비전을 해 왔다. 그는 교차문화 상담(cross-cultural counseling), 난민과 이민자의 정신건강, 사회정의, 위기 청소년 상담, 재난 후 상담에 중점을 두고 작업해 왔다. Bemak 박사는 브라질과 스코틀랜드, 터키에서 풀브라이트 장학금을 3회 수여했다. 인도에서는 세계재활기금이 운영하는 국제교환전문가 회원이었고, 라틴아메리카와 카리브해 지역에 걸쳐 진행되는 켈로그 국제석학 회원이었으며, 미국심리학회(American Psychological Association)의 객원 심리학자(Visiting Psychologist)였다.

그는 80편 이상 되는 저서의 장을 저술하였고, 전문 학술지에 논문을 게재하였으며, 4개 저서의 공저자이자 '국경 없는 상담사협회'의 설립자이다. Bemak 박사는 최근 미국상담협회의 American Counseling Association Gilbert and Kathleen Wrenn Award for a Humanitarian and Caring Person을 수상하였으며, 다문화 사회정의 작업으로 인해 다수의 상을 수상하였다.

〈임상사회복지실천연구회〉

권진숙(Kwon, Chin Suk)___제6장
그리스도대학교 사회복지학과 교수 역임

김경미(Kim, Kyung Me)___제3장
숭실대학교 사회복지학부 교수

김성천(Kim, Sung Chun)___제1, 13, 17장
중앙대학교 사회복지학부 교수

김정자(Kim, Jung Ja)___제10장
한국여성정책원 원장 역임

남석인(Nam, Seok In)___제3장
연세대학교 사회복지학과 교수

안정선(Ahn, Jeong Sun)___제15장
한국성서대학교 사회복지학과 교수

유서구(Yoo, Seo Koo)___제8장
숭실대학교 사회복지학부 교수

유수현(You, Soo Hyun)___제9장
서울신학대학교 교수 역임

유조안(Yoo, Jo An)___제13, 14장
서울대학교 사회복지학과 교수

윤현숙(Yoon, Hyun Sook)___제5장
한림대학교 사회복지학과 교수

이영분(Lee, Young Boon)___제12장
건국대학교 사회복지학과 명예교수

임정원(Lim, Jung Won)___제4장
강남대학교 사회복지학과 교수

조휘일(Cho, Whee Il)___제11장
서울여자대학교 사회복지학과 명예교수

조흥식(Cho, Heung Seek)___제8장
서울대학교 명예교수, 한국보건사회연구원 원장

최성재(Choi, Sung Jae)___제16장
서울대학교 사회복지학과 명예교수

최혜지(Choi, Hye Ji)___제2, 13장
서울여자대학교 사회복지학과 교수

한인영(Han, In Young)___제7장
이화여자대학교 사회복지학과 명예교수

사회정의 상담

-다문화주의의 적용, 이론, 실천을 넘어선 다음 단계-

Social Justice Counseling:
The Next Steps Beyond Multiculturalism

2020년 1월 10일 1판 1쇄 인쇄
2020년 1월 20일 1판 1쇄 발행

지은이 • Rita Chi-Ying Chung · Frederic P. Bemak
옮긴이 • 임상사회복지실천연구회
　　　　권진숙 · 김경미 · 김성천 · 김정자 · 남석인 · 안정선
　　　　유서구 · 유수현 · 유조안 · 윤현숙 · 이영분 · 임정원
　　　　조휘일 · 조흥식 · 최성재 · 최혜지 · 한인영
펴낸이 • 김진환
펴낸곳 • (주)학지사
　　　　04031 서울특별시 마포구 양화로 15길 20 마인드월드빌딩
대표전화 • 02-330-5114　　팩스 • 02-324-2345
등록번호 • 제313-2006-000265호

홈페이지 • http://www.hakjisa.co.kr
페이스북 • https://www.facebook.com/hakjisa

ISBN 978-89-997-1958-5　93330

정가 23,000원

이 도서의 국립중앙도서관 출판시도서목록(CIP)은 서지정보유통지
원시스템 홈페이지(http://seoji.nl.go.kr)와 국가자료공동목록시스템
(http://www.nl.go.kr/kolisnet)에서 이용하실 수 있습니다.
(CIP 제어번호: CIP2019038587)

출판 · 교육 · 미디어기업 **학지사**
간호보건의학출판 **학지사메디컬** www.hakjisamd.co.kr
심리검사연구소 **인싸이트** www.inpsyt.co.kr
학술논문서비스 **뉴논문** www.newnonmun.com
원격교육연수원 **카운피아** www.counpia.com